行知学園叢書

〈 中日双语 〉

# 日本留学試験

## EJU

## 必修単語

# 12000語

行知学園
COACH ACADEMY

# 本書の特徴　本书特点

## 1．日本留学試験（EJU）の頻出単語を選定

EJUの日本語科目の過去10年分の問題文から，テキストマイニング技術により単語を抽出し，試験に頻繁に登場する頻出単語を選定しました。

## 2．効率よく計画的に学習できる

「頻出単語」はEJUに登場した回数の多い順に掲載していますので，重要な単語から効率よく学ぶことができます。また，計画的に学習できるよう，週単位で目標とするページ数の区切りを示しています。

## 3．EJUに必要な日本語の基礎力を強化

「必須単語」では主に日本語学習辞書支援グループ（2015）「日本語教育語彙表 Ver 1.0」（http://jhlee.sakura.ne.jp/JEV.html）を参考に，EJU対策として欠かせない重要な単語を厳選しました。現代日本語の書き言葉に頻出する単語を集め，日本語の基礎力を強化できるように配慮しました。

## 4．豊富な類義語と反対語

類義語と反対語については，関連語や連想語まで幅広く掲載しています。そのため，一つの見出し語から派生的に複数の単語を学ぶことができます。

## 5．音声データでリスニング対策も万全

音声データが無料でダウンロードできますので，日本語ネイティブによる正しい発音を聴きながら単語を覚えられます。日本語の音に慣れることは，EJUの聴解や聴読解のリスニング力の向上にも役立ちます。

### 1．挑选出了留考中频繁出现的高频词汇

通过对近十年留考日语的真题进行文字深度分析，从而挑选出了应对留考所需的高频词汇。

### 2．方便各位高效率有计划地进行学习

"高频词汇"是按照单词在留考真题中出现的频率从高至低汇编而成，从而方便了各位从出现频率最高的单词开始学习。

### 3．加强应对留考日语所需的基础知识

"必修词汇"是以日本语学习辞书支援组织所颁布的词汇表为基础，根据留考日语的情况而精心挑选出的。可以说本书中汇集了现代日语书面表达上的高频单词，从而便于各位对日语基础进行强化。

### 4．大量的近义词与反义词

本书中加入了单词所对应的近义词，反义词，以及相关的联想词。以小见大，方便各位从一个单词上学习多个单词。

### 5．随书的音频方便各位进行听力训练

音频资料均可免费下载，且均由日语母语者所朗诵，以方便各位学习正确的日语发音。通过听力训练而习惯于日语的发音，也有助于各位应对留考的听力。

---

## 効果的な学習に音声データ・索引データをご活用ください

请灵活运用音频与索引来更有效地学习

················································

正しい発音を確認しつつ，単語の暗記にも役立つ音声データとともに，分からない単語に出会ったときに本書で調べることができる索引データをご用意しています。

在使用音频学习单词的时候，为了方便各位在遇到听不懂的单词时能便捷地查找，本书特地附上了单词索引。

**音声データ・索引データをダウンロードする。**
下载音频与索引。

# 編集方針 汇编逻辑

- 「頻出単語」はEJUに登場した回数の多い順に，「高頻★★★」「中頻★★」「衍生★」に分類しました。

- 「必須単語」は主に日本語学習辞書支援グループ（2015）「日本語教育語彙表 Ver 1.0」（http://jhlee.sakura.ne.jp/JEV.html）を参考に，重要な単語をバランスよく厳選し，五十音順に掲載しました。

- 品詞の解釈は，主に『大辞林』（三省堂），『明鏡国語辞典』（大修館書店），『角川必携国語辞典』（角川書店）に依拠しました。

- 巻末付録には，EJUの「総合科目」と「理系科目」の重要単語を掲載しました。また，日本語学習に役立つ項目として，「接続詞」「同音異義語」「数の単位と数え方」「慣用句」についてもまとめました。

- "高频词汇"根据留考中出现过的频率，从高至低分成了"高频★★★"，"中频★★"以及"衍生★"词汇。

- "必修词汇"是以日本语学习辞书支援组织所颁布的词汇表为基础，并按照五十音的顺序汇编而成。

- 单词的词性是依据字典《大辞林》（三省堂出版），《明镜国语辞典》（大修馆书店出版），以及《角川必携国语辞典》（角川书店出版）而定。

- 本书于卷末附上了与留考综合科目（文综）和理科有关的重点词汇。同时还附上了连词，同音异义词，量词与惯用语（俗语）以方便各位的日语学习。

## 凡例 使用指南

- 単語は，動詞，サ行変格活用の（複合）動詞，形容詞（イ形容詞），形容動詞（ナ形容詞），副詞，名詞，連体詞，接続詞に分類しています。
- 単語と単語が結合してできた複合語も見出し語として扱っています。
- 副詞的用法とされる場合も，一部は副詞として扱っています。
- 「する」を付けて複合動詞にできる名詞には，見出し語に「（する）」を加えています。
- 「に」や「と」をつけて用いることが多い副詞には，見出し語に「（に）」や「（と）」を加えています。
- 別の言い方がある場合には，／を使って見出し語を併記しています。
- 省略表現は，見出し語の後ろに〔 〕で表示しています。
- 複数の読み方がある場合は，読み仮名を／でつないで併記しています。

# この本の使い方 本书的使用方法

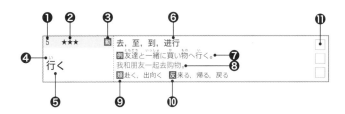

**❶連番**
**❷頻出度**
頻出度の高い順に
「高頻★★★」
「中頻★★」
「衍生★」

**❸品詞**
名=名詞
動=動詞
サ=サ行変格活用の
　　（複合）動詞
イ=イ形容詞（形容詞）
ナ=ナ形容詞（形容動詞）
副=副詞
体=連体詞
接=接続詞

**❹単語の読み仮名**
**❺単語**
**❻単語の意味（中国語）**
**❼日本語の例文**
**❽例文の中国語訳**
**❾類義語**
**❿反対語**
**⓫チェックボックス**

**❶序号**
**❷出现频率**
出现频率从高至低
被分为
"高频★★★"，
"中频★★"与
"衍生★"

**❸词性**
名=名词
動=动词
サ=由サ行变格活用而成的
　　（复合）动词
イ=イ形容词（形容词）
ナ=ナ形容词（形容动词）
副=副词
体=连体词
接=连词

**❹单词的读音假名**
**❺单词**
**❻单词的中文解释**
**❼日语的例句**
**❽例句的中文解释**
**❾近义词**
**❿反义词**
**⓫确认框**

● 单词被分为，动词，由サ行变格活用而成的（复合）动词，形容词（イ形容词），形容动词（ナ形容词），副词，名词，连体词与连词。

● 有多个单词组成的复合词也被作为词条收录于本书。

● 若某单词有多种词性且可被当作副词使用，则该词于本书中可能会被作为副词收录。

● 若某名词在被加上"する"后能成为复合动词，则该词在词条中会被附上"する"。

● 若某副词在通常情况下与"に"或"と"连用，则该词在词条中也会被附上"に"或"と"。

● 若存在另一种表达方式，则用／来并列表示多个词条。

● 若某种表达存在着更简洁的表达方式时，会在该词条后的〔　〕中显示。

● 若某单词同时存在多个发音时，则用／来并列表示多个读音。

5

# 必修単語12000語の徹底活用法

灵活运用12000个必修词汇的方法

学習するページ数の目標を1週間単位で管理できます。ペースを作ってコツコツ学びましょう。

以一周为一个学习单位，设定每周学习页数。并按计划努力学习吧。

学習したらチェックボックスに印を入れましょう。

将已经学习过的单词边上的确认框内标上记号。

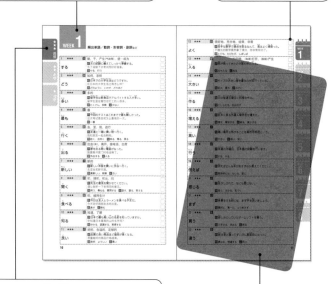

EJUによく出る順（★★★→★★→★）に並んでいます。頻出単語は前から順番に取り組みましょう。

本书中必修词汇是单词是按照留考中出现过频率从高至低（★★★→★★→★）编排的。请按顺序从前往后进行学习吧。

添付の赤セルシートを使うと日本語の読み仮名と中国語訳が見えなくなります。暗記するために活用しましょう。

将随书附赠的红色透明垫板扣在书页上便能使单词的日语读音以及中文解释消失，以方便各位进行单词学习。

音声をダウンロード（p3参照）して、聴きながら単語を覚えると、より効果的です。索引も音声と一緒にダウンロードできます。

下载音频资料(详见p3)，边听边学更有助于记忆。索引也可与音频资料一同进行下载。

# 16週で完全攻略! 学習管理表 学习进度表

最初のページから1週間ごとに，WEEK1,WEEK2…と学習しつつ，同時に「頻出単語 名詞」のWEEK一つ分を2週間でやり終えれば，16週ですべての単語が学べます！

以WEEK1,WEEK2…的顺序每周学习一周份的内容的同时，再每两周学习一周份的"高频词汇 名词"的话，便可在16周内学完所有单词。

終わったらマーカーで塗りつぶそう！
已经学完的部分就用
记号笔涂上吧。

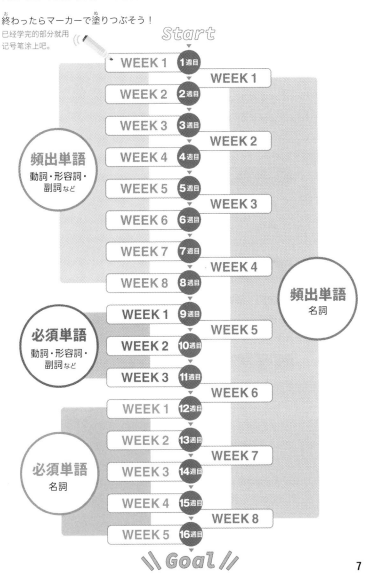

Start

WEEK 1　1週目
WEEK 1

WEEK 2　2週目

WEEK 3　3週目
WEEK 2

**頻出単語**
動詞・形容詞・
副詞など

WEEK 4　4週目

WEEK 5　5週目
WEEK 3

WEEK 6　6週目

WEEK 7　7週目
WEEK 4

WEEK 8　8週目

**頻出単語**
名詞

WEEK 1　9週目

**必須単語**
動詞・形容詞・
副詞など

WEEK 5

WEEK 2　10週目

WEEK 3　11週目
WEEK 6

WEEK 1　12週目

WEEK 2　13週目

**必須単語**
名詞

WEEK 7

WEEK 3　14週目

WEEK 4　15週目

WEEK 8

WEEK 5　16週目

Goal

# 目次

## 頻 出 単 語

## 必 須 単 語

## 巻 末 付 録

# 頻出単語

動詞・形容詞・副詞など

|  | | |  |
|---|---|---|---|
| 1 ★★★ | **する** | サ | 做，干，产生(气味等)，使…成为<br>例 次の試験に備えてしっかり準備する。<br>为了迎接下次考试而好好准备。<br>類 やる，行う |
| 2 ★★★ | **どう** | 副 | 如何，怎样<br>例 日本での大学生活はどうですか。<br>在日本的大学生活过得怎么样?<br>類 どのように，いかが，どれほど |
| 3 ★★★ | **多い**（おお） | イ | 多的<br>例 留学生は飲食店でアルバイトする人が多い。<br>留学生里在餐饮店打工的人很多。<br>類 たくさん，多数 反 少ない |
| 4 ★★★ | **最も**（もっと） | 副 | 最<br>例 今回のテストはこれまでで最も難しかった。<br>这次考试是目前为止最难的一次。<br>類 一番 |
| 5 ★★★ | **行く**（い） | 動 | 去，至，到，进行<br>例 友達と一緒に買い物へ行く。<br>我和朋友一起去购物。<br>類 赴く，出向く 反 来る，帰る，戻る |
| 6 ★★★ | **出る**（で） | 動 | 出去(来)，离开，接电话，出席<br>例 家を出る時に電話がなった。<br>刚要离开家门时电话响了。<br>類 外出する 反 入る |
| 7 ★★★ | **新しい**（あたら） | イ | 新的<br>例 新しい洋服を買いに渋谷へ行く。<br>去涩谷买新衣服。<br>類 真新しい，新鮮 反 古い |
| 8 ★★★ | **聞く**（き） | 動 | 听，倾听，听从，问<br>例 先生の意見を聞かせてください。<br>请让我听一下老师您的意见。<br>類 伺う，尋ねる，質問する 反 話す，語る，答える |
| 9 ★★★ | **食べる**（た） | 動 | 吃，维持生计<br>例 今日は友人とラーメンを食べる予定だ。<br>今天定好跟朋友去吃拉面。<br>類 食す 反 飲む |
| 10 ★★★ | **知る**（し） | 動 | 知道，了解<br>例 日本で最も高い山の名前を知っていますか。<br>你知道日本最高的山的名字吗?<br>類 分かる，認識する，実感する |
| 11 ★★★ | **良い**（よ） | イ | 好的，合适的，足够的<br>例 品質の良い商品ほど値段が高くなる。<br>质量越好的商品价格越高。<br>類 良好，よろしい 反 悪い |

| 12 ★★★ | 副 很好地，充分地，经常，非常 |
|---|---|
| よく | 例苦手な数学で満点を取るなんて，君はよく頑張った。<br>不擅长的数学竟然拿了满分，你非常用功了。<br>類とても，たびたび，しばしば |

| 13 ★★★ | 動 进入，属于…的范畴，(电源)打开，(裂缝)产生 |
|---|---|
| はい<br>入る | 例雨が降ってきたので家の中に入る。<br>因为下起了雨，所以进到屋里。<br>類立ち入る 反出る |

| 14 ★★★ | イ 大的，夸张的，不谦虚的 |
|---|---|
| おお<br>大きい | 例サイズの大きい服を着るのが流行っている。<br>现在流行穿尺码大的衣服。<br>類巨大，重大 反小さい |

| 15 ★★★ | 動 制作，建造，种植，创建 |
|---|---|
| つく<br>作る | 例父は毎週日曜日に料理を作る。<br>爸爸每周日做饭。<br>類こしらえる，生み出す |

| 16 ★★★ | 動 增加 |
|---|---|
| ふ<br>増える | 例日本に来る外国人留学生が増えた。<br>来日本的外国人留学生增加了。<br>類増す，増加する 反減る，減少する |

| 17 ★★★ | イ 高的，贵的 |
|---|---|
| たか<br>高い | 例高い場所を怖がることを高所恐怖症という。<br>害怕高处的病叫做恐高症。<br>類大きい 反低い，安い |

| 18 ★★★ | 動 进行，举行 |
|---|---|
| おこな<br>行う | 例来週の木曜日，日本語の試験を行います。<br>下周四将进行日语考试。<br>類する，やる |

| 19 ★★★ | 副 例如，如果，比方说 |
|---|---|
| たと<br>例えば | 例例えばどんな本がおすすめか教えてください。<br>请问，比方说您有什么值得推荐给我的书吗？<br>類具体的には，もしも，仮に |

| 20 ★★★ | 動 感觉，感受 |
|---|---|
| かん<br>感じる | 例足がしびれて，なにも感じない。<br>腿麻了，什么都感觉不到。<br>類思う，分かる，気づく |

| 21 ★★★ | 副 首先 |
|---|---|
| まず | 例食事をする前には，まず手を洗いましょう。<br>吃饭之前请先洗手。<br>類最初に，第一に，とりあえず |

| 22 ★★★ | 動 买，高度评价，接受(挑衅等)，受到负面评价 |
|---|---|
| か<br>買う | 例楽しみにしていたゲームソフトを買う。<br>购买期待了很久的游戏软件。<br>類入手する，求める 反売る |

| 23 ★★★ | 動 不同，不一致，错误 |
|---|---|
| ちが<br>違う | 例彼は昔と違ってずいぶん真面目になった。<br>他与从前不同，现在变得认真多了。<br>類異なる，相違する 反同じ |

| 24 ★★★ 動 | 拿(扔、伸、派…)出，发出，提交 |
|---|---|
| だ<br>**出す** | 例 母は声に出して手紙を読んだ。<br>妈妈出声地读了信。<br>類 送る，与える，発する 反 入れる |

| 25 ★★★ ナ名 | 必要的 |
|---|---|
| ひつよう<br>**必要** | 例 受験に必要な書類をそろえる。<br>备齐考试必要的材料。<br>類 必須 反 不要 |

| 26 ★★★ ナ副名 | 自然(的/地)，自然而然(的/地) |
|---|---|
| しぜん<br>**自然(と)** | 例 緊張していても自然に振る舞うことを心がける。<br>即使紧张也要注意保持举止自然。<br>類 違和感なく，飾らずに，勝手に，自ずと 反 不自然，人工 |

| 27 ★★★ 動 | 能够理解，(真相等)公之于众，能够知道 |
|---|---|
| わ<br>**分かる** | 例 来週末に試験の結果が分かる。<br>下周末就能知道考试结果了。<br>類 判明する，理解する |

| 28 ★★★ 動 | 给，给予，布置 |
|---|---|
| あた<br>**与える** | 例 お菓子を買うお小遣いを子供に与える。<br>给小孩买点心的零花钱。<br>類 授ける，あげる，やる，施す 反 奪う |

| 29 ★★★ ナ | 重要，宝贵 |
|---|---|
| たいせつ<br>**大切** | 例 教科書の大切な部分に線を引く。<br>在教科书中重要的部分划线。<br>類 大事，貴重，重要 反 粗末 |

| 30 ★★★ 動 | 能看见，能看出，"来"的尊敬语 |
|---|---|
| み<br>**見える** | 例 ホテルの部屋の窓から富士山が見える。<br>从宾馆房间的窗户能看见富士山。<br>類 目に入る |

| 31 ★★★ イ | 小的，年幼的 |
|---|---|
| ちい<br>**小さい** | 例 小さくなって着られない服を捨てる。<br>扔掉变小穿不下了的衣服。<br>類 少ない，狭い 反 大きい |

| 32 ★★★ 動 | (河流等)汇合，(服装等)合适，(意见等)一致，(回答等)正确 |
|---|---|
| あ<br>**合う** | 例 服のサイズが合うか試着してみる。<br>试穿一下，看看衣服尺码合不合适。<br>類 合致する，一致する，当てはまる，即する 反 離れる |

| 33 ★★★ 動 | 接(球等)，接受，受到 |
|---|---|
| う<br>**受ける** | 例 病院で検査を受ける。<br>在医院接受检查。<br>類 受け取る，収める，もらう 反 与える，授ける |

| 34 ★★★ 動 | 查(字典等)，调查，检查 |
|---|---|
| しら<br>**調べる** | 例 インターネットで日本について調べる。<br>在互联网上查关于日本的信息。<br>類 調査する，明らかにする |

| 35 ★★★ イ | 少的 |
|---|---|
| すく<br>**少ない** | 例 この問題に答えられる学生は少ないだろう。<br>能回答上来这个问题的学生应该很少吧。<br>類 小さい，少数 反 多い |

| 36 ★★★ | 動 講述，陈述，论述 |
|---|---|
| の<br>述べる | 例お世話になった先生に感謝の言葉を述べる。<br>向照顾过自己的老师致谢。<br>類言う，語る，話す |

| 37 ★★★ | ナ 重要的 |
|---|---|
| じゅうよう<br>重要 | 例研究に重要なのは諦めない気持ちだ。<br>做研究，重要的是不放弃的精神。<br>類大切，大事 |

| 38 ★★★ | 動 表达，表示 |
|---|---|
| あらわ<br>表す | 例感謝の気持ちを言葉で表す。<br>用语言表达感谢的心情。<br>類表現する，示す |

| 39 ★★★ | 動 展现，展示 |
|---|---|
| あらわ<br>現す | 例隠れていた犯人がようやく姿を現した。<br>过去一直躲着的犯人终于现形了。<br>類見せる，出現する 反隠す，消す |

| 40 ★★★ | ナ 各种各样的 |
|---|---|
| さまざま<br>様々 | 例水族館では様々な種類の魚が飼育されている。<br>水族馆里饲养着各种各样的鱼。<br>類色々，とりどり |

| 41 ★★★ | 動 出示，指示，标示 |
|---|---|
| しめ<br>示す | 例お酒を買うために身分証明書を示す。<br>为了买酒而出示身份证明。<br>類表す，見せる，表明する |

| 42 ★★★ | 動 传达，转达，传授，传递(电，热) |
|---|---|
| つた<br>伝える | 例情報は正確に伝える必要がある。<br>正确传达信息是很必要的。<br>類言う，表す，知らせる |

| 43 ★★★ | 動 决定，定好 |
|---|---|
| き<br>決める | 例日本に留学することを決めた。<br>我决定去日本留学。<br>類決定する，決心する，定める |

| 44 ★★★ | 動 放入，算入，打开(开关等) |
|---|---|
| い<br>入れる | 例野菜を炒めた鍋に水を入れる。<br>往炒过菜的锅里倒水。<br>類注ぐ，加える，移す，しまう 反出す |

| 45 ★★★ | 副 马上，即将，容易(生气等) |
|---|---|
| すぐ(に) | 例体調が悪いなら，すぐに病院へ行ってください。<br>要是你身体不舒服的话，请马上去医院。<br>類ただちに |

| 46 ★★★ | イ 强的，强烈的，抗(耐)…的，擅长的 |
|---|---|
| つよ<br>強い | 例リーダーには強い責任感が求められる。<br>当领导需要有很强的责任感。<br>類丈夫，頑丈，たくましい 反弱い |

| 47 ★★★ | 動 举例，举办，全、举(国，世) |
|---|---|
| あ<br>挙げる | 例具体的な例を挙げて説明してください。<br>请举出具体例子来说明。<br>類列挙する，検挙する，挙行する |

WEEK 1 WEEK 2 WEEK 3 WEEK 4 WEEK 5 WEEK 6 WEEK 7 WEEK 8

13

| 48 ★★★ | 動 | 得到，获得 |
|---|---|---|
| え<br>得る | | 例 周囲の信頼を得るために努力する。<br>努力获得来自周围人的信任。<br>類 入手する，取得する　反 失う |

| 49 ★★★ | 動 | 学习 |
|---|---|---|
| まな<br>学ぶ | | 例 日本の大学で経済について学ぶ。<br>在日本的大学里学习经济。<br>類 習う，教わる，勉強する　反 教える |

| 50 ★★★ | 副 | (比较正式的表达) 为什么 |
|---|---|---|
| なぜ | | 例 テストが近いのに，あなたはなぜ勉強しないのですか。<br>都快考试了，你为什么还不学习呢?<br>類 どうして，どういうわけで |

| 51 ★★★ | イ | 难的，困难的，(人)难以接近的 |
|---|---|---|
| むずか<br>難しい | | 例 勉強を計画通りに進めることは，なかなか難しい。<br>完全按照计划来安排学习是相当困难的。<br>類 困難，やっかい　反 簡単，易しい |

| 52 ★★★ | イ | 不好的 |
|---|---|---|
| わる<br>悪い | | 例 この部屋は北向きなので日当たりが悪い。<br>因为这个房间是朝北的，所以光线不好。<br>類 不良，粗悪，ひどい　反 良い |

| 53 ★★★ | イ | (距离、时间等)长的 |
|---|---|---|
| なが<br>長い | | 例 長い年月をかけて動物は進化してきた。<br>经历了漫长的岁月，动物逐渐进化成今天的样子。<br>類 久しい　反 短い |

| 54 ★★★ | 動 | 持，带，承担(责任等) |
|---|---|---|
| も<br>持つ | | 例 雨が降りそうなので傘を持って出かける。<br>因为快下雨了，所以带伞出门。<br>類 有する，所有する，携える |

| 55 ★★★ | 副名 | 各自的 |
|---|---|---|
| それぞれ | | 例 人はみんな同じではなく，それぞれ個性がある。<br>人不是千篇一律的，每个人都有自己的个性。<br>類 個々，おのおの |

| 56 ★★★ | 動 | 工作，起作用，做(坏事) |
|---|---|---|
| はたら<br>働く | | 例 兄は大手企業で働いている。<br>哥哥在大企业工作。<br>類 勤める，機能する　反 遊ぶ |

| 57 ★★★ | 副 | 已经，再 |
|---|---|---|
| もう | | 例 気づいたら，もう夕方になっていた。<br>等我回过神来，天已经快黑了。<br>類 すでに，もはや，ほどなく　反 まだ，やっと，もっと |

| 58 ★★★ | 動 | 改变，使…变化 |
|---|---|---|
| か<br>変える | | 例 大学で出会った教授は私の人生を変えた。<br>在大学期间遇到的一位教授改变了我的一生。<br>類 変更する，改める，交換する，交替する |

| 59 ★★★ | 動 | 来，到来，传来，由来 |
|---|---|---|
| く<br>来る | | 例 友人が日本から遊びに来る。<br>朋友从日本过来玩。<br>類 到着する，届く，近づく　反 行く |

WEEK
1

WEEK
2

WEEK
3

WEEK
4

WEEK
5

WEEK
6

WEEK
7

WEEK
8

| 60 ★★★ | 動 減少, 饿 |
|---|---|
| へ<br>減る | 例日本の子供の数は徐々に減っている。<br>日本的儿童数量在逐渐减少。<br>類減らす, 減少する　反増える, 増す |

| 61 ★★★ | 動 教, 告诉 |
|---|---|
| おし<br>教える | 例彼はイギリスで日本語を教えている。<br>他在英国教日语。<br>類伝える, 教育する　反教わる, 学ぶ, 習う |

| 62 ★★★ | 動 称呼, 称作, 叫…过来 |
|---|---|
| よ<br>呼ぶ | 例友人をホームパーティーに呼ぶ。<br>叫朋友来参加家庭聚会。<br>類招く, 称する |

| 63 ★★★ | 動 变化 |
|---|---|
| か<br>変わる | 例信号が赤から青に変わった。<br>信号灯从红色变成了绿色。<br>類変化する, 改まる |

| 64 ★★★ | 動 有差异, 不同 |
|---|---|
| こと<br>異なる | 例国によって文化は異なる。<br>不同国家, 文化也不尽相同。<br>類違う, 食い違う, 相違する　反等しい, 同じ |

| 65 ★★★ | イ 有趣的, 有意思的 |
|---|---|
| おもしろ<br>面白い | 例文化の違いを学ぶのはとても面白い。<br>学习文化间的差异很有意思。<br>類楽しい, 興味深い　反つまらない, 退屈 |

| 66 ★★★ | 動 前进, 提升(年级等), (好事)发展, (坏事)加重 |
|---|---|
| すす<br>進む | 例私は経済について学べる大学に進みたい。<br>我想进入一所能够学习经济的大学。<br>類前進する, 動く, はかどる　反退く, 止まる, 遅れる |

| 67 ★★★ | 動 发生, 产生 |
|---|---|
| お<br>起こる | 例災害が起こった時には助け合いが必要だ。<br>灾害发生时, 互帮互助是很必要的。<br>類発生する |

| 68 ★★★ | 動 保护, 守护, 防守 |
|---|---|
| まも<br>守る | 例地球環境を守るために行動する。<br>为保护地球环境而采取行动。<br>類防ぐ, 保護する, かばう　反攻める, 破る |

| 69 ★★★ | 動 查找, 搜索 |
|---|---|
| さが<br>探す | 例勉強と両立できるアルバイトを探す。<br>找一份能兼顾学习的零工。<br>類求める, 尋ねる, 調べる |

| 70 ★★★ | 動 出示, 展示, 给…看, 显得 |
|---|---|
| み<br>見せる | 例友達に家族の写真を見せた。<br>我给朋友看了我的家人的照片。<br>類示す, 披露する　反隠す |

| 71 ★★★ | 動 寻求, 寻找, 要求, 购买 |
|---|---|
| もと<br>求める | 例ライオンは獲物を求めて移動する。<br>狮子追寻着猎物而迁徙。<br>類望む, 願う, 探す　反応える, 応じる |

| 72 ★★★ | イ | 擅长的，水平高的，有技巧的 | |
|---|---|---|---|
| 上手い | | 例 彼女は歌が上手いのできっと歌手になれる。 | |
| | | 因为她很擅长唱歌，所以将来一定能成为一名歌手。 | |
| | | 類 上手，巧み 反 下手 | |

| 73 ★★★ | 副 | 尤其，特别 | |
|---|---|---|---|
| とくに | | 例 私は学校の授業でとくに歴史が好きだ。 | |
| | | 在学校的课程当中，我尤其喜欢历史。 | |
| | | 類 特別に，とりわけ | |

| 74 ★★★ | 副 | 为什么 | |
|---|---|---|---|
| どうして | | 例 勉強に集中できないのはどうしてだろう。 | |
| | | 没法集中注意力学习是为什么呢？ | |
| | | 類 なぜ，どうやって | |

| 75 ★★★ | 副 | 还，尚，才，依然 | |
|---|---|---|---|
| まだ | | 例 宿題の提出は明日なのに，まだ終わっていない。 | |
| | | 作业明天就得交了，但是还没写完。 | |
| | | 類 いまだ，あと，どちらかといえば 反 もう | |

| 76 ★★★ | 動 | 生存，生活 | |
|---|---|---|---|
| 生きる | | 例 水がなければ，私たちは生きることができない。 | |
| | | 没有水的话，我们就无法生存。 | |
| | | 類 生活する，暮らす，生存する 反 死ぬ | |

| 77 ★★★ | イ | 正确的 | |
|---|---|---|---|
| 正しい | | 例 薬は正しい飲み方をしないと効果を発揮しない。 | |
| | | 药如果不按正确方法吃，是没有效果的。 | |
| | | 類 正確，正当 反 間違い，誤り | |

| 78 ★★★ | 動 | 取，获取，采取，去除 | |
|---|---|---|---|
| 取る | | 例 駅に預けてある荷物を取りに行く。 | |
| | | 去取寄存在车站的行李。 | |
| | | 類 もらう，つかむ，摂取する 反 戻す，返す，放す | |

| 79 ★★★ | 動 | 借，借用 | |
|---|---|---|---|
| 借りる | | 例 借りたものは返さなければならない。 | |
| | | 借的东西必须还。 | |
| | | 類 拝借する，借用する 反 貸す，返す | |

| 80 ★★★ | 動 | 出生，产生 | |
|---|---|---|---|
| 生まれる | | 例 娘は今年の五月に生まれた。 | |
| | | 女儿出生在今年五月。 | |
| | | 類 誕生する，出現する 反 死ぬ | |

| 81 ★★★ ナ 副名 | | 种种，很多，非常，各种各样的 | |
|---|---|---|---|
| 色々(と) | | 例 私は彼のことを色々と勘違いしていたようだ。 | |
| | | 我过去对他好像有很多误解。 | |
| | | 類 様々，あれこれ，多様 | |

| 82 ★★★ | 動 | 站，立，成立，出发 | |
|---|---|---|---|
| 立つ | | 例 彼はみんなの前に立って挨拶をした。 | |
| | | 他站在大家面前打了招呼。 | |
| | | 類 起きる 反 座る | |

| 83 ★★★ | 動 | 送(物)，派(人)，度过(时间) | |
|---|---|---|---|
| 送る | | 例 楽しい大学生活を送りたい。 | |
| | | 想度过一个愉快的大学生活。 | |
| | | 類 過ごす，届ける 反 受け取る，届く，迎える | |

| 84 ★★★ | 副 | (比較正式的表達)更加 |
|---|---|---|
| より | | 例より効率のよい勉強法はないだろうか。<br>难道没有效率更高的学习方法了吗?<br>類もっと, それ以上に |

| 85 ★★★ | 副 | (比較口語化的表達)更加 |
|---|---|---|
| もっと | | 例欲しいものがたくさんあるので, もっとお金がほしい。<br>因为有很多想得到的东西, 所以想要更多的钱。<br>類さらに, より一層 |

| 86 ★★★ | 動 | 分开, 分割, 分配, 分享 |
|---|---|---|
| 分ける | | 例彼は大きなケーキをみんなに分けた。<br>他把一个大蛋糕分给了大家。<br>類分配する, 仕切る, 区切る 反合わせる |

| 87 ★★★ | 副接 | 又, 再, 另外 |
|---|---|---|
| また | | 例今日の授業は終わりです。また明日会いましょう。<br>今天的课到此结束。我们明天再见。<br>類もう一度, 再び, やはり, さらに, あるいは |

| 88 ★★★ | 動 | 居住, 栖息 |
|---|---|---|
| 住む | | 例彼は五歳の時からずっと東京に住んでいる。<br>他从五岁开始一直住在东京。<br>類住まう, 居住する |

| 89 ★★★ | 動 | 卖, 出卖 |
|---|---|---|
| 売る | | 例日本のコンビニエンスストアは, なんでも売っている。<br>日本的便利店什么都卖。<br>類売り出す 反買う |

| 90 ★★★ | 副名接 | 只, 仅仅, 一味 |
|---|---|---|
| ただ | | 例希望の大学に合格するには, ただ勉強あるのみだ。<br>为了考上想报考的大学, 只有埋头学习。<br>類ひたすら, わずか, 無料, ただし |

| 91 ★★★ | 動 | 撞上, 光照到, 雨淋到, 猜中, 命中, 相当于, 直面(难题) |
|---|---|---|
| 当たる | | 例飛んできたボールが頭に当たった。<br>飞来的球撞到了头部。<br>類ぶつかる 反外れる, それる, 避ける |

| 92 ★★★ | 動 | 放置, 除外 |
|---|---|---|
| 置く | | 例テレビの正面にソファーを置く。<br>在电视机的正面放上沙发。<br>類設置する, 設ける |

| 93 ★★★ | ナ副 | 好像, 的确 |
|---|---|---|
| 確か | | 例あの店は確か日曜日も営業しているはずだ。<br>那家店周日好像也营业。<br>類恐らく, たぶん, 確実, 明確 反不確か, あやふや |

| 94 ★★★ | 動 | 被举办 |
|---|---|---|
| 行われる | | 例この公園では様々なイベントが行われている。<br>在这个公园中, 有很多活动正在进行。<br>類開催される, 実施される |

| 95 ★★★ | ナ名 | 健康的 |
|---|---|---|
| 健康 | | 例健康な人は食生活に気をつかっている。<br>健康的人都在留意自己的饮食生活。<br>類元気, 丈夫, 壮健 反不健康, 病気 |

| 96 ★★★ | ナ | 那样的 |
|---|---|---|
| そんな／<br>そのよう | | 例 まさか，そんな評価を受けるとは思わなかった。 |
| | | 我万万没想到会受到那样的评价。 |
| | | 類 こんな／このよう，あんな／あのよう |

| 97 ★★★ | 動 | 比较 |
|---|---|---|
| 比べる | | 例 日本と比べると，タイの物価は安い。 |
| | | 跟日本比较话，泰国物价很便宜。 |
| | | 類 比較する |

| 98 ★★★ | 動 | 画画 |
|---|---|---|
| 描く | | 例 私の趣味は絵を描くことです。 |
| | | 我的兴趣是画画。 |

| 99 ★★★ | 動 | 已经决定，固定的 |
|---|---|---|
| 決まる | | 例 来年の春に結婚することが決まった。 |
| | | 我已经定好了明年春天结婚。 |
| | | 類 定まる，決定する |

| 100 ★★★ | イ | 明亮的，开朗的，有希望的，公正的 |
|---|---|---|
| 明るい | | 例 明るい性格の彼にはたくさんの友達がいる。 |
| | | 性格开朗的他有着很多朋友。 |
| | | 類 朗らか 反 暗い |

| 101 ★★★ | 動 | 召集，收集，吸引(注意等) |
|---|---|---|
| 集める | | 例 資金を集めて会社を立ち上げる。 |
| | | 集资创办公司。 |
| | | 類 寄せる 反 散らす，配る |

| 102 ★★★ | 副 | 更加，进一步 |
|---|---|---|
| さらに | | 例 科学技術は今よりもさらに進歩するだろう。 |
| | | 科学技术会比现在更加发达吧。 |
| | | 類 もっと，より一層，そのうえ |

| 103 ★★★ | 副 | 一直，总是 |
|---|---|---|
| 常に | | 例 彼女は常に笑顔を絶やさない明るい人だ。 |
| | | 她是一个脸上总是挂着笑容的开朗的人。 |
| | | 類 いつも，いつでも，絶えず |

| 104 ★★★ | ナ | 简单的，容易的 |
|---|---|---|
| 簡単 | | 例 丈夫な素材でできているので，簡単には壊れない。 |
| | | 因为使用的材料很结实，所以轻易不会损坏。 |
| | | 類 容易 反 複雑 |

| 105 ★★★ | 動 | 培育，养育，培养 |
|---|---|---|
| 育てる | | 例 親には子供を育てる責任がある。 |
| | | 父母有养育孩子的责任。 |
| | | 類 培う，育む，養う |

| 106 ★★★ | ナ名 | 自由的 |
|---|---|---|
| 自由 | | 例 老後は田舎で自由な生活を送りたい。 |
| | | 老了以后想在农村过自由的日子。 |
| | | 類 気まま，自在 反 不自由 |

| 107 ★★★ | 動 | 重复 |
|---|---|---|
| 繰り返す | | 例 作文の練習を繰り返すと，語彙が増えていきます。 |
| | | 反复练习写作文的话，词汇量就会增加。 |
| | | 類 反復する |

WEEK
1
WEEK
2
WEEK
3
WEEK
4
WEEK
5
WEEK
6
WEEK
7
WEEK
8

| 108 ★★★ | 副名 | 実際上 |
| --- | --- | --- |

じっさい
**実際**

例簡単そうに見えて，実際にやってみると難しい。
看起来似乎很简单，但实际去做的话却很难。
類本当のところ，現実には，事実

| 109 ★★★ | ナ名 | 非常(的／地) |
| --- | --- | --- |

ひじょう
**非常**

例森で非常に珍しい花を見つけた。
我在森林里找到了非常罕见的花。
類とても，大変 反平常

| 110 ★★★ | イ | 低的，便宜的 |
| --- | --- | --- |

ひく
**低い**

例今日の気温は昨日と比べると十度も低い。
今天气温跟昨天比的话低了十度。
類小さい，少ない，下位 反高い

| 111 ★★★ | 動 | 歩行，走路，游历 |
| --- | --- | --- |

ある
**歩く**

例今日はたくさん歩いて疲れたので，よく眠れそうだ。
因为今天走了很多路累了，所以感觉会睡个好觉。
類歩む，歩行する 反走る

| 112 ★★★ | ナ名 | 喜欢(的) |
| --- | --- | --- |

す
**好き**

例私の好きな人は誠実で優しい人だ。
我喜欢诚实且温柔的人。
類好み，気に入る 反嫌い

| 113 ★★★ | ナ名 | 重要(的／地) |
| --- | --- | --- |

だいじ
**大事**

例これから大事な話をするので，よく聞いてください。
我接下来会讲一些很重要的事，所以请仔细听。
類大切，貴重，重要 反小事

| 114 ★★★ | 動 | 使用 |
| --- | --- | --- |

つか
**使う**

例インターネットを使って日本語を勉強する。
用互联网学习日语。
類使用する，利用する，用いる

| 115 ★★★ | 動 | 连接起来，联系起来，接通 |
| --- | --- | --- |

**つながる**

例日本語を聞く力が，話す力につながっている。
日语听力和口语能力是相关联的。
類結び付く，接続する，連結する

| 116 ★★★ | 副 | 一定，肯定，必然 |
| --- | --- | --- |

かなら
**必ず**

例希望の大学に必ず合格してみせる。
我一定要考上我想考的大学给你们看。
類絶対に，間違いなく 反恐らく，なるべく

| 117 ★★★ | 動 | 记住，学会，感到 |
| --- | --- | --- |

おぼ
**覚える**

例この本を使って単語を覚える。
用这本书记单词。
類記憶する 反忘れる

| 118 ★★★ | 動 | 起来，起床，发生 |
| --- | --- | --- |

お
**起きる**

例母は朝早く起きて，朝ごはんを作ってくれる。
妈妈早上早早起来，给我做早饭。
類目覚める，覚める，覚ます 反寝る，伏せる

| 119 ★★★ | 動 | 包含，含有 |
| --- | --- | --- |

ふく
**含む**

例利用料には消費税を含みます。
使用费里含消费税。
類収める 反除く

| 120 ★★★ | 動 | 使…减少 |
|---|---|---|
| へ<br>減らす | | 例 勉強のためにテレビを見る時間を減らした。<br>为了学习，我减少了看电视的时间。<br>類 減少する，削減する　反 増やす，増す |

| 121 ★★★ | 動 | 得到 |
|---|---|---|
| もらう | | 例 先生に相談して進路についてのアドバイスをもらった。<br>通过与老师的谈话而得到了有关毕业后出路的建议。<br>類 いただく，受け取る　反 与える，遠慮する |

| 122 ★★★ | ナ | 具体(的／地) |
|---|---|---|
| ぐ たいてき<br>具体的 | | 例 面接では具体的なエピソードを交えて話すべきだ。<br>面试表达时应该穿插一些具体事例。<br>類 実際の　反 抽象的 |

| 123 ★★★ | 動 | 使…增加 |
|---|---|---|
| ふ<br>増やす | | 例 合格するために勉強の時間を増やす。<br>为了通过考试而增加学习时间。<br>類 増す　反 減らす |

| 124 ★★★ | 動 | 注意到，留意到 |
|---|---|---|
| き<br>気づく | | 例 彼は自分の欠点に気づいていない。<br>他还没有注意到自己的缺点。<br>類 感づく |

| 125 ★★★ | 動 | 享受，期待 |
|---|---|---|
| たの<br>楽しむ | | 例 日本での大学生活を楽しんでいる。<br>我很享受我在日本的大学生活。<br>類 好む，興ずる　反 苦しむ |

| 126 ★★★ | 動 | 睡觉，躺着 |
|---|---|---|
| ね<br>寝る | | 例 体調が悪いので今日は早めに寝る。<br>因为身体不舒服，所以今天早点睡。<br>類 眠る　反 起きる |

| 127 ★★★ | 動 | 剩下，留下 |
|---|---|---|
| のこ<br>残る | | 例 誰も食べないので料理が残ってしまった。<br>谁都不肯吃，所以饭菜剩下了。<br>類 余る |

| 128 ★★★ | ナ 副 名 | 普通(的／地)，和平时一样(的／地)，一般，正常情况下 |
|---|---|---|
| ふ つう<br>普通 | | 例 私はもう元気で仕事も普通にできる。<br>我已经恢复健康了，工作也可以正常做了。<br>類 通常，いつも通り，一般的　反 異常，特殊，特別 |

| 129 ★★★ | イ | 便宜的 |
|---|---|---|
| やす<br>安い | | 例 この地域は都心に比べて家賃や物価が安い。<br>这个地区与市中心相比房租与物价都更便宜。<br>類 安価な，低い　反 高い |

| 130 ★★★ | 動 | 传达到，传播到 |
|---|---|---|
| つた<br>伝わる | | 例 日本のアニメの評判は中国にも伝わっている。<br>日本动漫的口碑在中国也广为人知。<br>類 広まる，届く |

| 131 ★★★ | 動 | 寻找 |
|---|---|---|
| み<br>見つける | | 例 日本で住む家をやっと見つけた。<br>终于在日本找到可以居住的房子了。<br>類 発見する　反 無くす，見失う |

| 132 ★★★ | 動 | 种植 |
|---|---|---|
| 植える<br>う | | 例 庭の花壇にたくさんの花を植える。<br>向院子里的花坛中种许多花。<br>類 栽培する |

| 133 ★★★ | 副 | 一点儿，稍微 |
|---|---|---|
| 少し<br>すこ | | 例 この問題は少し考えれば解けるはずだ。<br>这个题稍微想一想应该就能做出来。<br>類 ちょっと，少々　反 たくさん |

| 134 ★★★ | 副名 | 全部，所有 |
|---|---|---|
| すべて | | 例 今日やるべきことはすべてやり終えた。<br>今天该干的事都干完了。<br>類 全部，全体，一切　反 一部 |

| 135 ★★★ | イ | 旧的，悠久的，从前的 |
|---|---|---|
| 古い<br>ふる | | 例 古くなったテレビを新しいものに買いかえる。<br>买一台新的电视机换掉旧的那台。<br>類 中古，古くさい，時代遅れ　反 新しい |

| 136 ★★★ | イ | 深的，深厚的，深远的 |
|---|---|---|
| 深い<br>ふか | | 例 水深が深いところで泳ぐのは危険だ。<br>在水深深的地方游泳是危险的。<br>類 奥深い，深長　反 浅い |

| 137 ★★★ | 動 | 等待 |
|---|---|---|
| 待つ<br>ま | | 例 試験の結果が発表されるのを待っている。<br>我在等考试结果公布。<br>類 待ち受ける |

| 138 ★★★ | 動 | 挪动，使…变动，操纵(机器) |
|---|---|---|
| 動かす<br>うご | | 例 机を動かすのを手伝ってください。<br>请帮我挪一下桌子。<br>類 移動する　反 止める，据える |

| 139 ★★★ | 副 | 非常，(后接否定)实在 |
|---|---|---|
| とても | | 例 この雨ではとても外出できない。<br>雨这么大，实在没法出去。<br>類 到底，非常に |

| 140 ★★★ | イ | (面积)大的，宽的，(人脉等)广 |
|---|---|---|
| 広い<br>ひろ | | 例 将来は広い庭のある家で犬を飼いたい。<br>未来我想在有大院子的家中养狗。<br>類 広大，大きい　反 狭い |

| 141 ★★★ | 副 | 当然 |
|---|---|---|
| もちろん | | 例 彼は勉強はもちろん，スポーツもできる人だ。<br>他的学习自不必说，体育也很好。<br>類 当然，言うまでもなく |

| 142 ★★★ | 動 | 忘记，落(东西) |
|---|---|---|
| 忘れる<br>わす | | 例 家の鍵を学校に忘れてきてしまった。<br>我把家里的钥匙落在学校了。<br>類 失念，忘却　反 思い出す，覚える |

| 143 ★★★ | 動 | (锁等)打开，(商店等)开门 |
|---|---|---|
| 開く<br>ひら | | 例 あのスーパーは十時に開く。<br>那家超市十点开门。<br>類 始まる，開(あ)く　反 閉じる，閉まる |

WEEK 1

WEEK 2

WEEK 3

WEEK 4

WEEK 5

WEEK 6

WEEK 7

WEEK 8

21

| 144 ★★★ | 副 | 完全 |
|---|---|---|
| まったく | | 例 彼女とデートできるなんて，まったく夢みたいだ。<br>竟然能跟她约会，完全像做梦一样。<br>類 実に，完全に，全然 |

| 145 ★★★ | 動 | 申请，提出请求 |
|---|---|---|
| もう こ<br>申し込む | | 例 インターネットでチケットを申し込むことができる。<br>通过互联网就可以申请购票。<br>類 申し出る，願い出る　反 受け付ける |

| 146 ★★★ | ナ | 社会性(的／地)，全社会(的／地) |
|---|---|---|
| しゃかいてき<br>社会的 | | 例 彼女の功績は社会的に認められるべきである。<br>她的功绩应该被全社会所认可。<br>類 社会性，世間的 |

| 147 ★★★ | イ | 愉快的 |
|---|---|---|
| たの<br>楽しい | | 例 ホストファミリーと再会して，楽しいひと時を過ごした。<br>和寄宿家庭重逢，度过了一段愉快的时间。<br>類 愉快，面白い　反 つまらない |

| 148 ★★★ | 動 | 继续，持续，连续 |
|---|---|---|
| つづ<br>続ける | | 例 働き始めても日本語の勉強は続けるつもりだ。<br>即使开始工作了，我也打算继续学日语。<br>類 継続する　反 止める，打ち切る |

| 149 ★★★ | 副 | 非常(比想象的程度更高)，(后接否定)很难… |
|---|---|---|
| なかなか | | 例 運命の人にはなかなか出会えないだろう。<br>命中注定的人应该是很难遇到的吧。<br>類 ずいぶん，あまり，とうてい |

| 150 ★★★ | 動 | 承认，许可，确认 |
|---|---|---|
| みと<br>認める | | 例 自分の失敗であることを素直に認める。<br>坦率地承认自己的失败。<br>類 許可する，受け入れる |

| 151 ★★★ | 副 | 如果 |
|---|---|---|
| もし | | 例 もし明日雨が降ったら，旅行は中止にしよう。<br>如果明天下雨了，那旅行就取消吧。<br>類 仮に，万が一 |

| 152 ★★★ | イ | 年轻的，不成熟的，(数字)小的 |
|---|---|---|
| わか<br>若い | | 例 彼は若くして社長になった優秀な人だ。<br>他年纪轻轻就当上了总裁，是个优秀的人。<br>類 若々しい，幼い，未熟　反 老いた |

| 153 ★★★ | 副名 | 几乎所有 |
|---|---|---|
| ほとんど | | 例 買ったお菓子は君がほとんど食べてしまった。<br>买的点心基本都被你吃了。<br>類 大体，おおかた，大部分，ほぼ |

| 154 ★★★ | ナ副名 | 真正(的／地)，真实(的／地)，真的，非常地 |
|---|---|---|
| ほんとう<br>本当(に) | | 例 彼が中国に帰国するうわさは，残念ながら本当だ。<br>说他要回中国的那个传闻，虽然很遗憾，但是真的。<br>類 真，誠，まさに，まさしく，非常に　反 嘘 |

| 155 ★★★ | イ | 短的，简短的 |
|---|---|---|
| みじか<br>短い | | 例 自分の考えを短くまとめて簡潔に述べる。<br>简短地总结自己的想法，并简洁地阐述。<br>類 短め　反 長い |

| 156 ★★★ | 動 | 带来，造成，导致 |
| --- | --- | --- |
| もたらす | | 例あの地震は大きな被害をもたらした。<br>那次地震造成了巨大的破坏。<br>類来す，引き起こす |

| 157 ★★★ | 動 | 上升，提升，（工作）完成，取得（成果） |
| --- | --- | --- |
| 上がる | | 例もっと成績が上がるように頑張りたい。<br>我想努力让成绩提高。<br>類高まる，上昇する 反下がる |

| 158 ★★★ | 動 | 搬动，（人）移动，进行，进展 |
| --- | --- | --- |
| 運ぶ | | 例この荷物は重くて一人では運べない。<br>这个行李很重，一个人搬不动。<br>類持ち運ぶ，移動する |

| 159 ★★★ | 動 | 开始 |
| --- | --- | --- |
| 始まる | | 例来月から春休みが始まる。<br>下个月春假就开始了。<br>類開始する 反終わる |

| 160 ★★★ | 動 | 被包含 |
| --- | --- | --- |
| 含まれる | | 例牛肉には多くのビタミンBが含まれている。<br>牛肉中含有很多维生素B。<br>類含有する |

| 161 ★★★ | 動 | 见面，遇到 |
| --- | --- | --- |
| 会う | | 例高校時代の先生と道でばったり会った。<br>在路上偶然遇见了我高中时候的老师。<br>類出会う，遭遇する 反別れる |

| 162 ★★★ | 動 | 对上，加上，混合，配合 |
| --- | --- | --- |
| 合わせる | | 例みんなの力を合わせて困難を乗り切る。<br>凝聚众人的力量渡过难关。<br>類合う 反分ける |

| 163 ★★★ | 動 | 动，（机械等）运作，行动，变动 |
| --- | --- | --- |
| 動く | | 例車はガソリンや電気で動いている。<br>汽车靠汽油或者电力驱动。<br>類動作する，変わる，揺れる 反止まる |

| 164 ★★★ | ナ副 | 相当多(大…)的，相当 |
| --- | --- | --- |
| かなり | | 例学校に行けない子供はかなりな数にのぼった。<br>无法上学的孩子达到了一个庞大的数量。<br>類相当，ずいぶん |

| 165 ★★★ | 副名 | 事实上，实际上 |
| --- | --- | --- |
| 事実 | | 例事実，私はその人に一度も会ったことがない。<br>实际上，我一次都没见过那个人。<br>類ほんとうに，実際に |

| 166 ★★★ | 副 | 尽量 |
| --- | --- | --- |
| できるだけ | | 例急いでいるので、できるだけ早く返事をください。<br>因为很紧急，所以请尽快答复。<br>類可能な限り |

| 167 ★★★ | 動 | 结束 |
| --- | --- | --- |
| 終わる | | 例今日は学校が早く終わるので遊びに行く。<br>今天学校放学早，所以去玩。<br>類済む，終了する 反始まる |

23

| 168 ★★★ | 副名 | 近期，不久，附近 |
|---|---|---|

**近く**（ちか）

例 彼は近く日本に来る予定だ。
他计划近期来日本。
類 やがて，まもなく，近所，近辺　反 遠く

| 169 ★★★ | 動 | 放弃，中止，戒掉 |
|---|---|---|

**やめる**

例 今日は体調が悪いので出かけるのをやめる。
今天身体不舒服，所以取消外出。
類 諦める，断念する，止める　反 続ける

| 170 ★★★ | ナ | 丰富的，充裕的 |
|---|---|---|

**豊か**（ゆた）

例 自然が豊かな街で暮らしたい。
我想生活在充满自然气息的地方。
類 豊富，潤沢　反 乏しい，貧しい

| 171 ★★★ | イ | 美的，美好的 |
|---|---|---|

**美しい**（うつく）

例 美しい自然を求めて旅をする。
踏上旅途去寻找自然之美。
類 きれいな　反 醜い

| 172 ★★★ | イ | 美味的 |
|---|---|---|

**おいしい**

例 彼女が作る料理はなんでもおいしい。
她做的饭菜每一种都好吃。
類 美味，うまい　反 まずい

| 173 ★★★ | 動 | 使…前进，推进 |
|---|---|---|

**進める**（すす）

例 新しい薬の開発を進める。
推进新药的研发。
類 動かす，実行する　反 止める，退ける

| 174 ★★★ | 動 | 防止 |
|---|---|---|

**防ぐ**（ふせ）

例 暖かいコートを買って寒さを防ぐ。
买一件暖和的外套防寒。
類 守る，遮る　反 攻める

| 175 ★★★ | イ | 虚弱的，弱小的，（能力，属性等）不强的 |
|---|---|---|

**弱い**（よわ）

例 子供のころは体が弱く，病気がちだった。
我小时候身体很弱，经常生病。
類 弱々しい，ひ弱　反 強い

| 176 ★★★ | イ | 详细的，精通的 |
|---|---|---|

**詳しい**（くわ）

例 専門家の詳しい説明を聞いて納得した。
听了专家的详细说明后理解了。
類 詳細，細かい　反 大雑把，疎い

| 177 ★★★ | ナ副名 | 很糟糕(的／地)，很麻烦(的／地)，非常 |
|---|---|---|

**大変**（たいへん）

例 大変な事態のなかでも彼は落ち着いていた。
即使是在危急事态下，他也一直保持着镇定。
類 重大，非常，とても，非常に，極めて　反 あまり

| 178 ★★★ | イ | (时间、距离、关系等)近的 |
|---|---|---|

**近い**（ちか）

例 近い将来，会社を立ち上げようと思っている。
在不远的将来，我想创办一个公司。
類 間近，すぐ　反 遠い

| 179 ★★★ | ナ副名 | 原样(的)，不赔不赚(的)，原来，本来，从一开始 |
|---|---|---|

**もともと**

例 相手チームは強豪だから，負けてももともとだ。
对方球队很强，所以即使输了也是不赔不赚。
類 当然，当たり前，はじめから，そもそも，本来，元来

| | | |
|---|---|---|
| 180 ★★★ **ナ副** | 相同的，(反正)都是 | |
| おな<br>同じ | 例彼と私は誕生日が同じだ。<br>他和我同一天生日。<br>**類**同様，共通，等しい，どうせ，どのみち **反**別，異なる | |
| 181 ★★★ **動** | 成长，长大 | |
| そだ<br>育つ | 例私は東京で生まれ育った。<br>我在东京出生，长大。<br>**類**成長する，生長する，発育する | |
| 182 ★★★ **動** | 看，观看，查看，照看 | |
| み<br>見る | 例パソコンの画面を長時間見ていると目が疲れる。<br>如果长时间盯着电脑屏幕看的话眼睛会疲劳。<br>**類**眺める，見物する，見受ける | |
| 183 ★★★ **ナ名** | 方便 | |
| べんり<br>便利 | 例この電車は様々な路線に乗り換えられるので便利だ。<br>这趟电车可以换乘到各种其它路线，很方便。<br>**類**重宝，有用 **反**不便 | |
| 184 ★★★ **動** | 集中，汇聚 | |
| あつ<br>集まる | 例彼の誕生日を祝うために，たくさんの人が集まった。<br>为了庆祝他的生日，很多人到场。<br>**類**集合する，群がる **反**解散する，散る | |
| 185 ★★★ **動** | 说，叫做 | |
| い<br>言う | 例会議で自分の意見を言う。<br>在会议上发表自己的意见。<br>**類**しゃべる，語る，話す，述べる | |
| 186 ★★★ **ナ副名** | 经常，相当，相当好(的/地)，足够 | |
| けっこう<br>結構 | 例今回のテストは結構いい点が取れそうだ。<br>这次考试应该能考个相当不错的分数。<br>**類**かなり，相当，意外に，立派，見事，満足 | |
| 187 ★★★ **動** | 接触，抵触，提及 | |
| ふ<br>触れる | 例異文化に触れるのは，旅行の醍醐味だ。<br>能够接触到别的文化才是旅行的精髓。<br>**類**触る，接する | |
| 188 ★★★ **ナ** | 基本(的/地) | |
| きほんてき<br>基本的 | 例パソコンの基本的な使い方は身に付けておくべきだ。<br>电脑的基本操作还是应该掌握的。<br>**反**応用的 | |
| 189 ★★★ **動** | 饲养，喂养 | |
| か<br>飼う | 例私の家では猫を三匹飼っている。<br>我家养着三只猫。<br>**類**育てる，飼育する | |
| 190 ★★★ **動** | 持续，连续，反复，紧接着 | |
| つづ<br>続く | 例地震に続いて火災が発生した。<br>地震之后紧接着又发生了火灾。<br>**類**連続する，継続する **反**絶える，切れる | |
| 191 ★★★ **動** | 留下，剩下 | |
| のこ<br>残す | 例食べきれずに料理を残した。<br>饭菜没吃完，剩下了。<br>**類**余す | |

| 192 ★★★ | ナ | 清楚的，明显的 |
|---|---|---|

**明らか**
あき

例 現場の証拠から，彼が犯人であることは明らかだ。
从现场的证据来看，很明显就是犯人。
類 明瞭，明白，はっきり 反 紛らわしい，疑わしい

| 193 ★★★ | 動 | 以…为对象，处理，接待 |
|---|---|---|

**扱う**
あつか

例 東京の観光情報を扱うサイトをみる。
浏览一个专门发布东京旅游信息的网站。
類 取り扱う，操作する，処理する

| 194 ★★★ | ナ名 | 安全(的／地) |
|---|---|---|

**安全**
あんぜん

例 地震が発生したら安全な場所に避難してください。
如果发生地震的话，请前往安全的场所避难。
類 安心，万全 反 危険

| 195 ★★★ | 動 | 优秀，出色的 |
|---|---|---|

**優れる**
すぐ

例 彼のピアノの演奏は誰よりも優れている。
他的钢琴演奏比别人都出色。
類 秀でる，優秀，勝る 反 劣る

| 196 ★★★ | 副 | 已经 |
|---|---|---|

**すでに**

例 気づいた時には，すでに朝になっていた。
等我注意到的时候，已经是早上了。
類 もう，とっくに，以前に 反 まだ

| 197 ★★★ | 動 | 使…直立，制定，发出(声音、味道等)，抬高身份 |
|---|---|---|

**立てる**
た

例 夏休みに旅行する計画を立てる。
制定一个暑假的旅行计划。
類 起こす，掲げる

| 198 ★★★ | ナ名 | 适当的，恰当的 |
|---|---|---|

**適切**
てきせつ

例 けが人に適切な処置を施す。
对伤员实施合适的救治措施。
類 適当，妥当 反 不適切，不適

| 199 ★★★ | 副 | (与其…)不如说 |
|---|---|---|

**むしろ**

例 彼は天才というより，むしろ努力家だ。
与其说他是天才，不如说他是个非常努力的人。
類 どちらかといえば

| 200 ★★★ | 副 | 不慌不忙地，悠闲地 |
|---|---|---|

**ゆっくり(と)**

例 まだ時間はあるので，駅までゆっくり歩いて行こう。
还有时间，我们慢慢走去车站吧。
類 徐々に，のんびり 反 速やかに，すぐに

| 201 ★★★ | イ | 慢的，迟的，晚的 |
|---|---|---|

**遅い**
おそ

例 音の速度は光よりも遅い。
声音的速度比光速要慢。
類 のろい，ゆっくり 反 速い，早い

| 202 ★★★ | 動 | 掉落，(质量等)下降，(考试等)失败 |
|---|---|---|

**落ちる**
お

例 残念ながら試験に落ちてしまった。
很遗憾，考试失利了。
類 落ち込む，落下，陥る 反 上がる，受かる

| 203 ★★★ | 副 | …得多，(时间、距离)遥远地，一直 |
|---|---|---|

**ずっと**

例 一人で彼の帰りをずっと待っていた。
我当时一直在等他回来。
類 絶えず，いつまでも，はるか

| 204 ★★★ | 副 | 仍然，果然 |
|---|---|---|
| やっぱり | | 例あの先生の授業はやっぱり分（わ）かりやすい。<br>那个老师的课果然是好懂。<br>類案（あん）の定（じょう），やはり，予想通（よそうどお）り |

| 205 ★★★ | イ | 黒暗的，阴暗的 |
|---|---|---|
| 暗（くら）い | | 例夜明（よあ）け前（まえ）の暗（くら）いうちから勉強（べんきょう）を始（はじ）める。<br>从大清早天没亮的时候开始学习。<br>類薄暗（うすぐら）い　反明（あか）るい |

| 206 ★★★ | 動 | 添加，施加(压力等)，使…加入(组织等) |
|---|---|---|
| 加（くわ）える | | 例味（あじ）が薄（うす）い料理（りょうり）に調味料（ちょうみりょう）を加（くわ）える。<br>给味道很淡的菜里加调料。<br>類足（た）す，添（そ）える，付（つ）け加（くわ）える　反除（のぞ）く |

| 207 ★★★ | 動 | 扔掉，抛弃 |
|---|---|---|
| 捨（す）てる | | 例粗大（そだい）ごみを捨（す）てる時（とき）には申（もう）し込（こ）みが必要（ひつよう）だ。<br>扔大件垃圾时需要提前申请。<br>類放棄（ほうき）する，処分（しょぶん）する　反拾（ひろ）う |

| 208 ★★★ | ナ | 积极(的/地)，主动(的/地) |
|---|---|---|
| 積極的（せっきょくてき） | | 例分（わ）からないことは積極的（せっきょくてき）に質問（しつもん）してください。<br>有不懂的地方请积极提问。<br>類意欲的（いよくてき），能動的（のうどうてき）　反消極的（しょうきょくてき） |

| 209 ★★★ | 動 | 提高 |
|---|---|---|
| 高（たか）める | | 例こつこつ勉強（べんきょう）することが合格（ごうかく）の可能性（かのうせい）を高（たか）める。<br>勤奋学习可以提高考试通过的概率。<br>類増（ふ）やす　反低（ひく）める |

| 210 ★★★ | 動 | 保持 |
|---|---|---|
| 保（たも）つ | | 例健康（けんこう）を保（たも）つために運動（うんどう）をする。<br>为了保持身体健康而运动。<br>類支（ささ）える，維持（いじ）する |

| 211 ★★★ | 動 | 用，使用 |
|---|---|---|
| 用（もち）いる | | 例日本語（にほんご）は主（おも）に漢字（かんじ）とかなを用（もち）いて表記（ひょうき）される。<br>日语主要用汉字和假名书写。<br>類使（つか）う，使用（しよう）する，利用（りよう）する |

| 212 ★★★ | 動 | 回应，响应，根据，按照，与…相适应 |
|---|---|---|
| 応（おう）じる | | 例利用者（りようしゃ）のニーズに応（おう）じてサービスを提供（ていきょう）する。<br>根据使用者需求来提供服务。<br>類受（う）け入（い）れる，対応（たいおう）する，応答（おうとう）する　反拒（こば）む，求（もと）める |

| 213 ★★★ | 動 | 困扰，恼人 |
|---|---|---|
| 困（こま）る | | 例隣（となり）の部屋（へや）がうるさくて困（こま）っている。<br>隔壁房间很吵闹，让我很烦恼。<br>類苦（くる）しむ，迷惑（めいわく）する |

| 214 ★★★ | 動 | 飞，赶往，跳跃，跳过 |
|---|---|---|
| 飛（と）ぶ | | 例飛行機（ひこうき）が空（そら）を飛（と）んでいる。<br>飞机在空中飞。<br>類舞（ま）う，翔（か）ける |

| 215 ★★★ | 動 | 跟随，随着，遵从，按照 |
|---|---|---|
| 従（したが）う | | 例画面（がめん）の指示（しじ）に従（したが）って操作（そうさ）する。<br>请按照屏幕上的指令来操作。<br>類沿（そ）う，添（そ）う，服従（ふくじゅう）する　反逆（さか）らう，背（そむ）く |

★★★ 高頻
★★ 中頻
★ 衍生

| 216 ★★★ 動 | 产生，发生 |
|---|---|
| しょう<br>生じる | 例嘘の情報によって人々に混乱が生じる。<br>虚假信息导致人们产生了混乱。<br>類起こる，生まれる |

| 217 ★★★ ナ副名 | 很多(的／地)，足够的 |
|---|---|
| たくさん | 例先生に質問したいことが，まだたくさんある。<br>我想问老师的问题还有很多。<br>類豊富に，大量に，結構，十分 反すこし，わずか |

| 218 ★★★ 動 | 投入、致力于，(相扑)交手 |
|---|---|
| と く<br>取り組む | 例兄は日本語の研究に取り組んでいる。<br>哥哥在努力研究日语。<br>類あたる，従事する |

| 219 ★★★ 動 | 乘坐，骑乘，登上，响应 |
|---|---|
| の<br>乗る | 例通学のために毎日電車に乗る。<br>为了上学每天乘电车。<br>類乗車する，応じる 反降りる |

| 220 ★★★ ナ名 | 复杂的 |
|---|---|
| ふくざつ<br>複雑 | 例複雑な問題を解くのに長い時間がかかった。<br>为了解一个难题花费了好长时间。<br>類煩雑，入り組む 反単純，簡単 |

| 221 ★★★ ナ副 | 足够的，足够地，充分地 |
|---|---|
| じゅうぶん<br>十分 | 例論文を書くのに十分な量の実験結果がそろった。<br>我收集够了足够的实验结果来写论文。<br>類満足，潤沢，適切，充分，しっかり 反不十分，不足 |

| 222 ★★★ 動 | 面向，朝着，派遣 |
|---|---|
| む<br>向ける | 例大切な試合に向けてしっかり準備する。<br>为迎接一场重要的比赛而好好准备。<br>類向かう，向く 反そらす |

| 223 ★★★ 動 | 回(家、祖国等) |
|---|---|
| かえ<br>帰る | 例授業が終わったので家に帰る。<br>课都上完了，所以回家。<br>類戻る 反行く |

| 224 ★★★ 副 | 整洁的，(做事)正确地，好好地 |
|---|---|
| きちんと | 例集合時間にはきちんと集まりましょう。<br>请按集合时间准时集合。<br>類ちゃんと，正確に，正しく 反いいかげん |

| 225 ★★★ 動 | 离开，远离，相差很远 |
|---|---|
| はな<br>離れる | 例大学生の時，家族と離れて一人暮らしをしていた。<br>上大学的时候，我离开家一直一个人生活。<br>類別れる，辞める，遠のく 反付く，合う |

| 226 ★★★ 動 | (面积、规模等)扩大，拓宽，展开 |
|---|---|
| ひろ<br>広がる | 例英語を身に付けると世界が広がります。<br>如果能掌握英语的话，你的世界就会更宽广。<br>類広まる 反狭まる |

WEEK 1

WEEK 2

WEEK 3

WEEK 4

WEEK 5

WEEK 6

WEEK 7

WEEK 8

| 227 ★★★ | 動 有用，有帮助 |
|---|---|
| やくだ<br>役立つ | 例携帯電話は緊急時の連絡に役立つ。<br>手机在需要紧急联络时很有用。<br>類使える，有用 |

| 228 ★★★ | 動 拜托，托付 |
|---|---|
| たの<br>頼む | 例日本語の通訳を友達に頼んだ。<br>拜托朋友做日语口译。<br>類依頼する，任せる |

| 229 ★★★ | 動 依靠，依赖 |
|---|---|
| たよ<br>頼る | 例日本は多くの資源を輸入に頼っている。<br>日本有很多资源依靠进口。<br>類依存する，すがる |

| 230 ★★★ | 動 送达，够到 |
|---|---|
| とど<br>届く | 例インターネットで注文した商品が届いた。<br>在网上订购的商品送到了。<br>類着く，到着する，達する 反送る |

| 231 ★★★ | 動 采纳，引进，放入，收割（农作物） |
|---|---|
| と い<br>取り入れる | 例新しい考えを取り入れることも大切だ。<br>采纳新的意见也很重要。<br>類採用する |

| 232 ★★★ | 動 返回 |
|---|---|
| もど<br>戻る | 例母は昨日，東京から北京に戻った。<br>妈妈昨天从东京返回到了北京。<br>類帰る，返る 反行く |

| 233 ★★★ | ナ名 有效(的／地) |
|---|---|
| ゆうこう<br>有効 | 例病気に有効な薬が開発された。<br>对病症有效果的药被研发出来了。<br>類効果的，有用 反無効 |

| 234 ★★★ | 動 (规定等)适用，符合 |
|---|---|
| あ<br>当てはまる | 例当てはまるものすべてに丸をつけてください。<br>请圈出所有符合的项。<br>類適合する，合致する |

| 235 ★★★ | 動 限制，仅限 |
|---|---|
| かぎ<br>限る | 例この施設の利用は会員に限ります。<br>本馆仅对会员开放。<br>類限定する |

| 236 ★★★ | ナ名 擅长(的)，巧妙(的) |
|---|---|
| じょうず<br>上手 | 例彼女は小さな頃からピアノが上手だ。<br>她从小就擅长弹钢琴。<br>類巧み，うまい 反下手 |

| 237 ★★★ | 動 使…通过，开通，通过(媒介)，坚持做… |
|---|---|
| とお<br>通す | 例新しい空港まで高速道路を通す。<br>开通一条连接至新机场的高速公路。<br>類貫く，徹する，通過する |

| 238 ★★★ | 動 想，认为 |
|---|---|
| おも<br>思う | 例来年には日本に留学したいと思っている。<br>明年我想去日本留学。<br>類考える，望む |

| 239 ★★★ | ナ名 | 完全(的／地)，完美(的／地)，完好(的／地) |
|---|---|---|
| かんぜん<br>完全 | | 例 壊れたデータを完全に復元するのは困難だ。<br>完全恢复损坏的数据是很困难的。<br>類 完璧　反 不完全 |

| 240 ★★★ | 動 | 回避，避免 |
|---|---|---|
| さ<br>避ける | | 例 朝の通勤ラッシュを避けて電車に乗る。<br>避开早高峰坐电车。<br>類 回避する，逃れる，はばかる |

| 241 ★★★ | 動 | 装满，使…满足 |
|---|---|---|
| み<br>満たす | | 例 ご飯を食べずにお菓子でお腹を満たした。<br>没吃饭，拿点心填饱了肚子。<br>類 埋める，超える |

| 242 ★★★ | ナ名 | 浪费(的)，无用(的) |
|---|---|---|
| む だ<br>無駄 | | 例 彼が聞く耳をもたないので，これ以上話しても無駄だ。<br>他听不进去，所以再多说也没用。<br>類 余計，徒労，無意味 |

| 243 ★★★ | ナ | 一般(的)，正常(的)，普遍(的) |
|---|---|---|
| いっぱんてき<br>一般的 | | 例 一般的に考えて，彼の行動はおかしい。<br>按正常来说，他的行为很古怪。<br>類 常識的，普通，普遍的 |

| 244 ★★★ | イ | 严格的，严酷的，严厉的，希望渺茫的 |
|---|---|---|
| きび<br>厳しい | | 例 飲酒運転の罰則はもっと厳しくするべきだ。<br>对酒驾的处罚规定应该弄得更严格一些。<br>類 厳重，厳格，険しい　反 優しい，緩い |

| 245 ★★★ | 動 | 破坏，弄坏 |
|---|---|---|
| こわ<br>壊す | | 例 家を建てるために古い建物を壊す。<br>为了修建住宅拆掉旧的建筑。<br>類 崩す，潰す，破壊する　反 直す |

| 246 ★★★ | 動 | 叫醒，使…立起，引起，创建(公司等) |
|---|---|---|
| お<br>起こす | | 例 居眠り運転をしていて事故を起こした。<br>开车时打盹儿引发了事故。<br>類 引き起こす，持ち上げる　反 倒す，寝かす，伏す |

| 247 ★★★ | 動 | 遇到，碰到 |
|---|---|---|
| で あ<br>出会う | | 例 駅で学生時代の友人に出会った。<br>在车站碰到了上学时候的朋友。<br>類 会う，出くわす |

| 248 ★★★ | 副名 | 平时 |
|---|---|---|
| ふだん | | 例 ふだん通らない道を選んだら迷ってしまった。<br>选了一条平时不走的路走，结果迷路了。<br>類 通常，いつも |

| 249 ★★★ | イ | (搭配名词)想要，(前接动词)想要别人做… |
|---|---|---|
| ほ<br>欲しい | | 例 欲しい車を買うためにアルバイトをして貯金する。<br>为了买想要的汽车而打工攒钱。<br>類 望ましい |

| 250 ★★★ | 副名 | 自己，(自己)主动地，亲自 |
|---|---|---|
| みずか<br>自ら | | 例 自ら進んで家の手伝いをする。<br>主动地帮家里的忙。<br>類 率先して，自主的に |

| | |
|---|---|
| 251 ★★★　　　　動 | 以…为目标(目的、目的地) |
| めざ<br>目指す | 例大学合格を目指して勉強に励む。<br>以考上大学为目标努力学习。<br>類目がける，向かう |
| 252 ★★★　　ナ名 | 高度(的／地)，高水平(的／地) |
| こうど<br>高度 | 例あの惑星には高度な知的生命体がいるかもしれない。<br>在那颗行星上可能存在着智慧的生物。<br>類優れた，高等　反低度 |
| 253 ★★★　　　　動 | 停止，停留 |
| と<br>止まる | 例信号が赤だったので止まった。<br>因为红灯亮着，所以我就站住了。<br>類停止する　反動く，進む |
| 254 ★★★　　　　動 | 喝，呑，全盘接受 |
| の<br>飲む | 例喉が渇いたので水を飲む。<br>口渴了，所以喝水。<br>類飲み込む，流し込む　反食べる |
| 255 ★★★　　　　動 | 下(雨、雪等) |
| ふ<br>降る | 例大粒の雨が降ってきました。<br>大滴的雨落了下来。<br>類落ちる　反止む |
| 256 ★★★　　副名 | (价钱、数量)多少，无论如何…也… |
| いくら | 例きちんと勉強すれば，いくら遊んでも構わない。<br>如果能好好学习，怎么玩都无所谓。<br>類どれほど |
| 257 ★★★　　　　ナ | 有效果的 |
| こうかてき<br>効果的 | 例日本語の習得に効果的な教材を探す。<br>找一本对学习日语有效果的教材。<br>類有効，有用 |
| 258 ★★★　　　　動 | 拍摄 |
| と<br>撮る | 例卒業の記念に家族で写真を撮る。<br>和家人拍一张照片作为毕业留念。<br>類写す，撮影する |
| 259 ★★★　　　　イ | 早，快 |
| はや<br>早い | 例集合時間より早く着くように家を出る。<br>为了能赶在集合时间之前到达而提早出门。<br>類速やか，素早い　反遅い |
| 260 ★★★　　ナ名 | 不满，不满意(的／地) |
| ふまん<br>不満 | 例彼の自分勝手なやり方が不満だ。<br>对他擅自的做法不满。<br>類不服，不平，不満足　反満足 |
| 261 ★★★　　　　動 | 写 |
| か<br>書く | 例彼はいつも日本語で日記を書いている。<br>他经常用日语写日记。<br>類記す　反読む |
| 262 ★★★　　ナ副 | 没关系，不要紧，安全，没问题 |
| だいじょうぶ<br>大丈夫 | 例大丈夫，君なら必ず合格するよ。<br>不要紧，你的话一定能合格。<br>類確かに，安心 |

| 263 ★★★ | 動 | 接近，靠近，(日期、时刻等)临近 |
| | | 例 台風が近づいているので海が荒れている。 |
| ちか | | 因为台风靠近，海上波涛汹涌。 |
| 近づく | | 類 近寄る，寄る　反 遠のく，遠ざかる |

| 264 ★★★ | 動 | 与……像，相似 |
| | | 例 私は父よりも母に似ている。 |
| に | | 和爸爸比，我更像妈妈。 |
| 似る | | 類 似通う，類する，類似する |

| 265 ★★★ | 動 | 伸直，拉长，留长(头发等) |
| | | 例 手足を伸ばして部屋でくつろぐ。 |
| の | | 伸展手和脚，在屋子里放松。 |
| 伸ばす | | 類 引き伸ばす，伸長する　反 縮める，曲げる |

| 266 ★★★ | 動 | 找到，发现 |
| | | 例 自分にあった仕事がようやく見つかった。 |
| み | | 终于找到了适合自己的工作。 |
| 見つかる | | 類 見いだす，見当たる |

| 267 ★★★ | 動 | 失去 |
| | | 例 彼は私の目の前で意識を失った。 |
| うしな | | 他在我的眼前失去了意识。 |
| 失う | | 類 失くす，亡くす　反 得る |

| 268 ★★★ | 副 | (与预想)相反，反而 |
| | | 例 近道だと思ったら、かえって時間がかかってしまった。 |
| | | 以为是近路，结果反而花上了更多时间。 |
| かえって | | 類 反対に，むしろ |

| 269 ★★★ | 動 | 与……相关，关系到 |
| | | 例 肺がんは命に関わる病気である。 |
| かか | | 肺癌是性命攸关的疾病。 |
| 関わる | | 類 関する，関連する，関係する |

| 270 ★★★ | 動 | 坐，跪坐，占据(地位、职务等) |
| | | 例 電車で席が空いたので座る。 |
| すわ | | 因为电车上有空座，所以坐下。 |
| 座る | | 類 かける，腰かける　反 立つ |

| 271 ★★★ | ナ名 | 正确(的)，准确(的) |
| | | 例 時計で正確な時間を確認する。 |
| せいかく | | 用钟确认准确的时间。 |
| 正確 | | 類 正しい，確か　反 不正確 |

| 272 ★★★ | 動 | 通过，穿过 |
| | | 例 学校へ行くのに毎日同じ道を通る。 |
| とお | | 去学校每天都走同一条路。 |
| 通る | | 類 通過する |

| 273 ★★★ | 副 | 怎么样，如何，多么……啊!(表达强烈感情) |
| | | 例 なんと答えたらよいか分からない質問をされて困った。 |
| | | 被问了一个不知道如何回答的问题，感到困扰。 |
| なんと | | 類 どのように，なんて |

| 274 ★★★ | 動 | 支付，(用手等)去除(灰尘等) |
| | | 例 水道料金はクレジットカードで払うことができる。 |
| はら | | 可以用信用卡交水费。 |
| 払う | | 類 支払う，どける，取り除く　反 受け取る |

| 275 ★★★ | 動 | 朝着，面对着 |
|---|---|---|
| む<br>向かう | | 例タクシーで目的地まで向かっています。<br>出租车朝着目的地行驶。<br>類進む，赴く，対する |

| 276 ★★★ | 動 | 基于，按照 |
|---|---|---|
| もと<br>基づく | | 例法律に基づいて契約を交わす。<br>按照法律签订合同。<br>類依る，沿う，則する，準じる |

| 277 ★★★ | ナ | 主要(的) |
|---|---|---|
| おも<br>主 | | 例野菜の栽培がこの村の主な収入源だ。<br>蔬菜种植是这个村的主要收入来源。<br>類主要 |

| 278 ★★★ | 動 | 指，指向 |
|---|---|---|
| さ<br>指す | | 例時計の針が十二時を指す。<br>钟的时针指向十二点。<br>類指差す，指し示す |

| 279 ★★★ | イ | 狭窄(的)，狭隘(的) |
|---|---|---|
| せま<br>狭い | | 例我が家の庭は狭いので大きな犬は飼えない。<br>因为我家院子很小，所以养不了大型犬。<br>類小さい 反広い |

| 280 ★★★ | 動 | 足够，充分 |
|---|---|---|
| た<br>足りる | | 例毎日八時間寝ているので睡眠は足りている。<br>因为每天睡八个小时，所以睡眠充足。<br>類充足する，満ちる 反不足する，欠ける |

| 281 ★★★ | 動 | 登，爬 |
|---|---|---|
| のぼ<br>登る | | 例来日した記念に富士山に登る。<br>作为来日本的纪念去登富士山。<br>類登山する，登壇する，上がる 反下りる |

| 282 ★★★ | 動 | (植物)发芽，(动物)长出(毛、牙等) |
|---|---|---|
| は<br>生える | | 例生まれたばかりの赤ちゃんは歯が生えていない。<br>刚出生的婴儿还没有长牙。<br>類生じる，生育する |

| 283 ★★★ | 副名 | 初次 |
|---|---|---|
| はじ<br>初め(て) | | 例生まれて初めての海外旅行でタイに行った。<br>有生以来第一次国外旅行去了泰国。<br>類最初の，ようやく |

| 284 ★★★ | 動 | 朝向，适合 |
|---|---|---|
| む<br>向く | | 例私の家は南に向いて建っている。<br>我家是朝南建的。<br>類対する，面する，指す，適する |

| 285 ★★★ | ナ名 | 有名(的) |
|---|---|---|
| ゆうめい<br>有名 | | 例この分野では，彼女は誰よりも有名だ。<br>在这个领域，她比任何人都有名。<br>類著名，名高い 反無名 |

| 286 ★★★ | イ | 忙 |
|---|---|---|
| いそが<br>忙しい | | 例現代人はいつも時間に追われて，なにかと忙しい。<br>现代人总是被时间追赶着忙前忙那。<br>類多忙，せわしい 反暇 |

WEEK 1
WEEK 2
WEEK 3
WEEK 4
WEEK 5
WEEK 6
WEEK 7
WEEK 8

| 287 ★★★ | 副名 | 互相(地) |
|---|---|---|
| たが<br>互い(に) | | 例互いに協力すれば立派な仕事ができるはずだ。<br>互相协作的话应该会把工作做得很好。<br>類相互に, どちらも |

| 288 ★★★ | 動 | 修理, 改正 |
|---|---|---|
| なお<br>直す | | 例故障したパソコンを直す。<br>修理坏了的电脑。<br>類修理する, 戻す, 整える 反壊す |

| 289 ★★★ | 動 | 跑, 急急忙忙地往……去 |
|---|---|---|
| はし<br>走る | | 例寝坊したので駅まで走る。<br>因为睡过头了, 所以一路跑到车站。<br>類走行する, 駆ける 反歩く |

| 290 ★★★ | ナ | 讨厌(的), 不快(的), 不好(的) |
|---|---|---|
| いや<br>嫌 | | 例理由は分からないが, とても嫌な予感がする。<br>虽然不知道为什么, 但是有不好的预感。<br>類不快, 疎ましい 反いい |

| 291 ★★★ | 動 | 收, 领, 接 |
|---|---|---|
| う と<br>受け取る | | 例郵便局で荷物を受け取った。<br>在邮局拿到了包裹。<br>類手にする, もらう, 理解する 反差し出す, 送る, 贈る |

| 292 ★★★ | 動 | 生出(孩子等), 生产出, 创作出, 创造出 |
|---|---|---|
| う だ<br>生み出す | | 例あの企業は様々な製品を生み出した。<br>那家企业创造出了各种各样的产品。<br>類つくる, 開発する |

| 293 ★★★ | 動 | 控制, 抑制 |
|---|---|---|
| おさ<br>抑える | | 例月々の出費を十万円に抑える。<br>把每个月的开销控制在十万日元。<br>類制御する, 遮る |

| 294 ★★★ | 動 | 回想起, 记起 |
|---|---|---|
| おも だ<br>思い出す | | 例夏が来ると家族でキャンプしたことを思い出す。<br>每到夏天就会回想起和家人露营的事。<br>類思い浮かべる, 思い起こす 反忘れる |

| 295 ★★★ | 動 | 游泳 |
|---|---|---|
| およ<br>泳ぐ | | 例今日は暑いのでプールで泳ぐ。<br>因为今天很热, 所以在泳池游泳。<br>類潜る |

| 296 ★★★ | 動 | 加油, 努力 |
|---|---|---|
| がんば<br>頑張る | | 例最後まで諦めずに頑張って勉強する。<br>直到最后都不放弃, 努力地学习。<br>類努める, 努力する, 張り切る 反くじける, へこたれる |

| 297 ★★★ | 動 | 切, 剪 |
|---|---|---|
| き<br>切る | | 例美容室で髪の毛を切る。<br>在理发店剪头。<br>類刻む |

| 298 ★★★ | ナ名 | 没用(的), 徒劳(的), 不行 |
|---|---|---|
| だめ | | 例買ったばかりのテレビがだめになってしまった。<br>刚买的电视坏掉了。<br>類不良, 無駄, 不可能 |

| | | |
|---|---|---|
| 299 ★★★ | 動 | 出门 |
| で<br>出かける | | 例父は散歩に出かけた。<br>爸爸出门去散步了。<br>類外出する，行く |

| | | |
|---|---|---|
| 300 ★★★ | イ | (速度)快的，迅速的 |
| はや<br>速い | | 例光の速度は音よりも速い。<br>光速比声音快。<br>類高速，素早い，速やか 反遅い |

| | | |
|---|---|---|
| 301 ★★★ | イ | 少有的，珍稀的 |
| めずら<br>珍しい | | 例アマゾンの奥地で珍しい生き物を発見した。<br>在亚马逊的深处，发现了稀有的生物。<br>類稀，希有，目新しい 反ありふれた |

| | | |
|---|---|---|
| 302 ★★★ | 動 | 玩，游玩 |
| あそ<br>遊ぶ | | 例今日は学校が休みなので友達と遊ぶ予定だ。<br>因为今天学校放假，所以计划和朋友去玩。<br>類戯れる，じゃれる 反働く，学ぶ |

| | | |
|---|---|---|
| 303 ★★★ | 動 | 充分有效地利用，发挥(才能等) |
| い<br>生かす | | 例日本での経験を生かして仕事に就く。<br>利用在日本的经历找工作。<br>類活用する，利用する 反殺す |

| | | |
|---|---|---|
| 304 ★★★ | 副 | 如何，怎样，多么 |
| いかに | | 例苦手な科目をいかに克服するかが合格のポイントだ。<br>如何克服不擅长的科目是合格的关键点。<br>類どのように，どう，どれほど |

| | | |
|---|---|---|
| 305 ★★★ | ナ副名 | 偶然(的)，碰巧，恰巧，意外地 |
| ぐうぜん<br>偶然 | | 例彼と出会ったのは偶然でなく運命だ。<br>和他相遇不是偶然，而是命运。<br>類たまたま，まぐれ，たまたま，思いがけず，ふと 反必然 |

| | | |
|---|---|---|
| 306 ★★★ | 動 | 生活 |
| く<br>暮らす | | 例家族のもとを離れて一人で暮らす。<br>离开家人一个人生活。<br>類過ごす，生活する |

| | | |
|---|---|---|
| 307 ★★★ | 動 | (花)开 |
| さ<br>咲く | | 例春になると桜が咲く。<br>一到春天樱花就会开。<br>類開く，開花する 反散る |

| | | |
|---|---|---|
| 308 ★★★ | 動 | 通往，了解 |
| つう<br>通じる | | 例この道は国会議事堂まで通じている。<br>这条路通往国会议事堂。<br>類つながる，精通する，理解する，通用する |

| | | |
|---|---|---|
| 309 ★★★ | 動 | 适合 |
| てき<br>適する | | 例寒冷な気候に適した野菜を育てる。<br>培育适合寒冷气候的蔬菜。<br>類ふさわしい，ぴったり |

| | | |
|---|---|---|
| 310 ★★★ | 副名 | 有时 |
| ときどき<br>時々 | | 例疲れていると，時々ソファーの上で寝てしまう。<br>累了有时会在沙发上睡着。<br>類ときおり，たまに 反常に，いつも |

| 311 ★★★ | 動 | 経过(时间或地点) |
|---|---|---|
| 経る | | 例この作品は一年の制作期間を経てやっと完成した。 |
| へる | | 这个作品经过了一年的制作期终于完成了。 |
| | | 類経つ，過ぎる |

| 312 ★★★ | 動 | 弄错 |
|---|---|---|
| 間違う | | 例メールアドレスを間違って入力してしまった。 |
| まちが | | 输错了邮箱地址。 |
| | | 類誤る |

| 313 ★★★ | 動 | 升高，提高 |
|---|---|---|
| 上げる | | 例暖房をつけて部屋の温度を上げる。 |
| あ | | 开暖风来升高房间温度。 |
| | | 類持ち上げる　反下げる |

| 314 ★★★ | ナ 副 名 | 太，过于，(后接否定)(不)太…… |
|---|---|---|
| あまり | | 例外があまりにうるさいので眠れない。 |
| | | 因为外面太吵，所以睡不着。 |
| | | 類過剰に，過度に，たいして，さほど |

| 315 ★★★ | 動 | 生出(孩子等)，生产出，创作出，创造出 |
|---|---|---|
| 産む | | 例彼女は二人の女の子を産んだ。 |
| う | | 她生了两个女儿。 |
| | | 類出産する，分娩する |

| 316 ★★★ | 副 | 未必 |
|---|---|---|
| 必ずしも | | 例貧しいからといって、人は必ずしも不幸ではない。 |
| かなら | | 虽说贫穷，但未必不幸福。 |
| | | 類あながち，～とは限らない |

| 317 ★★★ | 動 | 在意，介意 |
|---|---|---|
| 気になる | | 例明日から旅行に行くので天気が気になる。 |
| き | | 因为明天要去旅行，所以在意天气。 |
| | | 類懸念する，心配する，意識する |

| 318 ★★★ | ナ | 客观(的) |
|---|---|---|
| 客観的 | | 例客観的な事実を挙げると説得力が増す。 |
| きゃっかんてき | | 举出客观事实会增强说服力。 |
| | | 反主観的 |

| 319 ★★★ | ナ | 干净(的)，整洁(的)，漂亮(的) |
|---|---|---|
| きれい | | 例この魚は水がきれいな川にしか生息していない。 |
| | | 这种鱼只能生活在水质干净的河里。 |
| | | 類美しい，清らか　反汚い |

| 320 ★★★ | 動 | 关上(灯、开关等)，擦掉 |
|---|---|---|
| 消す | | 例寝る時には電気を消す。 |
| け | | 睡觉时关灯。 |
| | | 類止める，切る　反点ける，燃やす，現す |

| 321 ★★★ | ナ 名 | 精神状态好(的)，健康有活力(的) |
|---|---|---|
| 元気 | | 例便りがないのが元気な証拠だ。 |
| げんき | | 没有联系就说明过得很好。 |
| | | 類健康，気力　反病気 |

| 322 ★★★ | 動 | 死 |
|---|---|---|
| 死ぬ | | 例彼は大きな病気にかかって死んだ。 |
| し | | 他得了重病死了。 |
| | | 類亡くなる，死亡する　反生まれる，生きる |

| 323 ★★★ | 動 | 做出，创造出，开始做 |
|---|---|---|
| つく だ<br>作り出す | | 例周囲の協力を得られるような環境を作り出す。<br>创造一个能得到周围人配合的环境。<br>類制作する，創造する |

| 324 ★★★ | 動 | 拉，拽，画线，查(字典)，得(感冒) |
|---|---|---|
| ひ<br>引く | | 例教科書の重要な箇所に線を引く。<br>在教材上重要的地方画线。<br>類寄せる，引き付ける，引っ張る，減らす　反押す，進む，足す |

| 325 ★★★ | 動 | 迷路，犹豫 |
|---|---|---|
| まよ<br>迷う | | 例道に迷ってずいぶん遠回りをした。<br>迷路了，绕了很远。<br>類惑う，戸惑う　反悟る |

| 326 ★★★ | ナ名 | 意外(的) |
|---|---|---|
| い がい<br>意外 | | 例彼女は見た目によらず意外な趣味をもっていた。<br>原来她有一个让人从外表上猜不到的兴趣。<br>類予想外，思いのほか　反当然 |

| 327 ★★★ | 動 | 返还，回复 |
|---|---|---|
| かえ<br>返す | | 例本を図書館に返してください。<br>请把这本书还回图书馆。<br>類戻す，反対にする　反借りる，預かる |

| 328 ★★★ | イ | 轻的，轻快的 |
|---|---|---|
| かる<br>軽い | | 例この荷物は軽いので一人で運べる。<br>因为这个行李得很轻，所以一个人能拿动。<br>類軽量，軽薄，軽やか　反重い |

| 329 ★★★ | 動 | 喜欢，愿意 |
|---|---|---|
| この<br>好む | | 例濃い味より薄い味を好む。<br>比起浓厚的口味更喜欢清淡的。<br>類好く，気に入る　反嫌う |

| 330 ★★★ | ナ名サ | 担心(的)，担心 |
|---|---|---|
| しんぱい<br>心配(する) | | 例進路について心配なことがある。<br>关于前程，有担心的地方。<br>類気苦労，配慮，不安，気がかり　反安心 |

| 331 ★★★ | 動 | 忍受，能承担(负荷等)，值得 |
|---|---|---|
| た<br>耐える | | 例けがの痛みに耐えて完走した。<br>忍着伤痛，跑完了全程。<br>類こらえる，辛抱する　反屈する，くじける |

| 332 ★★★ | ナ副名 | 特别(的)，(后接否定)(并不)太 |
|---|---|---|
| とくべつ<br>特別 | | 例彼は数学の特別な才能をもっている。<br>他在数学方面有特别的才能。<br>類特殊，格別，特段，それほど　反一般，普通 |

| 333 ★★★ | 動 | 商量 |
|---|---|---|
| はな あ<br>話し合う | | 例進路について家族と話し合う。<br>和家人商量关于前程的事情。<br>類論じ合う，会談する，相談する |

| 334 ★★★ | 動 | 展开，拓展 |
|---|---|---|
| ひろ<br>広げる | | 例机の上に地図を広げる。<br>把地图在桌子上铺开。<br>類開く，展開する　反狭める |

| 335 ★★★ | ナ名 | 身边(的) |
|---|---|---|
| みぢか<br>身近 | | 例 身近な例を挙げて説明すると聞き手は理解しやすい。<br>举身边的例子进行说明，听者会更容易理解。<br>類 身辺 |

| 336 ★★★ | ナ | 新的 |
|---|---|---|
| あら<br>新た | | 例 調査により新たな事実が発覚した。<br>通过调查发现了新的事实。<br>類 新しい 反 古い |

| 337 ★★★ | 動 | 讲述，叙述 |
|---|---|---|
| かた<br>語る | | 例 私は日本で経験したことを後輩に語った。<br>我向后辈讲述了在日本经历的事情。<br>類 言う，しゃべる，話す，述べる 反 黙る，聞く |

| 338 ★★★ | 副 | 极其 |
|---|---|---|
| きわ<br>極めて | | 例 子供の数が減っているのは極めて重大な問題だ。<br>孩子数量减少是极其严重的问题。<br>類 非常に，大変，おおいに |

| 339 ★★★ | 副 | 极 |
|---|---|---|
| ごく | | 例 彼が犯人だと思っている人は、ごく少数だ。<br>极少有人认为他是犯人。<br>類 非常に，大変，おおいに |

| 340 ★★★ | 副 | 暂时，稍微 |
|---|---|---|
| しばらく | | 例 電車が到着するまで、しばらくお待ちください。<br>电车来之前，请稍等。<br>類 少々，しばし 反 長らく |

| 341 ★★★ | 動 | 冲水，流(眼泪)，传播 |
|---|---|---|
| なが<br>流す | | 例 トイレを使用したあとは必ず水を流してください。<br>使用厕所之后，请务必冲水。<br>類 洗う，すすぐ |

| 342 ★★★ | 動 | 休息，停歇，缺席 |
|---|---|---|
| やす<br>休む | | 例 風邪で学校を休んだ。<br>因为感冒没有上学。<br>類 休憩する，休息する，欠席する |

| 343 ★★★ | 副名 | 多数，多 |
|---|---|---|
| おお<br>多く | | 例 このエリアにはお金持ちの人が多く住んでいる。<br>这一带住着很多有钱的人。<br>類 たくさん，数多 |

| 344 ★★★ | 動 | 听，聆听 |
|---|---|---|
| き<br>聴く | | 例 人気のある講師の講義を聴く。<br>听很受欢迎的讲师的课。<br>類 聴講する 反 話す，語る，答える |

| 345 ★★★ | 動 | 接触，应酬 |
|---|---|---|
| せっ<br>接する | | 例 お客さんに対して丁寧に接する。<br>耐心地接待客人。<br>類 応対する，触れる |

| 346 ★★★ | 副 | (后接否定)并非那么…… |
|---|---|---|
| それほど | | 例 彼は知り合いだが、それほど仲良くはない。<br>和他认识，但并没有那么亲密。<br>類 あまり，たいして，そんなに |

| | | |
|---|---|---|
| 347 ★★★　副名 | 大部分 | |
| たいてい<br>大抵 | 例彼は料理も掃除も洗濯も，大抵自分でできる。<br>做饭，清洁，洗衣服等大部分事情他都可以自己做。<br>類大体，ほとんど，ほぼ | |
| 348 ★★★　動 | (程度，幅度)升高，高涨，提高 | |
| たか<br>高まる | 例オリンピックで金メダル獲得への期待が高まる。<br>对奥运会夺金的期望高涨。<br>類増す，増える　反低まる | |
| 349 ★★★　ナ名 | 同様(的) | |
| どうよう<br>同様 | 例ホームステイ先では家族同様に接してくれた。<br>在寄宿的家里，得到了和家人一样的待遇。<br>類同然，同等，同じ | |
| 350 ★★★　動 | 摆放，排列 | |
| なら<br>並べる | 例開店に向けて商品を棚に並べる。<br>为迎接开店，把商品摆到货架上。<br>類連ねる，配列する | |
| 351 ★★★　動 | 实现，发挥(作用) | |
| は<br>果たす | 例彼は見事に自分の役割を果たした。<br>他很好地发挥了自己的作用。<br>類遂げる，成し遂げる | |
| 352 ★★★　ナ名 | 令人不安(的) | |
| ふあん<br>不安 | 例一人で不安な夜を過ごす。<br>独自度过让人不安的夜晚。<br>類心配，心細い，気がかり　反安心 | |
| 353 ★★★　ナ名 | 难以办到(的)，勉强(的) | |
| むり<br>無理 | 例突然言われても対応するのは無理だ。<br>突然被这样说也没有办法应对。<br>類不可能 | |
| 354 ★★★　ナ名 | 含糊不清晰(的) | |
| あいまい<br>曖昧 | 例曖昧な言い方では相手を説得できない。<br>用含糊不清的说法，不可能说服对方。<br>類あやふや，うやむや，不明瞭　反明確，明瞭 | |
| 355 ★★★　動 | 度过 | |
| す<br>過ごす | 例日本に来て，充実した日々を過ごしている。<br>来到日本后每天都过得很充实。<br>類暮らす | |
| 356 ★★★　動 | 粘上，附带，入伙，增加 | |
| つ<br>付ける | 例ファイルに名前を付けて保存する。<br>把文件命名保存。<br>類貼り付ける，くっつける　反放す，離す，取る | |
| 357 ★★★　副 | 总之 | |
| とにかく | 例うまくいくか分からないけれど，とにかくやってみよう。<br>虽然不知道会不会做好，总之先做做看吧。<br>類まず，ともかく | |
| 358 ★★★　動 | 伴随，随着 | |
| ともな<br>伴う | 例人口増加に伴う食料不足は，世界の大きな課題である。<br>人口增加带来的食品短缺，是世界性一大课题。<br>類従える，連れる | |

39

| 359 ★★★ | 動 | 拿起，采纳，提起，没收 |
|---|---|---|

**取り上げる**（と あ）

例 少数意見もきちんと取り上げて議論すべきだ。
少数人的意见也应该认真听取进行讨论。
類 持ち上げる，奪う，没収する

| 360 ★★★ | 動 | 睡觉，（委婉的说法）死去 |
|---|---|---|

**眠る**（ねむ）

例 疲れていたので昼まで眠った。
因为累了，所以睡到了中午。
類 寝る 反 起きる，覚める，目覚める

| 361 ★★★ | ナ名 | 不可思议(的) |
|---|---|---|

**不思議**（ふ し ぎ）

例 自然界では説明できない不思議な現象が起こる。
在自然界里会出现无法解释的、的不可思议的现象。
類 不可思議，奇妙

| 362 ★★★ | ナ名 | 有可能(的) |
|---|---|---|

**可能**（か のう）

例 可能な限り早い時間の電車でそちらに向かいます。
我会尽可能坐早一点的电车前往您那里。
類 できる 反 不可能

| 363 ★★★ | ナ名 | 紧急(的)，突然(的) |
|---|---|---|

**急**（きゅう）

例 急な用事が入ったので，すぐに帰らなければいけない。
因为突然有急事，所以必须马上回去。
類 突然 反 緩やか

| 364 ★★★ | 動 | 超越，超过 |
|---|---|---|

**超える**（こ）

例 今日は四十度を超える暑さだ。
今天是超过四十度的高温天气。
類 上回る，超過する，超越する

| 365 ★★★ | イ | 细小(的)，(货币)小额的 |
|---|---|---|

**細かい**（こま）

例 彼はおおらかな性格で細かいことは気にしない。
他性格大大咧咧不在意细节。
類 小さい，微細 反 粗い

| 366 ★★★ | 動 | 推荐，劝说 |
|---|---|---|

**勧める**（すす）

例 おいしい中華料理のお店を友達に勧める。
向朋友推荐好吃的中华料理店。
類 勧誘する，働きかける，促す

| 367 ★★★ | 副名 | 第一，首先 |
|---|---|---|

**第一**（だいいち）

例 遊びに行くにも，第一お金がない。
即使是想出去玩，首先，我也没钱。
類 まず，そもそも，最初，なによりも

| 368 ★★★ | 動 | 达到 |
|---|---|---|

**達する**（たっ）

例 貯金が目標の金額に達した。
存款达到了目标数额。
類 到達する，届く

| 369 ★★★ | ナ名 | 不擅长(的) |
|---|---|---|

**苦手**（にが て）

例 苦手な食べ物がなかなか克服できない。
很难做到去吃不喜欢的食物。
類 嫌い，不得手 反 得意，得手

| 370 ★★★ | 動 | 显眼 |
|---|---|---|

**目立つ**（め だ）

例 彼は背が高いのでクラスのなかでとても目立つ。
因为他个子很高，所以在班里非常显眼。
類 際立つ，引き立つ

| 371 ★★★ | 動 | 打碎，分割，稀释，做除法运算 |
|---|---|---|
| <ruby>割<rt>わ</rt></ruby>る | | 例<ruby>卵<rt>たまご</rt></ruby>を<ruby>割<rt>わ</rt></ruby>って<ruby>器<rt>うつわ</rt></ruby>に入れる。<br>把蛋打到器皿里。<br>類壊す，薄める |

| 372 ★★★ | 動 | 打开，开店营业 |
|---|---|---|
| <ruby>開<rt>あ</rt></ruby>ける | | 例<ruby>換気<rt>かんき</rt></ruby>のために<ruby>窓<rt>まど</rt></ruby>を<ruby>開<rt>あ</rt></ruby>ける。<br>为了换气打开窗户。<br>類開(ひら)く，こじ開ける　反閉める，閉じる |

| 373 ★★★ | 動 | 取胜，战胜 |
|---|---|---|
| <ruby>勝<rt>か</rt></ruby>つ | | 例<ruby>試合<rt>しあい</rt></ruby>に<ruby>勝<rt>か</rt></ruby>つために<ruby>練習<rt>れんしゅう</rt></ruby>する。<br>为了赢得比赛而练习。<br>類勝利する，勝る　反負ける，敗れる |

| 374 ★★★ | ナ名 | 危险(的) |
|---|---|---|
| <ruby>危険<rt>きけん</rt></ruby> | | 例<ruby>自分<rt>じぶん</rt></ruby>の<ruby>力<rt>ちから</rt></ruby>を<ruby>信<rt>しん</rt></ruby>じ<ruby>過<rt>す</rt></ruby>ぎるのは<ruby>危険<rt>きけん</rt></ruby>だ。<br>过于相信自己的实力是危险的。<br>類危ない　反安全 |

| 375 ★★★ | 動 | 建造，创立 |
|---|---|---|
| <ruby>建<rt>た</rt></ruby>てる | | 例この<ruby>家<rt>いえ</rt></ruby>は<ruby>建<rt>た</rt></ruby>ててからずいぶん<ruby>経<rt>た</rt></ruby>つ。<br>这个房子建好很久了。<br>類建築する，築く |

| 376 ★★★ | 副 | 正好 |
|---|---|---|
| ちょうど | | 例<ruby>駅<rt>えき</rt></ruby>に<ruby>着<rt>つ</rt></ruby>いたら、ちょうど<ruby>電車<rt>でんしゃ</rt></ruby>が<ruby>来<rt>き</rt></ruby>たところだった。<br>到车站时，正好电车刚来。<br>類ぴったり，まさに，たったいま |

| 377 ★★★ | 動 | 抓住，理解(要点等)，得到(证据等) |
|---|---|---|
| つかむ | | 例<ruby>転<rt>ころ</rt></ruby>ばないように<ruby>手<rt>て</rt></ruby>すりをつかむ。<br>为了不摔倒，抓住扶手。<br>類握る，捉える　反放す |

| 378 ★★★ | 副 | 不断地，相继地 |
|---|---|---|
| どんどん | | 例<ruby>温暖化<rt>おんだんか</rt></ruby>で<ruby>世界<rt>せかい</rt></ruby>の<ruby>平均気温<rt>へいきんきおん</rt></ruby>はどんどん<ruby>高<rt>たか</rt></ruby>くなっている。<br>由于全球变暖世界的平均气温不断升高。<br>類次々に，着々と |

| 379 ★★★ | 副 | 比较地 |
|---|---|---|
| <ruby>比較的<rt>ひかくてき</rt></ruby> | | 例<ruby>日本<rt>にほん</rt></ruby>は<ruby>比較的<rt>ひかくてき</rt></ruby><ruby>治安<rt>ちあん</rt></ruby>の<ruby>良<rt>よ</rt></ruby>い<ruby>国<rt>くに</rt></ruby>だ。<br>日本是治安比较好的国家。<br>類割に，どちらかといえば |

| 380 ★★★ | 動 | 增加，加剧 |
|---|---|---|
| <ruby>増<rt>ま</rt></ruby>す | | 例<ruby>急<rt>きゅう</rt></ruby>に<ruby>寒<rt>さむ</rt></ruby>さが<ruby>増<rt>ま</rt></ruby>して<ruby>冬<rt>ふゆ</rt></ruby>らしくなってきた。<br>突然寒气加重，有了冬天的感觉。<br>類増える，増やす，高める，高まる　反減る，減らす |

| 381 ★★★ | 動 | 找到，发现 |
|---|---|---|
| <ruby>見<rt>み</rt></ruby>いだす | | 例<ruby>友人<rt>ゆうじん</rt></ruby>に<ruby>相談<rt>そうだん</rt></ruby>して<ruby>解決方法<rt>かいけつほうほう</rt></ruby>を<ruby>見<rt>み</rt></ruby>いだした。<br>和朋友商量后找到了解决方法。<br>類見つける，発見する |

| 382 ★★★ | 副 | 不久，最终 |
|---|---|---|
| やがて | | 例<ruby>小<rt>ちい</rt></ruby>さな<ruby>努力<rt>どりょく</rt></ruby>がやがて<ruby>大<rt>おお</rt></ruby>きな<ruby>成果<rt>せいか</rt></ruby>を<ruby>生<rt>う</rt></ruby>み<ruby>出<rt>だ</rt></ruby>す。<br>微小的努力最终也能酝酿出巨大的成果。<br>類まもなく，じきに，そのうちに |

| 383 ★★★ | 副 | 还是，果然 |
|---|---|---|
| やはり | | 例 天気予報の通り、やはり今日は雨だった。<br>正如天气预报所说，果然今天是大雨。<br>類 案の定，予想通り，やっぱり |

| 384 ★★★ | イ | 浅的，浅显的，(时间)短的，(经验)少的 |
|---|---|---|
| 浅い<br>あさ | | 例 この港は水深が浅いので大きな船は停泊できない。<br>因为这个港口水比较浅，所以不能停靠大型船只。<br>反 深い |

| 385 ★★★ | イ | 奇怪的，不正常的，好笑的 |
|---|---|---|
| おかしい | | 例 パソコンの調子がおかしいので修理に出すつもりだ。<br>因为电脑有问题，所以打算拿去修理。<br>類 異常，怪しい，面白い |

| 386 ★★★ | 動 | 听得到 |
|---|---|---|
| 聞こえる<br>き | | 例 周りがうるさくて話し声がよく聞こえない。<br>周围很吵，听不清说话的声音。<br>類 聞き取る |

| 387 ★★★ | 副 | (后接否定)决不 |
|---|---|---|
| 決して<br>けっ | | 例 目標を達成するまでは、決して諦めるな。<br>实现目标之前绝对不要放弃。<br>類 断じて，絶対に |

| 388 ★★★ | 動 | 下降，垂下，退后 |
|---|---|---|
| 下がる<br>さ | | 例 雨が降って気温が下がった。<br>下了雨，气温下降了。<br>類 低下する，下る 反 上がる，出る，進む |

| 389 ★★★ | 動 | 降低，撤下 |
|---|---|---|
| 下げる<br>さ | | 例 セールで商品の値段を下げる。<br>因为打折，所以调低商品价格。<br>類 下ろす 反 上げる |

| 390 ★★★ | 動 | 吸，吸收 |
|---|---|---|
| 吸う<br>す | | 例 たばこは喫煙所で吸ってください。<br>请在吸烟处吸烟。<br>類 吸引する 反 吐く |

| 391 ★★★ | ナ | 传统的(的) |
|---|---|---|
| 伝統的<br>でんとうてき | | 例 和食は日本の伝統的な食文化だ。<br>和食是日本传统的饮食文化。<br>類 古来の 反 革新的 |

| 392 ★★★ | 動 | 问，询问，问罪 |
|---|---|---|
| 問う<br>と | | 例 このイベントは年齢を問わず誰でも参加できる。<br>这个活动不问年龄任何人都可以参加。<br>類 尋ねる，聞く，伺う，問い合わせる，考慮する 反 答える |

| 393 ★★★ | 動 | 整理，整顿，调整 |
|---|---|---|
| 整える<br>ととの | | 例 試合に向けて体調を整える。<br>为了比赛而调整身体状态。<br>類 調整する，片付ける，揃える 反 乱す |

| 394 ★★★ | 動 | 捕捉，理解 |
|---|---|---|
| 捉える<br>とら | | 例 犯人の姿を防犯カメラが捉えていた。<br>监控摄像捕捉到了犯人的样子。<br>類 捕まえる，取り押さえる，つかむ |

| | | |
|---|---|---|
| 395 ★★★ | 副 | 很好地，请关照 |
| よろしく | | 例今年もどうぞよろしくお願いいたします。<br>今年也请多多关照。<br>類適当に，うまく |

| | | |
|---|---|---|
| 396 ★★★ | 動 | 咬，咀嚼 |
| か<br>噛む | | 例犬と遊んでいたら腕を噛まれた。<br>和狗玩被咬了胳膊。<br>類くわえる，食いつく |

| | | |
|---|---|---|
| 397 ★★★ | ナ名 | 困难(的) |
| こんなん<br>困難 | | 例困難なことを乗り越えてこそ，人間は強くなる。<br>克服困难，人才会变得强大。<br>類難しい，苦しい　反容易，简单 |

| | | |
|---|---|---|
| 398 ★★★ | 動 | 相信，信任 |
| しん<br>信じる | | 例彼が裏切るわけがないと私は信じている。<br>我相信他不会背叛。<br>類信用する　反疑う |

| | | |
|---|---|---|
| 399 ★★★ | イ | 好得很的，非同一般的 |
| すごい | | 例彼女は絵を描くのがすごく上手だ。<br>她画画非常好。<br>類とても，非常に，すばらしい |

| | | |
|---|---|---|
| 400 ★★★ | 動 | 堆积，装载，积累 |
| つ<br>積む | | 例アルバイトで接客の経験を積む。<br>通过打工积累接待客人的经验。<br>類盛る，重ねる　反崩す |

| | | |
|---|---|---|
| 401 ★★★ | 副 | 无论如何也要……，(后接否定)怎么也(不) |
| どうしても | | 例あの洋服はどうしても手に入れたい。<br>无论如何都想得到那件衣服。<br>類必ず，ぜひとも，なんとしても，どうも |

| | | |
|---|---|---|
| 402 ★★★ | 副名 | 距离差距大，远处 |
| とお<br>遠く | | 例優秀な彼の成績には，私は遠く及ばない。<br>我远远不及他成绩优异。<br>類はるかに，遠方　反近く |

| | | |
|---|---|---|
| 403 ★★★ | 動 | 收进来(洗好衣服等)，摄入 |
| と こ<br>取り込む | | 例植物は太陽の光を取り込むことで光合成を行う。<br>植物通过吸收阳光进行光合作用。<br>類取り入れる |

| | | |
|---|---|---|
| 404 ★★★ | イ | 没有，无 |
| な<br>無い | | 例彼はいつもより元気が無いので心配だ。<br>因为他和平时相比没有精神，所以有些担心。<br>類無し，無　反有る |

| | | |
|---|---|---|
| 405 ★★★ | 動 | 组成，成立 |
| な た<br>成り立つ | | 例水は酸素と水素から成り立っている。<br>水由氧元素和氢元素组成。<br>類成立する，できる |

| | | |
|---|---|---|
| 406 ★★★ | 副 | 尽可能 |
| なるべく | | 例健康のために，タバコはなるべく吸わないほうがよい。<br>为了健康，尽可能不要吸烟为好。<br>類できるだけ，可能な限り |

| 407 ★★★ | 動 | 包含，含有 |
|---|---|---|
| ふく<br>含める | | 例私も含めて全員が彼の意見に反対した。<br>包括我在内大家都反对他的意见。<br>類まとめる，収める，込める 反除く |

| 408 ★★★ | 動 | 洗 |
|---|---|---|
| あら<br>洗う | | 例食事をする前には必ず手を洗いなさい。<br>饭前一定要洗手。<br>類ゆすぐ，すすぐ，洗濯する |

| 409 ★★★ | 副名サ | 乍一看，看一次 |
|---|---|---|
| いっけん<br>一見(する) | | 例彼は一見おとなしそうだが，意外とよくしゃべる。<br>乍一看他很稳重，但却意外地很健谈。<br>類ひと目，一瞥 |

| 410 ★★★ | 動 | 平稳，安顿，沉着，谐调 |
|---|---|---|
| お つ<br>落ち着く | | 例時間が経って徐々に気持ちが落ち着いてきました。<br>时间久了慢慢心情平复下来。<br>類収まる，静まる 反慌てる，浮つく |

| 411 ★★★ | イ | 重的，沉重的，迟钝的 |
|---|---|---|
| おも<br>重い | | 例家族の中で一番体重が重いのは父である。<br>家人中体重最沉的是爸爸。<br>類重たい，重厚 反軽い |

| 412 ★★★ | 副 | 过去 |
|---|---|---|
| かつて | | 例私がかつて住んでいた家はもうなくなってしまった。<br>我过去住过的那个房子已经没有了。<br>類以前，昔 |

| 413 ★★★ | 動 | 喜欢，中意 |
|---|---|---|
| き い<br>気に入る | | 例この服のデザインがとても気に入っている。<br>特别喜欢这件衣服的设计。<br>類好む |

| 414 ★★★ | 動 | 分配，留神注意 |
|---|---|---|
| くば<br>配る | | 例会議の前に，まずは資料を配ります。<br>开会前先分发资料。<br>類配布する 反集める |

| 415 ★★★ | 副名 | 结局，结果 |
|---|---|---|
| けっきょく<br>結局 | | 例様々な手を尽くしたが，結局うまくいかなかった。<br>用尽各种方法但结果还是不尽人意。<br>類とうとう，挙句の果て |

| 416 ★★★ | 副名接 | 最初，原本，说起来 |
|---|---|---|
| そもそも | | 例君がそもそも，なにを言いたいのか理解できない。<br>我不能理解你原本想说什么。<br>類もともと，最初から，第一 |

| 417 ★★★ | ナ副 | 非常，过分(的/地) |
|---|---|---|
| ずいぶん | | 例四月にしては，今日はずいぶん寒い。<br>按四月来说今天非常冷。<br>類とても，かなり，意外に，ひどい |

| 418 ★★★ | 動 | 确认 |
|---|---|---|
| たし<br>確かめる | | 例メールを送ったので内容を確かめてください。<br>因为我已经发了邮件，所以请确认一下内容。<br>類確認する |

| 419 ★★★ | 副 | 好好地，正确无误地 |
|---|---|---|
| ちゃんと(する) | | 例 健康のためにちゃんと野菜を食べるべきだ。<br>为了健康应该好好吃蔬菜。<br>類 きちんと，しっかり |

| 420 ★★★ | ナ名 | 仔细(的)，认真(的)，有礼貌(的) |
|---|---|---|
| ていねい<br>丁寧 | | 例 お客様に対しては丁寧な対応が求められる。<br>对待客人，应该礼貌并且认真。<br>類 丹念，入念，丁重 反 ぞんざい，適当 |

| 421 ★★★ | 動 | 学习，模仿 |
|---|---|---|
| なら<br>習う | | 例 私は四歳からピアノを習っている。<br>我四岁开始学钢琴。<br>類 学ぶ，教わる，勉強する 反 教える |

| 422 ★★★ | 動 | 排队，并排，摆放 |
|---|---|---|
| なら<br>並ぶ | | 例 いつもと同じ朝ごはんが食卓に並ぶ。<br>和平时一样的早饭摆在桌子上。<br>類 列する，連なる，匹敵する |

| 423 ★★★ | イ | 激烈的，激动的 |
|---|---|---|
| はげ<br>激しい | | 例 今回の台風は風よりも雨が激しいのが特徴だ。<br>这次台风特点是雨比风大。<br>類 強烈，猛烈，過激 反 穏やか |

| 424 ★★★ | ナ名 | 丰富(的)，富足(的) |
|---|---|---|
| ほうふ<br>豊富 | | 例 彼は海外生活の経験が豊富だ。<br>他在国外生活的经历很丰富。<br>類 豊か，ふんだん 反 欠乏，皆無 |

| 425 ★★★ | 動 | 引导，带路，导出(结论等) |
|---|---|---|
| みちび<br>導く | | 例 プロジェクトを成功に導くために準備する。<br>为了让项目成功而做准备。<br>類 誘導する，案内する，指導する |

| 426 ★★★ | ナ名 | 明确(的)，清晰(的) |
|---|---|---|
| めいかく<br>明確 | | 例 要点を明確にして説明してください。<br>请清晰地说明要点。<br>類 明白，はっきり 反 曖昧，微妙 |

| 427 ★★★ | ナ名接 | 理所当然(的)，虽然如此 |
|---|---|---|
| もっとも | | 例 そんなひどい言い方をしたら彼が怒るのはもっともだ。<br>说得那么过分的话，他生气也是理所当然的。<br>類 当然，当たり前，とはいえ |

| 428 ★★★ | 動 | 朗读，阅读，理解判断 |
|---|---|---|
| よ<br>読む | | 例 私は新聞を毎日読んでいる。<br>我每天都看报纸。<br>類 読み上げる，読み取る 反 書く，聞く |

| 429 ★★★ | 動 | 品尝，品味，体验 |
|---|---|---|
| あじ<br>味わう | | 例 和食は季節ごとに旬の野菜を味わうことができる。<br>和食是一种在每个季节中都能品尝到当季蔬菜的菜肴。<br>類 食べる，堪能する |

| 430 ★★★ | ナ名 | 异常(的) |
|---|---|---|
| いじょう<br>異常 | | 例 今年の夏は例年になく異常な暑さだ。<br>今年夏天是不同于往年的、异常的高温。<br>類 異例，異様 反 正常 |

| 431 ★★★ | 動 | 询问，请教，拜访 |
| --- | --- | --- |

うかが
**伺う**

例 研究内容について専門家に意見を伺う。
就研究内容询问专家意见。
類 尋ねる，問う，聞く，訪ねる　反 いらっしゃる，お越しになる

| 432 ★★★ | 動 | 按，推，压迫，强加 |
| --- | --- | --- |

お
**押す**

例 カメラのシャッターボタンを押して写真を撮る。
按下相机快门拍照。
類 押さえる，圧迫する，抑圧する　反 引く

| 433 ★★★ | イ | 理想的，令人喜欢的 |
| --- | --- | --- |

この
**好ましい**

例 この街は自然が豊かなので、子育てには好ましい環境だ。
这个街区绿植很多，是抚养孩子的理想环境。
類 望ましい，好感　反 嫌らしい，疎ましい

| 434 ★★★ | 動 | 探，摸，刺探，探索 |
| --- | --- | --- |

さぐ
**探る**

例 一人で悩まずに、一緒に解決方法を探りましょう。
不要一个人烦恼，我们一起寻找解决方法吧。
類 探す，調べる

| 435 ★★★ | 動 | 占比，占据 |
| --- | --- | --- |

し
**占める**

例 この会社は全従業員の三分の二を女性が占めている。
这个公司女性员工占全员三分之二。
類 独占する，占有する

| 436 ★★★ | 副名 | 好不容易，特意 |
| --- | --- | --- |

**せっかく**

例 せっかく日本に来たのだから、日本食を食べるべきだ。
难得来到日本，所以应该吃日本料理。
類 わざわざ，苦労して

| 437 ★★★ | ナ | 专业(的) |
| --- | --- | --- |

せんもんてき
**専門的**

例 専門的な知識を生かした仕事に就く。
从事能利用专业知识的工作。
反 一般的

| 438 ★★★ | ナ名 | 单纯(的)，简单(的) |
| --- | --- | --- |

たんじゅん
**単純**

例 単純な作業ばかりで飽きてしまった。
一直做单调的工作，已经厌倦了。
類 単調，簡単　反 複雑

| 439 ★★★ | 副 | 仅仅 |
| --- | --- | --- |

たん
**単に**

例 ごみを捨てないのは、単に面倒くさいだけだ。
不扔垃圾，只是单纯觉得麻烦而已。
類 ただ，単純に

| 440 ★★★ | イ | (时间、距离等)远的，遥远的 |
| --- | --- | --- |

とお
**遠い**

例 私の通う学校の欠点は駅から遠いことだ。
我上学的学校的缺点是离车站很远。
類 遠方　反 近い

| 441 ★★★ | 動 | 交给，任凭 |
| --- | --- | --- |

まか
**任せる**

例 この仕事は山田さんに任せます。
这个工作交给山田。
類 委ねる

| 442 ★★★ | 副 | 首先，暂且 |
|---|---|---|
| まずは | | 例困ったことがあったら，まずは私に相談してください。<br>有困难的话，请首先和我商量。<br>類まず，ひとまず，とにかく，とりあえず |

| 443 ★★★ | 動 | 过(桥、道路、河海等)，长达(时间、次数等)，涉及 |
|---|---|---|
| 渡る | | 例会議は一週間に渡って行われた。<br>会议开了长达一周。<br>類及ぶ，移動する，横断する |

| 444 ★★★ | イ | 甜的，甜蜜的，天真幼稚的 |
|---|---|---|
| 甘い | | 例勉強しないで大学に受かろうなんて甘い考えだ。<br>竟然想不用学习就考上大学，这想法太天真了。<br>類安易，甘味 反辛い |

| 445 ★★★ | ナ名サ | 放心(的) |
|---|---|---|
| 安心(する) | | 例優秀な彼に任せておけば安心だ。<br>他很优秀，如果能交给他，我就放心了。<br>類安堵 反心配，不安 |

| 446 ★★★ | 副 | 暂且，一旦 |
|---|---|---|
| いったん | | 例いったん家に帰ってから，また外出する。<br>先回一下家然后再出门。<br>類一時的に，ひとまず，一度 |

| 447 ★★★ | 副名 | 目前，现在，刚才，再，另 |
|---|---|---|
| いま | | 例いま一歩のところで優勝を逃した。<br>差一点就没能夺冠。<br>類現在，さっき，すぐ，もう少し |

| 448 ★★★ | イ | 薄的，稀疏的，淡漠的，清淡的， |
|---|---|---|
| 薄い | | 例日本の若者は政治への関心が薄いと言われている。<br>都说日本的年轻人对政治很淡漠。<br>類希薄 反厚い，濃い |

| 449 ★★★ | イ | 高兴的，开心的 |
|---|---|---|
| うれしい | | 例人に感謝されると，うれしい気持になる。<br>被别人感谢之后很开心。<br>類喜ばしい 反悲しい |

| 450 ★★★ | ナ名 | 讨厌(的)，不愿意(的)，有……的负面倾向 |
|---|---|---|
| 嫌い | | 例好きな科目は英語で，嫌いな科目は数学だ。<br>喜欢的科目是英语，不喜欢的科目是数学。<br>類苦手，嫌 反好き |

| 451 ★★★ | 動 | 穿(上衣、连衣裙等) |
|---|---|---|
| 着る | | 例今日はパーティーなのでドレスを着る。<br>因为今天有派对，所以穿礼服。<br>類着用する，履く，かぶる 反脱ぐ |

| 452 ★★★ | 副接 | 这样(地) |
|---|---|---|
| こうして | | 例この問題はこうして解くと簡単だよ。<br>这道题这么解答比较简单。<br>類このように，こうやって |

| 453 ★★★ | 動 | 沿着，按照 |
|---|---|---|
| 沿う | | 例川に沿って桜並木が続いている。<br>沿着河种了一排樱花树。<br>類並行する |

| 454 ★★★ | 副名 | 直接 |
|---|---|---|
| ちょくせつ<br>直接 | | 例大切な話なので、直接会って話したいと思います。<br>因为是重要的事情，所以想直接见面说。<br>類そのまま、直に　反間接 |

| 455 ★★★ | 動 | (鸟等)叫 |
|---|---|---|
| な<br>鳴く | | 例遠くで鳥が鳴いているのが聞こえる。<br>能听到远处有鸟在叫。<br>類さえずる、吠える |

| 456 ★★★ | イ | 困倦的 |
|---|---|---|
| ねむ<br>眠い | | 例お昼ご飯を食べたあとの授業は必ず眠くなる。<br>午饭之后的课一定会困。<br>類眠たい |

| 457 ★★★ | 動 | 引起，引发 |
|---|---|---|
| ひ お<br>引き起こす | | 例お酒の飲み過ぎは健康に深刻な問題を引き起こす。<br>过度饮酒，会带来严重的健康问题。<br>類誘発する、発生する、生じる |

| 458 ★★★ | 動 | 看到，看见 |
|---|---|---|
| み<br>見かける | | 例ランニングしている彼を毎朝見かける。<br>每天都会看到他在跑步。<br>類目にする、目撃する |

| 459 ★★★ | 動 | 结合，有关联 |
|---|---|---|
| むす つ<br>結び付く | | 例努力が成果に結び付く。<br>努力就会有结果。<br>類つながる |

| 460 ★★★ | 副 | 稍微，一点 |
|---|---|---|
| やや | | 例彼は最近やや太り気味だ。<br>他最近有一点见胖。<br>類少し、いくらか　反かなり |

| 461 ★★★ | イ | 温暖的，宽厚的 |
|---|---|---|
| あたた<br>暖かい | | 例今年の冬は暖かいので、雪がほとんど降らない。<br>因为今年冬天很暖，所以几乎没下雪。<br>類温暖　反寒い |

| 462 ★★★ | 動 | 出现，表露，显示 |
|---|---|---|
| あらわ<br>現れる | | 例太陽が雲の間から現れる。<br>太阳从云层中露出来。<br>類出る、出現する　反隠れる、消える |

| 463 ★★★ | ナ | 另一方面(的)，单方面(的) |
|---|---|---|
| いっぽうてき<br>一方的 | | 例面倒なことを一方的に押し付けられた。<br>单方面被迫接受难办的事情。<br>類むりやり、強制的に　反相互的 |

| 464 ★★★ | 副名 | 总是，经常，平时 |
|---|---|---|
| いつも | | 例いつも同じものばかり食べていると飽きてしまう。<br>总吃一样的东西会厌倦。<br>類常に、ふだん、絶えず　反たまに |

| 465 ★★★ | 動 | 照映，投射 |
|---|---|---|
| うつ<br>映す | | 例彼は自分の姿を鏡に映した。<br>他照了镜子。<br>類現す、映し出す、投影する |

48

| 466 ★★★ 動 | 访问，到访，(季节)来临 |
|---|---|
| おとず<br>訪れる | 例ここを訪れるのは三年ぶりです。<br>三年没有来过这里。<br>類行く，訪ねる，訪問する |

| 467 ★★★ ナ名 | 确凿(的)，准确(的) |
|---|---|
| かくじつ<br>確実 | 例確実な情報がなければ判断できない。<br>没有确凿的信息无法做判断。<br>類確かな，手堅い 反不確実 |

| 468 ★★★ 動 | 隐藏，不外露 |
|---|---|
| かく<br>隠れる | 例太陽が雲に隠れてしまった。<br>太阳隐到了云里。<br>類潜む，くらます 反現れる |

| 469 ★★★ ナ | 急剧(的) |
|---|---|
| きゅうげき<br>急激 | 例リーマンショックの影響で株価が急激に下落した。<br>由于雷曼事件的影响，股价急剧下跌。<br>類激しく，飛躍的，急 反緩慢，緩やか |

| 470 ★★★ イ | 绝佳的，不同寻常的 |
|---|---|
| すばらしい | 例山の頂上から見る景色はすばらしい。<br>从山顶上看到的景色非常棒。<br>類見事，立派，素敵 |

| 471 ★★★ 副 | (后多接否定)完全，一点也 |
|---|---|
| ぜんぜん<br>全然 | 例この問題の意味が全然分からなくて解けなかった。<br>完全不懂这道题的意思，所以没法做。<br>類まったく，まるで，ちっとも |

| 472 ★★★ 動 | 属于，从属 |
|---|---|
| ぞく<br>属する | 例私は大学のサッカーチームに属している。<br>我从属于大学的足球队。<br>類所属する |

| 473 ★★★ 動 | 搭话 |
|---|---|
| はな<br>話しかける | 例お店で知り合いに会ったので話しかけた。<br>在店里碰到了认识的人，所以搭了话。<br>類声をかける |

| 474 ★★★ ナ名 | 贫困(的)，贫穷(的) |
|---|---|
| ひんこん<br>貧困 | 例世界には貧困にあえぐ国が多数存在する。<br>世界上有很多苦于贫困的国家。<br>類貧しさ，乏しさ 反富裕，裕福 |

| 475 ★★★ 副 | 再次 |
|---|---|
| ふたた<br>再び | 例彼には再び会うことはないだろうと思っていた。<br>我一直觉得我可能不会再见到他了。<br>類もう一度，再度 |

| 476 ★★★ ナ | 物理上(的) |
|---|---|
| ぶつりてき<br>物理的 | 例この重い荷物を持ち上げるのは物理的に不可能だ。<br>实际上是无法搬起这个重物的。<br>類物質的，現実的 |

| 477 ★★★ 副 | 几乎，大致 |
|---|---|
| ほぼ | 例明日の旅行の準備は，ほぼ整った。<br>明天旅行的准备基本上做好了。<br>類ほとんど，大体 反まったく |

| 478 ★★★ | 動 | 弄错 |
|---|---|---|
| まちが<br>間違える | | 例 地図を見ないで歩いていたら道を間違えた。 |
| | | 没有看地图走，结果弄错了路。 |
| | | 類 誤る，失敗する |

| 479 ★★★ | 動 | 烧，烤制，晒黑(皮肤) |
|---|---|---|
| や<br>焼く | | 例 家族のためにパンを焼いた。 |
| | | 为家人烤了面包。 |
| | | 類 あぶる，燃やす |

| 480 ★★★ | 動 | 高兴，愿意 |
|---|---|---|
| よろこ<br>喜ぶ | | 例 大学に合格したことを両親がとても喜んでいた。 |
| | | 大学合格了，父母非常高兴。 |
| | | 類 うれしがる，楽しむ 反 悲しむ |

| 481 ★★★ | 動 | 分成几部分，(意见等)有分歧 |
|---|---|---|
| わ<br>分かれる | | 例 日本列島は四つの大きな島に分かれている。 |
| | | 日本列岛分为四个大岛。 |
| | | 類 割れる，分散する，分岐する |

| 482 ★★★ | 動 | 摆渡，搭，架(桥等)，递给，交给 |
|---|---|---|
| わた<br>渡す | | 例 誕生日プレゼントを母に渡す。 |
| | | 把生日礼物交给母亲。 |
| | | 類 送る，手渡す，与える |

| 483 ★★★ | 副名 | 最，第一 |
|---|---|---|
| いちばん<br>一番 | | 例 私の一番好きな食べ物はカレーライスだ。 |
| | | 我最喜欢吃的食物是咖喱饭。 |
| | | 類 最も，このうえなく，最高，最初 |

| 484 ★★★ | 動 | 打，撞，注射，打字，打动 |
|---|---|---|
| う<br>打つ | | 例 彼は階段から落ちて頭を強く打った。 |
| | | 她从楼梯跌下来，头摔得很重。 |
| | | 類 たたく，殴る，ぶつ |

| 485 ★★★ | 動 | 摆，搭，重复，积累 |
|---|---|---|
| かさ<br>重ねる | | 例 一人前になるには経験を重ねる必要がある。 |
| | | 想要独立的话，需要积累经验。 |
| | | 類 積む，盛る |

| 486 ★★★ | 動 | 定期往复(上学，上班等)，(血液等)畅通，心意相通 |
|---|---|---|
| かよ<br>通う | | 例 彼女は電車で学校に通っている。 |
| | | 她坐电车上下学。 |
| | | 類 行き来する，通じる，行く |

| 487 ★★★ | 副 | 肯定，一定 |
|---|---|---|
| きっと | | 例 この雨は，夜にはきっと雪になるよ。 |
| | | 这场雨到了晚上一定会变成雪。 |
| | | 類 必ず，確かに 反 あるいは，恐らく，たぶん |

| 488 ★★★ | 副 | 马上，迅速 |
|---|---|---|
| さっそく<br>早速 | | 例 家に着いたら，早速勉強に取りかかる。 |
| | | 一到家马上开始学习。 |
| | | 類 すぐに，すぐさま，ただちに |

| 489 ★★★ | 副 | 经常，屡次 |
|---|---|---|
| しばしば | | 例 この辺りは道が狭いので交通事故がしばしば発生する。 |
| | | 这一带路很窄，所以经常发生交通事故。 |
| | | 類 たびたび，頻繁に 反 まれに，時々 |

| 490 ★★★ | イ | (动作、反应等)迅速的，机敏的 |
|---|---|---|
| すばや<br>素早い | | 例小さな生き物は大きな生き物より動きが素早い。<br>小的生物比大的生物行动迅速。<br>類機敏，迅速　反遅い，のろい |

| 491 ★★★ | 動 | 到达，(手等)够到 |
|---|---|---|
| つ<br>着く | | 例飛行機が目的地に着いた。<br>飞机到达了目的地。<br>類到着する，届く，至る　反発つ |

| 492 ★★★ | ナ名 | 擅长(的) |
|---|---|---|
| とくい<br>得意 | | 例得意な科目で確実に点数を取る。<br>在擅长的科目上稳稳地拿分。<br>類上手，得手　反苦手，不得意，不得手 |

| 493 ★★★ | 動 | 放，载，刊登 |
|---|---|---|
| の<br>載せる | | 例お店の広告をウェブサイトに載せる。<br>在网页上登店铺的广告。<br>類積む，掲載する，積載する　反降ろす |

| 494 ★★★ | ナ名 | 不快(的) |
|---|---|---|
| ふかい<br>不快 | | 例こんな不快な思いをしたのは初めてだ。<br>有这种不愉快的经历还是第一次。<br>類不愉快，嫌　反愉快，心地よい |

| 495 ★★★ | ナ名 | 不可缺少(的) |
|---|---|---|
| ふかけつ<br>不可欠 | | 例相手を説得するためには論理的な説明が不可欠だ。<br>要说服对方，需要有逻辑性的说明。<br>類必須 |

| 496 ★★★ | 副 | 越来越…… |
|---|---|---|
| ますます | | 例夕方になって風がますます強くなってきた。<br>到了傍晚风变得越来越强。<br>類さらに，いっそう |

| 497 ★★★ | 動 | 转圈，巡视，绕远，轮流 |
|---|---|---|
| まわ<br>回る | | 例地球は一年かけて太陽の周りを回っている。<br>地球一年绕太阳一周。<br>類回転する，巡る |

| 498 ★★★ | 動 | 重看，再讨论，再评估 |
|---|---|---|
| みなお<br>見直す | | 例その計画はもう一度見直す余地がある。<br>那个计划还有再讨论的余地。<br>類見返す，再検討する |

| 499 ★★★ | ナ名サ | 麻烦(的)，烦扰(的) |
|---|---|---|
| めいわく<br>迷惑(する) | | 例周りの迷惑にならないようにマナーを守る。<br>为了不给周围的人添麻烦，要遵守礼仪。<br>類面倒，邪魔　反恩恵 |

| 500 ★★★ | ナ名 | 轻松(的) |
|---|---|---|
| らく<br>楽 | | 例お金をたくさん稼いで，もっと楽な生活がしたい。<br>我想多挣很多钱过更轻松的生活。<br>類簡単，たやすい，快適　反難しい，苦しい |

| 501 ★★★ | 動 | 笑 |
|---|---|---|
| わら<br>笑う | | 例彼はうれしそうに，にっこりと笑った。<br>他看上去很开心，笑嘻嘻的。<br>類ほほえむ　反怒る，泣く |

| 502 ★★★ | 動 | 抱有，怀着(梦想、烦恼等) |
|---|---|---|
| いだ<br>抱く | | 例 彼は将来起業する夢を抱いている。<br>他怀着将来创业的梦想。<br>類 抱える，持つ |

| 503 ★★★ | 動 | 至，到，至于，(多用否定)周到 |
|---|---|---|
| いた<br>至る | | 例 現在に至るまで，この事件の全容は解明されていない。<br>至今还没有弄清这个事件的全貌。<br>類 届く，着く，及ぶ |

| 504 ★★★ | 動 | 逊色，不及 |
|---|---|---|
| おと<br>劣る | | 例 従来の製品は新しいものより機能が劣る。<br>旧产品的性能不及新产品。<br>類 落ちる　反 勝る，優れる |

| 505 ★★★ | ナ | 有效率(的) |
|---|---|---|
| こうりつてき<br>効率的 | | 例 もっと効率的なやり方を考えて改善を図る。<br>想出更有效的做法去努力改善。<br>類 効果的　反 非効率的 |

| 506 ★★★ | ナ名 | 最适合(的) |
|---|---|---|
| さいてき<br>最適 | | 例 食品を最適な温度で管理する。<br>用最合适的温度保存食品。<br>類 適切　反 不適 |

| 507 ★★★ | ナ | 诚实(的)，淳朴(的)，(技艺等)没有毛病(的) |
|---|---|---|
| す なお<br>素直 | | 例 私の長所は素直なところだ。<br>我的优点是很诚实。<br>類 誠実，実直，素朴，従順　反 頑固，強情 |

| 508 ★★★ | 動 | 积攒 |
|---|---|---|
| た<br>貯める | | 例 アルバイトをしてお金を貯める。<br>打工攒钱。<br>類 貯蓄する |

| 509 ★★★ | 副名 | 渐渐地 |
|---|---|---|
| だんだん | | 例 朝になるにつれて空がだんだん明るくなる。<br>伴随清晨的到来，天空渐渐亮起来。<br>類 少しずつ，次第に，順次　反 急に，一気に |

| 510 ★★★ | 副 | 据说是，一切 |
|---|---|---|
| なんでも | | 例 彼の結婚相手はなんでも美人らしいよ。<br>听说他的结婚对象好像是一个美女。<br>類 どうやら，どうも，確か，すべて |

| 511 ★★★ | 副 | 不由得，不知为何 |
|---|---|---|
| なんとなく | | 例 原因は分からないが，なんとなく頭が痛い。<br>不知道什么原因，觉得头有些疼。<br>類 なんだか，思わず，何気ない |

| 512 ★★★ | ナ | 日常(的)，平时 |
|---|---|---|
| にちじょうてき<br>日常的 | | 例 私は日常的にジムに通っている。<br>我平时经常去健身房。<br>類 日頃，ふだん　反 非日常的 |

| 513 ★★★ | 動 | 除去，除了 |
|---|---|---|
| のぞ<br>除く | | 例 数名を除き，ほぼ全員が入学式に出席した。<br>除了个别几人，差不多全员都出席了开学典礼。<br>類 除外する，はじく，以外　反 加える，含める |

| 514 ★★★ | 動 | 眺望，期望 |
|---|---|---|
| のぞ<br>望む | | 例この部屋から富士山を望むことができる。<br>从这个房间可以眺望到富士山。<br>類眺める，願う，求める |

| 515 ★★★ | 動 | 放，载，刊登 |
|---|---|---|
| の<br>載る | | 例トラックにたくさんの荷物が載っている。<br>卡车上拉了很多货物。<br>類積める，乗る，掲載 |

| 516 ★★★ | ナ名 | 麻烦(的) |
|---|---|---|
| めんどう<br>面倒 | | 例家を借りるには面倒な手続きが必要だ。<br>租房子需要办麻烦的手续。<br>類煩わしい，厄介，手間，世話 反簡単，容易 |

| 517 ★★★ | ナ | 容易(的) |
|---|---|---|
| よう い<br>容易 | | 例あの大学に合格するのは容易なことではない。<br>考上那个大学不是容易的事情。<br>類簡単，たやすい 反困難，至難 |

| 518 ★★★ | 動 | 吃惊 |
|---|---|---|
| おどろ<br>驚く | | 例彼女が入院したと聞いて驚いた。<br>听说她住院，吃了一惊。<br>類びっくりする |

| 519 ★★★ | 動 | 越过，穿过，过了(某个日期) |
|---|---|---|
| こ<br>越える | | 例船で国境を越える。<br>坐船越过国境。<br>類越す，超える |

| 520 ★★★ | 動 | 损坏 |
|---|---|---|
| こわ<br>壊れる | | 例カメラの手入れを怠っていたら壊れてしまった。<br>偷懒没有好好保养相机，结果坏掉了。<br>類破損する 反直る |

| 521 ★★★ | ナ | 热烈(的)，盛大(的)，兴盛(的) |
|---|---|---|
| さか<br>盛ん | | 例青森県はりんごの栽培が盛んな地域です。<br>青森县是广泛种植苹果的地区。<br>類活発，しきり |

| 522 ★★★ | 動 | 拧，挤，缩小范围，调低(音量等) |
|---|---|---|
| しぼ<br>絞る | | 例テスト範囲に絞って勉強する。<br>把范围缩到考点来学习。<br>類狭める，限定する，ねじる |

| 523 ★★★ | 動 | 使一致，使协调，备齐，使整齐 |
|---|---|---|
| そろ<br>揃える | | 例靴は脱いだら揃えておくべきだ。<br>鞋脱了之后应该摆好。<br>類整える 反ばらす |

| 524 ★★★ | ナ | 长期(的) |
|---|---|---|
| ちょう き てき<br>長期的 | | 例長期的な視点で物事を考えるべきだ。<br>应该用长远的目光来考虑事情。<br>類長い 反短期的 |

| 525 ★★★ | 副 | 不由得，一不小心，(距离、时间等)非常近 |
|---|---|---|
| つい | | 例おいしそうなケーキを見ると，つい買ってしまう。<br>一看到好吃的蛋糕就忍不住会买。<br>類ほんの，うっかり，思わず |

| 526 ★★★ | 副 | 陆续(的/地)，不断(的/地) |
|---|---|---|
| つぎつぎ<br>次々(と/に) | | 例アイドルグループが次々に新曲を発表する。<br>偶像团体陆续推出新歌。<br>類続々，連続で |

| 527 ★★★ | 動 | 帮忙 |
|---|---|---|
| てつだ<br>手伝う | | 例家で父の仕事を手伝う。<br>在家里帮爸爸做事。<br>類助ける，支援する，援助する　反邪魔する |

| 528 ★★★ | ナ副 | 理所应当(的)，当然 |
|---|---|---|
| とうぜん<br>当然 | | 例車の運転に免許が必要なのは当然だ。<br>开车需要驾照是理所应当的。<br>類当たり前，もちろん，無論，言うまでもなく　反意外 |

| 529 ★★★ | 副 | 首先，暂且 |
|---|---|---|
| とりあえず | | 例とりあえず応急処置をして，それから病院に運びます。<br>先做应急处理，然后再送医院。<br>類まず，ひとまず |

| 530 ★★★ | 副名 | 多少，多么 |
|---|---|---|
| どれだけ | | 例家を建てるのに，資金はどれだけ必要だろうか。<br>建一所住宅需要多少钱呢?<br>類どれくらい，どれほど |

| 531 ★★★ | ナ名サ | 相反(的)，反对 |
|---|---|---|
| はんたい<br>反対(する) | | 例靴を左右反対に履いてしまう。<br>鞋穿反了。<br>類逆，対立　反賛成，順 |

| 532 ★★★ | ナ | 否定(的)，消极(的) |
|---|---|---|
| ひ ていてき<br>否定的 | | 例否定的に考える癖を直したい。<br>想改掉消极思考的毛病。<br>類後ろ向き　反肯定的 |

| 533 ★★★ | 動 | 携带，带入，进入(下一阶段)，提出(意见，问题等) |
|---|---|---|
| も こ<br>持ち込む | | 例図書館にパソコンを持ち込んで勉強する。<br>把电脑带到图书馆学习。<br>類持つ，持参する　反持ち出す |

| 534 ★★★ | イ | 热的，炎热的 |
|---|---|---|
| あつ<br>暑い | | 例湿度が高いと気温以上に暑く感じる。<br>湿度高的话会感觉比实际气温热。<br>類蒸し暑い，暑苦しい，暑気　反寒い |

| 535 ★★★ | 動 | 撞，命中，晒，贴紧，中奖，猜 |
|---|---|---|
| あ<br>当てる | | 例商店街のくじ引きでハワイ旅行を当てた。<br>在商业街抽奖中了夏威夷旅行。<br>類当選する，ぶつける，あてがう，正解する　反外す |

| 536 ★★★ | 動 | 从事，经营 |
|---|---|---|
| いとな<br>営む | | 例父は小さなお店を営んでいる。<br>爸爸经营一家小店。<br>類催す，行う，経営する |

| 537 ★★★ | 動 | 催促，促使，促进 |
|---|---|---|
| うなが<br>促す | | 例子供にきちんと野菜を食べるように促す。<br>督促孩子好好吃蔬菜。<br>類催促する，促進する |

| 538 ★★★ | 動 补充，弥补 |
|---|---|
| おぎな<br>補う | 例 運動後は水分を補うことが重要だ。<br>运动后补充水分很重要。<br>類 補足する，補填する，補給する |

| 539 ★★★ | 動 迟到，晚点，落伍，(表)慢 |
|---|---|
| おく<br>遅れる | 例 電車が人身事故の影響で遅れている。<br>电车因人身事故的影响晚点了。<br>類 遅刻する，遅延する 反 進む，早まる，間に合う |

| 540 ★★★ | 動 弄掉，弄丢，使……落下，降低 |
|---|---|
| お<br>落とす | 例 靴についた汚れを落とす。<br>把粘在鞋上的污渍弄掉。<br>類 無くす，失う，取り除く 反 拾う，上げる |

| 541 ★★★ | 動 缺少，欠缺 |
|---|---|
| か<br>欠く | 例 あなたの主張は一貫性を欠いている。<br>你的主张缺少一贯性。<br>類 ない，損ずる 反 備える |

| 542 ★★★ | 動 隐藏，隐瞒 |
|---|---|
| かく<br>隠す | 例 日記を引き出しの奥に隠した。<br>把日记藏在抽屉靠里面的位置。<br>類 かくまう，伏せる，忍ばせる 反 現す，明かす，暴く |

| 543 ★★★ | 動 枯萎，(技术、产品)成熟 |
|---|---|
| か<br>枯れる | 例 水をあげないと花は枯れてしまう。<br>不浇水的话，花会枯掉。<br>類 しおれる，なえる，しぼむ 反 茂る |

| 544 ★★★ | 動 修筑，构筑，建立 |
|---|---|
| きず<br>築く | 例 将来は幸せな家庭を築きたい。<br>以后想组建一个幸福的家庭。<br>類 建てる，作る，作り上げる |

| 545 ★★★ | 動 手或脚交叉，组成，协力 |
|---|---|
| く<br>組む | 例 三人でチームを組んで一緒に仕事をする。<br>三个人组成一组一起工作。<br>類 組み立てる，組み合わせる，組織する |

| 546 ★★★ | 動 拘泥，追求，讲究 |
|---|---|
| こだわる | 例 当店では食材の鮮度にこだわっています。<br>本店非常讲究食材的新鲜。<br>類 気にする，追求する 反 諦める |

| 547 ★★★ | ナ名 孤独(的) |
|---|---|
| こどく<br>孤独 | 例 一人寂しく孤独な生活を送る。<br>一个人孤独寂寞地生活。<br>類 ひとりぼっち，単独，寂しい |

| 548 ★★★ | ナ 安静(的) |
|---|---|
| しず<br>静か | 例 授業が始まったので静かにしてください。<br>因为已经上课了，所以请安静。<br>類 静粛，ひっそり，物静か，穏やか 反 騒がしい，騒々しい |

| 549 ★★★ | ナ 人工(的) |
|---|---|
| じんこうてき<br>人工的 | 例 スキー場で人工的に雪を降らせる。<br>在滑雪场人工降雪。<br>類 人為的 |

| 550 ★★★ | 動 | 経過，超過(某一時刻)，(時期)过去，过度 |
|---|---|---|
| す<br>過ぎる | | 例寒い冬が過ぎて暖かい春がやってきた。<br>寒冷的冬天过去，温暖的春天来了。<br>類越える，経過する，通過する |

| 551 ★★★ | 副 | 务必，一定 |
|---|---|---|
| ぜひ(とも) | | 例このプロジェクトは，ぜひ私にお任せください。<br>请一定把这个项目交给我。<br>類必ず，きっと，なにとぞ |

| 552 ★★★ | イ | 冰凉的，冰冷的，冷漠的 |
|---|---|---|
| つめ<br>冷たい | | 例夏になると冷たいアイスクリームが食べたくなる。<br>一到夏天就想吃冰凉的雪糕。<br>類冷える，冷める，冷淡　反温かい，熱い |

| 553 ★★★ | 動 | 停，中止 |
|---|---|---|
| と<br>止める | | 例無料の駐車場に車を止める。<br>把车停在免费的停车场。<br>類停止する，やめる，制止する　反進める，動かす |

| 554 ★★★ | 動 | 去除，拿走 |
|---|---|---|
| と　のぞ<br>取り除く | | 例カウンセリングで患者の不安を取り除く。<br>通过心理辅导消除患者的不安情绪。<br>類外す，無くす，除外する　反加える，含める |

| 555 ★★★ | 動 | 烦恼，苦恼 |
|---|---|---|
| なや<br>悩む | | 例私は受験のことで悩んでいる。<br>我因为考试的事情很烦恼。<br>類苦しむ，思い詰める，思い煩う |

| 556 ★★★ | 動 | 逃，逃避 |
|---|---|---|
| に<br>逃げる | | 例犯人は窓から逃げた。<br>犯人从窗户跑掉了。<br>類逃れる，逃走する，免れる　反追う |

| 557 ★★★ | ナ名サ | 不便(的)，条件不足(的) |
|---|---|---|
| ふ じ ゆう<br>不自由(する) | | 例目が不自由な人の手助けをする。<br>帮助盲人。<br>類不便　反自由 |

| 558 ★★★ | 動 | 注视 |
|---|---|---|
| み<br>見つめる | | 例私は黙って彼の顔を見つめている。<br>我沉默地注视着他的脸。<br>類凝視する，見据える |

| 559 ★★★ | 動 | 燃烧，感情高涨 |
|---|---|---|
| も<br>燃える | | 例火事で家が燃えている。<br>因为火灾家烧着了。<br>類焼ける，燃焼する　反消える |

| 560 ★★★ | イ | 松软的，柔软的，和蔼可亲的 |
|---|---|---|
| やわ<br>柔らかい | | 例産まれたばかりの赤ちゃんは体が柔らかい。<br>刚出生的婴儿，身体很柔软。<br>類柔軟，柔和　反硬い，堅い，固い |

| 561 ★★★ | ナ | 有逻辑性(的) |
|---|---|---|
| ろん り てき<br>論理的 | | 例論理的な文章には接続詞が欠かせない。<br>有逻辑性的文章不可缺少连接词。<br>類科学的　反非論理的，情緒的 |

| 562 ★★ | イ | 危险的 |
|---|---|---|
| あぶ<br>危ない | | 例横断歩道もない場所で道路を渡るのは危ない。<br>在没有人行横道的地方过马路很危险。<br>類危険 反安全 |

| 563 ★★ | 動 | 弄错，犯错 |
|---|---|---|
| あやま<br>誤る | | 例大切なところで判断を誤る。<br>在关键的地方判断失误。<br>類間違う，間違える，失敗する 反正す |

| 564 ★★ | 動 | 急，赶紧，赶路 |
|---|---|---|
| いそ<br>急ぐ | | 例駅から家までの夜道を急ぐ。<br>赶夜路，从车站回家。<br>類慌てる，焦る |

| 565 ★★ | 動 | 唱歌 |
|---|---|---|
| うた<br>歌う | | 例結婚式でお祝いの曲を歌う。<br>在婚礼上唱祝福的歌曲。<br>類口ずさむ 反弾く，聴く |

| 566 ★★ | 動 | 移动，调动，转移，使……传染 |
|---|---|---|
| うつ<br>移す | | 例机を窓の近くに移した。<br>把桌子搬到窗户旁边。<br>類移動する，進める |

| 567 ★★ | 動 | 想到 |
|---|---|---|
| おも<br>思いつく | | 例いいアイデアを思いついた。<br>想到了好主意。<br>類考えつく |

| 568 ★★ | ナ | 舒适(的)，舒畅(的) |
|---|---|---|
| かいてき<br>快適 | | 例夏はクーラーがあると快適に過ごせる。<br>夏天有空调的话可以过得很舒适。<br>類心地よい，さわやか 反不快 |

| 569 ★★ | ナ名 | 极端(的)，极其(的) |
|---|---|---|
| きょくたん<br>極端 | | 例彼の食事は栄養が極端に偏っている。<br>他饮食的营养极其不均衡。<br>類極度 反中正 |

| 570 ★★ | 動 | 剥(皮)，削 |
|---|---|---|
| けず<br>削る | | 例ナイフを使って鉛筆を削る。<br>用刀削铅笔。<br>類削ぐ，削除する，減らす，削減する |

| 571 ★★ | 動 | 杀死，抑制，控制 |
|---|---|---|
| ころ<br>殺す | | 例人を殺すことは犯罪です。<br>杀人是犯罪行为。<br>類殺害する，しとめる，ばらす 反生かす |

| 572 ★★ | 動 | 使……开花 |
|---|---|---|
| さ<br>咲かせる | | 例この植物はきれいな花を咲かせる。<br>这个植物会开出漂亮的花。<br>類開花させる |

| 573 ★★ | 動 | 邀请，引诱，促使 |
|---|---|---|
| さそ<br>誘う | | 例友人を誘ってコンサートに出かける。<br>邀请朋友去演唱会。<br>類勧誘する，連れ出す，いざなう，もちかける |

| 574 ★★ | イ | 寂寞的，失落的，冷清的 |
|---|---|---|
| さび<br>寂しい | | 例 一人暮らしで両親と離れ，寂しい思いをする。<br>离开父母一个人生活很寂寞。<br>類 心細い，物足りない，わびしい　反 にぎやか |

| 575 ★★ | イ | 寒冷的 |
|---|---|---|
| さむ<br>寒い | | 例 寒い日に飲むコーヒーは，いちだんとおいしく感じる。<br>在寒冷的日子喝的咖啡会觉得格外好喝。<br>類 肌寒い，寒冷　反 暖かい，温暖 |

| 576 ★★ | ナ 名 | 遺憾(的) |
|---|---|---|
| ざんねん<br>残念 | | 例 たくさん勉強したのにテストは残念な結果だった。<br>虽然学得很用功，但是考试的结果很遗憾。<br>類 無念，遺憾，心残り |

| 577 ★★ | ナ | 自発(的) |
|---|---|---|
| じ はつてき<br>自発的 | | 例 社会では自発的な行動が求められる。<br>社会需要自发性行动。<br>類 自主的　反 強制的 |

| 578 ★★ | ナ | 主要(的) |
|---|---|---|
| しゅよう<br>主要 | | 例 我が国の主要な輸出品は小麦だ。<br>我国主要的出口产品是小麦。<br>類 主な，重要，肝心 |

| 579 ★★ | 副 | 渐渐地 |
|---|---|---|
| じょじょ<br>徐々に | | 例 はじめはゆっくりで，徐々にスピードを上げて走る。<br>开始时慢一点，渐渐地提速跑。<br>類 緩やかに，少しずつ，次第に　反 急に，一気に |

| 580 ★★ | 副 名 | 大致，大体，说起来，大部分 |
|---|---|---|
| だいたい<br>大体 | | 例 彼の家までは大体一時間くらいかかる。<br>去他家大概要一小时左右。<br>類 およそ，約，もともと　反 ちょうど |

| 581 ★★ | 動 | 询问，寻求 |
|---|---|---|
| たず<br>尋ねる | | 例 道に迷ってしまったので人に道を尋ねた。<br>因为迷了路，所以向人问了路。<br>類 問う，聞く，伺う，問い合わせる　反 答える |

| 582 ★★ | イ | 辛苦的，痛苦的 |
|---|---|---|
| つら<br>辛い | | 例 戦争での辛い体験を若い世代に語り継ぐ。<br>把战争中的痛苦经历讲述给年轻的一代。<br>類 苦しい，切ない　反 楽 |

| 583 ★★ | 副 | 不由得，总觉得 |
|---|---|---|
| なんだか | | 例 今日はなんだか体の調子がいい気がする。<br>感觉今天身体状态很好。<br>類 なんとなく，なぜか |

| 584 ★★ | 動 | 担，挑，承担 |
|---|---|---|
| にな<br>担う | | 例 若者は国の未来を担っている。<br>年轻人担负起祖国的未来。<br>類 負う，受け持つ |

| 585 ★★ | 動 | 瞄准，以……为目标 |
|---|---|---|
| ねら<br>狙う | | 例 ピストルで的を狙って撃つ。<br>用手枪瞄准目标射击。<br>類 うかがう，目がける |

| | | |
|---|---|---|
| 586 ★★ | 動 | 測，量，推測 |
| はか<br>測る | | 例風邪を引いたので体温を測る。<br>因为感冒了，所以测体温。<br>類測定する |
| 587 ★★ | イ | 宽阔的，广泛的 |
| はばひろ<br>幅広い | | 例サッカーのファンは十代からお年寄りまで幅広い。<br>足球迷从十岁到老年人，范围很广。<br>類広範 |
| 588 ★★ | 動 | 冷却，使……冷静 |
| ひ<br>冷やす | | 例ビールを冷蔵庫で冷やしておく。<br>把啤酒先放到冰箱里冰镇。<br>類冷ます　反温める，熱する，沸かす |
| 589 ★★ | 動 | 加深 |
| ふか<br>深める | | 例一緒にお酒を飲んで友情を深めた。<br>一起喝酒加深了友情。<br>類深まる |
| 590 ★★ | ナ名 | 可疑(的)，奇怪(的) |
| へん<br>変 | | 例変な人がうろついているから注意しよう。<br>有奇怪的人走来走去所以要注意。<br>類妙，異様，おかしい |
| 591 ★★ | 動 | 潜入，钻入，躲入 |
| もぐ<br>潜る | | 例ミミズが土の中に潜る。<br>蚯蚓钻进土里。<br>類隠れる，潜む，潜水する |
| 592 ★★ | ナ名 | 有利(的) |
| ゆうり<br>有利 | | 例こちらに有利な条件で交渉を進める。<br>用对我方有利的条件推进交涉。<br>類得　反不利 |
| 593 ★★ | 動 | 叫到自己跟前来 |
| よ　よ<br>呼び寄せる | | 例出張先の上海に奥さんを呼び寄せる。<br>把妻子叫到出差地上海来。<br>類招く，招来する |
| 594 ★★ | ナ | 理想(的) |
| りそうてき<br>理想的 | | 例彼は社会人として，まさに理想的な人物だ。<br>作为一名上班族，遵守约定好的时间是理所应当的。<br>類理想通り，完璧　反現実的 |
| 595 ★★ | ナ名 | 理所当然(的) |
| あ　まえ<br>当たり前 | | 例約束の時間を守るのは社会人として当たり前だ。<br>作为社会人遵守约定好的时间是理所应当的。<br>類当然，普通　反意外 |
| 596 ★★ | 動 | 洗澡，弄一身…… |
| あ<br>浴びる | | 例汗をかいたので家に帰ってシャワーを浴びた。<br>因为出了汗，所以回家洗了澡。<br>類かぶる，受ける |
| 597 ★★ | ナ副 | (表示怀疑)怎么样，(询问意向)如何 |
| いかが | | 例途中で諦めるのはいかがなものか。<br>中途放弃是否对呢？<br>類どうか，どんなものか，どう，どのよう |

| 598 ★★ | 動 | 幸存 |
|---|---|---|
| い のこ<br>**生き残る** | | 例 彼は戦争で生き残った数少ない兵士の一人だ。<br>他是在战争中幸存下来的少数士兵之一。<br>類 生存する，生き延びる　反 死に絶える |

| 599 ★★ | 副名 | 究竟，到底，一体 |
|---|---|---|
| **いったい** | | 例 彼が寝坊するなんて，いったいどうしたのだろうか。<br>他竟然睡过头了，这到底是怎么了？<br>類 そもそも，もともと |

| 600 ★★ | ナ | 大幅度(的) |
|---|---|---|
| おおはば<br>**大幅** | | 例 原材料の高騰により，大幅な値上げが必要だ。<br>由于原材料涨价，所以需要大幅上调价格。<br>類 大きな，多大，かなり　反 小幅 |

| 601 ★★ | イ | 幼小，幼稚的 |
|---|---|---|
| おさな<br>**幼い** | | 例 共働きの親に代わって幼い兄弟の面倒を見る。<br>代替均参加工作的父母照料年幼的弟弟（妹妹）。<br>類 幼少，幼稚 |

| 602 ★★ | 動 | 心情低落，(业绩等)下滑 |
|---|---|---|
| お こ<br>**落ち込む** | | 例 彼女にふられて，彼はすっかり落ち込んでいる。<br>他被女朋友甩了，心情非常低落。<br>類 落胆する，がっかりする，へこむ |

| 603 ★★ | 動 | 波及，影响 |
|---|---|---|
| およ<br>**及ぼす** | | 例 震災は多くの人の生活に影響を及ぼした。<br>地震的灾害影响到了很多人的生活。<br>類 与える，作用する |

| 604 ★★ | ナ | 科学(的) |
|---|---|---|
| か がくてき<br>**科学的** | | 例 人間の行動心理を科学的に解明する。<br>科学地解释人类的行动心理。<br>類 論理的，実証的　反 非科学的 |

| 605 ★★ | 動 | 重叠，重合，叠加 |
|---|---|---|
| かさ<br>**重なる** | | 例 今度の祝日は日曜日と重なっている。<br>这一次的节假日和周日重了。<br>類 かぶさる，かちあう，一致する，続く |

| 606 ★★ | ナ | 活跃(的)，热烈(的) |
|---|---|---|
| かっぱつ<br>**活発** | | 例 ぜひ今日は活発な議論をしましょう。<br>今天一定要进行热烈的讨论。<br>類 盛ん　反 不活発 |

| 607 ★★ | 動 | 消失，熄灭 |
|---|---|---|
| き<br>**消える** | | 例 停電で家の電気が消えた。<br>因为停电，家里的灯灭了。<br>類 消滅する，失う　反 現れる，燃える，蘇る |

| 608 ★★ | ナ | 爽快(的)，轻松愉快(的) |
|---|---|---|
| き がる<br>**気軽** | | 例 仕事を気軽に引き受けたことを後悔している。<br>后悔轻易地接了那个工作。<br>類 簡単，気安く，あっさり　反 気重 |

| 609 ★★ | ナ | 贵重(的)，宝贵(的) |
|---|---|---|
| き ちょう<br>**貴重** | | 例 留学して貴重な経験を積んだ。<br>留学积累了宝贵的经验。<br>類 有意義，大切，得難い |

| | | |
|---|---|---|
| 610 ★★ | **イ** | 很有趣的，很感兴趣的 |
| きょうみ ぶか<br>**興味深い** | | **例**教授のブラックホールに関する研究はとても興味深い。<br>对教授进行的有关黑洞的研究非常感兴趣。<br>**類**面白い |

| | | |
|---|---|---|
| 611 ★★ | **動** | 制定，明确 |
| さだ<br>**定める** | | **例**目標を定めて、そこに向かって努力する。<br>制定目标并向着目标努力。<br>**類**決める、決する、決定する **反**揺るがす |

| | | |
|---|---|---|
| 612 ★★ | **副** | 仔细地 |
| **じっくり(と)** | | **例**失敗は許されないので、じっくりと計画を練る。<br>因为不允许失败，所以要缜密地制定计划。<br>**類**慎重に、ゆっくりと、念入りに **反**手短に |

| | | |
|---|---|---|
| 613 ★★ | **ナ** | 严重(的) |
| しんこく<br>**深刻** | | **例**深刻な事態を招かぬよう、早めに対策を取るべきだ。<br>为了不招致更为严重的情况而应尽早采取对策。<br>**類**ひどい、大変、重大 **反**些細、軽微 |

| | | |
|---|---|---|
| 614 ★★ | **ナ** | 精神上(的) |
| せいしんてき<br>**精神的** | | **例**冤罪によって精神的な苦痛を受けた。<br>由于蒙冤遭受到了精神上的痛苦。<br>**類**心的 **反**肉体的、物質的 |

| | | |
|---|---|---|
| 615 ★★ | **動** | 帮助，救助 |
| たす<br>**助ける** | | **例**海でおぼれている子供を助けた。<br>在海里救援溺水的孩子。<br>**類**救う、手伝う、援助する **反**妨げる |

| | | |
|---|---|---|
| 616 ★★ | **動** | 欺骗 |
| **だます** | | **例**詐欺師が巧みな話術で人をだます。<br>诈骗犯用巧妙的说话方式来骗人。<br>**類**欺く、ごまかす、偽る |

| | | |
|---|---|---|
| 617 ★★ | **動** | 尝试，试验 |
| ため<br>**試す** | | **例**模擬試験で実力を試す。<br>做模拟考试测试一下实力。<br>**類**試みる、確かめる |

| | | |
|---|---|---|
| 618 ★★ | **動** | 逮捕，抓住 |
| つか<br>**捕まえる** | | **例**警察が犯人を捕まえる。<br>警察抓罪犯。<br>**類**捕らえる、捕獲する、逮捕する **反**逃がす |

| | | |
|---|---|---|
| 619 ★★ | **動** | 关，闭 |
| と<br>**閉じる** | | **例**目を閉じて音楽を聴く。<br>闭上眼听音乐。<br>**類**閉める、閉ざす **反**開ける、開(ひら)く |

| | | |
|---|---|---|
| 620 ★★ | **動** | 拿出，选出 |
| と だ<br>**取り出す** | | **例**ポケットから財布を取り出して支払う。<br>从衣服口袋里拿出钱包付钱。<br>**類**抜き出す、抜く、つかみ出す |

| | | |
|---|---|---|
| 621 ★★ | **副** | 无论……，怎样的 |
| **どんなに** | | **例**彼はどんなに忙しくてもいつも笑顔だ。<br>他无论多忙，总是带着笑脸。<br>**類**どれほど、いくら |

| 622 ★★ | 動 | 响，发出声音 |
|---|---|---|
| 鳴る<br>（な） | | 例 雷がごろごろと鳴る。<br>雷轰隆隆地响。<br>類 鳴り響く，鳴り渡る，とどろく |

| 623 ★★ | 動 | 贴，粘 |
|---|---|---|
| 貼る<br>（は） | | 例 履歴書に写真を貼って提出する。<br>把简历贴上照片后提交。<br>類 貼付する，くっつける　反 剥がす |

| 624 ★★ | 動 | 铺开，张开，紧绷 |
|---|---|---|
| 張る<br>（は） | | 例 キャンプ場でテントを張る。<br>在营地搭帐篷。<br>類 広げる　反 緩む，緩める |

| 625 ★★ | ナ名 | 没有必要(的) |
|---|---|---|
| 不要<br>（ふよう） | | 例 不要な出費を減らして節約する。<br>减少不必要的支出来节约。<br>類 余計，無駄　反 必要 |

| 626 ★★ | 動 | 打磨，摩擦，磨练 |
|---|---|---|
| 磨く<br>（みが） | | 例 寝る前には必ず歯を磨く。<br>睡前必须刷牙。<br>類 こする，研磨する |

| 627 ★★ | 動 | 招呼，号召 |
|---|---|---|
| 呼びかける<br>（よ） | | 例 みんなに募金への協力を呼びかける。<br>向大家呼吁帮助捐款。<br>類 呼ぶ，求める |

| 628 ★★ | ナ | 出色(的)，美好(的)，堂堂 |
|---|---|---|
| 立派<br>（りっぱ） | | 例 彼は若いのに仕事で立派な成果を収めた。<br>他年纪轻轻就在工作上取得了了不起的成就。<br>類 優れた，すばらしい　反 粗末，貧弱 |

| 629 ★★ | 動 | 厌倦，满足 |
|---|---|---|
| 飽きる<br>（あ） | | 例 一日中家にいるのに飽きた。<br>受够了一天都呆在家里。<br>類 退屈する，飽き飽きする　反 凝る，飢える |

| 630 ★★ | ナ副 | (数量、程度等)极少(的)，仅仅 |
|---|---|---|
| わずか | | 例 わずかな時間を大切に使う。<br>珍惜使用每一点时间。<br>類 少ない，微々たる，たった，ほんの　反 たくさん，数多 |

| 631 ★★ | 動 | 继承 |
|---|---|---|
| 受け継ぐ<br>（う　つ） | | 例 伝統を受け継ぎながら、新しいものを生み出す。<br>继承传统的同时创造新的东西。<br>類 引き継ぐ，継ぐ |

| 632 ★★ | 動 | 生下，创造，产生 |
|---|---|---|
| 生む<br>（う） | | 例 新しいサービスは大きな利益を生んだ。<br>新的服务带来了很大的收益。<br>類 生み出す，作り出す |

| 633 ★★ | イ | 吵闹的，话多的，烦人的 |
|---|---|---|
| うるさい | | 例 我が家は道路に面しているので車の騒音がうるさい。<br>因为我家面朝马路，所以车的声音很吵。<br>類 やかましい，騒がしい　反 静か |

| 634 ★★ | 動 | 追赶，追踪，追求，驱赶，按顺序 |
|---|---|---|
| お<br>追う | | 例サバンナでライオンが獲物を追っている。<br>狮子在热带草原上追赶猎物。<br>類追いかける，捜査する 反逃げる |

| 635 ★★ | 動 | 围绕，包围 |
|---|---|---|
| かこ<br>囲む | | 例家族で食卓を囲む。<br>家人围坐在饭桌前。<br>類取り巻く |

| 636 ★★ | ナ名 | 过剩(的) |
|---|---|---|
| か じょう<br>過剰 | | 例砂糖を過剰に摂取することは体に良くない。<br>过量摄入砂糖对身体不好。<br>類余計，過度 反不足 |

| 637 ★★ | 動 | 借出，提供帮助 |
|---|---|---|
| か<br>貸す | | 例友人におすすめの本を貸す。<br>把推荐的书借给朋友。<br>類貸し出す 反借りる |

| 638 ★★ | イ | 坚硬的，紧密的，坚决的，顽固的 |
|---|---|---|
| かた<br>固い | | 例両国の首脳が報道陣の前で固い握手を交わす。<br>两国首脑在报道队伍前紧紧握手。<br>類強い，強固 反やわらかい，甘い |

| 639 ★★ | 動 | 交换，交错 |
|---|---|---|
| か<br>交わす | | 例登校したらみんなと挨拶を交わす。<br>上学后和大家互相打招呼。<br>類交える，交差する，取り交わす，交換する |

| 640 ★★ | 動 | 锻炼 |
|---|---|---|
| きた<br>鍛える | | 例彼は毎日ジムに行って体を鍛えている。<br>他每天去健身房锻炼身体。<br>類鍛錬する |

| 641 ★★ | ナ | 急速(的) |
|---|---|---|
| きゅうそく<br>急速 | | 例科学技術は急速な進歩を遂げた。<br>科技实现了飞速进步。<br>類急激，飛躍的 反徐々，緩やか |

| 642 ★★ | 動 | 断，裂，用光 |
|---|---|---|
| き<br>切れる | | 例消費期限が切れた食材を捨てる。<br>扔掉过期的食材。<br>類過ぎる，分断する，尽きる，絶える 反続く |

| 643 ★★ | イ | 浓厚的，浓烈的，(颜色)深的 |
|---|---|---|
| こ<br>濃い | | 例健康のためには濃い味付けを避けるべきだ。<br>为了健康应该避免浓厚的调味。<br>類濃厚 反薄い |

| 644 ★★ | ナ | 个人(的)，私人(的) |
|---|---|---|
| こ じんてき<br>個人的 | | 例個人的な事情で今日は学校を休んだ。<br>由于个人情况今天没有上学。<br>類私的 反集団的 |

| 645 ★★ | ナ | 这样的 |
|---|---|---|
| こんな／<br>このよう | | 例家ではこんなにおいしいケーキは作れない。<br>在家里做不出这么好吃的蛋糕。<br>類そんな／そのよう，あんな／あのよう |

| | | |
|---|---|---|
| 646 ★★ <br> さいしゅうてき <br> **最終的** | ナ | 最終(的) <br> 例最終的な判断は君に任せます。 <br> 最终判断就交给你了。 <br> 類最後 |
| 647 ★★ <br> しあわ <br> **幸せ** | ナ名 | 幸福(的) <br> 例たくさんの友人に恵まれて私は幸せだ。 <br> 朋友非常多我很幸福。 <br> 類幸福, 幸運 反不幸 |
| 648 ★★ <br> し だい <br> **次第**(に) | 副名 | 渐渐(地), 顺序, 缘由 <br> 例いまは雨だが, 天気は次第に回復する見込みだ。 <br> 虽然现在下雨, 但是预计天气会渐渐转晴。 <br> 類少しずつ, 徐々に, 緩やかに 反急に, 一気に |
| 649 ★★ <br> し はら <br> **支払う** | 動 | 支付 <br> 例電子マネーで料金を支払う。 <br> 用电子支付方式付款。 <br> 類払う 反請求する, 受け取る |
| 650 ★★ <br> **シンプル** | ナ | 简单(的) <br> 例もっとシンプルなデザインのシャツはありませんか。 <br> 有设计更简单的衬衫吗? <br> 類単純, 簡素 反複雑 |
| 651 ★★ <br> たた <br> **叩く** | 動 | 敲, 打, 抨击 <br> 例手を叩いて喜びを表現する。 <br> 拍手表达喜悦。 <br> 類打つ, 負かす |
| 652 ★★ <br> **どうも** | 副 | 怎么也, 总觉得, (加强谢意或歉意)实在 <br> 例どうも寒いと思ったら窓が開けっぱなしだった。 <br> 总觉得很冷, 结果发现窗户是一直开着的。 <br> 類なんだか, どうしても |
| 653 ★★ <br> **なにより** | 副 | 最, 比什么都(好) <br> 例無事に帰国できて, なによりうれしい。 <br> 最令人高兴的就是安全回国了。 <br> 類極めて, このうえない |
| 654 ★★ <br> **なんとか**(する) | 副 | 无论如何, 勉强 <br> 例全力で走れば, なんとか終電には間に合いそうだ。 <br> 全速跑的话可能勉强会赶上末班电车。 <br> 類どうにか, なんとしても, やっと |
| 655 ★★ <br> のぞ <br> **望ましい** | イ | 符合希望的, 理想的 <br> 例健康のためには毎日適度に運動するのが望ましい。 <br> 为了健康, 每天适度运动是比较理想的。 <br> 類好ましい |
| 656 ★★ <br> の こ <br> **飲み込む** | 動 | 喝下, 咽下, 吞噬, 理解 <br> 例彼は唾をごくりと飲み込んだ。 <br> 他咽了一口唾沫。 <br> 類飲み下す 反吐き出す |

| 657 ★★ | 動 | 出发, 发出 |
|---|---|---|
| はっ<br>発する | | 例 緊急事態でSOSを発する。<br>因紧急情况发送SOS信号。<br>類 出す, 放つ, 生じる |

| 658 ★★ | 動 | 搬家 |
|---|---|---|
| ひ こ<br>引っ越す | | 例 地方に家を買ったので都心から引っ越す。<br>因为在大城市之外的地方买了房，所以搬离市中心。<br>類 転居する |

| 659 ★★ | ナ名 | 微妙(的)，说不好(的) |
|---|---|---|
| び みょう<br>微妙 | | 例 このままだと目標を達成できるか微妙だ。<br>就这样的话很难说是否能达成目标。<br>類 不確か, 繊細 反 明確 |

| 660 ★★ | ナ | 敏感(的) |
|---|---|---|
| びんかん<br>敏感 | | 例 彼女はファッションの流行に敏感だ。<br>她对时尚的走势很敏感。<br>類 鋭敏, 繊細 反 鈍感 |

| 661 ★★ | 動 | 撞，碰，冲突 |
|---|---|---|
| ぶつかる | | 例 走ってきた人にぶつかって転んだ。<br>撞到了跑过来的人摔倒了。<br>類 当たる 反 避ける |

| 662 ★★ | ナ名 | 不方便(的) |
|---|---|---|
| ふ べん<br>不便 | | 例 スマートフォンがない生活は不便だ。<br>没有智能手机的生活是不方便的。<br>類 不自由, 不都合 反 便利 |

| 663 ★★ | イ | 细的，窄的，瘦的 |
|---|---|---|
| ほそ<br>細い | | 例 大きな車ではこの細い道を通れない。<br>大型车辆的话从这条小路过不去。<br>類 か細い 反 太い |

| 664 ★★ | 副 | 还，更，完全 |
|---|---|---|
| まだまだ | | 例 これからまだまだ暑くなるだろう。<br>接下来还会更热吧。<br>類 もっと, いまだに, さらに, 全然 |

| 665 ★★ | 動 | 来得及，赶得上 |
|---|---|---|
| ま あ<br>間に合う | | 例 全力で走って終電の時間に間に合った。<br>全速跑赶上了末班电车。<br>類 足りる, 役立つ 反 遅れる |

| 666 ★★ | ナ名 | 无意识(的) |
|---|---|---|
| む い しき<br>無意識 | | 例 私の無意識な行動が，知らぬ間に人を傷つけていた。<br>我下意识的行为在无意中伤害到了别人。<br>類 知らず知らず 反 意識 |

| 667 ★★ | 動 | 迎，接，迎合 |
|---|---|---|
| むか<br>迎える | | 例 良い新年をお迎えください。<br>祝新年快乐。<br>類 出迎える, 待ち受ける 反 送る, 見送る |

| 668 ★★ | 動 | 还回，返回，复原 |
|---|---|---|
| もど<br>戻す | | 例 使ったものを元の場所に戻す。<br>把用完的东西放回原处。<br>類 返す, 返却する 反 借りる, 借り出す |

| 669 ★★ | 動 | 读取，读懂，领会 |
|---|---|---|
| 読み取る<br>よ と | | 例 スマートフォンでQRコードを読み取る。<br>用智能手机读取二维码。<br>類 理解する |

| 670 ★★ | 副 | 毕竟，归根到底 |
|---|---|---|
| あくまで(も) | | 例 この件は、あくまでもここだけの話だ。<br>けん はなし<br>这件事说到底只能在这里说说。<br>類 とことん，徹底的に，しょせん |

| 671 ★★ | 動 | 弄乱，毁坏，损伤 |
|---|---|---|
| 荒らす<br>あ | | 例 クマに畑を荒らされて作物を食べられてしまった。<br>はたけ さくもつ た<br>田地被熊毁了庄稼也被吃了。<br>類 乱す |

| 672 ★★ | イ | 疼，痛 |
|---|---|---|
| 痛い<br>いた | | 例 解決すべき問題が山積みで頭が痛い。<br>かいけつ もんだい やまづ あたま いた<br>要解决的问题堆成山，头疼。<br>類 苦しい，辛い |

| 673 ★★ | 副 | 姑且，暂且，大致，算是 |
|---|---|---|
| 一応<br>いちおう | | 例 今日はくもりだが、一応傘をもって出かけよう。<br>きょう いちおうかさ で<br>今天虽然是阴天，但还是带伞出门吧。<br>類 念のため，とりあえず，ひとまず |

| 674 ★★ | 動 | 下(山、楼等)，降下，(签证等)下发 |
|---|---|---|
| 下りる<br>お | | 例 屋上から一階まで階段で下りる。<br>おくじょう いっかい かいだん お<br>从房顶走楼梯下到一楼。<br>類 下る，下がる 反 上がる，登る |

| 675 ★★ | 動 | 抱，承担，背负 |
|---|---|---|
| 抱える<br>かか | | 例 世界はいま地球温暖化の問題を抱えている。<br>せかい ちきゅうおんだんか もんだい かか<br>现在世界面临全球变暖问题。<br>類 抱く，持つ |

| 676 ★★ | ナ名 | 随意(的) |
|---|---|---|
| 勝手<br>かって | | 例 人の物を勝手に使ってはいけない。<br>ひと もの かって つか<br>不可以随便使用别人的东西。<br>類 無断，身勝手，自分勝手 |

| 677 ★★ | 動 | 加入，添加 |
|---|---|---|
| 加わる<br>くわ | | 例 新しいメンバーが仲間に加わった。<br>あたら なかま くわ<br>新成员加入到了团队里。<br>類 参加する，増す |

| 678 ★★ | ナ | 经济上的，省钱的 |
|---|---|---|
| 経済的<br>けいざいてき | | 例 車より電車を使ったほうが経済的だ。<br>くるま でんしゃ つか けいざいてき<br>和开车相比坐电车更经济。<br>類 安あがり 反 非経済的，不経済 |

| 679 ★★ | ナ | 有个性(的) |
|---|---|---|
| 個性的<br>こ せいてき | | 例 あの家は個性的で珍しいデザインだ。<br>いえ こ せいてき めずら<br>那个家的设计很少见，很有个性。<br>類 特徴的，独特 反 非個性的，没個性的 |

| 680 ★★ | 動 | 拒绝，事先说明 |
|---|---|---|
| 断る<br>ことわ | | 例 忙しさを理由に仕事の依頼を断った。<br>いそが りゆう しごと いらい ことわ<br>以忙为理由拒绝了委托的工作。<br>類 拒む，拒否する 反 引き受ける，受け入れる |

| 681 ★★ | 動 | 晒，风吹雨打，置于危险中，暴露 |
|---|---|---|
| さらす | | 例 子供たちは有害サイトの危険にさらされている。 |
| | | 孩子被置于有害网站的危害中。 |
| | | 類 さらけ出す，当てる |

| 682 ★★ | イ | 亲近的，亲切的 |
|---|---|---|
| 親しい | | 例 親しい間柄でも礼儀をわきまえることが大切だ。 |
| | | 亲近的关系也要讲礼貌，这是很重要的。 |
| | | 類 近しい，睦まじい 反 疎い |

| 683 ★★ | ナ | 心理上(的) |
|---|---|---|
| 心理的 | | 例 災害にあった人に対しては心理的なサポートも必要だ。 |
| | | 对受灾的人需要提供心理方面的帮助。 |
| | | 類 精神的 反 生理的 |

| 684 ★★ | 動 | 结束，解决，心满意足，（良心上）过得去 |
|---|---|---|
| 済む | | 例 手続きが思ったよりスムーズに済んだ。 |
| | | 手续比预想办得顺利。 |
| | | 類 終わる，完了する |

| 685 ★★ | ナ名 | 正常(的) |
|---|---|---|
| 正常 | | 例 電車のダイヤが正常に戻った。 |
| | | 电车的运营时间恢复了正常。 |
| | | 類 通常，一般的 反 異常 |

| 686 ★★ | 副名 | 绝对(地) |
|---|---|---|
| 絶対(に) | | 例 嘘は絶対についてはいけないと教えられた。 |
| | | 被教导绝对不可以撒谎。 |
| | | 類 必ず，断じて，確かに，唯一無二 反 相対 |

| 687 ★★ | 動 | 注入，流入，浇，倾注 |
|---|---|---|
| 注ぐ | | 例 お茶を飲むためにカップにお湯を注ぐ。 |
| | | 为了喝茶向杯中倒热水。 |
| | | 類 つぐ，入れる，流し込む，注入する |

| 688 ★★ | 動 | 摸索着走，追踪，追寻，顺着 |
|---|---|---|
| たどる | | 例 警察犬がにおいをたどって犯人を追い詰めた。 |
| | | 警犬循着气味追赶到了犯人。 |
| | | 類 さかのぼる，追跡する |

| 689 ★★ | 副 | 可能，也许 |
|---|---|---|
| たぶん | | 例 今日は忙しいので，たぶん帰りは遅くなるだろう。 |
| | | 因为今天很忙，所以可能回家会晚。 |
| | | 類 恐らく，おおかた 反 必ず，きっと |

| 690 ★★ | 動 | 缩小，缩短 |
|---|---|---|
| 縮む | | 例 男性と女性の収入格差は縮んでいる。 |
| | | 男女收入差距正在缩小。 |
| | | 類 縮まる，縮小する 反 伸びる |

| 691 ★★ | 動 | 区别使用 |
|---|---|---|
| 使い分ける | | 例 様々な色のペンを使い分けてノートを書く。 |
| | | 区别使用不同颜色的笔来做笔记。 |
| | | 類 区別する，使いこなす |

| 692 ★★ | 動 | 附着，附带，贴合，配备 |
|---|---|---|
| 付く | | 例 外で遊んでいたら靴に泥が付いた。 |
| | | 在外面玩儿，结果泥粘到了鞋上。 |
| | | 類 くっつく，付着する 反 離れる，取れる |

WEEK 1
WEEK 2
WEEK 3
WEEK 4
WEEK 5
WEEK 6
WEEK 7
WEEK 8

**693** ★★ 動

つつ
## 包む

**包裹，包围**

例 お弁当(べんとう)をハンカチで包(つつ)んで持(も)ち歩(ある)く。
把盒饭用手绢包起来拿着走。
類 くるむ，包装する　反 開ける，開(ひら)く

---

**694** ★★ 動

と
## 溶かす

**使……融化，溶……解**

例 雪(ゆき)を溶(と)かして水(みず)にする。
把雪融化当水用。
類 混ぜる，溶く，溶解する　反 固める，凍らす

---

**695** ★★ 動

## とどまる

**停留，限于……**

例 大雨(おおあめ)が降(ふ)っているので家(いえ)にとどまる。
因为下了大雨，所以留在家里。
類 滞在する，駐留する　反 去る

---

**696** ★★ 動

なが　こ
## 流れ込む

**流入**

例 生活排水(せいかつはいすい)が川(かわ)に流(なが)れ込(こ)む。
生活用水流入到河里。
類 流入する，注ぐ

---

**697** ★★ 動

はな
## 話す

**说，讲**

例 留学生(りゅうがくせい)と日本語(にほんご)で話(はな)す。
用日语和留学生说话。
類 言う，しゃべる，語る，述べる　反 聞く

---

**698** ★★ 動

ひ　だ
## 引き出す

**拽出，使发挥，引发**

例 子供(こども)の才能(さいのう)を引(ひ)き出(だ)すために早期教育(そうききょういく)を施(ほどこ)す。
为了激发孩子才能进行早期教育。
類 引っ張り出す，下ろす　反 押し込む，預け入れる

---

**699** ★★ ナ 名

ふ あんてい
## 不安定

**不安定(的)，不安稳(的)**

例 内戦(ないせん)によって国(くに)の政治(せいじ)が不安定(ふあんてい)な状態(じょうたい)が続(つづ)く。
由于内战，国内政治不稳定的状态会持续。
類 ぐらつく，揺らぐ　反 安定

---

**700** ★★ 動

ふ
## 吹く

**吹，刮风，喷出，出现**

例 今日(きょう)は暖(あたた)かい風(かぜ)が吹(ふ)いている。
今天刮着暖风。
類 吐く，奏でる

---

**701** ★★ 動

ほ
## 掘る

**挖，刨**

例 子供(こども)たちは公園(こうえん)で穴(あな)を掘(ほ)って遊(あそ)んでいる。
孩子们在公园里挖洞玩。
類 掘り出す，ほじる　反 埋める

---

**702** ★★ 動

ま
## 曲がる

**弯曲，转弯，倾斜，(性情)乖僻**

例 次(つぎ)の信号(しんごう)を右(みぎ)に曲(ま)がってください。
请在下一个红绿灯处右拐。
類 折れる，折れ曲がる，ゆがむ

---

**703** ★★ 動

まね
## 真似る

**模仿**

例 鳥(とり)の鳴(な)き声(ごえ)を真似(まね)て人(ひと)を笑(わら)わせる。
模仿鸟叫逗别人笑。
類 倣う，模倣する

---

**704** ★★ 動

もう
## 設ける

**准备，设立**

例 お客(きゃく)さんをもてなすために宴会(えんかい)の席(せき)を設(もう)ける。
为了款待客人准备酒席。
類 作る，設置する，用意する，備える　反 廃する

| | | |
|---|---|---|
| 705 ★★ | ナ副 | 多余(的)，更加，格外 |
| よけい<br>余計 | | 例ただの風邪なので，余計な心配はしないでください。<br>因为只是感冒，所以不要有多余的担心。<br>類余分，過剰，もっと，なおさら |

| | | |
|---|---|---|
| 706 ★★ | ナ | 直觉(的)，直观(的) |
| ちょっかんてき<br>直感的 | | 例彼が運命の人だと直感的に思った。<br>直觉告诉我，他就是命中注定的那个人。<br>類感覚的，ひらめき，第六感 |

| | | |
|---|---|---|
| 707 ★★ | 副 | 故意，特意，(后接否定)并不 |
| あえて | | 例散歩したい気分なので，あえて遠回りしよう。<br>因为想散步，所以特意绕个远吧。<br>類特別に，わざわざ |

| | | |
|---|---|---|
| 708 ★★ | 動 | 变暖，加热 |
| あたた<br>温まる | | 例ヒーターに当たって温まる。<br>贴在暖炉上加热。<br>類あったまる　反冷える，冷める |

| | | |
|---|---|---|
| 709 ★★ | 動 | 要，需要 |
| い<br>要る | | 例旅行にはお金と時間が要る。<br>旅行需要钱和时间。<br>類要する，必要 |

| | | |
|---|---|---|
| 710 ★★ | 副 | 可以说，就好比 |
| いわば | | 例彼女は明るい性格で，いわば太陽のような存在だ。<br>她性格开朗，可以说像太阳一样的存在。<br>類例えれば，言うならば |

| | | |
|---|---|---|
| 711 ★★ | 動 | 迁移，转变，沾染(气味等)，疾病传染 |
| うつ<br>移る | | 例仕事の都合で日本から中国に移る。<br>由于工作情况从日本转移到中国。<br>類移動する，移行する，移転する　反戻る |

| | | |
|---|---|---|
| 712 ★★ | 動 | 抢夺，剥夺，吸引人 |
| うば<br>奪う | | 例他人の家に侵入して金品を奪う。<br>闯入别人家里抢劫财物。<br>類盗む，まきあげる　反渡す，与える |

| | | |
|---|---|---|
| 713 ★★ | 動 | 结束，做完 |
| お<br>終える | | 例今日は早めに仕事を終えた。<br>今天早早结束了工作。<br>類終了する，済ます　反始める，開始する |

| | | |
|---|---|---|
| 714 ★★ | 動 | 袭击，偷袭，困扰，继承 |
| おそ<br>襲う | | 例地震による津波が街を襲う。<br>由于地震引发的海啸袭击街道。<br>類襲撃する，襲いかかる，押しかける　反守る，防ぐ |

| | | |
|---|---|---|
| 715 ★★ | 副 | 恐怕，或许 |
| おそ<br>恐らく | | 例彼は忙しいので，パーティーには恐らく来ないだろう。<br>他很忙，所以恐怕不会来聚会了。<br>類たぶん，おおかた　反必ず，きっと |

| | | |
|---|---|---|
| 716 ★★ | 動 | 掉入，陷入，中计 |
| おちい<br>陥る | | 例部屋の中で一人になると不安に陥る。<br>一个人在屋子里会陷入不安。<br>類はまる，入り込む，落ち込む |

WEEK
1

WEEK
2

WEEK
3

WEEK
4

WEEK
5

WEEK
6

WEEK
7

WEEK
8

69

| 717 ★★ | 動 | 在心中浮现 |
|---|---|---|
| おも　う<br>思い浮かべる | | 例 映画を観て子供時代のことを思い浮かべた。<br>看电影想起小时候的事情。<br>類 思い出す，思い起こす |

| 718 ★★ | 動 | 下(车等)，降落，(签证等)下来 |
|---|---|---|
| お<br>降りる | | 例 目的地に着いたので電車を降りる。<br>因为到了目的地，所以下电车。<br>類 下る，下がる，下車する　反 乗る |

| 719 ★★ | 動 | 嗅，闻 |
|---|---|---|
| か<br>嗅ぐ | | 例 犬が散歩中に草のにおいを嗅ぐ。<br>狗在散步时闻草的味道。<br>類 嗅ぎ取る |

| 720 ★★ | 動 | 倾斜，倾注 |
|---|---|---|
| かたむ<br>傾ける | | 例 授業で他の生徒の意見に耳を傾ける。<br>上课时听其他学生的意见。<br>類 聞く，倒す，かしげる |

| 721 ★★ | 動 | 让……听，让……理解 |
|---|---|---|
| き<br>聞かせる | | 例 子供に本を読んで聞かせる。<br>给孩子读书听。<br>類 告げる，言い渡す，諭す |

| 722 ★★ | ナ | 有攻击性(的) |
|---|---|---|
| こうげきてき<br>攻撃的 | | 例 負けているので攻撃的なメンバーに交代する。<br>因为比分落后所以换上进攻型队员。<br>類 暴力的　反 守備的 |

| 723 ★★ | ナ | 根本(的) |
|---|---|---|
| こんぽんてき<br>根本的 | | 例 問題の根本的な原因を探る。<br>寻找问题的根本原因。<br>類 根底，大本　反 応急的 |

| 724 ★★ | 動 | 训斥 |
|---|---|---|
| しか<br>叱る | | 例 いたずらした子供を叱る。<br>训斥恶作剧的孩子。<br>類 怒る，叱責する　反 褒める |

| 725 ★★ | ナ | 重大(的)，严重(的) |
|---|---|---|
| じゅうだい<br>重大 | | 例 重大なミスを起こさないように注意する。<br>注意不要犯重大失误。<br>類 深刻，重要　反 些細 |

| 726 ★★ | ナ名 | 详细(的) |
|---|---|---|
| しょうさい<br>詳細 | | 例 トレーニングの結果を詳細な記録に残す。<br>详细记录训练的结果。<br>類 細かな，詳しい　反 概略 |

| 727 ★★ | 動 | 倒下，病倒，(政府等)倒台 |
|---|---|---|
| たお<br>倒れる | | 例 昨日の強風で、たくさんの木が倒れた。<br>由于昨天的大风，很多树倒了。<br>類 横転する，倒壊する，滅びる　反 起きる |

| 728 ★★ | 動 | 储存，蓄积 |
|---|---|---|
| たくわ<br>蓄える | | 例 植物が根に養分を蓄える。<br>植物把养分蓄积到根部。<br>類 貯める，蓄積する　反 費やす |

| 729 ★★ | 動 | 自如运用，熟练掌握 |
|---|---|---|
| つか<br>使いこなす | | 例彼女の目標は日本語を使いこなすことである。<br>她的目标是熟练使用日语。<br>類駆使する，操る |

| 730 ★★ | 動 | 交往，陪同 |
|---|---|---|
| つ あ<br>付き合う | | 例彼と付き合って今日で一年になります。<br>和他交往到今天已经一年了。<br>類交際する，同行する 反別れる |

| 731 ★★ | 動 | 连接，系，拴 |
|---|---|---|
| つなぐ | | 例彼と手をつないで歩く。<br>和他拉着手走。<br>類結ぶ 反ほどく |

| 732 ★★ | ナ名 | 适度(的) |
|---|---|---|
| てき ど<br>適度 | | 例ダイエットには適度な運動が必要だ。<br>减肥需要适度的运动。<br>類ほどよい 反過度，極度 |

| 733 ★★ | 動 | 解开(结等)，解答(问题)，消除(紧张等) |
|---|---|---|
| と<br>解く | | 例試験では簡単な問題を先に解く。<br>考试先做简单的题。<br>類ほどく，解決する 反くくる，縛る，結ぶ |

| 734 ★★ | 動 | 整齐，工整，和谐 |
|---|---|---|
| ととの<br>整う | | 例料理を作り終えてパーティーの準備が整う。<br>做完菜，聚会的准备就齐了。<br>類揃う，まとまる 反乱れる |

| 735 ★★ | 動 | 拔出，省略，穿透，追上超过，做到底 |
|---|---|---|
| ぬ<br>抜く | | 例虫歯になった歯を歯医者で抜く。<br>让牙医拔掉龋齿。<br>類引き抜く，取り出す，抜き出す 反刺す |

| 736 ★★ | 動 | 淋湿，浸湿 |
|---|---|---|
| ぬ<br>濡れる | | 例雨が降ってきて洗濯物が濡れてしまった。<br>下起雨，洗的衣服都淋湿了。<br>類湿る，潤う 反乾く |

| 737 ★★ | ナ名 | 热心，热衷 |
|---|---|---|
| ねっしん<br>熱心 | | 例熱心に勉強に取り組んだので成績が伸びた。<br>因为非常用功学习，所以成绩提高了。<br>類懸命，真面目，真剣 反不熱心 |

| 738 ★★ | 動 | 放，放开 |
|---|---|---|
| はな<br>放す | | 例釣った魚を池に放す。<br>把钓到的鱼放回池子。<br>類解放する，放つ |

| 739 ★★ | 動 | 违反，相反 |
|---|---|---|
| はん<br>反する | | 例学校の規則に反することをしてはいけない。<br>不能做违反校规的事情。<br>類違反する，逆らう 反沿う |

| 740 ★★ | 副 | 无疑，的确，正好 |
|---|---|---|
| まさに | | 例まさに予想した通りの事態になった。<br>事态发展得正和预想的一样。<br>類間違いなく，確かに，ちょうど，今にも |

| 741 ★★ | ナ 名 サ 緊密，密切 |
|---|---|
| みっせつ<br>密接(する) | 例 政治とメディアは密接な関係にある。<br>政治和媒体关系紧密。<br>類 緊密，密，深い，密着 |

| 742 ★★ | 動 看作，视为 |
|---|---|
| み<br>見なす | 例 一時間以上の遅刻は欠席と見なします。<br>迟到一小时以上算作缺席。<br>類 判断する，決め込む，仮定する |

| 743 ★★ | 動 系上，结合，联系 |
|---|---|
| むす つ<br>結び付ける | 例 二つの事件を結び付けて考える。<br>把两个事件联系起来考虑。<br>類 つなげる |

| 744 ★★ | ナ 名 有害 |
|---|---|
| ゆうがい<br>有害 | 例 マイクロプラスチックは海洋生物に有害な物質だ。<br>微塑料是对海洋生物有害的物质。<br>類 有毒 反 無害 |

| 745 ★★ | ナ 独特的，与众不同的 |
|---|---|
| ユニーク | 例 彼が出すアイデアはいつもユニークだ。<br>他提出的想法总是很独特。<br>類 独特，独創的 反 ノーマル |

| 746 ★★ | イ 好的，可以 |
|---|---|
| よろしい | 例 ご都合のよろしい日時を早急にお知らせください。<br>请尽快告知您方便的日期和时间。<br>類 良い，構わない 反 いけない |

| 747 ★★ | 動 溢出，充满 |
|---|---|
| あふ<br>溢れる | 例 昨日の大雨で川から水が溢れている。<br>由于昨天的大雨河水泛滥。<br>類 こぼれる，いっぱい 反 枯れる |

| 748 ★★ | ナ 副 名 满，全部，最大限度，一杯，满，全部，最大限度 |
|---|---|
| いっぱい | 例 子供が学校から荷物をいっぱい持って帰ってきた。<br>孩子从学校拿回来很多东西。<br>類 たくさん，満ちる，溢れる 反 少し，からっぽ |

| 749 ★★ | 副 名 サ 急躁，焦虑 |
|---|---|
| いらいら(する) | 例 待ち合わせの時間に遅刻してきた彼にいらいらする。<br>对约会迟到他感到很急躁。<br>類 いらつく，不快感 |

| 750 ★★ | 動 钻进，埋头，充分练习击球 |
|---|---|
| う こ<br>打ち込む | 例 私は受験に向けて勉強に打ち込んでいる。<br>为了准备考试，我在埋头学习。<br>類 熱中する |

| 751 ★★ | 動 选择，挑选 |
|---|---|
| えら<br>選ぶ | 例 たくさんある色のなかから好きな色を選ぶ。<br>从众多颜色中选喜欢的颜色。<br>類 選択する，選考する，選抜する |

| 752 ★★ | 動 发火，生气 |
|---|---|
| おこ<br>怒る | 例 約束を破ったことに先生が怒った。<br>对于不遵守约定的事情老师生气了。<br>類 叱る，叱責する，怒る 反 笑う |

| | | |
|---|---|---|
| 753 ★★<br>およ<br>及ぶ | **動** | 涉及，波及，达到(数量、时刻等)，赶得上<br>例昨日の会議は深夜にまで及んだ。<br>昨天的会开到了深夜。<br>類至る |
| 754 ★★<br>か　だ<br>貸し出す | **動** | 借出，放贷<br>例図書館は利用者に本を貸し出す施設だ。<br>图书馆是向使用者出借图书的场所。<br>類貸す　反借り入れる |
| 755 ★★<br>かぞ<br>数える | **動** | 计数，一一列举，算得上<br>例授業の出席者を数える。<br>数上课出席人数。<br>類勘定する |
| 756 ★★<br>かた<br>硬い | **イ** | 硬的，僵硬的，生硬的<br>例硬い金属を加工する技術について研究する。<br>研究关于加工硬金属的技术。<br>類硬質，こわばる　反軟らかい |
| 757 ★★<br>かたよ<br>偏る | **動** | 不均衡，集中，不公正<br>例不規則な生活で栄養バランスが偏る。<br>因为生活不规律，导致营养不均衡。<br>類傾く，不均衡 |
| 758 ★★<br>かな<br>悲しい | **イ** | 悲惨的，悲伤的<br>例物語の悲しい結末に思わず涙ぐむ。<br>看了故事的悲剧结尾，不由得眼含泪水。<br>類切ない，辛い，悲痛　反うれしい |
| 759 ★★<br>かぶせる | **動** | 盖上，蒙上，让他人担罪责，浇水<br>例日差しが強いので子供に帽子をかぶせる。<br>因为阳光比较强，所以给孩子戴上帽子。<br>類覆う，重ねる　反めくる，剥ぐ |
| 760 ★★<br>かんじん<br>肝心 | **ナ名** | 重要的，关键的<br>例勉強は基礎を身に付けることが肝心だ。<br>在学习上，掌握基础知识是重要的。<br>類重要，大切，肝要 |
| 761 ★★<br>かんせつてき<br>間接的 | **ナ** | 间接的<br>例彼は事件に間接的に関与している。<br>他间接参与到了事件中。<br>反直接的 |
| 762 ★★<br>こうきゅう<br>高級 | **ナ名** | 高级<br>例高級なフランス料理店でフルコースを楽しむ。<br>在高级的法国菜餐厅享受全套餐。<br>類上等，一流，最高　反低級，大衆 |
| 763 ★★<br>こくさいてき<br>国際的 | **ナ** | 国际的，国际性的<br>例留学して国際的な感覚を身に付ける。<br>通过留学来培养国际化意识。<br>類世界的 |
| 764 ★★<br>さいこう<br>最高 | **ナ名** | 最好(的)，最高(的)<br>例これまでで最高の成績を収める。<br>收获了迄今为止的最好成绩。<br>類頂点，最良，著しい　反最低 |

| 765 ★★ | イ | 没办法，没有用 |
|---|---|---|

**仕方ない**（しかた）
例 終わったことを今さら後悔しても仕方ない。
已经结束的事情，事到如今后悔也没有办法。
類 しょうがない，やむを得ない

| 766 ★★ | 動 | 亲近，喜爱 |
|---|---|---|

**親しむ**（した）
例 都会の子供は自然に親しむ機会が少なくなった。
城市里的孩子亲近自然的机会变少了。
類 懐かしむ，なじむ，慣れ親しむ　反 疎む

| 767 ★★ | ナ名 | 纯粹，纯净，地道 |
|---|---|---|

**純粋**（じゅんすい）
例 彼女はなんて心が純粋な人なんだ。
她是一个心灵多么纯洁的人啊。
類 純，生粋　反 不純

| 768 ★★ | 副 | 不久，快要 |
|---|---|---|

**そろそろ**
例 そろそろ出発しないと飛行機の時間に間に合わない。
再不出发的话就赶不上飞机了。
類 まもなく，近いうちに　反 まだまだ

| 769 ★★ | 動 | 完成，做完 |
|---|---|---|

**できあがる**
例 一年かけて描いた絵がようやくできあがった。
花了一年画的画终于完成了。
類 完成する，仕上がる

| 770 ★★ | ナ名 | 特殊 |
|---|---|---|

**特殊**（とくしゅ）
例 あのロボットには特殊な技術が使われている。
那个机器人用了特殊的技术。
類 特別，特異　反 一般，普通，普遍

| 771 ★★ | 動 | 实现，取得，达到 |
|---|---|---|

**遂げる**（と）
例 中国は近年，急速な発展を遂げました。
中国近些年实现了高速发展。
類 果たす

| 772 ★★ | ナ副 | 突然，意外 |
|---|---|---|

**突然**（とつぜん）
例 雨が突然降ってきたので雨宿りした。
因为突然下起了雨，所以去避雨了。
類 急，突如，いきなり，唐突，不意

| 773 ★★ | 副 | 总之，暂且不说 |
|---|---|---|

**ともかく**
例 勝ち負けはともかく，悔いのない試合をしたい。
胜负先不说，我想比一场不后悔的比赛。
類 さておき，ひとまず，とにかく

| 774 ★★ | 動 | 捕，捉 |
|---|---|---|

**捕らえる**（と）
例 山に罠をしかけて鹿を捕らえる。
在山里设陷阱捉鹿。
類 捕まえる，捕獲する　反 逃がす

| 775 ★★ | 動 | 被捕获，受禁锢，受束缚 |
|---|---|---|

**囚われる**（とら）
例 常識に囚われていては、新しい発想は生まれない。
受限于常识的话就不会有新的想法。
類 縛られる，執着する

| 776 ★★ | 動 | 哭，发愁，苦恼 |
|---|---|---|

**泣く**（な）
例 赤ちゃんが大声で泣いている。
孩子大声地哭泣。
類 涙する，嗚咽する　反 笑う

| | | |
|---|---|---|
| 777 ★★ <br> にご <br> **濁る** | 動 | 変浑浊，(颜色、声音)不清楚，不鲜明 <br> 例昨日雨が降ったので，川の水が濁っている。 <br> 因为昨天下雨，河水变浑了。 <br> 類混濁，白濁　反澄む |
| 778 ★★ <br> のが <br> **逃れる** | 動 | 远离，逃避 <br> 例危険な地域を逃れて国境に向かう。 <br> 逃离危险的区域去国境。 <br> 類逃げる，免れる，回避する　反捕まる |
| 779 ★★ <br> はか <br> **図る** | 動 | 计划，企图 <br> 例大きなけがを治して再起を図る。 <br> 治好大的伤病，打算东山再起。 <br> 類企図する，目指す |
| 780 ★★ <br> **ひどい** | イ | 不好的，严重的，过分的 <br> 例通勤時間帯の電車はひどい混雑だ。 <br> 上下班时间的电车非常挤。 <br> 類むごい，はなはだしい |
| 781 ★★ <br> **ひとつひとつ** | 副名 | 逐一 <br> 例面倒でもひとつひとつ確認してください。 <br> 虽然麻烦，但还请一一确认。 <br> 類それぞれ，ひとつずつ，いちいち |
| 782 ★★ <br> **ふさわしい** | イ | 符合的，合适的 <br> 例人望と決断力のある人がリーダーにふさわしい。 <br> 有声望和做事果断的人适合做领导。 <br> 類適当，似つかわしい |
| 783 ★★ <br> ふ じゅうぶん <br> **不十分** | ナ名 | 不充分 <br> 例反省点は準備が不十分だったことだ。 <br> 有声望并且做事果断的人适合做领导。 <br> 類不足，不完全　反十分 |
| 784 ★★ <br> ふ てきせつ <br> **不適切** | ナ名 | 不合适，不切实 <br> 例公の場での不適切な発言を謝罪する。 <br> 为在公共场合的不当言论道歉。 <br> 類不適当　反適切 |
| 785 ★★ <br> ほ <br> **褒める** | 動 | 表扬，夸奖 <br> 例成績の良かった生徒を先生が褒める。 <br> 老师表扬成绩好的学生。 <br> 類たたえる，称賛する，もてはやす　反叱る，けなす |
| 786 ★★ <br> ま <br> **負ける** | 動 | 输，禁不住，屈服于 <br> 例惜しくも試合に負けてしまった。 <br> 遗憾的是输了比赛。 <br> 類敗れる，敗北する　反勝つ |
| 787 ★★ <br> **まずい** | イ | 难吃的 <br> 例おいしい料理でも冷めるとまずくなってしまう。 <br> 即便是好吃的菜，凉了也会变得难吃。 <br> 類無味，下手，不都合，拙い　反おいしい，うまい |
| 788 ★★ <br> **まるで** | 副 | 宛如，简直，完全 <br> 例あんな風に喜ぶなんて，まるで子供のようだ。 <br> 高兴成那样，简直就像个孩子。 <br> 類あたかも，さながら，全然 |

| 789 ★★ | 動 | 系，连接，签订，出成果 |
|---|---|---|
| 結ぶ<br>むす | | 例 靴ひもをほどけないように結ぶ。<br>把鞋带儿系牢。<br>類 縛る，くくる，つなぐ　反 とく，ほどく |

| 790 ★★ | 動 | 揉，搓，争论 |
|---|---|---|
| 揉む<br>も | | 例 祖母の肩を揉む。<br>揉祖母的肩。<br>類 こする，しごく，検討する |

| 791 ★★ | ナ名 | 冷静 |
|---|---|---|
| 冷静<br>れいせい | | 例 どんなときでも冷静な判断が求められる。<br>无论何时都需要冷静判断。<br>類 沈着，悠然，落ち着いた　反 興奮 |

| 792 ★★ | ナ | 历史的，历史性的 |
|---|---|---|
| 歴史的<br>れきしてき | | 例 歴史的に価値のある遺跡が発見された。<br>发现了有历史价值的遗迹。<br>類 史的 |

| 793 ★★ | イ | 热乎乎的，温暖的 |
|---|---|---|
| 温かい<br>あたた | | 例 ボランティアで路上生活者に温かい食事を提供する。<br>作为志愿者为流浪的人提供热的食物。<br>類 暖かい，温暖，ほかほか　反 冷たい，ぬるい |

| 794 ★★ | 副 | 再次，重新 |
|---|---|---|
| 改めて<br>あらた | | 例 大人になって改めて親の大変さを知った。<br>长大后再次理解了父母的不易。<br>類 再度，新たに |

| 795 ★★ | 副 | 迟早，早晚 |
|---|---|---|
| いずれ | | 例 生き物はいずれ死ぬのが自然の摂理だ。<br>生物终有一死是自然法则。<br>類 いつか，どのみち，そのうち |

| 796 ★★ | 副名 | 越发，更 |
|---|---|---|
| いっそう | | 例 台風が近づくにつれ，風がいっそう強くなってきた。<br>随着台风临近，风变得更强了。<br>類 ますます，さらに |

| 797 ★★ | 動 | 变薄，退化 |
|---|---|---|
| 薄れる<br>うす | | 例 大人になるにつれて，子供の時の記憶が薄れる。<br>伴随长大，儿时记忆变得模糊。<br>類 薄まる，弱まる |

| 798 ★★ | 動 | 映在，(影像等)出现在银幕上 |
|---|---|---|
| 映る<br>うつ | | 例 鏡に自分の姿が映っている。<br>自己的样子出现在镜子里。<br>類 反映する，現れる，見える |

| 799 ★★ | 動 | 点头(表示肯定、理解、同意等) |
|---|---|---|
| うなずく | | 例 彼の意見にみんながうなずいた。<br>大家同意他的意见。<br>類 承知する，承諾する，同意する　反 頭(かぶり)を振る |

| 800 ★★ | 動 | 覆盖，笼罩，掩盖 |
|---|---|---|
| 覆う<br>おお | | 例 風をよけるためにスカーフで顔を覆った。<br>为了挡风用围巾遮住脸。<br>類 かぶせる，包み込む　反 敷く，剥ぐ |

| 801 ★★ | 動 | 代替，替换 |
|---|---|---|
| か<br>代わる | | 例石油に代わる新しいエネルギー資源を探す。<br>寻找代替石油的新能源。<br>類交代する，改まる |

| 802 ★★ | ナ名 | 简洁 |
|---|---|---|
| かんけつ<br>簡潔 | | 例短い時間で意見を簡潔に述べる。<br>短时间内简洁地陈述意见。<br>類簡単，簡略 反冗長 |

| 803 ★★ | ナ名 | 稀少 |
|---|---|---|
| き しょう<br>希少 | | 例生存数の少ない希少な生き物を発見した。<br>发现了存活数量稀少的生物。<br>類珍しい，まれ 反夥多 |

| 804 ★★ | イ | 艰苦的，难受的，不合情理的 |
|---|---|---|
| くる<br>苦しい | | 例相手チームの反撃で苦しい状況に追い込まれる。<br>由于对方队伍的反击，陷入了困苦的境地。<br>類辛い 反楽しい |

| 805 ★★ | 動 | (肉体或精神上)感到痛苦，难以理解 |
|---|---|---|
| くる<br>苦しむ | | 例日本には，いじめに苦しむ子供がたくさんいる。<br>在日本有很多受霸凌问题困扰的孩子。<br>類困る，苦悩する，悩む 反楽しむ |

| 806 ★★ | ナ名 | 幸福 |
|---|---|---|
| こうふく<br>幸福 | | 例穏やかで幸福な生活を送る。<br>过安稳幸福的生活。<br>類幸せ 反不幸 |

| 807 ★★ | 動 | 回应，不辜负 |
|---|---|---|
| こた<br>応える | | 例両親の期待に応えるために勉強に励む。<br>为了不辜负父母的期待努力学习。<br>類応じる，応答する 反拒む，求める |

| 808 ★★ | イ | 害怕，恐怖 |
|---|---|---|
| こわ<br>怖い | | 例幼い頃のトラウマで，いまだに犬が怖い。<br>因为小时候的心理创伤，至今还怕狗。<br>類恐ろしい |

| 809 ★★ | ナ | 视觉上 |
|---|---|---|
| し かくてき<br>視覚的 | | 例資料に図をいれて視覚的に分かりやすくする。<br>在资料里添加图片会更容易理解。<br>類視覚化する |

| 810 ★★ | 副 | 凝视状，一动不动地，忍耐着 |
|---|---|---|
| じっと(する) | | 例体調が悪い時は家でじっとしているべきだ。<br>身体不好的时候应该好好呆在家里。<br>類とどまる，そのまま |

| 811 ★★ | 動 | 拧，榨，缩小范围，锁定 |
|---|---|---|
| しぼ こ<br>絞り込む | | 例欲しい商品を探すために検索条件で絞り込む。<br>寻找想要的商品时，用搜索条件来缩小范围。<br>類狭める，限定する |

| 812 ★★ | ナ | 柔软，灵活 |
|---|---|---|
| じゅうなん<br>柔軟 | | 例政府は移民の受け入れに柔軟な対応をみせている。<br>政府在接受移民一事上表现出了灵活的应对策略。<br>類臨機応変，柔らかい，しなやか 反硬直，強硬，厳格 |

| 813 ★★ | ナ | 結実，強壮 |
|---|---|---|

じょうぶ
**丈夫**

例 栄養バランスのとれた食事は健康で丈夫な体をつくる。
営养均衡的饮食会让身体变得健康和结实。
類 健全，壮健，達者　反 病弱，華奢

| 814 ★★ | ナ名 | 新鮮 |
|---|---|---|

しんせん
**新鮮**

例 市場で売っている食材はどれも新鮮だ。
市场上卖的食材都很新鲜。
類 新しい，みずみずしい，目新しい　反 陳腐

| 815 ★★ | 副 | 至少 |
|---|---|---|

すく
**少なくとも**

例 来週のパーティーには少なくとも五十人は来るだろう。
下周的聚会至少会有五十个人来。
類 せめて，少なくも，最小限　反 多くとも

| 816 ★★ | 副 | 舒畅，轻松，简约 |
|---|---|---|

**すっきり(する)**

例 宿題が終わったので，すっきりした気分だ。
因为作业写完了，所以心情很轻松。
類 はっきり，さっぱり，晴れ晴れと　反 もやもや

| 817 ★★ | 副 | 最多 |
|---|---|---|

**せいぜい**

例 遠いと言っても，車でせいぜい三十分程度の距離だ。
虽说有些远，但是坐车最多三十分钟左右的距离。
類 たかだか，できるだけ，多くとも

| 818 ★★ | ナ | 整体上 |
|---|---|---|

ぜんたいてき
**全体的**

例 全体的には彼の意見に賛成だが，納得できない点もある。
整体上赞成他的意见，但是也有接受不了的地方。
類 全般的，おおむね，大体　反 部分的

| 819 ★★ | 副 | 充足地，宽裕 |
|---|---|---|

**たっぷり**

例 時間はたっぷりあるので急ぐ必要はない。
因为时间充足，所以不必着急。
類 十分，たくさん，いっぱい　反 すこし，わずか

| 820 ★★ | 副 | 即便 |
|---|---|---|

**たとえ**

例 たとえ冗談でも，人のことを悪く言ってはいけない。
即便是开玩笑，也不能说别人的坏话。
類 仮に

| 821 ★★ | 動 | 耗费 |
|---|---|---|

つい
**費やす**

例 この本を書き上げるのに五年の歳月を費やした。
写完这本书用了五年的时间。
類 使う，要する　反 蓄える

| 822 ★★ | ナ | 定期 |
|---|---|---|

ていきてき
**定期的**

例 定期的に運動することで健康を維持する。
通过定期运动来保持健康。
類 習慣的，規則的，周期的　反 不定期

| 823 ★★ | ナ名 | 准确，合适，抓住重点 |
|---|---|---|

てきかく
**的確**

例 彼はいつも的確なアドバイスをくれる。
他总会给我合适的建议。
類 明確，適切　反 不的確

| 824 ★★ | 副 | 反正，索性 |
|---|---|---|

**どうせ**

例 どうせやるなら面倒なことは先に片付けてしまおう。
反正都要做，就先干完麻烦的事情吧。
類 しょせん，結局，いずれにしても，どっちみち

| 825 ★★ | ナ名 | 透明，无色 |
|---|---|---|
| とうめい<br>透明 | | 例ごみを透明な袋に入れて捨てる。<br>把垃圾放入透明的袋子里扔掉。<br>類無色，透けた 反不透明，混濁 |

| 826 ★★ | 動 | 住宿，(船)停泊 |
|---|---|---|
| と<br>泊まる | | 例旅先でホテルに泊まる。<br>在旅游的地方住酒店。<br>類宿泊する，滞在する |

| 827 ★★ | 動 | 捕，捉 |
|---|---|---|
| と<br>捕る | | 例海に潜って魚を捕る。<br>下到海里捕鱼。<br>類捕獲する，捕まえる |

| 828 ★★ | イ | 怀念的，亲切的 |
|---|---|---|
| なつ<br>懐かしい | | 例一人暮らしを始めて母の料理を懐かしく思う。<br>一个人生活后，想念母亲做的饭。<br>類しのぶ 反待ち遠しい |

| 829 ★★ | ナ名 | 斜，歪 |
|---|---|---|
| なな<br>斜め | | 例帽子を斜めにかぶるのが彼のスタイルだ。<br>歪戴帽子是他的风格。<br>類はす，傾斜，傾く |

| 830 ★★ | 動 | (服装、饰品等)适合，相配 |
|---|---|---|
| に あ<br>似合う | | 例この洋服は母によく似合う。<br>这件衣服很适合妈妈。<br>類似つかわしい，ふさわしい |

| 831 ★★ | 動 | 握，掌握，捏 |
|---|---|---|
| にぎ<br>握る | | 例電車で転ばないようにつり革を握る。<br>在电车上为了不摔倒抓住吊环。<br>類つかむ，持つ，握りしめる |

| 832 ★★ | 動 | 养育，呵护 |
|---|---|---|
| はぐく<br>育む | | 例子供は親の愛に育まれて成長する。<br>孩子被父母的爱呵护成长。<br>類育てる，養う，培う |

| 833 ★★ | 動 | 鼓励 |
|---|---|---|
| はげ<br>励ます | | 例先輩が落ち込んでいる私を励ましてくれた。<br>前辈鼓励了心情低落的我。<br>類力づける，激励する 反くじく |

| 834 ★★ | 副 | 明确，清晰 |
|---|---|---|
| はっきり(する) | | 例彼はこの意見に反対だという態度をはっきりと示した。<br>他明确表示出对这个意见的反对态度。<br>類明確に 反あいまいに |

| 835 ★★ | ナ副 | 零散，凌乱，乱哄哄地，纷纷地 |
|---|---|---|
| ばらばら(と) | | 例ばらばらな意見を取りまとめるのは大変だ。<br>归纳零散的意见很困难。<br>類異なる，別々，散り散り |

| 836 ★★ | ナ | 隔了很久，(寒暄语)好久不见 |
|---|---|---|
| ひさ<br>久しぶり | | 例彼と一緒に食事するのは久しぶりだ。<br>很久没有和他一起吃饭了。<br>類しばらくぶり，久々 |

837 ★★ ナ
ひさびさ
**久々**
隔了很久
例 彼と久々に会う約束をした。
隔了很久和他约了见面。
類 しばらくぶり，久しぶり

838 ★★ 動
ひろ
**広める**
推广，扩展
例 世界を旅して見聞を広める。
周游世界开拓视野。
類 広げる，拡大する 反 狭める

839 ★★ ナ 名
べつ
**別**
别的，其他的
例 学校を卒業して友人と別な道を進む。
毕业之后和朋友走不同的人生道路。
類 違う，異なる 反 同じ，同様

840 ★★ ナ 名
べつべつ
**別々**
各自，分别
例 友人と食事に行き，代金を別々に支払う。
和朋友去吃饭AA制付钱。
類 個別，それぞれ 反 一緒

841 ★★ ナ 名
ふまんぞく
**不満足**
不满意，不满足
例 力を発揮できずに不満足な結果に終わった。
没能发挥实力，以一个不满意的结果结束了。
類 不満，不服，不平 反 満足

842 ★★ ナ
ほんしつてき
**本質的**
本质的
例 学ぶことと教えることは本質的に異なる。
学和教有本质上的不同。
類 根本的 反 末梢的

843 ★★ 副
まえ
**前もって**
事先，预先
例 明日の持ち物を前もって準備しておく。
事先准备好明天要带的东西。
類 あらかじめ，事前

844 ★★ 動
**まとまる**
汇总，聚集，统一，完成
例 話がまとまるまで会議で議論する。
在会议上议论至得出结论为止。
類 決着する，整う，落ち着く

845 ★★ 動
みきわ
**見極める**
看透，弄清，辨别（真伪）
例 真実を見極めるには様々な情報を集めることが必要だ。
看清真相需要收集各种各样的信息。
類 見定める，確かめる

846 ★★ 動
み　だ
**見つけ出す**
找出，发现
例 古代の遺跡から宝物を見つけ出す。
从古代的遗迹中发现宝物。
類 発見する，発掘する

847 ★★ 動
みな
**見慣れる**
看惯，经常见
例 いつも行くお店に見慣れない店員がいた。
经常去的店里有一个没见过的店员。
類 なじみ

848 ★★ ナ 名
むかんけい
**無関係**
无关
例 彼はアリバイがあるので，この事件に無関係だ。
因为他有不在场证据，所以和这个案件无关。
類 無縁

| 849 ★★ | 動 面対面，相向 |
|---|---|
| 向き合う<br><small>む あ</small> | 例 両親と話し合うために向き合って座る。<br><small>りょうしん はな あ</small><br>为了和父母交谈面对面坐。<br>類 向かい合う，対する |

| 850 ★★ | 動 饲养，抚养，培养，疗养 |
|---|---|
| 養う<br><small>やしな</small> | 例 自分が働いて家族を養う。<br><small>じ ぶん はたら か ぞく やしな</small><br>自己工作养活家人。<br>類 育てる，育む，培う，養育する |

| 851 ★★ | 動 平静，安定 |
|---|---|
| 安らぐ<br><small>やす</small> | 例 海を眺めていると気持ちが安らぐ。<br><small>うみ なが き も やす</small><br>一远眺大海心情就很平静。<br>類 和む，落ち着く |

| 852 ★★ | 副 终于，好不容易才 |
|---|---|
| やっと | 例 楽しみにしていた本がやっと発売された。<br><small>たの ほん はつばい</small><br>期待已久的书终于发售了。<br>類 ようやく，ついに，かろうじて　反 もう，たやすく |

| 853 ★★ | 動 缓解，缓和 |
|---|---|
| 和らげる<br><small>やわ</small> | 例 薬を飲んで，喉の痛みを和らげる。<br><small>くすり の のど いた やわ</small><br>吃药缓解咽喉疼痛。<br>類 和ませる，安らげる，緩和する　反 荒らげる，強張らせる |

| 854 ★★ | 動 转让，礼让 |
|---|---|
| 譲る<br><small>ゆず</small> | 例 電車でお年寄りに席を譲る。<br><small>でんしゃ とし よ せき ゆず</small><br>在电车上把座位让给老人。<br>類 与える，譲渡する，譲歩する，売る |

| 855 ★★ | 動 允许，原谅 |
|---|---|
| 許す<br><small>ゆる</small> | 例 両親は彼との結婚を許してくれなかった。<br><small>りょうしん かれ けっこん ゆる</small><br>父母不同意我和他结婚。<br>類 許容する，容赦する　反 禁じる |

| 856 ★★ | 動 顺路去，靠近，聚集 |
|---|---|
| 寄る<br><small>よ</small> | 例 家へ帰る前にコンビニエンスストアに寄る。<br><small>いえ かえ まえ よ</small><br>回家前顺路去便利店。<br>類 立ち寄る，近づく，集まる　反 散る |

| 857 ★★ | 動 衰弱，虚弱 |
|---|---|
| 弱る<br><small>よわ</small> | 例 病気の影響で体が弱る。<br><small>びょう き えいきょう からだ よわ</small><br>由于生病的影响，身体变得虚弱。<br>類 衰える，衰弱する，困る |

| 858 ★★ | 動 焦虑，着急 |
|---|---|
| 焦る<br><small>あせ</small> | 例 焦ると失敗が多くなる。<br><small>あせ しっぱい おお</small><br>一着急失误就增加。<br>類 じれる，苛立つ，慌てる　反 落ち着く |

| 859 ★★ | 動 争夺，竞争，争吵 |
|---|---|
| 争う<br><small>あらそ</small> | 例 優勝をかけて相手チームと争う。<br><small>ゆうしょう あい て あらそ</small><br>和对方队伍争夺冠军。<br>類 競う，競争する，戦う |

| 860 ★★ | 動 有可能 |
|---|---|
| あり得る<br><small>う</small> | 例 物事には様々な解釈の仕方があり得る。<br><small>もの ごと さまざま かいしゃく し かた う</small><br>对于事物会有不同的解释方法。<br>類 存在する　反 あり得ない |

**WEEK 5**　頻出単語／動詞・形容詞・副詞など

| | |
|---|---|
| 861 ★★　　イ | 难能可贵的，感激的 |
| **ありがたい** | 例 差し入れのお菓子をありがたくいただく。 |
| | 心存感激地收下慰问点心。 |
| | 類 感謝する |

| | |
|---|---|
| 862 ★★　　動 | 慌乱 |
| **慌てる**<br><ruby>慌<rt>あわ</rt></ruby>てる | 例 たとえ地震がきても慌ててはいけない。 |
| | 即便是地震了也不能慌。 |
| | 類 焦る，うろたえる，まごつく　反 落ち着く |

| | |
|---|---|
| 863 ★★　　副 | ——，一个一个 |
| **いちいち** | 例 彼は細かなことにも，いちいち口を出してくる。 |
| | 他即使是细节的地方也喜欢——发表意见。 |
| | 類 一つ一つ，逐一 |

| | |
|---|---|
| 864 ★★　　ナ | 暂时的 |
| **一時的**<br><ruby>一<rt>いち</rt></ruby><ruby>時<rt>じ</rt></ruby><ruby>的<rt>てき</rt></ruby> | 例 旅行に行っている間，一時的に犬を預かってもらう。 |
| | 旅行期间暂时让他照看狗。 |
| | 類 暫定的　反 永続的，恒久的 |

| | |
|---|---|
| 865 ★★　　動 | 漂浮，飘，显露，想到 |
| **浮かぶ**<br><ruby>浮<rt>う</rt></ruby>かぶ | 例 頭に浮かんだアイデアをメモに残す。 |
| | 把想出来的点子记在笔记上。 |
| | 類 浮く，浮き上がる，浮かび上がる　反 潜る，沈む |

| | |
|---|---|
| 866 ★★　　副 | 不小心，不留神 |
| **うっかり(する)** | 例 考え事をしていたら，うっかり電車を乗り過ごした。 |
| | 在电车上想事情，结果不小心坐过了站。 |
| | 類 つい　反 わざと |

| | |
|---|---|
| 867 ★★　　動 | 抄写，描绘，拍照 |
| **写す**<br><ruby>写<rt>うつ</rt></ruby>す | 例 友達に借りたノートを写す。 |
| | 抄从朋友那里借的笔记。 |
| | 類 なぞる，模写する |

| | |
|---|---|
| 868 ★★　　動 | 超出 |
| **上回る**<br><ruby>上<rt>うわ</rt></ruby><ruby>回<rt>まわ</rt></ruby>る | 例 予想を上回る成績を収めることができた。 |
| | 取得了超出预想的成绩。 |
| | 類 超える，超過する　反 下回る |

| | |
|---|---|
| 869 ★★　　動 | 饰演，表演 |
| **演じる**<br><ruby>演<rt>えん</rt></ruby>じる | 例 ドラマで警察官の役を演じる。 |
| | 在电视剧中饰演警察的角色。 |
| | 類 演技する |

| | |
|---|---|
| 870 ★★　　動 | 折断，折叠，拐弯，屈服，挫折 |
| **折れる**<br><ruby>折<rt>お</rt></ruby>れる | 例 強い風で木の枝が折れる。 |
| | 大风会让树枝折断。 |
| | 類 曲がる，壊れる |

| | |
|---|---|
| 871 ★★　　イ | 智慧的，聪明的，巧妙的 |
| **賢い**<br><ruby>賢<rt>かしこ</rt></ruby>い | 例 問題を先送りにするのは賢い選択とは言えない。 |
| | 把事情往后拖，不能说是一个聪明的选择。 |
| | 類 賢明　反 愚か |

| 872 ★★ | 動 咬，啃，一知半解 |
|---|---|
| かじる | 例りんごを洗ってまるごとかじる。<br>洗了苹果，不切直接啃着吃。<br>類噛む |

| 873 ★★ | 動 凝固，凝聚，稳固 |
|---|---|
| かた<br>固まる | 例今日の会議で今後の方針が固まった。<br>在今天的会议上确定了今后的方针。<br>類決まる，定まる，凝固する 反溶ける |

| 874 ★★ | 動 使凝固，固定，归到一起，巩固 |
|---|---|
| かた<br>固める | 例足で踏んで地面を固める。<br>用脚踩来加固地面。<br>類決める，定める，まとめる 反溶かす |

| 875 ★★ | イ 有规律的 |
|---|---|
| き そくただ<br>規則正しい | 例健康第一に考えて規則正しい生活を心がける。<br>提醒自己要优先考虑健康，过有规律的生活。<br>類規則的 反不規則，変則的 |

| 876 ★★ | 動 崩溃，走形变样，天气变坏，换成零钱 |
|---|---|
| くず<br>崩れる | 例睡眠不足のせいで体調が崩れた。<br>就因为睡眠不足身体垮了。<br>類崩壊する 反整う |

| 877 ★★ | 動 编入，列入 |
|---|---|
| く こ<br>組み込む | 例友達との約束を予定に組み込む。<br>把和朋友的约定放到日程里。<br>類入れる，加える |

| 878 ★★ | ナ 合理的 |
|---|---|
| ごう り てき<br>合理的 | 例人通りの多い場所にお店を出すのは合理的な考えだ。<br>在人流量大的地方开店是合理的想法。<br>類妥当，賢明，能率的 反非合理的，不合理 |

| 879 ★★ | 動 回溯，逆流而上 |
|---|---|
| さかのぼる | 例私と彼の出会いは学生時代にさかのぼる。<br>和他的相遇要追溯到学生时代。<br>類たどる，戻る，立ち返る |

| 880 ★★ | 動 触，碰，触及，刺激神经 |
|---|---|
| さわ<br>触る | 例動物に触ったら必ず手を洗いましょう。<br>摸动物之后一定要洗手。<br>類触れる，接触する |

| 881 ★★ | ナ 自动 |
|---|---|
| じ どうてき<br>自動的 | 例この加湿器は自動的に湿度を調整してくれる。<br>这个加湿器会自动调节湿度。<br>類勝手に，自ずと |

| 882 ★★ | ナ 顺利 |
|---|---|
| じゅんちょう<br>順調 | 例手術の経過は順調だ。<br>手术过程很顺利。<br>類快調，好調，予定通り，思い通り 反不順 |

| 883 ★★ | ナ副名 诚实，正直，其实，老实说 |
|---|---|
| しょうじき<br>正直 | 例彼の正直な人柄は信用に値する。<br>他人品正直，值得相信。<br>類誠実，素直，実際，率直 反不正直，嘘つき |

WEEK 1
WEEK 2
WEEK 3
WEEK 4
WEEK 5
WEEK 6
WEEK 7
WEEK 8

| 884 ★★ | 副 | 不知不觉，不由得 |
|---|---|---|
| 知らず知らず | | 例映画を観ていたら知らず知らず涙が出てきた。<br>看着电影不知不觉就哭了出来。<br>類いつの間にか，知らないうちに |

| 885 ★★ | 副 | 随时，有需要时(就做) |
|---|---|---|
| 随時 | | 例こちらの施設は希望に応じて随時利用できます。<br>这里的设施有需要时就可以使用。<br>類常時，適宜　反定時 |

| 886 ★★ | 動 | 救，救济，拯救 |
|---|---|---|
| 救う | | 例医者の使命は患者の命を救うことだ。<br>医生的使命是挽救患者的生命。<br>類助ける，救出する |

| 887 ★★ | イ | 凉的，清爽的 |
|---|---|---|
| 涼しい | | 例木々の間を通り抜ける風が涼しくて気持ちよい。<br>穿过林间的风很凉很舒服。<br>類清涼　反暑い，ぬるい |

| 888 ★★ | 副 | 完全，彻底 |
|---|---|---|
| すっかり | | 例この街も以前とはすっかり様子が変わってしまった。<br>这条街和以前相比完全变了样子。<br>類完全に，ことごとく |

| 889 ★★ | ナ | 顺利，顺畅 |
|---|---|---|
| スムーズ | | 例交渉は思ったよりスムーズに進んだ。<br>交涉比想象中进展顺利。<br>類円滑，順調 |

| 890 ★★ | 副名 | ……之后马上就，早早(地) |
|---|---|---|
| 早々(に) | | 例開店早々に多くのお客さんが来店した。<br>一开店马上就来了很多客人。<br>類間もなく，さっさと，はやばやと |

| 891 ★★ | 動 | 添加，使陪同 |
|---|---|---|
| 添える | | 例プレゼントに手紙を添えて贈る。<br>在礼物上附了一封信送出。<br>類加える，足す，付け加える，添付する |

| 892 ★★ | 副 | 那么，特别 |
|---|---|---|
| たいして | | 例試験はたいして難しい問題が出なかった。<br>考试没有出特别难的题。<br>類さほど，それほど |

| 893 ★★ | 副 | 很多，相当 |
|---|---|---|
| だいぶ | | 例気づかないうちに，だいぶ遠くまで歩いてきたようだ。<br>不知不觉间，好像已经走了很远。<br>類ずいぶん，かなり |

| 894 ★★ | 副 | 不绝，不断 |
|---|---|---|
| 絶えず | | 例砂浜に波が絶えず押し寄せる。<br>浪不断地打到沙滩上。<br>類常に，ずっと　反たまに，まれに |

| 895 ★★ | 動 | 站起来 |
|---|---|---|
| 立ち上がる | | 例彼女はかばんを持って椅子から立ち上がった。<br>她拿着包从椅子上站起来了。<br>類立つ，起立する，起き上がる |

| 896 ★★ | ナ | 忠実，如实 |
|---|---|---|
| ちゅうじつ<br>忠実 | | 例原作を忠実に再現したドラマを制作する。<br>创作一部忠实再现原作的电视剧。<br>類正確，厳密，誠実 反不実 |

| 897 ★★ | ナ | 抽象的 |
|---|---|---|
| ちゅうしょうてき<br>抽象的 | | 例抽象的な説明ばかりでは説得力に欠ける。<br>只有抽象的说明的话，缺乏说服力。<br>類概念的，観念的 反具体的 |

| 898 ★★ | 動 | 被逮捕，被捉住 |
|---|---|---|
| つか<br>捕まる | | 例殺人事件の犯人が捕まった。<br>杀人案件的凶手被逮捕了。<br>類捕らえられる 反逃げる，逃れる |

| 899 ★★ | 動 | 塞满，堵塞，窘迫，缩短缩小 |
|---|---|---|
| つ<br>詰まる | | 例仕事の予定が詰まっていて忙しい。<br>工作安排得很满很忙。<br>類塞がる，滞る，引っかかる 反通る |

| 900 ★★ | ナ | 典型的 |
|---|---|---|
| てんけいてき<br>典型的 | | 例発熱や鼻水は風邪の典型的な症状だ。<br>发热和流鼻涕是典型的感冒症状。<br>類代表的，一般的 反例外的 |

| 901 ★★ | 動 | 溶解，溶于 |
|---|---|---|
| と<br>溶ける | | 例砂糖は水に溶ける。<br>砂糖可溶于水。<br>類混ざる，溶解する 反固まる |

| 902 ★★ | 動 | 开始做，着手 |
|---|---|---|
| と<br>取りかかる | | 例新しいビルの建設に取りかかる。<br>开始着手新楼的修建。<br>類始める，着手する |

| 903 ★★ | 動 | 围绕 |
|---|---|---|
| と ま<br>取り巻く | | 例地球を取り巻く環境は日々変化している。<br>围绕着地球的环境，每天都在变化着。<br>類囲む，巡る，取り囲む |

| 904 ★★ | イ | 无意中，若无其事 |
|---|---|---|
| なに げ<br>何気ない | | 例何気ない一言が人を傷つけることもある。<br>无意中说的一句话有时会伤到别人。<br>類さりげない，なんとなく 反わざとらしい |

| 905 ★★ | 動 | 涂抹，刷 |
|---|---|---|
| ぬ<br>塗る | | 例かゆいところに薬を塗る。<br>在痒的地方涂药。<br>類塗布する，こすりつける，着色する 反剥がす |

| 906 ★★ | 動 | 希望，祈求，请求 |
|---|---|---|
| ねが<br>願う | | 例世界が平和になることを願っている。<br>希望世界和平。<br>類望む，求める |

| 907 ★★ | 動 | 进入，深入，潜入 |
|---|---|---|
| はい こ<br>入り込む | | 例泥棒が私の部屋に入り込んでパソコンを盗んだ。<br>小偷潜到我的房间里偷走了电脑。<br>類潜り込む，割り込む 反抜け出す |

| 908 ★★ | 動 | 取下，偏离，离席，除名 |
|---|---|---|
| 外す<br>はず | | 例 メガネを外すと，なにも見えなくなる。 |
| | | 摘了眼镜的话什么都看不见了。 |
| | | 類 除く，取り外す，取り去る　反 当てる，かける，はめる |

| 909 ★★ | ナ副 | 远远，远比，(时间，距离等)遥远 |
|---|---|---|
| はるか | | 例 平均点をはるかに上回る点数が取れた。 |
| | | 取得了远超平均分的分数。 |
| | | 類 ずっと，とても，遠い |

| 910 ★★ | 動 | 发光，闪耀，光彩照人，出众 |
|---|---|---|
| 光る<br>ひか | | 例 遠くの空には星が光っている。 |
| | | 星星在遥远的夜空闪着光。 |
| | | 類 輝く，照る |

| 911 ★★ | 動 | 离开，取回，收养，断气 |
|---|---|---|
| 引き取る<br>ひ と | | 例 駅に届いた忘れ物を引き取る。 |
| | | 取回被送到车站的遗失物品。 |
| | | 類 回収する，引き受ける，受け継ぐ，退く　反 引き渡す |

| 912 ★★ | 動 | 隐藏，潜在 |
|---|---|---|
| 潜む<br>ひそ | | 例 子供には無限の可能性が潜んでいる。 |
| | | 孩子身上潜藏着无限可能性。 |
| | | 類 隠れる，潜在する　反 現れる |

| 913 ★★ | ナ | 批判的 |
|---|---|---|
| 批判的<br>ひ はんてき | | 例 批判的な意見も会議では重要になる。 |
| | | 在会议上，批判性意见也很重要。 |
| | | 類 否定的　反 無批判 |

| 914 ★★ | ナ | 表面的 |
|---|---|---|
| 表面的<br>ひょうめんてき | | 例 表面的な付き合いだけでは信頼関係は築けない。 |
| | | 只是表面的交往，并不能建立信赖关系。 |
| | | 類 外面的 |

| 915 ★★ | 動 | 捡，拾，打车 |
|---|---|---|
| 拾う<br>ひろ | | 例 散歩していたら赤い財布を拾った。 |
| | | 散步时捡到了红色的钱包。 |
| | | 類 拾得する　反 落とす，捨てる |

| 916 ★★ | ナ名 | 频繁 |
|---|---|---|
| 頻繁<br>ひんぱん | | 例 お気に入りの店に頻繁に通う。 |
| | | 经常去喜欢的店。 |
| | | 類 しきりに，足しげく　反 稀，滅多 |

| 917 ★★ | 動 | 胖，长大，增多 |
|---|---|---|
| 太る<br>ふと | | 例 この一年間で私は十キロ太った。 |
| | | 这一年中我胖了十公斤。 |
| | | 類 肥える　反 痩せる |

| 918 ★★ | 動 | 回头看，回顾 |
|---|---|---|
| 振り返る<br>ふ かえ | | 例 学生時代の楽しかった思い出を振り返る。 |
| | | 回顾学生时代的快乐回忆。 |
| | | 類 顧みる，振り向く，思い返す　反 見通す |

| 919 ★★ | 動 | 行动，言行，款待 |
|---|---|---|
| 振る舞う<br>ふ ま | | 例 彼はいつも偉そうに振る舞う。 |
| | | 他言谈举止总是一副很不起的样子。 |
| | | 類 行動する，もてなす |

| 920 ★★ | ナ 名 | 面向前方，积极地，有建设性的 |
|---|---|---|
| まえ む<br>前向き | | 例彼は失敗を恐れずに行動する前向きな性格だ。<br>他做事情不怕失败，性格很积极。<br>類積極的，楽観的　反後ろ向き |

| 921 ★★ | 動 | 邀请，招呼过来 |
|---|---|---|
| まね<br>招く | | 例近所の人を招いてパーティーをする。<br>邀请附近的人开派对。<br>類招待する，呼び寄せる，もたらす |

| 922 ★★ | 動 | 成熟结果，取得成绩 |
|---|---|---|
| みの<br>実る | | 例努力が実って大学に合格できた。<br>努力有了结果，考上大学了。<br>類なる，結ぶ |

| 923 ★★ | 動 | 看，观赏 |
|---|---|---|
| み<br>観る | | 例休日に映画館で映画を観るのが私の楽しみだ。<br>休息日去电影院看电影是我喜欢做的事情。<br>類鑑賞する，観戦する，見物する |

| 924 ★★ | 動 | 诊断，看病 |
|---|---|---|
| み<br>診る | | 例体調が悪かったので病院で医者に診てもらった。<br>因为身体状态不好，所以去医院看了大夫。<br>類診察する |

| 925 ★★ | 動 | 环视，远望 |
|---|---|---|
| み わた<br>見渡す | | 例教室を見渡すと，かなりの学生が寝ています。<br>放眼望去，教室里很多学生都睡了。<br>類眺める |

| 926 ★★ | 動 | 蒸，闷热 |
|---|---|---|
| む<br>蒸す | | 例サツマイモを蒸してから食べる。<br>把地瓜蒸熟之后吃。<br>類ふかす |

| 927 ★★ | 動 | 盛入(饭菜)，加入，吸纳，编入 |
|---|---|---|
| も こ<br>盛り込む | | 例日本文化に関する内容を授業に盛り込む。<br>把和日本文化有关的内容加入到授课中。<br>類含ませる，取り入れる |

| 928 ★★ | 動 | 靠近，倾心，收集，寄送(文章、意见等) |
|---|---|---|
| よ<br>寄せる | | 例恋人同士が互いに肩を寄せて歩いている。<br>情侣相互搂着肩走着。<br>類迫る，押し寄せる，近づける，集める　反散らす |

| 929 ★★ | ナ | 立体的 |
|---|---|---|
| りったいてき<br>立体的 | | 例トリックアートは絵が立体的に見える。<br>错觉艺术的画像看上去是立体的。<br>類多角的，総合的　反平面的 |

| 930 ★★ | 動 | 论述 |
|---|---|---|
| ろん<br>論じる | | 例その本は日米関係について論じている。<br>这本书论述了日美关系。<br>類述べる，議論する |

| 931 ★★ | イ | 显著的 |
|---|---|---|
| いちじる<br>著しい | | 例この街は次々とビルが建って，著しい発展を遂げている。<br>这条街上一个又一个楼房建成，取得了显著的发展。<br>類顕著，めざましい |

| 932 ★★ | 副名 一齐，同时 |
|---|---|
| いっせい<br>一斉(に) | 例 大きな地震が発生して，住民は一斉に避難した。<br>大地震发生后，居民一起避难了。<br>類 一度，一遍，同時　反 個別，別々 |

| 933 ★★ | ナ 有意的，故意的 |
|---|---|
| い と てき<br>意図的 | 例 意図的な反則はスポーツマンシップに反する。<br>故意犯规有悖于体育精神。<br>類 作為的，わざと　反 恣意的 |

| 934 ★★ | ナ 印象深刻的 |
|---|---|
| いんしょうてき<br>印象的 | 例 あの映画は最後のシーンがとても印象的だった。<br>对那个电影最后一个镜头印象非常深。<br>類 感動的 |

| 935 ★★ | 動 浮上，飘浮，翘起，脱离 |
|---|---|
| う あ<br>浮き上がる | 例 死んだ魚が水面に浮き上がってくる。<br>死了的鱼浮上水面。<br>類 浮く，浮かぶ，浮かび上がる　反 沈む |

| 936 ★★ | 動 挡住，阻击，接受(意见等) |
|---|---|
| う と<br>受け止める | 例 周囲の批判を受け止める。<br>接受来自周围的批评。<br>類 受ける，受け入れる　反 受け流す |

| 937 ★★ | 動 开始卖，甩卖 |
|---|---|
| う だ<br>売り出す | 例 新たな商品を開発して全国に売り出す。<br>开发新商品卖向全国。<br>類 売る，販売する　反 買い出す |

| 938 ★★ | 動 选出，挑出 |
|---|---|
| えら だ<br>選び出す | 例 候補者のなかから優秀な人を選び出す。<br>从候选人中选出优秀的人。<br>類 選ぶ，選出する，選択する |

| 939 ★★ | ナ 顺利，顺畅，圆满 |
|---|---|
| えんかつ<br>円滑 | 例 組織では円滑なコミュニケーションが求められる。<br>做组织工作需要良好的交流能力。<br>類 なめらか，順調，スムーズ |

| 940 ★★ | 副 很，非常 |
|---|---|
| おおいに | 例 今日は気が済むまでおおいに遊ぼう。<br>今天玩个尽兴吧。<br>類 さかんに，非常に，心おきなく |

| 941 ★★ | 動 赠送，送礼，授予称号 |
|---|---|
| おく<br>贈る | 例 友人に東京のお土産を贈った。<br>给朋友送了东京的特产。<br>類 与える，贈呈する　反 受け取る |

| 942 ★★ | 動 懈怠，疏忽 |
|---|---|
| おこた<br>怠る | 例 大学に合格するために努力を怠ってはいけない。<br>为了考上大学不能偷懒懈怠。<br>類 怠ける，惜しむ，さぼる　反 努める，励む，勤しむ |

| 943 ★★ | 動 按压，扣押，理解(要点等) |
|---|---|
| お<br>押さえる | 例 左手で紙を押さえて右手で書く。<br>左手按住纸右手写。<br>類 押さえ込む，確保する，把握する |

| 944 ★★ | 動 | 返还，还原 |
|---|---|---|
| かえ<br>返る | | 例テストの成績が返ってくる。<br>考试成绩出来。<br>類戻る |

| 945 ★★ | 動 | 重写 |
|---|---|---|
| か なお<br>書き直す | | 例私は完成した作文を二，三度書き直した。<br>我把写完的作文又重写了两三次。<br>類修正する，書きかえる |

| 946 ★★ | 動 | 缺少，不足 |
|---|---|---|
| か<br>欠ける | | 例あなたの主張は一貫性に欠けている。<br>你的主张缺乏连贯性。<br>類不足する，乏しい 反足りる，揃う，満ちる |

| 947 ★★ | イ | 可爱的，好看的 |
|---|---|---|
| かわいい | | 例女の子が人形にかわいい洋服を着せて遊んでいる。<br>女孩给洋娃娃穿上可爱的衣服后和洋娃娃一起玩耍。<br>類愛らしい 反憎たらしい |

| 948 ★★ | ナ | 感情的，感情用事的 |
|---|---|---|
| かんじょうてき<br>感情的 | | 例感情的にならないように自分をコントロールする。<br>控制自己不感情用事。<br>反理性的 |

| 949 ★★ | 動 | 有效，起作用 |
|---|---|---|
| き<br>効く | | 例この薬は頭痛によく効く。<br>这个药对头疼很有效。<br>類有効，作用する |

| 950 ★★ | 動 | 切碎，刻，铭记 |
|---|---|---|
| きざ<br>刻む | | 例タマネギを細かく刻む。<br>把洋葱切碎。<br>類切る，刻印する，区切る，記憶する |

| 951 ★★ | 動 | (心里或身体)受伤，东西有瑕疵 |
|---|---|---|
| きず<br>傷つく | | 例周囲の言葉に傷つくことがありました。<br>被周围人的话伤过。<br>類負傷する，害する |

| 952 ★★ | 動 | 讨厌，忌讳，不愿 |
|---|---|---|
| きら<br>嫌う | | 例彼はみんなに嫌われている。<br>他被大家讨厌。<br>類憎む，嫌がる，嫌悪する 反好く，好む |

| 953 ★★ | 副 | 极限状，勉勉强强，刚刚…… |
|---|---|---|
| ぎりぎり | | 例課題を締め切りぎりぎりで提出した。<br>卡着截止时间把作业交上去了。<br>類かろうじて，間際で |

| 954 ★★ | 動 | 截断，切开 |
|---|---|---|
| き はな<br>切り離す | | 例政治と経済は切り離すことができない。<br>政治和经济不可分割。<br>類断ち切る 反結び付ける |

| 955 ★★ | 動 | 使崩溃，使凌乱，连笔，破成零钱 |
|---|---|---|
| くず<br>崩す | | 例暑さで体調を崩してしまいました。<br>因为热把身体弄垮了。<br>類壊す，潰す，乱す 反整える |

| 956 ★★ | 動 | 砕碎 |
|---|---|---|
| くだ<br>砕く | | 例大きな氷を砕いて細かくする。 |
| | | 把大块的冰打碎。 |
| | | 類粉砕する，打ち壊す |

| 957 ★★ | ナ | 严密，周密 |
|---|---|---|
| げんみつ<br>厳密 | | 例専門の業者に厳密な調査を依頼する。 |
| | | 委托专业人员做缜密的调查。 |
| | | 類精密，詳細 反杜撰 |

| 958 ★★ | ナ名 | 幸运 |
|---|---|---|
| こううん<br>幸運 | | 例幸運にも宝くじが当たった。 |
| | | 幸运地中了彩票。 |
| | | 類幸せ 反不運，悲運，悪運 |

| 959 ★★ | ナ名 | 高价 |
|---|---|---|
| こうか<br>高価 | | 例高価な商品は扱いに注意しなければならない。 |
| | | 处理贵重物品时必须小心。 |
| | | 類高額，上等 反安価，廉価 |

| 960 ★★ | 動 | 冻住，感到寒冷 |
|---|---|---|
| こお<br>凍る | | 例気温が低くて川の水が凍っている。 |
| | | 气温很低，河水冻上了。 |
| | | 類凍結する，凍てつく，凍りつく 反溶ける |

| 961 ★★ | イ | 舒服，舒畅 |
|---|---|---|
| ここち<br>心地よい | | 例心地よい眠りにつくには，寝る前の過ごし方が大切だ。 |
| | | 要想睡得好的话，睡前如何做很重要。 |
| | | 類快い，快適 反不快 |

| 962 ★★ | 動 | 滚动，横躺，摔倒 |
|---|---|---|
| ころ<br>転がる | | 例公園にボールが転がっている。 |
| | | 球滚到了公园里。 |
| | | 類転ぶ，転げる，倒れる，横たわる |

| 963 ★★ | ナ | 主动地，自发的 |
|---|---|---|
| じしゅてき<br>自主的 | | 例学校の周りを自主的に掃除する。 |
| | | 自发地清扫学校周围。 |
| | | 類自発的，能動的 反強制的 |

| 964 ★★ | 動 | 捆绑，拘束，束缚 |
|---|---|---|
| しば<br>縛る | | 例人間関係に縛られてストレスがたまる。 |
| | | 受人际关系束缚压力变大。 |
| | | 類結ぶ，束ねる，くくる，束縛する 反解く，ほどく |

| 965 ★★ | 動 | 聊天，说话 |
|---|---|---|
| しゃべる | | 例彼は流暢な日本語でしゃべる。 |
| | | 他日语说得很流利。 |
| | | 類話す，言う，語る，述べる 反黙る |

| 966 ★★ | ナ | 重点地，集中地 |
|---|---|---|
| しゅうちゅうてき<br>集中的 | | 例苦手な科目を集中的に勉強する。 |
| | | 重点学习不擅长的科目。 |
| | | 類重点的 |

| 967 ★★ | ナ名 | 主流 |
|---|---|---|
| しゅりゅう<br>主流 | | 例車の開発は環境に配慮したエコカーが主流だ。 |
| | | 在汽车的研发方面，考虑环境的环保车是主流。 |
| | | 類主，多数 反支流 |

| 968 ★★ | 動 | 相识 |
|---|---|---|
| し　あ<br>知り合う | | 例彼らは知り合ってわずか三か月で結婚した。<br>他们认识仅三个月就结婚了。<br>類出会う |

| 969 ★★ | 副 | 非常，经常 |
|---|---|---|
| すく<br>少なからず | | 例彼の突然の行動には少なからず驚かされた。<br>对他突然的举动感到非常吃惊。<br>類たくさん，かなり　反わずか，少し |

| 970 ★★ | ナ | 极好，绝佳 |
|---|---|---|
| す　てき<br>素敵 | | 例誕生日に友人から素敵なプレゼントをもらう。<br>生日时从朋友那里收到很棒的礼物。<br>類魅力的，すばらしい |

| 971 ★★ | 動 | 磨损，逐渐减少，衰弱 |
|---|---|---|
| へ<br>すり減る | | 例この靴は，かかとがすり減っている。<br>这个鞋的鞋跟磨损了。<br>類摩耗する，消耗する |

| 972 ★★ | 副名 | 原封不动，一模一样，就那样 |
|---|---|---|
| そのまま | | 例受け取った荷物を，そのまま玄関に置いておく。<br>把收到的包裹先原封不动放在门口。<br>類このまま，すぐさま |

| 973 ★★ | ナ | 大规模 |
|---|---|---|
| だい　き　ぼ<br>大規模 | | 例大規模な開発によって街並みが一変する。<br>由于大规模开发，街道模样大变。<br>類大がかり　反小規模 |

| 974 ★★ | 動 | 参与，从事 |
|---|---|---|
| たずさ<br>携わる | | 例日本語を教える仕事に携わりたいと思っている。<br>想从事教日语的工作。<br>類関わる，従事する |

| 975 ★★ | 動 | 战斗，竞赛 |
|---|---|---|
| たたか<br>戦う | | 例中国と日本は優勝をかけて戦った。<br>中国和日本为争夺冠军打了比赛。<br>類競う，争う，戦争する |

| 976 ★★ | 動 | (电脑程序等)启动，使……成立 |
|---|---|---|
| た　あ<br>立ち上げる | | 例在学中に友人と会社を立ち上げた。<br>上学期间和朋友创立了公司。<br>類新設する，創設する，起動する |

| 977 ★★ | 動 | 好不容易走到，终于得出(结论等) |
|---|---|---|
| たどりつく | | 例目的地にようやくたどりついた。<br>终于到达了目的地。<br>類届く，至る，着く，行きつく |

| 978 ★★ | 副 | 偶尔 |
|---|---|---|
| たまに | | 例たまに映画を観ることが私のストレス発散法だ。<br>偶尔看看电影是我消除压力的方法。<br>類まれに，時々　反常に，いつも |

| 979 ★★ | 動 | 使靠近，使接近 |
|---|---|---|
| ちか<br>近づける | | 例テーブルとソファーを近づける。<br>把桌子和沙发摆得近一些。<br>類寄せる　反遠ざける |

WEEK
1

WEEK
2

WEEK
3

WEEK
4

WEEK
5

WEEK
6

WEEK
7

WEEK
8

| 980 ★★ | ナ | 智慧的，知性的 |
|---|---|---|
| 知的<br>ち　てき | | 例 彼の振る舞いは周囲に知的な印象を与える。<br>他的举止给周围人一种知性印象。<br>類 理知的，聡明，頭脳的 |

| 981 ★★ | 動 | 凋落，分散，精神涣散 |
|---|---|---|
| 散る<br>ち | | 例 桜の花が風に吹かれて散る。<br>櫻花被风吹落。<br>類 散らばる，散らかる　反 集まる，咲く |

| 982 ★★ | 動 | 上班，就职 |
|---|---|---|
| 勤める<br>つと | | 例 私は医者になって大学病院に勤めている。<br>我在大学的医院做医生。<br>類 働く，仕える，勤務する　反 辞める |

| 983 ★★ | 動 | 连上，接上 |
|---|---|---|
| つなげる | | 例 最後のチャンスを得点につなげる。<br>抓住最后的机会得分。<br>類 接続する，つなぐ |

| 984 ★★ | 動 | 対照，核対 |
|---|---|---|
| 照らし合わせる<br>て　　あ | | 例 問題と解答を照らし合わせる。<br>对照问题和答案。<br>類 照合する |

| 985 ★★ | 副 | 有时，偶尔 |
|---|---|---|
| 時に<br>とき | | 例 体が丈夫な私でも，時に風邪を引くこともある。<br>即便像我这样身体好的，有时也会感冒。<br>類 まれに，時々 |

| 986 ★★ | 動 | 采集，录取，采取，拿出来 |
|---|---|---|
| 採る<br>と | | 例 人材が足りないので新たに社員を採る。<br>因为人才不足，所以要招新员工。<br>類 採用する，採取する |

| 987 ★★ | 動 | 收获，消除，取得，脱落 |
|---|---|---|
| 取れる<br>と | | 例 温泉に入ったら体の疲れが取れた。<br>泡了温泉后身体的疲劳消除了。<br>類 剥がれる，なくなる　反 付く |

| 988 ★★ | 動 | 煮，炖，熬 |
|---|---|---|
| 煮る<br>に | | 例 今日の夕飯にシチューを煮る。<br>今天的晚饭吃炖菜。<br>類 炊く，煮込む，煮つける |

| 989 ★★ | 動 | 呼气，吐，冒，吐露 |
|---|---|---|
| 吐く<br>は | | 例 ゆっくりと息を吐いて，試験前に心を落ち着かせる。<br>慢慢吐气，在考试前让自己静下来。<br>類 吐き出す，嘔吐する　反 吸う |

| 990 ★★ | 動 | 拉拽，拖长，带领 |
|---|---|---|
| 引っ張る<br>ひ　ぱ | | 例 スイッチを入れるひもを引っ張る。<br>拉控制开关的绳子。<br>類 引き寄せる，引く |

| 991 ★★ | 動 | 加深，变深 |
|---|---|---|
| 深まる<br>ふか | | 例 日本人と交流して日本への理解が深まった。<br>和日本人交流加深了对日本的理解。<br>類 深める，深化する |

| | | |
|---|---|---|
| 992 ★★ ナ | 部分的 | |
| ぶぶんてき<br>部分的 | 例今回の協議では部分的な合意にとどまった。<br>这次协商只达成了部分一致。<br>類一部, 限定的, 局所的, 断片的　反全体的, 全面的 | |
| 993 ★★ 動 | 挥, 摇, 撒, 拒绝, 标注(读音等) | |
| ふ<br>振る | 例電車に乗り込む彼に手を振った。<br>向上电车的他挥了手。<br>類振り回す, 振りかける, 割り当てる | |
| 994 ★★ 動 | 接触, 心灵相通 | |
| ふ　あ<br>触れ合う | 例牧場で動物と触れ合う。<br>在牧场和动物接触。<br>類触る, 触れる, 接する | |
| 995 ★★ ナ名 | 拙劣, 不擅长, 冒失 | |
| へた<br>下手 | 例下手な字で書いても読み手は理解できない。<br>字写得太差, 看的人不能理解。<br>類拙い, ひどい　反上手 | |
| 996 ★★ 副 | 放心, 松一口气, 叹气状 | |
| ほっと(する) | 例コーヒーを飲んでほっと息をつく。<br>喝杯咖啡喘口气休息。<br>類安心, 安堵 | |
| 997 ★★ ナ | 适量, 适度 | |
| ほどほど | 例健康のためにお酒はほどほどにするべきだ。<br>为了健康, 饮酒应该适度。<br>類適度　反過剰に | |
| 998 ★★ 副 | 模糊, 无所事事, 发呆 | |
| ぼんやり(する) | 例寝不足で頭がぼんやりしている。<br>因为睡眠不足脑子很混沌。<br>類かすか, もうろう　反はっきり, しっかり | |
| 999 ★★ 動 | 掺杂, 混合 | |
| ま<br>混ざる | 例電話の声に雑音が混ざっている。<br>电话的声音里带着杂音。<br>類混じる, 混合, 混入 | |
| 1000 ★★ 動 | 加入, 混入 | |
| ま<br>交ざる | 例大人が子供に交ざって遊んでいる。<br>大人加入孩子中玩耍。<br>類交じる, 入り交じる | |
| 1001 ★★ 動 | 看漏, 没看到 | |
| み　お<br>見落とす | 例大事なメールを見落としていました。<br>看漏了非常重要的邮件。<br>類見逃す, 見過ごす　反見つける | |
| 1002 ★★ 動 | 充满, 涨潮, 期满, 月圆 | |
| み<br>満ちる | 例人生は喜びに満ちている。<br>人生充满着喜悦。<br>類みなぎる, 溢れる, 充満する　反欠ける | |
| 1003 ★★ ナ | 有魅力的 | |
| み　りょくてき<br>魅力的 | 例日本には魅力的な観光地がたくさんある。<br>日本有很多有魅力的观光地。<br>類面白い, 興味深い | |

| 1004 ★★ | 動 | (「言う」的自謙語)说，叫 |
|---|---|---|
| もう<br>申す | | 例 私は田中花子と申します。<br>我叫田中花子。<br>類 言う，申し上げる　反 おっしゃる |

| 1005 ★★ | 動 | 煮，烫 |
|---|---|---|
| ゆ<br>茹でる | | 例 お湯が沸いたらパスタを茹でる。<br>水开了之后煮意大利面。<br>類 煮る |

| 1006 ★★ | ナ | 简单，容易，轻易，马虎 |
|---|---|---|
| あん い<br>安易 | | 例 安易に進路を決めると後悔することになるだろう。<br>草率决定未来的道路的话，可能会后悔。<br>類 いいかげん，安直　反 慎重，至難 |

| 1007 ★★ | 動 | 幸存，长生 |
|---|---|---|
| い の<br>生き延びる | | 例 あの戦争で生き延びた人はごくわずかだ。<br>在那场战争中，幸存下来的人寥寥无几。<br>類 生存する，生き残る |

| 1008 ★★ | 動 | 遍及，普及 |
|---|---|---|
| い わた<br>行き渡る | | 例 日の光が隅々まで行き渡る。<br>阳光洒满角落。<br>類 出回る，及ぶ，普及する |

| 1009 ★★ | 副 | 紧急时刻，一旦有情况时 |
|---|---|---|
| いざ | | 例 彼はいざという時には頼りになる存在だ。<br>一旦有情况时，他是值得依靠的人。<br>類 ここぞ |

| 1010 ★★ | 副 | 迅速地，抢先 |
|---|---|---|
| はや<br>いち早く | | 例 火災の現場に消防車がいち早く駆けつけた。<br>消防车迅速赶到了火灾现场。<br>類 真っ先に，素早く |

| 1011 ★★ | 動 | 祈祷，祈福，祷告 |
|---|---|---|
| いの<br>祈る | | 例 あなたの幸せを祈っています。<br>为你的幸福祈祷。<br>類 願う，拝む，祈願する　反 呪う |

| 1012 ★★ | 副 | 尚未，还 |
|---|---|---|
| いまだ | | 例 あの事件はいまだ解決していない。<br>那个事件还没有解决。<br>類 まだ，いまでも　反 もう |

| 1013 ★★ | 副 | 现在仍然 |
|---|---|---|
| いまだに | | 例 いまだにあの時の失敗を悔やんでいる。<br>现在仍然懊悔当时的失误。<br>類 いまなお，依然として　反 すでに |

| 1014 ★★ | 動 | 呆在，留在 |
|---|---|---|
| いる | | 例 今日は予定がないので家にいる。<br>因为今天没有安排，所以在家。<br>類 ある，とどまる |

| 1015 ★★ | 動 | 漂浮，飘，浮现 |
|---|---|---|
| う<br>浮く | | 例 花びらが川にいっぱい浮いている。<br>花瓣漂满河面。<br>類 浮かぶ，浮き上がる，浮かび上がる　反 沈む，馴染む，乗る |

| 1016 ★★ 　　　　動 | 開始动 |
|---|---|
| うご　だ<br>動き出す | 例発車のベルが鳴って電車が動き出す。<br>发车铃声响起，电车开动。<br>類発車する，作動する，動作する |

| 1017 ★★ 　　　　動 | 怀疑，疑惑 |
|---|---|
| うたが<br>疑う | 例警察は彼が犯人ではないかと疑っている。<br>警察怀疑他是罪犯。<br>類怪しむ，いぶかる　反信じる |

| 1018 ★★ 　　　　動 | 照相，拍照 |
|---|---|
| うつ<br>写る | 例このカメラで撮影すると，とてもきれいに写る。<br>用这个相机照的话，会拍得很漂亮。<br>類写す |

| 1019 ★★ 　　ナ名 | 旺盛 |
|---|---|
| おうせい<br>旺盛 | 例彼は育ち盛りで食欲が旺盛だ。<br>他正在发育期，食欲很旺盛。<br>類盛ん，盛大，いっぱい　反不振 |

| 1020 ★★ 　　　　イ | 很深，幽深，深奥 |
|---|---|
| おくふか<br>奥深い | 例中国茶は歴史が古く，非常に奥深い文化だ。<br>中国的茶历史悠久，文化底蕴很深。<br>類深遠 |

| 1021 ★★ 　　　　イ | 老实，稳重，安静，素雅 |
|---|---|
| おとなしい | 例子供が電車内で長時間おとなしくしているのは難しい。<br>孩子长时间老老实实呆在电车里很难。<br>類温和，地味，静か　反騒がしい |

| 1022 ★★ 　　副接 | 同样 |
|---|---|
| おな<br>同じく | 例私は彼と同じく中国の出身だ。<br>我和她同样来自中国。<br>類同様に，ならびに，同じ |

| 1023 ★★ 　　　　動 | 弄断，折叠，屈服，屈身 |
|---|---|
| お<br>折る | 例彼は転んで骨を折った。<br>他摔倒骨折了。<br>類折れる |

| 1024 ★★ 　　副名 | 特别，明显 |
|---|---|
| かくだん<br>格段(に) | 例彼の成績は一年前と比べて格段に良くなった。<br>他的成绩和一年前比有了明显的进步。<br>類格別，特別，とりわけ |

| 1025 ★★ 　　　　動 | 装饰，修饰，粉饰 |
|---|---|
| かざ<br>飾る | 例テーブルにきれいな花を飾る。<br>桌子上装饰着漂亮的花。<br>類彩る，装飾する |

| 1026 ★★ 　　ナ名 | 过度溺爱 |
|---|---|
| か ほ ご<br>過保護 | 例子供が心配で，つい過保護になる。<br>因为太担心孩子，一不小心就会过分娇惯。<br>類甘やかす |

| 1027 ★★ 　　副名 | 假如，暂且 |
|---|---|
| かり<br>仮(に) | 例仮に教師になれたら，生徒たちのために尽くしたい。<br>假如能当上老师，我愿意为学生们尽心尽力。<br>類もし |

| 1028 ★★ | 動 | 干，冷淡 |
|---|---|---|
| 乾く<br>かわ | | 例今日は天気がいいので洗濯物がよく乾く。<br>因为今天天气很好，洗的衣服干得很快。<br>類乾かす，乾燥する，干上がる　反潤う，湿る，濡れる |

| 1029 ★★ | 動 | 了解到，理解 |
|---|---|---|
| 感じ取る<br>かん と | | 例彼が私に好意を抱いていることを感じ取る。<br>能感觉到他对我抱有好感。<br>類感じる，察する |

| 1030 ★★ | 動 | 问出来，开始问，开始听 |
|---|---|---|
| 聞き出す<br>き だ | | 例犯人の動機を聞き出すために問い詰める。<br>为了问出犯人的动机，严厉审讯。<br>類探り出す |

| 1031 ★★ | 動 | 弄伤，损坏，伤害 |
|---|---|---|
| 傷つける<br>きず | | 例スマートフォンを落として画面を傷つけてしまった。<br>智能手机因滑落而使屏幕收到擦伤。<br>類損なう，損傷する |

| 1032 ★★ | 動 | 相互竞争 |
|---|---|---|
| 競い合う<br>きそ あ | | 例友人とテストの点を競い合う。<br>和朋友相互比试的分数。<br>類競争する，競合する |

| 1033 ★★ | ナ | 功能性的，实用的 |
|---|---|---|
| 機能的<br>き のうてき | | 例新しいバッグはポケットがたくさんあって機能的だ。<br>新的包有很多口袋很实用。<br>類実用的，便利 |

| 1034 ★★ | 動 | 攀登到顶，达到极限 |
|---|---|---|
| 極める<br>きわ | | 例月に行くプロジェクトは困難を極めた。<br>登月项目极其困难。<br>類極まる，突きつめる，追求する |

| 1035 ★★ | 動 | 紧贴，紧跟着，粘上 |
|---|---|---|
| くっつく | | 例釘が磁石にくっつく。<br>钉子吸在磁铁上。<br>類付く，付着する　反離れる |

| 1036 ★★ | ナ | 清洁的，干净的 |
|---|---|---|
| クリーン | | 例国民のためのクリーンな政治を行う。<br>推行为了国民的清廉政治。<br>類清潔，清い，公正 |

| 1037 ★★ | ナ | 持续性(的/地)，继续(的/地) |
|---|---|---|
| 継続的<br>けいぞくてき | | 例計画を立てて継続的に勉強する。<br>制定计划持续地学习。<br>類持続的 |

| 1038 ★★ | ナ | 现实的，实际地 |
|---|---|---|
| 現実的<br>げんじつてき | | 例好きなことだけで生計を立てるのは現実的に難しい。<br>只靠做喜欢的事情谋生实际上很难。<br>類実際　反理想的，空想的 |

| 1039 ★★ | ナ | 健全，健康，稳妥 |
|---|---|---|
| 健全<br>けんぜん | | 例運動は子供の健全な発育を促す。<br>运动会促进孩子全面成长。<br>類健やか，正常　反不健全，病的 |

| 1040 ★★ | 動 | 糊弄，蒙混，掩饰 |
|---|---|---|
| ごまかす | | 例ミスがばれないようにごまかす。<br>掩饰错误使其不被发现。<br>類騙す，偽る，欺く，取り繕う |

| 1041 ★★ | 動 | 混杂，拥挤 |
|---|---|---|
| こ<br>混む | | 例東京の通勤電車は混んでいる。<br>东京上下班时间的电车很挤。<br>類混雑する 反空く |

| 1042 ★★ | ナ名 | 固有，特有 |
|---|---|---|
| こ ゆう<br>固有 | | 例理性は人間に固有な性質だ。<br>理性是人固有的属性。<br>類独自，特有 |

| 1043 ★★ | 動 | 插入，扎进，光线照射，(胸、腹等)剧痛 |
|---|---|---|
| さ こ<br>差し込む | | 例カーテンの隙間から朝日が差し込んでいる。<br>清晨的阳光从窗帘缝隙中照进来。<br>類入れる 反引き抜く，抜き出す |

| 1044 ★★ | 動 | 决定，明确，稳定 |
|---|---|---|
| さだ<br>定まる | | 例将来は医者になるという夢が定まった。<br>定下了将来要做医生的梦想。<br>類決まる，安定する 反揺らぐ |

| 1045 ★★ | 動 | 醒来，清醒，醒悟 |
|---|---|---|
| さ<br>覚ます | | 例子供の騒ぐ声で目を覚ました。<br>因为孩子的吵闹声醒了。<br>類目覚める，起きる |

| 1046 ★★ | イ | 若无其事，不露声色 |
|---|---|---|
| さりげない | | 例さりげない心配りができる人は，周囲をよく見ている。<br>能够不露声色地关心别人的人都会仔细留意身边的人。<br>類何気ない 反わざとらしい |

| 1047 ★★ | ナ名サ | 失礼，告辞 |
|---|---|---|
| しつれい<br>失礼(する) | | 例約束を忘れるなんて失礼な人だ。<br>约定都能忘记，是个不懂礼貌的人。<br>類無礼，非礼 |

| 1048 ★★ | ナ | 个人的，私人的 |
|---|---|---|
| し てき<br>私的 | | 例仕事を進める上で私的な感情は不要だ。<br>在工作上不需要私人感情。<br>類個人的 反公的 |

| 1049 ★★ | 副 | 稍微，一点 |
|---|---|---|
| しょうしょう<br>少々 | | 例彼の落ち込み具合をみると少々言い過ぎたようだ。<br>看他失落的样子，感觉好像说得有些过了。<br>類少し，ちょっと 反多々 |

| 1050 ★★ | ナ名 | 认真，严肃 |
|---|---|---|
| しんけん<br>真剣 | | 例自分の将来について真剣に考える。<br>认真考虑自己的将来。<br>類真面目，熱心，本気 反怠慢，怠惰 |

| 1051 ★★ | ナ名 | 垂直 |
|---|---|---|
| すいちょく<br>垂直 | | 例基準線に対して垂直な線を引く。<br>对着基准线画垂直线。<br>類直角 反水平 |

| 1052 ★★ | 動 | 滑动，打滑，(考试)落榜 |
|---|---|---|
| すべ<br>滑る | | 例 道が凍っていて滑るから気を付けてください。<br>因为路冻上了很滑，所以请注意。<br>類 ずれる，滑走する |

| 1053 ★★ | 動 | 做完，还清债务，将就，凑合 |
|---|---|---|
| す<br>済ます | | 例 今日は夕飯を外食で済ませた。<br>今天的晚饭在外面解决。<br>類 済ませる，終える |

| 1054 ★★ | ナ名 | 干净，清洁 |
|---|---|---|
| せいけつ<br>清潔 | | 例 台所は常に清潔な状態にしておくべきだ。<br>厨房应该经常保持干净的状态。<br>類 きれい 反 不潔 |

| 1055 ★★ | ナ名 | 正相反 |
|---|---|---|
| せいはんたい<br>正反対 | | 例 北と南は正反対の方角だ。<br>南北是完全相反的方向。<br>類 対照的，対極，真逆 |

| 1056 ★★ | ナ | 生理性的，生理上的 |
|---|---|---|
| せいりてき<br>生理的 | | 例 男と女は生理的に異なる生き物だ。<br>男人和女人在生理上是不同的生物。<br>類 感覚的，本能的 反 心理的 |

| 1057 ★★ | 動 | 逼近，临近，迫使 |
|---|---|---|
| せま<br>迫る | | 例 飛行機の出発時間が迫ってきました。<br>飞机起飞时间临近了。<br>類 近づく，寄せる，押し寄せる，強いる |

| 1058 ★★ | ナ | 相对的，相比较的 |
|---|---|---|
| そうたいてき<br>相対的 | | 例 私の身長は相対的にみれば，それほど低くない。<br>我的身高相比较来看并不是很矮。<br>類 比較的 反 絶対的 |

| 1059 ★★ | 動 | 齐备，齐全，具有(天分等)，配备有 |
|---|---|---|
| そな<br>備わる | | 例 学生寮にはキッチンが備わっている。<br>学生宿舍配有厨房。<br>類 揃う，有する 反 欠ける |

| 1060 ★★ | ナ | 成体系的，系统性的 |
|---|---|---|
| たいけいてき<br>体系的 | | 例 学問を体系的に学ぶことで専門分野への理解が深まる。<br>通过系统地学习学问，加深对专业领域的理解。<br>類 系統的，組織的 |

| 1061 ★★ | ナ名 | 对等，平等 |
|---|---|---|
| たいとう<br>対等 | | 例 小さな子供にも対等に接する。<br>平等对待小孩子。<br>類 平等，同等，互角 |

| 1062 ★★ | 動 | 添加，补充 |
|---|---|---|
| た<br>足す | | 例 紅茶にミルクを足して飲む。<br>把牛奶加到红茶里喝。<br>類 加える，添える，付け加える 反 引く |

| 1063 ★★ | 動 | 得到帮助，得救 |
|---|---|---|
| たす<br>助かる | | 例 彼に勉強を教えてもらって，とても助かった。<br>让他辅导学习，我得到了很大的帮助。<br>類 ありがたい |

| 1064 ★★ | 副 | 偶尔，碰巧 |
|---|---|---|
| たまたま | | 例駅でたまたま知り合いに会ったので驚いた。<br>在车站碰巧遇到认识的人，吓了一跳。<br>類偶然 |

| 1065 ★★ | ナ | 地理的，地理上的 |
|---|---|---|
| ち り てき<br>地理的 | | 例この場所は地理的に，ぶどうの栽培に適している。<br>这个地方在地理上适合种植葡萄。<br>類立地的 |

| 1066 ★★ | 動 | 护理，陪护 |
|---|---|---|
| つ そ<br>付き添う | | 例妻が車を運転して病院に付き添ってくれた。<br>妻子开车到医院陪护我。<br>類同行する |

| 1067 ★★ | 動 | 用尽，尽力 |
|---|---|---|
| つ<br>尽くす | | 例大学に合格するために全力を尽くす。<br>为了考上大学拼尽全力。<br>類尽力する，励む |

| 1068 ★★ | ナ | 轻易，简单 |
|---|---|---|
| て がる<br>手軽 | | 例持ち歩くのに手軽な大きさのバッグを買う。<br>买一个大小适合随身携带的包。<br>類簡易，容易 |

| 1069 ★★ | 動 | 上市，遍布市场，随处可见 |
|---|---|---|
| で まわ<br>出回る | | 例世の中には嘘の情報がたくさん出回っている。<br>世界上到处都是虚假的信息。<br>類溢れる，行き渡る |

| 1070 ★★ | 動 | 照，投射光线，对照 |
|---|---|---|
| て<br>照らす | | 例スポットライトで舞台を照らす。<br>用聚光灯照射舞台。<br>類照射する，参照する |

| 1071 ★★ | 副 | 好不容易，总觉得 |
|---|---|---|
| どうやら | | 例どうやら道に迷ってしまったようだ。<br>好像迷路了。<br>類なんだか，恐らく，どうにか |

| 1072 ★★ | ナ | 有特点的 |
|---|---|---|
| とくちょうてき<br>特徴的 | | 例象は鼻の長さが特徴的な動物だ。<br>大象是以鼻子长为特点的动物。<br>類個性的 |

| 1073 ★★ | 動 | 关起来 |
|---|---|---|
| と こ<br>閉じ込める | | 例動物を狭い檻に閉じ込めるのはかわいそうだ。<br>动物被关在狭小的笼子里很可怜。<br>類押し込める 反締め出す |

| 1074 ★★ | 動 | 停下，留住，止于，限于 |
|---|---|---|
| とどめる | | 例被害を最小限にとどめるために対策を立てる。<br>为了把损失降到最小限制定对策。<br>類食い止める，留め置く |

| 1075 ★★ | 動 | 飞来飞去，四处奔走 |
|---|---|---|
| と まわ<br>飛び回る | | 例将来は世界中を飛び回るような仕事に就きたい。<br>将来想要做能在世界各地飞来飞去的工作。<br>類駆け回る，飛び歩く |

| 1076 ★★ | 動 | 弄丢，丧失，去除 |
|---|---|---|
| **無くす**<br>な | | 例 どこかで財布を無くしてしまった。<br>不知在什么地方把钱包弄丢了。<br>類 落とす，失う　反 見つける |

| 1077 ★★ | 動 | 投，扔，跳入，提出(话题等)，放弃 |
|---|---|---|
| **投げる**<br>な | | 例 川に向かって石を投げる。<br>朝着河里扔石头。<br>類 投ずる，放る |

| 1078 ★★ | イ | 迟钝的，不锋利的 |
|---|---|---|
| **鈍い**<br>にぶ | | 例 運動神経が鈍い人でも自転車には乗れる。<br>运动神经差的人也能骑自行车。<br>類 のろい，鈍感　反 鋭い |

| 1079 ★★ | 動 | 脱落，漏掉，(气味等)跑出来，缺少智慧 |
|---|---|---|
| **抜ける**<br>ぬ | | 例 ストレスで髪の毛が抜ける。<br>心理压力过大会导致头发脱落。<br>類 外れる，取れる，落ちる　反 刺さる |

| 1080 ★★ | 動 | 炼，推敲，磨练(技艺等) |
|---|---|---|
| **練る**<br>ね | | 例 富士山に登る計画を練る。<br>制定登富士山的计划。<br>類 計画する，企画する，検討する，こねる |

| 1081 ★★ | ナ | 主动的，积极的 |
|---|---|---|
| **能動的**<br>のうどうてき | | 例 能動的に行動できる彼はリーダーにふさわしい。<br>行动力很强的他适合做领导。<br>類 行動的，積極的　反 受動的 |

| 1082 ★★ | 動 | 使延长，使拖延，使延伸 |
|---|---|---|
| **延ばす**<br>の | | 例 仕事の締め切りを来週まで延ばす。<br>工作截止日延到下一周。<br>類 延長する，延期する　反 早める |

| 1083 ★★ | 動 | 延长，延后，延伸 |
|---|---|---|
| **延びる**<br>の | | 例 栄養状態が改善されて平均寿命が延びる。<br>营养状况得到改善，平均寿命延长。<br>類 延長する，延期する　反 早まる |

| 1084 ★★ | 動 | 渡过(大海等)，度过(困难状况等) |
|---|---|---|
| **乗り切る**<br>の き | | 例 寒い冬を乗り切るためにコートを買った。<br>为了度过严冬，买了大衣。<br>類 越える，乗り越える |

| 1085 ★★ | 動 | 克服，超过 |
|---|---|---|
| **乗り越える**<br>の こ | | 例 苦しい受験勉強を乗り越える。<br>熬过艰苦的备考阶段。<br>類 越える，乗り切る |

| 1086 ★★ | 動 | 吐出，涌出，发泄(不满等) |
|---|---|---|
| **吐き出す**<br>は だ | | 例 吸い込んだ空気をゆっくりと吐き出す。<br>缓缓吐出吸入的空气。<br>類 吐く，戻す　反 飲み込む，吸い込む |

| | | |
|---|---|---|
| 1087 ★★ | ナ | 莫大，大量 |
| ばくだい<br>莫大 | | 例彼は会社経営で莫大な財産を築いた。<br>他因为开公司积累了大量的财产。<br>類多大，膨大 反僅少 |

| | | |
|---|---|---|
| 1088 ★★ | イ | 害羞的，羞耻的 |
| は<br>恥ずかしい | | 例恥ずかしい経験の一つや二つは，誰にでもあるものだ。<br>谁都会有一两次丢人的经历。<br>類照れくさい 反誇らしい |

| | | |
|---|---|---|
| 1089 ★★ | 副 | 只管，一个劲儿地，一心一意地 |
| ひたすら | | 例彼の無事を願い，ひたすら祈り続ける。<br>一直祈祷，希望他没有事。<br>類無心で，一心に |

| | | |
|---|---|---|
| 1090 ★★ | 動 | 挂到，卡住，受连累，受骗 |
| ひ<br>引っかかる | | 例延長コードに足が引っかかって転びそうになる。<br>脚挂到了延长线，险些摔倒。<br>類止められる，だまされる |

| | | |
|---|---|---|
| 1091 ★★ | ナ名 | 拼命 |
| ひっし<br>必死 | | 例落とした財布を必死になって探した。<br>拼命寻找丢了的钱包。<br>類決死 |

| | | |
|---|---|---|
| 1092 ★★ | 動 | 拓展，蔓延，推广 |
| ひろ<br>広まる | | 例感染病が世界に広まっている。<br>传染病蔓延到了全世界。<br>類拡大する，蔓延する 反狭まる |

| | | |
|---|---|---|
| 1093 ★★ | ナ名 | 不可能 |
| ふ か のう<br>不可能 | | 例この川を泳いで渡るのは不可能だ。<br>游过这条河是不可能的。<br>類無理 反可能 |

| | | |
|---|---|---|
| 1094 ★★ | 動 | 打中，碰上，撞上 |
| ぶつける | | 例人にボールをぶつけないように注意する。<br>注意不要把球扔到别人身上。<br>類当てる |

| | | |
|---|---|---|
| 1095 ★★ | 動 | 踩踏，依据，根据 |
| ふ<br>踏まえる | | 例実験の結果を踏まえて論文を書く。<br>根据实验的结果写论文。<br>類考慮する，基づく |

| | | |
|---|---|---|
| 1096 ★★ | 動 | 转账 |
| ふ こ<br>振り込む | | 例来月の家賃を口座に振り込む。<br>把下个月的房租汇到账户上。<br>類支払う |

| | | |
|---|---|---|
| 1097 ★★ | ナ | 文化的，文化上的 |
| ぶん か てき<br>文化的 | | 例文化的に貴重な資料が発見された。<br>发现了在文化上有宝贵价值的资料。 |

| | | |
|---|---|---|
| 1098 ★★ | ナ名 | 和平 |
| へい わ<br>平和 | | 例戦争のない平和な世界を願う。<br>期盼一个没有战争的和平的世界。<br>類平安，おだやか 反戦争 |

| 1099 ★★ | イ | 細長的 |
|---|---|---|
| ほそなが<br>細長い | | 例 日本は細長い形が特徴の国だ。<br>日本是以国土狭长为特点的国家。<br>類 細長 |

| 1100 ★★ | 動 | 実施，施舍，施加 |
|---|---|---|
| ほどこ<br>施す | | 例 患者に治療を施して回復を図る。<br>对患者实施治疗，使其康复。<br>類 与える，預ける，恵む |

| 1101 ★★ | ナ | 本能的 |
|---|---|---|
| ほんのうてき<br>本能的 | | 例 逃げるものを追いかけるのは，クマの本能的な行動だ。<br>追赶逃跑动物是熊的本能行为。<br>類 反射的 反 理性的 |

| 1102 ★★ | 動 | 卷入，牵连，连累 |
|---|---|---|
| ま こ<br>巻き込む | | 例 交通事故に巻き込まれて，けがをした。<br>被牵扯到交通事故中受了伤。<br>類 引き入れる，引き込む，抱き込む |

| 1103 ★★ | 動 | 把……弄弯，歪曲，屈从 |
|---|---|---|
| ま<br>曲げる | | 例 腰痛で腰が曲げられなくなった。<br>因为腰疼腰弯不了了。<br>類 ねじる，ひねる，折り曲げる，ゆがめる 反 伸ばす |

| 1104 ★★ | イ | 贫穷的，贫乏的 |
|---|---|---|
| まず<br>貧しい | | 例 募金活動で貧しい国の子供たちを支援する。<br>通过捐款活动支援贫困国家的孩子们。<br>類 貧乏，貧困，乏しい 反 豊か |

| 1105 ★★ | イ | 圆的，球形的，(性格)圆通温和的，圆满的 |
|---|---|---|
| まる<br>丸い | | 例 地球は丸い形をしている。<br>地球是圆的。<br>類 円形，おだやか，円満 反 四角い |

| 1106 ★★ | 動 | 转动，传递，派遣 |
|---|---|---|
| まわ<br>回す | | 例 空気を入れ換えるために換気扇を回す。<br>为了换气，打开换气扇。<br>類 渡す，巡らす，回転させる |

| 1107 ★★ | 動 | 找到，看到 |
|---|---|---|
| み あ<br>見当たる | | 例 メガネが見当たらなくて困っている。<br>找不到眼镜很困扰。<br>類 見つかる，目につく |

| 1108 ★★ | ナ名 | 不成熟的，不熟练的 |
|---|---|---|
| み じゅく<br>未熟 | | 例 社会に出て自分がいかに未熟であるかを実感した。<br>到了社会上才切实感觉到自己有多么不成熟。<br>類 半人前，未成熟 反 成熟，円熟 |

| 1109 ★★ | 動 | 看穿，看透 |
|---|---|---|
| み ぬ<br>見抜く | | 例 彼が嘘をついていることを見抜いた。<br>看穿了他在撒谎。<br>類 見通す，見透かす，見破る |

| 1110 ★★ | 動 | 让……拿着，让……负担，保持 |
|---|---|---|
| も<br>持たせる | | 例 遊びに行く子供にお小遣いを持たせる。<br>孩子出去玩儿，让他带上零花钱。<br>類 与える，預ける |

| 1111 ★★ | 動 | 随身携带 |
|---|---|---|
| 持ち歩く<br>(も あ) | | 例海外で現金を持ち歩くのは危険です。<br>(かいがい げんきん も ある き けん)<br>在国外随身携带现金很危险。<br>類携帯する，携行する |

| 1112 ★★ | 副 | 专心，专门，全，都 |
|---|---|---|
| 専ら<br>(もっぱ) | | 例休日は専ら読書に没頭している。<br>(きゅうじつ もっぱ どくしょ ぼっとう)<br>休息日的时候专心埋头看书。<br>類一筋に，ただただ |

| 1113 ★★ | 副 | 已经，早就 |
|---|---|---|
| もはや | | 例白血病は，もはや治らない病気ではない。<br>(はっけつびょう なお びょうき)<br>白血病已经不是不治之症了。<br>類もう，すでに，いまとなっては |

| 1114 ★★ | 動 | 燃烧，燃起(热情等) |
|---|---|---|
| 燃やす<br>(も) | | 例落ち葉を燃やして，たき火をする。<br>(お ば も び)<br>用落叶烧篝火。<br>類焼く 反消す |

| 1115 ★★ | イ | 温柔，亲切的 |
|---|---|---|
| 優しい<br>(やさ) | | 例自信を無くした友人に優しい言葉をかける。<br>(じしん な ゆうじん やさ こと ば)<br>对失去自信的朋友说温暖的话。<br>類心優しい，親切，温和，穏やか 反厳しい，きつい，冷たい |

| 1116 ★★ | 動 | 完成 |
|---|---|---|
| やり遂げる<br>(と) | | 例最後まで諦めずに仕事をやり遂げる。<br>(さい ご あきら し ごと と)<br>坚持直到最后完成工作。<br>類達成する，完遂する，遂行する |

| 1117 ★★ | 動 | 具有，拥有 |
|---|---|---|
| 有する<br>(ゆう) | | 例十八歳以上の国民は選挙で一票を投じる権利を有する。<br>(じゅうはっさいいじょう こくみん せんきょ いっぴょう とう けん り ゆう)<br>十八岁以上的公民在选举中有投票的权利。<br>類所持する，持つ |

| 1118 ★★ | ナ名 | 有意义 |
|---|---|---|
| 有意義<br>(ゆう い ぎ) | | 例今日の会議は意見がたくさん出たので有意義だった。<br>(きょう かいぎ いけん で ゆうい ぎ)<br>今天的会议上提出了很多意见，很有意义。<br>類有益 反無意義 |

| 1119 ★★ | ナ名 | 有限 |
|---|---|---|
| 有限<br>(ゆうげん) | | 例石油や石炭などの化石エネルギーは有限な資源だ。<br>(せき ゆ せきたん か せき ゆうげん し げん)<br>石油和煤炭等化石能源是有限的资源。<br>反無限 |

| 1120 ★★ | ナ | 有力 |
|---|---|---|
| 有力<br>(ゆうりょく) | | 例警察は犯人の有力な手がかりを入手した。<br>(けいさつ はんにん ゆうりょく て にゅうしゅ)<br>警察掌握了查找犯人的有力线索。<br>類強い，濃厚 反無力 |

| 1121 ★★ | 動 | 重读，反复读 |
|---|---|---|
| 読み返す<br>(よ かえ) | | 例気に入った本を何度も読み返す。<br>(き い ほん なん ど よ かえ)<br>反复阅读喜欢的书。<br>類読み直す |

| 1122 ★★ | 動 | 减弱，削弱 |
|---|---|---|
| 弱める<br>(よわ) | | 例火を弱めてから十五分ほど煮込んでください。<br>(ひ よわ じゅうご ふん に こ)<br>请把火调弱之后炖煮十五分钟左右。<br>類軽減する，細める 反強める |

WEEK 1
WEEK 2
WEEK 3
WEEK 4
WEEK 5
WEEK 6
WEEK 7
WEEK 8

| 1123 ★★ | ナ名 | 杂乱 |
|---|---|---|

**乱雑**
らんざつ

例 乱雑に積み上げられた本を整理する。
整理杂乱堆积的书。
類 雑然, 無秩序　反 整頓

| 1124 ★★ | ナ | 良好 |
|---|---|---|

**良好**
りょうこう

例 良好な人間関係に信頼は欠かせない。
良好的人际关系中信任是不可缺少的。
類 良い, 優れた　反 不良

| 1125 ★★ | 動 | 分享 |
|---|---|---|

**分かち合う**
わ　あ

例 仲間とともに卒業の喜びを分かち合う。
和同伴一起分享毕业的喜悦。
類 共有する, 分け合う

| 1126 ★★ | 副 | 故意 |
|---|---|---|

**わざと**

例 どうしてわざと負けるようなことをしたんだ。
为什么要故意输掉呢?
類 故意に, 意図的に　反 無意識に, うっかり

| 1127 ★ | 動 | 寄存, 存放, 委托 |
|---|---|---|

**預ける**
あず

例 銀行に五十万円を預けた。
在银行存了五十万日元。
類 託す, 預け入れる, 委ねる　反 預かる

| 1128 ★ | 動 | 撒娇, 承蒙(好意) |
|---|---|---|

**甘える**
あま

例 子供が母親に甘えている。
孩子们在和母亲撒娇。
類 頼る, 依存する

| 1129 ★ | 動 | 改正, 修改 |
|---|---|---|

**改める**
あらた

例 過ちを改めて正しく生きる。
改正错误本分地生活。
類 見直す, 改善する

| 1130 ★ | ナ副 | 随意, 不负责任, 非常, 极其 |
|---|---|---|

**いいかげん**

例 彼は約束を守らない, いいかげんな人だ。
他是不守规矩的很随意的人。
類 適当, 杜撰, 無責任, 相当, かなり　反 ちゃんと, きちんと

| 1131 ★ | 副 | 的确, 实在是, 真的是 |
|---|---|---|

**いかにも**

例 彼の負ったけがは, いかにも痛そうだ。
他受的伤看上去的确很疼。
類 まったく, 実に, なるほど

| 1132 ★ | 動 | 活下去 |
|---|---|---|

**生き抜く**
い　ぬ

例 グローバル社会を生き抜くために語学は必須です。
想要在全球化社会生存下去, 外语是必须的。
類 生存する, 生き残る

| 1133 ★ | 副 | 一些, 许多 |
|---|---|---|

**いくつも**

例 在庫はまだいくつも残っているから心配ない。
因为还有不少库存所以不担心。
類 多分に, たくさん

| 1134 ★ | ナ名 | 使坏, 恶作剧, 心术不正(的人) |
|---|---|---|

**意地悪**
い　じ　わる

例 彼は人が嫌がることをする意地悪な人だ。
他是个总干惹人厌的事的坏心眼的人。
類 嫌がらせ　反 お人好し

| 1135 ★<br>いただ<br>頂く | 動 (自谦语)收到，得到 |
|---|---|
| | 例 先生から誕生日プレゼントを頂いた。<br>收到了老师送的生日礼物。<br>類 もらう　反 遠慮する，差し上げる |

| 1136 ★<br>いままで | 副 迄今为止，之前 |
|---|---|
| | 例 いままで誰も考えなかったアイデアを思いついた。<br>想到了一个之前谁都没想过的主意。<br>類 これまで　反 いまから |

| 1137 ★<br>い よう<br>異様 | ナ 异样 |
|---|---|
| | 例 街から人が消えて異様な空気に包まれる。<br>不见人影的街头被异样的气围所笼罩。<br>類 異質，奇妙 |

| 1138 ★<br>うご まわ<br>動き回る | 動 到处奔走 |
|---|---|
| | 例 先生が忙しそうに学校内を動き回る。<br>老师在学校里到处奔走看上去很忙。<br>類 歩き回る，移動する |

| 1139 ★<br>う<br>埋める | 動 填，埋，挤满，弥补(亏损等) |
|---|---|
| | 例 地面に空いた穴を土砂で埋める。<br>用土和沙子填埋地上挖的坑。<br>類 ふさぐ，うずめる，補う　反 掘る，空ける |

| 1140 ★<br>お<br>負う | 動 背，驮，背负，负伤 |
|---|---|
| | 例 彼は七百万円の借金を負っている。<br>他背负了七百万日元债务。<br>類 担う，背負う |

| 1141 ★<br>おお<br>大げさ | ナ 夸大，夸张，小题大做 |
|---|---|
| | 例 転んだだけで救急車を呼ぶなんて大げさだ。<br>摔了一下就叫救护车太夸张了。<br>類 大層，おおぎょう　反 控え目 |

| 1142 ★<br>おお<br>大まか | ナ 不拘小节，粗略，大致 |
|---|---|
| | 例 そろそろ来年の大まかなスケジュールを立てよう。<br>尽快定一下明年的大致计划吧。<br>類 おおよそ，ざっくり　反 細か |

| 1143 ★<br>おそ<br>恐ろしい | イ 恐怖的，害怕的，程度惊人的 |
|---|---|
| | 例 ウイルスが世界中に広がるのは恐ろしい。<br>病毒扩散到全世界的话，很恐怖。<br>類 怖い |

| 1144 ★<br>おそ<br>教わる | 動 受教，跟…学习 |
|---|---|
| | 例 母に料理を教わる。<br>跟妈妈学做饭。<br>類 習う，学ぶ，勉強する　反 教える |

| 1145 ★<br>おも き<br>思い切り | 副名 想开，断了念头，尽情 |
|---|---|
| | 例 試験が終わったので今日は思い切り遊ぼう。<br>因为考试结束了，今天就尽兴地玩吧。<br>類 思う存分，とことん |

| 1146 ★<br>おろそか | ナ 敷衍，不认真，疏忽 |
|---|---|
| | 例 遊んでばかりいて勉強がおろそかになる。<br>光玩儿了荒废了学习。<br>類 ぞんざい，粗末，いいかげん，なおざり　反 周到 |

| 1147 ★ | 動 | 換，替 |
|---|---|---|
| 替える<br>か | | 例銀行で円をドルに替えることができる。<br>可以在银行把日元换成美元。<br>類交換する，両替する，取り替える，入れ替える |

| 1148 ★ | 動 | 记入，填写 |
|---|---|---|
| 書き込む<br>か こ | | 例彼のメールアドレスをノートに書き込んだ。<br>他把邮箱地址写到了笔记上。<br>類記す，書き入れる |

| 1149 ★ | 動 | 能画，可以画 |
|---|---|---|
| 描ける<br>えが／か | | 例絵をもっと上手に描けるようになりたい。<br>想要把画画得更好。<br>類描写する |

| 1150 ★ | 動 | 交谈 |
|---|---|---|
| 語り合う<br>かた あ | | 例仲間と食卓を囲んで夢について語り合う。<br>和伙伴们围坐在餐桌前聊梦想。<br>類語らう，話し合う |

| 1151 ★ | ナ名 | 过度，过量 |
|---|---|---|
| 過度<br>か ど | | 例炎天下での過度な運動は危険だ。<br>炎炎烈日下，过量运动很危险。<br>類過剰，過大　反適度 |

| 1152 ★ | 動 | 听清，听懂，听取 |
|---|---|---|
| 聞き取る<br>き と | | 例周りがうるさくて話の内容を聞き取れない。<br>周围很吵，听不清说话的内容。<br>類聞く，理解する |

| 1153 ★ | イ | 脏的，肮脏的 |
|---|---|---|
| 汚い<br>きたな | | 例しばらく掃除をしていないので部屋が汚い。<br>因为一段时间没有打扫，屋子很脏。<br>類不潔，乱雑，卑劣　反きれい，清潔 |

| 1154 ★ | イ | 强烈的，严厉的，紧的 |
|---|---|---|
| きつい | | 例ジャムの瓶の蓋がきつくて開けられない。<br>果酱瓶子的瓶盖很紧打不开。<br>類固い，苦しい　反緩い，優しい |

| 1155 ★ | 動 | 切下，砍下，剪下 |
|---|---|---|
| 切り取る<br>き と | | 例花の写真を切り取って手帳に貼った。<br>把花儿的照片剪下来贴到笔记上。<br>類切り抜く，取り除く，切除する |

| 1156 ★ | ナ名 | 紧急 |
|---|---|---|
| 緊急<br>きんきゅう | | 例緊急な事態が発生したときの連絡先を教えてください。<br>请告诉我紧急情况发生时的联系方式。<br>類火急，非常 |

| 1157 ★ | 動 | 划分，隔开 |
|---|---|---|
| 区切る<br>く ぎ | | 例その村は川で二つの地区に区切られている。<br>那个村子被河流分成了两个区域。<br>類仕切る，分ける |

| 1158 ★ | 動 | 腐烂，腐蚀，堕落 |
|---|---|---|
| 腐る<br>くさ | | 例暑さのせいで魚が腐ってしまった。<br>因为太热，鱼腐烂了。<br>類腐敗する，傷む，朽ちる |

| | | |
|---|---|---|
| 1159 ★<br><ruby>下<rt>くだ</rt></ruby>す | **動** | 下达(判决等)，做出决断<br>例 上司が部下に命令を下す。<br>上级向部下下达命令。<br>類 下ろす，言い渡す，判断する，負かす |
| 1160 ★<br><ruby>顕著<rt>けんちょ</rt></ruby> | **ナ** | 显著，明显<br>例 <ruby>勉強<rt>べんきょう</rt></ruby>の<ruby>成果<rt>せいか</rt></ruby>は<ruby>顕著<rt>けんちょ</rt></ruby>に<ruby>表<rt>あらわ</rt></ruby>れている。<br>学习成果很明显。<br>類 著しい，際立つ，明らか 反 隠微 |
| 1161 ★<br>ごちゃごちゃ(する) | **副** | 乱七八糟，凌乱<br>例 <ruby>部屋<rt>へや</rt></ruby>がごちゃごちゃしていて<ruby>汚<rt>きたな</rt></ruby>く<ruby>見<rt>み</rt></ruby>える。<br>房间乱糟糟的，看上去很脏。<br>類 乱雑，雑然 反 整頓 |
| 1162 ★<br><ruby>込<rt>こ</rt></ruby>める | **動** | 装入，倾注<br>例 <ruby>恋人<rt>こいびと</rt></ruby>に<ruby>心<rt>こころ</rt></ruby>を<ruby>込<rt>こ</rt></ruby>めて<ruby>書<rt>か</rt></ruby>いた<ruby>手紙<rt>てがみ</rt></ruby>を<ruby>送<rt>おく</rt></ruby>る。<br>把用心写的信寄给恋人。<br>類 含める，盛り込む |
| 1163 ★<br><ruby>凝<rt>こ</rt></ruby>る | **動** | 痴迷，热衷，精心构思，筋肉酸痛<br>例 パソコンのやり<ruby>過<rt>す</rt></ruby>ぎで<ruby>肩<rt>かた</rt></ruby>が<ruby>凝<rt>こ</rt></ruby>る。<br>因为过度使用电脑，肩膀很酸。<br>類 こわばる，熱中する 反 飽きる |
| 1164 ★<br>ごろごろ(する) | **副** | 滚动状，到处都有，无所事事<br>例 あのお<ruby>店<rt>みせ</rt></ruby>のカレーには<ruby>野菜<rt>やさい</rt></ruby>がごろごろ<ruby>入<rt>はい</rt></ruby>っている。<br>那家店的咖喱里放了大量的蔬菜。<br>類 どっさり，あちこちに，いくつも |
| 1165 ★<br><ruby>壊<rt>こわ</rt></ruby>れやすい | **イ** | 容易损伤，容易坏掉<br>例 ビタミンは<ruby>種類<rt>しゅるい</rt></ruby>によって<ruby>熱<rt>ねつ</rt></ruby>で<ruby>壊<rt>こわ</rt></ruby>れやすいものがある。<br>维他命根据种类的不同，有的容易因为温度受到破坏。<br>類 脆い 反 壊れにくい，壊れづらい |
| 1166 ★<br><ruby>最悪<rt>さいあく</rt></ruby> | **ナ名** | 最差，最不利<br>例 <ruby>最悪<rt>さいあく</rt></ruby>な<ruby>事態<rt>じたい</rt></ruby>を<ruby>避<rt>さ</rt></ruby>けるために<ruby>対策<rt>たいさく</rt></ruby>する。<br>为避免最糟糕的事态采取对策。<br>類 最低，劣悪 反 最善，最良 |
| 1167 ★<br><ruby>割<rt>さ</rt></ruby>く | **動** | 分出，腾出<br>例 <ruby>忙<rt>いそが</rt></ruby>しい<ruby>時間<rt>じかん</rt></ruby>を<ruby>割<rt>さ</rt></ruby>いて<ruby>旅行<rt>りょこう</rt></ruby>に<ruby>出<rt>で</rt></ruby>かける。<br>从繁忙时间里腾出空儿去旅行。<br>類 割り振る，充てる |
| 1168 ★<br>さっぱり(する) | **ナ副** | 利落，爽快，舒畅，清淡，(后接否定)完全，丝毫<br>例 シャワーで<ruby>汗<rt>あせ</rt></ruby>を<ruby>流<rt>なが</rt></ruby>してさっぱりした。<br>洗淋浴冲掉了汗，很舒爽。<br>類 すっきり，あっさり，すべて，まったく，不振 |
| 1169 ★<br><ruby>直<rt>じか</rt></ruby>に | **副** | 直接<br>例 <ruby>荷物<rt>にもつ</rt></ruby>を<ruby>床<rt>ゆか</rt></ruby>の<ruby>上<rt>うえ</rt></ruby>に<ruby>直<rt>じか</rt></ruby>に<ruby>置<rt>お</rt></ruby>く。<br>把包裹直接放在地板上。<br>類 直接に |
| 1170 ★<br><ruby>実用的<rt>じつようてき</rt></ruby> | **ナ** | 实用的<br>例 このリュックはポケットがたくさんあって<ruby>実用的<rt>じつようてき</rt></ruby>だ。<br>这个书包有很多口袋，很实用。<br>類 有用 |

| 1171 ★ | 動 結束，收拾好 |
|---|---|
| しまう | 例 使わないものをクローゼットにしまう。<br>把不用的东西收到柜子里。<br>類 片付ける，収納する 反 取り出す，出す |

| 1172 ★ | 動 (液体、气味)渗入 |
|---|---|
| 染み込む | 例 この肉は味がよく染み込んでいておいしい。<br>这个肉很入味，很好吃。<br>類 入り込む 反 染み出る |

| 1173 ★ | 動 截止，关闭 |
|---|---|
| 締め切る | 例 今日で申し込みを締め切りました。<br>在今天截止了申请。<br>類 打ち切る |

| 1174 ★ | 動 湿，潮湿，(心情)忧郁 |
|---|---|
| 湿る | 例 洗濯物がまだ湿っていて取り込めない。<br>洗好的衣服还湿着，不能收进来。<br>類 濡れる，潤う 反 乾く |

| 1175 ★ | ナ 消极的 |
|---|---|
| 消極的 | 例 不景気のせいで国民は消費に消極的だ。<br>整体经济低迷导致民众不积极消费。<br>類 控え目，弱気 反 積極的 |

| 1176 ★ | ナ名 慎重 |
|---|---|
| 慎重 | 例 車は高い買い物なので慎重に選んだほうがいい。<br>因为车是昂贵的商品，所以要慎重选择比较好。<br>類 入念，用心深い 反 軽率，安易 |

| 1177 ★ | 動 推荐 |
|---|---|
| 薦める | 例 初心者に分かりやすい日本語の本を薦める。<br>推荐初学者易懂的日语书。<br>類 推薦する |

| 1178 ★ | ナ名 正当 |
|---|---|
| 正当 | 例 正当な理由がない限り、遅刻は認められません。<br>只要没有正当的理由，就不允许迟到。<br>類 適切，正しい 反 不当 |

| 1179 ★ | ナ 潜在的 |
|---|---|
| 潜在的 | 例 潜在的な被害者はもっとたくさんいるだろう。<br>可能会有更多的潜在受害者。<br>類 隠れた 反 顕在的 |

| 1180 ★ | ナ名 直率，坦诚 |
|---|---|
| 率直 | 例 国民から政治に対する率直な意見を聞く。<br>听取国民对于政治的直率的意见。<br>類 ありのまま 反 迂遠 |

| 1181 ★ | 動 齐备，到齐，一致 |
|---|---|
| 揃う | 例 会議に必要な資料はすべて揃っています。<br>会议需要的材料全部齐了。<br>類 集まる 反 欠ける |

| 1182 ★ | ナ 对照的，对比鲜明的 |
|---|---|
| 対照的 | 例 あの兄弟の性格は対照的だ。<br>那对儿兄弟的性格对比鲜明。<br>類 正反対 |

| 1183 ★ | ナ | 代表的，有代表性的 |
| --- | --- | --- |
| だいひょうてき<br>代表的 | | 例京都は日本の代表的な観光地だ。<br>京都是日本有代表性的观光地。<br>類主，著名 |

| 1184 ★ | ナ名 | 平坦的 |
| --- | --- | --- |
| たい<br>平ら | | 例坂道ではなく平らな道を選んで歩く。<br>不选坡路选平坦的路走。<br>類水平，平坦，平和，平穏　反でこぼこ(凸凹) |

| 1185 ★ | 動 | 抱住，抱紧 |
| --- | --- | --- |
| だ<br>抱きつく | | 例兄は母に抱きついて泣いていた。<br>哥哥抱着母亲哭。<br>類組みつく |

| 1186 ★ | 動 | 煮，焖 |
| --- | --- | --- |
| た<br>炊く | | 例ご飯を炊いて夕食の準備をする。<br>做上米饭为晚餐做准备。<br>類煮る，ゆでる |

| 1187 ★ | 動 | 拜访，到访 |
| --- | --- | --- |
| たず<br>訪ねる | | 例知り合いが経営するお店を訪ねる。<br>拜访熟人开的店。<br>類訪れる，訪問する |

| 1188 ★ | 動 | 改正，端正 |
| --- | --- | --- |
| ただ<br>正す | | 例姿勢を正して先生の話を聞く。<br>端正态度听老师的话。<br>類改める，直す，整える　反誤る |

| 1189 ★ | 副 | 立刻，忽然 |
| --- | --- | --- |
| たちまち | | 例人気商品はたちまち売り切れてしまう。<br>畅销商品很快就会卖光。<br>類直ちに，急速に，すぐに |

| 1190 ★ | 動 | 顺路去，靠近 |
| --- | --- | --- |
| た よ<br>立ち寄る | | 例本屋に立ち寄ってから家に帰る予定です。<br>打算顺路去书店，然后回家。<br>類行く，寄る |

| 1191 ★ | 動 | (时间)流逝 |
| --- | --- | --- |
| た<br>経つ | | 例大学を卒業してから，もう五年が経った。<br>大学毕业已经五年了。<br>類過ぎる，経過する |

| 1192 ★ | 動 | 捆，扎 |
| --- | --- | --- |
| たば<br>束ねる | | 例髪を束ねて顔を洗う。<br>把头发扎起来洗脸。<br>類くくる，取りまとめる　反ばらす |

| 1193 ★ | イ | 容易进食，方便吃 |
| --- | --- | --- |
| た<br>食べやすい | | 例お年寄りの食事は食べやすいことも重要だ。<br>在老年人的饮食上，容易进食这一点很重要。<br>反食べにくい，食べづらい |

| 1194 ★ | ナ | 短期的 |
| --- | --- | --- |
| たん き てき<br>短期的 | | 例まずは短期的な目標を達成しようと努力する。<br>先努力达成短期目标。<br>類一時的　反長期的 |

| 1195 ★ | 動 | 分散，散乱 |
|---|---|---|
| 散らばる<br>（ち） | | 例 彼女の部屋には，ごみが散らばっている。<br>她的房间里到处都是垃圾。<br>類 散らかる，広がる　反 集まる，群がる |

| 1196 ★ | 動 | 完成，做完，捏造，编造 |
|---|---|---|
| 作り上げる<br>（つく）（あ） | | 例 みんなで力を合わせて作品を作り上げていく。<br>大家合力完成作品。<br>類 仕上げる，作り終える |

| 1197 ★ | 動 | 努力 |
|---|---|---|
| 努める<br>（つと） | | 例 お客様の信頼を得られるように努める。<br>为了赢得客户的信赖努力。<br>類 努力する，励む，勤しむ　反 怠る，怠ける |

| 1198 ★ | 動 | 弄碎，弄坏，消磨，浪费 |
|---|---|---|
| 潰す<br>（つぶ） | | 例 じゃがいもを潰してポテトサラダを作る。<br>把土豆捣碎做土豆泥沙拉。<br>類 壊す，崩す |

| 1199 ★ | 動 | 装满，塞满，灌输(知识) |
|---|---|---|
| 詰め込む<br>（つ）（こ） | | 例 買った食材を冷蔵庫に詰め込む。<br>把买来的食材塞满冰箱。<br>類 詰める，押し込む |

| 1200 ★ | 動 | 变强 |
|---|---|---|
| 強まる<br>（つよ） | | 例 台風が近づくにつれて風が強まってきた。<br>随着台风临近，风力变强了。<br>類 強くなる　反 弱まる |

| 1201 ★ | 副 | 滑，光滑 |
|---|---|---|
| つるつる（する） | | 例 彼女のつるつるした肌がうらやましい。<br>很羡慕她光滑的皮肤。<br>類 なめらか　反 ざらざら |

| 1202 ★ | ナ名 | 适当，公平，合理 |
|---|---|---|
| 適正<br>（てきせい） | | 例 適正な価格で商品を販売する。<br>以合理的价格销售商品。<br>類 正当，妥当　反 理不尽 |

| 1203 ★ | ナ | (大小、重量等)合适，趁手 |
|---|---|---|
| 手頃<br>（てごろ） | | 例 持ち歩くのに手頃なサイズの財布を見つけた。<br>找到了大小适合随身携带的钱包。<br>類 適当，便利 |

| 1204 ★ | 動 | 贯彻，彻底，彻夜 |
|---|---|---|
| 徹する<br>（てっ） | | 例 リーダーを支えるサポート役に徹する。<br>始终如一地做好支持领导的角色。<br>類 専念，貫く |

| 1205 ★ | ナ名 | 特有 |
|---|---|---|
| 特有<br>（とくゆう） | | 例 日本特有の文化を体験する。<br>体验日本特有的文化。<br>類 独自，固有　反 共通 |

| 1206 ★ | 動 | 困扰，困惑 |
|---|---|---|
| 戸惑う<br>（とまど） | | 例 突然スピーチを依頼されて戸惑う。<br>对方突然拜托我发言，使我很迷茫。<br>類 困る，迷う，困惑する |

| | | |
|---|---|---|
| 1207 ★<br><br>と つ<br>**取り付ける** | 動 | 安装，(约定等)成立<br>例新しく買ったエアコンを部屋に取り付ける。<br>把新买的空调装到屋子里。<br>類設置する，据える　反取り外す |
| 1208 ★<br><br>**どれほど** | 副 | 多么<br>例どれほど才能がある人でも努力は必要だ。<br>无论是多么有才能的人，都需要努力。<br>類どんなに，いくら |
| 1209 ★<br><br>なか よ<br>**仲良く**(する) | 副 | 关系良好<br>例友人とシェアハウスで仲良く暮らす。<br>和朋友在合租屋关系和谐地生活。<br>類親しく，円満で |
| 1210 ★<br><br>に<br>**逃がす** | 動 | 放跑，错过<br>例釣った魚が小さかったので川に逃がす。<br>因为钓上的鱼太小了，在河里把它放走了。<br>類放す，見逃す　反捕らえる，捕まえる |
| 1211 ★<br><br>ぬ<br>**脱ぐ** | 動 | 脱，摘掉<br>例玄関で靴を脱いで部屋に上がる。<br>在门口脱鞋进屋。<br>類取り去る，脱衣　反着る，履く，かぶる |
| 1212 ★<br><br>ぬす<br>**盗む** | 動 | 偷盗，剽窃<br>例泥棒は金庫から現金を盗んだ。<br>小偷从保险柜里偷走了现金。<br>類奪う，盗難，窃盗する　反返す，戻す |
| 1213 ★<br><br>のが<br>**逃す** | 動 | 放跑，错过<br>例このチャンスを絶対に逃してはいけない。<br>绝对不要错过这个机会。<br>類取り損ねる，見過ごす，逸する |
| 1214 ★<br><br>の<br>**乗せる** | 動 | 使搭乘，乘着，欺骗，合着音乐的拍子<br>例けがをした友人を車に乗せて病院に運ぶ。<br>把受伤的朋友用车送到医院。<br>類同乗　反降ろす |
| 1215 ★<br><br>**のんびり**(する) | 副 | 悠闲，自在<br>例今日は家でのんびり過ごそう。<br>今天在家里悠闲地过一天吧。<br>類ゆったり，ゆっくり　反せかせか |
| 1216 ★<br><br>はか<br>**計る** | 動 | 计算，测量，推测<br>例家から学校までの所要時間を計る。<br>计算从家到学校的所需时间。<br>類計測する |
| 1217 ★<br><br>はさ<br>**挟む** | 動 | 夹，插，隔<br>例パンにハムとレタスを挟んで食べる。<br>把面包里夹上火腿和生菜吃。<br>類締めつける，差し入れる |
| 1218 ★<br><br>**ぱっと**(する) | 副 | 突然，一下子<br>例人の悪いうわさは，ぱっと広がる。<br>人的流言蜚语一下子会传开。<br>類一気に，すぐに |

| 1219 ★ | ナ名 | (穿着、样式、色调等)花哨，鲜艳 |
|---|---|---|
| 派手<br><sub>は で</sub> | | 例 派手な衣装でステージに上がる。<br>穿着华丽的衣装登台。<br>類 華美，華やか，目立つ 反 地味 |

| 1220 ★ | 動 | 节省，消除 |
|---|---|---|
| 省く<br><sub>はぶ</sub> | | 例 作業の無駄を省いて効率化を図る。<br>努力做到减少工作中的无用功，提高效率。<br>類 略す，除く，省略する 反 加える，付け加える |

| 1221 ★ | 動 | 嵌入，合适，着迷于 |
|---|---|---|
| はまる | | 例 彼の指には結婚指輪がはまっている。<br>他手上戴着结婚戒指。<br>類 収まる，陥る，合う |

| 1222 ★ | 動 | 被吸引 |
|---|---|---|
| 惹かれる<br><sub>ひ</sub> | | 例 彼の優しさに惹かれて好きになった。<br>被他的温柔吸引，喜欢上了他。<br>類 魅了される |

| 1223 ★ | 動 | 接受 |
|---|---|---|
| 引き受ける<br><sub>ひ う</sub> | | 例 彼女は収入を得るために，その仕事を引き受けた。<br>她为了赚钱而接受了那个工作。<br>類 受け持つ，請け負う 反 断る |

| 1224 ★ | 動 | 弹，拉(乐器) |
|---|---|---|
| 弾く<br><sub>ひ</sub> | | 例 彼女は八歳からピアノを弾き始めた。<br>他从八岁开始弹钢琴。<br>類 奏でる，鳴らす 反 歌う，聴く |

| 1225 ★ | 副 | 一旦，一次 |
|---|---|---|
| ひとたび | | 例 ひとたび決心したからには最後までやり抜くべきだ。<br>既然一旦下定决心，就应该做到最后。<br>類 いったん，いちど |

| 1226 ★ | ナ名 | 空闲，余暇 |
|---|---|---|
| 暇<br><sub>ひま</sub> | | 例 昨日は予定がなかったので暇な一日だった。<br>昨天没有安排，很悠闲。<br>類 余暇 反 忙しい |

| 1227 ★ | 動 | 闪烁，飘扬，(想法)浮现 |
|---|---|---|
| ひらめく | | 例 ふと，良いアイデアがひらめいた。<br>突然脑中闪现出一个好主意。<br>類 思いつく |

| 1228 ★ | ナ名 | 不幸 |
|---|---|---|
| 不幸<br><sub>ふ こう</sub> | | 例 事故や災害など不幸なことが続く。<br>事故、灾难等不幸的事情将来还会有。<br>類 不幸せ，不運 反 幸，幸福 |

| 1229 ★ | ナ名 | 安全，顺利 |
|---|---|---|
| 無事<br><sub>ぶ じ</sub> | | 例 交通事故にあったが，けがもなく無事だった。<br>虽然出了交通事故，但是没有受伤安全无恙。<br>類 無傷，順調 反 有事 |

| 1230 ★ | ナ名 | 不自然 |
|---|---|---|
| 不自然<br><sub>ふ しぜん</sub> | | 例 人は緊張すると不自然な動きをする。<br>人一紧张，就会做出不自然的举动。<br>類 おかしな，ぎこちない 反 自然 |

| | | |
|---|---|---|
| 1231 ★<br><br>ふ ちょう<br>**不調** | ナ名 | 不顺利，(身心)不适<br>例ビジネスは順調な時もあれば，不調な時もある。<br>生意既有顺利的时候，也有不顺利的时候。<br>類異常，不成立　反好調，快調 |
| 1232 ★<br><br>**ふと** | 副 | 突然，偶然<br>例夜中にふと目が覚めてしまった。<br>夜里突然醒了。<br>類ふいに，思わず |
| 1233 ★<br><br>ふ　だ<br>**踏み出す** | 動 | 迈出，跨出<br>例勇気を出して，新たな一歩を踏み出してみる。<br>试着勇敢迈出新的一步。<br>類前進する，始める |
| 1234 ★<br><br>ふ めい<br>**不明** | ナ名 | 不明，不清楚<br>例不明な点を調べて明らかにする。<br>查清不明之处。<br>類不詳，不明瞭，曖昧，あやふや　反明白 |
| 1235 ★<br><br>ふ りょう<br>**不良** | ナ名 | 不好，不良<br>例今年は天候が不良で，農作物の育ちが悪いそうだ。<br>因为今年气候不好，听说庄稼长势很差。<br>類不具合，不順，不調　反良好 |
| 1236 ★<br><br>ぼうだい<br>**膨大(する)** | ナ名サ | 庞大，大量<br>例膨大な時間をかけた作業が無駄になってしまった。<br>投入大量时间做的工作都白费了。<br>類莫大　反若干，些少 |
| 1237 ★<br><br>ほ<br>**吠える** | 動 | 犬吠，吼叫<br>例大きな犬が庭先で吠えている。<br>一条大狗在院子前叫。<br>類鳴く，唸る，怒鳴る |
| 1238 ★<br><br>**まさしく** | 副 | 确实，无疑<br>例彼はまさしく百年に一人の逸材だ。<br>他的确是百年一遇的优秀人才。<br>類まさに，確かに，間違いなく |
| 1239 ★<br><br>まじ<br>**交える** | 動 | 掺杂，夹杂，交换，交错<br>例身振り手振りを交えてプレゼンテーションをする。<br>掺杂着肢体语言做演讲。<br>類交わす，加える，含める |
| 1240 ★<br><br>**まして(ゃ)** | 副 | 何况，况且，更不用说<br>例大人でも難しいのに，ましてや子供には無理だ。<br>对于大人都很难，就更不用说对小孩子了。<br>類なおさら，もちろん |
| 1241 ★<br><br>**まぶしい** | イ | 耀眼的，刺眼的<br>例太陽がまぶしいのでサングラスをかける。<br>因为阳光很耀眼，所以戴太阳镜。<br>類まばゆい |
| 1242 ★<br><br>まんせいてき<br>**慢性的** | ナ | 慢性的<br>例慢性的な頭痛に悩まされている。<br>被慢性头疼所困扰。<br>類日常的　反急性 |

| 1243 ★ | 動 | 看漏，错过看的机会，放过 |
|---|---|---|
| み のが<br>見逃す | | 例 アルバイトのせいで好きなテレビ番組を見逃した。<br>就因为打工，错过了喜欢的电视节目。<br>類 見落とす，見過ごす |

| 1244 ★ | ナ 名 | 奇怪，格外，奥妙 |
|---|---|---|
| みょう<br>妙 | | 例 友人から妙なうわさを聞いた。<br>从朋友那里听到了一个奇怪的传言。<br>類 変 |

| 1245 ★ | イ | 新颖的，耳目一新的 |
|---|---|---|
| め あたら<br>目新しい | | 例 流行を先取りした目新しい洋服を着る。<br>穿领先于时尚的让人耳目一新的衣服。<br>類 新しい，新た，新鮮 反 古い |

| 1246 ★ | 動 | 被赋予，受到恩惠，富足，幸运 |
|---|---|---|
| めぐ<br>恵まれる | | 例 日本は自然に恵まれた国です。<br>日本是一个受自然环境恩惠的国家。<br>類 豊か，幸運，満ち足りる |

| 1247 ★ | 動 | 翻（书等），揭开，掀开 |
|---|---|---|
| めくる | | 例 カレンダーをめくって予定を確認する。<br>翻日历确认安排。<br>類 はがす，まくる，裏返す 反 かぶせる |

| 1248 ★ | 動 | 倚靠，不消化 |
|---|---|---|
| もたれる | | 例 疲れたのでベンチにもたれて休憩する。<br>因为很累，所以靠在长椅上休息。<br>類 寄りかかる，頼る |

| 1249 ★ | 動 | 带回去 |
|---|---|---|
| も かえ<br>持ち帰る | | 例 中国からおいしいお茶を持ち帰ってくる。<br>从中国带回好喝的茶。<br>反 持ち出す，持ち去る |

| 1250 ★ | 副 名 | 约，大约 |
|---|---|---|
| やく<br>約 | | 例 ここから駅までは約一キロメートルだ。<br>从这儿到车站大约一公里远。<br>類 およそ，大体 |

| 1251 ★ | 動 | 破坏，违反，打破，打败 |
|---|---|---|
| やぶ<br>破る | | 例 約束を何度も破っていると信用を失う。<br>多次不守约定的话会失去信用。<br>類 壊す，背く，負かす，引き裂く 反 敗れる，守る |

| 1252 ★ | イ | 柔软的，灵活的 |
|---|---|---|
| やわ<br>軟らかい | | 例 水を多く入れて軟らかいご飯を炊く。<br>多加水做软一点的米饭。<br>類 軟弱 反 硬い |

| 1253 ★ | 副 | 悠闲，宽松 |
|---|---|---|
| ゆったり（する） | | 例 温泉旅館でゆったりとくつろぐ。<br>在温泉旅馆悠闲地放松。<br>類 ゆっくり，のんびり 反 せかせか |

| 1254 ★ | ナ | 缓慢，宽松 |
|---|---|---|
| ゆる<br>緩やか | | 例 経済は緩やかな回復傾向にある。<br>经济有缓慢恢复的倾向。<br>類 なだらか，ゆったり，ゆっくり，寛大 反 急 |

| 1255 ★ 要する<br>（よう） | 動 | 需要，必要，概括<br>例困難を要する仕事だったが，なんとかやり遂げた。<br>虽然是困难的工作，但想方设法完成了。<br>類必要とする |
|---|---|---|
| 1256 ★ 汚す<br>（よご） | 動 | 弄脏，玷污<br>例食べ物をこぼして服を汚してしまった。<br>把食物洒了，弄脏了衣服。<br>類汚(けが)す |
| 1257 ★ 読みやすい<br>（よ） | イ | 易读的<br>例この本は簡単な日本語で書かれているので読みやすい。<br>因为这本书是用简单的日语写的，所以容易读懂。<br>反読みにくい，読みづらい |
| 1258 ★ 礼儀正しい<br>（れい ぎ ただ） | イ | 有礼貌的，彬彬有礼的<br>例日本人は礼儀正しい国民だと言われている。<br>日本人被认为是很有礼貌的国民。<br>類律儀，丁寧 |
| 1259 ★ 遭う<br>（あ） | 動 | 遭遇，遇到<br>例旅先で財布を盗まれて，ひどい目に遭った。<br>在旅游地被偷了钱包很不幸。<br>類遭遇する |
| 1260 ★ 鮮やか<br>（あざ） | ナ | 鲜艳，鲜明，精湛<br>例寿司職人の鮮やかな手つきに魅せられる。<br>被寿司师傅精湛的手法所吸引。<br>類華麗，みごと，鮮明 |
| 1261 ★ あたかも | 副 | 宛如，犹如<br>例友人の体験談を，あたかも自ら経験したかのように語る。<br>把朋友的经历讲述得犹如自己经历过一样。<br>類まるで，さながら，まさに |
| 1262 ★ 厚い<br>（あつ） | イ | 厚的，深厚的<br>例厚い辞書は重くて持ち運ぶのが大変だ。<br>厚的词典很沉拿着很辛苦。<br>類分厚い，厚手 反薄い，平たい |
| 1263 ★ 熱い<br>（あつ） | イ | 热的，烫的，热烈的<br>例熱い鉄板の上でお肉を焼く。<br>在滚烫的铁板上烤肉。<br>類高温，高熱，熱心 反冷たい |
| 1264 ★ 謝る<br>（あやま） | 動 | 道歉<br>例約束を破ってしまったことを彼に謝る。<br>对于没有遵守约定这件事情向他道歉。<br>類詫びる，謝罪する |
| 1265 ★ 医学的<br>（い がくてき） | ナ | 医学的，医学上的<br>例いまだ医学的に解明できない病気がある。<br>至今仍有医学上没有解开的疾病。 |
| 1266 ★ 生き生き(と)<br>（い い） | 副 | 活生生，鲜活，朝气蓬勃<br>例彼は野球をしている時が最も生き生きとしている。<br>他打棒球时是最生龙活虎的。<br>類若々しい，のびのび |

WEEK 1

WEEK 2

WEEK 3

WEEK 4

WEEK 5

WEEK 6

WEEK 7

WEEK 8

| 1267 ★ | 動 | 路走到尽头，事情停滞不前 |
|---|---|---|
| 行き詰まる<br>い づ | | 例 資金不足で会社の経営が行き詰まる。<br>由于资金不足，公司无法再经营下去。<br>類 滞る，停滞する |

| 1268 ★ | ナ名 | 性质不同，别样 |
|---|---|---|
| 異質<br>い しつ | | 例 異質な文化を体験するための旅に出る。<br>开始了一场体验不同文化的旅行。<br>類 異なる　反 同質 |

| 1269 ★ | ナ名 | 一律 |
|---|---|---|
| 一律<br>いちりつ | | 例 商品を一律に値上げする。<br>一律上调商品价格。<br>類 均一，一様 |

| 1270 ★ | 副名 | 一切，完全 |
|---|---|---|
| 一切<br>いっさい | | 例 私はギャンブルを一切やらない。<br>我根本不赌博。<br>類 まったく，少しも，すべて，全部 |

| 1271 ★ | 副 | 当今，当前 |
|---|---|---|
| いまや | | 例 彼はいまや日本で最も有名な俳優だ。<br>他是当下日本最有名的男演员。<br>類 いまでは，いまこそ，いまにも |

| 1272 ★ | 動 | (多指他人)讨厌，不愿意 |
|---|---|---|
| 嫌がる<br>いや | | 例 子供が薬を嫌がって飲まない。<br>孩子不喜欢吃药。<br>類 嫌う　反 好む |

| 1273 ★ | 動 | 治愈 |
|---|---|---|
| 癒す<br>いや | | 例 温泉に入って疲れを癒す。<br>泡温泉消除疲劳。<br>類 治す |

| 1274 ★ | 副 | 越发，终于 |
|---|---|---|
| いよいよ | | 例 いよいよ、今日は大切な試験の日だ。<br>重要的考试终于在今天来了。<br>類 とうとう，ついに，ますます |

| 1275 ★ | イ | 容易活动 |
|---|---|---|
| 動きやすい<br>うご | | 例 運動するために動きやすい服に着替える。<br>因为要运动，所以换穿容易活动的衣服。<br>反 動きにくい，動きづらい |

| 1276 ★ | イ | 了不起的，伟大的 |
|---|---|---|
| 偉い<br>えら | | 例 自分のミスを正直に言える人は偉い。<br>能诚实说出自己错误的人很了不起。<br>類 偉大，立派 |

| 1277 ★ | 動 | 追赶，追上 |
|---|---|---|
| 追いつく<br>お | | 例 会社の先輩に追いつくために仕事に打ち込む。<br>为了赶上公司的前辈埋头工作。<br>類 並ぶ |

| 1278 ★ | 動 | 追求 |
|---|---|---|
| 追い求める<br>お もと | | 例 夢を追い求めて日本に留学する。<br>为了追求梦想留学日本。<br>類 追求する |

| 1279 ★ | 動 跳舞 |
|---|---|
| おど<br>踊る | 例 音楽に合わせてダンスを踊る。<br>随着音乐跳舞。<br>類 舞う |

| 1280 ★ | 動 闪耀，充满生机的样子，荣耀 |
|---|---|
| かがや<br>輝く | 例 窓の外を眺めると星が輝いている。<br>望向窗外，发现星星在闪烁。<br>類 光る，照る　反 くすむ |

| 1281 ★ | ナ 残酷 |
|---|---|
| か こく<br>過酷 | 例 南極は人が生きていくには過酷な自然環境である。<br>南极自然环境残酷不利于人生存。<br>類 厳しい，ひどい |

| 1282 ★ | イ 坚硬的，稳健的，死板的 |
|---|---|
| かた<br>堅い | 例 ミュージシャンになりたいという彼の決意は堅い。<br>他想当音乐家的决心很坚定。<br>類 強固，ゆるぎない　反 柔らかい |

| 1283 ★ | ナ 家庭的，家庭式的 |
|---|---|
| か ていてき<br>家庭的 | 例 ボルシチはロシアの家庭的な料理だ。<br>罗宋汤是俄罗斯的家常菜。 |

| 1284 ★ | 動 替换，更换 |
|---|---|
| か<br>替わる | 例 彼に電話を替わってください。<br>请让他接电话。<br>類 交替する |

| 1285 ★ | ナ名 完美 |
|---|---|
| かんぺき<br>完璧 | 例 完璧な人間はいない。<br>没有完美的人。<br>類 完全，万全　反 不備 |

| 1286 ★ | 動 竞争 |
|---|---|
| きそ<br>競う | 例 アスリートが勝敗を競う。<br>运动员争夺胜负。<br>類 争う，戦う |

| 1287 ★ | ナ 有规律的 |
|---|---|
| き そくてき<br>規則的 | 例 早寝早起きの規則的な生活を送る。<br>过早睡早起有规律的生活。<br>類 規則正しい　反 不規則，変則的 |

| 1288 ★ | ナ 灵巧，精巧，巧妙 |
|---|---|
| き よう<br>器用 | 例 彼は三つの言語を操る器用な人だ。<br>他是精通三门语言的能人。<br>類 巧み，達者　反 不器用 |

| 1289 ★ | 動 禁止 |
|---|---|
| きん<br>禁じる | 例 タクシーは車内での喫煙を禁じている。<br>出租车内禁止吸烟。<br>類 禁止する　反 許す |

| 1290 ★ | 動 使腐烂，使不愉快 |
|---|---|
| くさ<br>腐らせる | 例 せっかく買った食材を腐らせてしまった。<br>把好不容易买的食材放坏了。<br>類 腐敗させる |

117

★★ 高頻
★★ 中頻
★ 衍生

| 1291 ★ 　下る（くだ） | 動 从高处下到低处，顺流而下，从首都到外地 |
|---|---|
| | 例 自転車で坂を下る。 |
| | 骑自行车下坡。 |
| | 類 下りる，下がる　反 上る |

| 1292 ★ 　ぐっすり | 副 酣睡，熟睡状 |
|---|---|
| | 例 昨日は疲れていたので、ぐっすり眠れた。 |
| | 因为昨天累，所以睡得很香。 |
| | 類 深く，しっかり，熟睡 |

| 1293 ★ 　くっつける | 動 把……粘上，使靠近 |
|---|---|
| | 例 接着剤を使って折れた部分をくっつける。 |
| | 用粘合剂把断了的地方粘上。 |
| | 類 つける，つなげる，接着する　反 離す，引き離す |

| 1294 ★ 　ぐっと | 副 猛劲，一口气，格外，更加，深受感动 |
|---|---|
| | 例 今日は昨日よりぐっと気温が下がった。 |
| | 和昨天相比，今天气温下降很多。 |
| | 類 いっそう，いちだんと |

| 1295 ★ 　クリエイティブ | ナ 創造性的 |
|---|---|
| | 例 将来は映像をつくるクリエイティブな仕事に就きたい。 |
| | 以后想要从事制作电影这样有创造性的工作。 |
| | 類 創造的，独創的 |

| 1296 ★ 　暮れる（く） | 動 天黑，年终，迷茫，无措 |
|---|---|
| | 例 太陽が沈んで日が暮れる。 |
| | 太阳下山天色变暗。 |
| | 類 沈む，明け暮れる　反 明ける |

| 1297 ★ 　計画的（けいかくてき） | ナ 计划性的 |
|---|---|
| | 例 受験に向けて計画的に勉強するべきだ。 |
| | 应对考试，应该有计划地学习。 |
| | 類 計画通り　反 無計画，衝動的 |

| 1298 ★ 　蹴る（け） | 動 踢，拒绝 |
|---|---|
| | 例 ゴールに向かってボールを蹴る。 |
| | 把球踢向球门。 |
| | 類 蹴飛ばす，突き飛ばす，はねつける |

| 1299 ★ 　元気づける（げんき） | 動 打气，鼓舞 |
|---|---|
| | 例 彼の歌は多くのファンを元気づける。 |
| | 他的歌激励了很多歌迷。 |
| | 類 励ます　反 がっかりさせる |

| 1300 ★ 　幻想的（げんそうてき） | ナ 幻想的 |
|---|---|
| | 例 幻想的で色鮮やかなオーロラを見た。 |
| | 看到了充满幻想的颜色鲜艳的极光。 |
| | 類 神秘的 |

| 1301 ★ 　現に（げん） | 副 实际地，眼前 |
|---|---|
| | 例 現にこの目で確認したので間違いない。 |
| | 因为实际上亲眼确认过，所以绝对没错。 |
| | 類 実際に |

| | | |
|---|---|---|
| 1302 ★<br>けんめい<br>**賢明** | ナ | 明智<br>例勉強して大学に進学するのは賢明な選択だ。<br>好好学习考上大学是明智的选择。<br>類賢い，聡明，利口 反愚か |
| 1303 ★<br>こういてき<br>**好意的** | ナ | 有好感的<br>例優しく接してくれる彼に好意的な印象をもつ。<br>对待人亲切的他有好印象。<br>類親しい，好感 反悪意，敵意 |
| 1304 ★<br>ごうか<br>**豪華** | ナ名 | 豪华，奢侈<br>例有名人が集まる豪華なパーティーに招待される。<br>被邀请去名人聚集的豪华派对。<br>類贅沢 反簡素，粗末 |
| 1305 ★<br>**こなす** | 動 | 做好，处理好，熟练运用<br>例この一週間は計画通りに勉強をこなすことができた。<br>这一周做到了按计划好好学习。<br>類処理する，さばく |
| 1306 ★<br>**こもる** | 動 | 闭门不出，充满(气体、情感等)<br>例昨日は部屋にこもって本を読んでいた。<br>昨天一直待在屋子里看书。<br>類閉じこもる，引きこもる，充満する |
| 1307 ★<br>さか<br>**逆らう** | 動 | 逆，反，违背<br>例船が風に逆らって進む。<br>船逆风前行。<br>類抗う，逆行する 反従う |
| 1308 ★<br>さ しめ<br>**指し示す** | 動 | 指示，指明<br>例彼は地図で自分の家を指し示した。<br>他在地图上指明了自己家。<br>類示す，指示する |
| 1309 ★<br>さっ<br>**察する** | 動 | 察觉，体察<br>例彼女の不安な気持ちを察して声をかける。<br>察觉到她不安的心情和她说话。<br>類推し量る，見越す |
| 1310 ★<br>**さっと** | 副 | 骤然，突然，动作迅速状<br>例出かける前に部屋をさっと片付ける。<br>出门前快速收拾屋子。<br>類はやく，さっさと |
| 1311 ★<br>さわ<br>**騒ぐ** | 動 | 吵闹，骚动，不安稳<br>例生徒が先生の話を聞かずに騒いでいる。<br>学生不听老师的话吵吵闹闹。<br>類はしゃぐ，騒ぎ立てる，うろたえる 反静まる，落ち着く |
| 1312 ★<br>**しっかり(する)** | 副 | 牢固，明确，坚定，坚强<br>例靴のひもがほどけないように，しっかり結ぶ。<br>为了不让鞋带儿开牢牢系紧。<br>類確実に，はっきり，堅実に |
| 1313 ★<br>し<br>**閉める** | 動 | 关，闭<br>例部屋が寒いので窓を閉めてください。<br>因为屋子很冷，所以请把窗户关上。<br>類閉じる，ふさぐ 反開ける |

| 1314 ★ | ナ名 | 小規模 |
|---|---|---|
| しょう き ぼ<br>小規模 | | 例小規模な山火事だったので，すぐに鎮火した。<br>因为是小规模的山林着火，所以很快就把火扑灭了。<br>類小さい，狭い　反大規模 |

| 1315 ★ | ナ | 常识性的 |
|---|---|---|
| じょうしきてき<br>常識的 | | 例公共の場では常識的な行動が求められる。<br>在公共场合的言行举止需要符合常识。<br>反非常識 |

| 1316 ★ | 動 | 书写，铭记 |
|---|---|---|
| しる<br>記す | | 例日々の出来事を日記に記している。<br>把每天发生的事情写在日记里。<br>類書く，記録する |

| 1317 ★ | ナ名 | 神经质，神经兮兮，感情脆弱 |
|---|---|---|
| しんけいしつ<br>神経質 | | 例彼は細かなところを気にする神経質な人だ。<br>他是在意细节的神经质的人。<br>類過敏，敏感　反無神経 |

| 1318 ★ | ナ名 | 亲切，热情 |
|---|---|---|
| しんせつ<br>親切 | | 例お客様に対して親切な対応を心がける。<br>时刻注意态度接待客人要态度亲切。<br>類親身，厚意　反不親切 |

| 1319 ★ | ナ名 | 亲人，情同骨肉，恳切，设身处地 |
|---|---|---|
| しんみ<br>親身 | | 例友人の悩みを親身になって聞く。<br>感同身受地倾听朋友的烦恼。<br>類親切，献身的 |

| 1320 ★ | ナ名 | 亲密 |
|---|---|---|
| しんみつ<br>親密 | | 例大学時代に知り合った友人とは，いまでも親密だ。<br>和大学时结交的朋友到现在关系都非常亲密。<br>類親しい，懇意　反疎遠 |

| 1321 ★ | 動 | 透明，透过去 |
|---|---|---|
| す<br>透ける | | 例袋が薄くて中身が透けて見える。<br>袋子很薄能够看到里面的东西。<br>類透き通る |

| 1322 ★ | イ | 酸 |
|---|---|---|
| す<br>酸っぱい | | 例レモンや梅干しは酸っぱい食べ物の代表だ。<br>柠檬和梅干是酸味食物的代表。<br>類甘酸っぱい，酸味 |

| 1323 ★ | ナ | 快速，立刻 |
|---|---|---|
| すみ<br>速やか | | 例地震が発生したら速やかに避難しなさい。<br>如果发生地震，请迅速避难。<br>類早急，迅速，素早く，直ちに　反おもむろに |

| 1324 ★ | ナ名 | 正式 |
|---|---|---|
| せいしき<br>正式 | | 例空手がオリンピックの正式な種目に決定した。<br>空手道被定为奥运会正式比赛项目。<br>類正規，公式　反略式 |

| 1325 ★ | 動 | 责备，谴责 |
|---|---|---|
| せ<br>責める | | 例仕事で失敗して自分を責める。<br>工作没有做好责备自己。<br>類とがめる，なじる　反褒める |

| | | |
|---|---|---|
| 1326 ★ <br> せんさい <br> 繊細 | ナ名 | 纤细，细腻 <br> 例彼女は傷つきやすく繊細な人だ。 <br> 她是容易受伤的心思细腻的人。 <br> 類敏感，精巧，細やか 反大胆 |
| 1327 ★ <br> せんしんてき <br> 先進的 | ナ | 先进的 <br> 例先進的な技術で，がんを治療する。 <br> 用先进的技术治疗癌症。 <br> 類革新的，先端的 反後進的 |
| 1328 ★ <br> ぜんめんてき <br> 全面的 | ナ | 全面(的／地)，完全(的／地) <br> 例彼をパートナーとして全面的に信頼する。 <br> 把他作为搭档完全信任他。 <br> 類すべて，全部 反一面的，部分的 |
| 1329 ★ <br> ぞくぞく(する) | 副 | 发寒，因兴奋紧张等颤抖 <br> 例風邪を引いて背中がぞくぞくする。 <br> 因为感冒后背一阵阵发寒。 <br> 類震える，身震い |
| 1330 ★ <br> たった | 副 | 仅，只 <br> 例日本に来てたった一年で彼は日本語を習得した。 <br> 来日本只有一年，他就学会了日语。 <br> 類ほんの，わずか |
| 1331 ★ <br> だとう <br> 妥当 | ナ名 | 妥当 <br> 例一か月の食費が三万円は妥当な金額だ。 <br> 一个月的伙食费三万元比较合适。 <br> 類適当，適切 反不当 |
| 1332 ★ <br> ちからづよ <br> 力強い | イ | 有力的 <br> 例ファンの力強い応援のおかげでチームは勝てた。 <br> 多亏了球迷强有力的支持，队伍取胜了。 <br> 類心強い，頼もしい |
| 1333 ★ <br> ちゃくじつ <br> 着実 | ナ名 | 扎实，踏实 <br> 例成績は着実に伸びているので合格できるだろう。 <br> 因为成绩在稳步前进，所以应该会合格。 <br> 類確実，手堅い |
| 1334 ★ <br> ちゅうしんてき <br> 中心的 | ナ | 中心的，核心的 <br> 例彼は若いのに会社で中心的な存在だ。 <br> 他虽然很年轻但在公司是核心一样的存在。 <br> 類中枢，主力 |
| 1335 ★ <br> つ <br> 付け加える | 動 | 附加，追加 <br> 例手紙の最後に一言付け加える。 <br> 在信的最后加上一句。 <br> 類加える，足す，添える |
| 1336 ★ <br> つ <br> 漬ける | 動 | 浸泡，腌制 <br> 例友達はキムチを漬けるのが上手です。 <br> 朋友很会腌辣白菜。 <br> 類浸す |
| 1337 ★ <br> つ <br> 詰める | 動 | 塞，压缩 <br> 例みかんを箱に詰めて送る。 <br> 橘子装箱邮送。 <br> 類入れる，詰め込む，押し込む |

| 1338 ★ | 動 | 堆积，积攒 |
|---|---|---|
| 積もる つ | | 例 昨日降った雪が庭に積もっている。<br>昨天下的雪在院子里积了一层。<br>類 重なる，降り積もる，溜まる |

| 1339 ★ | ナ | 彻底的 |
|---|---|---|
| 徹底的 てっていてき | | 例 今日は一日かけて徹底的に家の掃除をする。<br>今天花一天时间彻底打扫家里卫生。<br>類 とことん 反 不徹底 |

| 1340 ★ | イ | 省事的，麻利 |
|---|---|---|
| 手っ取り早い て と ばや | | 例 カップラーメンで手っ取り早くお昼を済ませる。<br>吃碗泡面简单地解决午饭。<br>類 簡単に 反 回りくどい |

| 1341 ★ | ナ名 | 同等，平等 |
|---|---|---|
| 同等 どうとう | | 例 女性と男性は同等に扱われるべきだ。<br>男性和女性应该被同等对待。<br>類 対等，同格 反 不等 |

| 1342 ★ | ナ名 | 独特，特别 |
|---|---|---|
| 独特 どくとく | | 例 独特な雰囲気のなかでスピーチする。<br>在一个特别的气氛中演讲。<br>類 特殊，特別 反 共通 |

| 1343 ★ | 動 | 闭门不出 |
|---|---|---|
| 閉じこもる と | | 例 彼は部屋に閉じこもってゲームをしている。<br>他一直待在屋子里面打游戏。<br>類 こもる，引きこもる |

| 1344 ★ | 動 | 飞跃，跳过 |
|---|---|---|
| 飛び越える と こ | | 例 飼い犬が柵を飛び越えて，隣の庭に逃げた。<br>家养的狗跳过了栅栏，逃到隔壁家的院子。<br>類 飛び越す，追い抜く |

| 1345 ★ | 動 | 牵手，争夺，理睬 |
|---|---|---|
| 取り合う と あ | | 例 サッカーは点を取り合うスポーツだ。<br>足球是争夺比分的运动。<br>類 奪い合う 反 譲り合う |

| 1346 ★ | イ | 意外的，不合情理的，（加强否定）哪里的话 |
|---|---|---|
| とんでもない | | 例 私のミスでとんでもない事態になってしまった。<br>因为我的失误导致了不可想象的情况发生。<br>類 ひどい，もってのほか |

| 1347 ★ | 副接 | 仍然，依旧 |
|---|---|---|
| なお | | 例 私の祖母は九十歳を超えても，なお健在だ。<br>我的祖母虽然过九十岁了，但还是很健康。<br>類 あいかわらず，ますます，まだ，やはり，さらに |

| 1348 ★ | 副 | 更加，愈发 |
|---|---|---|
| なおさら | | 例 今日は風がないので，なおさら暑く感じる。<br>因为今天没有风，所以更加感到炎热。<br>類 ますます，いっそう，いちだんと |

| 1349 ★ | 動 | 治疗，修，改正 |
|---|---|---|
| 治す なお | | 例 薬を飲んで頭痛を治す。<br>吃药把头痛治好。<br>類 治療する，癒す |

| 1350 ★<br>なお<br>治る | 動 | 治好，痊愈<br>例薬のおかげで病気が治った。<br>多亏了吃药病治好了。<br>類癒える 反罹る，病む，痛む |
|---|---|---|
| 1351 ★<br>な と<br>成し遂げる | 動 | 完成<br>例十年かかって，やっとこの研究を成し遂げた。<br>花了十年，终于完成了这项研究。<br>類達成する，やり抜く |
| 1352 ★<br>にが<br>苦い | イ | 苦的，不开心的，痛苦的<br>例苦い薬ほど体に良いとされている。<br>据说越是苦的药对身体越好。<br>類ほろ苦い，渋い，辛い 反甘い |
| 1353 ★<br>ねんねん<br>年々 | 副 | 年年，每年<br>例温暖化の影響で年々気温が上がっている。<br>由于全球变暖影响，每年气温都在上升。<br>類毎年，年ごと |
| 1354 ★<br>はば<br>阻む | 動 | 阻碍，阻挡<br>例夢の実現を阻む一番の敵は諦めだ。<br>阻碍梦想实现最大敌人就是放弃。<br>類邪魔する，妨げる |
| 1355 ★<br>ひいては | 副 | 进而<br>例人に優しくすることが，ひいては自分のためになる。<br>亲切待人，进而也是为了自己。<br>類さらには，それゆえ，その結果 |
| 1356 ★<br>ひき<br>率いる | 動 | 带领，指挥<br>例リーダーには目標達成に向けて集団を率いる役割がある。<br>领导的作用是率队实现目标。<br>類引き連れる，引率する，統率する |
| 1357 ★<br>びっくり(する) | 動 | 吓一跳，吃惊<br>例大きな音にびっくりして目を覚ます。<br>被巨大的声音吓了一跳，醒过来。<br>類驚く，どきっと |
| 1358 ★<br>ひつぜん<br>必然 | ナ名 | 必然<br>例居眠りしながら運転したら，事故を起こすのは必然だ。<br>一边打瞌睡一边开车的话，必然会引发事故。<br>類当然，当たり前 反偶然 |
| 1359 ★<br>ぴったり | ナ副 | 正好，准确，正合适<br>例約束通り，ぴったり九時に着いた。<br>按照约定九点整到达了。<br>類ちょうど，きちんと，合う |
| 1360 ★<br>ひどく | 副 | 非常<br>例彼は恩師の死にひどく心を痛めていた。<br>他对恩师的死感到非常痛心。<br>類非常に，ずいぶん |
| 1361 ★<br>ひと<br>等しい | イ | 相等的，等于<br>例2×8と4×4の値は等しい。<br>2×8和4×4的值相等。<br>類同じ 反違う，異なる |

WEEK 1
WEEK 2
WEEK 3
WEEK 4
WEEK 5
WEEK 6
WEEK 7
WEEK 8

| 1362 ★ | ナ | 非日常的 |
|---|---|---|
| ひ にちじょうてき<br>非日常的 | | 例 南の島で非日常的な時間を楽しむ。<br>在南部的岛屿享受与日常生活大不相同的时光。<br>反 日常的 |

| 1363 ★ | ナ | 一般的，普遍的 |
|---|---|---|
| ふ へんてき<br>普遍的 | | 例 世界遺産には普遍的な価値がある。<br>世界遗产拥有普世价值。<br>類 一般的 反 特殊 |

| 1364 ★ | ナ 名 | 不利 |
|---|---|---|
| ふ り<br>不利 | | 例 反則で一人退場したら，そのチームは不利になる。<br>由于犯规罚下一人的话，那个队伍会陷入不利。<br>類 不利益，不都合，損 反 有利 |

| 1365 ★ | イ | 陈旧，陈腐 |
|---|---|---|
| ふる<br>古くさい | | 例 女性だけが家事をするなんて，古くさい考えだ。<br>女人才做家务这样的想法太陈腐。<br>類 古い，古めかしい，時代遅れ 反 新しい |

| 1366 ★ | ナ 名 | 冷静，平静，没关系 |
|---|---|---|
| へい き<br>平気 | | 例 けがをしても平気な顔でプレーし続けた。<br>受伤了也表情镇静地继续比赛。<br>類 平然，毅然 |

| 1367 ★ | 副 | 发粘，纠缠撒娇，贴满 |
|---|---|---|
| べたべた(する) | | 例 汗をたくさんかいて体がべたべたする。<br>出了很多汗，身体很黏。<br>類 べとべと |

| 1368 ★ | ナ 名 | 认真，严肃 |
|---|---|---|
| まじめ<br>真面目 | | 例 彼は無遅刻無欠席の真面目な生徒だ。<br>他不迟到不缺席，是个很认真的学生。<br>類 生真面目，誠実，真剣 反 不真面目 |

| 1369 ★ | ナ 名 | 正经，正派，认真，正面 |
|---|---|---|
| まとも | | 例 混乱していてまともな判断ができなくなる。<br>因为头脑混乱而不能够做出正确的判断。<br>類 正しい，正常，真面目，真正面 反 異常 |

| 1370 ★ | ナ 名 サ | 满足，满意 |
|---|---|---|
| まんぞく<br>満足(する) | | 例 教育も満足に受けられない子供が世界には多くいる。<br>世界上有很多孩子不能够接受良好教育。<br>類 十分，満ち足りる 反 不満，不満足 |

| 1371 ★ | 動 | 戒备，看守，注意地看，瞪目 |
|---|---|---|
| み は<br>見張る | | 例 自然の美しさに目を見張る。<br>瞪大眼睛惊叹于自然之美。<br>類 見守る，監視する，見開く |

| 1372 ★ | 動 | 带出 |
|---|---|---|
| も だ<br>持ち出す | | 例 出張でパソコンを社外に持ち出す。<br>因为出差把电脑带出公司。<br>類 運ぶ，運び出す，言い出す 反 持ち込む |

| 1373 ★ | イ | 容易的，简单的 |
|---|---|---|
| やさ<br>易しい | | 例 今年の入試問題は易しかったので平均点が高かった。<br>因为今年的考试题很简单，所以平均分很高。<br>類 簡単，容易，平易，たやすい 反 難しい |

| | | |
|---|---|---|
| 1374 ★<br>ゆうえき<br>**有益** | ナ名 | **有用，有益**<br>例地道な聞き込みで犯人の有益な情報を得た。<br>通过扎扎实实的查访获得了犯罪嫌疑人的有用信息。<br>類有効，有用，役立つ　反無益 |
| 1375 ★<br>ゆうしゅう<br>**優秀** | ナ名 | **优秀**<br>例彼は勉強もスポーツもできる優秀な生徒だ。<br>他学习和体育都很好，是优秀的学生。<br>類優良，優等，抜群　反劣等，劣悪 |
| 1376 ★<br>ゆだ<br>**委ねる** | 動 | **委托，听凭，献身**<br>例この国の命運を政府に委ねる。<br>把这个国家的命运交给政府。<br>類任せる，一任する |
| 1377 ★<br>ゆゆ<br>**由々しい** | イ | **严重，重大**<br>例外交上の問題が外部に漏れるのは由々しき事態だ。<br>外交上的问题泄露到外部是严重的事情。<br>類忌まわしい，重大 |
| 1378 ★<br>ゆる<br>**緩い** | イ | **系得松，不严格，缓慢，不陡**<br>例ズボンのウエストが緩いのでベルトをする。<br>因为裤腰松，所以系腰带。<br>類ぶかぶか，だぶだぶ，緩やか　反きつい，急，かたい |
| 1379 ★<br>**ようやく** | 副 | **终于，勉强，好容易，渐渐**<br>例三月になって，ようやく寒さが和らいできた。<br>到了三月寒冷的天气终于有所缓和。<br>類やっと，次第に　反早くも |
| 1380 ★<br>**よほど** | 副名 | **相当，颇为，特殊**<br>例よほどの事情がない限り，学校は休むべきではない。<br>只要没有特殊情况，不应该不上学。<br>類かなり，相当 |
| 1381 ★<br>らんぼう<br>**乱暴(する)** | ナ名サ | **粗暴，粗鲁，野蛮**<br>例会議の場で乱暴な発言は避けるべきだ。<br>在会议上应该避免粗暴的发言。<br>類粗暴，粗悪　反丁寧，温和 |
| 1382 ★<br>りろんてき<br>**理論的** | ナ | **理论的，理论上的**<br>例タイムマシンの開発が理論的に可能かどうか検証する。<br>验证时光机的开发在理论上是否可行。<br>反実践的，実証的 |
| 1383 ★<br>**わくわく(する)** | 副 | **激动**<br>例今日は彼に会えるので，わくわくしている。<br>因为今天可以见到他，所以很激动。<br>類うきうき，どきどき　反びくびく |
| 1384 ★<br>**あいかわらず** | 副 | **依旧**<br>例私の母はあいかわらず元気に過ごしています。<br>我妈妈还是老样子，活得很有精神。<br>類なおも，依然，いつも通り　反うってかわって |
| 1385 ★<br>あ<br>**明かす** | 動 | **揭露，道破，通宵达旦**<br>例彼女にだけ私の秘密を明かした。<br>只向她透露了我的秘密。<br>類打ち明ける　反秘める，隠す |

| 1386 ★ | イ | 粗的，粗糙的 |
|---|---|---|

**粗い**（あらい）

例 写真の画質が粗くてはっきりと見えない。
照片画质粗糙，看不清楚。
類 大きい，粗雑 　反 細かい

| 1387 ★ | 副 | 干脆，倒不如 |
|---|---|---|

**いっそ**

例 毎日通院するくらいなら、いっそ入院したほうが楽だ。
每天都去医院的话，还不如住院比较轻松。
類 むしろ，いっそのこと，どうせなら

| 1388 ★ | 副 | 不知不觉，不知什么时候 |
|---|---|---|

**いつのまにか**

例 勉強に集中していたら、いつのまにか夜になっていた。
一直专心学习，不知什么时候已经天黑了。
類 いつしか，気づけば，いつのまにやら

| 1389 ★ | 副名 | 不情愿，勉勉强强 |
|---|---|---|

**いやいや**

例 いやいや勉強していては自分の身にならない。
不情不愿地学习的话，不能真正掌握知识。
類 しぶしぶ，やむなく　反 喜んで

| 1390 ★ | ナ | 有意愿的，积极主动的 |
|---|---|---|

**意欲的**（いよくてき）

例 失敗を恐れず何事にも意欲的に取り組む。
不畏惧失败，积极投入各种事情。
類 積極的，前向き

| 1391 ★ | イ | 有疑问的，不可信的，说不准的，可疑的 |
|---|---|---|

**疑わしい**（うたがわしい）

例 その説は十分な証拠がないので疑わしい。
那个说法没有充足的证据，所以靠不住。
類 不確か，不審，怪しい

| 1392 ★ | 動 | 辜负，背叛 |
|---|---|---|

**裏切る**（うらぎる）

例 努力は決してあなたを裏切らない。
努力绝对不会辜负你。
類 背く，寝返る　反 添う

| 1393 ★ | イ | 令人羡慕的 |
|---|---|---|

**うらやましい**

例 美人で頭も良い彼女のことをうらやましく思う。
很羡慕长得漂亮又聪明的她。
類 憧れる，羨む

| 1394 ★ | ナ | 粗枝大叶，粗略 |
|---|---|---|

**大雑把**（おおざっぱ）

例 大雑把な人は整理整頓が苦手だ。
行性格粗枝大叶的人不擅长整理归纳物品。
類 いいかげん，雑，大まか　反 詳しい

| 1395 ★ | ナ名サ | 聊天，健谈 |
|---|---|---|

**おしゃべり**(する)

例 彼はなんでも人に話してしまう、おしゃべりな人だ。
他是个什么话都和别人说的，很健谈的人。
類 饒舌，口が軽い　反 無口

| 1396 ★ | ナ名サ | 爱漂亮，喜欢打扮 |
|---|---|---|

**おしゃれ**(する)

例 おしゃれなカフェでランチをする。
在很精致的咖啡店吃午餐。
類 しゃれた，着飾る

| 1397 ★ | ナ | 平静，温和，稳妥 |
|---|---|---|

**穏やか**（おだやか）

例 春になって穏やかな天気が続く。
春天来了，一直是晴好天气。
類 平穏，穏和，柔和　反 激しい，荒い

| | |
|---|---|
| 1398 ★ <br><br> おびただしい | **イ** 大批，无数，非常 <br> 例おびただしい数の鳥が木に集まっている。 <br> 非常多的鸟聚集在树上。 <br> 類すごい，甚だしい |
| 1399 ★ <br><br> 思いがけない | **イ** 意想不到的 <br> 例思いがけない人に告白されて驚いた。 <br> 被一个意想不到的人表白很吃惊。 <br> 類意外，予想外 |
| 1400 ★ <br><br> 思いのほか | **副** 意外，预想不到 <br> 例テストは思いのほか簡単だったので全問解けた。 <br> 因为考试意外地简单，所有题都答出来了。 <br> 類意外，案外 |
| 1401 ★ <br><br> 重たい | **イ** 沉的，重的 <br> 例重たい荷物を持ち上げて腰を痛めてしまった。 <br> 拿起很重的包裹，把腰弄疼了。 <br> 類重い 反軽い |
| 1402 ★ <br><br> 思わしい | **イ** 满意，称心 <br> 例父の病状が思わしくないので入院が長引いている。 <br> 因为父亲的病情不太好，所以住院时间延长了。 <br> 類望ましい，好ましい |
| 1403 ★ <br><br> 思わず | **副** 不假思索，无意识地 <br> 例事故の場面を目撃して，思わず目を背けた。 <br> 目击到事故现场，下意识转过脸不去看。 <br> 類とっさに，ついつい |
| 1404 ★ <br><br> およそ／ <br> おおよそ | **副** 大概，大体上 <br> 例彼と出会ったのは，およそ十年前だ。 <br> 和他相遇差不多是十年前。 <br> 類大体，おおむね，約 反ちょうど |
| 1405 ★ <br><br> 下ろす | **動** 取下，放下，取存款 <br> 例父は本棚の上にある箱を床に下ろした。 <br> 爸爸把书架上的一个箱子拿到地上。 <br> 類下げる，引き出す 反上げる |
| 1406 ★ <br><br> 温暖 | **ナ名** 温暖 <br> 例みかんは温暖な地域での栽培に適している。 <br> 橘子适合栽培在温暖地区。 <br> 類温かい 反寒冷 |
| 1407 ★ <br><br> 換える | **動** 换，交换 <br> 例難しい言葉を易しい言葉に換える。 <br> 把难懂的话换成简单的话。 <br> 類変換する |
| 1408 ★ <br><br> 限りない | **イ** 无限的 <br> 例子供たちはみな，限りない可能性を秘めている。 <br> 每个孩子都隐藏着无限的潜能。 <br> 類果てしない |
| 1409 ★ <br><br> 画一的 | **ナ** 划一的，统一的 <br> 例全国で画一的なサービスを展開する。 <br> 在全国展开统一的服务。 <br> 類一律，一様 反多様 |

WEEK 1
WEEK 2
WEEK 3
WEEK 4
WEEK 5
WEEK 6
WEEK 7
WEEK 8

★★★ 高频　★★ 中频　★ 衍生

| 1410 ★ | ナ | 微弱，朦胧，模糊 |
|---|---|---|

**かすか**

例 カーテンの隙間から，かすかな光が差し込んでいる。
从窗帘缝隙中投射进来微弱的光。
類 わずか，弱弱しい

| 1411 ★ | イ | 拘谨，严格，死板 |
|---|---|---|

**堅苦しい**（かたくるしい）

例 堅苦しい雰囲気の食事会に疲れを感じる。
参加氛围很拘谨的聚会，感到很疲惫。
類 窮屈　反 砕けた

| 1412 ★ | ナ | 划时代的 |
|---|---|---|

**画期的**（かっきてき）

例 電話は画期的な発明だった。
电话是一个划时代的发明。
類 革新的

| 1413 ★ | イ | 帅气，棒的 |
|---|---|---|

**かっこいい**

例 好きな俳優のかっこいいヘアスタイルを真似する。
模仿喜欢的演员的帅气发型。
類 素敵　反 かっこ悪い

| 1414 ★ | ナ | 可怜，令人同情的 |
|---|---|---|

**かわいそう**

例 彼ばかりを責めるのはかわいそうだ。
只责备他他太可怜了。
類 哀れ，気の毒

| 1415 ★ | 動 | 重新考虑 |
|---|---|---|

**考え直す**（かんがえなおす）

例 一度決めた志望校をもう一度考え直す。
重新考虑已经决定好的志愿学校。
類 思い直す，再考する

| 1416 ★ | 動 | 听漏，没听清 |
|---|---|---|

**聞き逃す**（ききのがす）

例 黒板を写している最中に先生の話を聞き逃した。
正在抄黑板的时候，听漏了老师说的话。
類 聞き漏らす

| 1417 ★ | 動 | 劈开，杀开，开拓，开创 |
|---|---|---|

**切り開く**（きりひらく）

例 自分の未来を切り開くには努力するしかない。
想开拓自己未来的话，只能靠努力。
類 開拓する

| 1418 ★ | 動 | 放松，悠闲休息 |
|---|---|---|

**くつろぐ**

例 仕事を終えて家でテレビを見ながらくつろぐ。
结束工作在家里一边看电视一边放松。
類 リラックスする

| 1419 ★ | 副 | 一圈圈地（缠、绕），滴溜溜地（转），勤快地（劳动） |
|---|---|---|

**くるくる（と）**

例 けがをしたので包帯をくるくる巻く。
因为受了伤，所以一圈圈缠绷带。
類 ぐるぐる

| 1420 ★ | ナ | 艺术的，艺术上的 |
|---|---|---|

**芸術的**（げいじゅつてき）

例 彼は絵や音楽など芸術的な才能に恵まれている。
他有绘画和音乐等艺术方面的才能。
類 創造的，美的

| 1421 ★ | ナ | 决定性的 |
|---|---|---|

**決定的**（けっていてき）

例 彼が犯人である決定的な証拠を見つけた。
找到了能证明他是犯人的决定性证据。
類 確定的　反 暫定的

| | | |
|---|---|---|
| 1422 ★ こうがく 高額 | ナ名 | 高額<br>例貯金をはたいて高額な買い物をする。<br>花光存款买高价的东西。<br>類高い, 高価 反低額 |

| | | |
|---|---|---|
| 1423 ★ こうはんい 広範囲 | ナ名 | 大范围<br>例大きな地震だったので被害が広範囲に渡る。<br>因为是大地震，所以灾害波及范围很广。<br>類大規模, 広範 反局地的 |

| | | |
|---|---|---|
| 1424 ★ こうひょう 好評 | ナ名 | 好评<br>例このカフェには女性に好評なメニューが多数ある。<br>这个咖啡店有很多受到女性好评的菜品。<br>類評判 反悪評, 不評 |

| | | |
|---|---|---|
| 1425 ★ こころぼそ 心細い | イ | 心中没底，心虚不安<br>例一人で留守番するのは心細い。<br>一个人在家看门心里没底。<br>類不安, 心もとない 反心強い |

| | | |
|---|---|---|
| 1426 ★ こころよ 快い | イ | 舒畅，惬意，爽快，痛快<br>例仕事の依頼を快く引き受ける。<br>很痛快地接受了委托的工作。<br>類気持ちよく 反渋々 |

| | | |
|---|---|---|
| 1427 ★ こぼれる | 動 | 洒，流出，凋落<br>例友人からの手紙を読んで涙がこぼれた。<br>看了朋友写来的信眼泪掉下来。<br>類溢れる |

| | | |
|---|---|---|
| 1428 ★ こま 細か | ナ | 详细，细小<br>例取り扱い説明書には細かな説明が載っている。<br>使用说明书中有详细说明。<br>類詳細, 緻密 反大まか |

| | | |
|---|---|---|
| 1429 ★ ころ 転がす | 動 | 滚动，转动，弄倒，倒卖<br>例大きな石を転がして運ぶ。<br>用滚动的方式搬运大石头。<br>類転ばす, ひっくり返す |

| | | |
|---|---|---|
| 1430 ★ さいてい 最低 | ナ名 | 最低，最差<br>例人の物を盗むのは最低な行為だ。<br>偷别人东西是最恶劣的行为。<br>類ひどい, 最下位, どん底 反最高 |

| | | |
|---|---|---|
| 1431 ★ さいわ 幸い(する) | ナ副名サ | 幸运，幸好，幸亏，好运<br>例事故にあっても, けがをしなかったのは幸いだった。<br>发生事故还没有受伤是万幸。<br>類幸運, 幸せ, ありがたい, 運がいい, 好都合 反災い |

| | | |
|---|---|---|
| 1432 ★ さえぎ 遮る | 動 | 阻拦，打断，遮挡<br>例相手の話を遮って質問をする。<br>打断对方的话提问。<br>類妨げる, 抑える, 遮断する |

| | | |
|---|---|---|
| 1433 ★ さけ 叫ぶ | 動 | 叫喊，呼吁<br>例ゴキブリを見て思わず「キャー」と叫んだ。<br>看到了蟑螂，不由得啊地一声叫出来。<br>類怒鳴る, 主張する, 訴える 反ささやく, つぶやく |

| 1434 ★ | ナ | 細小，細微 |
|---|---|---|
| 些細(ささい) | | 例 彼は些細なことにもこだわる性格だ。<br>他性格细腻，很在意细节。<br>類 細か，小さい，わずか 反 重大 |

| 1435 ★ | 動 | 刺，穿，扎，蜇 |
|---|---|---|
| 刺す(さす) | | 例 バーベキューで肉を串に刺して焼いた。<br>烧烤时把肉穿在签子上烤。<br>類 突く 反 抜く |

| 1436 ★ | 副 | 粗略地，大约 |
|---|---|---|
| ざっと | | 例 会議の前に書類にざっと目を通す。<br>开会前大致看一眼材料。<br>類 一通り，およそ |

| 1437 ★ | 動 | 醒来，醒酒，觉醒，清醒 |
|---|---|---|
| 覚める(さめる) | | 例 私はたいてい朝六時頃に目が覚める。<br>我差不多每天早上六点左右醒来。<br>類 目覚める，起きる 反 眠る，寝る |

| 1438 ★ | 副 | 不光滑，发涩 |
|---|---|---|
| ざらざら(する) | | 例 砂ぼこりのせいで，床がざらざらしている。<br>都是因为细砂，地上发涩。<br>類 ざらつく，粗い 反 すべすべ，つるつる |

| 1439 ★ | 動 | 抱住，搂住 |
|---|---|---|
| しがみつく | | 例 子供が母親にしがみついて泣いている。<br>孩子搂着母亲哭。<br>類 すがりつく |

| 1440 ★ | 動 | 隔开，分隔，了结，一手处理 |
|---|---|---|
| 仕切る(しきる) | | 例 病院の診察室はカーテンで仕切られている。<br>医院的问诊室用帘子隔开。<br>類 分ける，区切る |

| 1441 ★ | 動 | 铺，铺设，铺满，垫 |
|---|---|---|
| 敷く(しく) | | 例 布団を敷いて寝る準備をする。<br>铺被子做睡觉的准备。<br>類 広げる，並べる 反 覆う，かぶせる，かける |

| 1442 ★ | 動 | 沉入，埋入，(日月)落山 |
|---|---|---|
| 沈む(しずむ) | | 例 太陽は西に沈む。<br>太阳落到西边。<br>類 沈没する 反 浮く，浮かぶ，昇る |

| 1443 ★ | 動 | 使沉下，击沉，低下身姿 |
|---|---|---|
| 沈める(しずめる) | | 例 温泉にゆったりと身を沈める。<br>把身体慢慢泡进温泉里。<br>類 沈没させる 反 浮かす，浮かべる |

| 1444 ★ | ナ | 实践的，实用的，实际的 |
|---|---|---|
| 実践的(じっせんてき) | | 例 インターンシップで実践的なスキルを身に付ける。<br>通过实习学到实用的技能。<br>類 実用的 反 理論的 |

| 1445 ★ | ナ | 朴素，低调，踏实 |
|---|---|---|
| 地味(じみ) | | 例 派手な服より地味な服を好む。<br>跟华丽的衣服相比，更喜欢朴素的衣服。<br>類 質素，控え目 反 派手 |

WEEK
1
WEEK
2
WEEK
3
WEEK
4
WEEK
5
WEEK
6
WEEK
7
WEEK
8

| 1446 ★ | ナ | 习惯性的 |
|---|---|---|
| しゅうかんてき<br>習慣的 | | 例健康のために習慣的に運動する。<br>为了健康定期运动。<br>類定期的, 慣習的 |

| 1447 ★ | ナ | 主观的 |
|---|---|---|
| しゅかんてき<br>主観的 | | 例主観的な意見では相手を説得できない。<br>主观性意见不能说服对方。<br>類個人的 反客観的 |

| 1448 ★ | ナ名 | 最好, 极好 |
|---|---|---|
| じょうじょう<br>上々 | | 例試合に向けてコンディションは上々の仕上がりだ。<br>应对考试状态非常好。<br>類上出来, 上等, まずまず |

| 1449 ★ | ナ名 | 真实, 事实 |
|---|---|---|
| しんじつ<br>真実 | | 例彼の無実が真実ならば, 誤って逮捕されたことになる。<br>如果他真的是无辜的话, 那他就是被误抓了。<br>類事実, 本当, まこと 反虚偽 |

| 1450 ★ | 副 | 一大排, 成排地 |
|---|---|---|
| ずらり(と) | | 例新商品が店頭にずらりと並んでいる。<br>新商品在店前面摆成一排。<br>類ずらっと, 勢ぞろいで |

| 1451 ★ | イ | 尖的, 锐利的, 敏锐的, 严厉的 |
|---|---|---|
| するど<br>鋭い | | 例犬の嗅覚は人間のものより, はるかに鋭い。<br>狗的嗅觉要比人类灵敏得多。<br>類鋭利, 敏感 反鈍い |

| 1452 ★ | ナ名 | 奢侈 |
|---|---|---|
| ぜいたく<br>贅沢 | | 例お金持ちになって贅沢な暮らしがしたい。<br>想要成为有钱人过奢侈的生活。<br>類豪勢, 豪華 反質素 |

| 1453 ★ | ナ | 切实, 迫切 |
|---|---|---|
| せつじつ<br>切実 | | 例消費税の増税は生活に影響する切実な問題だ。<br>消费税上涨是影响生活的切实问题。<br>類深刻, 痛切 |

| 1454 ★ | 副 | 至少, 起码 |
|---|---|---|
| せめて | | 例数学は苦手だが, 試験でせめて六十点は取りたい。<br>虽说不擅长数学考试, 但我想最少要考六十分。<br>類少なくとも, 最低でも |

| 1455 ★ | 動 | 攻击, 进攻 |
|---|---|---|
| せ<br>攻める | | 例敵国をミサイルで攻める。<br>用导弹攻击敌方国家。<br>類攻撃する, 襲う 反守る, 防ぐ |

| 1456 ★ | ナ | 战略性的, 策略性的 |
|---|---|---|
| せんりゃくてき<br>戦略的 | | 例ラグビーは作戦が結果を左右する戦略的なスポーツだ。<br>橄榄球是一种战术会左右结果的、有策略性的运动。<br>類戦術的 |

| 1457 ★ | ナ副名サ | 相当, 相应, 颇, 很 |
|---|---|---|
| そうとう<br>相当(する) | | 例今回の台風の被害は相当だと予測される。<br>预测此次台风会造成相当大的灾害。<br>類かなり, 結構, ずいぶん |

| 1458 ★ | 副 | 轻轻地，悄悄地 |
|---|---|---|
| そっと | | 例 親に見つからないように，夜中にそっと家を出る。 |
| | | 为了不被父母看到，在夜里偷偷出门。 |
| | | 類 ひそかに，こっそり，優しく |

| 1459 ★ | 動 | 直面，面对 |
|---|---|---|
| 立ち向かう | | 例 勇気を出して困難に立ち向かう。 |
| た む | | 拿出勇气面对困难。 |
| | | 類 抵抗する，対抗する |

| 1460 ★ | 副 | 屡次，常常 |
|---|---|---|
| たびたび | | 例 彼は週末になると，たびたび私の家を訪れた。 |
| | | 他一到周末就经常来我家。 |
| | | 類 しばしば，何度も 反 まれに，時々 |

| 1461 ★ | 副 | 液体往下直流，冗长，懒洋洋，缓缓 |
|---|---|---|
| だらだら(する) | | 例 今日は疲れていたので家で一日中だらだら過ごした。 |
| | | 因为今天很累，所以一整天在家里懒洋洋地度过。 |
| | | 類 のんびり，自由に，無気力に 反 きびきび |

| 1462 ★ | 動 | 缩小，缩短，收缩 |
|---|---|---|
| 縮まる | | 例 共通の趣味があると，自然と相手との距離が縮まる。 |
| ちぢ | | 有共同兴趣的话，自然会和对方拉近距离。 |
| | | 類 縮む，縮こまる，小さくなる 反 伸びる |

| 1463 ★ | 副 | 最终，终于 |
|---|---|---|
| ついに | | 例 十年かけて，ついに世界一周を成し遂げた。 |
| | | 花了十年，终于实现了环游世界。 |
| | | 類 ようやく，いよいよ，とうとう |

| 1464 ★ | 動 | 担任，扮演 |
|---|---|---|
| 務める | | 例 彼は出世して，いまや社長を務めている。 |
| つと | | 出人头地了的他现在是总经理。 |
| | | 類 受け持つ |

| 1465 ★ | 動 | 小声嘟囔 |
|---|---|---|
| つぶやく | | 例 彼は不満をぽつりとつぶやいた。 |
| | | 他小声嘟囔不满。 |
| | | 類 ささやく 反 わめく |

| 1466 ★ | ナ 名 サ | 凹凸不平，不均衡 |
|---|---|---|
| でこぼこ(する) | | 例 でこぼこな土地をならして畑にする。 |
| | | 把坑坑洼洼的地弄平变成田地。 |
| | | 反 平ら |

| 1467 ★ | ナ 名 | 同样，同等 |
|---|---|---|
| 同一 | | 例 子供と大人を区別せず，同一に扱う。 |
| どういつ | | 不根据大人或是小孩做出区分而同等对待。 |
| | | 類 平等 反 不同 |

| 1468 ★ | 副 | 到底，无论如何 |
|---|---|---|
| とうてい | | 例 この痛みは，とうてい我慢できない。 |
| | | 这个疼痛无论如何也忍受不了。 |
| | | 類 どうしても，とても |

| 1469 ★ | 副 | 到头，终于 |
|---|---|---|
| とうとう | | 例 長い道のりだったが，とうとう目的地にたどりついた。 |
| | | 虽然是很长的路程，但是终于到达了目的地。 |
| | | 類 ついに，ようやく，結局 |

| 1470 ★<br><br>とぎ<br>途切れる | 動 | 中断，间断<br>例会話が途切れて気まずい空気になる。<br>聊天中断，气氛尴尬。<br>類途絶える，絶える |
|---|---|---|
| 1471 ★<br><br>な<br>亡くなる | 動 | 去世<br>例二年前に祖母が病気で亡くなった。<br>两年前祖母因病去世了。<br>類死ぬ，逝く　反生まれる，生きる |
| 1472 ★<br><br>な<br>無くなる | 動 | 丢失，遗失，没了<br>例買い物をたくさんしたら，お金が無くなってしまった。<br>买了太多东西，结果钱花光了。<br>類失う　反見つかる |
| 1473 ★<br><br>なにも | 副 | 什么也……，全都，（后接否定）(不必)什么都<br>例そんな些細なことで，なにも怒らなくてもいいのに。<br>本来用不着因为那样的小事生气。<br>類とくに，とりたてて，まったく，別段 |
| 1474 ★<br><br>なにもかも | 副 | 什么都……，一切<br>例火事で家のものが，なにもかも焼けてしまった。<br>因为着火，家里东西都烧光了。<br>類いっさい，あらゆること |
| 1475 ★<br><br>なま<br>怠ける | 動 | 偷懒，不卖力<br>例勉強を怠けていたので大学に進学できなかった。<br>因为学习不用功，所以没考上大学。<br>類怠る，疎かにする　反励む |
| 1476 ★<br><br>にぎやか | ナ | 热闹，繁华，性格开朗<br>例クリスマスの時期は街がにぎやかになる。<br>圣诞节期间，街上变得热闹。<br>類活気づく，活動的，楽しげ　反寂しい |
| 1477 ★<br><br>にんい<br>任意 | ナ名 | 任意<br>例数字四つを任意に選んで暗証番号を設定してください。<br>请任选四个数字设定为密码。<br>類随意，自由　反強制 |
| 1478 ★<br><br>ねづよ<br>根強い | イ | 根深蒂固地，坚韧顽强的<br>例相撲は日本で根強い人気がある。<br>相扑在日本有不可动摇的人气。<br>類変わらない，しっかり，確か |
| 1479 ★<br><br>ねば づよ<br>粘り強い | イ | 有毅力，有耐心<br>例粘り強く仕事に取り組む人は，いつか大きな成果を得る。<br>有韧劲儿地投入到工作中的人，终究会取得大的成绩。<br>類根気よく |
| 1480 ★<br><br>のびのび(する) | 副 | 自由自在，茁壮成长<br>例子供が生まれたら田舎でのびのびと育てたい。<br>孩子生下来之后，想在农村抚养他茁壮成长。<br>類自由気ままに，はつらつと |
| 1481 ★<br><br>は<br>果てしない | イ | 无限的，无边无际的<br>例地球の外側には果てしない宇宙が広がっている。<br>地球外面宇宙无限延展。<br>類限りない |

| 1482 ★ | 動 | 拉紧，紧张，干劲十足 |
|---|---|---|
| は き<br>張り切る | | 例 彼氏のために料理を張り切って作る。<br>为了男朋友很有干劲儿地做菜。<br>類 頑張る，意気込む 反 だらける |

| 1483 ★ | 動 | 拉上(网、幕等)，交付，引渡 |
|---|---|---|
| ひ わた<br>引き渡す | | 例 不要になった家具をリサイクル業者に引き渡す。<br>把不用的家具交给做二手回收的人。<br>類 渡す，譲る，譲渡する 反 引き取る |

| 1484 ★ | 副 | 排得紧紧的，塞得满满的 |
|---|---|---|
| びっしり(と) | | 例 今週は予定がびっしりつまっていて忙しい。<br>这周安排得很满非常忙。<br>類 隙間なく，ぎゅうぎゅうに |

| 1485 ★ | ナ | 标准的 |
|---|---|---|
| ひょうじゅんてき<br>標準的 | | 例 テレビ局のアナウンサーは標準的な発音で話す。<br>电视台主持用标准的发音说话。<br>類 一般的，基本的，平均的 |

| 1486 ★ | イ | 有厚度的 |
|---|---|---|
| ぶ あつ<br>分厚い | | 例 分厚い雲に太陽の光が遮られている。<br>阳光被厚厚的云层挡住。<br>類 厚い，厚手 反 薄い |

| 1487 ★ | ナ名 | 不友好，不亲切，不热情 |
|---|---|---|
| ふ しんせつ<br>不親切 | | 例 日本語だけの標識は外国人にとっては不親切だ。<br>只有日语的标志对外国人不友好。<br>類 薄情，無愛想 反 親切 |

| 1488 ★ | ナ名 | 不定期 |
|---|---|---|
| ふ てい き<br>不定期 | | 例 電車の遅延は不定期に発生する。<br>电车会不定期地晚点。<br>類 不規則，偶発的 反 定期 |

| 1489 ★ | ナ名 | 平凡 |
|---|---|---|
| へいぼん<br>平凡 | | 例 刺激のない平凡な生活を送る。<br>过没有刺激的平凡生活。<br>類 月並，ありきたり 反 非凡，奇抜 |

| 1490 ★ | 副 | 特别，(后接否定)并(不) |
|---|---|---|
| べつに | | 例 悪口を言われたとしても，べつに気にする必要はない。<br>即便是被说了坏话，也没有必要很在意。<br>類 とくに，とりたてて |

| 1491 ★ | 副名 | 决(不…)，万万(想不到…) |
|---|---|---|
| まさか | | 例 まさか私が優勝できるとは思わなかった。<br>根本没想到我能夺冠。<br>類 よもや，とても |

| 1492 ★ | イ | 一定，肯定 |
|---|---|---|
| まちが<br>間違いない | | 例 彼ほどの才能があれば将来の成功は間違いない。<br>有他那样的才能，未来一定会成功。<br>類 確実，確か |

| 1493 ★ | 動 | 抬头看，敬仰 |
|---|---|---|
| み あ<br>見上げる | | 例 夜中に星空を見上げる。<br>抬头望夜空中的星星。<br>類 仰ぎ見る，感心する 反 見下ろす，見下げる |

| 1494 ★ | 動 | 看丢，迷失 |
|---|---|---|
| みうしな<br>見失う | | 例人混みで母を見失い，はぐれてしまった。<br>在人群中没盯紧妈妈，和她走散了。<br>類失くす，消える，行方不明　反見つける，見いだす |

| 1495 ★ | ナ副 | 精彩，漂亮，完全，出色 |
|---|---|---|
| みごと<br>見事 | | 例彼は卓球の試合で見事な活躍をみせた。<br>他在乒乓球比赛中大展身手。<br>類すばらしい，結構，鮮やか，立派 |

| 1496 ★ | イ | 水灵的，鲜嫩的 |
|---|---|---|
| みずみずしい | | 例採れたての野菜はみずみずしい。<br>刚摘的蔬菜很新鲜。<br>類新鮮，若々しい　反干からびた |

| 1497 ★ | ナ名 | 不关心 |
|---|---|---|
| むかんしん<br>無関心 | | 例環境問題にいまだ無関心な人がたくさんいる。<br>现如今还是有很多人对环境问题毫不关心。<br>類無頓着　反関心 |

| 1498 ★ | ナ名 | 无防备，不设防 |
|---|---|---|
| むぼうび<br>無防備 | | 例無防備に玄関のドアを開けるのは危険だ。<br>没有戒备心地打开大门很危险。<br>類無警戒 |

| 1499 ★ | 動 | 赚钱，盈利，得到便宜 |
|---|---|---|
| もう<br>儲かる | | 例株を買ったら十万円儲かった。<br>买股票结果赚了十万日元。<br>類得する　反損する |

| 1500 ★ | イ | 差强人意的 |
|---|---|---|
| ものた<br>物足りない | | 例今日の夕飯は，おかずが少なくて物足りない。<br>今天的晚饭菜太少，有点差强人意。<br>類不十分 |

| 1501 ★ | 副名 | 朦朦胧胧，不明朗，有芥蒂，不舒畅 |
|---|---|---|
| もやもや(する) | | 例最近悩みが多くて，もやもやした気持ちでいる。<br>最近烦恼很多，心情郁闷。<br>類不安，心配　反はっきり，すっきり |

| 1502 ★ | 動 | 瘦 |
|---|---|---|
| やせる | | 例ダイエットして五キロやせた。<br>减肥瘦了五公斤。<br>類こける，減量　反太る，肥える |

| 1503 ★ | ナ名 | 麻烦，棘手，照料 |
|---|---|---|
| やっかい<br>厄介 | | 例厄介な仕事を押し付けられてしまった。<br>被迫去做麻烦的工作。<br>類面倒，煩わしい，煩雑 |

| 1504 ★ | イ | 复杂的，麻烦的 |
|---|---|---|
| ややこしい | | 例日本語は数の数え方が，ややこしい言語だ。<br>日语是一种数量词很麻烦的语言。<br>類複雑 |

| 1505 ★ | 動 | 重新做 |
|---|---|---|
| なお<br>やり直す | | 例学生時代に戻って学生生活をやり直したい。<br>想回到学生时代，再过一次学生生活。<br>類作り直す，仕切り直し |

| 1506 ★　　ナ名 | 为数不多，屈指可数 |
|---|---|
| ゆうすう<br>有数 | 例 ここは日本でも有数な観光名所です。<br>这里是日本屈指可数的著名观光地。<br>類 屈指，指折り　反 無数 |

| 1507 ★　　イ | 高兴，喜悦 |
|---|---|
| よろこ<br>喜ばしい | 例 彼が希望の会社に就職したことを喜ばしく思う。<br>为他能在理想的公司就职感到高兴。<br>類 うれしい　反 嘆かわしい |

| 1508 ★　　動 | 变弱，减弱 |
|---|---|
| よわ<br>弱まる | 例 雨が弱まったので散歩に出かける。<br>因为雨势变弱了，所以出去散步。<br>類 弱る　反 強まる |

| 1509 ★　　ナ名 | 不讲道理，荒谬 |
|---|---|
| り ふ じん<br>理不尽 | 例 理不尽な値下げ交渉には応じない。<br>不接受不讲道理的降价交涉。<br>類 筋違い，不条理　反 適正 |

| 1510 ★　　イ | 可爱的 |
|---|---|
| あい<br>愛らしい | 例 ペンギンの愛らしい姿に癒される。<br>被企鹅可爱的样子治愈。<br>類 かわいい，かわいらしい |

| 1511 ★　　イ | 乏味，提不起劲头 |
|---|---|
| あじけ<br>味気ない | 例 一人で食べる食事はどこか味気ない。<br>一个人吃饭总觉得提不起劲头。<br>類 わびしい，物悲しい，つまらない |

| 1512 ★　　副 | 清淡，坦率，简单，轻易 |
|---|---|
| あっさり | 例 優勝候補の選手が予選であっさり負けてしまった。<br>冠军种子选手在预选赛就很轻易地输掉了。<br>類 簡単，すんなり，さっぱり，淡白 |

| 1513 ★　　イ | 可疑的，异常的，关系暧昧的 |
|---|---|
| あや<br>怪しい | 例 怪しい男が家の周りをうろうろしている。<br>有一个可疑的男的在家附近转来转去。<br>類 不審，不気味，疑わしい，不可解 |

| 1514 ★　　イ | 粗野，鲁莽，势头很猛 |
|---|---|
| あらあら<br>荒々しい | 例 台風の影響で荒々しい波が押し寄せてくる。<br>由于台风的影响，大浪一波波涌来。<br>類 荒い，激しい　反 穏やか |

| 1515 ★　　イ | 凶猛，剧烈，态度不温和 |
|---|---|
| あら<br>荒い | 例 今日は波が荒くて船を出せない。<br>今天浪很大，不能出船。<br>類 荒々しい，激しい　反 穏やか |

| 1516 ★　　イ | 容易走路 |
|---|---|
| ある<br>歩きやすい | 例 山登りをする時は歩きやすい靴を履くべきだ。<br>登山时应该穿方便走路的鞋。<br>類 動きやすい　反 歩きにくい，歩きづらい |

| 1517 ★ | 副 | 一共，一并 |
|---|---|---|
| **あわせて** | | 例今回の参加者は男性と女性あわせて百人だった。<br>这次的参加者男女共一百人。<br>類一緒に，全部で，同時に |

| 1518 ★ | ナ名 | 价钱便宜 |
|---|---|---|
| **安価**<br>あんか | | 例安価な商品を購入したら品質が悪かった。<br>买了价格便宜的商品，结果质量不好。<br>類安い，廉価 反高価 |

| 1519 ★ | ナ | 安定的，稳定的 |
|---|---|---|
| **安定的**<br>あんていてき | | 例安全で良質な水を安定的に供給する。<br>稳定供应安全优质的水。<br>類継続的 反不安定 |

| 1520 ★ | 副 | 有点儿，少量，稍微 |
|---|---|---|
| **いくらか** | | 例少し眠ったら，いくらか体調が良くなった。<br>睡了一会儿，身体稍微好了一些。<br>類少しばかり，多少 |

| 1521 ★ | イ | 清白的，(面对错误时)坦荡的，诚实的 |
|---|---|---|
| **潔い**<br>いさぎよ | | 例犯人は潔く罪を認めた。<br>犯人没有诡辩，如实地承认了罪行。<br>類正直，実直，すぱっと 反未練がましい |

| 1522 ★ | 副 | 极其，非常 |
|---|---|---|
| **いたって** | | 例大きな病気をしたこともなく，私はいたって健康だ。<br>没有生过大的病，我非常健康。<br>類すこぶる，極めて，ひときわ，いっそう |

| 1523 ★ | 副名 | 格外，更加 |
|---|---|---|
| **いちだん(と)** | | 例彼女は最近，いちだんときれいになった。<br>她最近变得格外漂亮。<br>類ますます，なおのこと |

| 1524 ★ | 副 | 一向(不)，丝毫(不) |
|---|---|---|
| **いっこう(に)** | | 例彼はテストが近づいても，いっこうに勉強しない。<br>即便考试临近，他也一点都不学习。<br>類ちっとも，全然，まったく，からきし |

| 1525 ★ | 副 | 未曾，至今一次也没 |
|---|---|---|
| **いまだかつて** | | 例こんなに大きな地震は，いまだかつて経験したことがない。<br>这么大的地震，至今为止一次都没经历过。<br>類これまで，いままで |

| 1526 ★ | ナ名 | 挖苦，讽刺，讨人厌 |
|---|---|---|
| **嫌み**<br>いや | | 例相手を不快にさせる嫌みなことは言うべきではない。<br>不应该说让对方不愉快的、讨人厌的话。<br>類皮肉 |

| 1527 ★ | 副 | 陶醉，入迷 |
|---|---|---|
| **うっとり** | | 例生のオーケストラの演奏に，うっとりと聞き惚れる。<br>听现场的管弦乐演奏听得很入迷。<br>類惚れ惚れ |

| 1528 ★ | イ | 讨厌，厌恶 |
|---|---|---|
| **疎ましい**<br>うと | | 例しつこい彼のことを疎ましく感じる。<br>对于纠缠不休的他感到很厌恶。<br>類うっとうしい，いとわしい 反好ましい |

| 1529 ★ | 副 | 徘徊，走来走去 |
| うろうろ(する) | | 例 新幹線の乗り場を探して駅構内をうろうろ歩き回る。<br>因为找新干线乘车处在车站里来来回回地走。<br>類 さまよう，うろつく |

| 1530 ★ | 副 | 彻底厌倦 |
| うんざり(する) | | 例 毎日雨ばかりで，うんざりしている。<br>每天都是雨实在是厌倦了。<br>類 飽き飽き |

| 1531 ★ | 動 | 赶超，超越 |
| 追い抜く | | 例 自転車で歩いている人を追い抜く。<br>骑自行车超过了走路的人。<br>類 追い越す |

| 1532 ★ | 副 | 大概，大体 |
| おおむね | | 例 日本の経済状況は，おおむね回復傾向にある。<br>日本的经济状况大体上呈恢复趋势。<br>類 大体，ほとんど |

| 1533 ★ | 動 | 违反，犯错，犯罪，强奸 |
| 犯す | | 例 罪を犯した人を罰する。<br>惩罚犯罪的人。<br>類 破る，違反する，侵害する，侵食する |

| 1534 ★ | ナ名 | 胆小，怯懦 |
| 臆病 | | 例 馬は大きな体のわりに臆病な動物だ。<br>马是体格很大、但胆子却很小的动物。<br>類 怖がり，小心，慎重　反 大胆，勇敢 |

| 1535 ★ | 動 | 收纳，放进，归纳，收获，缴纳，收录进，平息 |
| 収める | | 例 愛犬が走っている姿をカメラに収める。<br>把爱犬跑步的样子拍下来。<br>類 写す，収納する，挙げる |

| 1536 ★ | イ | 可惜，遗憾，舍不得 |
| 惜しい | | 例 今日は忙しいので，ご飯を食べる時間も惜しい。<br>因为今天很忙，连吃饭都觉得浪费时间。<br>類 もったいない，残念 |

| 1537 ★ | 副 | 最晚 |
| 遅くとも | | 例 遅くとも九時には帰るから心配はいらないよ。<br>最晚九点会回来，所以不用担心啊。<br>類 遅くなっても |

| 1538 ★ | イ | 有男人味，有男人的样子 |
| 男らしい | | 例 重い荷物を軽々と持ち上げるしぐさは男らしい。<br>轻松拿起很重的包裹，这样的动作有男人味儿。<br>類 雄々しい　反 女らしい |

| 1539 ★ | 副 | 自然，当然 |
| おのずと | | 例 努力さえしていれば，おのずと道はひらける。<br>只要努力的话，自然会打开一条路。<br>類 ひとりでに，自然と |

| 1540 ★ | イ | 好像是，仿佛是 |
| おぼしい | | 例 犯人とおぼしい人物を駅で見かけた。<br>在车站发现了貌似犯人的人。<br>類 推定，思われる |

| | | |
|---|---|---|
| 1541 ★<br><br>おもくる<br>**重苦しい** | イ | 沉闷，沉重，不舒畅<br>例重苦しい雰囲気を払拭するために明るく振る舞う。<br>为了打破沉闷的氛围，言行表现得很欢乐。<br>類窮屈，息苦しい |
| 1542 ★<br><br>お<br>**降ろす** | 動 | 拿下，放下，使……下(车、船等)，使退位<br>例彼をチームの責任者から降ろす。<br>让他卸任团队负责人。<br>類降格，下げる 反乗せる，上げる |
| 1543 ★<br><br>**がっくり(する)** | 副 | 突然无力地，灰心气馁，急剧<br>例悪い結果に，その場でがっくりと膝をついた。<br>由于结果不好，当场无力地跪倒在地。<br>類がっかり，失望 |
| 1544 ★<br><br>かなら<br>**必ずや** | 副 | 一定，必然<br>例必ずや志望の大学に合格してみせる。<br>一定会考上志愿大学给你看。<br>類きっと，誓って |
| 1545 ★<br><br>**かゆい** | イ | 痒<br>例虫に刺されたところがかゆい。<br>被虫子咬了的地方很痒。<br>類むずがゆい，むずむず |
| 1546 ★<br><br>かるがる<br>**軽々しい** | イ | 轻率的，考虑不周的<br>例軽々しく「愛してる」なんて言ってはいけない。<br>不能随便说"我爱你"这样的话。<br>類軽率，軽薄，安易 反重々しい |
| 1547 ★<br><br>**かわいらしい** | イ | 可爱的，小巧玲珑的<br>例母は私にかわいらしいセーターを編んでくれた。<br>母亲给我织了一件很好看的毛衣。<br>類かわいい，愛らしい 反憎たらしい |
| 1548 ★<br><br>か<br>**変わりやすい** | イ | 易变的，多变的<br>例山の地形は複雑なので天気が変わりやすい。<br>因为山地地形复杂，所以天气多变。<br>類移ろいやすい，気まぐれ 反変わりにくい，変わりづらい |
| 1549 ★<br><br>**ぎくしゃく(する)** | 副 | 生硬，不灵活，(人际关系)尴尬的，别扭的<br>例彼とけんかしたので関係がぎくしゃくしている。<br>因为和他吵了架，所以关系变得别扭。<br>類ぎすぎす，ぎこちない |
| 1550 ★<br><br>**ぎこちない** | イ | 不利落，笨手笨脚<br>例私は緊張すると話し方がぎこちなくなってしまう。<br>我一紧张，说话就会变得很笨拙。<br>類たどたどしい，不器用，不慣れ 反なめらか |
| 1551 ★<br><br>きづか<br>**気遣う** | 動 | 担心，挂虑，惦念<br>例災害に巻き込まれた家族の安否を気遣う。<br>担心受灾的家人是否平安。<br>類心配する，気にかける，案じる |
| 1552 ★<br><br>**ぎっしり(と)** | 副 | 满满的<br>例袋の中には，お菓子がぎっしり詰まっていた。<br>口袋里的点心塞得满满的。<br>類ぎっちり，いっぱい，満杯 |

WEEK 1
WEEK 2
WEEK 3
WEEK 4
WEEK 5
WEEK 6
WEEK 7
WEEK 8

| 1553 ★ 気まぐれ <br> き | ナ名 | 随性的，变化无常的 <br> 例 予定を決めず，気まぐれに散歩する。 <br> 没有计划一时兴起去散步。 <br> 類 気まま，移り気，思いつき | ☐☐☐ |

| 1554 ★ 決まって <br> き | 副 | 必然，一定，必定 <br> 例 毎朝，決まって七時に目が覚める。 <br> 每天早上总会在七点醒来。 <br> 類 いつも，必ず | ☐☐☐ |

| 1555 ★ 強力 <br> きょうりょく | ナ名 | 强有力的 <br> 例 強力な選手がチームに加わった。 <br> 很有实力的队员加入到了队伍中。 <br> 類 強い，力強い，心強い　反 微力 | ☐☐☐ |

| 1556 ★ 気弱 <br> きよわ | ナ名 | 软弱，不硬气，懦弱，怯懦 <br> 例 一度失敗したくらいで気弱になる必要はない。 <br> 只失败了一次而已，没有必要变得怯懦。 <br> 類 弱気　反 気丈 | ☐☐☐ |

| 1557 ★ きらきら(する) | 副 | 闪耀的样子 <br> 例 子供の目は，きらきらと輝いている。 <br> 孩子的眼睛闪闪发光。 <br> 類 きらめく，光る | ☐☐☐ |

| 1558 ★ 気楽 <br> きらく | ナ名 | 舒畅，舒适，无忧无虑 <br> 例 家族に文句を言われない一人暮らしは気楽だ。 <br> 不被家人抱怨的独居生活很舒服。 <br> 類 楽，のんびり，のんき　反 気重，気苦労 | ☐☐☐ |

| 1559 ★ ぐいぐい(と) | 副 | 使劲地(拉或推)，有力地处理问题 <br> 例 彼はリーダーとしてチームをぐいぐい引っぱっている。 <br> 他作为领导有力地带领着团队。 <br> 類 力強く，積極的に | ☐☐☐ |

| 1560 ★ 臭い <br> くさ | イ | 臭的，难闻的 <br> 例 ごみ捨て場に生ごみが捨ててあって臭い。 <br> 垃圾收集处放着湿的生活垃圾很臭。 <br> 類 匂う，怪しい　反 かぐわしい | ☐☐☐ |

| 1561 ★ ぐずぐず(する) | 副 | 慢吞吞地，嘟嘟囔囔地，不明确 <br> 例 ぐずぐずしていると約束の時間に間に合わなくなる。 <br> 磨磨蹭蹭的话，会赶不上约定的时间。 <br> 類 ぐずる，躊躇，のろのろ　反 はきはき，てきぱき | ☐☐☐ |

| 1562 ★ くっきり(する) | 副 | 鲜明，清楚，分明 <br> 例 今日は晴れているので富士山がくっきり見える。 <br> 因为今天晴天，所以能清楚地看到富士山。 <br> 類 はっきり，明瞭　反 うっすら | ☐☐☐ |

| 1563 ★ 悔しい <br> くや | イ | 懊恼的，遗憾的，不死心的 <br> 例 大切な試合に負けて悔しい思いをする。 <br> 输掉重要的比赛中很懊恼。 <br> 類 残念，無念 | ☐☐☐ |

| 1564 ★ 暮らしやすい <br> く | イ | 容易生活的，方便居住的 <br> 例 バリアフリーにして暮らしやすい街をつくる。 <br> 打造一条方便残障人士生活的街道。 <br> 類 住みよい　反 暮らしにくい，暮らしづらい | ☐☐☐ |

| | |
|---|---|
| 1565 ★<br>くる<br>苦しめる | 動 折磨，使苦恼<br>例父親は酒飲みで家族を苦しめている。<br>父亲酗酒让家人很苦恼。<br>類困らせる　反楽しませる |
| 1566 ★<br>くれぐれも | 副 反复，周到，恳切地，衷心地<br>例夜も遅いので、くれぐれも気を付けて帰るように。<br>已经夜深了，请回去时多注意安全。<br>類どうか，念入り |
| 1567 ★<br>けんきょ<br>謙虚 | ナ 谦虚<br>例自分の失敗を謙虚に受け止めて反省する。<br>谦虚地接受自己的失败并反省。<br>類素直，控え目，謙遜　反横柄，高慢，傲慢 |
| 1568 ★<br>けんじつ<br>堅実 | ナ 坚实，踏实，可靠<br>例こつこつと貯金している彼は堅実な人だ。<br>在踏踏实实存钱的他是个可靠的人。<br>類地道，確実，手堅い |
| 1569 ★<br>げんじゅう<br>厳重 | ナ 严格，严密<br>例大統領が来日するので厳重な警備がしかれる。<br>因为总统访问日本，所以会做严密的安保。<br>類厳しい，厳戒 |
| 1570 ★<br>ごういん<br>強引 | ナ 强制，强行<br>例勉強していた友人を強引に遊びに連れ出す。<br>把在学习的朋友强行拉出去玩儿。<br>類むりやり，強制的に　反穏便 |
| 1571 ★<br>こうしき<br>公式 | ナ名 正式<br>例政府高官が公式に外国を訪問する。<br>政府高官正式访问外国。<br>類公的，正式　反非公式 |
| 1572 ★<br>こうちょう<br>好調 | ナ名 势头好，情况好<br>例新商品は発売から好調な出足をみせている。<br>新商品从发售时起就展现出良好的开局势头。<br>類順調　反不調，低調 |
| 1573 ★<br>こう つ ごう<br>好都合 | ナ名 顺利，方便，恰好<br>例安く宿泊できるホテルは旅行者にとって好都合だ。<br>便宜的旅店对于旅行者来说正合适。<br>類便宜，理想的　反不都合 |
| 1574 ★<br>こうへい<br>公平 | ナ名 公平，公正<br>例教師はどの生徒にも公平でなければならない。<br>老师必须公平对待每一个学生。。<br>類公正，平等　反不公平 |
| 1575 ★<br>こころ<br>心して | 副 小心，留神，注意<br>例今から重要な話をするので心して聞いてください。<br>因为我下面要说的话很重要，所以请注意听。<br>類慎重に |
| 1576 ★<br>こころ<br>心もとない | イ 担心，不安，心中没底<br>例免許を取ったばかりの彼女の運転は心もとない。<br>对刚拿到驾照的她的开车技术心里没底。<br>類心細い，頼りない，気がかり　反心強い |

| 1577 ★ | 動 | 擦，揉，搓 |
|---|---|---|
| こする | | 例 眠い目をこすって勉強を続ける。 |
| | | 揉揉困倦的眼睛，継続学習。 |
| | | 類 なでる，さする，する |

| 1578 ★ | 副 | 踏実，埋头做事，孜孜不倦 |
|---|---|---|
| こつこつ(と) | | 例 将来のためにお金をこつこつと貯める。 |
| | | 为了将来，踏踏实实地存钱。 |
| | | 類 地道に，着々と |

| 1579 ★ | 副 | 偷偷地，悄悄地 |
|---|---|---|
| こっそり(と) | | 例 部屋をこっそり抜け出して遊びに行く。 |
| | | 偷偷溜出屋里去玩儿。 |
| | | 類 ひそかに，隠れて |

| 1580 ★ | イ | 无上的，至高的 |
|---|---|---|
| この上ない | | 例 美人な奥さんと結婚できて，この上ない幸せです。 |
| | | 能和漂亮的夫人结婚，没有比这更幸福的事情。 |
| | | 類 無上，最上 |

| 1581 ★ | 動 | 把…弄洒，掉眼泪 |
|---|---|---|
| こぼす | | 例 手がすべってお茶をこぼしてしまった。 |
| | | 手滑了一下，把茶弄洒了。 |
| | | 類 落とす，垂らす，ひっくり返す，愚痴る |

| 1582 ★ | 動 | 滚动，摔倒 |
|---|---|---|
| 転ぶ | | 例 石につまずいて転んでしまった。 |
| | | 绊到石头上摔倒了。 |
| | | 類 転倒する，ひっくり返る　反 起きる |

| 1583 ★ | ナ名 | 小型的，紧凑的 |
|---|---|---|
| コンパクト | | 例 荷物をコンパクトにまとめて送る。 |
| | | 把行李打包得紧凑一些邮走。 |
| | | 類 小型 |

| 1584 ★ | 動 | 撕裂，剖开，拆散 |
|---|---|---|
| 裂く | | 例 二人の仲を裂こうと企む。 |
| | | 企图破坏两个人的关系。 |
| | | 類 破る，引き裂く |

| 1585 ★ | ナ | 细小，简朴，微薄 |
|---|---|---|
| ささやか | | 例 友人の誕生日にささやかなプレゼントを贈る。 |
| | | 送朋友一个小小的生日礼物。 |
| | | 類 質素，些細，控えめ，わずか |

| 1586 ★ | 副 | 不愧是，果然是，到底是 |
|---|---|---|
| さすが(に) | | 例 異国の地での一人暮らしは，さすがに寂しい。 |
| | | 异国他乡一个人生活确实寂寞。 |
| | | 類 やはり |

| 1587 ★ | 動 | 变凉，变冷，变冷淡 |
|---|---|---|
| 冷める | | 例 料理が冷めないうちに召し上がってください。 |
| | | 请趁着菜没有凉品尝。 |
| | | 類 冷える，静まる　反 温まる，沸く，熱する |

| 1588 ★ | 副 | 哗啦哗啦，潺潺 |
|---|---|---|
| さらさら(と) | | 例 きれいな水がさらさらと流れる川。 |
| | | 流水潺潺、清澈见底的河。 |
| | | 類 よどみなく |

| | | |
|---|---|---|
| 1589 ★<br><br>さわ<br>**騒がしい** | **イ** | 吵闹，喧哗，议论纷纷，社会不稳定<br>**例**今日はお祭りで人出が多く街が騒がしい。<br>今天是节日出门的人很多，街上熙熙攘攘。<br>**類**うるさい，やかましい　**反**静か |
| 1590 ★<br><br>**さわやか** | **ナ** | 爽朗，清爽，明快<br>**例**今日はさわやかな風が吹いて気持ちのいい日だ。<br>今天是微风吹拂，神清气爽的一天。<br>**類**すがすがしい，爽快 |
| 1591 ★<br><br>さんざん<br>**散々** | **ナ副** | 倒霉，惨败，程度严重，狠狠地<br>**例**テストの対策をしなかったので散々な結果になった。<br>因为没有做考试的对策，所以结果很惨。<br>**類**ひどい，ひどく |
| 1592 ★<br><br>し きゅう<br>**至急** | **副名** | 火急，非常紧急<br>**例**緊急事態なので至急来てください。<br>因为是紧急事情，所以请赶快来。<br>**類**急いで，緊急 |
| 1593 ★<br><br>し げきてき<br>**刺激的** | **ナ** | 刺激的，新鲜的，兴奋的<br>**例**いろいろな国の人と触れ合い刺激的な毎日を過ごす。<br>和很多国家的人接触，每天都过得新鲜刺激。<br>**類**わくわく，興味津々 |
| 1594 ★<br><br>した<br>**親しみやすい** | **イ** | 容易亲近<br>**例**彼女はいつも笑顔で接してくれるので親しみやすい。<br>因为她总是笑脸迎人，所以很容易亲近。<br>**類**気さく，人懐っこい　**反**親しみにくい，親しみづらい |
| 1595 ★<br><br>**しつこい** | **イ** | 纠缠不休，(色、香、味等)浓艳，腻人<br>**例**彼が何度もしつこく電話してくるので困っている。<br>因为他多次纠缠不休地打电话来，所以我很困扰。<br>**類**くどい |
| 1596 ★<br><br>じつ<br>**実に** | **副** | 的确，实在，非常<br>**例**彼は評判通り，実に誠実な人だ。<br>他正如大家评价的那样，的确是一个很真诚的人。<br>**類**まことに，本当に |
| 1597 ★<br><br>**しぶしぶ** | **副** | 心不甘情不愿，勉勉强强<br>**例**彼の意見に納得できなかったが，しぶしぶ承諾した。<br>虽然不接受他的意见，但还是勉强答应了。<br>**類**いやいや，仕方なく　**反**あっさり，やすやすと |
| 1598 ★<br><br>しゅたいてき<br>**主体的** | **ナ** | 有主体性的，自主的，积极的<br>**例**主体的に授業に参加する姿勢が大切だ。<br>主动上课的态度很重要。<br>**類**能動的，積極的　**反**客体的 |
| 1599 ★<br><br>じゅんじゅん<br>**順々に** | **副** | 按顺序，依次<br>**例**早く到着した人から順々に案内していきます。<br>从先到的人开始按顺序进行引导。<br>**類**順番に，段階的に |
| 1600 ★<br><br>**じりじり(と)** | **副** | 逐步逼近，一点点，(太阳)强烈照射，(铃声)叮铃铃<br>**例**犯人をじりじりと追いつめていく。<br>一步步追赶逼近犯人。<br>**類**次第に |

| 1601 ★ | 副 | 液体缓慢扩散状，一点一点 |
|---|---|---|
| じわじわ(と) | | 例 汗がシャツにじわじわと染み込んでいく。<br>汗水慢慢湿透衬衫。<br>類 次第に，徐々に |

| 1602 ★ | ナ | (程度)极大、非常严重 |
|---|---|---|
| 甚大<br>じんだい | | 例 今回の台風は街に甚大な被害をもたらした。<br>此次台风给城市造成了巨大破坏。<br>類 多大，莫大 反 軽微 |

| 1603 ★ | イ | 忍耐力强的，有耐心的，克制的 |
|---|---|---|
| 辛抱強い<br>しんぼうづよ | | 例 成績が伸びなくても辛抱強く勉強に取り組む。<br>即便成绩没有进步也耐心地投入学习。<br>類 忍耐，我慢強い |

| 1604 ★ | イ | 清爽、爽快、舒畅 |
|---|---|---|
| すがすがしい | | 例 元気に挨拶すると、すがすがしい気持ちになる。<br>很有精神地打招呼的话心情会变得舒畅。<br>類 さわやか，晴れやか，爽快 反 暑苦しい，うっとうしい |

| 1605 ★ | 副 | 迅速地(移动)、爽快、痛快 |
|---|---|---|
| すっと(する) | | 例 友人に悩み事を相談したら胸がすっとした。<br>和朋友聊了烦心事，心里痛快多了。<br>類 すっきり，素早く，すんなりと |

| 1606 ★ | 副 | 细长、修长、顺利、毫不费力 |
|---|---|---|
| すんなり(と) | | 例 もめることなく、すんなりと話はまとまった。<br>没有起争执，事情顺利地谈拢了。<br>類 円滑に，容易に |

| 1607 ★ | ナ名 | 诚实、实在 |
|---|---|---|
| 誠実<br>せいじつ | | 例 彼は必ず約束を守る誠実な人だ。<br>他是个一定会遵守约定的实在的人。<br>類 真面目，実直 反 不誠実，不実 |

| 1608 ★ | 動 | 背、背负、负担、背对着 |
|---|---|---|
| 背負う<br>せ お | | 例 熱がある子供を背負って病院に急いだ。<br>背上发烧的孩子急忙去医院。<br>類 引き受ける，請け負う |

| 1609 ★ | 動 | 打倒、放倒、击败、推翻 |
|---|---|---|
| 倒す<br>たお | | 例 ボクシングでチャンピオンを倒した。<br>在拳击比赛中击败冠军。<br>類 転ばす，負かす 反 起こす |

| 1610 ★ | イ | 强壮、魁梧、顽强、刚毅 |
|---|---|---|
| たくましい | | 例 どんな困難にも負けない、たくましい精神を身に付ける。<br>学到不向任何困难低头的坚韧精神。<br>類 強い，強靭 反 か弱い，ひ弱い |

| 1611 ★ | 副 | 立即、直接 |
|---|---|---|
| 直ちに<br>ただ | | 例 警察は通報を受けたら直ちに出動しなければならない。<br>警察接到报案后必须马上出动。<br>類 すぐさま，即座に 反 のちほど |

| 1612 ★ | 動 | 恢复、好转、回升 |
|---|---|---|
| 立ち直る<br>た なお | | 例 会社が倒産したショックから立ち直る。<br>从公司倒闭的震惊中振作起来。<br>類 戻る，復活する，回復する |

| 1613 ★ | イ | 可靠的，值得信赖的 |
|---|---|---|
| たの<br>頼もしい | | 例困った時に助けてくれる上司は頼もしい存在だ。<br>能够在有困难时帮助自己的上司是一个值得信赖的存在。<br>類心強い　反頼りない |

| 1614 ★ | 副名 | 试，尝试 |
|---|---|---|
| ため<br>試し(に) | | 例新商品が発売されたので，試しに買ってみる。<br>因为新商品发售了，所以买来试试。<br>類まずは，一応，試み |

| 1615 ★ | イ | 疲劳的，乏力的 |
|---|---|---|
| だるい | | 例昨日の疲れのせいで今日は体がだるくて動けない。<br>都怪昨天太累，今天身体很疲劳动不了。<br>類辛い，けだるい，かったるい　反軽い |

| 1616 ★ | イ | 谨慎的，留心的 |
|---|---|---|
| ちゅう い ぶか<br>注意深い | | 例書類にミスがないように注意深く確認する。<br>为了不让材料中有错误，谨慎确认。<br>類しっかり，丁寧，入念，慎重　反不注意 |

| 1617 ★ | 動 | 弄乱，乱扔 |
|---|---|---|
| ち<br>散らかす | | 例兄は部屋を散らかしても片付けようとしない。<br>哥哥把屋子弄得乱糟糟的却不去收拾。<br>類放り出す，ばらまく，乱す　反片付ける |

| 1618 ★ | 動 | 追加，附加 |
|---|---|---|
| つ た<br>付け足す | | 例日本語だけでなく中国語の説明を付け足す。<br>在日语之外附加中文说明。<br>類加える，足す，添える |

| 1619 ★ | イ | 殷勤的，热诚的，优厚的 |
|---|---|---|
| て あつ<br>手厚い | | 例海外からの大切なお客様を手厚くもてなす。<br>周到招待来自国外的重要客人。<br>類丁寧，しっかり　反雑 |

| 1620 ★ | ナ名 | 没做，没动 |
|---|---|---|
| て つ<br>手付かず | | 例明日までの日本語の宿題が，まだ手付かずだ。<br>明天要交的日语作业还没有写。<br>類未処理，未着手 |

| 1621 ★ | イ | 高贵的，高贵的，值得尊敬的 |
|---|---|---|
| とうと<br>尊い | | 例人類は戦争で尊い命を数多く失った。<br>人类因为战争失去了很多宝贵的生命。<br>類貴重，高貴　反卑しい |

| 1622 ★ | 副 | 勉强，凑合，无论怎样也要…… |
|---|---|---|
| どうにか | | 例どうにか最初の試験を突破することができた。<br>勉强考过了第一门考试。<br>類なんとか，やっと，かろうじて |

| 1623 ★ | 副 | 怎么也，毫无办法，实在，的确 |
|---|---|---|
| どうにも | | 例無茶な要求をされたので，どうにも困ってしまった。<br>被提了无理要求，实在是很困扰。<br>類まったく，なんとも |

| 1624 ★ | 動 | 穿越，穿行 |
|---|---|---|
| とお ぬ<br>通り抜ける | | 例電車はいくつかの街を通り抜けて目的地に向かう。<br>电车穿过几条街通向目的地。<br>類通り過ぎる，突っ切る，乗り越える　反行き止まる |

| 1625 ★ | 動 | 讲明道理，说明 |
|---|---|---|
| 説く<br>と | | 例 先生は英語を学ぶ重要性を生徒に説いていた。<br>老师向学生说明了学习英语的重要性。<br>類 説明する，解説する，諭す |

| 1626 ★ | 動 | 融化，化开，搅拌成液体 |
|---|---|---|
| 溶く<br>と | | 例 わさびを醤油に溶いて食べてください。<br>请把芥末拌在酱油里吃。<br>類 溶かす |

| 1627 ★ | 副名 | 最后，最终，到底，彻底 |
|---|---|---|
| とことん | | 例 お互いが納得するまで，とことん話し合うつもりだ。<br>打算好好商量到双方都能接受为止。<br>類 徹底的に，存分に |

| 1628 ★ | 副名 | 刚一……的时候，就…… |
|---|---|---|
| 途端(に)<br>と たん | | 例 疲れていたので布団に入った途端に眠ってしまった。<br>因为累了，所以一进被窝就睡着了。<br>類 即座に，瞬間に |

| 1629 ★ | 動 | 起飞，冲出去，冒出来，凸出来 |
|---|---|---|
| 飛び出す<br>と だ | | 例 私は寝坊して，ご飯も食べずに家を飛び出した。<br>我因为睡过了饭都没有吃就飞奔出家门。<br>類 飛び出る，突き出る |

| 1630 ★ | イ | 匮乏，缺乏 |
|---|---|---|
| 乏しい<br>とぼ | | 例 日本は天然資源に乏しい国だ。<br>日本是自然资源贫乏的国家。<br>類 不十分，貧弱　反 豊か |

| 1631 ★ | 動 | 取消 |
|---|---|---|
| 取り消す<br>と け | | 例 誤って注文した商品を取り消す。<br>取消误订的商品。<br>類 打ち消す，撤回する |

| 1632 ★ | 動 | 恢复，收回 |
|---|---|---|
| 取り戻す<br>と もど | | 例 友人の励ましのおかげで元気を取り戻した。<br>多亏了朋友的鼓励，又找回活力了。<br>類 取り返す，戻る，挽回する |

| 1633 ★ | 副 | 尤其，其中尤以…… |
|---|---|---|
| なかでも | | 例 私はお肉のなかでも牛肉に目がない。<br>在所有肉里，我特别喜欢牛肉。<br>類 とくに，とりわけ |

| 1634 ★ | イ | (因同情、感动)令人流眼泪的 |
|---|---|---|
| 涙ぐましい<br>なみだ | | 例 彼は涙ぐましい努力を続けて大学に合格した。<br>他不断付出令人动容的努力，考上了大学。<br>類 壮絶，並外れた |

| 1635 ★ | ナ | 肉体的，肉体上 |
|---|---|---|
| 肉体的<br>にくたいてき | | 例 年をとって肉体的な衰えを感じる。<br>随着年纪变大，感受到身体上的衰老。<br>類 身体的　反 精神的 |

| 1636 ★ | 副 | 笑嘻嘻，高兴微笑状 |
|---|---|---|
| にこにこ(する) | | 例 彼女はいつもにこにこしていて気持ちの良い人だ。<br>她是一个经常笑嘻嘻的、让人觉得很舒服的人。<br>類 にっこり，にこやか　反 ぷんぷん，めそめそ |

| 1637 ★ 　　　　　　動 | 勤奋，努力 |
|---|---|
| はげ<br>励む | 例教授は健康食品の研究に励んでいます。<br>教授致力于健康食品的研究。<br>類尽くす，尽力する，精を出す　反怠ける，怠る |

| 1638 ★ 　　　　　　副 | 突然倒下的样子，突然相遇，突然停止的样子 |
|---|---|
| ばったり(と) | 例街中でばったり友人に出会った。<br>在街上偶然遇到了朋友。<br>類偶然，思いがけず |

| 1639 ★ 　　　　　　動 | 提前，加快，贸然，仓促 |
|---|---|
| はや<br>早まる | 例今年は暖かかったので桜の開花が早まった。<br>因为今年天气很暖和，樱花花期提前了。<br>類早める，繰り上がる　反遅れる，延びる |

| 1640 ★ 　　　　　　副 | 光亮，闪闪发光 |
|---|---|
| ぴかぴか(と／に) | 例お風呂をぴかぴかに掃除する。<br>把浴缸清洗得光洁如新。<br>類光る，輝く，真新しい |

| 1641 ★ 　　　　　　イ | 许久，好久 |
|---|---|
| ひさ<br>久しい | 例大学時代の恩師に卒業以来久しく会っていない。<br>大学时的恩师自从毕业之后很久没见到了。<br>類久しぶり，長らく　反頻繁 |

| 1642 ★ 　　　　　ナ名 | 不规则，不规律 |
|---|---|
| ふ きそく<br>不規則 | 例不規則な生活習慣のせいで体調を壊す。<br>就因为不规律的生活习惯弄坏身体。<br>類乱れた　反規則的 |

| 1643 ★ 　　　　　ナ名 | 笨拙，不灵巧，不精巧 |
|---|---|
| ぶ きよう<br>不器用 | 例彼は不器用なので，細かな作業が苦手だ。<br>因为他的手不巧，所以不擅长做细活儿。<br>類ぶきっちょ　反器用 |

| 1644 ★ 　　　　　ナ名 | 不公平，不公正 |
|---|---|
| ふ こうへい<br>不公平 | 例スポーツでは不公平な判定は許されない。<br>在运动比赛中，不允许出现不公正的判决。<br>類不平等，ひいき　反公平 |

| 1645 ★ 　　　　　ナ名 | 不平等 |
|---|---|
| ふ びょうどう<br>不平等 | 例外国と不平等な条約を結ぶ。<br>和外国签订不平等条约。<br>類不公平　反平等 |

| 1646 ★ 　　　　　　副 | 踉踉跄跄，东倒西歪 |
|---|---|
| ふらふら(する) | 例お酒に酔って足どりがふらふらしている。<br>喝醉酒脚步不稳。<br>類よろよろ，不安定　反ぴんぴん |

| 1647 ★ 　　　　　　動 | 放松，缓解，拆开，拆散 |
|---|---|
| ほぐす | 例魚の身を食べやすいようにほぐす。<br>把鱼肉分解得比较容易入口。<br>類ほどく |

| 1648 ★ 　　　　　　イ | 适当的，恰好的 |
|---|---|
| ほどよい | 例具材をほどよい大きさに切って炒める。<br>把食材切成合适的大小去炒。<br>類適当 |

★★★ 高頻

★★ 中頻

★ 衍生

| 1649 ★ | イ | 易弄错的，容易混淆的，不易分辨的 |
|---|---|---|

**紛らわしい** (まぎ)

例「卵」と「玉子」は紛らわしい日本語だ。

「卵」和「玉子」是容易混淆的日语。

類 間違いやすい

| 1650 ★ | 副 | 不久，马上 |
|---|---|---|

**まもなく**

例 まもなく到着しますので，みなさん起きてください。

因为马上就要到达了，所以请大家起来。

類 ほどなく，じきに

| 1651 ★ | 副 | 整个，囫囵个儿，原样全部 |
|---|---|---|

**まるごと**

例 息子に財産をまるごとゆずる。

把财产全部转给儿子。

類 すべて，そのまま

| 1652 ★ | 動 | 弄圆，揉成团，剃头 |
|---|---|---|

**丸める** (まる)

例 紙を小さく丸めて捨てる。

把纸揉成一团扔掉。

類 丸くする

| 1653 ★ | 動 | 目送，送行，搁置 |
|---|---|---|

**見送る** (み おく)

例 旅立つ姉をバス停で見送った。

在公交站台目送走出远门的姐姐。

類 見守る，断念する，送る，付き添う 反 出迎える

| 1654 ★ | 動 | 监护，照料，关注 |
|---|---|---|

**見守る** (み まも)

例 両親は遠くから私を見守ってくれている。

父母在远方守护着我。

類 案ずる，静観する 反 見放す

| 1655 ★ | ナ名 | 无效 |
|---|---|---|

**無効** (む こう)

例 クーポン券の有効期限が切れて無効になる。

优惠券有效期过了就无效了。

類 失効，停止，失格，喪失 反 有効

| 1656 ★ | ナ名 | 无知 |
|---|---|---|

**無知** (む ち)

例 投資に無知なまま手を出して損をした。

没有任何知识就去投资，遭受了损失。

類 不勉強，無学 反 博識，博学

| 1657 ★ | イ | 空洞，虚的，虚幻的，徒劳的 |
|---|---|---|

**むなしい**

例 一人で食事をするのはむなしい。

一个人吃饭觉得很空落落的。

類 空虚，はかない

| 1658 ★ | 副 | 强行，硬逼着 |
|---|---|---|

**むりやり**

例 鍵をなくして，むりやりドアをこじ開ける。

把钥匙弄丢了，强行撬开门。

類 強制的に，力ずくで

| 1659 ★ | イ | 眼花缭乱的，目不暇接的，瞬息万变的 |
|---|---|---|

**めまぐるしい**

例 グローバル社会は世の中の変化がめまぐるしい。

在全球化时代，世界的变化瞬息万变。

類 激しい，急激，慌ただしい

| 1660 ★ | 動 | 款待，招待，接待 |
|---|---|---|

**もてなす**

例 コーヒーとお菓子で客をもてなした。

用咖啡和点心招待客人。

類 接待する

| 1661 ★ | イ | 恐怖的，吓人的，惊人的 |
|---|---|---|
| ものすごい | | 例 春一番が吹いて外はものすごい風だ。<br>初春最早的强南风吹来，外面狂风大作。<br>類 激しい，とてつもない |

| 1662 ★ | イ | 脆弱的，易碎的 |
|---|---|---|
| 脆い<br>もろ | | 例 この建物は意外にも地震に脆かった。<br>这个建筑意外地经不住地震。<br>類 弱い，ひ弱，脆弱，軟弱　反 固い，硬い |

| 1663 ★ | イ | 喧闹的，嘈杂的 |
|---|---|---|
| やかましい | | 例 隣の家の犬は鳴き声がやかましい。<br>邻居家的狗的叫声很吵。<br>類 うるさい，騒がしい |

| 1664 ★ | 動 | 雇佣 |
|---|---|---|
| 雇う<br>やと | | 例 勉強しない息子のために家庭教師を雇う。<br>为了不学习的儿子请家教。<br>類 雇用する，使う |

| 1665 ★ | ナ名 | 莽撞，不管不顾 |
|---|---|---|
| やみくも | | 例 やみくもに自己PRしても採用担当者には伝わらない。<br>胡乱介绍自己一通也不会打动面试官。<br>類 むやみ，むやみやたら，手当たり次第 |

| 1666 ★ | ナ | 优先的 |
|---|---|---|
| 優先的<br>ゆうせんてき | | 例 予約した人は商品を優先的に購入できる。<br>预约的人可以优先买到商品。<br>類 先，先行 |

| 1667 ★ | イ | 冷淡的，见外的，疏远的 |
|---|---|---|
| よそよそしい | | 例 なんだか今日は彼の態度がよそよそしい。<br>总觉得今天他的态度很生分。<br>類 他人行儀，水臭い，冷ややか　反 なれなれしい |

| 1668 ★ | 動 | 挨近，贴近 |
|---|---|---|
| 寄り添う<br>よ そ | | 例 犬が飼い主に寄り添って散歩している。<br>狗紧跟着主人散步。<br>類 付き添う，沿う，隣り合う |

| 1669 ★ | イ | 孱弱，软弱 |
|---|---|---|
| 弱々しい<br>よわよわ | | 例 捨てられた猫が弱々しく鳴いている。<br>被遗弃的猫孱弱地叫着。<br>類 弱い，か弱い，ひ弱 |

| 1670 ★ | 副 | (很多人)大声吵嚷状 |
|---|---|---|
| わいわい | | 例 パーティー会場はわいわい騒がしかった。<br>聚会会场吵吵嚷嚷喧闹。<br>類 がやがや，騒がしい |

| 1671 ★ | イ | 看起来很年轻的 |
|---|---|---|
| 若々しい<br>わかわか | | 例 祖父は九十歳とは思えないほど若々しい。<br>祖父看起来很年轻，看不出来是九十岁。<br>類 若い，はつらつ |

| 1672 ★ | イ | 繁琐的，麻烦的，复杂的 |
|---|---|---|
| 煩わしい<br>わずら | | 例 予約のキャンセルには煩わしい手続きが必要だ。<br>取消预约的话需要繁琐的手续。<br>類 煩雑，厄介 |

# 頻出単語

## 名詞

| 1673 ★★★ 名サ | | |
|---|---|---|
| じゅぎょう<br>授業(する) | (上)课 | |

| 1674 ★★★ 名サ | | |
|---|---|---|
| せつめい<br>説明(する) | 说明，解释 | |

| 1675 ★★★ 名 | | |
|---|---|---|
| じょしがくせい<br>女子学生 | 女生 | |

| 1676 ★★★ 名 | | |
|---|---|---|
| だんしがくせい<br>男子学生 | 男生 | |

| 1677 ★★★ 名 | | |
|---|---|---|
| でき<br>出来 | 能，完成，出现 | |

| 1678 ★★★ 名 | | |
|---|---|---|
| じかん<br>時間 | 时间 | |

| 1679 ★★★ 名サ | | |
|---|---|---|
| かんけい<br>関係(する) | 关系，相关 | |

| 1680 ★★★ 名 | | |
|---|---|---|
| もんだい<br>問題 | 问题 | |

| 1681 ★★★ 名 | | |
|---|---|---|
| じょうほう<br>情報 | 信息，情报 | |

| 1682 ★★★ 名 | | |
|---|---|---|
| こた<br>答え | 回答，回应 | |

| 1683 ★★★ 名 | | |
|---|---|---|
| にんげん<br>人間 | 人类，人 | |

| 1684 ★★★ 名サ | | |
|---|---|---|
| へんか<br>変化(する) | 变化 | |

| 1685 ★★★ 名サ | | |
|---|---|---|
| せいかつ<br>生活(する) | 生活 | |

| 1686 ★★★ 名 | | |
|---|---|---|
| ほうほう<br>方法 | 方法 | |

| 1687 ★★★ 名サ | | |
|---|---|---|
| りよう<br>利用(する) | 使用，利用 | |

| 1688 ★★★ 名 | | |
|---|---|---|
| けっか<br>結果 | 结果 | |

| 1689 ★★★ 名 | | |
|---|---|---|
| ぶぶん<br>部分 | 部分 | |

| 1690 ★★★ 名 | | |
|---|---|---|
| ばしょ<br>場所 | 场所，位置 | |

| 1691 ★★★ 名サ | | |
|---|---|---|
| いみ<br>意味(する) | 意思，意义 | |

| 1692 ★★★ 名 | | |
|---|---|---|
| りゆう<br>理由 | 理由，原因 | |

| 1693 ★★★ 名サ | | |
|---|---|---|
| こうどう<br>行動(する) | 行动 | |

| 1694 ★★★ 名 | | |
|---|---|---|
| こども<br>子供 | 小孩 | |

| 1695 ★★★ 名 | | |
|---|---|---|
| ばあい<br>場合 | 情形，情况 | |

| 1696 ★★★ 名 | | |
|---|---|---|
| かんきょう<br>環境 | 环境 | |

| 1697 ★★★ 名サ | | |
|---|---|---|
| りかい<br>理解(する) | 理解 | |

| 1698 ★★★ 名 | | |
|---|---|---|
| だいがく<br>大学 | 大学 | |

| 1699 ★★★ 名 | | |
|---|---|---|
| ことば<br>言葉 | 语言，词语 | |

| 1700 ★★★ 名 | | |
|---|---|---|
| しゃかい<br>社会 | 社会 | |

| 1701 ★★★ 名 | | |
|---|---|---|
| しごと<br>仕事 | 工作 | |

| 1702 ★★★ 名サ | | |
|---|---|---|
| しつもん<br>質問(する) | 提问，问题 | |

| 1703 ★★★ 名 | | |
|---|---|---|
| さいご<br>最後 | 最后，结果 | |

| 1704 ★★★ 名サ | | |
|---|---|---|
| えいきょう<br>影響(する) | 影响 | |

| | | |
|---|---|---|
| 1705 ★★★ 名サ<br>かつどう<br>活動(する) | 活动 | |
| 1706 ★★★ 名サ<br>ちょうさ<br>調査(する) | 调查 | |
| 1707 ★★★ 名<br>あいて<br>相手 | 对方，对手 | |
| 1708 ★★★ 名<br>ひとびと<br>人々 | 人们 | |
| 1709 ★★★ 名<br>し りょう<br>資料 | 资料 | |
| 1710 ★★★ 名<br>きょう／こんにち<br>今日 | 今天，现在，<br>如今 | |
| 1711 ★★★ 名サ<br>けんきゅう<br>研究(する) | 研究 | |
| 1712 ★★★ 名<br>かんが<br>考え | 思考，想法 | |
| 1713 ★★★ 名サ<br>さん か<br>参加(する) | 参加 | |
| 1714 ★★★ 名サ<br>い けん<br>意見(する) | 意见 | |
| 1715 ★★★ 名サ<br>けいけん<br>経験(する) | 经历，体验 | |
| 1716 ★★★ 名<br>げんざい<br>現在 | 现在，此时 | |
| 1717 ★★★ 名<br>ち いき<br>地域 | 地域，地区 | |
| 1718 ★★★ 名サ<br>じっけん<br>実験(する) | 实验 | |
| 1719 ★★★ 名<br>ぎ じゅつ<br>技術 | 技术 | |
| 1720 ★★★ 名<br>じょせい<br>女性 | 女性 | |
| 1721 ★★★ 名<br>どうぶつ<br>動物 | 动物 | |

| | | |
|---|---|---|
| 1722 ★★★ 名<br>はじ<br>始め | 开始 | |
| 1723 ★★★ 名<br>もくてき<br>目的 | 目的 | |
| 1724 ★★★ 名<br>せ かい<br>世界 | 世界 | |
| 1725 ★★★ 名サ<br>はっぴょう<br>発表(する) | 发表，公布 | |
| 1726 ★★★ 名<br>しゅるい<br>種類 | 种类 | |
| 1727 ★★★ 名サ<br>べんきょう<br>勉強(する) | 学习 | |
| 1728 ★★★ 名<br>じょうきょう<br>状況 | 状况 | |
| 1729 ★★★ 名<br>ぜんたい<br>全体 | 全体 | |
| 1730 ★★★ 名<br>ひとり　ひと<br>一人／独り | 一个人，单身，<br>独自 | |
| 1731 ★★★ 名<br>テーマ | 主题 | |
| 1732 ★★★ 名サ<br>かいはつ<br>開発(する) | 开发 | |
| 1733 ★★★ 名<br>ち しき<br>知識 | 知识 | |
| 1734 ★★★ 名<br>だんせい<br>男性 | 男性 | |
| 1735 ★★★ 名<br>いっしょ<br>一緒 | 一起，相同 | |
| 1736 ★★★ 名サ<br>はんだん<br>判断(する) | 判断 | |
| 1737 ★★★ 名<br>じょうたい<br>状態 | 状态 | |
| 1738 ★★★ 名<br>たいしょう<br>対象 | 对象 | |

| № | 見出し | 意味 |
|---|---|---|
| 1739 ★★★ 名サ | 評価(する) ひょうか | 评价，积极评价 |
| 1740 ★★★ 名サ | 確認(する) かくにん | 确认 |
| 1741 ★★★ 名 | 原因 げんいん | 原因 |
| 1742 ★★★ 名 | 最初 さいしょ | 最初 |
| 1743 ★★★ 名 | 商品 しょうひん | 商品 |
| 1744 ★★★ 名 | 留学生 りゅうがくせい | 留学生 |
| 1745 ★★★ 名 | 学校 がっこう | 学校 |
| 1746 ★★★ 名サ | 使用(する) しよう | 使用 |
| 1747 ★★★ 名 | 気持ち きもち | 心情，感觉 |
| 1748 ★★★ 名 | 能力 のうりょく | 能力 |
| 1749 ★★★ 名 | 一般 いっぱん | 一般，普遍 |
| 1750 ★★★ 名 | 考え方 かんがかた | 想法 |
| 1751 ★★★ 名 | みなさん | 大家，各位 |
| 1752 ★★★ 名サ | 意識(する) いしき | 意识(到)，观念 |
| 1753 ★★★ 名 | 効果 こうか | 效果 |
| 1754 ★★★ 名サ | 成長(する) せいちょう | 成长，(经济等)增长 |
| 1755 ★★★ 名サ | 存在(する) そんざい | 存在 |
| 1756 ★★★ 名 | 違い ちが | 区别，错误 |
| 1757 ★★★ 名サ | 表現(する) ひょうげん | 表达，展现 |
| 1758 ★★★ 名サ | 電話(する) でんわ | (打)电话 |
| 1759 ★★★ 名 | グラフ | 图表，画报 |
| 1760 ★★★ 名 | 特徴 とくちょう | 特征，特点 |
| 1761 ★★★ 名 | まとめ | 总结，归纳 |
| 1762 ★★★ 名サ | 注意(する) ちゅうい | 注意，警告 |
| 1763 ★★★ 名 | 文化 ぶんか | 文化 |
| 1764 ★★★ 名 | 企業 きぎょう | 企业 |
| 1765 ★★★ 名サ | 紹介(する) しょうかい | 介绍 |
| 1766 ★★★ 名 | 項目 こうもく | 项目，条目 |
| 1767 ★★★ 名 | 時代 じだい | 时代 |
| 1768 ★★★ 名サ | 体験(する) たいけん | 体验 |
| 1769 ★★★ 名サ | 注目(する) ちゅうもく | 注视，关注，注目 |
| 1770 ★★★ 名 | テレビ | 电视 |
| 1771 ★★★ 名 | 流れ なが | 流，流动，流程，流派，趋势 |
| 1772 ★★★ 名 | 生物 せいぶつ | 生物 |

| | | | |
|---|---|---|---|
| 1773 ★★★ 名<br>なか<br>中 | 内部，当中，<br>中间，中等 | 1790 ★★★ 名<br>うご<br>動き | 动作，行动，<br>动向 |
| 1774 ★★★ 名<br>きょう み<br>興味 | (对…有)兴趣，<br>兴致 | 1791 ★★★ 名<br>か がく<br>科学 | 科学 |
| 1775 ★★★ 名<br>しょくぶつ<br>植物 | 植物 | 1792 ★★★ 名サ<br>き のう<br>機能(する) | 机能，<br>(发挥)功能 |
| 1776 ★★★ 名サ<br>ぶんるい<br>分類(する) | 分类 | 1793 ★★★ 名<br>こん ど<br>今度 | 这次，下次 |
| 1777 ★★★ 名<br>へ や<br>部屋 | 房间 | 1794 ★★★ 名<br>やくわり<br>役割 | 作用，角色 |
| 1778 ★★★ 名<br>アンケート | 问卷 | 1795 ★★★ 名サ<br>がくしゅう<br>学習(する) | 学习，长进 |
| 1779 ★★★ 名サ<br>き たい<br>期待(する) | 期待 | 1796 ★★★ 名サ<br>にんしき<br>認識(する) | 认识，理解，<br>(电脑等)识别 |
| 1780 ★★★ 名サ<br>そうだん<br>相談(する) | 协商，商量 | 1797 ★★★ 名サ<br>イメージ(する) | (心目中的)形象 |
| 1781 ★★★ 名サ<br>ぶんせき<br>分析(する) | 分析 | 1798 ★★★ 名<br>さいきん<br>最近 | 最近 |
| 1782 ★★★ 名<br>まいにち<br>毎日 | 每天 | 1799 ★★★ 名サ<br>たいおう<br>対応(する) | 与…相对应，<br>应对 |
| 1783 ★★★ 名<br>こ ども<br>子供たち | 孩子们，<br>小孩们 | 1800 ★★★ 名サ<br>はんのう<br>反応(する) | 反应 |
| 1784 ★★★ 名<br>し く<br>仕組み | 机制，构造 | 1801 ★★★ 名<br>けいこう<br>傾向 | 倾向 |
| 1785 ★★★ 名<br>じょうけん<br>条件 | 条件 | 1802 ★★★ 名サ<br>さ ぎょう<br>作業(する) | (多指肉体)劳动，<br>工作 |
| 1786 ★★★ 名<br>た／ほか<br>他 | 其他，等 | 1803 ★★★ 名<br>と しょかん<br>図書館 | 图书馆 |
| 1787 ★★★ 名サ<br>い どう<br>移動(する) | 移动，挪动 | 1804 ★★★ 名サ<br>く ふう<br>工夫(する) | 下功夫做… |
| 1788 ★★★ 名<br>かいしゃ<br>会社 | 公司 | 1805 ★★★ 名<br>げんだい<br>現代 | 现代 |
| 1789 ★★★ 名<br>か のうせい<br>可能性 | 可能性 | 1806 ★★★ 名サ<br>じゅん び<br>準備(する) | 准备 |

|  |  |  |  |
|---|---|---|---|
| 1807 ★★★ | 発見(する) はっけん | 名サ | 发现 |
| 1808 ★★★ | 以前 いぜん | 名 | 之前，以前 |
| 1809 ★★★ | 友達 ともだち | 名 | 朋友 |
| 1810 ★★★ | 周り まわり | 名 | 周围，附近，圈 |
| 1811 ★★★ | レポート(する) | 名サ | 报告，报道 |
| 1812 ★★★ | 観察(する) かんさつ | 名サ | 观察 |
| 1813 ★★★ | 講義(する) こうぎ | 名サ | 讲课，大学课程 |
| 1814 ★★★ | 他人 たにん | 名 | 他人，外人，无关的人 |
| 1815 ★★★ | 一度 いちど | 名 | 一次 |
| 1816 ★★★ | 価値 かち | 名 | 价值 |
| 1817 ★★★ | 教育(する) きょういく | 名サ | 教育 |
| 1818 ★★★ | 今後 こんご | 名 | 今后 |
| 1819 ★★★ | 努力(する) どりょく | 名サ | 努力 |
| 1820 ★★★ | 割合 わりあい | 名 | 比例 |
| 1821 ★★★ | サービス(する) | 名サ | 服务，打折，赠品 |
| 1822 ★★★ | 新聞 しんぶん | 名 | 报纸 |
| 1823 ★★★ | 失敗(する) しっぱい | 名サ | 失败 |
| 1824 ★★★ | 出版(する) しゅっぱん | 名サ | 出版 |
| 1825 ★★★ | 製品 せいひん | 名 | 制品 |
| 1826 ★★★ | 一部 いちぶ | 名 | 一部分，(书等)一部 |
| 1827 ★★★ | 過程 かてい | 名 | 过程 |
| 1828 ★★★ | 教室 きょうしつ | 名 | 教室，培训班 |
| 1829 ★★★ | 距離 きょり | 名 | 距离 |
| 1830 ★★★ | グループ | 名 | 小组，团体，集团 |
| 1831 ★★★ | コミュニケーション | 名 | 交流，沟通 |
| 1832 ★★★ | 生産(する) せいさん | 名サ | 生产 |
| 1833 ★★★ | 名前 なまえ | 名 | 名字，名称 |
| 1834 ★★★ | 行為 こうい | 名 | 行为 |
| 1835 ★★★ | 時期 じき | 名 | 时期 |
| 1836 ★★★ | 提供(する) ていきょう | 名サ | 提供 |
| 1837 ★★★ | 比較(する) ひかく | 名サ | 比较 |
| 1838 ★★★ | 分野 ぶんや | 名 | 领域，范围 |
| 1839 ★★★ | 保護(する) ほご | 名サ | 保护 |
| 1840 ★★★ | インターネット | 名 | 网络，互联网 |

| 1841 ★★★ 名サ かいけつ 解決(する) | 解决 | 1858 ★★★ 名 おお 大きさ | (面积，数量，规模等的)大小 |
|---|---|---|---|
| 1842 ★★★ 名 か だい 課題 | 课题，作业 | 1859 ★★★ 名 たち ば 立場 | 立场，角度 |
| 1843 ★★★ 名 かん しん 関心 | 留意，有兴趣 | 1860 ★★★ 名 た もの 食べ物 | 食物 |
| 1844 ★★★ 名 き おく 記憶(する) | 记忆，记得 | 1861 ★★★ 名 かね お金 | 金钱 |
| 1845 ★★★ 名 し かた 仕方 | 方法，做法 | 1862 ★★★ 名サ きょうりょく 協力(する) | 合作 |
| 1846 ★★★ 名 よう す 様子 | 样子，情形 | 1863 ★★★ 名サ ていしゅつ 提出(する) | 提交 |
| 1847 ★★★ 名サ れんしゅう 練習(する) | 练习 | 1864 ★★★ 名 データ | 数据 |
| 1848 ★★★ 名 エネルギー | 能量，能源 | 1865 ★★★ 名 なか ま 仲間 | 伙伴，同类 |
| 1849 ★★★ 名 システム | 系统，体系 | 1866 ★★★ 名 はん い 範囲 | 范围 |
| 1850 ★★★ 名 しょう ひ しゃ 消費者 | 消费者 | 1867 ★★★ 名サ しょく じ 食事(する) | 饮食，就餐 |
| 1851 ★★★ 名 だんかい 段階 | 阶段，层次 | 1868 ★★★ 名 スポーツ | 运动 |
| 1852 ★★★ 名 パソコン | 个人电脑 | 1869 ★★★ 名 せんぱい 先輩 | 前辈 |
| 1853 ★★★ 名サ い ち 位置(する) | 位置，地位，位于 | 1870 ★★★ 名 と し 都市 | 都市，城市 |
| 1854 ★★★ 名サ しょ り 処理(する) | 处理 | 1871 ★★★ 名サ はってん 発展(する) | 发展 |
| 1855 ★★★ 名サ せいこう 成功(する) | 成功 | 1872 ★★★ 名サ ふ きゅう 普及(する) | 普及 |
| 1856 ★★★ 名 やり方 | 做法 | 1873 ★★★ 名 あした／あす 明日 | 明天 |
| 1857 ★★★ 名サ うんどう 運動(する) | 运动 | 1874 ★★★ 名サ いってい 一定(する) | 固定的，一定程度的 |

| 1875 ★★★ 名 | | |
|---|---|---|
| き かい<br>機会 | 机会 | ☐ |

| 1876 ★★★ 名 | | |
|---|---|---|
| けいざい<br>経済 | 经济 | ☐ |

| 1877 ★★★ 名 | | |
|---|---|---|
| ご ご<br>午後 | 下午 | ☐ |

| 1878 ★★★ 名サ | | |
|---|---|---|
| デザイン(する) | 设计 | ☐ |

| 1879 ★★★ 名サ | | |
|---|---|---|
| は あく<br>把握(する) | 把握，掌握 | ☐ |

| 1880 ★★★ 名 | | |
|---|---|---|
| びょう き<br>病気 | 疾病 | ☐ |

| 1881 ★★★ 名サ | | |
|---|---|---|
| メール(する) | (发)邮件 | ☐ |

| 1882 ★★★ 名サ | | |
|---|---|---|
| き ぼう<br>希望(する) | 希望，期望 | ☐ |

| 1883 ★★★ 名 | | |
|---|---|---|
| くう かん<br>空間 | 空间 | ☐ |

| 1884 ★★★ 名 | | |
|---|---|---|
| ゼミナール | (大学的)讨论会，<br>讨论课 | ☐ |

| 1885 ★★★ 名 | | |
|---|---|---|
| はたら<br>働き | 工作，功能，<br>功绩 | ☐ |

| 1886 ★★★ 名サ | | |
|---|---|---|
| はっせい<br>発生(する) | 发生，产生 | ☐ |

| 1887 ★★★ 名サ | | |
|---|---|---|
| はったつ<br>発達(する) | 发达，<br>发育成型 | ☐ |

| 1888 ★★★ 名サ | | |
|---|---|---|
| あんない<br>案内(する) | 引导，指南 | ☐ |

| 1889 ★★★ 名 | | |
|---|---|---|
| き かい<br>機械 | 机械 | ☐ |

| 1890 ★★★ 名 | | |
|---|---|---|
| けんきゅうしゃ<br>研究者 | 研究人员 | ☐ |

| 1891 ★★★ 名 | | |
|---|---|---|
| しょうらい<br>将来 | 将来 | ☐ |

| 1892 ★★★ 名 | | |
|---|---|---|
| ぜん ぶ<br>全部 | 全部 | ☐ |

| 1893 ★★★ 名 | | |
|---|---|---|
| せんもん か<br>専門家 | 专家 | ☐ |

| 1894 ★★★ 名サ | | |
|---|---|---|
| たいさく<br>対策(する) | (实施)对策 | ☐ |

| 1895 ★★★ 名サ | | |
|---|---|---|
| ぼ しゅう<br>募集(する) | 募集，招收 | ☐ |

| 1896 ★★★ 名 | | |
|---|---|---|
| もくひょう<br>目標 | 目标 | ☐ |

| 1897 ★★★ 名サ | | |
|---|---|---|
| れんらく<br>連絡(する) | 联络，<br>(公共交通工具)连<br>接 | ☐ |

| 1898 ★★★ 名 | | |
|---|---|---|
| う い<br>受け入れ | 接纳，接受 | ☐ |

| 1899 ★★★ 名 | | |
|---|---|---|
| か てい<br>家庭 | 家庭 | ☐ |

| 1900 ★★★ 名サ | | |
|---|---|---|
| かん り<br>管理(する) | 管理 | ☐ |

| 1901 ★★★ 名 | | |
|---|---|---|
| く あ<br>組み合わせ | 组合 | ☐ |

| 1902 ★★★ 名サ | | |
|---|---|---|
| こうりゅう<br>交流(する) | 交流，交流(电) | ☐ |

| 1903 ★★★ 名 | | |
|---|---|---|
| し てん<br>視点 | 视点，视角 | ☐ |

| 1904 ★★★ 名 | | |
|---|---|---|
| せんもん<br>専門 | 专业 | ☐ |

| 1905 ★★★ 名 | | |
|---|---|---|
| た ほか<br>その他 | 其他，其它 | ☐ |

| 1906 ★★★ 名 | | |
|---|---|---|
| ちゅうしん<br>中心 | 中心 | ☐ |

| 1907 ★★★ 名サ | | |
|---|---|---|
| よ やく<br>予約(する) | 预约 | ☐ |

| 1908 ★★★ 名 | | |
|---|---|---|
| おん ど<br>温度 | 温度 | ☐ |

| 1909 ★★★ 名 | | 1926 ★★★ 名 | |
|---|---|---|---|
| かんかく<br>感覚 | 感觉 | か ぞく<br>家族 | 家人 |

| 1910 ★★★ 名 | | 1927 ★★★ 名 | |
|---|---|---|---|
| きんねん<br>近年 | 近几年 | げんじつ<br>現実 | 现实 |

| 1911 ★★★ 名 | | 1928 ★★★ 名サ | |
|---|---|---|---|
| くうき<br>空気 | 空气，气氛，<br>氛围 | けんとう<br>検討(する) | 探讨，商讨 |

| 1912 ★★★ 名サ | | 1929 ★★★ 名 | |
|---|---|---|---|
| けいせい<br>形成(する) | 形成 | ごみ／ゴミ | 垃圾 |

| 1913 ★★★ 名 | | 1930 ★★★ 名サ | |
|---|---|---|---|
| こ じん<br>個人 | 个人 | さんせい<br>賛成(する) | 赞成 |

| 1914 ★★★ 名 | | 1931 ★★★ 名 | |
|---|---|---|---|
| こんかい<br>今回 | 这次 | たてもの<br>建物 | 建筑物 |

| 1915 ★★★ 名 | | 1932 ★★★ 名サ | |
|---|---|---|---|
| じゅうらい<br>従来 | 迄今为止 | とくてい<br>特定(する) | 特定的，<br>准确找到，<br>确定 |

| 1916 ★★★ 名 | | 1933 ★★★ 名 | |
|---|---|---|---|
| そのもの | 本身 | ひ よう<br>費用 | 费用 |

| 1917 ★★★ 名 | | 1934 ★★★ 名 | |
|---|---|---|---|
| み かた<br>見方 | 看法 | ものごと<br>物事 | 事物 |

| 1918 ★★★ 名 | | 1935 ★★★ 名 | |
|---|---|---|---|
| もう し こ み<br>申し込み | 申请 | れき し<br>歴史 | 历史 |

| 1919 ★★★ 名 | | 1936 ★★★ 名 | |
|---|---|---|---|
| らいしゅう<br>来週 | 下周 | えいよう<br>栄養 | 营养 |

| 1920 ★★★ 名サ | | 1937 ★★★ 名サ | |
|---|---|---|---|
| りょう り<br>料理(する) | 料理，烹饪 | かいぜん<br>改善(する) | 改善 |

| 1921 ★★★ 名サ | | 1938 ★★★ 名 | |
|---|---|---|---|
| りょこう<br>旅行(する) | 旅行 | く とうてん<br>句読点 | 顿号和句号，<br>也泛指标点符号 |

| 1922 ★★★ 名サ | | 1939 ★★★ 名 | |
|---|---|---|---|
| い じ<br>維持(する) | 维持 | げんしょう<br>現象 | 现象 |

| 1923 ★★★ 名 | | 1940 ★★★ 名 | |
|---|---|---|---|
| おとな<br>大人 | 大人，成人 | し せつ<br>施設 | 设施 |

| 1924 ★★★ 名 | | 1941 ★★★ 名サ | |
|---|---|---|---|
| かいがい<br>海外 | 海外，国外 | せいそく<br>生息(する) | 生息，栖息 |

| 1925 ★★★ 名 | | 1942 ★★★ 名 | |
|---|---|---|---|
| がいこく<br>外国 | 外国 | タイプ | 种类，类型 |

WEEK 2

WEEK 3

WEEK 4

WEEK 5

WEEK 6

WEEK 7

WEEK 8

| | | |
|---|---|---|
| 1943 ★★★ 名<br>道具<br><small>どう ぐ</small> | 道具 | |
| 1944 ★★★ 名<br>同時<br><small>どう じ</small> | 同时 | |
| 1945 ★★★ 名<br>言語<br><small>げん ご</small> | 语言 | |
| 1946 ★★★ 名サ<br>向上(する)<br><small>こうじょう</small> | 提高 | |
| 1947 ★★★ 名<br>自分自身<br><small>じ ぶん じ しん</small> | 自己，自身 | |
| 1948 ★★★ 名<br>周囲<br><small>しゅう い</small> | 周围，<br>周围的人 | |
| 1949 ★★★ 名サ<br>重視(する)<br><small>じゅう し</small> | 重视 | |
| 1950 ★★★ 名<br>住民<br><small>じゅうみん</small> | 居民 | |
| 1951 ★★★ 名<br>女子<br><small>じょ し</small> | 女子，女孩 | |
| 1952 ★★★ 名<br>電車<br><small>でんしゃ</small> | 电车，轻轨 | |
| 1953 ★★★ 名<br>道路<br><small>どう ろ</small> | 道路 | |
| 1954 ★★★ 名<br>取り組み<br><small>と く</small> | 投入精力做… | |
| 1955 ★★★ 名<br>印象<br><small>いんしょう</small> | 印象 | |
| 1956 ★★★ 名サ<br>区別(する)<br><small>く べつ</small> | 区别 | |
| 1957 ★★★ 名<br>コンピュータ | 电子计算机，<br>电脑 | |
| 1958 ★★★ 名<br>雑誌<br><small>ざっ し</small> | 杂志 | |
| 1959 ★★★ 名<br>小学校<br><small>しょうがっこう</small> | 小学 | |

| | | |
|---|---|---|
| 1960 ★★★ 名サ<br>整理(する)<br><small>せい り</small> | 整理 | |
| 1961 ★★★ 名サ<br>増加(する)<br><small>ぞう か</small> | 增加 | |
| 1962 ★★★ 名サ<br>販売(する)<br><small>はんばい</small> | 销售，贩卖 | |
| 1963 ★★★ 名<br>論文<br><small>ろんぶん</small> | 论文，论说文 | |
| 1964 ★★★ 名サ<br>加工(する)<br><small>か こう</small> | 加工 | |
| 1965 ★★★ 名<br>感じ<br><small>かん</small> | 感觉，感触 | |
| 1966 ★★★ 名サ<br>指導(する)<br><small>し どう</small> | 指导，教导 | |
| 1967 ★★★ 名<br>写真<br><small>しゃしん</small> | 照片 | |
| 1968 ★★★ 名サ<br>集中(する)<br><small>しゅうちゅう</small> | 集中(注意力等) | |
| 1969 ★★★ 名サ<br>消費(する)<br><small>しょう ひ</small> | 消费，消耗 | |
| 1970 ★★★ 名サ<br>進化(する)<br><small>しん か</small> | 进化 | |
| 1971 ★★★ 名<br>人生<br><small>じんせい</small> | 人生 | |
| 1972 ★★★ 名<br>ストレス | 精神压力 | |
| 1973 ★★★ 名サ<br>選択(する)<br><small>せんたく</small> | 选择 | |
| 1974 ★★★ 名<br>長さ<br><small>なが</small> | (距离，时间等的)<br>长度 | |
| 1975 ★★★ 名<br>土地<br><small>と ち</small> | 土地 | |
| 1976 ★★★ 名サ<br>入門(する)<br><small>にゅうもん</small> | 入门 | |

| 1977 ★★★ 名 | | 1994 ★★★ 名サ | |
|---|---|---|---|
| ポイント | 点, 要点, 得分, 小数点 | よそう<br>予想(する) | 预想 |

| 1978 ★★★ 名サ | | 1995 ★★★ 名サ | |
|---|---|---|---|
| ほうこく<br>報告(する) | 报告, 汇报 | よてい<br>予定(する) | 预定 |

| 1979 ★★★ 名 | | 1996 ★★★ 名 | |
|---|---|---|---|
| うち<br>内 | (空间, 时间, 抽象概念等的)内部 | う つ<br>受け付け | (申请书等)的受理, 前台 |

| 1980 ★★★ 名サ | | 1997 ★★★ 名 | |
|---|---|---|---|
| かい わ<br>会話(する) | 对话, 口语 | えい ご<br>英語 | 英语 |

| 1981 ★★★ 名サ | | 1998 ★★★ 名サ | |
|---|---|---|---|
| かつよう<br>活用(する) | 灵活运用 | きょうつう<br>共通(する) | 共通 |

| 1982 ★★★ 名サ | | 1999 ★★★ 名 | |
|---|---|---|---|
| きょうゆう<br>共有(する) | 分享 | ことし<br>今年 | 今年 |

| 1983 ★★★ 名サ | | 2000 ★★★ 名 | |
|---|---|---|---|
| ぎ ろん<br>議論(する) | 讨论 | じ こ<br>事故 | 事故 |

| 1984 ★★★ 名サ | | 2001 ★★★ 名サ | |
|---|---|---|---|
| くんれん<br>訓練(する) | 训练 | し こう<br>思考(する) | 思考 |

| 1985 ★★★ 名 | | 2002 ★★★ 名サ | |
|---|---|---|---|
| し げん<br>資源 | 资源 | しゅちょう<br>主張(する) | 主张 |

| 1986 ★★★ 名サ | | 2003 ★★★ 名 | |
|---|---|---|---|
| じっ し<br>実施(する) | 实施 | ぜんいん<br>全員 | 全员 |

| 1987 ★★★ 名 | | 2004 ★★★ 名サ | |
|---|---|---|---|
| しゅうへん<br>周辺 | 周边, 周围 | たっせい<br>達成(する) | 达成 |

| 1988 ★★★ 名 | | 2005 ★★★ 名 | |
|---|---|---|---|
| しょてん<br>書店 | 书店 | にち じ<br>日時 | 日期和时间 |

| 1989 ★★★ 名 | | 2006 ★★★ 名サ | |
|---|---|---|---|
| な<br>慣れ | 习惯, 熟习 | はっき<br>発揮(する) | 发挥 |

| 1990 ★★★ 名 | | 2007 ★★★ 名サ | |
|---|---|---|---|
| ね だん<br>値段 | 价格 | はんしょく<br>繁殖(する) | 繁殖 |

| 1991 ★★★ 名サ | | 2008 ★★★ 名 | |
|---|---|---|---|
| ふ たん<br>負担(する) | 负担 | びょういん<br>病院 | 医院 |

| 1992 ★★★ 名 | | 2009 ★★★ 名 | |
|---|---|---|---|
| ほうこう<br>方向 | 方向 | メーカー | 制造者, 厂家 |

| 1993 ★★★ 名 | | 2010 ★★★ 名 | |
|---|---|---|---|
| ほんらい<br>本来 | 本来 | よういん<br>要因 | 主要的原因 |

WEEK 1
WEEK 2
WEEK 3
WEEK 4
WEEK 5
WEEK 6
WEEK 7
WEEK 8

|  |  |  |
|---|---|---|
| 2011 ★★★ 名サ | あんてい<br>安定(する) | 稳定的，安定 |
| 2012 ★★★ 名サ | かんれん<br>関連(する) | 相关，关联 |
| 2013 ★★★ 名 | き かん<br>期間 | 期间 |
| 2014 ★★★ 名サ | きょうそう<br>競争(する) | 竞争 |
| 2015 ★★★ 名サ | けいえい<br>経営(する) | 经营 |
| 2016 ★★★ 名サ | けいかく<br>計画(する) | 计划 |
| 2017 ★★★ 名 | けいたいでん わ<br>携帯電話 | 手机 |
| 2018 ★★★ 名 | こうじょう／こうば<br>工場 | 工厂 |
| 2019 ★★★ 名 | こうぞう<br>構造 | 结构 |
| 2020 ★★★ 名サ | こうにゅう<br>購入(する) | 购买，购入 |
| 2021 ★★★ 名サ | じつげん<br>実現(する) | 实现 |
| 2022 ★★★ 名サ | せってい<br>設定(する) | 设定，设置 |
| 2023 ★★★ 名サ | そうぞう<br>想像(する) | 想象 |
| 2024 ★★★ 名 | そな<br>備え | 准备，防备 |
| 2025 ★★★ 名 | の<br>伸び | 延长，增长，延后，提高 |
| 2026 ★★★ 名 | ば めん<br>場面 | 场景，情景 |
| 2027 ★★★ 名 | ひと<br>人 | 人 |
| 2028 ★★★ 名 | りょうほう<br>両方 | 两个，两者，双方 |
| 2029 ★★★ 名 | わかもの<br>若者 | 年轻人 |
| 2030 ★★★ 名 | おそ<br>恐れ | 恐惧，敬畏 |
| 2031 ★★★ 名サ | けいさん<br>計算(する) | 计算 |
| 2032 ★★★ 名 | げんじょう<br>現状 | 现状 |
| 2033 ★★★ 名サ | さ ゆう<br>左右(する) | 左面和右面，左右，影响 |
| 2034 ★★★ 名 | たいよう<br>太陽 | 太阳 |
| 2035 ★★★ 名 | たか<br>高さ | 高度 |
| 2036 ★★★ 名 | にんずう<br>人数 | 人数 |
| 2037 ★★★ 名 | ビジネス | 商务 |
| 2038 ★★★ 名 | ふくすう<br>複数 | 复数，很多 |
| 2039 ★★★ 名 | ぶっしつ<br>物質 | 物质 |
| 2040 ★★★ 名サ | プリント(する) | 打印 |
| 2041 ★★★ 名 | ボランティア | 志愿者 |
| 2042 ★★★ 名 | もんだいてん<br>問題点 | 问题点 |
| 2043 ★★★ 名サ | ようきゅう<br>要求(する) | 要求 |
| 2044 ★★★ 名 | い もの<br>生き物 | 生物 |

| | | | | | |
|---|---|---|---|---|---|
| 2045 ★★★ 名サ<br>買い物(する)<br>か もの | 购物 | | 2062 ★★★ 名<br>学部<br>がくぶ | (大学本科的)系 | |
| 2046 ★★★ 名<br>観点<br>かんてん | 观点，角度 | | 2063 ★★★ 名<br>記事<br>きじ | (报纸，杂志等的)<br>报道 | |
| 2047 ★★★ 名<br>昨日<br>きのう/さくじつ | 昨天 | | 2064 ★★★ 名<br>疑問<br>ぎもん | 疑问 | |
| 2048 ★★★ 名<br>高齢者<br>こうれいしゃ | 老年人 | | 2065 ★★★ 名サ<br>決定(する)<br>けってい | 决定 | |
| 2049 ★★★ 名<br>材料<br>ざいりょう | 材料，素材 | | 2066 ★★★ 名<br>講演会<br>こうえんかい | 报告会，讲座 | |
| 2050 ★★★ 名<br>知らせ<br>し | 通知 | | 2067 ★★★ 名<br>支え<br>ささ | 支撑，支持 | |
| 2051 ★★★ 名<br>成分<br>せいぶん | 成分 | | 2068 ★★★ 名<br>参加者<br>さんかしゃ | 参加者 | |
| 2052 ★★★ 名サ<br>組織(する)<br>そしき | 组织 | | 2069 ★★★ 名サ<br>刺激(する)<br>しげき | 刺激 | |
| 2053 ★★★ 名<br>地球<br>ちきゅう | 地球 | | 2070 ★★★ 名<br>市場<br>しじょう/いちば | 市场 | |
| 2054 ★★★ 名サ<br>低下(する)<br>ていか | 低下，下降 | | 2071 ★★★ 名<br>事前<br>じぜん | 事前 | |
| 2055 ★★★ 名<br>途中<br>とちゅう | (做某事的)路上，<br>中途 | | 2072 ★★★ 名サ<br>実行(する)<br>じっこう | 实行 | |
| 2056 ★★★ 名<br>人気<br>にんき | 人气 | | 2073 ★★★ 名<br>身体<br>しんたい/からだ | 身体 | |
| 2057 ★★★ 名サ<br>配慮(する)<br>はいりょ | 考虑，体谅 | | 2074 ★★★ 名サ<br>進歩(する)<br>しんぽ | 进步 | |
| 2058 ★★★ 名<br>回り<br>まわ | 转，<br>(火势等的)扩大，<br>周围，绕路 | | 2075 ★★★ 名<br>センター | 中心 | |
| 2059 ★★★ 名<br>利益<br>りえき | 利益 | | 2076 ★★★ 名サ<br>宣伝(する)<br>せんでん | 宣传 | |
| 2060 ★★★ 名サ<br>応募(する)<br>おうぼ | 应聘，应招 | | 2077 ★★★ 名サ<br>担当(する)<br>たんとう | 担任，担当 | |
| 2061 ★★★ 名サ<br>拡大(する)<br>かくだい | 扩大，放大 | | 2078 ★★★ 名<br>中央<br>ちゅうおう | (地点，组织等的)<br>中央 | |

|  | |  |  |
|---|---|---|---|
| 2079 ★★★ | 名 | 通常 つうじょう | 通常 |
| 2080 ★★★ | 名サ | 都合(する) つごう | 忙闲程度，安排 |
| 2081 ★★★ | 名サ | 表示(する) ひょうじ | 表示，表明，显示 |
| 2082 ★★★ | 名 | メディア | 媒体，媒介 |
| 2083 ★★★ | 名 | 野菜 やさい | 蔬菜 |
| 2084 ★★★ | 名サ | 応用(する) おうよう | 应用 |
| 2085 ★★★ | 名 | 感情 かんじょう | 感情 |
| 2086 ★★★ | 名 | 基準 きじゅん | 标准 |
| 2087 ★★★ | 名サ | 記録(する) きろく | 记录 |
| 2088 ★★★ | 名 | 研究室 けんきゅうしつ | 研究室 |
| 2089 ★★★ | 名 | 講座 こうざ | 讲座 |
| 2090 ★★★ | 名 | 効率 こうりつ | 效率 |
| 2091 ★★★ | 名 | 午前 ごぜん | 上午 |
| 2092 ★★★ | 名 | 自信 じしん | 自信 |
| 2093 ★★★ | 名 | 自動車 じどうしゃ | 汽车 |
| 2094 ★★★ | 名 | 集団 しゅうだん | 集团，团体 |
| 2095 ★★★ | 名 | 手段 しゅだん | 手段 |
| 2096 ★★★ | 名 | 職員 しょくいん | 职员 |
| 2097 ★★★ | 名 | 食品 しょくひん | 食品 |
| 2098 ★★★ | 名 | 人口 じんこう | 人口 |
| 2099 ★★★ | 名サ | 操作(する) そうさ | 操作 |
| 2100 ★★★ | 名 | 大学生 だいがくせい | 大学生 |
| 2101 ★★★ | 名 | 態度 たいど | 态度 |
| 2102 ★★★ | 名 | 強さ つよさ | 强度，强大 |
| 2103 ★★★ | 名サ | 導入(する) どうにゅう | 引进 |
| 2104 ★★★ | 名サ | 納得(する) なっとく | 理解，同意 |
| 2105 ★★★ | 名 | 表面 ひょうめん | 表面 |
| 2106 ★★★ | 名サ | 保存(する) ほぞん | 保存 |
| 2107 ★★★ | 名 | 文字 もじ | 文字 |
| 2108 ★★★ | 名サ | 優先(する) ゆうせん | 优先 |
| 2109 ★★★ | 名 | 一週間 いっしゅうかん | 一周 |
| 2110 ★★★ | 名サ | 解釈(する) かいしゃく | 解释 |
| 2111 ★★★ | 名 | 過去 かこ | 过去 |
| 2112 ★★★ | 名 | 患者 かんじゃ | 患者 |

| 2113 ★★★ 名 | | 2130 ★★★ 名 | |
|---|---|---|---|
| きっかけ | 契机 | ニュース | 新闻，报道 |

| 2114 ★★★ 名 | | 2131 ★★★ 名 | |
|---|---|---|---|
| き ぶん<br>気分 | 心理状态，<br>感觉 | み りょく<br>魅力 | 魅力 |

| 2115 ★★★ 名サ | | 2132 ★★★ 名 | |
|---|---|---|---|
| きんちょう<br>緊張(する) | (心理、关系等)紧<br>张，肌肉紧张 | う あ<br>売り上げ | 销售额 |

| 2116 ★★★ 名サ | | 2133 ★★★ 名 | |
|---|---|---|---|
| げんしょう<br>減少(する) | 减少 | がいこく ご<br>外国語 | 外语 |

| 2117 ★★★ 名サ | | 2134 ★★★ 名サ | |
|---|---|---|---|
| こうえん<br>講演(する) | 演讲 | かっせい か<br>活性化(する) | 活性化，<br>刺激(经济等) |

| 2118 ★★★ 名 | | 2135 ★★★ 名 | |
|---|---|---|---|
| さんぎょう<br>産業 | 产业 | こくない<br>国内 | 国内 |

| 2119 ★★★ 名 | | 2136 ★★★ 名 | |
|---|---|---|---|
| じ こ<br>自己 | 自我 | コスト | 成本 |

| 2120 ★★★ 名 | | 2137 ★★★ 名 | |
|---|---|---|---|
| し せい<br>姿勢 | 姿势，态度 | さくひん<br>作品 | 作品 |

| 2121 ★★★ 名サ | | 2138 ★★★ 名サ | |
|---|---|---|---|
| じゅうじつ<br>充実(する) | 充实 | し てき<br>指摘(する) | 指出 |

| 2122 ★★★ 名サ | | 2139 ★★★ 名 | |
|---|---|---|---|
| じょうしょう<br>上昇(する) | 上升 | じ めん<br>地面 | 地面 |

| 2123 ★★★ 名 | | 2140 ★★★ 名サ | |
|---|---|---|---|
| すう じ<br>数字 | 数字 | じゅこう<br>受講(する) | 听讲 |

| 2124 ★★★ 名サ | | 2141 ★★★ 名 | |
|---|---|---|---|
| せい び<br>整備(する) | 维护，维修，<br>保养 | じゅよう<br>需要 | 需求 |

| 2125 ★★★ 名 | | 2142 ★★★ 名 | |
|---|---|---|---|
| ぜんこく<br>全国 | 全国 | しょうがくせい<br>小学生 | 小学生 |

| 2126 ★★★ 名サ | | 2143 ★★★ 名サ | |
|---|---|---|---|
| てきおう<br>適応(する) | 适应 | せいげん<br>制限(する) | 限制 |

| 2127 ★★★ 名 | | 2144 ★★★ 名 | |
|---|---|---|---|
| でん き<br>電気 | 电，电力，<br>电灯 | せい ど<br>制度 | 制度 |

| 2128 ★★★ 名 | | 2145 ★★★ 名 | |
|---|---|---|---|
| にちじょう<br>日常 | 日常 | ぜんてい<br>前提 | 前提 |

| 2129 ★★★ 名 | | 2146 ★★★ 名 | |
|---|---|---|---|
| にちじょうせいかつ<br>日常生活 | 日常生活 | そ ざい<br>素材 | 素材，原料，<br>原木 |

WEEK
1

WEEK
2

WEEK
3

WEEK
4

WEEK
5

WEEK
6

WEEK
7

WEEK
8

| 2147 ★★★ 名 | |
|---|---|
| チーム | 团队，队伍 |

| 2148 ★★★ 名 | |
|---|---|
| 人間関係<br><small>にんげんかんけい</small> | 人际关系 |

| 2149 ★★★ 名 | |
|---|---|
| バス | 公交，巴士 |

| 2150 ★★★ 名 | |
|---|---|
| 雰囲気<br><small>ふんいき</small> | 气氛，氛围 |

| 2151 ★★★ 名 | |
|---|---|
| 間違い<br><small>まちが</small> | 失误，错误 |

| 2152 ★★★ 名 | |
|---|---|
| 未来<br><small>みらい</small> | 未来 |

| 2153 ★★★ 名 | |
|---|---|
| 雌／メス<br><small>めす</small> | 雌性 |

| 2154 ★★★ 名 | |
|---|---|
| 要素<br><small>ようそ</small> | 要素 |

| 2155 ★★★ 名 | |
|---|---|
| 利点<br><small>りてん</small> | 好处，长处 |

| 2156 ★★★ 名 | |
|---|---|
| アイディア | 主意 |

| 2157 ★★★ 名サ | |
|---|---|
| インタビュー(する) | 面试，面谈，<br>采访 |

| 2158 ★★★ 名サ | |
|---|---|
| 獲得(する)<br><small>かくとく</small> | 获得 |

| 2159 ★★★ 名サ | |
|---|---|
| 確保(する)<br><small>かくほ</small> | 确保(得到) |

| 2160 ★★★ 名サ | |
|---|---|
| 観光(する)<br><small>かんこう</small> | 观光 |

| 2161 ★★★ 名 | |
|---|---|
| 気温<br><small>きおん</small> | 气温 |

| 2162 ★★★ 名 | |
|---|---|
| 行政<br><small>ぎょうせい</small> | 行政 |

| 2163 ★★★ 名 | |
|---|---|
| クラス | 班级，等级，<br>类别 |

| 2164 ★★★ 名 | |
|---|---|
| 顧客<br><small>こきゃく</small> | 顾客 |

| 2165 ★★★ 名 | |
|---|---|
| 心がけ<br><small>こころ</small> | 留心，注意 |

| 2166 ★★★ 名サ | |
|---|---|
| 支援(する)<br><small>しえん</small> | 扶持，支持 |

| 2167 ★★★ 名 | |
|---|---|
| 職業<br><small>しょくぎょう</small> | 职业 |

| 2168 ★★★ 名 | |
|---|---|
| 森林<br><small>しんりん</small> | 森林 |

| 2169 ★★★ 名 | |
|---|---|
| 成績<br><small>せいせき</small> | 成绩 |

| 2170 ★★★ 名 | |
|---|---|
| 責任<br><small>せきにん</small> | 责任 |

| 2171 ★★★ 名サ | |
|---|---|
| 設備(する)<br><small>せつび</small> | 设备 |

| 2172 ★★★ 名 | |
|---|---|
| 先日<br><small>せんじつ</small> | 前几天，<br>之前的某一天 |

| 2173 ★★★ 名 | |
|---|---|
| 戦略<br><small>せんりゃく</small> | 战略 |

| 2174 ★★★ 名 | |
|---|---|
| 団体<br><small>だんたい</small> | 团体 |

| 2175 ★★★ 名サ | |
|---|---|
| 提案(する)<br><small>ていあん</small> | 提案，提议 |

| 2176 ★★★ 名サ | |
|---|---|
| 展開(する)<br><small>てんかい</small> | 展开，开展 |

| 2177 ★★★ 名 | |
|---|---|
| 当時<br><small>とうじ</small> | 当时 |

| 2178 ★★★ 名 | |
|---|---|
| 当日<br><small>とうじつ</small> | 当天 |

| 2179 ★★★ 名サ | |
|---|---|
| 登録(する)<br><small>とうろく</small> | 记录，登记 |

| 2180 ★★★ 名サ | |
|---|---|
| 読書(する)<br><small>どくしょ</small> | 读书 |

| | | | | | |
|---|---|---|---|---|---|
| 2181 ★★★ 名<br>ねんれい<br>年齢 | 年龄 | ☐ | 2198 ★★★ 名サ<br>こうかん<br>交換(する) | 交换 | ☐ |
| 2182 ★★★ 名サ<br>は かい<br>破壊(する) | 破坏 | ☐ | 2199 ★★★ 名サ<br>ご かい<br>誤解(する) | 误解 | ☐ |
| 2183 ★★★ 名<br>パターン | 式样，模式，<br>图案 | ☐ | 2200 ★★★ 名<br>あいだ<br>この間 | 最近几天，<br>之前的某一天 | ☐ |
| 2184 ★★★ 名<br>はんぶん<br>半分 | 一半 | ☐ | 2201 ★★★ 名<br>こんちゅう<br>昆虫 | 昆虫 | ☐ |
| 2185 ★★★ 名サ<br>む し<br>無視(する) | 无视 | ☐ | 2202 ★★★ 名サ<br>さ よう<br>作用(する) | (起)作用 | ☐ |
| 2186 ★★★ 名<br>メッセージ | 短消息，信息 | ☐ | 2203 ★★★ 名<br>し き<br>締め切り | 最后期限 | ☐ |
| 2187 ★★★ 名<br>よう し<br>用紙 | (特定用途的)纸 | ☐ | 2204 ★★★ 名<br>しゅうかん<br>習慣 | 习惯 | ☐ |
| 2188 ★★★ 名サ<br>リサイクル(する) | 回收利用 | ☐ | 2205 ★★★ 名サ<br>しゅうしょく<br>就職(する) | 就业 | ☐ |
| 2189 ★★★ 名<br>がいこくじん<br>外国人 | 外国人 | ☐ | 2206 ★★★ 名<br>じゅんばん<br>順番 | 顺序 | ☐ |
| 2190 ★★★ 名<br>カメラ | 照相机，<br>摄像头 | ☐ | 2207 ★★★ 名<br>スピード | 速度 | ☐ |
| 2191 ★★★ 名サ<br>き にゅう<br>記入(する) | 填写 | ☐ | 2208 ★★★ 名<br>せい か<br>成果 | 成果 | ☐ |
| 2192 ★★★ 名サ<br>きょうどう<br>共同(する) | 共同 | ☐ | 2209 ★★★ 名サ<br>て つづ<br>手続き(する) | (办)手续 | ☐ |
| 2193 ★★★ 名<br>きょねん<br>去年 | 去年 | ☐ | 2210 ★★★ 名<br>ねが<br>願い | 愿望，请求 | ☐ |
| 2194 ★★★ 名<br>くだもの<br>果物 | 水果 | ☐ | 2211 ★★★ 名<br>はいけい<br>背景 | 背景 | ☐ |
| 2195 ★★★ 名<br>けい じ ばん<br>掲示板 | 公告栏 | ☐ | 2212 ★★★ 名<br>ひ がい<br>被害 | 损害(程度) | ☐ |
| 2196 ★★★ 名サ<br>けんちく<br>建築(する) | 建筑，修建 | ☐ | 2213 ★★★ 名<br>ひる ま<br>昼間 | 白天 | ☐ |
| 2197 ★★★ 名<br>げん ば<br>現場 | 现场，第一线 | ☐ | 2214 ★★★ 名サ<br>ふ そく<br>不足(する) | 不足 | ☐ |

WEEK 2

WEEK 3

WEEK 4

WEEK 5

WEEK 6

WEEK 7

WEEK 8

| 2215 ★★★ 名サ | |
|---|---|
| ぶんかい<br>分解(する) | 分解 |

| 2216 ★★★ 名サ | |
|---|---|
| へんこう<br>変更(する) | 変更 |

| 2217 ★★★ 名サ | |
|---|---|
| メモ(する) | (做)笔记 |

| 2218 ★★★ 名 | |
|---|---|
| メンバー | 成员，会员 |

| 2219 ★★★ 名 | |
|---|---|
| ゆうがた<br>夕方 | 傍晚 |

| 2220 ★★★ 名サ | |
|---|---|
| よっきゅう<br>欲求(する) | 心理需求 |

| 2221 ★★★ 名 | |
|---|---|
| よ　なか<br>世の中 | 世间，社会上 |

| 2222 ★★★ 名 | |
|---|---|
| ルール | 规定，规则 |

| 2223 ★★★ 名サ | |
|---|---|
| アドバイス(する) | (提)建议 |

| 2224 ★★★ 名サ | |
|---|---|
| いっち<br>一致(する) | 一致 |

| 2225 ★★★ 名 | |
|---|---|
| い りょう<br>医療 | 医疗 |

| 2226 ★★★ 名 | |
|---|---|
| おす<br>雄／オス | 雄性 |

| 2227 ★★★ 名サ | |
|---|---|
| かいしゅう<br>回収(する) | 回收，收回 |

| 2228 ★★★ 名 | |
|---|---|
| か かく<br>価格 | 价格 |

| 2229 ★★★ 名 | |
|---|---|
| か ち かん<br>価値観 | 价值观 |

| 2230 ★★★ 名サ | |
|---|---|
| かんどう<br>感動(する) | 震撼，感动，<br>激动 |

| 2231 ★★★ 名サ | |
|---|---|
| きゅうしゅう<br>吸収(する) | 吸收 |

| 2232 ★★★ 名 | |
|---|---|
| きょう か しょ<br>教科書 | 教科书 |

| 2233 ★★★ 名 | |
|---|---|
| く<br>暮らし | 生活，生计 |

| 2234 ★★★ 名 | |
|---|---|
| こうこく<br>広告 | 广告 |

| 2235 ★★★ 名サ | |
|---|---|
| し けん<br>試験(する) | 考试，试验 |

| 2236 ★★★ 名サ | |
|---|---|
| し じ<br>指示(する) | 指示 |

| 2237 ★★★ 名 | |
|---|---|
| し みん<br>市民 | 市民，公民 |

| 2238 ★★★ 名 | |
|---|---|
| じ れい<br>事例 | 事例 |

| 2239 ★★★ 名 | |
|---|---|
| すいぶん<br>水分 | 水分 |

| 2240 ★★★ 名 | |
|---|---|
| せいかく<br>性格 | (人的)性格，<br>(事物的)特点 |

| 2241 ★★★ 名サ | |
|---|---|
| せいぞう<br>製造(する) | 制造 |

| 2242 ★★★ 名 | |
|---|---|
| たいない<br>体内 | 体内 |

| 2243 ★★★ 名 | |
|---|---|
| つか<br>疲れ | 疲劳 |

| 2244 ★★★ 名 | |
|---|---|
| なつやす<br>夏休み | 暑假 |

| 2245 ★★★ 名 | |
|---|---|
| のうぎょう<br>農業 | 农业 |

| 2246 ★★★ 名 | |
|---|---|
| ノート | 笔记，账本，<br>注释，音符 |

| 2247 ★★★ 名 | |
|---|---|
| の　もの<br>飲み物 | 饮料，酒水 |

| 2248 ★★★ 名サ | |
|---|---|
| はっそう<br>発想(する) | 主意，思路，<br>构思 |

| 2249 ★★★ 名サ<br>はんえい<br>反映(する) | 反映，反射，<br>交映 | | 2266 ★★★ 名サ<br>けんさく<br>検索(する) | 搜索，检索 | |
|---|---|---|---|---|---|
| 2250 ★★★ 名<br>ページ | 页 | | 2267 ★★★ 名サ<br>けんせつ<br>建設(する) | 建设 | |
| 2251 ★★★ 名<br>よこじく<br>横軸 | 横轴 | | 2268 ★★★ 名<br>こうつう<br>交通 | 交通 | |
| 2252 ★★★ 名サ<br>よ そく<br>予測(する) | 预测 | | 2269 ★★★ 名<br>こ こ<br>個々 | 每个，逐个 | |
| 2253 ★★★ 名<br>レベル | 水平，水准，<br>水平线 | | 2270 ★★★ 名<br>じ じょう<br>事情 | 情况，缘由 | |
| 2254 ★★★ 名サ<br>わ だい<br>話題 | 话题 | | 2271 ★★★ 名サ<br>しょうめい<br>証明(する) | 证明 | |
| 2255 ★★★ 名サ<br>い と<br>意図(する) | 意图 | | 2272 ★★★ 名<br>しょくせいかつ<br>食生活 | 饮食生活 | |
| 2256 ★★★ 名<br>うし<br>後ろ | (位置或方向的)<br>后面 | | 2273 ★★★ 名サ<br>しょぞく<br>所属(する) | 所属(于)，<br>所属组织 | |
| 2257 ★★★ 名<br>えいぞう<br>映像 | 映像，画面 | | 2274 ★★★ 名<br>じんるい<br>人類 | 人类 | |
| 2258 ★★★ 名<br>おも<br>重さ | (物品，事件，疾<br>病等的)轻重 | | 2275 ★★★ 名<br>せいめい<br>生命 | 生命 | |
| 2259 ★★★ 名<br>おんがく<br>音楽 | 音乐 | | 2276 ★★★ 名サ<br>せっ ち<br>設置(する) | 设置 | |
| 2260 ★★★ 名サ<br>かいりょう<br>改良(する) | 改良 | | 2277 ★★★ 名サ<br>せつやく<br>節約(する) | 节约 | |
| 2261 ★★★ 名<br>か もく<br>科目 | 科目，项目 | | 2278 ★★★ 名サ<br>そつぎょう<br>卒業(する) | 毕业，结束 | |
| 2262 ★★★ 名<br>か ようび<br>火曜日 | 星期二 | | 2279 ★★★ 名<br>たん い<br>単位 | (长度等的)单位，<br>学分 | |
| 2263 ★★★ 名<br>かん じ<br>漢字 | 汉字 | | 2280 ★★★ 名<br>ど ようび<br>土曜日 | 星期六 | |
| 2264 ★★★ 名<br>き そ<br>基礎 | 基础 | | 2281 ★★★ 名<br>ニーズ | 需求，需要 | |
| 2265 ★★★ 名<br>きょう し<br>教師 | 教师 | | 2282 ★★★ 名<br>バランス | 平衡 | |

| 2283 ★★★ 名 | | |
|---|---|---|
| ばんごう<br>番号 | 号码，编号 | |

| 2284 ★★★ 名 | | |
|---|---|---|
| ほうりつ<br>法律 | 法律 | |

| 2285 ★★★ 名 | | |
|---|---|---|
| ほんしつ<br>本質 | 本质 | |

| 2286 ★★★ 名 | | |
|---|---|---|
| ほんにん<br>本人 | 本人 | |

| 2287 ★★★ 名 | | |
|---|---|---|
| マーケティング | 销售（部门），<br>营销 | |

| 2288 ★★★ 名 | | |
|---|---|---|
| まいとし／まいねん<br>毎年 | 每年 | |

| 2289 ★★★ 名サ | | |
|---|---|---|
| ようい<br>用意(する) | 准备 | |

| 2290 ★★★ 名 | | |
|---|---|---|
| よろこ<br>喜び | 喜悦，<br>值得庆贺的事 | |

| 2291 ★★★ 名 | | |
|---|---|---|
| りろん<br>理論 | 理论 | |

| 2292 ★★★ 名 | | |
|---|---|---|
| ロボット | 机器人 | |

| 2293 ★★★ 名 | | |
|---|---|---|
| あいだ／ま<br>間 | 中间，期间，<br>(时间，空间的)间<br>隔 | |

| 2294 ★★★ 名 | | |
|---|---|---|
| いぎ<br>意義 | 意义 | |

| 2295 ★★★ 名 | | |
|---|---|---|
| いじょう<br>以上 | 以上，之上，<br>上述，完 | |

| 2296 ★★★ 名 | | |
|---|---|---|
| いぶんか<br>異文化 | 不同的文化，<br>跨文化 | |

| 2297 ★★★ 名 | | |
|---|---|---|
| うちゅう<br>宇宙 | 宇宙 | |

| 2298 ★★★ 名サ | | |
|---|---|---|
| うんえい<br>運営(する) | 运营 | |

| 2299 ★★★ 名 | | |
|---|---|---|
| かいじょう<br>会場 | 会场 | |

| 2300 ★★★ 名サ | | |
|---|---|---|
| かいせつ<br>解説(する) | 解说 | |

| 2301 ★★★ 名サ | | |
|---|---|---|
| かいとう<br>回答(する) | 回答 | |

| 2302 ★★★ 名 | | |
|---|---|---|
| がいねん<br>概念 | 概念 | |

| 2303 ★★★ 名 | | |
|---|---|---|
| がめん<br>画面 | (显示器或绘画的)<br>画面 | |

| 2304 ★★★ 名 | | |
|---|---|---|
| かんそう<br>感想 | 感想 | |

| 2305 ★★★ 名 | | |
|---|---|---|
| きせつ<br>季節 | 季节 | |

| 2306 ★★★ 名サ | | |
|---|---|---|
| きょうきゅう<br>供給(する) | 供给 | |

| 2307 ★★★ 名 | | |
|---|---|---|
| きんようび<br>金曜日 | 星期五 | |

| 2308 ★★★ 名 | | |
|---|---|---|
| ぐたいれい<br>具体例 | 具体事例 | |

| 2309 ★★★ 名サ | | |
|---|---|---|
| けが(する) | (受)伤 | |

| 2310 ★★★ 名サ | | |
|---|---|---|
| こうげき<br>攻撃(する) | 攻击 | |

| 2311 ★★★ 名サ | | |
|---|---|---|
| こうけん<br>貢献(する) | 贡献 | |

| 2312 ★★★ 名 | | |
|---|---|---|
| ことがら<br>事柄 | 事项 | |

| 2313 ★★★ 名サ | | |
|---|---|---|
| さつえい<br>撮影(する) | 拍摄照片或影像 | |

| 2314 ★★★ 名 | | |
|---|---|---|
| しぜんかい<br>自然界 | 自然界 | |

| 2315 ★★★ 名 | | 2332 ★★★ 名 | |
|---|---|---|---|
| じたく<br>自宅 | 自己的住宅 | トイレ | 卫生间 |

| 2316 ★★★ 名 | | 2333 ★★★ 名サ | |
|---|---|---|---|
| じちたい<br>自治体 | 地方政府 | トレーニング(する) | 训练，锻炼 |

| 2317 ★★★ 名サ | | 2334 ★★★ 名 | |
|---|---|---|---|
| じっせん<br>実践(する) | 实践 | におい／におい<br>匂い／臭い | 气味 |

| 2318 ★★★ 名サ | | 2335 ★★★ 名サ | |
|---|---|---|---|
| してい<br>指定(する) | 指定 | にゅうがく<br>入学(する) | 入学 |

| 2319 ★★★ 名 | | 2336 ★★★ 名サ | |
|---|---|---|---|
| しゃいん<br>社員 | 企业员工 | ぼうし<br>防止(する) | 防止 |

| 2320 ★★★ 名サ | | 2337 ★★★ 名 | |
|---|---|---|---|
| しゅうせい<br>修正(する) | 修正 | むりょう<br>無料 | 免费 |

| 2321 ★★★ 名 | | 2338 ★★★ 名サ | |
|---|---|---|---|
| しゅみ<br>趣味 | 兴趣，爱好 | やり取り(する) | 互发消息，<br>互赠礼物 |

| 2322 ★★★ 名 | | 2339 ★★★ 名 | |
|---|---|---|---|
| しょくりょう<br>食料 | 食物 | ゆうじん<br>友人 | 朋友 |

| 2323 ★★★ 名 | | 2340 ★★★ 名 | |
|---|---|---|---|
| スペース | 空间，<br>(空间的)间隔 | りようしゃ<br>利用者 | (物品或服务的)<br>使用者 |

| 2324 ★★★ 名サ | | 2341 ★★★ 名 | |
|---|---|---|---|
| せいいく<br>生育(する) | 生育 | レストラン | 饭店 |

| 2325 ★★★ 名サ | | 2342 ★★★ 名サ | |
|---|---|---|---|
| せだい<br>世代 | 一代人 | かいしょう<br>解消(する) | 解除，消除 |

| 2326 ★★★ 名サ | | 2343 ★★★ 名 | |
|---|---|---|---|
| そんちょう<br>尊重(する) | 尊重 | がいぶ<br>外部 | (物体或组织的)<br>外侧，外部 |

| 2327 ★★★ 名 | | 2344 ★★★ 名 | |
|---|---|---|---|
| たしゃ<br>他者 | 他人，别人 | かき<br>下記 | 下列(事项) |

| 2328 ★★★ 名 | | 2345 ★★★ 名サ | |
|---|---|---|---|
| たてじく<br>縦軸 | 纵轴 | かくりつ<br>確立(する) | 确立 |

| 2329 ★★★ 名 | | 2346 ★★★ 名サ | |
|---|---|---|---|
| ちょうじかん<br>長時間 | 长时间 | かんそう<br>乾燥(する) | 干燥 |

| 2330 ★★★ 名 | | 2347 ★★★ 名 | |
|---|---|---|---|
| つながり | 联系，连结 | きほん<br>基本 | 基本 |

| 2331 ★★★ 名 | | 2348 ★★★ 名 | |
|---|---|---|---|
| てがみ<br>手紙 | 信件 | きんにく<br>筋肉 | 肌肉 |

| 2349 ★★★ 名 | |
|---|---|
| ゲーム | 游戏，体育赛事，(赛事的单位)一局，一场 |

| 2350 ★★★ 名 | |
|---|---|
| げんだいしゃかい<br>現代社会 | 现代社会 |

| 2351 ★★★ 名 | |
|---|---|
| こうこうせい<br>高校生 | 高中生 |

| 2352 ★★★ 名サ | |
|---|---|
| こうせい<br>構成(する) | 结构，构成 |

| 2353 ★★★ 名 | |
|---|---|
| こくさい<br>国際 | 国际 |

| 2354 ★★★ 名 | |
|---|---|
| はん<br>ご飯 | 饭，米饭 |

| 2355 ★★★ 名 | |
|---|---|
| コンビニエンスストア | 便利店 |

| 2356 ★★★ 名 | |
|---|---|
| さいしん<br>最新 | 最新 |

| 2357 ★★★ 名 | |
|---|---|
| しかく<br>資格 | 资格 |

| 2358 ★★★ 名 | |
|---|---|
| じぎょう<br>事業 | (有社会意义的)事业，(公司等的)项目 |

| 2359 ★★★ 名 | |
|---|---|
| しぜんかんきょう<br>自然環境 | 自然环境 |

| 2360 ★★★ 名 | |
|---|---|
| じっけんけっか<br>実験結果 | 实验结果 |

| 2361 ★★★ 名 | |
|---|---|
| じてんしゃ<br>自転車 | 自行车 |

| 2362 ★★★ 名 | |
|---|---|
| じもと<br>地元 | 本地，当地 |

| 2363 ★★★ 名サ | |
|---|---|
| しゅうかく<br>収穫(する) | 收获 |

| 2364 ★★★ 名 | |
|---|---|
| じゅうたく<br>住宅 | 住宅 |

| 2365 ★★★ 名サ | |
|---|---|
| じょうたつ<br>上達(する) | (技能)提升、进步 |

| 2366 ★★★ 名 | |
|---|---|
| しんり<br>心理 | 心理 |

| 2367 ★★★ 名 | |
|---|---|
| すいようび<br>水曜日 | 星期三 |

| 2368 ★★★ 名サ | |
|---|---|
| スピーチ(する) | 演讲 |

| 2369 ★★★ 名 | |
|---|---|
| せいしつ<br>性質 | 性质 |

| 2370 ★★★ 名 | |
|---|---|
| せいしん<br>精神 | 精神 |

| 2371 ★★★ 名 | |
|---|---|
| せいたいけい<br>生態系 | 生态系统 |

| 2372 ★★★ 名 | |
|---|---|
| せいべつ<br>性別 | 性别 |

| 2373 ★★★ 名サ | |
|---|---|
| せっけい<br>設計(する) | 设计 |

| 2374 ★★★ 名サ | |
|---|---|
| せっしょく<br>接触(する) | (物理的或人际的)接触 |

| 2375 ★★★ 名 | |
|---|---|
| そくど<br>速度 | 速度 |

| 2376 ★★★ 名サ | |
|---|---|
| ついきゅう<br>追求(する) | 追求 |

| 2377 ★★★ 名サ | |
|---|---|
| ていぎ<br>定義(する) | (下)定义 |

| 2378 ★★★ 名サ | |
|---|---|
| てだすけ<br>手助け(する) | 帮忙 |

| 2379 ★★★ 名 | |
|---|---|
| てんいん<br>店員 | 店员 |

| 2380 ★★★ 名 | |
|---|---|
| とあ<br>問い合わせ | 咨询 |

| 2381 ★★★ 名 | |
|---|---|
| にってい<br>日程 | 日程 |

| 2382 ★★★ 名 | |
|---|---|
| ねんりょう<br>燃料 | 燃料 |

| 2383 ★★★ 名 | | 2400 ★★★ 名サ | |
|---|---|---|---|
| のうか<br>農家 | 农家，农户 | かいふく<br>回復(する) | 恢复 |

| 2384 ★★★ 名サ | | 2401 ★★★ 名 | |
|---|---|---|---|
| はいじょ<br>排除(する) | 排除 | かがく<br>化学 | 化学 |

| 2385 ★★★ 名サ | | 2402 ★★★ 名 | |
|---|---|---|---|
| はいふ<br>配布(する) | 分发 | か かた<br>書き方 | 写法 |

| 2386 ★★★ 名 | | 2403 ★★★ 名 | |
|---|---|---|---|
| ひつようせい<br>必要性 | 必要性 | がくせいか<br>学生課 | (学校的)学生科 |

| 2387 ★★★ 名サ | | 2404 ★★★ 名 | |
|---|---|---|---|
| プラス(する) | 加，(数字或电荷)<br>正的，积极的，<br>有利的 | かんこうきゃく<br>観光客 | 游客 |

| 2388 ★★★ 名サ | | 2405 ★★★ 名 | |
|---|---|---|---|
| プログラム(する) | 项目，(音乐会等<br>的)节目表，电<br>脑程序 | きげん<br>期限 | 期限 |

| 2389 ★★★ 名 | | 2406 ★★★ 名 | |
|---|---|---|---|
| ホテル | 宾馆 | きょういん<br>教員 | 教员，教师 |

| 2390 ★★★ 名 | | 2407 ★★★ 名サ | |
|---|---|---|---|
| ほんぶん／ほんもん<br>本文 | 正文 | きょうかん<br>共感(する) | (有)同感，<br>共鸣，共情 |

| 2391 ★★★ 名サ | | 2408 ★★★ 名 | |
|---|---|---|---|
| マイナス(する) | 减，(数字或电荷)<br>负的，消极的，<br>不利的 | きんじょ<br>近所 | (家)附近 |

| 2392 ★★★ 名サ | | 2409 ★★★ 名 | |
|---|---|---|---|
| ゆにゅう<br>輸入(する) | 进口 | けいたい<br>形態 | 形态 |

| 2393 ★★★ 名サ | | 2410 ★★★ 名 | |
|---|---|---|---|
| よぼう<br>予防(する) | 预防 | ケース | 盒，箱等放物<br>品的容器，事<br>例 |

| 2394 ★★★ 名 | | 2411 ★★★ 名 | |
|---|---|---|---|
| りょういき<br>領域 | 领空，领土，<br>领海的合称，<br>(特指学术)领域 | サークル | 圆形，圆环，<br>社团 |

| 2395 ★★★ 名 | | 2412 ★★★ 名 | |
|---|---|---|---|
| りょうきん<br>料金 | (对物品或服务的)<br>收费 | さいがい<br>災害 | 灾害 |

| 2396 ★★★ 名 | | 2413 ★★★ 名 | |
|---|---|---|---|
| ろんり<br>論理 | 逻辑 | さいだい<br>最大 | 最大 |

| 2397 ★★★ 名 | | 2414 ★★★ 名 | |
|---|---|---|---|
| あそ<br>遊び | 游戏，娱乐 | じかい<br>次回 | 下次 |

| 2398 ★★★ 名 | | 2415 ★★★ 名 | |
|---|---|---|---|
| いし<br>意思 | 意思，意愿 | じかんたい<br>時間帯 | 时间段 |

| 2399 ★★★ 名サ | | 2416 ★★★ 名 | |
|---|---|---|---|
| いんさつ<br>印刷(する) | 印刷 | じしん<br>自身 | 自身 |

| 2417 ★★★ 名サ | | |
|---|---|---|
| 集合(する) しゅうごう | 集合 | |

| 2418 ★★★ 名サ | | |
|---|---|---|
| 出席(する) しゅっせき | 出席 | |

| 2419 ★★★ 名 | | |
|---|---|---|
| 障害 しょうがい | 障碍，残疾 | |

| 2420 ★★★ 名 | | |
|---|---|---|
| 照明 しょうめい | 照明 | |

| 2421 ★★★ 名サ | | |
|---|---|---|
| 自立(する) じりつ | 自立 | |

| 2422 ★★★ 名 | | |
|---|---|---|
| 睡眠 すいみん | 睡眠 | |

| 2423 ★★★ 名 | | |
|---|---|---|
| そば | 旁边，荞麦面条 | |

| 2424 ★★★ 名 | | |
|---|---|---|
| 大量 たいりょう | 大量 | |

| 2425 ★★★ 名 | | |
|---|---|---|
| 楽しみ たの | 爱好，期待 | |

| 2426 ★★★ 名 | | |
|---|---|---|
| 多様性 たようせい | 多样性 | |

| 2427 ★★★ 名サ | | |
|---|---|---|
| 誕生(する) たんじょう | 诞生 | |

| 2428 ★★★ 名 | | |
|---|---|---|
| 地方 ちほう | 地区，(相对于首都)地方 | |

| 2429 ★★★ 名サ | | |
|---|---|---|
| 治療(する) ちりょう | 治疗 | |

| 2430 ★★★ 名サ | | |
|---|---|---|
| 定着(する) ていちゃく | 扎根，固定化 | |

| 2431 ★★★ 名 | | |
|---|---|---|
| 出来事 できごと | 事件 | |

| 2432 ★★★ 名サ | | |
|---|---|---|
| 伝達(する) でんたつ | 传达，表达 | |

| 2433 ★★★ 名 | | |
|---|---|---|
| 天敵 てんてき | 天敌 | |

| 2434 ★★★ 名サ | | |
|---|---|---|
| 動作(する) どうさ | (人的)动作，(机械或系统的)工作 | |

| 2435 ★★★ 名サ | | |
|---|---|---|
| 配置(する) はいち | (物品或人员等的)配置，安排 | |

| 2436 ★★★ 名サ | | |
|---|---|---|
| 発信(する) はっしん | 发出信号或信息 | |

| 2437 ★★★ 名サ | | |
|---|---|---|
| 発電(する) はつでん | 发电 | |

| 2438 ★★★ 名 | | |
|---|---|---|
| 番組 ばんぐみ | (电视或戏剧的)节目 | |

| 2439 ★★★ 名サ | | |
|---|---|---|
| 反論(する) はんろん | 反论，反驳 | |

| 2440 ★★★ 名サ | | |
|---|---|---|
| ミス(する) | 失败，失误 | |

| 2441 ★★★ 名 | | |
|---|---|---|
| 向き む | 朝向，倾向，适合 | |

| 2442 ★★★ 名 | | |
|---|---|---|
| 群れ む | (动物或人的)群，聚集成群 | |

| 2443 ★★★ 名 | | |
|---|---|---|
| 木材 もくざい | 木材 | |

| 2444 ★★★ 名 | | |
|---|---|---|
| 汚れ よご/けが | 污迹，弄脏 | |

| 2445 ★★★ 名 | | |
|---|---|---|
| リーダー | (leader)指导者，(reader)电脑的读取装置 | |

| 2446 ★★★ 名サ | | |
|---|---|---|
| 依存(する) いそん/いぞん | 依赖，依靠，(烟酒、毒品等的)成瘾 | |

| 2447 ★★★ 名サ | | |
|---|---|---|
| 依頼(する) いらい | 请求，拜托，要求 | |

| 2448 ★★★ 名サ | | |
|---|---|---|
| 運転(する) うんてん | 驾驶，运转，资金运作 | |

| 2449 ★★★ 名 | | |
|---|---|---|
| 映画 えいが | 电影 | |

| 2450 ★★★ 名 | | |
|---|---|---|
| 概論 がいろん | 概论 | |

| | | |
|---|---|---|
| 2451 ★★★ 名<br>かんきょうもんだい<br>環境問題 | 环境问题 | |
| 2452 ★★★ 名サ<br>かんしゅう<br>監修(する) | 监修，主编 | |
| 2453 ★★★ 名サ<br>きん し<br>禁止(する) | 禁止 | |
| 2454 ★★★ 名<br>ぐ あい<br>具合 | (事物的)状态,(人<br>的)忙闲程度,(做<br>事的)方式，方法 | |
| 2455 ★★★ 名<br>げつよう び<br>月曜日 | 星期一 | |
| 2456 ★★★ 名<br>けつろん<br>結論 | 结论 | |
| 2457 ★★★ 名<br>こうえん<br>公園 | 公园 | |
| 2458 ★★★ 名サ<br>こうかい<br>公開(する) | 公开 | |
| 2459 ★★★ 名<br>こうこう<br>高校 | 高中 | |
| 2460 ★★★ 名<br>こう し<br>講師 | 演讲者，讲师，<br>老师 | |
| 2461 ★★★ 名<br>こつ／コツ | 要领，技巧，<br>精髓 | |
| 2462 ★★★ 名<br>さいぼう<br>細胞 | 细胞 | |
| 2463 ★★★ 名<br>さん そ<br>酸素 | 氧，氧气 | |
| 2464 ★★★ 名サ<br>し いく<br>飼育(する) | 饲养 | |
| 2465 ★★★ 名<br>し せん<br>視線 | 视线 | |
| 2466 ★★★ 名<br>じったい<br>実態 | 实际状态 | |
| 2467 ★★★ 名<br>しゅうせい<br>習性 | 习性，习惯 | |

| | | |
|---|---|---|
| 2468 ★★★ 名サ<br>じゅんかん<br>循環(する) | 循环 | |
| 2469 ★★★ 名<br>しょくどう<br>食堂 | 食堂，小饭馆 | |
| 2470 ★★★ 名<br>すう ち<br>数値 | 数值 | |
| 2471 ★★★ 名<br>せいたい<br>生態 | 生态 | |
| 2472 ★★★ 名<br>せい と<br>生徒 | 学生，特指初<br>中生和高中生 | |
| 2473 ★★★ 名サ<br>せっしゅ<br>摂取(する) | 摄取 | |
| 2474 ★★★ 名<br>そとがわ<br>外側 | 外侧 | |
| 2475 ★★★ 名<br>ていいん<br>定員 | 组织，团体的<br>规定人数 | |
| 2476 ★★★ 名サ<br>ていこう<br>抵抗(する) | 抵抗，<br>(情绪)抵触，<br>阻力 | |
| 2477 ★★★ 名サ<br>とうじょう<br>登場(する) | 登场，亮相 | |
| 2478 ★★★ 名<br>と かい<br>都会 | 城市，都市，<br>东京都议会的<br>简称 | |
| 2479 ★★★ 名<br>ない ぶ<br>内部 | 内部 | |
| 2480 ★★★ 名<br>ネットワーク | 网，网络，<br>关系网 | |
| 2481 ★★★ 名<br>のうさくぶつ<br>農作物 | 农作物 | |
| 2482 ★★★ 名サ<br>はつげん<br>発言(する) | 发言 | |
| 2483 ★★★ 名<br>はな あ<br>話し合い | 交流，谈话 | |
| 2484 ★★★ 名<br>び じゅつかん<br>美術館 | 美术馆 | |

| 2485 ★★★ 名 | |
|---|---|
| ビデオ | 视频 |

| 2486 ★★★ 名 | |
|---|---|
| 表情<br>ひょうじょう | 表情 |

| 2487 ★★★ 名 | |
|---|---|
| 肥料<br>ひりょう | 肥料 |

| 2488 ★★★ 名 | |
|---|---|
| ヒント | 提示，暗示 |

| 2489 ★★★ 名 | |
|---|---|
| 福祉<br>ふくし | 福祉，福利 |

| 2490 ★★★ 名サ | |
|---|---|
| 放送(する)<br>ほうそう | 播送，<br>(广义的)广播 |

| 2491 ★★★ 名 | |
|---|---|
| 法則<br>ほうそく | 法则 |

| 2492 ★★★ 名サ | |
|---|---|
| 報道(する)<br>ほうどう | 报道 |

| 2493 ★★★ 名サ | |
|---|---|
| 訪問(する)<br>ほうもん | 访问，拜访 |

| 2494 ★★★ 名 | |
|---|---|
| ホームページ | 主页 |

| 2495 ★★★ 名 | |
|---|---|
| 用途<br>ようと | 用途 |

| 2496 ★★★ 名 | |
|---|---|
| 余裕<br>よゆう | (时间、空间、金<br>钱上)有富余，<br>从容，淡定 |

| 2497 ★★★ 名 | |
|---|---|
| ラジオ | 广播 |

| 2498 ★★★ 名サ | |
|---|---|
| 労働(する)<br>ろうどう | 劳动 |

| 2499 ★★★ 名サ | |
|---|---|
| 挨拶(する)<br>あいさつ | 招呼，问候，<br>祝辞 |

| 2500 ★★★ 名サ | |
|---|---|
| 悪化(する)<br>あっか | 恶化 |

| 2501 ★★★ 名 | |
|---|---|
| アナウンサー | 播音员，<br>主持人 |

| 2502 ★★★ 名 | |
|---|---|
| 安全性<br>あんぜんせい | 安全性 |

| 2503 ★★★ 名 | |
|---|---|
| いくつ | 几个，几岁 |

| 2504 ★★★ 名 | |
|---|---|
| 椅子<br>いす | 椅子 |

| 2505 ★★★ 名 | |
|---|---|
| 遺伝子<br>いでんし | 基因 |

| 2506 ★★★ 名サ | |
|---|---|
| 引用(する)<br>いんよう | 引用 |

| 2507 ★★★ 名 | |
|---|---|
| 内側<br>うちがわ | 内侧 |

| 2508 ★★★ 名 | |
|---|---|
| 獲物<br>えもの | 猎物 |

| 2509 ★★★ 名 | |
|---|---|
| 回数<br>かいすう | 次数 |

| 2510 ★★★ 名 | |
|---|---|
| 科学者<br>かがくしゃ | 科学家，<br>研究人员 |

| 2511 ★★★ 名 | |
|---|---|
| 学生証<br>がくせいしょう | 学生证 |

| 2512 ★★★ 名 | |
|---|---|
| 学科<br>がっか | 学科 |

| 2513 ★★★ 名 | |
|---|---|
| 気<br>き | (人的)心性、<br>情绪、意识，<br>(事物的)氛围 |

| 2514 ★★★ 名 | |
|---|---|
| 教授<br>きょうじゅ | 教授 |

| 2515 ★★★ 名 | |
|---|---|
| 形式<br>けいしき | 形式 |

| 2516 ★★★ 名 | |
|---|---|
| 欠点<br>けってん | 缺点 |

| 2517 ★★★ 名 | |
|---|---|
| 午前中<br>ごぜんちゅう | 上午 |

| 2518 ★★★ 名 | |
|---|---|
| 個体<br>こたい | 个体 |

| 2519 ★★★ 名 | | 2536 ★★★ 名サ | |
|---|---|---|---|
| この<br>好み | 爱好，嗜好，<br>口味，品味 | たいしょ<br>対処(する) | 处理(问题等) |

| 2520 ★★★ 名サ | | 2537 ★★★ 名サ | |
|---|---|---|---|
| コピー(する) | 复制，复印，<br>仿品，<br>(广告等的)文案 | ちくせき<br>蓄積(する) | 积累 |

| 2521 ★★★ 名 | | 2538 ★★★ 名 | |
|---|---|---|---|
| こんきょ<br>根拠 | 根据，证据 | チャンス | 时机 |

| 2522 ★★★ 名サ | | 2539 ★★★ 名 | |
|---|---|---|---|
| さいよう<br>採用(する) | 采用，雇佣 | ちょうしょく<br>朝食 | 早餐 |

| 2523 ★★★ 名 | | 2540 ★★★ 名 | |
|---|---|---|---|
| さき<br>先ほど | 刚才 | チラシ | 传单 |

| 2524 ★★★ 名 | | 2541 ★★★ 名 | |
|---|---|---|---|
| し かいしゃ<br>司会者 | 会议主持人，<br>司仪 | つもり | 意图，想要…，<br>以为… |

| 2525 ★★★ 名 | | 2542 ★★★ 名サ | |
|---|---|---|---|
| じしょ<br>辞書 | 词典 | てい じ<br>提示(する) | 出示(物品，证据<br>等)，陈述(论点<br>等) |

| 2526 ★★★ 名 | | 2543 ★★★ 名サ | |
|---|---|---|---|
| じ む しつ<br>事務室 | 办公室 | てん じ<br>展示(する) | 陈列展览 |

| 2527 ★★★ 名 | | 2544 ★★★ 名 | |
|---|---|---|---|
| じゅみょう<br>寿命 | 寿命 | でんとう<br>伝統 | 传统 |

| 2528 ★★★ 名 | | 2545 ★★★ 名 | |
|---|---|---|---|
| じょう し<br>上司 | 上司 | とき<br>時 | 时间，时代，<br>时候 |

| 2529 ★★★ 名 | | 2546 ★★★ 名 | |
|---|---|---|---|
| しょくもつ<br>食物 | 食物 | どくしゃ<br>読者 | 读者 |

| 2530 ★★★ 名 | | 2547 ★★★ 名 | |
|---|---|---|---|
| じんざい<br>人材 | 人才 | と しょ<br>図書 | 图书 |

| 2531 ★★★ 名サ | | 2548 ★★★ 名 | |
|---|---|---|---|
| しんにゅう<br>侵入(する) | 入侵 | トラブル | (人际关系的)矛<br>盾，(机械等的)<br>故障 |

| 2532 ★★★ 名 | | 2549 ★★★ 名 | |
|---|---|---|---|
| すいじゅん<br>水準 | 标准，水准，<br>水平面 | に さん か たん そ<br>二酸化炭素 | 二氧化碳 |

| 2533 ★★★ 名サ | | 2550 ★★★ 名 | |
|---|---|---|---|
| ぜつめつ<br>絶滅(する) | 灭绝 | にちようび<br>日曜日 | 星期日 |

| 2534 ★★★ 名 | | 2551 ★★★ 名 | |
|---|---|---|---|
| せんしゅ<br>選手 | 选手，运动员 | に もつ<br>荷物 | 行李，包裹，<br>负担 |

| 2535 ★★★ 名 | | 2552 ★★★ 名サ | |
|---|---|---|---|
| そつぎょうろんぶん<br>卒業論文 | (本科)毕业论文 | にゅうりょく<br>入力(する) | 输入 |

| 2553 ★★★ 名 | | |
|---|---|---|
| はくぶつかん<br>博物館 | 博物馆 | |

| 2554 ★★★ 名 | | |
|---|---|---|
| プロセス | 过程，进程 | |

| 2555 ★★★ 名 | 职业(的)， | |
|---|---|---|
| プロフェッショナル | 专业(的)，<br>专业人士 | |

| 2556 ★★★ 名サ | | |
|---|---|---|
| へんしゅう<br>編集(する) | 编辑 | |

| 2557 ★★★ 名 | | |
|---|---|---|
| みせ<br>店 | 店铺 | |

| 2558 ★★★ 名 | (机械的)型号， | |
|---|---|---|
| モデル | 模型，模范，<br>模特 | |

| 2559 ★★★ 名 | | |
|---|---|---|
| き<br>やる気 | 干劲，动力 | |

| 2560 ★★★ 名 | | |
|---|---|---|
| よう き<br>容器 | 容器 | |

| 2561 ★★★ 名サ | | |
|---|---|---|
| ようぼう<br>要望(する) | 希望，要求 | |

| 2562 ★★★ 名サ | | |
|---|---|---|
| り しゅう<br>履修(する) | 学习一门课程 | |

| 2563 ★★★ 名 | 节奏，律动， | |
|---|---|---|
| リズム | 韵律 | |

| 2564 ★★★ 名サ | | |
|---|---|---|
| りゅうがく<br>留学(する) | 留学 | |

| 2565 ★★★ 名サ | | |
|---|---|---|
| あい<br>愛(する) | 爱 | |

| 2566 ★★★ 名 | 放弃， | |
|---|---|---|
| あきら<br>諦め | 打消念头 | |

| 2567 ★★★ 名 | | |
|---|---|---|
| あくえいきょう<br>悪影響 | 负面影响 | |

| 2568 ★★★ 名 | | |
|---|---|---|
| アジア | 亚洲 | |

| 2569 ★★★ 名 | 热情，动力， | |
|---|---|---|
| い よく<br>意欲 | 积极性 | |

| 2570 ★★★ 名サ | | |
|---|---|---|
| えいぎょう<br>営業(する) | 营业 | |

| 2571 ★★★ 名 | | |
|---|---|---|
| えさ | 诱饵，饲料 | |

| 2572 ★★★ 名サ | | |
|---|---|---|
| えんしゅつ<br>演出(する) | 导演 | |

| 2573 ★★★ 名 | | |
|---|---|---|
| おも で<br>思い出 | 回忆 | |

| 2574 ★★★ 名 | | |
|---|---|---|
| おもちゃ | 玩具 | |

| 2575 ★★★ 名サ | | |
|---|---|---|
| かい ぎ<br>会議(する) | (召开)会议 | |

| 2576 ★★★ 名サ | | |
|---|---|---|
| かい ご<br>介護(する) | 护理老人 | |

| 2577 ★★★ 名サ | | |
|---|---|---|
| かい し<br>開始(する) | 开始 | |

| 2578 ★★★ 名 | | |
|---|---|---|
| がいちゅう<br>害虫 | 害虫 | |

| 2579 ★★★ 名 | | |
|---|---|---|
| か がく ぎ じゅつ<br>科学技術 | 科学技术 | |

| 2580 ★★★ 名 | | |
|---|---|---|
| かく じ<br>各自 | 各自 | |

| 2581 ★★★ 名 | | |
|---|---|---|
| がくしゃ<br>学者 | 学者 | |

| 2582 ★★★ 名 | | |
|---|---|---|
| ガラス | 玻璃 | |

| 2583 ★★★ 名 | 替代(品)，代理， | |
|---|---|---|
| か<br>代わり | (食物)再来一份 | |

| 2584 ★★★ 名 | | |
|---|---|---|
| かんけいしゃ<br>関係者 | 有关人员 | |

| 2585 ★★★ 名サ | | |
|---|---|---|
| き かく<br>企画(する) | 企划 | |

| 2586 ★★★ 名 | | |
|---|---|---|
| き ごう<br>記号 | 记号，符号 | |

| | | | | | |
|---|---|---|---|---|---|
| 2587 ★★★ 名サ<br>きせい<br>規制(する) | 管制 | | 2604 ★★★ 名サ<br>さいりよう<br>再利用(する) | 重复使用 | |
| 2588 ★★★ 名サ<br>きょうぞん／きょうそん<br>共存(する) | 共存 | | 2605 ★★★ 名サ<br>さんらん<br>産卵(する) | 产卵 | |
| 2589 ★★★ 名<br>ぎょうむ<br>業務 | 业务 | | 2606 ★★★ 名サ<br>じょうはつ<br>蒸発(する) | 蒸发 | |
| 2590 ★★★ 名サ<br>きょか<br>許可(する) | 许可 | | 2607 ★★★ 名<br>しょるい<br>書類 | 书面材料 | |
| 2591 ★★★ 名サ<br>くろう<br>苦労(する) | 辛苦，辛劳，<br>操劳 | | 2608 ★★★ 名<br>じんこう<br>人工 | 人工 | |
| 2592 ★★★ 名サ<br>けいか<br>経過(する) | 经过，进展 | | 2609 ★★★ 名<br>しんにゅうせい<br>新入生 | 新生 | |
| 2593 ★★★ 名サ<br>けいさい<br>掲載(する) | 刊登 | | 2610 ★★★ 名<br>じんぶつ<br>人物 | 人物，大人物 | |
| 2594 ★★★ 名<br>げいじゅつ<br>芸術 | 艺术 | | 2611 ★★★ 名<br>すいしつ<br>水質 | 水质 | |
| 2595 ★★★ 名<br>けしき<br>景色 | 景色 | | 2612 ★★★ 名<br>せいかつかんきょう<br>生活環境 | 生活环境 | |
| 2596 ★★★ 名サ<br>げんかい<br>限界 | 极限 | | 2613 ★★★ 名サ<br>せいぎょ<br>制御(する) | 控制，操纵 | |
| 2597 ★★★ 名サ<br>けんがく<br>見学(する) | 见习，<br>参观考察 | | 2614 ★★★ 名<br>せいよう<br>西洋 | 西洋 | |
| 2598 ★★★ 名<br>げんこう<br>原稿 | 手稿，原稿 | | 2615 ★★★ 名<br>せんたくし<br>選択肢 | 选项 | |
| 2599 ★★★ 名サ<br>けんしゅう<br>研修(する) | 实习，研修 | | 2616 ★★★ 名サ<br>そうじ<br>掃除(する) | 清扫，打扫 | |
| 2600 ★★★ 名<br>げんりょう<br>原料 | 原料 | | 2617 ★★★ 名サ<br>そうぞう<br>創造(する) | 创造 | |
| 2601 ★★★ 名サ<br>こうりょ<br>考慮(する) | 考虑 | | 2618 ★★★ 名<br>だんじょ<br>男女 | 男女 | |
| 2602 ★★★ 名<br>コーヒー | 咖啡 | | 2619 ★★★ 名<br>ちず<br>地図 | 地图 | |
| 2603 ★★★ 名<br>こせい<br>個性 | 个性 | | 2620 ★★★ 名<br>ちょうし<br>調子 | (人或机械的)<br>状态 | |

| 2621 ★★★ 名 | |
|---|---|
| ちょうしょ<br>長所 | 长处 |

| 2622 ★★★ 名サ | |
|---|---|
| ちょうせん<br>挑戦(する) | 挑战 |

| 2623 ★★★ 名 | |
|---|---|
| ちょしゃ<br>著者 | (书的)作者 |

| 2624 ★★★ 名サ | |
|---|---|
| ディスカッション(する) | 讨论 |

| 2625 ★★★ 名 | |
|---|---|
| て が<br>手掛かり | 抓手，线索 |

| 2626 ★★★ 名 | |
|---|---|
| て じゅん<br>手順 | 步骤 |

| 2627 ★★★ 名 | |
|---|---|
| ど あ<br>度合い | 程度 |

| 2628 ★★★ 名 | |
|---|---|
| とうしょ<br>当初 | 当初，最初 |

| 2629 ★★★ 名 | |
|---|---|
| なか み<br>中身 | 内容物，内容，<br>内涵 |

| 2630 ★★★ 名 | |
|---|---|
| のう ど<br>濃度 | 浓度 |

| 2631 ★★★ 名 | |
|---|---|
| はな かた<br>話し方 | 说话方式 |

| 2632 ★★★ 名 | |
|---|---|
| はや<br>早め | 较早，提早 |

| 2633 ★★★ 名 | |
|---|---|
| パンフレット | 小册子 |

| 2634 ★★★ 名 | |
|---|---|
| ひ こう き<br>飛行機 | 飞机 |

| 2635 ★★★ 名 | |
|---|---|
| び せいぶつ<br>微生物 | 微生物 |

| 2636 ★★★ 名サ | |
|---|---|
| ひ てい<br>否定(する) | 否定，否认 |

| 2637 ★★★ 名サ | |
|---|---|
| ひ はん<br>批判(する) | 批判，评判 |

| 2638 ★★★ 名 | |
|---|---|
| ひ び<br>日々 | 每天，天天 |

| 2639 ★★★ 名 | |
|---|---|
| ふくそう<br>服装 | 服装 |

| 2640 ★★★ 名 | |
|---|---|
| プラスチック | 塑料 |

| 2641 ★★★ 名 | |
|---|---|
| ぶんけん<br>文献 | 文献 |

| 2642 ★★★ 名 | |
|---|---|
| ボール | 球 |

| 2643 ★★★ 名 | |
|---|---|
| ポスター | 海报 |

| 2644 ★★★ 名 | |
|---|---|
| まいしゅう<br>毎週 | 每周 |

| 2645 ★★★ 名 | |
|---|---|
| まちづくり | 城市建设 |

| 2646 ★★★ 名 | |
|---|---|
| まん が<br>漫画 | 漫画 |

| 2647 ★★★ 名 | |
|---|---|
| み め<br>見た目 | 外观，外表 |

| 2648 ★★★ 名サ | |
|---|---|
| めいれい<br>命令(する) | 命令 |

| 2649 ★★★ 名 | |
|---|---|
| もくてき ち<br>目的地 | 目的地 |

| 2650 ★★★ 名 | |
|---|---|
| もくよう び<br>木曜日 | 星期四 |

| 2651 ★★★ 名 | |
|---|---|
| や せい<br>野生 | 野生 |

| 2652 ★★★ 名 | |
|---|---|
| よ<br>良さ | 好的点，<br>好的程度 |

| 2653 ★★★ 名サ | |
|---|---|
| ろくおん<br>録音(する) | 录音 |

| 2654 ★★★ 名 | |
|---|---|
| あつりょく<br>圧力 | (物理的或外界对<br>人的)压力 |

| 2655 ★★★ 名 | | 2672 ★★★ 名 | |
|---|---|---|---|
| い かた 言い方 | 说法，叫法 | こうきょう 公共 | 公共 |

| 2656 ★★★ 名 | | 2673 ★★★ 名 | |
|---|---|---|---|
| い し い しゃ 医師／医者 | 医生 | こうつう ひ 交通費 | 交通费用 |

| 2657 ★★★ 名 | | 2674 ★★★ 名 | |
|---|---|---|---|
| おおぜい 大勢 | 很多人，多数人 | こうはん 後半 | 后半 |

| 2658 ★★★ 名サ | | 2675 ★★★ 名サ | |
|---|---|---|---|
| お せん 汚染(する) | 污染 | こうひょう 公表(する) | 公布，通告 |

| 2659 ★★★ 名 | | 2676 ★★★ 名 | |
|---|---|---|---|
| お 終わり | 最后，结尾 | こころ 試み | 尝试 |

| 2660 ★★★ 名 | | 2677 ★★★ 名 | |
|---|---|---|---|
| かい が 絵画 | 绘画 | こんしゅう 今週 | 本周 |

| 2661 ★★★ 名サ | | 2678 ★★★ 名サ | 重生，|
|---|---|---|---|
| かいたく 開拓(する) | 开拓 | さいせい 再生(する) | (器官)再生，播放，再利用 |

| 2662 ★★★ 名サ | | 2679 ★★★ 名 | |
|---|---|---|---|
| かい ひ 回避(する) | 避免 | さくもつ 作物 | 农作物 |

| 2663 ★★★ 名 | | 2680 ★★★ 名 | |
|---|---|---|---|
| がくもん 学問 | 学问 | し あい 試合 | 比赛 |

| 2664 ★★★ 名 | | 2681 ★★★ 名 | |
|---|---|---|---|
| き けんせい 危険性 | 危险性 | しきさい 色彩 | 色彩 |

| 2665 ★★★ 名サ | | 2682 ★★★ 名サ | |
|---|---|---|---|
| き じゅつ 記述(する) | 写作，记叙 | じ さん 持参(する) | 带来(去) |

| 2666 ★★★ 名 | | 2683 ★★★ 名 | |
|---|---|---|---|
| きゅうじつ 休日 | 节假日 | じ しん 地震 | 地震 |

| 2667 ★★★ 名サ | | 2684 ★★★ 名サ | |
|---|---|---|---|
| きょうちょう 強調(する) | 强调 | じっかん 実感(する) | 实际感受 |

| 2668 ★★★ 名 | 强度，| 2685 ★★★ 名サ | |
|---|---|---|---|
| きょう ど 強度 | 程度高的 | じっしゅう 実習(する) | 实习 |

| 2669 ★★★ 名 | | 2686 ★★★ 名 | |
|---|---|---|---|
| きょうどうたい 共同体 | 共同体 | し や 視野 | 视野 |

| 2670 ★★★ 名サ | | 2687 ★★★ 名 | |
|---|---|---|---|
| く ぶん 区分(する) | 区分，划分 | じゅうてん 重点 | 重点 |

| 2671 ★★★ 名サ | | 2688 ★★★ 名 | |
|---|---|---|---|
| げんてい 限定(する) | 限制，限定 | しゅうにゅう 収入 | 收入 |

| 2689 ★★★ 名サ | |
|---|---|
| じゅけん<br>受験(する) | 报考，应试 |

| 2690 ★★★ 名 | |
|---|---|
| ショック | 撞击，电击，<br>震惊，休克 |

| 2691 ★★★ 名サ | |
|---|---|
| しんらい<br>信頼(する) | 信任，信赖 |

| 2692 ★★★ 名 | |
|---|---|
| すいちゅう<br>水中 | 水中 |

| 2693 ★★★ 名 | |
|---|---|
| スタッフ | 工作人员 |

| 2694 ★★★ 名サ | |
|---|---|
| せ わ<br>世話(する) | 照顾，斡旋，<br>麻烦 |

| 2695 ★★★ 名 | |
|---|---|
| せんしゅう<br>先週 | 上周 |

| 2696 ★★★ 名 | |
|---|---|
| せんもんようご<br>専門用語 | 术语 |

| 2697 ★★★ 名サ | |
|---|---|
| そくしん<br>促進(する) | 促进 |

| 2698 ★★★ 名 | |
|---|---|
| たいいくかん<br>体育館 | 体育馆 |

| 2699 ★★★ 名 | |
|---|---|
| たい き お せん<br>大気汚染 | 大气污染 |

| 2700 ★★★ 名 | |
|---|---|
| たいじゅう<br>体重 | 体重 |

| 2701 ★★★ 名 | |
|---|---|
| だい と し<br>大都市 | 大城市 |

| 2702 ★★★ 名サ | |
|---|---|
| た ようか<br>多様化(する) | 多样化 |

| 2703 ★★★ 名 | |
|---|---|
| ちゅうかん<br>中間 | (位置，顺序，等<br>级等的)中间 |

| 2704 ★★★ 名 | |
|---|---|
| ちょう き<br>長期 | 长期 |

| 2705 ★★★ 名サ | |
|---|---|
| ちょうせい<br>調整(する) | 调整，<br>协调(关系等) |

| 2706 ★★★ 名サ | |
|---|---|
| つうがく<br>通学(する) | 上下学 |

| 2707 ★★★ 名 | |
|---|---|
| と けい<br>時計 | 时钟 |

| 2708 ★★★ 名 | |
|---|---|
| ねら<br>狙い | 标的，目标 |

| 2709 ★★★ 名 | |
|---|---|
| ねんだい<br>年代 | 年代 |

| 2710 ★★★ 名 | |
|---|---|
| はたら<br>働きかけ | 动员，做工作 |

| 2711 ★★★ 名サ | |
|---|---|
| はっこう<br>発行(する) | 发行 |

| 2712 ★★★ 名 | |
|---|---|
| はや<br>速さ | 速度，快慢 |

| 2713 ★★★ 名 | |
|---|---|
| ビル | 楼房 |

| 2714 ★★★ 名 | |
|---|---|
| ひんしつ<br>品質 | 品质 |

| 2715 ★★★ 名サ | |
|---|---|
| へんきゃく<br>返却(する) | 还(书等借用品)，<br>找零 |

| 2716 ★★★ 名サ | |
|---|---|
| ほうしゅつ<br>放出(する) | 放出(能量等)，<br>排放(气体等)，<br>投放(资金等) |

| 2717 ★★★ 名 | |
|---|---|
| ほん や<br>本屋 | 书店 |

| 2718 ★★★ 名サ | |
|---|---|
| ほんやく<br>翻訳(する) | 翻译 |

| 2719 ★★★ 名 | |
|---|---|
| まいかい<br>毎回 | 每次 |

| 2720 ★★★ 名 | |
|---|---|
| み ち<br>未知 | 未知，陌生的 |

| 2721 ★★★ 名 | |
|---|---|
| メリット | 好处，长处 |

| 2722 ★★★ 名 | |
|---|---|
| や かん<br>夜間 | 夜间 |

| 2723 ★★★ 名 | | 2740 ★★★ 名 | |
|---|---|---|---|
| やくめ<br>役目 | 职责 | きそく<br>規則 | 规定，章程 |

| 2724 ★★★ 名 | | 2741 ★★★ 名 | |
|---|---|---|---|
| や じるし<br>矢印 | 箭头 | ぎ のう<br>技能 | 技能 |

| 2725 ★★★ 名 | | 2742 ★★★ 名 | |
|---|---|---|---|
| や せいどうぶつ<br>野生動物 | 野生动物 | き ばん<br>基盤 | 基础，根基 |

| 2726 ★★★ 名サ | | 2743 ★★★ 名 | |
|---|---|---|---|
| ゆうそう<br>郵送(する) | 邮寄 | き ぼ<br>規模 | 规模 |

| 2727 ★★★ 名 | | 2744 ★★★ 名サ | |
|---|---|---|---|
| りょうしゃ<br>両者 | 两者 | きょうか<br>強化(する) | 强化 |

| 2728 ★★★ 名サ | | 2745 ★★★ 名 | |
|---|---|---|---|
| れんぞく<br>連続(する) | 连续 | きょう ぎ<br>競技 | 竞技 |

| 2729 ★★★ 名 | | 2746 ★★★ 名 | |
|---|---|---|---|
| い かた<br>生き方 | 生活方式，活法 | ぎょうじ<br>行事 | (庆祝，纪念等)活动 |

| 2730 ★★★ 名サ | | 2747 ★★★ 名 | |
|---|---|---|---|
| いくせい<br>育成(する) | 培育 | きょうよう<br>教養 | 文化修养 |

| 2731 ★★★ 名サ | | 2748 ★★★ 名 | |
|---|---|---|---|
| えんしゅう<br>演習(する) | 演习，演练 | ぎんこう<br>銀行 | 银行 |

| 2732 ★★★ 名 | | 2749 ★★★ 名 | |
|---|---|---|---|
| おおがた<br>大型 | 大型 | くうこう<br>空港 | 机场 |

| 2733 ★★★ 名 | | 2750 ★★★ 名サ | |
|---|---|---|---|
| おくがい<br>屋外 | 室外 | けいげん<br>軽減(する) | 减轻 |

| 2734 ★★★ 名 | | 2751 ★★★ 名サ | |
|---|---|---|---|
| なか<br>お腹 | 肚子，腹部 | けいやく<br>契約(する) | (签订)契约、合同 |

| 2735 ★★★ 名 | | 2752 ★★★ 名サ | |
|---|---|---|---|
| オリエンテーション | 方位，定位，(入学或入职)培训 | けっせき<br>欠席(する) | 缺席 |

| 2736 ★★★ 名 | | 2753 ★★★ 名 | |
|---|---|---|---|
| か だ<br>貸し出し | 借出(书，金钱等) | けんきゅうかい<br>研究会 | 研究会，研讨会 |

| 2737 ★★★ 名 | | 2754 ★★★ 名 | |
|---|---|---|---|
| かたち<br>形 | 形状，形式 | げん ち<br>現地 | 现场，当地 |

| 2738 ★★★ 名 | | 2755 ★★★ 名 | |
|---|---|---|---|
| からだ<br>体 | 身体，体格 | こうおん<br>高温 | 高温 |

| 2739 ★★★ 名 | | 2756 ★★★ 名 | |
|---|---|---|---|
| かんこう ち<br>観光地 | 旅游景点 | こうれい<br>高齢 | 老龄 |

| 2757 ★★★ 名 | 路线，课程，套餐 | 2774 ★★★ 名 | 瞬间 |
|---|---|---|---|
| コース | | しゅんかん<br>瞬間 | |

| 2758 ★★★ 名 | 小型 | 2775 ★★★ 名 | 排名靠前 |
|---|---|---|---|
| こがた<br>小型 | | じょうい<br>上位 | |

| 2759 ★★★ 名 | 国际交流 | 2776 ★★★ 名サ | 上和下，上下浮动，上下颠倒 |
|---|---|---|---|
| こくさいこうりゅう<br>国際交流 | | じょうげ<br>上下(する) | |

| 2760 ★★★ 名サ | 育儿 | 2777 ★★★ 名 | 症状 |
|---|---|---|---|
| こそだ<br>子育て(する) | | しょうじょう<br>症状 | |

| 2761 ★★★ 名 | 事，事情 | 2778 ★★★ 名 | 信息处理 |
|---|---|---|---|
| こと<br>事 | | じょうほうしょり<br>情報処理 | |

| 2762 ★★★ 名 | 混凝土 | 2779 ★★★ 名 | 食材 |
|---|---|---|---|
| コンクリート | | しょくざい<br>食材 | |

| 2763 ★★★ 名サ | 栽培植物 | 2780 ★★★ 名サ | 前进，进行 |
|---|---|---|---|
| さいばい<br>栽培(する) | | しんこう<br>進行(する) | |

| 2764 ★★★ 名サ | 制定计划，制作书面材料 | 2781 ★★★ 名サ | 申请 |
|---|---|---|---|
| さくせい<br>作成(する) | | しんせい<br>申請(する) | |

| 2765 ★★★ 名 | 作家 | 2782 ★★★ 名 | 水槽，水池 |
|---|---|---|---|
| さっか<br>作家 | | すいそう<br>水槽 | |

| 2766 ★★★ 名 | 寒冷 | 2783 ★★★ 名サ | 推测 |
|---|---|---|---|
| さむ<br>寒さ | | すいそく<br>推測(する) | |

| 2767 ★★★ 名サ | 识别，辨别 | 2784 ★★★ 名サ | 衰退 |
|---|---|---|---|
| しきべつ<br>識別(する) | | すいたい<br>衰退(する) | |

| 2768 ★★★ 名サ | 支付，发放(资金或物品) | 2785 ★★★ 名 | 数学 |
|---|---|---|---|
| しきゅう<br>支給(する) | | すうがく<br>数学 | |

| 2769 ★★★ 名 | 本身 | 2786 ★★★ 名 | 道理，逻辑 |
|---|---|---|---|
| じたい<br>自体 | | すじみち<br>筋道 | |

| 2770 ★★★ 名 | 室内 | 2787 ★★★ 名 | 身材，(服装等的)样式 |
|---|---|---|---|
| しつない<br>室内 | | スタイル | |

| 2771 ★★★ 名サ | 实用化 | 2788 ★★★ 名サ | 成立，形成 |
|---|---|---|---|
| じつようか<br>実用化(する) | | せいりつ<br>成立(する) | |

| 2772 ★★★ 名サ | 习得 | 2789 ★★★ 名 | 说服力 |
|---|---|---|---|
| しゅうとく<br>習得(する) | | せっとくりょく<br>説得力 | |

| 2773 ★★★ 名 | 作业 | 2790 ★★★ 名 | 纤维 |
|---|---|---|---|
| しゅくだい<br>宿題 | | せんい<br>繊維 | |

| 2791 ★★★ 名<br>ぜんかい<br>前回 | 上次 |
|---|---|

| 2792 ★★★ 名<br>せんご<br>戦後 | 战后 (特指第二次<br>世界大战后) |
|---|---|

| 2793 ★★★ 名<br>ぜんじつ<br>前日 | 前一天 |
|---|---|

| 2794 ★★★ 名サ<br>ぞうだい<br>増大(する) | (数量，程度等)<br>增加 |
|---|---|

| 2795 ★★★ 名サ<br>そうてい<br>想定(する) | 假定，假设 |
|---|---|

| 2796 ★★★ 名<br>そくめん<br>側面 | 侧面 |
|---|---|

| 2797 ★★★ 名<br>だいがくいん<br>大学院 | 研究生院 |
|---|---|

| 2798 ★★★ 名<br>たいしょうしゃ<br>対象者 | (制度，措施等的)<br>对象 |
|---|---|

| 2799 ★★★ 名サ<br>たいりつ<br>対立(する) | 对立 |
|---|---|

| 2800 ★★★ 名<br>たすう<br>多数 | 大多数 |
|---|---|

| 2801 ★★★ 名<br>たんしょ<br>短所 | 短处，不足 |
|---|---|

| 2802 ★★★ 名<br>タンパク質 | 蛋白质 |
|---|---|

| 2803 ★★★ 名サ<br>チェック(する) | 检查，确认，<br>格子图案，<br>支票 |
|---|---|

| 2804 ★★★ 名<br>ちのう<br>知能 | 智能 |
|---|---|

| 2805 ★★★ 名<br>ちゅうがくせい<br>中学生 | 初中生 |
|---|---|

| 2806 ★★★ 名<br>ちょくご<br>直後 | (时间上)紧接着，<br>(空间上)后边紧<br>挨着 |
|---|---|

| 2807 ★★★ 名サ<br>ちょくめん<br>直面(する) | 正视，面对 |
|---|---|

| 2808 ★★★ 名サ<br>つうきん<br>通勤(する) | 上下班 |
|---|---|

| 2809 ★★★ 名サ<br>ていれ<br>手入れ(する) | (设备，庭院等的)<br>修缮，维护，<br>(警察)突击检查 |
|---|---|

| 2810 ★★★ 名<br>てんぽ<br>店舗 | 店铺 |
|---|---|

| 2811 ★★★ 名サ<br>とうひょう<br>投票(する) | 投票 |
|---|---|

| 2812 ★★★ 名<br>とくせい<br>特性 | 特性 |
|---|---|

| 2813 ★★★ 名<br>とどけ<br>届け | 派送，报告，<br>登记，报告书，<br>登记表 |
|---|---|

| 2814 ★★★ 名<br>ながめ<br>眺め | 眺望，<br>远处的景色 |
|---|---|

| 2815 ★★★ 名<br>ねんげつ<br>年月 | 年月，岁月 |
|---|---|

| 2816 ★★★ 名<br>のこり<br>残り | 剩余 |
|---|---|

| 2817 ★★★ 名<br>はいきぶつ<br>廃棄物 | 废弃物 |
|---|---|

| 2818 ★★★ 名サ<br>はいしゅつ<br>排出(する) | 排放，排泄 |
|---|---|

| 2819 ★★★ 名サ<br>はいたつ<br>配達(する) | 派送，递送 |
|---|---|

| 2820 ★★★ 名<br>はなし<br>話 | 话，话题，<br>传闻，故事 |
|---|---|

| 2821 ★★★ 名<br>パン | (葡萄牙语pão)面<br>包，(英语pan)<br>平底锅 |
|---|---|

| 2822 ★★★ 名<br>はんざい<br>犯罪 | 犯罪 |
|---|---|

| 2823 ★★★ 名サ<br>はんせい<br>反省(する) | 反省 |
|---|---|

| 2824 ★★★ 名<br>びじゅつ<br>美術 | 美术 |
|---|---|

| 2825 ★★★ 名 | | |
|---|---|---|
| ひとり 一人ひとり | 每个人，大家 | |

| 2826 ★★★ 名 | | |
|---|---|---|
| ひ りつ 比率 | 比例 | |

| 2827 ★★★ 名 | | |
|---|---|---|
| ファッション | 流行，时尚，时装 | |

| 2828 ★★★ 名 | | |
|---|---|---|
| ブランド | 品牌，名牌 | |

| 2829 ★★★ 名サ | 分散， | |
|---|---|---|
| ぶんさん 分散(する) | (物理)色散，(统计学)方差 | |

| 2830 ★★★ 名 | | |
|---|---|---|
| ペット | 宠物 | |

| 2831 ★★★ 名 | | |
|---|---|---|
| ぼうさい 防災 | 防灾 | |

| 2832 ★★★ 名 | | |
|---|---|---|
| ほうしん 方針 | 方针 | |

| 2833 ★★★ 名サ | | |
|---|---|---|
| ほう ち 放置(する) | 弃置，搁置 | |

| 2834 ★★★ 名 | (hall)大厅， | |
|---|---|---|
| ホール | (hole)孔，洞 | |

| 2835 ★★★ 名サ | | |
|---|---|---|
| ほ きゅう 補給(する) | 补给 | |

| 2836 ★★★ 名サ | | |
|---|---|---|
| ほ しょう 保証(する) | 保证 | |

| 2837 ★★★ 名 | | |
|---|---|---|
| ほ にゅうるい 哺乳類 | 哺乳类 | |

| 2838 ★★★ 名 | 管理， | |
|---|---|---|
| マネジメント | 管理人员 | |

| 2839 ★★★ 名 | | |
|---|---|---|
| ま なか 真ん中 | 正中央 | |

| 2840 ★★★ 名サ | | |
|---|---|---|
| む じゅん 矛盾(する) | (逻辑)矛盾 | |

| 2841 ★★★ 名 | 机制， | |
|---|---|---|
| メカニズム | 机械装置 | |

| 2842 ★★★ 名 | 眼前， | |
|---|---|---|
| め まえ 目の前 | 不远的将来 | |

| 2843 ★★★ 名 | | |
|---|---|---|
| ものがたり 物語 | 故事 | |

| 2844 ★★★ 名 | 幼儿 | |
|---|---|---|
| よう じ 幼児 | (一般指1岁以上的学龄前儿童) | |

| 2845 ★★★ 名 | | |
|---|---|---|
| よう び 曜日 | 星期 | |

| 2846 ★★★ 名 | | |
|---|---|---|
| らいげつ 来月 | 下个月 | |

| 2847 ★★★ 名 | | |
|---|---|---|
| らいねん 来年 | 来年 | |

| 2848 ★★★ 名 | | |
|---|---|---|
| り そう 理想 | 理想 | |

| 2849 ★★★ 名サ | | |
|---|---|---|
| りゅうこう 流行(する) | (服装、疾病等)流行 | |

| 2850 ★★★ 名サ | (货币、货物、空 | |
|---|---|---|
| りゅうつう 流通(する) | 气等)流通 | |

| 2851 ★★★ 名 | (route)路径、途径， | |
|---|---|---|
| ルート | (root)根号 | |

| 2852 ★★★ 名 | | |
|---|---|---|
| アドレス | 住址，地址 | |

| 2853 ★★★ 名 | | |
|---|---|---|
| え ほん 絵本 | 儿童插画图书 | |

| 2854 ★★★ 名 | 茶， | |
|---|---|---|
| ちゃ お茶 | 茶的礼貌说法，茶道 | |

| 2855 ★★★ 名 | 卡片，卡牌， | |
|---|---|---|
| カード | 信用卡的简称 | |

| 2856 ★★★ 名 | 用于集会的建 | |
|---|---|---|
| かいかん 会館 | 筑，会馆 | |

| 2857 ★★★ 名サ | | |
|---|---|---|
| かいとう 解答(する) | 解答 | |

| 2858 ★★★ 名 | | |
|---|---|---|
| か ぬし 飼い主 | 宠物的主人 | |

| | | |
|---|---|---|
| 2859 ★★★ 名サ<br>かいめい<br>解明(する) | 阐明，探明 | |
| 2860 ★★★ 名<br>がいよう<br>概要 | 概要 | |
| 2861 ★★★ 名<br>かお<br>香り | (特指好的)气味 | |
| 2862 ★★★ 名<br>かか<br>関わり | 关联，牵连 | |
| 2863 ★★★ 名サ<br>がっしゅく<br>合宿(する) | 一同吃住的集训 | |
| 2864 ★★★ 名サ<br>かつやく<br>活躍(する) | 积极活动 | |
| 2865 ★★★ 名<br>かんきょう ほ ぜん<br>環境保全 | 保持原生态的<br>自然环境 | |
| 2866 ★★★ 名サ<br>かんせい<br>完成(する) | 完成，完备 | |
| 2867 ★★★ 名<br>キーワード | 关键词 | |
| 2868 ★★★ 名<br>き こう<br>気候 | 气候 | |
| 2869 ★★★ 名<br>ぎ じゅつしゃ<br>技術者 | 技术人员 | |
| 2870 ★★★ 名<br>き<br>決まり | 结局，了结，<br>规定，规矩 | |
| 2871 ★★★ 名サ<br>きょうせい<br>強制(する) | 强制 | |
| 2872 ★★★ 名<br>きょうつうてん<br>共通点 | 共同点 | |
| 2873 ★★★ 名<br>きんがく<br>金額 | 金额 | |
| 2874 ★★★ 名<br>けいざいかつどう<br>経済活動 | 经济活动 | |
| 2875 ★★★ 名サ<br>けっこん<br>結婚(する) | 结婚，婚姻 | |

| | | |
|---|---|---|
| 2876 ★★★ 名<br>こう き<br>後期 | 后期 | |
| 2877 ★★★ 名<br>こうてい<br>工程 | 流程 | |
| 2878 ★★★ 名サ<br>こう び<br>交尾(する) | 交尾，交配 | |
| 2879 ★★★ 名サ<br>こくふく<br>克服(する) | 克服 | |
| 2880 ★★★ 名<br>ざいさん<br>財産 | 财产，财富 | |
| 2881 ★★★ 名<br>サイズ | 尺寸 | |
| 2882 ★★★ 名<br>さいだいげん<br>最大限 | 最大限度 | |
| 2883 ★★★ 名サ<br>さくげん<br>削減(する) | 削减 | |
| 2884 ★★★ 名<br>さくねん<br>昨年 | 去年 | |
| 2885 ★★★ 名サ<br>さっかく<br>錯覚(する) | 错觉 | |
| 2886 ★★★ 名サ<br>し かい<br>司会(する) | 主持(会议等) | |
| 2887 ★★★ 名<br>し かく<br>視覚 | 视觉 | |
| 2888 ★★★ 名<br>し そう<br>思想 | 思想，想法 | |
| 2889 ★★★ 名<br>じ たい<br>事態 | 事态 | |
| 2890 ★★★ 名サ<br>えんめい<br>延命(する) | 延长寿命 | |
| 2891 ★★★ 名<br>しゅうちゅうりょく<br>集中力 | 注意力 | |
| 2892 ★★★ 名<br>じゅうようせい<br>重要性 | 重要性 | |

WEEK 1
WEEK 2
WEEK 3
WEEK 4
WEEK 5
WEEK 6
WEEK 7
WEEK 8

★★★ 高頻
★★ 中頻
★ 衍生

| 2893 ★★★ 名 | | 2909 ★★★ 名サ | |
|---|---|---|---|
| じゅもく<br>樹木 | 樹木 | せいじゅく<br>成熟(する) | (作物、性格、时机等)成熟 |

| 2894 ★★★ 名 | | 2910 ★★★ 名サ | |
|---|---|---|---|
| じゅんい<br>順位 | 順序，排名 | せいぞん<br>生存(する) | 生存 |

| 2895 ★★★ 名 | | 2911 ★★★ 名サ | |
|---|---|---|---|
| しょう<br>省エネルギー | 节能 | せんこう<br>専攻(する) | 专业，专攻 |

| 2896 ★★★ 名 | | 2912 ★★★ 名 | |
|---|---|---|---|
| じょうくう<br>上空 | 上空 | せんにゅうかん<br>先入観 | 先入之见，成见 |

| 2897 ★★★ 名 | | 2913 ★★★ 名 | |
|---|---|---|---|
| しょうこ<br>証拠 | 证据 | そうち<br>装置 | 装置 |

| 2898 ★★★ 名 | | 2914 ★★★ 名 | |
|---|---|---|---|
| じょうしき<br>常識 | 常识 | たいおん<br>体温 | 体温 |

| 2899 ★★★ 名 | | 2915 ★★★ 名サ | |
|---|---|---|---|
| しょうせつ<br>小説 | 小说 | たいくつ<br>退屈(する) | 厌倦，乏味，无聊 |

| 2900 ★★★ 名 | | 2916 ★★★ 名 | |
|---|---|---|---|
| しょくば<br>職場 | 职场 | たいちょう<br>体調 | 身体状况 |

| 2901 ★★★ 名サ | | 2917 ★★★ 名 | |
|---|---|---|---|
| しょぶん<br>処分(する) | 处置，处罚 | たいりょうせいさん<br>大量生産 | 批量生产 |

| 2902 ★★★ 名 | | 2918 ★★★ 名 | |
|---|---|---|---|
| しんぶんきじ<br>新聞記事 | 报纸上的文章 | たばこ | 烟草 |

| 2903 ★★★ 名サ | | 2919 ★★★ 名 | |
|---|---|---|---|
| しんよう<br>信用(する) | 相信，信用 | たんご<br>単語 | 单词 |

| 2904 ★★★ 名サ | | 2920 ★★★ 名 | |
|---|---|---|---|
| すいしん<br>推進(する) | 推进 | たんじかん<br>短時間 | 短时间(内) |

| 2905 ★★★ 名 | | 2921 ★★★ 名 | |
|---|---|---|---|
| すいどう<br>水道 | 上下水道等的合称 | ちか<br>地下 | 地下 |

| 2906 ★★★ 名 | | 2922 ★★★ 名サ | |
|---|---|---|---|
| すいめん／みなも<br>水面 | 水面 | ちゅうもん<br>注文(する) | 订单，下单，要求 |

| 2907 ★★★ 名 | | 2923 ★★★ 名 | |
|---|---|---|---|
| すきぎらい<br>好き嫌い | 好恶 | ちょうるい<br>鳥類 | 鸟类 |

| 2908 ★★★ 名サ | | 2924 ★★★ 名サ | |
|---|---|---|---|
| せいかい<br>正解(する) | 正确答案，正确的选择 | つうしん<br>通信(する) | 通信 |

| | | |
|---|---|---|
| 2925 ★★★ 名<br>つ<br>連れ | 同行，同伴，<br>带，领 | |
| 2926 ★★★ 名サ<br>てい し<br>停止(する) | 停止 | |
| 2927 ★★★ 名サ<br>てきよう<br>適用(する) | 适用<br>(法律，规定等) | |
| 2928 ★★★ 名サ<br>テスト(する) | 试验，测验，<br>化验 | |
| 2929 ★★★ 名<br>デパート | 商场 | |
| 2930 ★★★ 名サ<br>て ま<br>手間 | 工作所耗费的<br>劳力和时间，<br>功夫 | |
| 2931 ★★★ 名サ<br>てんかん<br>転換(する) | 转换，转变 | |
| 2932 ★★★ 名<br>でん わ ばんごう<br>電話番号 | 电话号码 | |
| 2933 ★★★ 名サ<br>どう い<br>同意(する) | 相同的意思，<br>同意，赞成 | |
| 2934 ★★★ 名サ<br>とういつ<br>統一(する) | 统一 | |
| 2935 ★★★ 名<br>どうぶつえん<br>動物園 | 动物园 | |
| 2936 ★★★ 名サ<br>どく じ<br>独自 | 单独，独自，<br>独特的，<br>特有的 | |
| 2937 ★★★ 名サ<br>どくりつ<br>独立(する) | 独立 | |
| 2938 ★★★ 名サ<br>にん ち<br>認知(する) | 认知，认识，<br>承认 | |
| 2939 ★★★ 名<br>はな て<br>話し手 | 发言者，<br>(对话时)说话的<br>一方 | |
| 2940 ★★★ 名サ<br>はや お<br>早起き(する) | 早起 | |
| 2941 ★★★ 名<br>ひ ごろ<br>日頃 | 平时，<br>长时间以来 | |

| | | |
|---|---|---|
| 2942 ★★★ 名<br>ひとこと<br>一言 | 简短的话，<br>三言两语，<br>一句话 | |
| 2943 ★★★ 名<br>ひとり ぐ<br>一人暮らし | 独居 | |
| 2944 ★★★ 名<br>ひ みつ<br>秘密 | 秘密 | |
| 2945 ★★★ 名<br>ぶ か<br>部下 | 部下 | |
| 2946 ★★★ 名<br>ぶ たい<br>舞台 | 舞台 | |
| 2947 ★★★ 名サ<br>ぶんたん<br>分担(する) | 分担 | |
| 2948 ★★★ 名サ<br>ぶんぴつ<br>分泌(する) | 分泌 | |
| 2949 ★★★ 名<br>へいきん<br>平均 | 平均，均衡 | |
| 2950 ★★★ 名<br>へいじつ<br>平日 | 工作日(指星期一<br>至星期五) | |
| 2951 ★★★ 名<br>ほうしゅう<br>報酬 | 报酬 | |
| 2952 ★★★ 名<br>ぼうはん<br>防犯 | 防止犯罪 | |
| 2953 ★★★ 名サ<br>ほ そう<br>舗装(する) | 铺路 | |
| 2954 ★★★ 名<br>ホルモン | 激素，<br>(牛，猪等动物的)<br>内脏 | |
| 2955 ★★★ 名<br>ほんもの<br>本物 | 正品，实物，<br>真正的 | |
| 2956 ★★★ 名サ<br>ミーティング(する) | 会议，集会 | |
| 2957 ★★★ 名<br>み わ<br>見分け | 区别，区分 | |
| 2958 ★★★ 名<br>め ざ<br>目覚め | 醒来，觉醒 | |

| 2959 ★★★ 名 | 面积 | 2976 ★★★ 名 | 行为，活动，工作，谋生 |
|---|---|---|---|
| めんせき<br>面積 | | いとな<br>営み | |

| 2960 ★★★ 名 | (特指日本)制造，生产 | 2977 ★★★ 名 | 衣服 |
|---|---|---|---|
| ものづくり | | い ふく<br>衣服 | |

| 2961 ★★★ 名サ | 模仿 | 2978 ★★★ 名 | 活动，比赛项目 |
|---|---|---|---|
| も ほう<br>模倣(する) | | イベント | |

| 2962 ★★★ 名 | 勇气 | 2979 ★★★ 名 | 入口 |
|---|---|---|---|
| ゆう き<br>勇気 | | い ぐち<br>入り口 | |

| 2963 ★★★ 名サ | 输送，运输 | 2980 ★★★ 名 | 医疗机构 |
|---|---|---|---|
| ゆ そう<br>輸送(する) | | い りょう き かん<br>医療機関 | |

| 2964 ★★★ 名 | (空间、时间、经济条件等)宽松 | 2981 ★★★ 名 | 冲击(力)，深刻影响 |
|---|---|---|---|
| ゆとり | | インパクト | |

| 2965 ★★★ 名 | 用语，术语 | 2982 ★★★ 名 | 商量，讨论 |
|---|---|---|---|
| よう ご<br>用語 | | う あ<br>打ち合わせ | |

| 2966 ★★★ 名 | 幼虫 | 2983 ★★★ 名 | (结论，主张等的)证据，支撑 |
|---|---|---|---|
| ようちゅう<br>幼虫 | | うら づ<br>裏付け | |

| 2967 ★★★ 名サ | 总结，梗概 | 2984 ★★★ 名 | 贩卖的地点，卖场 |
|---|---|---|---|
| ようやく<br>要約(する) | | う ば<br>売り場 | |

| 2968 ★★★ 名 | 列表，清单 | 2985 ★★★ 名 | 空调 |
|---|---|---|---|
| リスト | | エアコン | |

| 2969 ★★★ 名サ | 合作，协力 | 2986 ★★★ 名 | 笑容，笑脸 |
|---|---|---|---|
| れんけい<br>連携(する) | | え がお<br>笑顔 | |

| 2970 ★★★ 名 | 劳动者，工作的人 | 2987 ★★★ 名 | 戏剧 |
|---|---|---|---|
| ろうどうしゃ<br>労働者 | | えんげき<br>演劇 | |

| 2971 ★★★ 名 | 框架 | 2988 ★★★ 名サ | (时间的)延长，(空间的)延伸，(事件的)延续 |
|---|---|---|---|
| わく ぐ<br>枠組み | | えんちょう<br>延長(する) | |

| 2972 ★★★ 名 | 公寓 | 2989 ★★★ 名 | 衰弱，衰退，衰落，衰老 |
|---|---|---|---|
| アパート | | おとろ<br>衰え | |

| 2973 ★★★ 名 | 意志 | 2990 ★★★ 名サ | 举办 |
|---|---|---|---|
| い し<br>意志 | | かいさい<br>開催(する) | |

| 2974 ★★★ 名 | 疼痛，痛苦 | 2991 ★★★ 名 | 企业员工 |
|---|---|---|---|
| いた<br>痛み | | かいしゃいん<br>会社員 | |

| 2975 ★★★ 名 | 一生 | 2992 ★★★ 名 | 海水 |
|---|---|---|---|
| いっしょう<br>一生 | | かいすい<br>海水 | |

| | | |
|---|---|---|
| 2993 ★★★ 名サ<br>かいせつ<br>開設(する) | 开设 | |
| 2994 ★★★ 名<br>カウンター | 柜台，吧台，<br>计数器 | |
| 2995 ★★★ 名<br>がくじゅつ<br>学術 | 学术 | |
| 2996 ★★★ 名<br>かく ど<br>角度 | 角度 | |
| 2997 ★★★ 名<br>がくねん<br>学年 | 年级 | |
| 2998 ★★★ 名<br>かくりつ<br>確率 | 概率 | |
| 2999 ★★★ 名<br>がくりょく<br>学力 | 学习能力 | |
| 3000 ★★★ 名<br>がっ き<br>学期 | 学期 | |
| 3001 ★★★ 名<br>かのじょ<br>彼女 | 她，女朋友 | |
| 3002 ★★★ 名<br>かぶしきがいしゃ<br>株式会社 | 股份公司 | |
| 3003 ★★★ 名<br>かんかく<br>間隔 | (时间或空间的)<br>间隔 | |
| 3004 ★★★ 名サ<br>かんげい<br>歓迎(する) | 欢迎 | |
| 3005 ★★★ 名サ<br>かんしょう<br>鑑賞(する) | 欣赏，鉴赏 | |
| 3006 ★★★ 名サ<br>かんしょう<br>干渉(する) | 干涉 | |
| 3007 ★★★ 名サ<br>かんしん<br>感心(する) | 佩服，赞叹 | |
| 3008 ★★★ 名<br>かんせい<br>感性 | 感性，感受性 | |
| 3009 ★★★ 名サ<br>かん ち<br>感知(する) | 感知 | |

| | | |
|---|---|---|
| 3010 ★★★ 名<br>き かんちゅう<br>期間中 | 在…期间 | |
| 3011 ★★★ 名<br>き き<br>危機 | 危机 | |
| 3012 ★★★ 名サ<br>きそん/きぞん<br>既存(する) | 已有，现有 | |
| 3013 ★★★ 名<br>き ぶんてんかん<br>気分転換 | 转换心情 | |
| 3014 ★★★ 名<br>キャンパス | 校园，校区 | |
| 3015 ★★★ 名<br>き<br>切りかえ | 切换，转换，<br>(证件等的)更新 | |
| 3016 ★★★ 名<br>きんだい<br>近代 | 近代 | |
| 3017 ★★★ 名<br>けいかん<br>景観 | 景观 | |
| 3018 ★★★ 名<br>けつえき<br>血液 | 血液 | |
| 3019 ★★★ 名<br>けんこうしんだん<br>健康診断 | 体检 | |
| 3020 ★★★ 名サ<br>けんさ<br>検査(する) | 检查 | |
| 3021 ★★★ 名<br>げんだいじん<br>現代人 | 现代人 | |
| 3022 ★★★ 名<br>けんめい<br>件名 | (电子邮件，文件<br>等的)名称，项<br>目名 | |
| 3023 ★★★ 名<br>けん り<br>権利 | 权利 | |
| 3024 ★★★ 名<br>こうがい<br>郊外 | 郊外 | |
| 3025 ★★★ 名<br>こう き しん<br>好奇心 | 好奇心 | |
| 3026 ★★★ 名<br>こうずい<br>洪水 | 洪水 | |

|  |  |  |
|---|---|---|
| 3027 ★★★ 名サ | こうふん 興奮(する) | 兴奋，情绪激动 |
| 3028 ★★★ 名 | こうりゅうかい 交流会 | 交流会 |
| 3029 ★★★ 名サ | こうれいか 高齢化(する) | 老龄化 |
| 3030 ★★★ 名 | こくみん 国民 | 国民 |
| 3031 ★★★ 名サ | こころ 心(する) | 心，心情，心意，本质 |
| 3032 ★★★ 名サ | こてい 固定(する) | 固定 |
| 3033 ★★★ 名 | こべつ 個別 | 单独 |
| 3034 ★★★ 名サ | コメント(する) | 评论 |
| 3035 ★★★ 名 | さくぶん 作文 | (写)作文 |
| 3036 ★★★ 名 | サッカー | 足球 |
| 3037 ★★★ 名 | さばく 砂漠 | 沙漠 |
| 3038 ★★★ 名 | さんすう 算数 | 计算，(小学课程)算数 |
| 3039 ★★★ 名サ | さんぽ 散歩(する) | 散步 |
| 3040 ★★★ 名 | じけん 事件 | 事件，案件 |
| 3041 ★★★ 名 | じこう 事項 | 事项 |
| 3042 ★★★ 名 | しこうりょく 思考力 | 思考能力 |
| 3043 ★★★ 名 | じこく 時刻 | 时刻，具体时间 |
| 3044 ★★★ 名 | しつど 湿度 | 湿度 |
| 3045 ★★★ 名 | じどうはんばいき 自動販売機 | 自动售货机 |
| 3046 ★★★ 名 | じむ 事務 | 事务，办公，文书工作 |
| 3047 ★★★ 名サ | じゃま 邪魔(する) | 阻碍，打扰 |
| 3048 ★★★ 名サ | しゅうしゅう 収集(する) | 收集 |
| 3049 ★★★ 名サ | しゅつげん 出現(する) | 出现 |
| 3050 ★★★ 名サ | しゅつじょう 出場(する) | 参赛 |
| 3051 ★★★ 名サ | しゅっぱつ 出発(する) | 出发 |
| 3052 ★★★ 名 | しゅふ 主婦 | 家庭主妇 |
| 3053 ★★★ 名 | じょうげん 上限 | 上限 |
| 3054 ★★★ 名 | じょうほうか 情報化 | 信息化 |
| 3055 ★★★ 名 | しょせき 書籍 | 书籍 |
| 3056 ★★★ 名サ | しょゆう 所有(する) | 拥有，所有 |
| 3057 ★★★ 名 | しんけい 神経 | 神经 |
| 3058 ★★★ 名 | じんじ 人事 | 人事 |
| 3059 ★★★ 名 | しんせいひん 新製品 | 新产品 |
| 3060 ★★★ 名サ | しんてん 進展(する) | (事态、病情)进展，发展变化 |

| 3061 ★★★　名 | | 3078 ★★★　名サ | |
|---|---|---|---|
| しんらいせい<br>信頼性 | (数据、证据等的)<br>可靠性 | そくてい<br>測定(する) | 測量 |

| 3062 ★★★　名サ | | 3079 ★★★　名 | |
|---|---|---|---|
| すいい<br>推移(する) | 推移 | ターゲット | 目标，标的，<br>靶子 |

| 3063 ★★★　名サ | | 3080 ★★★　名 | |
|---|---|---|---|
| ずかい<br>図解(する) | 图解，<br>用图形解说 | たいせい<br>体制 | 体制 |

| 3064 ★★★　名 | | 3081 ★★★　名サ | |
|---|---|---|---|
| せいかつしゅうかん<br>生活習慣 | 生活习惯 | だいひょう<br>代表(する) | 代表 |

| 3065 ★★★　名 | | 3082 ★★★　名 | |
|---|---|---|---|
| せいさんりょう<br>生産量 | 产量 | たしゃ<br>他社 | 其他公司 |

| 3066 ★★★　名 | | 3083 ★★★　名 | |
|---|---|---|---|
| せいじ<br>政治 | 政治 | たんきかん<br>短期間 | 短期 |

| 3067 ★★★　名 | | 3084 ★★★　名サ | |
|---|---|---|---|
| せいそくち<br>生息地 | 栖息地 | たんさく<br>探索(する) | 探索，搜索 |

| 3068 ★★★　名 | | 3085 ★★★　名 | |
|---|---|---|---|
| せいちょうき<br>成長期 | (生物)生长发育<br>期，(经济)上升<br>期 | たんとうしゃ<br>担当者 | 负责人 |

| 3069 ★★★　名 | | 3086 ★★★　名 | |
|---|---|---|---|
| せいふ<br>政府 | 政府 | ちえ<br>知恵 | 智慧 |

| 3070 ★★★　名 | | 3087 ★★★　名 | |
|---|---|---|---|
| せいほうけい<br>正方形 | 正方形 | ちじょう<br>地上 | 地面上，<br>地球上 |

| 3071 ★★★　名 | | 3088 ★★★　名 | |
|---|---|---|---|
| せきゆ<br>石油 | 石油 | ちじん<br>知人 | 熟人 |

| 3072 ★★★　名 | | 3089 ★★★　名 | |
|---|---|---|---|
| せつめいかい<br>説明会 | (招聘或招生)<br>说明会 | ちほうとし<br>地方都市 | 地方城市 |

| 3073 ★★★　名 | | 3090 ★★★　名サ | |
|---|---|---|---|
| セミナー | 研讨会 | ちゅうしゅつ<br>抽出(する) | 抽取 |

| 3074 ★★★　名サ | | 3091 ★★★　名 | |
|---|---|---|---|
| せんたく<br>洗濯(する) | 洗衣服 | ちょうきかん<br>長期間 | 长期 |

| 3075 ★★★　名 | | 3092 ★★★　名 | |
|---|---|---|---|
| そうご<br>相互 | 相互 | ちょうこうれいしゃかい<br>超高齢社会 | 超老龄化社会 |

| 3076 ★★★　名サ | | 3093 ★★★　名 | |
|---|---|---|---|
| そうごう<br>総合(する) | 综合 | つよめ<br>強め | 偏强，加强 |

| 3077 ★★★　名サ | | 3094 ★★★　名 | |
|---|---|---|---|
| そうしん<br>送信(する) | 发送信息<br>(或信号) | ていど<br>程度 | 程度，水平，<br>大约 |

| | | | |
|---|---|---|---|
| 3095 ★★★ 名<br>テキスト | 教科书，文本 | 3112 ★★★ 名<br>付加価値 ふかかち | 附加价值 |
| 3096 ★★★ 名<br>動機 どうき | 动机，动力 | 3113 ★★★ 名<br>深さ ふか | 深，深度 |
| 3097 ★★★ 名サ<br>到着(する) とうちゃく | 到达，抵达 | 3114 ★★★ 名サ<br>復習(する) ふくしゅう | 复习 |
| 3098 ★★★ 名<br>土壌 どじょう | 土壤 | 3115 ★★★ 名<br>部品 ぶひん | 零件，元件 |
| 3099 ★★★ 名<br>ドラマ | 剧，戏剧 | 3116 ★★★ 名<br>プライバシー | 隐私，秘密 |
| 3100 ★★★ 名<br>日中 にっちゅう | 一天当中，白天，日本和中国 | 3117 ★★★ 名<br>プランクトン | 浮游生物 |
| 3101 ★★★ 名<br>入学試験〔入試〕 にゅうがくしけん にゅうし | 入学考试 | 3118 ★★★ 名<br>風呂 ふろ | 泡澡，浴缸 |
| 3102 ★★★ 名サ<br>入手(する) にゅうしゅ | 入手，获得 | 3119 ★★★ 名<br>プロジェクト | 项目，工程，规划，研究课题 |
| 3103 ★★★ 名<br>年間 ねんかん | 一年的，全年的 | 3120 ★★★ 名<br>文学 ぶんがく | 文学 |
| 3104 ★★★ 名<br>農村 のうそん | 农村 | 3121 ★★★ 名サ<br>分布(する) ぶんぷ | 分布 |
| 3105 ★★★ 名<br>農薬 のうやく | 农药 | 3122 ★★★ 名<br>ペース | 步调，(做事的)速度 |
| 3106 ★★★ 名<br>パーティー | 聚会，团队，党派 | 3123 ★★★ 名<br>ベッド | 床，底板 |
| 3107 ★★★ 名<br>始まり はじ | 开始，起点 | 3124 ★★★ 名<br>法学 ほうがく | 法学 |
| 3108 ★★★ 名<br>被験者 ひけんしゃ | 应试人，实验(或检查等)的对象 | 3125 ★★★ 名<br>報告書 ほうこくしょ | 报告书，汇报书 |
| 3109 ★★★ 名<br>左側 ひだりがわ | 左侧 | 3126 ★★★ 名サ<br>保全(する) ほぜん | 保护…的安全 |
| 3110 ★★★ 名<br>必要事項 ひつようじこう | 必要事项，必填项 | 3127 ★★★ 名<br>窓口 まどぐち | 窗口 |
| 3111 ★★★ 名<br>皮膚 ひふ | 皮肤 | 3128 ★★★ 名サ<br>面接(する) めんせつ | 面试 |

WEEK
1

WEEK
2

WEEK
3

WEEK
4

WEEK
5

WEEK
6

WEEK
7

WEEK
8

| 3129 ★★★ 名<br>ゆうびんきょく<br>郵便局 | 邮局 |
|---|---|
| 3130 ★★★ 名<br>れいぞうこ<br>冷蔵庫 | 冰箱 |
| 3131 ★★★ 名<br>ろうじん<br>老人 | 老年人 |
| 3132 ★★★ 名サ<br>わりびき<br>割引(する) | 打折 |
| 3133 ★★ 名<br>アフリカ | 非洲 |
| 3134 ★★ 名<br>あまみず／うすい<br>雨水 | 雨水 |
| 3135 ★★ 名<br>あんしんかん<br>安心感 | 安全感 |
| 3136 ★★ 名<br>いがい<br>以外 | 以外 |
| 3137 ★★ 名<br>いがく<br>医学 | 医学 |
| 3138 ★★ 名<br>いちづけ<br>位置付け | (产品，人物等的)<br>定位，地位 |
| 3139 ★★ 名サ<br>いちらん<br>一覧(する) | 一览 |
| 3140 ★★ 名<br>いなか<br>田舎 | 乡下，农村，<br>家乡 |
| 3141 ★★ 名<br>いま<br>居間 | 居室，起居室 |
| 3142 ★★ 名<br>うけて<br>受け手 | 收件人，听众，<br>观众 |
| 3143 ★★ 名サ<br>えんじょ<br>援助(する) | 援助，支援 |
| 3144 ★★ 名<br>えんぶん<br>塩分 | 盐分 |
| 3145 ★★ 名サ<br>おうえん<br>応援(する) | 声援，支持，<br>鼓励 |

| 3146 ★★ 名サ<br>おうとう<br>応答(する) | 应答，答复 |
|---|---|
| 3147 ★★ 名<br>おうぼほうほう<br>応募方法 | 应聘(报考)方式 |
| 3148 ★★ 名<br>おちば<br>落ち葉 | 落叶 |
| 3149 ★★ 名<br>おやこ<br>親子 | 父母和子女，<br>亲子 |
| 3150 ★★ 名<br>おんせい<br>音声 | 声音 |
| 3151 ★★ 名<br>おんだんか<br>温暖化 | 全球变暖 |
| 3152 ★★ 名サ<br>かいか<br>開花(する) | 开花，繁盛期，<br>取得回报 |
| 3153 ★★ 名<br>かいだん<br>階段 | 楼梯，阶梯 |
| 3154 ★★ 名サ<br>かいほう<br>解放(する) | 解放 |
| 3155 ★★ 名<br>かいよう<br>海洋 | 海洋 |
| 3156 ★★ 名<br>がか<br>画家 | 画家 |
| 3157 ★★ 名<br>かがくぶっしつ<br>化学物質 | 化学物质 |
| 3158 ★★ 名<br>かざん<br>火山 | 火山 |
| 3159 ★★ 名<br>かじつ<br>果実 | 果实 |
| 3160 ★★ 名<br>ガス | 气体，毒气，<br>燃气，浓雾 |
| 3161 ★★ 名<br>かせん<br>河川 | 河流 |
| 3162 ★★ 名<br>がぞう<br>画像 | 图像，画像 |

| 3163 ★★ 名 | | |
|---|---|---|
| かたがた<br>方々 | 人们，<br>各位(敬称) | |

| 3164 ★★ 名 | | |
|---|---|---|
| カタログ | (商品等的)目录，<br>一览 | |

| 3165 ★★ 名 | | |
|---|---|---|
| かっこく<br>各国 | 各国 | |

| 3166 ★★ 名 | | |
|---|---|---|
| か ふん<br>花粉 | 花粉 | |

| 3167 ★★ 名サ | | |
|---|---|---|
| が まん<br>我慢(する) | 忍耐 | |

| 3168 ★★ 名 | | |
|---|---|---|
| かんきょう ほ ご<br>環境保護 | 环境保护 | |

| 3169 ★★ 名サ | | |
|---|---|---|
| かんそく<br>観測(する) | 观测 | |

| 3170 ★★ 名 | | |
|---|---|---|
| き かん<br>機関 | 机械装置，<br>机构，机关 | |

| 3171 ★★ 名 | | |
|---|---|---|
| き げん<br>起源 | 起源 | |

| 3172 ★★ 名 | | |
|---|---|---|
| き しょう<br>気象 | 气象 | |

| 3173 ★★ 名 | | |
|---|---|---|
| き み<br>木の実 | 树木的果实，<br>特指坚果 | |

| 3174 ★★ 名 | | |
|---|---|---|
| き はん<br>規範 | 规范，准则 | |

| 3175 ★★ 名 | | |
|---|---|---|
| ぎ ほう<br>技法 | (艺术、体育方面<br>的)技术，<br>手法 | |

| 3176 ★★ 名サ | | |
|---|---|---|
| キャンセル(する) | 取消 | |

| 3177 ★★ 名 | | |
|---|---|---|
| きゅう か<br>休暇 | 休假 | |

| 3178 ★★ 名サ | | |
|---|---|---|
| きゅうそく<br>休息(する) | 休息，<br>休养生息 | |

| 3179 ★★ 名 | | |
|---|---|---|
| ぎょうかい<br>業界 | 业界 | |

| 3180 ★★ 名サ | | |
|---|---|---|
| きょよう<br>許容(する) | 容许 | |

| 3181 ★★ 名 | | |
|---|---|---|
| く じょう<br>苦情 | 抱怨，牢骚 | |

| 3182 ★★ 名 | | |
|---|---|---|
| けいえいしゃ<br>経営者 | 企业管理人员 | |

| 3183 ★★ 名 | | |
|---|---|---|
| けいさつ<br>警察 | 警察 | |

| 3184 ★★ 名サ | | |
|---|---|---|
| けい じ<br>掲示(する) | 启事，公告 | |

| 3185 ★★ 名サ | | |
|---|---|---|
| けいぞく<br>継続(する) | 继续 | |

| 3186 ★★ 名サ | | |
|---|---|---|
| けいたい<br>携帯(する) | 携带，<br>移动电话 | |

| 3187 ★★ 名サ | | |
|---|---|---|
| けつだん<br>決断(する) | 决断，果断，<br>当机立断 | |

| 3188 ★★ 名サ | | |
|---|---|---|
| けんか(する) | 吵架，打架 | |

| 3189 ★★ 名 | | |
|---|---|---|
| けんきゅうかいはつ<br>研究開発 | 研究开发 | |

| 3190 ★★ 名 | | |
|---|---|---|
| げんそく<br>原則 | 原则 | |

| 3191 ★★ 名 | | |
|---|---|---|
| げん り<br>原理 | 原理 | |

| 3192 ★★ 名 | | |
|---|---|---|
| こうけい<br>光景 | 光景，情景，<br>景象 | |

| 3193 ★★ 名サ | | |
|---|---|---|
| ごうけい<br>合計(する) | 共计，合计 | |

| 3194 ★★ 名 | | |
|---|---|---|
| こうしゃ<br>後者 | 后者 | |

| 3195 ★★ 名 | | |
|---|---|---|
| こうつう き かん<br>交通機関 | 交通工具，<br>通讯工具 | |

| 3196 ★★ 名 | | |
|---|---|---|
| こうつうしゅだん<br>交通手段 | 交通方式 | |

| 3197 ★★ 名 こうてい 高低 | 高低，起伏，涨落，凸凹 | 3214 ★★ 名 さまた 妨げ | 妨碍，阻碍，阻挠，障碍 |
|---|---|---|---|
| 3198 ★★ 名サ こうばい 購買(する) | 购买 | 3215 ★★ 名 し あ 仕上げ | 做完，完成 |
| 3199 ★★ 名 こう ほ 候補 | 候补 | 3216 ★★ 名 し がい ち 市街地 | 市区，闹市地段 |
| 3200 ★★ 名 コーナー | 角，拐角，角落，(商场)专柜 | 3217 ★★ 名サ じ かく 自覚(する) | 自觉，自知，自己感觉 |
| 3201 ★★ 名サ こ きゅう 呼吸(する) | 呼吸 | 3218 ★★ 名 じ かん ない 時間内 | 规定时间之内 |
| 3202 ★★ 名サ こ しょう 故障(する) | 故障 | 3219 ★★ 名 し そん 子孫 | 子孙后代 |
| 3203 ★★ 名 こ だい 古代 | 古代 | 3220 ★★ 名 し ちょうしゃ 視聴者 | 收看者，观众 |
| 3204 ★★ 名 コップ | 杯，杯子 | 3221 ★★ 名 じつぎょう 実業 | 实业 |
| 3205 ★★ 名 コミュニティー | 社区，地方自治团体 | 3222 ★★ 名 じつりょく 実力 | 实力 |
| 3206 ★★ 名 ご らく 娯楽 | 娱乐 | 3223 ★★ 名 し どうしゃ 指導者 | 指导者，领导 |
| 3207 ★★ 名サ こ りつ 孤立(する) | 孤立，无依靠，独自存在 | 3224 ★★ 名 し ない 市内 | 市内 |
| 3208 ★★ 名 こんぽん 根本 | 根本 | 3225 ★★ 名 じ む きょく 事務局 | 事务局，庶务处，秘书处 |
| 3209 ★★ 名 ざい こ 在庫 | 库存，存货 | 3226 ★★ 名 しめい 氏名 | 名字 |
| 3210 ★★ 名サ ざいせき 在籍(する) | (学籍、会籍等)在籍，在编 | 3227 ★★ 名 しゃかいじん 社会人 | 社会人，参加工作的人 |
| 3211 ★★ 名 さいていげん 最低限 | 最低限度 | 3228 ★★ 名 しゃかいせいかつ 社会生活 | 社会生活 |
| 3212 ★★ 名 さいのう 才能 | 才能 | 3229 ★★ 名 し やくしょ 市役所 | 市政府，市政厅 |
| 3213 ★★ 名サ サイン(する) | 签字，签名 | 3230 ★★ 名 しゃめん 斜面 | 斜面，倾斜面，斜坡 |

| 3231 ★★ 名 | | |
|---|---|---|
| しゅうえき<br>収益 | 收益，获益 | |

| 3248 ★★ 名 | | |
|---|---|---|
| しょうてんがい<br>商店街 | 商店街，<br>商业街 | |

| 3232 ★★ 名 | | |
|---|---|---|
| じゅうきょ<br>住居 | 住所，住宅 | |

| 3249 ★★ 名 | | |
|---|---|---|
| じょうほうでんたつ<br>情報伝達 | 信息传递 | |

| 3233 ★★ 名 | | |
|---|---|---|
| じゅうしょ<br>住所 | 住址 | |

| 3250 ★★ 名 | | |
|---|---|---|
| しょうめいしょ<br>証明書 | 证书 | |

| 3234 ★★ 名 | | |
|---|---|---|
| しゅうしょくかつどう<br>就職活動 | 找工作，<br>求职活动 | |

| 3251 ★★ 名 | | |
|---|---|---|
| しょうりょう<br>少量 | 少量 | |

| 3235 ★★ 名 | | |
|---|---|---|
| ジュース | 果汁 | |

| 3252 ★★ 名 | | |
|---|---|---|
| しょき<br>初期 | 初期 | |

| 3236 ★★ 名サ | | |
|---|---|---|
| じゅうたい<br>渋滞(する) | 交通堵塞 | |

| 3253 ★★ 名 | | |
|---|---|---|
| しょしんしゃ<br>初心者 | 初学者 | |

| 3237 ★★ 名 | | |
|---|---|---|
| しゅうまつ<br>週末 | 周末 | |

| 3254 ★★ 名 | | |
|---|---|---|
| しょてい<br>所定 | 规定，所定 | |

| 3238 ★★ 名 | | |
|---|---|---|
| しゅぎ<br>主義 | 主义 | |

| 3255 ★★ 名 | | |
|---|---|---|
| し　あ<br>知り合い | 认识人，熟人 | |

| 3239 ★★ 名サ | | |
|---|---|---|
| しゅくはく<br>宿泊(する) | 住宿 | |

| 3256 ★★ 名 | | |
|---|---|---|
| じんこうりん<br>人工林 | 人工林 | |

| 3240 ★★ 名サ | | |
|---|---|---|
| しゅさい<br>主催(する) | 主办 | |

| 3257 ★★ 名 | | |
|---|---|---|
| じんたい<br>人体 | 人体 | |

| 3241 ★★ 名サ | | |
|---|---|---|
| しゅざい<br>取材(する) | 采访，取材 | |

| 3258 ★★ 名サ | | |
|---|---|---|
| しんだん<br>診断(する) | 诊断 | |

| 3242 ★★ 名 | | |
|---|---|---|
| しゅたい<br>主体 | 主体 | |

| 3259 ★★ 名 | | |
|---|---|---|
| しんちょう<br>身長 | 身高 | |

| 3243 ★★ 名 | | |
|---|---|---|
| しゅたいせい<br>主体性 | 主体性，<br>独立性，<br>自主性 | |

| 3260 ★★ 名 | | |
|---|---|---|
| すきま<br>隙間 | 间隙，缝儿，<br>空闲时间 | |

| 3244 ★★ 名 | | |
|---|---|---|
| しゅほう<br>手法 | 手法，手段，<br>方法 | |

| 3261 ★★ 名 | | |
|---|---|---|
| スキル | 技术，技巧，<br>本领 | |

| 3245 ★★ 名 | | |
|---|---|---|
| じゅんじょ<br>順序 | 顺序，次序，<br>程序，步骤 | |

| 3262 ★★ 名 | | |
|---|---|---|
| スケジュール | 日程，时间表，<br>预定计划表 | |

| 3246 ★★ 名サ | | |
|---|---|---|
| じょうか<br>浄化(する) | 净化，清洁 | |

| 3263 ★★ 名 | | |
|---|---|---|
| す<br>住まい | 住所，居住 | |

| 3247 ★★ 名 | | |
|---|---|---|
| しょうすう<br>少数 | 少数 | |

| 3264 ★★ 名 | | |
|---|---|---|
| ずれ | 偏离，不吻合，<br>分歧，交错 | |

| 3265 ★★ 名サ | | 3282 ★★ 名 | |
|---|---|---|---|
| せいさく<br>制作(する) | 制作 | たいはん<br>大半 | 大半 |

| 3266 ★★ 名 | | 3283 ★★ 名 | |
|---|---|---|---|
| せいさんせい<br>生産性 | 生产力,<br>生产率 | タイム | 时刻,时间,<br>(比赛)暂停 |

| 3267 ★★ 名 | | 3284 ★★ 名 | |
|---|---|---|---|
| せいのう<br>性能 | 性能 | たいりょく<br>体力 | 体力 |

| 3268 ★★ 名 | | 3285 ★★ 名サ | |
|---|---|---|---|
| せけん<br>世間 | 世间,世上 | たいわ<br>対話(する) | 对话,谈话 |

| 3269 ★★ 名 | | 3286 ★★ 名 | |
|---|---|---|---|
| せたい<br>世帯 | 一代,世代 | たほう<br>他方 | 另一个,<br>另一方面,<br>其他方面 |

| 3270 ★★ 名サ | | 3287 ★★ 名サ | |
|---|---|---|---|
| セット(する) | 一套,一副,<br>舞台布景,<br>布置 | だんぼう<br>暖房(する) | 供暖,暖气 |

| 3271 ★★ 名 | | 3288 ★★ 名 | |
|---|---|---|---|
| ゼロ | 零 | ちかてつ<br>地下鉄 | 地铁 |

| 3272 ★★ 名 | | 3289 ★★ 名 | |
|---|---|---|---|
| ぜんき<br>前期 | 前期 | ちてん<br>地点 | 地点 |

| 3273 ★★ 名 | | 3290 ★★ 名 | |
|---|---|---|---|
| せんげつ<br>先月 | 上个月 | ちめいど<br>知名度 | 知名度 |

| 3274 ★★ 名 | | 3291 ★★ 名 | |
|---|---|---|---|
| ぜんしん<br>全身 | 全身,浑身,<br>遍体 | ちゅうしょく<br>昼食 | 午餐,午饭 |

| 3275 ★★ 名 | | 3292 ★★ 名 | |
|---|---|---|---|
| せんもんぶんや<br>専門分野 | 专业领域 | ちょくぜん<br>直前 | 即将……之前,<br>眼看要……时,<br>眼前,正前方 |

| 3276 ★★ 名サ | | 3293 ★★ 名 | |
|---|---|---|---|
| ぞうしょく<br>増殖(する) | 增殖,繁殖 | ちんぎん<br>賃金 | 工资,薪水 |

| 3277 ★★ 名 | | 3294 ★★ 名 | |
|---|---|---|---|
| そうぞうせい<br>創造性 | 创造性 | ツアー | 团体旅游,<br>巡回演出,<br>巡回比赛 |

| 3278 ★★ 名 | | 3295 ★★ 名サ | |
|---|---|---|---|
| そうぞうりょく<br>想像力 | 想象力 | つうこう<br>通行(する) | 通行,往来 |

| 3279 ★★ 名 | | 3296 ★★ 名 | |
|---|---|---|---|
| そんしつ<br>損失 | 损失 | つぎ<br>次 | 下一个,其次,<br>第二 |

| 3280 ★★ 名 | | 3297 ★★ 名 | |
|---|---|---|---|
| たいいく<br>体育 | 体育 | つど<br>都度 | 每次,每逢 |

| 3281 ★★ 名 | | 3298 ★★ 名 | |
|---|---|---|---|
| だいのう<br>大脳 | 大脑 | であい<br>出会い | 相遇,<br>初次见面 |

WEEK 1
WEEK 2
WEEK 3
WEEK 4
WEEK 5
WEEK 6
WEEK 7
WEEK 8

| 3299 ★★ 名 | 定期，定期车<br>票，定期存款<br>等的简称 |
| --- | --- |
| ていき<br>定期 | |

| 3300 ★★ 名サ | 提出意见 |
| --- | --- |
| ていげん<br>提言(する) | |

| 3301 ★★ 名 | 技巧，技艺，<br>手法 |
| --- | --- |
| テクニック | |

| 3302 ★★ 名 | 哲学 |
| --- | --- |
| てつがく<br>哲学 | |

| 3303 ★★ 名サ | 彻底，全面，<br>一贯，<br>始终如一 |
| --- | --- |
| てってい<br>徹底(する) | |

| 3304 ★★ 名 | 电源 |
| --- | --- |
| でんげん<br>電源 | |

| 3305 ★★ 名 | 电子 |
| --- | --- |
| でんし<br>電子 | |

| 3306 ★★ 名 | 顶棚，天花板，<br>(物价等)顶点，<br>最高点 |
| --- | --- |
| てんじょう<br>天井 | |

| 3307 ★★ 名 | 点线，虚线 |
| --- | --- |
| てんせん<br>点線 | |

| 3308 ★★ 名 | 东洋，东方 |
| --- | --- |
| とうよう<br>東洋 | |

| 3309 ★★ 名 | 独特性 |
| --- | --- |
| どくじせい<br>独自性 | |

| 3310 ★★ 名 | 特质 |
| --- | --- |
| とくしつ<br>特質 | |

| 3311 ★★ 名 | 长年 |
| --- | --- |
| ながねん<br>長年 | |

| 3312 ★★ 名 | 烦恼 |
| --- | --- |
| なやみ<br>悩み | |

| 3313 ★★ 名 | 日光，阳光 |
| --- | --- |
| にっこう<br>日光 | |

| 3314 ★★ 名 | 睡眠，长眠 |
| --- | --- |
| ねむり<br>眠り | |

| 3315 ★★ 名 | 博士 |
| --- | --- |
| はかせ／はくし<br>博士 | |

| 3316 ★★ 名サ | 发音 |
| --- | --- |
| はつおん<br>発音(する) | |

| 3317 ★★ 名サ | 发掘，挖掘 |
| --- | --- |
| はっくつ<br>発掘(する) | |

| 3318 ★★ 名サ | 反射 |
| --- | --- |
| はんしゃ<br>反射(する) | |

| 3319 ★★ 名サ | 泛滥，充斥 |
| --- | --- |
| はんらん<br>氾濫(する) | |

| 3320 ★★ 名 | 维他命 |
| --- | --- |
| ビタミン | |

| 3321 ★★ 名 | 日，日期，<br>天数 |
| --- | --- |
| ひ<br>日にち | |

| 3322 ★★ 名 | 带子，绳子，<br>附加条件 |
| --- | --- |
| ひも<br>紐 | |

| 3323 ★★ 名 | 评论家 |
| --- | --- |
| ひょうろんか<br>評論家 | |

| 3324 ★★ 名 | 午休 |
| --- | --- |
| ひるやす<br>昼休み | |

| 3325 ★★ 名サ | 疲劳 |
| --- | --- |
| ひろう<br>疲労(する) | |

| 3326 ★★ 名 | 宽度，幅度，<br>面积，宽广 |
| --- | --- |
| ひろ<br>広さ | |

| 3327 ★★ 名 | 瓶 |
| --- | --- |
| びん<br>瓶 | |

| 3328 ★★ 名 | 品种 |
| --- | --- |
| ひんしゅ<br>品種 | |

| 3329 ★★ 名 | (发)传真 |
| --- | --- |
| ファックス | |

| 3330 ★★ 名 | 风景，景致，<br>情景 |
| --- | --- |
| ふうけい<br>風景 | |

| 3331 ★★ 名 | 粗体字 |
| --- | --- |
| ふとじ<br>太字 | |

| 3332 ★★ 名サ | (岩浆等)喷发 |
| --- | --- |
| ふんか<br>噴火(する) | |

| 3333 ★★ 名 | | 3350 ★★ 名 | |
|---|---|---|---|
| ぶんしょ<br>文書 | 文件，文书 | み かく<br>味覚 | 味觉 |

| 3334 ★★ 名 | | 3351 ★★ 名サ | |
|---|---|---|---|
| ペア | 对，双，搭档 | み かた<br>味方(する) | 我方人员，<br>同伙，援助，<br>帮忙 |

| 3335 ★★ 名 | | 3352 ★★ 名 | |
|---|---|---|---|
| ペットボトル | PET塑料瓶 | みつ ど<br>密度 | 密度 |

| 3336 ★★ 名サ | | 3353 ★★ 名 | |
|---|---|---|---|
| へん じ<br>返事(する) | 回信，回话 | み なお<br>見直し | 重看，<br>重新评估 |

| 3337 ★★ 名サ | | 3354 ★★ 名 | |
|---|---|---|---|
| ほう き<br>放棄(する) | 放弃 | みんかん<br>民間 | 民间，民营，<br>非政府，<br>非官方 |

| 3338 ★★ 名 | | 3355 ★★ 名 | |
|---|---|---|---|
| ホーム | 家，站台，<br>主场 | む ちゅう<br>夢中 | 入迷，沉迷，<br>梦中 |

| 3339 ★★ 名 | | 3356 ★★ 名 | |
|---|---|---|---|
| ホームステイ | 家庭寄宿 | もう で<br>申し出 | 表明(意见或希望<br>等)，提议 |

| 3340 ★★ 名サ | | 3357 ★★ 名 | |
|---|---|---|---|
| ほ かく<br>捕獲(する) | 捕获，捉住 | もく じ<br>目次 | 目录 |

| 3341 ★★ 名 | | 3358 ★★ 名 | |
|---|---|---|---|
| ぼ ご<br>母語 | 母语 | も よう<br>模様 | 花纹，图案，<br>模样，样子 |

| 3342 ★★ 名 | | 3359 ★★ 名 | |
|---|---|---|---|
| ほ こうしゃ<br>歩行者 | 行人 | もん く<br>文句 | 语句，抱怨，<br>牢骚 |

| 3343 ★★ 名サ | | 3360 ★★ 名 | |
|---|---|---|---|
| ほ じょ<br>補助(する) | 补助，辅助 | もんだいかいけつ<br>問題解決 | 处理问题，<br>解决问题 |

| 3344 ★★ 名 | | 3361 ★★ 名サ | |
|---|---|---|---|
| ボタン | 按钮，纽扣 | ゆ しゅつ<br>輸出(する) | 输出，出口 |

| 3345 ★★ 名 | | 3362 ★★ 名 | |
|---|---|---|---|
| まいつき<br>毎月 | 每个月 | ようしき<br>様式 | 样式，模式，<br>方式，风格 |

| 3346 ★★ 名 | | 3363 ★★ 名 | |
|---|---|---|---|
| まち まち<br>町／街 | 城市，街道 | よう ち えん<br>幼稚園 | 幼儿园 |

| 3347 ★★ 名 | | 3364 ★★ 名 | |
|---|---|---|---|
| まちなか まちなか<br>町中／街中 | 城市中，<br>街道上 | よ さん<br>予算 | 预算 |

| 3348 ★★ 名 | | 3365 ★★ 名 | |
|---|---|---|---|
| マニュアル | 手册，指南，<br>手动档汽车 | よ あ<br>善し悪し／<br>よ あ<br>良し悪し | 善恶，好坏，<br>有好有坏，<br>有利有弊 |

| 3349 ★★ 名サ | |
|---|---|
| まね<br>真似(する) | 模仿 |

| 3366 ★★　名サ | | 3383 ★★　名 | |
|---|---|---|---|
| よしゅう<br>予習（する） | 预习 | いくじ<br>育児 | 育儿 |

| 3367 ★★　名 | | 3384 ★★　名 | |
|---|---|---|---|
| よろんちょうさ<br>世論調査 | 民意调查 | いっしゅん<br>一瞬 | 一瞬间 |

| 3368 ★★　名 | | 3385 ★★　名 | |
|---|---|---|---|
| りか<br>理科 | 理科 | インタビュアー | 采访，访谈 |

| 3369 ★★　名 | | 3386 ★★　名 | |
|---|---|---|---|
| りくじょう<br>陸上 | 陆地上，<br>田径比赛 | うんどうぐつ<br>運動靴 | 运动鞋 |

| 3370 ★★　名 | | 3387 ★★　名 | |
|---|---|---|---|
| りょうしん<br>両親 | 父母，双亲 | えきまえ<br>駅前 | 站前 |

| 3371 ★★　名 | | 3388 ★★　名 | |
|---|---|---|---|
| れんらくさき<br>連絡先 | 联系方式 | かし<br>お菓子 | 点心 |

| 3372 ★★　名 | | 3389 ★★　名サ | |
|---|---|---|---|
| ろうじん<br>老人ホーム | 敬老院，<br>养老院 | おすすめ（する） | 推荐 |

| 3373 ★★　名 | | 3390 ★★　名 | |
|---|---|---|---|
| あいちゃく<br>愛着 | 留恋，<br>难以忘怀 | おも こ<br>思い込み | 自以为，认定，<br>臆想 |

| 3374 ★★　名サ | | 3391 ★★　名 | |
|---|---|---|---|
| アップ（する） | 上传，提升，<br>提高 | オリンピック | 奥运会 |

| 3375 ★★　名 | | 3392 ★★　名 | |
|---|---|---|---|
| あてさき<br>宛先 | 收件人地址姓名 | おんけい<br>恩恵 | 恩惠 |

| 3376 ★★　名サ | | 3393 ★★　名 | |
|---|---|---|---|
| アナウンス（する） | 播报，广播，<br>公告 | かいがいりょこう<br>海外旅行 | 国外旅行 |

| 3377 ★★　名 | | 3394 ★★　名 | |
|---|---|---|---|
| アニメーション | 动画片，动漫 | かいせつしゃ<br>解説者 | 解说员 |

| 3378 ★★　名 | | 3395 ★★　名サ | |
|---|---|---|---|
| あらそ<br>争い | 争，争吵，<br>争端 | かいてん<br>回転（する） | 旋转，转动，<br>周转 |

| 3379 ★★　名サ | | 3396 ★★　名 | |
|---|---|---|---|
| アルバイト（する） | 打工 | ガイドブック | (旅行等)指南，<br>参考书 |

| 3380 ★★　名サ | | 3397 ★★　名サ | |
|---|---|---|---|
| あんき<br>暗記（する） | 背下来，记注 | かいほう<br>開放（する） | 打开，开放 |

| 3381 ★★　名 | | 3398 ★★　名 | |
|---|---|---|---|
| いいん<br>委員 | 委员 | かいめん<br>海面 | 海面 |

| 3382 ★★　名サ | | 3399 ★★　名 | |
|---|---|---|---|
| ゆ き<br>行き来（する） | 往来，交际 | かえ<br>帰り | 回来，返回，<br>归途 |

| 3400 ★★ 名 | | 3416 ★★ 名 | |
|---|---|---|---|
| がくしゅうほうほう<br>学習方法 | 学习方法 | きしゃ<br>記者 | 记者 |

| 3401 ★★ 名 | | 3417 ★★ 名サ | |
|---|---|---|---|
| かくち<br>各地 | 各地 | きてい<br>規定(する) | 规定，条文 |

| 3402 ★★ 名 | | 3418 ★★ 名サ | |
|---|---|---|---|
| かせき<br>化石 | 化石 | きねん<br>記念(する) | 纪念 |

| 3403 ★★ 名 | | 3419 ★★ 名サ | |
|---|---|---|---|
| かせつ<br>仮説 | 假说 | きふ<br>寄付(する) | 捐助，捐赠 |

| 3404 ★★ 名 | | 3420 ★★ 名 | |
|---|---|---|---|
| かた<br>片づけ | 收拾，整理，<br>了结 | ぎむ<br>義務 | 义务 |

| 3405 ★★ 名 | | 3421 ★★ 名サ | |
|---|---|---|---|
| かちく<br>家畜 | 家畜 | きゅうぞう<br>急増(する) | 迅速增加，<br>骤增 |

| 3406 ★★ 名 | | 3422 ★★ 名 | |
|---|---|---|---|
| かっこう<br>格好 | 外形，样子，<br>形象，面子 | ぎょうせき<br>業績 | 业绩 |

| 3407 ★★ 名 | | 3423 ★★ 名 | |
|---|---|---|---|
| かばん | 包，皮包 | きょくせん<br>曲線 | 曲线 |

| 3408 ★★ 名 | | 3424 ★★ 名サ | |
|---|---|---|---|
| かまえ<br>構え | 结构，架势，<br>准备，捏造 | きんだいか<br>近代化(する) | 现代化 |

| 3409 ★★ 名 | | 3425 ★★ 名 | |
|---|---|---|---|
| かみ け<br>髪の毛 | 头发 | きんゆう<br>金融 | 金融 |

| 3410 ★★ 名 | | 3426 ★★ 名 | |
|---|---|---|---|
| か<br>狩り | 打猎，<br>捕捉(鱼等)，<br>观赏(枫叶等)，<br>采集(蔬菜水果等) | きんりん<br>近隣 | 近邻，相邻 |

| | | 3427 ★★ 名 | |
|---|---|---|---|
| | | くうきちゅう<br>空気中 | 空气中 |

| 3411 ★★ 名 | | 3428 ★★ 名サ | |
|---|---|---|---|
| か<br>変わり | 变化，异常，<br>差异 | くし<br>駆使(する) | 自如运用，<br>熟练掌握 |

| 3412 ★★ 名 | | 3429 ★★ 名 | |
|---|---|---|---|
| かんごし<br>看護師 | 护士 | く た<br>組み立て | 组装，构造，<br>结构 |

| 3413 ★★ 名サ | | 3430 ★★ 名 | |
|---|---|---|---|
| かんし<br>監視(する) | 监视 | くらやみ<br>暗闇 | 黑暗，暗处，<br>暗淡 |

| 3414 ★★ 名 | | 3431 ★★ 名 | |
|---|---|---|---|
| かんしゅう<br>慣習 | 习惯，风俗 | く かえ<br>繰り返し | 重复，反复 |

| 3415 ★★ 名サ | | 3432 ★★ 名 | |
|---|---|---|---|
| きさい<br>記載(する) | 记载，填写 | くるま いす<br>車椅子 | 轮椅 |

| 3433 ★★ 名 | | |
|---|---|---|
| けいき<br>景気 | 社会的经济状态，繁荣 | |

| 3450 ★★ 名サ | | |
|---|---|---|
| こうしょう<br>交渉(する) | 交渉，谈判，关系 | |

| 3434 ★★ 名 | | |
|---|---|---|
| けいけんしゃ<br>経験者 | 有经验者 | |

| 3451 ★★ 名サ | | |
|---|---|---|
| こうしん<br>更新(する) | 更新 | |

| 3435 ★★ 名 | | |
|---|---|---|
| けいとう<br>系統 | 系统 | |

| 3452 ★★ 名サ | | |
|---|---|---|
| こうちく<br>構築(する) | 构筑 | |

| 3436 ★★ 名 | | |
|---|---|---|
| けいろ<br>経路 | 路径，途径，过程 | |

| 3453 ★★ 名 | | |
|---|---|---|
| こうつうじこ<br>交通事故 | 交通事故 | |

| 3437 ★★ 名 | | |
|---|---|---|
| けつ<br>決 | 决定，决堤 | |

| 3454 ★★ 名 | | |
|---|---|---|
| こうりつせい<br>効率性 | 效率，效率性 | |

| 3438 ★★ 名 | | |
|---|---|---|
| けんかい<br>見解 | 见解 | |

| 3455 ★★ 名 | | |
|---|---|---|
| こくご<br>国語 | 语文，国语 | |

| 3439 ★★ 名 | | |
|---|---|---|
| けんきゅう<br>研究テーマ | 研究题目 | |

| 3456 ★★ 名 | | |
|---|---|---|
| こくせき<br>国籍 | 国籍 | |

| 3440 ★★ 名 | | |
|---|---|---|
| けんちくか<br>建築家 | 建筑师 | |

| 3457 ★★ 名 | | |
|---|---|---|
| こくばん<br>黒板 | 黑板 | |

| 3441 ★★ 名 | | |
|---|---|---|
| けんちくぶつ<br>建築物 | 建筑物 | |

| 3458 ★★ 名 | | |
|---|---|---|
| ごろ<br>この頃 | 近来，最近 | |

| 3442 ★★ 名 | | |
|---|---|---|
| げんてん<br>原点 | 原点 | |

| 3459 ★★ 名 | | |
|---|---|---|
| こ　は<br>木の葉 | 树叶 | |

| 3443 ★★ 名サ | | |
|---|---|---|
| こうあん<br>考案(する) | 设计，规划 | |

| 3460 ★★ 名 | | |
|---|---|---|
| ひろ<br>ごみ拾い | (志愿者等)<br>捡垃圾 | |

| 3444 ★★ 名サ | | |
|---|---|---|
| ごうかく<br>合格(する) | 合格 | |

| 3461 ★★ 名 | | |
|---|---|---|
| こんげつ<br>今月 | 本月 | |

| 3445 ★★ 名 | | |
|---|---|---|
| こうぎょう<br>工業 | 工业 | |

| 3462 ★★ 名 | | |
|---|---|---|
| コンサート | 音乐会，演奏会 | |

| 3446 ★★ 名 | | |
|---|---|---|
| こうきょうしせつ<br>公共施設 | 公共设施 | |

| 3463 ★★ 名サ | | |
|---|---|---|
| こんざい<br>混在(する) | 夹杂，混在一起 | |

| 3447 ★★ 名サ | | |
|---|---|---|
| こうさつ<br>考察(する) | 考察 | |

| 3464 ★★ 名サ | | |
|---|---|---|
| こんざつ<br>混雑(する) | 混杂，拥挤，混乱 | |

| 3448 ★★ 名サ | | |
|---|---|---|
| こうじ<br>工事(する) | 施工，工程 | |

| 3465 ★★ 名 | | |
|---|---|---|
| こんしゅうちゅう<br>今週中 | 本周内 | |

| 3449 ★★ 名 | | |
|---|---|---|
| こうしゅうかい<br>講習会 | 讲习会，培训课 | |

| 3466 ★★ 名サ | | |
|---|---|---|
| こんらん<br>混乱(する) | 混乱，脑子乱 | |

| 3467 ★★ 名 最前头，最前<br>さいせんたん<br>最先端 | 端，最先进，<br>最时髦 | 3484 ★★ 名<br>じ どう<br>児童 | 儿童 |
|---|---|---|---|
| 3468 ★★ 名<br>サイト | 网站，场地，<br>基地 | 3485 ★★ 名<br>しなもの<br>品物 | 物品，商品 |
| 3469 ★★ 名<br>さい ふ<br>財布 | 钱包 | 3486 ★★ 名<br>し ひょう<br>指標 | 指标，标识，<br>首数 |
| 3470 ★★ 名<br>さくしゃ<br>作者 | 作者 | 3487 ★★ 名サ<br>し ぼう<br>志望(する) | 志愿，愿望 |
| 3471 ★★ 名<br>さ とう<br>砂糖 | 砂糖 | 3488 ★★ 名<br>じ む いん<br>事務員 | 办事员，<br>事务员 |
| 3472 ★★ 名<br>さ<br>錆び | 生锈 | 3489 ★★ 名<br>じ む しょ<br>事務所 | 事务所 |
| 3473 ★★ 名<br>さんこうぶんけん<br>参考文献 | 参考文献 | 3490 ★★ 名<br>しゃかいせい<br>社会性 | 社会性 |
| 3474 ★★ 名サ 参加，进入(新<br>さんにゅう<br>参入(する) | 的商业领域等)，<br>入宫 | 3491 ★★ 名<br>しゃない<br>社内 | 公司内部 |
| 3475 ★★ 名<br>じ が<br>自我 | 自我 | 3492 ★★ 名<br>しゅうかくりょう<br>収穫量 | 收获量，<br>农作物产量 |
| 3476 ★★ 名<br>シグナル | 信号，信号灯 | 3493 ★★ 名サ<br>しゅうけい<br>集計(する) | 汇总，总计 |
| 3477 ★★ 名<br>し しょう<br>支障 | 障碍，妨碍 | 3494 ★★ 名サ<br>じゅうよう し<br>重要視(する) | 重视 |
| 3478 ★★ 名<br>し ぜん か がく<br>自然科学 | 自然科学 | 3495 ★★ 名サ<br>しゅう り<br>修理(する) | 修理，修缮 |
| 3479 ★★ 名<br>じっけんしつ<br>実験室 | 实验室 | 3496 ★★ 名<br>しゅくじつ<br>祝日 | 节日，<br>法定假日 |
| 3480 ★★ 名<br>じつじょう<br>実情 | 实际情况 | 3497 ★★ 名サ 接收信息或信<br>じゅしん<br>受信(する) | 号，收听(电话、<br>无线电等) |
| 3481 ★★ 名<br>しっぽ<br>尻尾 | 尾巴，末尾 | 3498 ★★ 名<br>しょうがい<br>生涯 | 生涯，终生 |
| 3482 ★★ 名<br>じ てん<br>事典 | 事典，辞典 | 3499 ★★ 名<br>しょうがくきん<br>奨学金 | 助学金，<br>奖学金 |
| 3483 ★★ 名<br>じ どう<br>自動 | 自动，自行 | 3500 ★★ 名<br>じょう き<br>上記 | 上述 |

# WEEK 4

頻出単語／名詞

| | | |
|---|---|---|
| 3501 ★★ 名サ<br>招待(する)<br><small>しょうたい</small> | 招待，邀请 | |
| 3502 ★★ 名サ<br>象徴(する)<br><small>しょうちょう</small> | 象征 | |
| 3503 ★★ 名<br>焦点<br><small>しょうてん</small> | 焦点，目标，中心 | |
| 3504 ★★ 名<br>少人数<br><small>しょうにんずう</small> | 较少的人数 | |
| 3505 ★★ 名<br>商品開発<br><small>しょうひんかいはつ</small> | 商品开发 | |
| 3506 ★★ 名<br>情報収集<br><small>じょうほうしゅうしゅう</small> | 信息收集 | |
| 3507 ★★ 名<br>正面<br><small>しょうめん</small> | 正面，迎面，对面 | |
| 3508 ★★ 名<br>使用量<br><small>しようりょう</small> | 使用量 | |
| 3509 ★★ 名<br>食欲<br><small>しょくよく</small> | 食欲 | |
| 3510 ★★ 名<br>自力<br><small>じりき</small> | 自己的力量 | |
| 3511 ★★ 名<br>視力<br><small>しりょく</small> | 视力 | |
| 3512 ★★ 名サ<br>振興(する)<br><small>しんこう</small> | 振兴 | |
| 3513 ★★ 名サ<br>審査(する)<br><small>しんさ</small> | 审查 | |
| 3514 ★★ 名サ<br>進出(する)<br><small>しんしゅつ</small> | 进入，进军，扩张 | |
| 3515 ★★ 名<br>新商品<br><small>しんしょうひん</small> | 新商品 | |
| 3516 ★★ 名サ<br>浸透(する)<br><small>しんとう</small> | 渗透，渗入，思想传播 | |

| | | |
|---|---|---|
| 3517 ★★ 名<br>深夜<br><small>しんや</small> | 深夜 | |
| 3518 ★★ 名<br>水深<br><small>すいしん</small> | 水深 | |
| 3519 ★★ 名サ<br>推定(する)<br><small>すいてい</small> | 推定，推断 | |
| 3520 ★★ 名<br>スクリーン | 电影银幕，显示屏 | |
| 3521 ★★ 名<br>税金<br><small>ぜいきん</small> | 税金，税款 | |
| 3522 ★★ 名<br>生後<br><small>せいご</small> | 出生以后 | |
| 3523 ★★ 名<br>生産者<br><small>せいさんしゃ</small> | 生产者 | |
| 3524 ★★ 名サ<br>成人(する)<br><small>せいじん</small> | 成人 | |
| 3525 ★★ 名サ<br>制約(する)<br><small>せいやく</small> | 制约 | |
| 3526 ★★ 名<br>石炭<br><small>せきたん</small> | 煤炭 | |
| 3527 ★★ 名<br>責任者<br><small>せきにんしゃ</small> | 责任人，负责人 | |
| 3528 ★★ 名<br>セキュリティー | 安保，安全，证券 | |
| 3529 ★★ 名サ<br>選挙(する)<br><small>せんきょ</small> | 选举 | |
| 3530 ★★ 名<br>センサー | 传感器，感应装置，敏感元件 | |
| 3531 ★★ 名<br>前者<br><small>ぜんしゃ</small> | 前者 | |
| 3532 ★★ 名サ<br>専念(する)<br><small>せんねん</small> | 专心致志，一心一意 | |

| | | | | |
|---|---|---|---|---|
| 3533 ★★ 名<br>そうおん<br>騒音 | 噪音，嘈杂声 | | 3550 ★★ 名<br>てんこう<br>天候 | 天气，天候 |
| 3534 ★★ 名<br>そんがい<br>損害 | 损害 | | 3551 ★★ 名サ<br>でんごん<br>伝言(する) | 带口信，带话，<br>留言 |
| 3535 ★★ 名<br>だいいちにんしゃ<br>第一人者 | 第一人，<br>首屈一指的人，<br>最高权威 | | 3552 ★★ 名<br>てんすう<br>点数 | 分数，<br>物品的件数 |
| 3536 ★★ 名<br>だいどころ<br>台所 | 厨房，<br>家庭生计 | | 3553 ★★ 名<br>でんち<br>電池 | 电池 |
| 3537 ★★ 名<br>タイトル | 题目，标题，<br>(电影等)片尾字<br>幕，锦标赛 | | 3554 ★★ 名<br>てんねん<br>天然 | 天然，天生 |
| 3538 ★★ 名<br>たいようこう<br>太陽光 | 太阳光 | | 3555 ★★ 名<br>ドア | 门 |
| 3539 ★★ 名<br>たよ<br>頼り | 依赖，<br>可依靠的人或物 | | 3556 ★★ 名<br>と<br>問いかけ | 打听，询问，<br>开始问 |
| 3540 ★★ 名<br>ちひょう<br>地表 | 地表 | | 3557 ★★ 名サ<br>とうけい<br>統計(する) | 统计 |
| 3541 ★★ 名<br>ちほうじちたい<br>地方自治体 | 地方政府 | | 3558 ★★ 名<br>とうげい<br>陶芸 | 陶艺 |
| 3542 ★★ 名<br>ちゅうがっこう<br>中学校 | 初中 | | 3559 ★★ 名<br>とうじょうじんぶつ<br>登場人物 | 出场人物 |
| 3543 ★★ 名サ<br>ちょうせつ<br>調節(する) | 调节 | | 3560 ★★ 名サ<br>とうたつ<br>到達(する) | 到达，达到 |
| 3544 ★★ 名<br>ちり<br>地理 | 地理 | | 3561 ★★ 名<br>とくしょく<br>特色 | 特色 |
| 3545 ★★ 名サ<br>ちんもく<br>沈黙(する) | 沉默 | | 3562 ★★ 名サ<br>とざん<br>登山(する) | 登山 |
| 3546 ★★ 名<br>つい<br>対 | 对，成对 | | 3563 ★★ 名<br>とも<br>友 | 友，朋友 |
| 3547 ★★ 名サ<br>でい<br>出入り(する) | 进出，收支，<br>有出入，纠纷 | | 3564 ★★ 名サ<br>と ひ<br>取り引き(する) | 交易，交涉 |
| 3548 ★★ 名<br>デジタル | 数字，数码 | | 3565 ★★ 名<br>な ごえ<br>鳴き声 | 动物的叫声 |
| 3549 ★★ 名<br>て もと<br>手元 | 手边，手头，<br>把手，<br>手上的动作 | | 3566 ★★ 名<br>な た<br>成り立ち | 成立，经过，<br>构成要素 |

| 3567 ★★　名 なんきょく 南極 | 南极 |
|---|---|

| 3568 ★★　名 のうち 農地 | 农地，农田 |
|---|---|

| 3569 ★★　名 ばいたい 媒体 | 媒体 |
|---|---|

| 3570 ★★　名 はくしょ 白書 | 白皮书 |
|---|---|

| 3571 ★★　名 はさみ | 剪刀 |
|---|---|

| 3572 ★★　名サ パック(する) | 打包，包装 |
|---|---|

| 3573 ★★　名 はんだん き じゅん 判断基準 | 判断标准 |
|---|---|

| 3574 ★★　名 はんだんりょく 判断力 | 判断力 |
|---|---|

| 3575 ★★　名サ はんてい 判定(する) | 判定 |
|---|---|

| 3576 ★★　名サ はんめい 判明(する) | 判明，弄清 |
|---|---|

| 3577 ★★　名 ひとくち 一口 | 一口，一句话 |
|---|---|

| 3578 ★★　名 ひとり あ 一人当たり | 平均每个人 |
|---|---|

| 3579 ★★　名 ぶくろ ビニール袋 | (乙烯基)塑料袋 |
|---|---|

| 3580 ★★　名 ひょうばん 評判 | 评论，口碑， 出名，闻名 |
|---|---|

| 3581 ★★　名 ひん ど 頻度 | 频率 |
|---|---|

| 3582 ★★　名 フィルム | 胶卷，胶片， 薄膜 |
|---|---|

| 3583 ★★　名 ふ きょう 不況 | 经济萧条 |
|---|---|

| 3584 ★★　名 ふた 蓋 | 盖子 |
|---|---|

| 3585 ★★　名 ぶったい 物体 | 物体 |
|---|---|

| 3586 ★★　名サ プレス(する) | 按压，熨平， 印刷品， 出版社 |
|---|---|

| 3587 ★★　名サ ぶんべつ 分別(する) | 分类，区分 |
|---|---|

| 3588 ★★　名 ベスト | 最好，最优秀， 全力 |
|---|---|

| 3589 ★★　名 ペン | 笔 |
|---|---|

| 3590 ★★　名サ へんしん 返信(する) | 回信 |
|---|---|

| 3591 ★★　名サ ほうそう 包装(する) | 包装 |
|---|---|

| 3592 ★★　名 ほんだな 本棚 | 书架 |
|---|---|

| 3593 ★★　名 まいあさ 毎朝 | 每天早上 |
|---|---|

| 3594 ★★　名 マラソン | 马拉松 |
|---|---|

| 3595 ★★　名 マンション | (中高层)公寓 |
|---|---|

| 3596 ★★　名 まんぞく ど 満足度 | 满意度 |
|---|---|

| 3597 ★★　名 ミジンコ | 水蚤 |
|---|---|

| 3598 ★★　名 みちすじ 道筋 | 道路，路线， 道理，条理 |
|---|---|

| 3599 ★★　名 み まわ 身の回り | 身边， 随身物品(衣、鞋 等) |
|---|---|

| 3600 ★★　名 む しょう 無償 | 无偿 |
|---|---|

| 3601 ★★　名サ<br>めい き<br>明記(する) | 写明，<br>明确记载 | 3618 ★★　名<br>よ て<br>読み手 | 读者 |
|---|---|---|---|
| 3602 ★★　名<br>メニュー | 菜单，清单 | 3619 ★★　名<br>ライン | 线，行列，<br>线路，系列 |
| 3603 ★★　名<br>め やす<br>目安 | 基准，<br>大致目标 | 3620 ★★　名<br>リスク | 风险 |
| 3604 ★★　名<br>もうしこみしょ<br>申込書 | 申请表 | 3621 ★★　名<br>リビング | 起居室，生活，<br>活生生的 |
| 3605 ★★　名<br>や がい<br>野外 | 野外 | 3622 ★★　名<br>りんぎょう<br>林業 | 林业 |
| 3606 ★★　名<br>や きゅう<br>野球 | 棒球 | 3623 ★★　名<br>りんしょう<br>臨床 | 临床 |
| 3607 ★★　名サ<br>やくそく<br>約束(する) | 约定，规则 | 3624 ★★　名サ<br>れいぼう<br>冷房(する) | 冷气，<br>冷气设备 |
| 3608 ★★　名<br>やす<br>休み | 休息 | 3625 ★★　名サ<br>れっ か<br>劣化(する) | 老化，变坏 |
| 3609 ★★　名<br>ゆうかん<br>夕刊 | 晚报 | 3626 ★★　名<br>ろう か<br>廊下 | 走廊 |
| 3610 ★★　名<br>ゆうめいじん<br>有名人 | 名人 | 3627 ★★　名<br>ろうどうりょく<br>労働力 | 劳动力 |
| 3611 ★★　名<br>ゆ<br>揺れ | 摇晃，摇摆 | 3628 ★★　名<br>ろうりょく<br>労力 | 劳力，劳动 |
| 3612 ★★　名<br>ようこう<br>要項 | 重要事项，<br>简章 | 3629 ★★　名<br>わ しょく<br>和食 | 日式饮食 |
| 3613 ★★　名<br>ようてん<br>要点 | 要点，要领 | 3630 ★★　名<br>あいじょう<br>愛情 | 爱心，感情，<br>爱情 |
| 3614 ★★　名<br>ようふく<br>洋服 | 衣服，洋装 | 3631 ★★　名<br>あつか<br>扱い | 运用，操作，<br>接待，看待 |
| 3615 ★★　名<br>よ か<br>余暇 | 余暇，闲暇之<br>余，业余时间 | 3632 ★★　名<br>あつ<br>集まり | 聚集，集合，<br>聚会 |
| 3616 ★★　名サ<br>よ こく<br>予告(する) | 预告 | 3633 ★★　名<br>あやま<br>誤り | 错误，失误 |
| 3617 ★★　名<br>よ なか<br>夜中 | 夜里，半夜 | 3634 ★★　名<br>あんていせい<br>安定性 | 稳定性 |

| 3635 ★★ 名 | | 3652 ★★ 名 | |
|---|---|---|---|
| 言い換え<br>い か | 换言之，<br>换句话说 | 運動不足<br>うんどう ぶ そく | 运动不足 |

| 3636 ★★ 名 | | 3653 ★★ 名サ | |
|---|---|---|---|
| 怒り<br>いか | 生气，愤怒 | 運搬(する)<br>うんぱん | 搬运，运输 |

| 3637 ★★ 名 | | 3654 ★★ 名 | |
|---|---|---|---|
| 行き先<br>い／ゆ さき | 目的地，前途 | 映画館<br>えい が かん | 电影院 |

| 3638 ★★ 名 | | 3655 ★★ 名 | |
|---|---|---|---|
| 生き残り<br>い のこ | 幸存，残存 | 衛星<br>えいせい | 卫星 |

| 3639 ★★ 名サ | | 3656 ★★ 名 | |
|---|---|---|---|
| 移行(する)<br>い こう | 转变，过渡，<br>移交 | 栄養素<br>えいよう そ | 营养元素 |

| 3640 ★★ 名 | | 3657 ★★ 名 | |
|---|---|---|---|
| 居心地<br>い ごこち | (呆在房间或公司<br>等的)心情，<br>感觉 | 栄養分<br>えいようぶん | 营养成分 |

| 3641 ★★ 名 | | 3658 ★★ 名 | |
|---|---|---|---|
| 衣装<br>い しょう | 衣服，行头 | エコロジー | 生态学，生态，<br>环保 |

| 3642 ★★ 名 | | 3659 ★★ 名サ | |
|---|---|---|---|
| 一部分<br>いち ぶ ぶん | 一部分 | 演奏(する)<br>えんそう | 演奏 |

| 3643 ★★ 名 | | 3660 ★★ 名 | |
|---|---|---|---|
| 一定量<br>いっていりょう | 一定量 | 大家<br>おお や | 房东，大屋，<br>正房 |

| 3644 ★★ 名 | | 3661 ★★ 名 | |
|---|---|---|---|
| 一方通行<br>いっぽうつうこう | 单向通行 | 屋上<br>おくじょう | 房顶 |

| 3645 ★★ 名 | | 3662 ★★ 名 | |
|---|---|---|---|
| 異変<br>い へん | 异变 | お宅<br>たく | 贵宅(公司)，<br>您家 |

| 3646 ★★ 名 | | 3663 ★★ 名 | |
|---|---|---|---|
| 入れかえ<br>い | 替换，更换 | 男の子<br>おとこ こ | 男孩 |

| 3647 ★★ 名サ | | 3664 ★★ 名 | |
|---|---|---|---|
| 飲食(する)<br>いんしょく | 饮食 | オリジナル | 原作，独创，<br>创新 |

| 3648 ★★ 名 | | 3665 ★★ 名 | |
|---|---|---|---|
| インターナショナル | 国际，国际间 | 温泉<br>おんせん | 温泉 |

| 3649 ★★ 名 | | 3666 ★★ 名 | |
|---|---|---|---|
| インテリア | 室内装饰 | 女の子<br>おんな こ | 女孩 |

| 3650 ★★ 名 | | 3667 ★★ 名 | |
|---|---|---|---|
| 受付時間<br>うけつけ じ かん | 受理时间，<br>接待时间 | カーテン | 窗帘，幕布 |

| 3651 ★★ 名 | | 3668 ★★ 名 | |
|---|---|---|---|
| 訴え<br>うった | 诉讼，申诉，<br>诉诸，打动 | 会員<br>かいいん | 会员 |

| | | |
|---|---|---|
| 3669 ★★ 名サ<br>かいかく<br>改革(する) | 改革 | ☐ |
| 3670 ★★ 名<br>かいがん<br>海岸 | 海岸 | ☐ |
| 3671 ★★ 名<br>かいけつさく<br>解決策 | 解决办法 | ☐ |
| 3672 ★★ 名<br>がいけん／そとみ<br>外見 | 外表，表面，<br>外观，体貌 | ☐ |
| 3673 ★★ 名<br>かい ご し せつ<br>介護施設 | 疗养院，<br>养老院 | ☐ |
| 3674 ★★ 名サ<br>がいしょく<br>外食(する) | 在外面吃饭 | ☐ |
| 3675 ★★ 名<br>かいぜんさく<br>改善策 | 改善方法 | ☐ |
| 3676 ★★ 名サ<br>ガイド(する) | 指南，引导，<br>导游 | ☐ |
| 3677 ★★ 名サ<br>がいとう<br>該当(する) | 符合，属于 | ☐ |
| 3678 ★★ 名<br>がいらい ご<br>外来語 | 外来语 | ☐ |
| 3679 ★★ 名<br>か て<br>書き手 | 作者 | ☐ |
| 3680 ★★ 名<br>か ぐ<br>家具 | 家具 | ☐ |
| 3681 ★★ 名<br>がくえんさい<br>学園祭 | 校园文化节 | ☐ |
| 3682 ★★ 名<br>かく さ<br>格差 | 差距 | ☐ |
| 3683 ★★ 名<br>がくしゅう い よく<br>学習意欲 | 学习热情 | ☐ |
| 3684 ★★ 名<br>がくしゅうこう か<br>学習効果 | 学习效果 | ☐ |
| 3685 ★★ 名<br>がくしゅうしゃ<br>学習者 | 学习者 | ☐ |

| | | |
|---|---|---|
| 3686 ★★ 名<br>がくせい じ だい<br>学生時代 | 学生时代 | ☐ |
| 3687 ★★ 名<br>がくせきばんごう<br>学籍番号 | 学号 | ☐ |
| 3688 ★★ 名<br>かくめい<br>革命 | 革命 | ☐ |
| 3689 ★★ 名<br>か じ<br>家事 | 家务事 | ☐ |
| 3690 ★★ 名<br>かぜ<br>風邪 | 感冒 | ☐ |
| 3691 ★★ 名<br>がっき<br>楽器 | 乐器 | ☐ |
| 3692 ★★ 名サ<br>がっぺい<br>合併(する) | 合并，兼并 | ☐ |
| 3693 ★★ 名サ<br>か ねつ<br>加熱(する) | 加热 | ☐ |
| 3694 ★★ 名<br>かび | 霉，霉菌 | ☐ |
| 3695 ★★ 名<br>からだじゅう<br>体中 | 整个身体，<br>浑身上下 | ☐ |
| 3696 ★★ 名<br>カロリー | 热量，卡路里 | ☐ |
| 3697 ★★ 名<br>がん | 癌症 | ☐ |
| 3698 ★★ 名<br>かんきょう お せん<br>環境汚染 | 环境污染 | ☐ |
| 3699 ★★ 名<br>かんきょうかいぜん<br>環境改善 | 环境改善 | ☐ |
| 3700 ★★ 名<br>がんせき<br>岩石 | 岩石 | ☐ |
| 3701 ★★ 名サ<br>かんせん<br>感染(する) | 感染，<br>染上(恶习等) | ☐ |
| 3702 ★★ 名サ<br>かんちが<br>勘違い(する) | 误会 | ☐ |

| 3703 ★★ 名 | | | 3720 ★★ 名 | |
|---|---|---|---|---|
| かんづめ<br>缶詰 | 罐头 | | ぎょうしゅ<br>業種 | 工商业的种类，<br>行业 |
| 3704 ★★ 名サ | | | 3721 ★★ 名サ | |
| かん よ<br>関与(する) | 干预，参与 | | ぎょうしゅく<br>凝縮(する) | 凝聚，凝缩 |
| 3705 ★★ 名 | | | 3722 ★★ 名 | |
| ぎ いん<br>議員 | 议员 | | きょうしょくいん<br>教職員 | 教职员工 |
| 3706 ★★ 名 | | | 3723 ★★ 名 | |
| き おくりょく<br>記憶力 | 记忆力 | | きょうだい<br>兄弟 | 姐妹或兄弟 |
| 3707 ★★ 名 | | | 3724 ★★ 名サ | |
| き かん<br>器官 | 器官 | | ぎょうれつ<br>行列(する) | 行列，队伍 |
| 3708 ★★ 名 | | | 3725 ★★ 名 | |
| き ぎ<br>木々 | 各种各样的树木 | | き りつ<br>規律 | 规律，纪律 |
| 3709 ★★ 名 | | | 3726 ★★ 名 | |
| ぎ しき<br>儀式 | 仪式 | | きんちょうかん<br>緊張感 | 紧张感 |
| 3710 ★★ 名 | | | 3727 ★★ 名サ | |
| ぎ せい<br>犠牲 | 牺牲 | | ぎん み<br>吟味(する) | 斟酌，玩味，<br>推敲 |
| 3711 ★★ 名 | | | 3728 ★★ 名 | |
| きつえん<br>喫煙(する) | 吸烟 | | くうちゅう<br>空中 | 空中 |
| 3712 ★★ 名 | | | 3729 ★★ 名サ | |
| き のうせい<br>機能性 | 功能性 | | く じょ<br>駆除(する) | 驱逐(害虫等) |
| 3713 ★★ 名 | | | 3730 ★★ 名 | |
| ギャップ | 空隙，间隙，<br>代沟，分歧 | | グッズ | 物品，商品 |
| 3714 ★★ 名 | | | 3731 ★★ 名 | |
| きゅうきゅうしゃ<br>救急車 | 救护车 | | くにぐに<br>国々 | 各国 |
| 3715 ★★ 名サ | | | 3732 ★★ 名 | |
| きゅうけい<br>休憩(する) | 休息 | | グラウンド | 运动场，赛场 |
| 3716 ★★ 名サ | | | 3733 ★★ 名サ | |
| きゅうこう<br>休講(する) | 停课 | | けいかい<br>警戒(する) | 警戒，防范 |
| 3717 ★★ 名 | | | 3734 ★★ 名サ | |
| きゅうしゅう<br>九州 | (日本)九州岛 | | けいこく<br>警告(する) | 警告 |
| 3718 ★★ 名 | | | 3735 ★★ 名 | |
| きゅうよう<br>急用 | 急事 | | げいじゅつさくひん<br>芸術作品 | 艺术作品 |
| 3719 ★★ 名 | | | 3736 ★★ 名 | |
| きょうざい<br>教材 | 教材 | | けいじょう<br>形状 | 形状 |

| 3737 ★★ 名 | 曲艺，文艺，(电影、戏剧等)大众性娱乐 | 3754 ★★ 名サ | 效率化 |
|---|---|---|---|
| げいのう 芸能 | | こうりつか 効率化(する) | |
| 3738 ★★ 名 | 今早 | 3755 ★★ 名サ | 教练 |
| けさ 今朝 | | コーチ(する) | |
| 3739 ★★ 名 | 致病物质 | 3756 ★★ 名 | (coat)外套，(court)球场 |
| げんいんぶっしつ 原因物質 | | コート | |
| 3740 ★★ 名 | 研究成果 | 3757 ★★ 名 | (code)密码，编码，代码，(chord)和弦 |
| けんきゅうせいか 研究成果 | | コード | |
| 3741 ★★ 名 | 健康食品 | 3758 ★★ 名 | 语言学，外语学习 |
| けんこうしょくひん 健康食品 | | ごがく 語学 | |
| 3742 ★★ 名 | 稿纸 | 3759 ★★ 名 | 单间 |
| げんこうようし 原稿用紙 | | こしつ 個室 | |
| 3743 ★★ 名サ | 验证 | 3760 ★★ 名 | 古典 |
| けんしょう 検証(する) | | こてん 古典 | |
| 3744 ★★ 名 | 账户，户头 | 3761 ★★ 名 | 小鸟 |
| こうざ 口座 | | ことり 小鳥 | |
| 3745 ★★ 名 | 校舍 | 3762 ★★ 名 | 交流能力，沟通能力 |
| こうしゃ 校舎 | | コミュニケーション能力 のうりょく | |
| 3746 ★★ 名 | 降水量 | | |
| こうすいりょう 降水量 | | 3763 ★★ 名サ | 雇佣 |
| 3747 ★★ 名 | 成员，会员 | こよう 雇用(する) | |
| こうせいいん 構成員 | | 3764 ★★ 名 | 竞赛，会演 |
| 3748 ★★ 名 | 高速公路 | コンクール | |
| こうそくどうろ 高速道路 | | 3765 ★★ 名 | 比赛，竞赛 |
| 3749 ★★ 名 | 红茶 | コンテスト | |
| こうちゃ 紅茶 | | 3766 ★★ 名サ | 混淆，混同 |
| 3750 ★★ 名サ | 肯定 | こんどう 混同(する) | |
| こうてい 肯定(する) | | 3767 ★★ 名 | 科学 |
| 3751 ★★ 名サ | 交配 | サイエンス | |
| こうはい 交配(する) | | 3768 ★★ 名サ | 在学，在读 |
| 3752 ★★ 名 | 后辈，晚辈 | ざいがく 在学(する) | |
| こうはい 後輩 | | 3769 ★★ 名 | 核算 |
| 3753 ★★ 名 | 宣传，报导 | さいさん 採算 | |
| こうほう 広報 | | | |

WEEK 1
WEEK 2
WEEK 3
WEEK 4
WEEK 5
WEEK 6
WEEK 7
WEEK 8

213

| 3770 ★★ 名 | | 3787 ★★ 名 | 言行举止, |
|---|---|---|---|
| さいど 再度 | 再次 | しぐさ | (演员的)动作表情 |

| 3771 ★★ 名サ | (疾病或事故等) | 3788 ★★ 名サ | |
|---|---|---|---|
| さいはつ 再発(する) | 再次发生 | しこう 志向(する) | 志向，意向 |

| 3772 ★★ 名サ | 审判, | 3789 ★★ 名 | |
|---|---|---|---|
| さいばん 裁判(する) | 做出判决 | じこじつげん 自己実現 | 自我实现 |

| 3773 ★★ 名 | | 3790 ★★ 名サ | |
|---|---|---|---|
| さくら 桜 | 櫻花 | じこしょうかい 自己紹介(する) | 自我介绍 |

| 3774 ★★ 名サ | | 3791 ★★ 名 | |
|---|---|---|---|
| ざせつ 挫折(する) | 挫折，失败 | じしょう 事象 | 事情，现象 |

| 3775 ★★ 名 | | 3792 ★★ 名 | 教养，管教, |
|---|---|---|---|
| ざつおん 雑音 | 杂音 | しつけ | 粗缝,临时缝上 |

| 3776 ★★ 名サ | | 3793 ★★ 名サ | |
|---|---|---|---|
| さっきん 殺菌(する) | 杀菌 | じっしょう 実証(する) | 实证，证实 |

| 3777 ★★ 名 | | 3794 ★★ 名 | 实际成果, |
|---|---|---|---|
| さとうみず 砂糖水 | 砂糖水 | じっせき 実績 | 业绩 |

| 3778 ★★ 名 | | 3795 ★★ 名サ | |
|---|---|---|---|
| さばくか 砂漠化 | 沙漠化 | しっぴつ 執筆(する) | 执笔 |

| 3779 ★★ 名 | | 3796 ★★ 名 | |
|---|---|---|---|
| さんかくけい 三角形 | 三角形 | じつぶつ 実物 | 实物 |

| 3780 ★★ 名 | 参加费用, | 3797 ★★ 名 | |
|---|---|---|---|
| さんかひ 参加費 | 报名费 | じてん 辞典 | 辞典 |

| 3781 ★★ 名 | | 3798 ★★ 名 | |
|---|---|---|---|
| さんぶつ 産物 | 产物 | じはつせい 自発性 | 自发性 |

| 3782 ★★ 名 | (seat)座位, | 3799 ★★ 名 | |
|---|---|---|---|
| シート | (sheet)薄纸,薄板，薄布 | しはらい 支払い | 支付 |

| 3783 ★★ 名 | (电影等)场景, | 3800 ★★ 名 | 地基，地面, |
|---|---|---|---|
| シーン | 情景 | じばん 地盤 | 地盘,势力范围 |

| 3784 ★★ 名 | | 3801 ★★ 名 | |
|---|---|---|---|
| しがいせん 紫外線 | 紫外线 | じぶつ 事物 | 事物 |

| 3785 ★★ 名 | 时间表, | 3802 ★★ 名 | |
|---|---|---|---|
| じかんわり 時間割 | 课程表 | じぶん 自分 | 自己，我 |

| 3786 ★★ 名 | | 3803 ★★ 名サ | |
|---|---|---|---|
| しきそ 色素 | 色素 | しめつ 死滅(する) | 死绝，灭绝 |

| | |
|---|---|
| 3804 ★★ 名<br>しゃかいもんだい<br>社会問題 | 社会问题 |
| 3805 ★★ 名<br>じゅうぎょういん<br>従業員 | 从业人员，<br>职工 |
| 3806 ★★ 名サ<br>しゅうりょう<br>終了(する) | 终了，结束 |
| 3807 ★★ 名サ<br>しゅじゅつ<br>手術(する) | 手术 |
| 3808 ★★ 名サ<br>しゅっせ<br>出世(する) | 出人头地，<br>发迹，出息，<br>升职 |
| 3809 ★★ 名サ<br>しゅとく<br>取得(する) | 取得，获得 |
| 3810 ★★ 名<br>しゅもく<br>種目 | 项目 |
| 3811 ★★ 名サ<br>しゅりょう<br>狩猟(する) | 狩猎 |
| 3812 ★★ 名<br>じょうきゃく<br>乗客 | 乘客 |
| 3813 ★★ 名<br>じょうちょ<br>情緒 | 情绪，情调，<br>情趣 |
| 3814 ★★ 名<br>しょうてん<br>商店 | 商店 |
| 3815 ★★ 名サ<br>しょうとつ<br>衝突(する) | 冲突，相撞 |
| 3816 ★★ 名サ<br>しょうにん<br>承認(する) | 承认，认可，<br>批准，通过 |
| 3817 ★★ 名サ<br>しょうばい<br>商売(する) | 生意，买卖，<br>行业，职业 |
| 3818 ★★ 名<br>しょう ひ りょう<br>消費量 | 消费量，<br>消耗量 |
| 3819 ★★ 名<br>じょうほうげん<br>情報源 | 信息源 |
| 3820 ★★ 名サ<br>しょうり<br>勝利(する) | 胜利，获胜 |

| | |
|---|---|
| 3821 ★★ 名<br>しょきゅう<br>初級 | 初级 |
| 3822 ★★ 名<br>しょくにん<br>職人 | 匠人，工匠，<br>手艺人 |
| 3823 ★★ 名<br>しょくぶん か<br>食文化 | 饮食文化 |
| 3824 ★★ 名サ<br>しょち<br>処置(する) | 处置，处理 |
| 3825 ★★ 名<br>しょっかく<br>触覚 | 触觉 |
| 3826 ★★ 名サ<br>ショッピング(する) | 购物 |
| 3827 ★★ 名<br>しょにち<br>初日 | 第一天 |
| 3828 ★★ 名<br>シリーズ | 系列，丛书，<br>连载，联赛 |
| 3829 ★★ 名<br>し りょう<br>飼料 | 饲料 |
| 3830 ★★ 名<br>ジレンマ | 左右为难，<br>进退维谷 |
| 3831 ★★ 名<br>しんかい<br>深海 | 深海 |
| 3832 ★★ 名<br>しんかんせん<br>新幹線 | 新干线 |
| 3833 ★★ 名<br>じんけん ひ<br>人件費 | 人工费 |
| 3834 ★★ 名サ<br>しんさつ<br>診察(する) | 诊察，诊断 |
| 3835 ★★ 名<br>しんじょう<br>心情 | 心情，心绪 |
| 3836 ★★ 名<br>すいじょう き<br>水蒸気 | 水蒸气 |
| 3837 ★★ 名<br>すいどうすい<br>水道水 | 自来水 |

| 3838 ★★ 名 | | 3855 ★★ 名 | |
|---|---|---|---|
| すいみんじかん<br>睡眠時間 | 睡眠时间 | そういてん<br>相違点 | 不同之处,<br>差异 |

| 3839 ★★ 名 | | 3856 ★★ 名 | |
|---|---|---|---|
| ずけい<br>図形 | 图形 | そうげん<br>草原 | 草原 |

| 3840 ★★ 名 | | 3857 ★★ 名 | |
|---|---|---|---|
| せいかつようしき<br>生活様式 | 生活方式 | そうちょう<br>早朝 | 清晨,清早 |

| 3841 ★★ 名 | | 3858 ★★ 名 | |
|---|---|---|---|
| せいじか<br>政治家 | 政治家 | そうほう<br>双方 | 双方 |

| 3842 ★★ 名 | | 3859 ★★ 名サ | |
|---|---|---|---|
| せいしゅん<br>青春 | 青春 | そち<br>措置(する) | 措施,处理 |

| 3843 ★★ 名サ | | 3860 ★★ 名 | |
|---|---|---|---|
| せいしょく<br>生殖(する) | 生殖 | たいき<br>大気 | 大气 |

| 3844 ★★ 名 | | 3861 ★★ 名 | |
|---|---|---|---|
| せいたい<br>生体 | 活体,机体,<br>生物体 | だいきん<br>代金 | 价钱,费用 |

| 3845 ★★ 名 | | 3862 ★★ 名 | |
|---|---|---|---|
| せいひんかいはつ<br>製品開発 | 产品开发 | たいけい<br>体系 | 体系 |

| 3846 ★★ 名 | | 3863 ★★ 名サ | |
|---|---|---|---|
| せっき<br>石器 | 石器 | たいざい<br>滞在(する) | 逗留,停留 |

| 3847 ★★ 名サ | | 3864 ★★ 名 | |
|---|---|---|---|
| せっきん<br>接近(する) | 接近,靠近 | だいしょう<br>大小 | 大小 |

| 3848 ★★ 名 | | 3865 ★★ 名 | |
|---|---|---|---|
| せつめいしょ<br>説明書 | 说明书 | たいじん<br>対人 | 对人,<br>对待他人 |

| 3849 ★★ 名 | | 3866 ★★ 名サ | |
|---|---|---|---|
| せなか<br>背中 | 后背,脊背 | たいそう<br>体操(する) | 体操 |

| 3850 ★★ 名サ | | 3867 ★★ 名サ | |
|---|---|---|---|
| ぜんご<br>前後(する) | 前后,先后,<br>顺序颠倒,<br>陆续 | だいたい<br>代替(する) | 代替,替代 |

| 3851 ★★ 名サ | | 3868 ★★ 名 | |
|---|---|---|---|
| せんこう<br>先行(する) | 先行,先前,<br>走在前头,<br>领先 | たいちょう<br>体長 | 体长 |

| 3852 ★★ 名 | | 3869 ★★ 名 | |
|---|---|---|---|
| ぜんはん<br>前半 | 前半部分 | たいないどけい<br>体内時計 | 生物钟 |

| 3853 ★★ 名 | | 3870 ★★ 名 | |
|---|---|---|---|
| せんもんがっこう<br>専門学校 | 职业技术学校 | だいぶぶん<br>大部分 | 大部分 |

| 3854 ★★ 名 | | 3871 ★★ 名 | |
|---|---|---|---|
| せんよう<br>専用 | 专用,<br>专门使用 | だいめい<br>題名 | 标题 |

| 3872 ★★ 名 | |
|---|---|
| たび<br>旅 | 旅行，远游 |

| 3873 ★★ 名 | |
|---|---|
| たびさき<br>旅先 | 旅游目的地 |

| 3874 ★★ 名 | |
|---|---|
| た のこ<br>食べ残し | 吃剩下(的东西) |

| 3875 ★★ 名 | |
|---|---|
| たんじょうび<br>誕生日 | 生日 |

| 3876 ★★ 名 | |
|---|---|
| ち い<br>地位 | 地位 |

| 3877 ★★ 名 | |
|---|---|
| ち きゅうおんだん か<br>地球温暖化 | 全球变暖，<br>地球温室效应 |

| 3878 ★★ 名サ | |
|---|---|
| ち こく<br>遅刻(する) | 迟到 |

| 3879 ★★ 名 | |
|---|---|
| ち せい<br>知性 | 知性，理智 |

| 3880 ★★ 名 | |
|---|---|
| ち ちゅう<br>地中 | 地下，地里，<br>土中 |

| 3881 ★★ 名 | |
|---|---|
| ちつじょ<br>秩序 | 秩序 |

| 3882 ★★ 名サ | |
|---|---|
| ちゃくもく<br>着目(する) | 着眼，注目 |

| 3883 ★★ 名サ | |
|---|---|
| ちゃくりく<br>着陸(する) | 着陆 |

| 3884 ★★ 名サ | |
|---|---|
| チャレンジ(する) | 挑战 |

| 3885 ★★ 名 | |
|---|---|
| ちゅう い てん<br>注意点 | 注意点 |

| 3886 ★★ 名サ | |
|---|---|
| ちゅう し<br>中止(する) | 中止 |

| 3887 ★★ 名サ | |
|---|---|
| ちゅうしゃ<br>注射(する) | 注射 |

| 3888 ★★ 名サ | |
|---|---|
| ちゅうせん<br>抽選(する) | 抽签 |

| 3889 ★★ 名 | |
|---|---|
| チューブ | 管子，管状物 |

| 3890 ★★ 名 | |
|---|---|
| ちょうかく<br>聴覚 | 听觉 |

| 3891 ★★ 名サ | |
|---|---|
| ちょう り<br>調理(する) | 烹调，烹饪 |

| 3892 ★★ 名サ | |
|---|---|
| ちょくしゃ<br>直射(する) | 直射 |

| 3893 ★★ 名 | |
|---|---|
| ちょっけい<br>直径 | 直径 |

| 3894 ★★ 名サ | |
|---|---|
| つい か<br>追加(する) | 追加 |

| 3895 ★★ 名サ | |
|---|---|
| つう か<br>通過(する) | 通过，经过 |

| 3896 ★★ 名サ | |
|---|---|
| つうやく<br>通訳(する) | 口译 |

| 3897 ★★ 名サ | |
|---|---|
| つうよう<br>通用(する) | 通用，管用 |

| 3898 ★★ 名 | |
|---|---|
| つう ろ<br>通路 | 通道，过道 |

| 3899 ★★ 名 | |
|---|---|
| つ あ<br>付き合い | 陪同，交往 |

| 3900 ★★ 名 | |
|---|---|
| つづ<br>続き | 衔接，下文，<br>持续 |

| 3901 ★★ 名 | |
|---|---|
| つ かさ<br>積み重ね | 堆积，累积，<br>积累 |

| 3902 ★★ 名 | |
|---|---|
| つよ<br>強み | 强度，强点，<br>长处 |

| 3903 ★★ 名 | |
|---|---|
| て あし<br>手足 | 手脚，<br>俯首帖耳的人，<br>左右手 |

| 3904 ★★ 名サ | |
|---|---|
| ディベート(する) | 辩论 |

| 3905 ★★ 名 | |
|---|---|
| てかず／てすう<br>手数 | 费时，麻烦，<br>(围棋)着数，<br>(拳击)出拳数 |

|  |  |  |
|---|---|---|
| 3906 ★★ 名 | デザイナー | 设计师 |
| 3907 ★★ 名サ | 手作業(する) | 手工作业 |
| 3908 ★★ 名 | 手伝い | 帮忙，帮手 |
| 3909 ★★ 名サ | 徹夜(する) | 彻夜，通宵 |
| 3910 ★★ 名 | 手の平 | 手心，手掌 |
| 3911 ★★ 名 | 手前 | 跟前，这边 |
| 3912 ★★ 名 | 天気 | 天气 |
| 3913 ★★ 名サ | 点検(する) | 详细检查 |
| 3914 ★★ 名 | 店頭 | 店铺前面，柜台，铺面 |
| 3915 ★★ 名 | 電力 | 电，电力 |
| 3916 ★★ 名 | 動機付け | 动机形成 |
| 3917 ★★ 名 | 同好会 | 爱好者协会 |
| 3918 ★★ 名 | 道徳 | 道德 |
| 3919 ★★ 名サ | 討論(する) | 讨论 |
| 3920 ★★ 名サ | 特集(する) | 特辑，专刊 |
| 3921 ★★ 名 | 土台 | 地基，基础，根基 |
| 3922 ★★ 名 | 届け出 | 申报，呈报 |
| 3923 ★★ 名 | 取り替え | 更换，交换 |
| 3924 ★★ 名 | トンネル | 隧道 |
| 3925 ★★ 名 | 内容 | 内容 |
| 3926 ★★ 名 | 何事 | 何事，什么事 |
| 3927 ★★ 名 | 何度 | 几回，几次，(气温、角度等)多少度 |
| 3928 ★★ 名 | 日記 | 日记 |
| 3929 ★★ 名 | ニューヨーク | 纽约 |
| 3930 ★★ 名 | 人形 | 人偶，木偶，娃娃 |
| 3931 ★★ 名サ | 熱中(する) | 热衷，专心 |
| 3932 ★★ 名 | 眠気 | 睡意，困意 |
| 3933 ★★ 名 | 年数 | 年数 |
| 3934 ★★ 名 | 農産物 | 农产品 |
| 3935 ★★ 名 | 農民 | 农民 |
| 3936 ★★ 名 | 喉 | 喉咙，咽喉 |
| 3937 ★★ 名 | 飲み水 | 饮用水 |
| 3938 ★★ 名 | 葉 | 叶子 |
| 3939 ★★ 名サ | 廃棄(する) | 废弃 |

| | | |
|---|---|---|
| 3940 ★★ 名サ<br>はいすい<br>排水(する) | 排水 | |
| 3941 ★★ 名<br>バクテリア | 细菌 | |
| 3942 ★★ 名<br>はず<br>外れ | 未命中，落空，<br>脱落，尽头 | |
| 3943 ★★ 名サ<br>はっこう<br>発酵(する) | 发酵 | |
| 3944 ★★ 名サ<br>ばっさい<br>伐採(する) | 砍伐，采伐 | |
| 3945 ★★ 名サ<br>はつめい<br>発明(する) | 发明 | |
| 3946 ★★ 名<br>はんすう<br>半数 | 半数 | |
| 3947 ★★ 名<br>はんとし<br>半年 | 半年 | |
| 3948 ★★ 名<br>はんめん<br>反面 | 反面，另一面 | |
| 3949 ★★ 名<br>ヒートアイランド | 热岛 | |
| 3950 ★★ 名<br>ひ じゅう<br>比重 | 比重 | |
| 3951 ★★ 名<br>ひ づけ<br>日付 | 日期，年月日 | |
| 3952 ★★ 名サ<br>ひ こ<br>引っ越し(する) | 搬家 | |
| 3953 ★★ 名<br>ひっしゅう<br>必修 | 必修 | |
| 3954 ★★ 名<br>ひっちゃく<br>必着 | (信件等在规定日<br>期内)必须送到 | |
| 3955 ★★ 名<br>ひと で<br>人手 | 他人的帮助，<br>人手 | |
| 3956 ★★ 名<br>ヒューマン | 人，人类，<br>人性，人道 | |

| | | |
|---|---|---|
| 3957 ★★ 名<br>びょうにん<br>病人 | 病人，患者 | |
| 3958 ★★ 名<br>ひら が な<br>平仮名／ひらがな | 平假名 | |
| 3959 ★★ 名サ<br>ひ れい<br>比例(する) | 比例，成正比 | |
| 3960 ★★ 名<br>ファン | 风扇，(体育项目、<br>音乐等)爱好者，<br>粉丝 | |
| 3961 ★★ 名<br>ふう ふ<br>夫婦 | 夫妇，夫妻 | |
| 3962 ★★ 名サ<br>ふ か<br>負荷(する) | 负荷，负担，<br>负载 | |
| 3963 ★★ 名<br>ふ じ さん<br>富士山 | 富士山 | |
| 3964 ★★ 名<br>ぶっ し<br>物資 | 物资 | |
| 3965 ★★ 名<br>プラン | 计划，方案，<br>图纸 | |
| 3966 ★★ 名サ<br>プレゼント(する) | (送)礼物 | |
| 3967 ★★ 名<br>ぶんぽう<br>文法 | 语法 | |
| 3968 ★★ 名<br>ぶんめい<br>文明 | 文明 | |
| 3969 ★★ 名<br>ベストセラー | 畅销书 | |
| 3970 ★★ 名サ<br>へんせん<br>変遷(する) | 变迁 | |
| 3971 ★★ 名<br>べんとう<br>弁当 | 盒饭 | |
| 3972 ★★ 名<br>ほうがく<br>方角 | 方位，方向 | |
| 3973 ★★ 名<br>ほうさく<br>方策 | 对策，策略 | |

|  |  |  |
|---|---|---|
| 3974 ★★ 名サ | 歩行（する）ほこう | 步行，走路去 |
| 3975 ★★ 名 | 歩道ほどう | 人行道，步行街 |
| 3976 ★★ 名 | 枚数まいすう | 张数，片数 |
| 3977 ★★ 名 | 待ち合わせまちあわせ | 约会，会面，等候 |
| 3978 ★★ 名 | 祭りまつり | 祭典，节日 |
| 3979 ★★ 名 | まとまり | 归纳，解决，一惯性，一致 |
| 3980 ★★ 名 | マナー | 礼仪，礼貌 |
| 3981 ★★ 名 | 学びまなび | 学习，学问 |
| 3982 ★★ 名 | 未然みぜん | 未然，事情尚未发生 |
| 3983 ★★ 名 | 見出しみだし | 标题，目录，词条 |
| 3984 ★★ 名 | ミネラル | 矿物质 |
| 3985 ★★ 名 | 民族みんぞく | 民族 |
| 3986 ★★ 名 | 無限むげん | 无限 |
| 3987 ★★ 名 | 向こうむこう | 对面，正面，那边，对方 |
| 3988 ★★ 名 | 眼鏡めがね | 眼镜 |
| 3989 ★★ 名 | 目印めじるし | 标记，记号 |
| 3990 ★★ 名 | 目線めせん | 视线 |
| 3991 ★★ 名サ | 目撃（する）もくげき | 目击 |
| 3992 ★★ 名 | 夜行性やこうせい | 夜行性 |
| 3993 ★★ 名 | ユーザー | 用户 |
| 3994 ★★ 名サ | 誘導（する）ゆうどう | 诱导，引导 |
| 3995 ★★ 名 | 郵便ゆうびん | 邮递，邮政，邮件 |
| 3996 ★★ 名 | 有料ゆうりょう | 收费，要收费用 |
| 3997 ★★ 名 | 用件ようけん | (要传达的、要做的)事情 |
| 3998 ★★ 名 | 要旨ようし | 要旨，概要，主要内容 |
| 3999 ★★ 名 | 用事ようじ | (应办的)事情 |
| 4000 ★★ 名 | 翌日よくじつ | 次日，第二天 |
| 4001 ★★ 名 | 予想外よそうがい | 意料之外 |
| 4002 ★★ 名 | 余地よち | 余地，宽裕，空出的地方 |
| 4003 ★★ 名 | ライフスタイル | 生活方式 |
| 4004 ★★ 名 | ランプ | 煤油灯，电灯，灯管 |
| 4005 ★★ 名 | 理念りねん | 理念 |
| 4006 ★★ 名 | リハビリテーション | 康复训练 |
| 4007 ★★ 名サ | 流出（する）りゅうしゅつ | (液体等)流出，流失，外流 |

| | | | | | |
|---|---|---|---|---|---|
| 4008 ★★ 名<br>りんかく<br>**輪郭** | 轮廓 | | 4025 ★★ 名<br>あんしょうばんごう<br>**暗証番号** | 密码 | |
| 4009 ★★ 名サ<br>るす ばん<br>**留守番**(する) | 看家(的人) | | 4026 ★★ 名<br>あんないばん<br>**案内板** | 指南板,<br>引路板 | |
| 4010 ★★ 名サ<br>ろうか<br>**老化**(する) | 老化 | | 4027 ★★ 名<br>い ぶん<br>**言い分** | 说法,意见,<br>不满 | |
| 4011 ★★ 名<br>ろうどう じ かん<br>**労働時間** | 工作时间 | | 4028 ★★ 名<br>いきお<br>**勢い** | 势力,气势 | |
| 4012 ★★ 名<br>**ロビー** | (酒店等)前厅,<br>大厅 | | 4029 ★★ 名<br>い さん<br>**遺産** | 遗产 | |
| 4013 ★★ 名<br>わた ど り<br>**渡り鳥** | 候鸟 | | 4030 ★★ 名サ<br>い じゅう<br>**移住**(する) | 移居 | |
| 4014 ★★ 名<br>わら<br>**笑い** | 笑,笑容,笑声,<br>嘲笑 | | 4031 ★★ 名<br>い せい<br>**異性** | 异性,<br>不同性质(的东<br>西) | |
| 4015 ★★ 名<br>わ わり<br>**割り／割** | 成,一成,<br>比例 | | 4032 ★★ 名<br>い せき<br>**遺跡** | 遗迹 | |
| 4016 ★★ 名サ<br>あい ず<br>**合図**(する) | 发信号,暗号 | | 4033 ★★ 名<br>いちにんまえ<br>**一人前** | 一人份,<br>独当一面 | |
| 4017 ★★ 名<br>あいづち<br>**相槌** | 附和,帮腔 | | 4034 ★★ 名<br>いちめん<br>**一面** | 一面,片面,<br>成片,<br>报纸头版 | |
| 4018 ★★ 名<br>あさ ひ<br>**朝日** | 朝阳 | | 4035 ★★ 名<br>いっかん<br>**一環** | 一环 | |
| 4019 ★★ 名<br>**アシスタント** | 助手,助理,<br>助教 | | 4036 ★★ 名サ<br>いっすい<br>**一睡**(する) | 睡一觉 | |
| 4020 ★★ 名<br>あつ<br>**厚さ** | 厚度 | | 4037 ★★ 名<br>い ど<br>**井戸** | 井 | |
| 4021 ★★ 名<br>あつ<br>**暑さ** | 热度 | | 4038 ★★ 名<br>いぬ<br>**犬** | 狗 | |
| 4022 ★★ 名サ<br>**アプローチ**(する) | 研究,<br>研究方法,<br>接近 | | 4039 ★★ 名<br>いやおう<br>**否応** | 可否,<br>愿意不愿意,<br>答应不答应 | |
| 4023 ★★ 名<br>**アルカリ性**<br>せい | 碱性 | | 4040 ★★ 名<br>い わ かん<br>**違和感** | 别扭,<br>不协调感 | |
| 4024 ★★ 名<br>**アレルギー** | 过敏 | | 4041 ★★ 名<br>いんしょくてん<br>**飲食店** | 餐饮店 | |

| 4042 ★★ 名 | | |
|---|---|---|
| うそ<br>嘘 | 谎言 | |

| 4043 ★★ 名 | | |
|---|---|---|
| うたが<br>疑い | 怀疑，质疑 | |

| 4044 ★★ 名 | | |
|---|---|---|
| うちわけ<br>内訳 | 详细内容，<br>明细 | |

| 4045 ★★ 名 | | |
|---|---|---|
| うま<br>旨み | 美味，妙处，<br>利益 | |

| 4046 ★★ 名 | | |
|---|---|---|
| 生まれつき | 天生，生来 | |

| 4047 ★★ 名 | | |
|---|---|---|
| う のこ<br>売れ残り | 尾货，剩货 | |

| 4048 ★★ 名サ | | |
|---|---|---|
| うわさ(する) | (传播)流言，<br>谣言 | |

| 4049 ★★ 名 | | |
|---|---|---|
| うんてんしゅ<br>運転手 | 司机 | |

| 4050 ★★ 名 | | |
|---|---|---|
| えいきょうりょく<br>影響力 | 影响力 | |

| 4051 ★★ 名 | | |
|---|---|---|
| えいよう か<br>栄養価 | 营养价值 | |

| 4052 ★★ 名 | | |
|---|---|---|
| エッセイ | 随笔，散文，<br>评论 | |

| 4053 ★★ 名サ | | |
|---|---|---|
| えつらん<br>閲覧(する) | 阅览 | |

| 4054 ★★ 名サ | | |
|---|---|---|
| エラー(する) | 错误，失误 | |

| 4055 ★★ 名 | | |
|---|---|---|
| エレベーター | 电梯 | |

| 4056 ★★ 名サ | | |
|---|---|---|
| えん ぎ<br>演技(する) | 演技，表演 | |

| 4057 ★★ 名 | | |
|---|---|---|
| えん じ<br>園児 | 上幼儿园的儿童 | |

| 4058 ★★ 名 | | |
|---|---|---|
| えんぶんのう ど<br>塩分濃度 | 盐分浓度 | |

| 4059 ★★ 名 | | |
|---|---|---|
| おう ぼ しゃ<br>応募者 | 报名者 | |

| 4060 ★★ 名 | | |
|---|---|---|
| おおあめ<br>大雨 | 大雨 | |

| 4061 ★★ 名 | | |
|---|---|---|
| おおごえ<br>大声 | 大声 | |

| 4062 ★★ 名サ | | |
|---|---|---|
| オープン(する) | 开放，打开 | |

| 4063 ★★ 名 | | |
|---|---|---|
| かえ<br>お返し | 回礼，报答 | |

| 4064 ★★ 名 | | |
|---|---|---|
| おかげ | 托福，沾光，<br>多亏，幸亏 | |

| 4065 ★★ 名 | | |
|---|---|---|
| おかず | 菜，菜肴 | |

| 4066 ★★ 名 | | |
|---|---|---|
| お あな<br>落とし穴 | 陷阱，圈套 | |

| 4067 ★★ 名 | | |
|---|---|---|
| いっさくじつ／おととい<br>一昨日 | 前天 | |

| 4068 ★★ 名 | | |
|---|---|---|
| おど<br>踊り | 跳舞，舞蹈 | |

| 4069 ★★ 名 | | |
|---|---|---|
| ゆ<br>お湯 | 热水，开水 | |

| 4070 ★★ 名 | | |
|---|---|---|
| れい<br>お礼 | 谢意，谢词，<br>谢礼 | |

| 4071 ★★ 名 | | |
|---|---|---|
| おん ど さ<br>温度差 | 温差 | |

| 4072 ★★ 名 | | |
|---|---|---|
| かい ぎ しつ<br>会議室 | 会议室 | |

| 4073 ★★ 名 | | |
|---|---|---|
| かいけつほうほう<br>解決方法 | 解决方法 | |

| 4074 ★★ 名サ | | |
|---|---|---|
| かいさん<br>解散(する) | 解散 | |

| 4075 ★★ 名 | | |
|---|---|---|
| かいそう<br>海藻 | 海藻 | |

| 4076 ★★ 名 | |
|---|---|
| ガイダンス | 辅导，指导 |

| 4077 ★★ 名サ | |
|---|---|
| かいへん<br>改編(する) | 改编 |

| 4078 ★★ 名サ | |
|---|---|
| かいやく<br>解約(する) | 解约 |

| 4079 ★★ 名 | |
|---|---|
| がいらい<br>外来 | 外来，<br>门诊患者 |

| 4080 ★★ 名 | |
|---|---|
| がいらいせいぶつ<br>外来生物 | 外来生物 |

| 4081 ★★ 名 | |
|---|---|
| かいりゅう<br>海流 | 洋流 |

| 4082 ★★ 名 | |
|---|---|
| かいろ<br>回路 | 电路，回路 |

| 4083 ★★ 名 | |
|---|---|
| カウンセラー | 心理咨询师 |

| 4084 ★★ 名 | |
|---|---|
| かがくやくひん<br>化学薬品 | 化学药品 |

| 4085 ★★ 名 | |
|---|---|
| かかりいん<br>係員 | 负责人，<br>办事员 |

| 4086 ★★ 名 | |
|---|---|
| かくかぞく<br>核家族 | 小家庭 |

| 4087 ★★ 名 | |
|---|---|
| がくげい<br>学芸 | 学问和技艺 |

| 4088 ★★ 名 | |
|---|---|
| かくしゅ<br>各種 | 各种 |

| 4089 ★★ 名 | |
|---|---|
| かさい<br>火災 | 火灾 |

| 4090 ★★ 名 | |
|---|---|
| かじ<br>火事 | 着火，起火 |

| 4091 ★★ 名 | |
|---|---|
| かずかず<br>数々 | 种种，许多 |

| 4092 ★★ 名サ | |
|---|---|
| かそく<br>加速(する) | 加速 |

| 4093 ★★ 名 | |
|---|---|
| かたむ<br>傾き | 倾斜，斜度，<br>倾向 |

| 4094 ★★ 名 | |
|---|---|
| がっかい<br>学会 | 学会 |

| 4095 ★★ 名 | |
|---|---|
| がっきゅう<br>学級 | 班级 |

| 4096 ★★ 名 | |
|---|---|
| かつりょく<br>活力 | 活力 |

| 4097 ★★ 名 | |
|---|---|
| かてい<br>課程 | 课程 |

| 4098 ★★ 名 | |
|---|---|
| かでん<br>家電 | 家电 |

| 4099 ★★ 名 | |
|---|---|
| かでん<br>家電メーカー | 家电生产商 |

| 4100 ★★ 名サ | |
|---|---|
| かねもう<br>金儲け(する) | 赚钱 |

| 4101 ★★ 名 | |
|---|---|
| カフェイン | 咖啡因 |

| 4102 ★★ 名 | |
|---|---|
| カルシウム | 钙 |

| 4103 ★★ 名 | |
|---|---|
| かんが ごと<br>考え事 | 思考的事，<br>担心的事，<br>烦心事 |

| 4104 ★★ 名 | |
|---|---|
| かんきゃく<br>観客 | 观众 |

| 4105 ★★ 名サ | |
|---|---|
| かんけつ<br>完結(する) | 结束，完成，<br>完结 |

| 4106 ★★ 名 | |
|---|---|
| かんじゅせい<br>感受性 | 感受能力，<br>感受性 |

| 4107 ★★ 名サ | |
|---|---|
| かんすい<br>完遂(する) | 完成，完结 |

| 4108 ★★ 名 | |
|---|---|
| かんそうぶん<br>感想文 | 感想作文，<br>读后感 |

| 4109 ★★ 名サ | |
|---|---|
| かんとく<br>監督(する) | 监督，导演，<br>教练 |

★★★ 高頻
★★ 中頻
★ 衍生

| | | |
|---|---|---|
| 4110 ★★ 名 看板 かんばん | 招牌，广告牌 | 4126 ★★ 名サ 休館(する) きゅうかん | 闭馆 |
| 4111 ★★ 名 関連性 かんれんせい | 关联性 | 4127 ★★ 名サ 給食(する) きゅうしょく | 供餐，提供饮食 |
| 4112 ★★ 名 危害 きがい | 危害 | 4128 ★★ 名 給料 きゅうりょう | 工资，薪水 |
| 4113 ★★ 名 議会 ぎかい | 议会 | 4129 ★★ 名サ 寄与(する) きよ | 有助于，贡献，推动 |
| 4114 ★★ 名 危機感 ききかん | 危机感 | 4130 ★★ 名 脅威 きょうい | 威胁，胁迫 |
| 4115 ★★ 名 気象庁 きしょうちょう | 气象厅，气象局 | 4131 ★★ 名 教訓 きょうくん | 教训 |
| 4116 ★★ 名 擬態 ぎたい | 拟态 | 4132 ★★ 名 競争力 きょうそうりょく | 竞争力 |
| 4117 ★★ 名サ 帰宅(する) きたく | 回家 | 4133 ★★ 名サ 協調(する) きょうちょう | 协调，合作，同心协力 |
| 4118 ★★ 名 喫茶店 きっさてん | 咖啡店 | 4134 ★★ 名 協調性 きょうちょうせい | 合作精神 |
| 4119 ★★ 名 キッチン | 厨房 | 4135 ★★ 名 漁業 ぎょぎょう | 渔业 |
| 4120 ★★ 名 軌道 きどう | 轨道 | 4136 ★★ 名 漁村 ぎょそん | 渔村 |
| 4121 ★★ 名 機能面 きのうめん | 功能方面 | 4137 ★★ 名 切り捨て きりすて | 去掉，切掉，舍去(零数) |
| 4122 ★★ 名 着物 きもの | 和服，衣服 | 4138 ★★ 名サ 禁煙(する) きんえん | 禁烟 |
| 4123 ★★ 名 逆効果 ぎゃくこうか | 适得其反的效果 | 4139 ★★ 名 金属 きんぞく | 金属 |
| 4124 ★★ 名 キャリア | 经历，经验，职业 | 4140 ★★ 名サ 勤務(する) きんむ | 就职，上班 |
| 4125 ★★ 名 嗅覚 きゅうかく | 嗅觉 | 4141 ★★ 名 クイズ | 智力问答，猜谜，小测验 |

| 4142 ★★　名 | | 4159 ★★　名 | |
|---|---|---|---|
| くうふく<br>空腹 | 空腹 | げんじてん<br>現時点 | 现在，目前 |

| 4143 ★★　名 | | 4160 ★★　名 | |
|---|---|---|---|
| くさき<br>草木 | 草木 | げんせん<br>源泉 | 源泉，水源 |

| 4144 ★★　名 | | 4161 ★★　名 | |
|---|---|---|---|
| くちばし | 鸟嘴，喙 | けんぞうぶつ<br>建造物 | 建筑物 |

| 4145 ★★　名 | | 4162 ★★　名 | |
|---|---|---|---|
| くつう<br>苦痛 | 痛苦，苦恼 | けんとう<br>見当 | 估计，预想，<br>方位，大约 |

| 4146 ★★　名 | | 4163 ★★　名 | |
|---|---|---|---|
| クラシック | 古典 | げんどう<br>言動 | 言行 |

| 4147 ★★　名 | | 4164 ★★　名 | |
|---|---|---|---|
| クラブ | 俱乐部，<br>高尔夫球杆，<br>(扑克)梅花 | ごい<br>語彙 | 词汇 |

| 4148 ★★　名 | | 4165 ★★　名 | |
|---|---|---|---|
| くる<br>苦しみ | 痛苦，苦恼，<br>困苦，辛酸 | こうがくねん<br>高学年 | 高年级 |

| 4149 ★★　名 | | 4166 ★★　名 | |
|---|---|---|---|
| クレーム | 投诉，索赔 | こうご<br>交互 | 交替，轮流，<br>交错 |

| 4150 ★★　名サ | | 4167 ★★　名サ | |
|---|---|---|---|
| ケア(する) | 照顾，护理 | こうしん<br>交信(する) | (无线电等方式)<br>互相通讯 |

| 4151 ★★　名 | | 4168 ★★　名 | |
|---|---|---|---|
| ケーブル | 缆绳，电缆，<br>索道，缆车 | こうず<br>構図 | 构图，<br>事物整体形象 |

| 4152 ★★　名サ | | 4169 ★★　名 | |
|---|---|---|---|
| けしょう<br>化粧(する) | 化妆 | こうそう<br>高層 | 高层 |

| 4153 ★★　名 | | 4170 ★★　名 | |
|---|---|---|---|
| げすいどう<br>下水道 | 下水道 | こうそく<br>高速 | 高速 |

| 4154 ★★　名 | | 4171 ★★　名 | |
|---|---|---|---|
| けつあつ<br>血圧 | 血压 | こうたい<br>抗体 | 抗体 |

| 4155 ★★　名 | | 4172 ★★　名サ | |
|---|---|---|---|
| けんい<br>権威 | 权威 | こうたい<br>交替(する) | 交替，轮换 |

| 4156 ★★　名 | | 4173 ★★　名 | |
|---|---|---|---|
| けんこうじょうたい<br>健康状態 | 健康状态 | こうとう<br>口頭 | 口头 |

| 4157 ★★　名 | | 4174 ★★　名 | |
|---|---|---|---|
| げんざいりょう<br>原材料 | 原材料 | こうどう<br>講堂 | 讲堂，礼堂 |

| 4158 ★★　名 | | 4175 ★★　名 | |
|---|---|---|---|
| げんさく<br>原作 | 原作 | こうぶつ<br>鉱物 | 矿物 |

WEEK
1

WEEK
2

WEEK
3

WEEK
4

WEEK
5

WEEK
6

WEEK
7

WEEK
8

| 4176 ★★ 名 | |
|---|---|
| ごかん 五感 | (形、声、闻、味、触) 五感 |

| 4177 ★★ 名サ | |
|---|---|
| こくさいか 国際化(する) | 国际化 |

| 4178 ★★ 名 | |
|---|---|
| こくもつ 穀物 | 谷物 |

| 4179 ★★ 名 | |
|---|---|
| ごじつ 後日 | 日后，过些天 |

| 4180 ★★ 名 | |
|---|---|
| こじんじょうほう 個人情報 | 个人信息 |

| 4181 ★★ 名 | |
|---|---|
| ことばづかい 言葉遣い | 措辞，用词 |

| 4182 ★★ 名 | |
|---|---|
| こま | 小马，棋子 |

| 4183 ★★ 名 | |
|---|---|
| コマーシャル | 商业广告 |

| 4184 ★★ 名 | |
|---|---|
| コンサルティング | 咨询 |

| 4185 ★★ 名 | |
|---|---|
| コンセント | 插座 |

| 4186 ★★ 名 | |
|---|---|
| コンプレックス | 自卑感，情结 |

| 4187 ★★ 名 | |
|---|---|
| さい 差異 | 差异 |

| 4188 ★★ 名 | |
|---|---|
| さいきん 細菌 | 细菌 |

| 4189 ★★ 名サ | |
|---|---|
| さいしゅ 採取(する) | 采，选取， 采集(指纹等) |

| 4190 ★★ 名サ | |
|---|---|
| さいしゅう 採集(する) | 采集(动植物标本 等)，收集， 搜集 |

| 4191 ★★ 名サ | |
|---|---|
| さいてきか 最適化(する) | 最佳化， 最优化 |

| 4192 ★★ 名 | |
|---|---|
| ざっか 雑貨 | 杂货 |

| 4193 ★★ 名 | |
|---|---|
| さっきょくか 作曲家 | 作曲家 |

| 4194 ★★ 名 | |
|---|---|
| さっこん 昨今 | 最近，近来 |

| 4195 ★★ 名 | |
|---|---|
| さっし 察し | 体察，观察， 理解，体谅 |

| 4196 ★★ 名 | |
|---|---|
| さとやま 里山 | 近山，村庄附 近的山林 |

| 4197 ★★ 名サ | |
|---|---|
| さべつ 差別(する) | 差别，歧视 |

| 4198 ★★ 名 | |
|---|---|
| さらいしゅう 再来週 | 下下周 |

| 4199 ★★ 名 | |
|---|---|
| さんかく 三角 | 三角，三角形 |

| 4200 ★★ 名 | |
|---|---|
| さんぎょうかい 産業界 | 制造业界 |

| 4201 ★★ 名 | |
|---|---|
| さんぎょうかくめい 産業革命 | 产业革命， 工业革命 |

| 4202 ★★ 名 | |
|---|---|
| さんち 産地 | 产地 |

| 4203 ★★ 名 | |
|---|---|
| さんちょう 山頂 | 山顶 |

| 4204 ★★ 名 | |
|---|---|
| さんみ 酸味 | 酸味 |

| 4205 ★★ 名 | |
|---|---|
| しいれ 仕入れ | 采购，进货， 获得，取得 |

| 4206 ★★ 名 | |
|---|---|
| しかく 四角 | 四角，四角形 |

| 4207 ★★ 名 | |
|---|---|
| しさく/せさく 施策 | 对策，措施 |

| 4208 ★★ 名 | |
|---|---|
| じしゃ 自社 | 本公司 |

| 4209 ★★ 名 | |
|---|---|
| ししゅんき 思春期 | 青春期 |

| 4210 ★★ 名 | | 4227 ★★ 名 | |
|---|---|---|---|
| しぜんげんしょう 自然現象 | 自然现象 | ジャーナリズム | 传媒，新闻工作 |

| 4211 ★★ 名サ | | 4228 ★★ 名 | |
|---|---|---|---|
| じ ぞく 持続(する) | 持续 | しゃかい か がく 社会科学 | 社会科学 |

| 4212 ★★ 名サ | | 4229 ★★ 名 | |
|---|---|---|---|
| したしら 下調べ(する) | 预先调查，预习 | しゃかい ほ しょう 社会保障 | 社会保障 |

| 4213 ★★ 名 | | 4230 ★★ 名 | |
|---|---|---|---|
| じっか 実家 | 老家 | じゃくねんそう 若年層 | 年轻人群 |

| 4214 ★★ 名サ | | 4231 ★★ 名サ | |
|---|---|---|---|
| しつぎ 質疑(する) | 质疑，提问 | しゃざい 謝罪(する) | 谢罪，道歉 |

| 4215 ★★ 名 | | 4232 ★★ 名サ | |
|---|---|---|---|
| じつ ぎ 実技 | 实用技巧 | ジャンプ(する) | 跳，跳跃 |

| 4216 ★★ 名 | | 4233 ★★ 名 | |
|---|---|---|---|
| しつぎょうしゃ 失業者 | 失业者 | しゅう き 周期 | 周期 |

| 4217 ★★ 名 | | 4234 ★★ 名 | |
|---|---|---|---|
| しっ け 湿気 | 湿气，潮气，发潮，潮湿 | しゅうきょう 宗教 | 宗教 |

| 4218 ★★ 名 | | 4235 ★★ 名 | |
|---|---|---|---|
| じっこう い いんかい 実行委員会 | 执行委员会 | しゅうごう じ かん 集合時間 | 集合时间 |

| 4219 ★★ 名 | | 4236 ★★ 名 | |
|---|---|---|---|
| じったい 実体 | 实体，本体 | しゅうごう ば しょ 集合場所 | 集合地点 |

| 4220 ★★ 名 | | 4237 ★★ 名 | |
|---|---|---|---|
| しっぱいれい 失敗例 | 失败的例子 | しゅう し 修士 | 硕士 |

| 4221 ★★ 名 | | 4238 ★★ 名サ | |
|---|---|---|---|
| じつよう 実用 | 实用 | じゅう じ 従事(する) | 从事 |

| 4222 ★★ 名 | | 4239 ★★ 名 | |
|---|---|---|---|
| じつれい 実例 | 实例 | じゅうじつかん 充実感 | 充实感 |

| 4223 ★★ 名 | | 4240 ★★ 名サ | |
|---|---|---|---|
| し てん 支店 | 支点，分店 | じゅくれん 熟練(する) | 熟练 |

| 4224 ★★ 名 | | 4241 ★★ 名 | |
|---|---|---|---|
| し ほう 四方 | 四方，周围，四面八方 | しゅさいしゃ 主催者 | 主办者，主办方 |

| 4225 ★★ 名 | | 4242 ★★ 名 | |
|---|---|---|---|
| し ぼうりつ 死亡率 | 死亡率 | しゅ し 種子 | 种子 |

| 4226 ★★ 名 | | 4243 ★★ 名 | |
|---|---|---|---|
| し めい 使命 | 使命 | しゅ し 趣旨 | 宗旨，主旨，要旨 |

WEEK 1
WEEK 2
WEEK 3
WEEK 4
WEEK 5
WEEK 6
WEEK 7
WEEK 8

| 4244 ★★ 名サ | | |
|---|---|---|
| じゅしょう<br>受賞(する) | 获奖 | |

| 4245 ★★ 名 | | |
|---|---|---|
| しゅしょく<br>主食 | 主食 | |

| 4246 ★★ 名サ | | |
|---|---|---|
| じゅしん<br>受診(する) | 接受诊断、<br>诊疗 | |

| 4247 ★★ 名 | | |
|---|---|---|
| しゅだい<br>主題 | 主题 | |

| 4248 ★★ 名サ | | |
|---|---|---|
| しゅつえん<br>出演(する) | 出演，演出 | |

| 4249 ★★ 名サ | | |
|---|---|---|
| しゅっか<br>出荷(する) | 出货，上市，<br>发货 | |

| 4250 ★★ 名サ | | |
|---|---|---|
| しゅっさん<br>出産(する) | (孕妇)分娩，<br>(婴儿)出生 | |

| 4251 ★★ 名サ | | |
|---|---|---|
| しゅっしゃ<br>出社(する) | (到公司)上班 | |

| 4252 ★★ 名サ | | |
|---|---|---|
| しゅっしょう／しゅっせい<br>出生(する) | 出生 | |

| 4253 ★★ 名サ | | |
|---|---|---|
| しゅっちょう<br>出張(する) | 出差 | |

| 4254 ★★ 名サ | | |
|---|---|---|
| じゅよう<br>受容(する) | 接受，采纳，<br>接纳 | |

| 4255 ★★ 名 | | |
|---|---|---|
| じゅんど<br>純度 | 纯度 | |

| 4256 ★★ 名 | | |
|---|---|---|
| じょうおん<br>常温 | 常温 | |

| 4257 ★★ 名 | | |
|---|---|---|
| しょうがいしゃ<br>障害者 | 残障人士 | |

| 4258 ★★ 名 | | |
|---|---|---|
| じょうきゅう<br>上級 | 上一级，高级 | |

| 4259 ★★ 名 | | |
|---|---|---|
| しょうご<br>正午 | 正午 | |

| 4260 ★★ 名 | | |
|---|---|---|
| しようしゃ<br>使用者 | 使用者 | |

| 4261 ★★ 名 | | |
|---|---|---|
| しょうはい<br>勝敗 | 胜负，输赢 | |

| 4262 ★★ 名サ | | |
|---|---|---|
| しょうひんか<br>商品化(する) | 商品化 | |

| 4263 ★★ 名 | | |
|---|---|---|
| しょうひんめい<br>商品名 | 商品名 | |

| 4264 ★★ 名 | | |
|---|---|---|
| じょうほうし<br>情報誌 | 专门提供演出<br>信息的杂志 | |

| 4265 ★★ 名サ | | |
|---|---|---|
| しょうもう<br>消耗(する) | 消耗，耗费 | |

| 4266 ★★ 名 | | |
|---|---|---|
| じょうりゅう<br>上流 | 上流 | |

| 4267 ★★ 名 | | |
|---|---|---|
| しようりょう<br>使用料 | 使用费 | |

| 4268 ★★ 名サ | | |
|---|---|---|
| じょがい<br>除外(する) | 除外 | |

| 4269 ★★ 名 | | |
|---|---|---|
| しょくたく<br>食卓 | 餐桌 | |

| 4270 ★★ 名 | | |
|---|---|---|
| しょくりょう<br>食糧 | 粮食 | |

| 4271 ★★ 名 | | |
|---|---|---|
| しょくりょうひん<br>食料品 | 食物 | |

| 4272 ★★ 名サ | | |
|---|---|---|
| しょくりん<br>植林(する) | 植树造林 | |

| 4273 ★★ 名サ | | |
|---|---|---|
| じょげん<br>助言(する) | 劝告，建议 | |

| 4274 ★★ 名 | | |
|---|---|---|
| じょしゅ<br>助手 | 助手 | |

| 4275 ★★ 名 | | |
|---|---|---|
| しょたいめん<br>初対面 | 第一次见面 | |

| 4276 ★★ 名 | | |
|---|---|---|
| しょもつ<br>書物 | 书籍，图书 | |

| 4277 ★★ 名 | | |
|---|---|---|
| じょゆう<br>女優 | 女演员 | |

| 4278 ★★ 名 | | 4295 ★★ 名 | |
|---|---|---|---|
| しょゆうけん<br>所有権 | 所有权 | すいえい<br>水泳 | 游泳 |

| 4279 ★★ 名 | | 4296 ★★ 名 | |
|---|---|---|---|
| しょりほうほう<br>処理方法 | 处理方法 | すいおん<br>水温 | 水温 |

| 4280 ★★ 名 | | 4297 ★★ 名サ | |
|---|---|---|---|
| しりょうかん<br>資料館 | 资料馆 | すいせん<br>推薦(する) | 推荐 |

| 4281 ★★ 名 | | 4298 ★★ 名 | |
|---|---|---|---|
| しろうと<br>素人 | 外行，<br>业余爱好者 | すいぞくかん<br>水族館 | 水族馆 |

| 4282 ★★ 名 | | 4299 ★★ 名 | |
|---|---|---|---|
| じんかく<br>人格 | 人格 | すいてき<br>水滴 | 水滴，水珠 |

| 4283 ★★ 名 | | 4300 ★★ 名 | |
|---|---|---|---|
| しんごう<br>信号 | 信号，暗号，<br>红绿灯 | すいどうりょうきん<br>水道料金 | 水费 |

| 4284 ★★ 名 | | 4301 ★★ 名 | |
|---|---|---|---|
| しんしつ<br>寝室 | 寝室，卧室 | すいぶんりょう<br>水分量 | 水分含量 |

| 4285 ★★ 名 | | 4302 ★★ 名 | |
|---|---|---|---|
| じんじゃ<br>神社 | 神社 | すいみんぶそく<br>睡眠不足 | 睡眠不足 |

| 4286 ★★ 名 | | 4303 ★★ 名 | |
|---|---|---|---|
| しんしゅ<br>新種 | 新品种 | すいりょう<br>水量 | 水量 |

| 4287 ★★ 名 | | 4304 ★★ 名 | 水渠，水路， |
|---|---|---|---|
| しんせいしょ<br>申請書 | 申请表 | すいろ<br>水路 | 航道，<br>泳池的泳道 |

| 4288 ★★ 名 | | 4305 ★★ 名 | |
|---|---|---|---|
| しんぞう<br>心臓 | 心脏 | スーパーマーケット | 超市 |

| 4289 ★★ 名 | | 4306 ★★ 名 | |
|---|---|---|---|
| しんぱくすう<br>心拍数 | 心跳数 | ずかん<br>図鑑 | 图鉴 |

| 4290 ★★ 名 | | 4307 ★★ 名サ | 存货，库存， |
|---|---|---|---|
| じんぶつぞう<br>人物像 | 人物的形象 | ストック(する) | 股份 |

| 4291 ★★ 名 | | 4308 ★★ 名 | |
|---|---|---|---|
| しんぶんし<br>新聞紙 | 报纸 | ずひょう<br>図表 | 图表 |

| 4292 ★★ 名 | 讨论会， | 4309 ★★ 名 | 尽力， |
|---|---|---|---|
| シンポジウム | 座谈会 | せいいっぱい<br>精一杯 | 全力以赴 |

| 4293 ★★ 名 | | 4310 ★★ 名 | |
|---|---|---|---|
| しんらいかん<br>信頼感 | 信赖感 | せいさく<br>政策 | 政策 |

| 4294 ★★ 名 | | 4311 ★★ 名 | |
|---|---|---|---|
| しんろ<br>進路 | 出路，前程 | せいさんぶつ<br>生産物 | 产品 |

|  |  |  |  |
|---|---|---|---|
| 4312 ★★ | 名 | せいぞうぎょう 製造業 | 制造业 |
| 4313 ★★ | 名サ | せいちょう 生長(する) | 生长，发育 |
| 4314 ★★ | 名サ | せっすい 節水(する) | 节水 |
| 4315 ★★ | 名サ | せつぞく 接続(する) | 连续，接续 |
| 4316 ★★ | 名サ | せっとく 説得(する) | 说服，劝说 |
| 4317 ★★ | 名 | せんちゃくじゅん 先着順 | 按照先来后到的顺序 |
| 4318 ★★ | 名 | ぜんぱん 全般 | 全盘，整体 |
| 4319 ★★ | 名 | せんもんせい 専門性 | 专业性 |
| 4320 ★★ | 名サ | ぞうげん 増減(する) | 增减 |
| 4321 ★★ | 名 | そうしょく 草食 | 草食，食草 |
| 4322 ★★ | 名サ | ぞうしん 増進(する) | 增进 |
| 4323 ★★ | 名 | そうすう 総数 | 总数 |
| 4324 ★★ | 名 | そうりょう 送料 | 邮费，运费 |
| 4325 ★★ | 名 | そくざ 即座 | 即时，当场，立即 |
| 4326 ★★ | 名 | ぞくせい 属性 | 属性 |
| 4327 ★★ | 名 | そせん 祖先 | 祖先 |
| 4328 ★★ | 名 | ソフトウエア | 软件 |
| 4329 ★★ | 名 | そんざいかん 存在感 | 存在感 |
| 4330 ★★ | 名 | だいいちいんしょう 第一印象 | 第一印象 |
| 4331 ★★ | 名 | たいがい 体外 | 体外 |
| 4332 ★★ | 名 | たいしゅう 大衆 | 大众 |
| 4333 ★★ | 名 | だいたすう 大多数 | 大多数 |
| 4334 ★★ | 名 | だいはっけん 大発見 | 重大发现 |
| 4335 ★★ | 名 | だいひょうしゃ 代表者 | 代表人 |
| 4336 ★★ | 名 | たいふう 台風 | 台风 |
| 4337 ★★ | 名 | タイミング | 时机 |
| 4338 ★★ | 名 | たいりく 大陸 | 大陆 |
| 4339 ★★ | 名 | だえき 唾液 | 唾液 |
| 4340 ★★ | 名 | たっせいかん 達成感 | 成就感 |
| 4341 ★★ | 名 | たてか 建て替え | 重建，改建 |
| 4342 ★★ | 名 | たね／しゅ 種 | 种子，起因，素材，(魔术等)的诀窍 |
| 4343 ★★ | 名 | たぶんか 多文化 | 多文化 |
| 4344 ★★ | 名 | たんき 短期 | 短期 |
| 4345 ★★ | 名 | だんさ 段差 | (围棋等)段位差别，高低落差 |

| 4346 ★★ 名 | | 4363 ★★ 名 | |
|---|---|---|---|
| たんすい か ぶつ<br>炭水化物 | 碳水化合物 | ていおん<br>低温 | 低温 |

| 4347 ★★ 名サ | | 4364 ★★ 名 | |
|---|---|---|---|
| たんにん<br>担任(する) | 担任，负责 | ていかかく<br>低価格 | 低价格 |

| 4348 ★★ 名 | | 4365 ★★ 名 | |
|---|---|---|---|
| だんらく<br>段落 | 段落 | ていこうかん<br>抵抗感 | 抗拒感，<br>抵触情绪 |

| 4349 ★★ 名 | | 4366 ★★ 名 | |
|---|---|---|---|
| ち けん<br>知見 | 见识，知识，<br>见解 | ていぼく<br>低木 | 灌木 |

| 4350 ★★ 名 | | 4367 ★★ 名 | |
|---|---|---|---|
| ちゅうきゅう<br>中級 | 中级 | テープ | 带子，磁带，<br>胶带 |

| 4351 ★★ 名サ | | 4368 ★★ 名サ | |
|---|---|---|---|
| ちゅうけい<br>中継(する) | 转播 | て が<br>手書き(する) | 手写 |

| 4352 ★★ 名サ | | 4369 ★★ 名 | |
|---|---|---|---|
| ちゅうだん<br>中断(する) | 中断 | で ぐち<br>出口 | 出口 |

| 4353 ★★ 名 | | 4370 ★★ 名 | |
|---|---|---|---|
| ちょうきょ り<br>長距離 | 长距离 | て ちょう<br>手帳 | 笔记本，<br>记事本 |

| 4354 ★★ 名 | | 4371 ★★ 名 | |
|---|---|---|---|
| ちょうこく<br>彫刻 | 雕刻 | てっきん<br>鉄筋 | 钢筋 |

| 4355 ★★ 名 | | 4372 ★★ 名サ | |
|---|---|---|---|
| ちょうしゅう<br>聴衆 | 听众 | て ぬ<br>手抜き(する) | 偷工减料 |

| 4356 ★★ 名サ | | 4373 ★★ 名 | |
|---|---|---|---|
| ちょうたつ<br>調達(する) | 筹措，调拨 | て ほん<br>手本 | 字帖，画帖，<br>模范，样板 |

| 4357 ★★ 名 | | 4374 ★★ 名 | |
|---|---|---|---|
| ちょうほうけい<br>長方形 | 长方形 | でん か せいひん<br>電化製品 | 电器产品 |

| 4358 ★★ 名サ | | 4375 ★★ 名 | |
|---|---|---|---|
| ちょう わ<br>調和(する) | 调和，和谐 | でんきゅう<br>電球 | 电灯泡 |

| 4359 ★★ 名サ | | 4376 ★★ 名 | |
|---|---|---|---|
| ちょすい<br>貯水(する) | 储水，蓄水 | てん き よ ほう<br>天気予報 | 天气预报 |

| 4360 ★★ 名サ | | 4377 ★★ 名 | |
|---|---|---|---|
| ちんれつ<br>陳列(する) | 陈列 | てん じ<br>点字 | 盲文 |

| 4361 ★★ 名 | | 4378 ★★ 名 | |
|---|---|---|---|
| つぼみ | 花蕾 | てんたい<br>天体 | 天体 |

| 4362 ★★ 名 | | 4379 ★★ 名 | |
|---|---|---|---|
| つ<br>釣り | 钓鱼，零钱 | でんとう<br>電灯 | 电灯 |

WEEK 1
WEEK 2
WEEK 3
WEEK 4
WEEK 5
WEEK 6
WEEK 7
WEEK 8

| | | |
|---|---|---|
| 4380 ★★ 名<br>でんとうぶんか<br>伝統文化 | 传统文化 | |
| 4381 ★★ 名サ<br>てんぷ<br>添付(する) | 附加，附上，<br>附件 | |
| 4382 ★★ 名サ<br>てんぼう<br>展望(する) | 展望 | |
| 4383 ★★ 名<br>トイレットペーパー | 厕纸 | |
| 4384 ★★ 名サ<br>どうか<br>同化(する) | 同化 | |
| 4385 ★★ 名サ<br>どうきょ<br>同居(する) | 同居，<br>住在一起 | |
| 4386 ★★ 名<br>どうこう<br>動向 | 动向 | |
| 4387 ★★ 名<br>どうしょくぶつ<br>動植物 | 动植物 | |
| 4388 ★★ 名サ<br>とうそつ<br>統率(する) | 统率 | |
| 4389 ★★ 名<br>とうなん<br>盗難 | 失窃 | |
| 4390 ★★ 名<br>どうりょう<br>同僚 | 同事 | |
| 4391 ★★ 名<br>とくちょう<br>特長 | 特长 | |
| 4392 ★★ 名<br>としん<br>都心 | 都市中心地带，<br>特指东京市中心 | |
| 4393 ★★ 名<br>トップ | 首位，最上级，<br>最高处，首脑 | |
| 4394 ★★ 名<br>トラック | (track)跑道，<br>音轨，(truck)<br>卡车，货车 | |
| 4395 ★★ 名サ<br>どろぼう<br>泥棒(する) | 小偷 | |
| 4396 ★★ 名サ<br>ないふく<br>内服(する) | 口服 | |
| 4397 ★★ 名<br>なぞ<br>謎 | 谜，谜语，<br>暗示 | |
| 4398 ★★ 名<br>なな まえ<br>斜め前 | 斜前方 | |
| 4399 ★★ 名<br>なま<br>生ごみ | 含水分的垃圾 | |
| 4400 ★★ 名<br>なわ ば<br>縄張り | 地盘，<br>势力范围 | |
| 4401 ★★ 名サ<br>にくしょく<br>肉食(する) | 肉食，食肉 | |
| 4402 ★★ 名<br>にじゅう／ふたえ<br>二重 | 双重，双层，重，<br>重复 | |
| 4403 ★★ 名<br>にせもの<br>偽物 | 假货，赝品 | |
| 4404 ★★ 名<br>にっすう<br>日数 | 天数 | |
| 4405 ★★ 名<br>にゅう じ<br>乳児 | 婴儿，未满周<br>岁的幼儿 | |
| 4406 ★★ 名<br>にゅうせいひん<br>乳製品 | 乳制品 | |
| 4407 ★★ 名<br>にゅうよう じ<br>乳幼児 | 婴幼儿，<br>学龄前儿童的<br>总称 | |
| 4408 ★★ 名サ<br>ね さ<br>値下げ(する) | 降价 | |
| 4409 ★★ 名<br>ねったい<br>熱帯 | 热带 | |
| 4410 ★★ 名<br>ねん ど<br>年度 | 年度 | |
| 4411 ★★ 名<br>ノウハウ | 技术知识，<br>窍门，<br>做事的方法 | |
| 4412 ★★ 名<br>ノーベル賞<br>しょう | 诺贝尔奖 | |
| 4413 ★★ 名<br>はい ご<br>背後 | 背后，幕后，<br>背地 | |

| | | |
|---|---|---|
| 4414 ★★ 名<br>ばいてん<br>売店 | 小卖店,<br>小卖部 | |
| 4415 ★★ 名<br>はいゆう<br>俳優 | 演员,男演员 | |
| 4416 ★★ 名<br>パイロット | 飞行员,<br>引水员 | |
| 4417 ★★ 名<br>はがき | 明信片 | |
| 4418 ★★ 名サ<br>パス(する) | 合格,传球,过,<br>通行证 | |
| 4419 ★★ 名サ<br>は そん<br>破損(する) | 破损,损坏 | |
| 4420 ★★ 名サ<br>はつ が<br>発芽(する) | 发芽,发育 | |
| 4421 ★★ 名サ<br>はっこう<br>発光(する) | 发光 | |
| 4422 ★★ 名<br>パニック | 经济恐慌,<br>惊慌 | |
| 4423 ★★ 名<br>パラドックス | 反论,悖论 | |
| 4424 ★★ 名<br>パワー | 力量,马力,<br>权力 | |
| 4425 ★★ 名<br>はんしょく き<br>繁殖期 | 繁殖期 | |
| 4426 ★★ 名<br>ばんにん／まんにん<br>万人 | 万人,众人 | |
| 4427 ★★ 名サ<br>はんぱつ<br>反発(する) | 反弹,排斥,<br>顶撞,反抗 | |
| 4428 ★★ 名サ<br>はんぷく<br>反復(する) | 反复 | |
| 4429 ★★ 名<br>はんれい<br>凡例 | 凡例 | |
| 4430 ★★ 名<br>ひ あ<br>日当たり | 向阳,日照 | |

| | | |
|---|---|---|
| 4431 ★★ 名<br>び こう<br>備考 | 备考 | |
| 4432 ★★ 名<br>ひ ざ<br>膝 | 膝,膝盖 | |
| 4433 ★★ 名<br>ひ ざ<br>日差し | 光照,阳光 | |
| 4434 ★★ 名<br>ひとまえ<br>人前 | 人前,当着他<br>人的面,外表 | |
| 4435 ★★ 名サ<br>ひ なん<br>避難(する) | 避难 | |
| 4436 ★★ 名サ<br>ひ なん<br>非難(する) | 责难,谴责 | |
| 4437 ★★ 名<br>びょうそく<br>秒速 | 秒速 | |
| 4438 ★★ 名<br>ひらめき | 秒速,每秒移<br>动的距离 | |
| 4439 ★★ 名サ<br>ひる ね<br>昼寝(する) | 午睡,<br>白天睡觉 | |
| 4440 ★★ 名<br>ふうちょう<br>風潮 | 风潮,风气 | |
| 4441 ★★ 名<br>ふう ど<br>風土 | 风土,水土 | |
| 4442 ★★ 名<br>ふ かいかん<br>不快感 | (身体或心情上)<br>不快的感觉 | |
| 4443 ★★ 名サ<br>ふくごう<br>複合(する) | 复合 | |
| 4444 ★★ 名<br>ふく し し せつ<br>福祉施設 | 福利机构 | |
| 4445 ★★ 名<br>ぶ し<br>武士 | 武士 | |
| 4446 ★★ 名<br>ふ じん<br>婦人 | 妇人,妇女 | |
| 4447 ★★ 名<br>ぶ すう<br>部数 | (书籍等)份数,<br>册数,本数 | |

| 4448 ★★ 名 | | 4465 ★★ 名サ | |
|---|---|---|---|
| ぶ ちょう<br>部長 | 部长 | へんどう<br>変動(する) | 变动，改变 |

| 4449 ★★ 名 | | 4466 ★★ 名サ | |
|---|---|---|---|
| ぶっきょう<br>仏教 | 佛教 | へんぴん<br>返品(する) | 退货 |

| 4450 ★★ 名 | | 4467 ★★ 名サ | |
|---|---|---|---|
| ふ とん<br>布団 | 被子，被褥 | ぼうえき<br>貿易(する) | 贸易 |

| 4451 ★★ 名 | | 4468 ★★ 名 | |
|---|---|---|---|
| ふ りょうひん<br>不良品 | 次品 | ぼうえんきょう<br>望遠鏡 | 望远镜 |

| 4452 ★★ 名 | | 4469 ★★ 名 | |
|---|---|---|---|
| ふ ま<br>振る舞い | 言行举止，<br>请客，款待 | ほうげん<br>方言 | 方言 |

| 4453 ★★ 名 | | 4470 ★★ 名サ | |
|---|---|---|---|
| ふ あ<br>触れ合い | 互相接触，<br>交流沟通 | ぼうけん<br>冒険(する) | 冒险 |

| 4454 ★★ 名サ | | 4471 ★★ 名 | |
|---|---|---|---|
| プレー(する) | 玩耍，游戏，<br>比赛，戏剧 | ほうこうせい<br>方向性 | 方向性 |

| 4455 ★★ 名 | | 4472 ★★ 名サ | |
|---|---|---|---|
| ブレーキ | 刹车，制动，<br>抑制，阻碍 | ほう し<br>奉仕(する) | 奉献，服务，<br>廉价出售 |

| 4456 ★★ 名 | | 4473 ★★ 名 | |
|---|---|---|---|
| プレゼンテーション | 提出，展示，<br>发表 | ほうしき<br>方式 | 方式 |

| 4457 ★★ 名 | | 4474 ★★ 名 | |
|---|---|---|---|
| プレッシャー | (多指精神上的)<br>压力 | ほうめん<br>方面 | 方向，地区，<br>方面，领域 |

| 4458 ★★ 名 | | 4475 ★★ 名 | |
|---|---|---|---|
| プレミアム | 高级，溢价，<br>奖品 | ぼうりょく<br>暴力 | 暴力 |

| 4459 ★★ 名 | | 4476 ★★ 名 | |
|---|---|---|---|
| ぶん か い さん<br>文化遺産 | 文化遗产 | ボールペン | 圆珠笔 |

| 4460 ★★ 名 | | 4477 ★★ 名サ | |
|---|---|---|---|
| ぶん か ざい<br>文化財 | 文物 | ほ かん<br>保管(する) | 保管 |

| 4461 ★★ 名 | | 4478 ★★ 名 | |
|---|---|---|---|
| へいきん き おん<br>平均気温 | 平均气温 | ぼ き<br>簿記 | 簿记 |

| 4462 ★★ 名 | | 4479 ★★ 名 | |
|---|---|---|---|
| べっ し<br>別紙 | 另一张纸，<br>附页 | ほ けん<br>保健 | 保健 |

| 4463 ★★ 名 | | 4480 ★★ 名 | |
|---|---|---|---|
| ベネフィット | 利益，好处，<br>义演，慈善 | ほ けん<br>保険 | 保险 |

| 4464 ★★ 名サ | | 4481 ★★ 名 | |
|---|---|---|---|
| べんがく<br>勉学(する) | 勤奋学习，<br>用功 | ほこ<br>誇り | 自豪，骄傲，<br>荣誉 |

| | | |
|---|---|---|
| 4482 ★★ 名<br>ほじょきん<br>補助金 | 补助金 | |
| 4483 ★★ 名<br>ポスト | 邮箱，信箱，<br>地位，职务 | |
| 4484 ★★ 名<br>ほっきょく<br>北極 | 北极 | |
| 4485 ★★ 名<br>ほんしゃ<br>本社 | 总公司，<br>本公司 | |
| 4486 ★★ 名<br>ほんすう<br>本数 | 根数，条数，<br>棵数，瓶数，<br>篇数 | |
| 4487 ★★ 名<br>ほんだい<br>本題 | 正题 | |
| 4488 ★★ 名サ<br>マーク(する) | 符号，标记，<br>留心，注意 | |
| 4489 ★★ 名サ<br>まさつ<br>摩擦(する) | 摩擦，纠葛 | |
| 4490 ★★ 名<br>まど<br>窓ガラス | 窗户玻璃 | |
| 4491 ★★ 名<br>みずべ<br>水辺 | 水边 | |
| 4492 ★★ 名<br>みちじゅん<br>道順 | 路线，顺序 | |
| 4493 ★★ 名サ<br>みっしゅう<br>密集(する) | 密集 | |
| 4494 ★★ 名<br>みとお<br>見通し | 远望，洞察，<br>预计，预料 | |
| 4495 ★★ 名<br>みなさま<br>皆様 | (敬称)大家，<br>各位 | |
| 4496 ★★ 名<br>ミルク | 牛奶 | |
| 4497 ★★ 名<br>みんぞく<br>民俗 | 民俗 | |
| 4498 ★★ 名<br>むすう<br>無数 | 无数 | |

| | | |
|---|---|---|
| 4499 ★★ 名サ<br>むだづか<br>無駄遣い(する) | 浪费，乱花钱 | |
| 4500 ★★ 名<br>むちつじょ<br>無秩序 | 无秩序 | |
| 4501 ★★ 名<br>めいしょう<br>名称 | 名称 | |
| 4502 ★★ 名<br>めも<br>目盛り | 度数，刻度 | |
| 4503 ★★ 名<br>めんえき<br>免疫 | 免疫 | |
| 4504 ★★ 名サ<br>めんじょ<br>免除(する) | 免除 | |
| 4505 ★★ 名<br>もくぞう<br>木造 | 木制 | |
| 4506 ★★ 名<br>もくひょうせってい<br>目標設定 | 目标设定 | |
| 4507 ★★ 名サ<br>もさく<br>模索(する) | 摸索，探寻 | |
| 4508 ★★ 名<br>もはこ<br>持ち運び | 搬运，挪动，<br>携带 | |
| 4509 ★★ 名<br>ももの<br>持ち物 | 所有物品，<br>随时携带物品 | |
| 4510 ★★ 名サ<br>モニター(する) | 监视器，<br>显示器，监控，<br>评论员 | |
| 4511 ★★ 名<br>モラル | 道德，伦理 | |
| 4512 ★★ 名<br>やす<br>安らぎ | 安乐，平静，<br>安稳 | |
| 4513 ★★ 名<br>やっきょく<br>薬局 | 药店 | |
| 4514 ★★ 名<br>やまおく<br>山奥 | 深山 | |
| 4515 ★★ 名<br>やまのぼ<br>山登り | 登山 | |

| 4516 ★★　名 | | 4533 ★★　名 | |
|---|---|---|---|
| やまみち／さんどう<br>**山道** | 山路 | りょうほう<br>**療法** | 疗法 |

| 4517 ★★　名サ | | 4534 ★★　名 | |
|---|---|---|---|
| ゆうずう<br>**融通**(する) | 通融(钱款)，<br>脑筋灵活，<br>随机应变 | りょうめん<br>**両面** | 两面，双面 |

| 4518 ★★　名 | | 4535 ★★　名サ | |
|---|---|---|---|
| ゆうせんじゅんい<br>**優先順位** | 优先顺序 | りょうりつ<br>**両立**(する) | 两不误，并存 |

| 4519 ★★　名 | | 4536 ★★　名 | |
|---|---|---|---|
| ゆうれつ<br>**優劣** | 优劣，好坏 | りょかん<br>**旅館** | 旅馆 |

| 4520 ★★　名 | | 4537 ★★　名サ | |
|---|---|---|---|
| **ユニバーサル** | 宇宙，世界，<br>一般，普遍 | りょっか<br>**緑化**(する) | 绿化 |

| 4521 ★★　名サ | | 4538 ★★　名 | |
|---|---|---|---|
| ゆらい<br>**由来**(する) | 由来，来历 | るいけい<br>**類型** | 类型 |

| 4522 ★★　名 | | 4539 ★★　名 | |
|---|---|---|---|
| ようぐ<br>**用具** | 用具，工具 | るいじんえん<br>**類人猿** | 类人猿 |

| 4523 ★★　名サ | | 4540 ★★　名サ | |
|---|---|---|---|
| ようしょく<br>**養殖**(する) | 养殖 | **レイアウト**(する) | 版面，布局 |

| 4524 ★★　名 | | 4541 ★★　名 | |
|---|---|---|---|
| ようぶん<br>**養分** | 养分 | れいちょうるい<br>**霊長類** | 灵长类 |

| 4525 ★★　名サ | | 4542 ★★　名 | |
|---|---|---|---|
| よくせい<br>**抑制**(する) | 抑制 | **レジ** | 收银台 |

| 4526 ★★　名 | | 4543 ★★　名サ | |
|---|---|---|---|
| よくぼう<br>**欲望** | 欲望 | れんさ<br>**連鎖**(する) | 连锁 |

| 4527 ★★　名 | | 4544 ★★　名 | |
|---|---|---|---|
| よるがた<br>**夜型** | 习惯晚上工作<br>学习的人，<br>夜猫子 | **レンズ** | 透镜，镜片，<br>眼球的晶状体 |

| 4528 ★★　名サ | | 4545 ★★　名サ | |
|---|---|---|---|
| らいにち<br>**来日**(する) | (外国人)<br>来到日本 | れんたい<br>**連帯**(する) | 连带 |

| 4529 ★★　名 | | 4546 ★★　名 | |
|---|---|---|---|
| **リーダーシップ** | 领导能力 | れんたいかん<br>**連帯感** | 连带感 |

| 4530 ★★　名 | | 4547 ★★　名 | |
|---|---|---|---|
| りくつ<br>**理屈** | 理，道理，<br>强词夺理，<br>歪理 | **ワークショップ** | 车间，工作场<br>所，研讨会，<br>讲习会 |

| 4531 ★★　名 | | 4548 ★　名 | |
|---|---|---|---|
| **リピーター** | 回头客 | **アイデンティティー** | 身分 |

| 4532 ★★　名 | | 4549 ★　名 | |
|---|---|---|---|
| りょうがわ<br>**両側** | 两侧 | あ<br>**明かり** | 光线，亮光，灯，<br>灯火 |

| | | |
|---|---|---|
| 4550 ★ 名<br>あくしゅう<br>悪臭 | 悪臭 | |
| 4551 ★ 名<br>アクション | 动作，活动，<br>武打 | |
| 4552 ★ 名<br>アクセント | 重音，音调，<br>重点，突出点 | |
| 4553 ★ 名<br>あくび | 哈欠 | |
| 4554 ★ 名<br>あさゆう<br>朝夕 | 早晚，时时，<br>经常 | |
| 4555 ★ 名<br>あしあと<br>足跡 | 足迹，踪迹，<br>事迹，业绩 | |
| 4556 ★ 名<br>あしば<br>足場 | 立足点，基础，<br>脚手架 | |
| 4557 ★ 名<br>あしもと<br>足元 | 脚下，脚步，<br>处境，弱点 | |
| 4558 ★ 名<br>アナログ | 模拟<br>（与数字相对应） | |
| 4559 ★ 名<br>アニマル | 动物 | |
| 4560 ★ 名<br>あま<br>甘さ | 甜度 | |
| 4561 ★ 名<br>あまど<br>雨戸 | 防雨门板，<br>活动防护窗 | |
| 4562 ★ 名<br>アミノ酸<sub>さん</sub> | 氨基酸 | |
| 4563 ★ 名<br>あり<br>蟻 | 蚂蚁 | |
| 4564 ★ 名<br>アルバム | 影集，相册，<br>唱片，专辑 | |
| 4565 ★ 名<br>あんないず<br>案内図 | 路线图，<br>引导图 | |
| 4566 ★ 名サ<br>い わけ<br>言い訳(する) | 辩解，申辩 | |

| | | |
|---|---|---|
| 4567 ★ 名<br>い いんかい<br>委員会 | 委员会 | |
| 4568 ★ 名<br>い<br>生きがい | 生存意义，<br>人生价值 | |
| 4569 ★ 名<br>いぞんしょう／いそんしょう<br>依存症 | 依赖症 | |
| 4570 ★ 名サ<br>いたずら(する) | 淘气，<br>(做)恶作剧，<br>摆弄，猥亵 | |
| 4571 ★ 名<br>いちいん<br>一員 | 一员，一分子 | |
| 4572 ★ 名<br>いちいん<br>一因 | 一个原因 | |
| 4573 ★ 名<br>いちじ<br>一次 | 一次，初次 | |
| 4574 ★ 名<br>いちぞく<br>一族 | 一族，<br>整个家族，<br>同族 | |
| 4575 ★ 名<br>いちりゅう<br>一流 | 一流，<br>一个流派，<br>独特风格 | |
| 4576 ★ 名<br>いちれい<br>一例 | 一个例子 | |
| 4577 ★ 名<br>いっこう<br>一行 | 同行者，<br>一个行动 | |
| 4578 ★ 名サ<br>いつだつ<br>逸脱(する) | 脱离，背离 | |
| 4579 ★ 名<br>いつわ<br>偽り | 假，虚伪，<br>谎言 | |
| 4580 ★ 名サ<br>い でん<br>遺伝(する) | 遗传 | |
| 4581 ★ 名サ<br>い どう<br>異動(する) | (职务等)变动 | |
| 4582 ★ 名<br>いのち<br>命 | 命，生命，<br>性命 | |
| 4583 ★ 名サ<br>い はん<br>違反(する) | 违反 | |

237

| | | |
|---|---|---|
| 4584 ★ 名<br>いぶつ<br>異物 | 异物，可疑物 | |
| 4585 ★ 名<br>いま<br>今 | 现在，刚才，当今 | |
| 4586 ★ 名<br>イマジネーション | 想象，想象力，空想 | |
| 4587 ★ 名<br>いや<br>癒し | 治愈，医治 | |
| 4588 ★ 名<br>いりょうきき<br>医療機器 | 医疗器械 | |
| 4589 ★ 名<br>いるい<br>衣類 | 衣服 | |
| 4590 ★ 名<br>い もの<br>入れ物 | 容器，装东西的器具 | |
| 4591 ★ 名<br>いろ<br>色 | 颜色 | |
| 4592 ★ 名<br>いろ あ<br>色合い | 色彩，色调，倾向 | |
| 4593 ★ 名<br>いんかん<br>印鑑 | 印章，图章 | |
| 4594 ★ 名サ<br>いんしゅ<br>飲酒(する) | 饮酒 | |
| 4595 ★ 名<br>インターンシップ | 实习 | |
| 4596 ★ 名<br>イントロダクション | 序言，导入，序曲 | |
| 4597 ★ 名<br>いんりょう<br>飲料 | 饮料 | |
| 4598 ★ 名<br>ウイルス | 病毒 | |
| 4599 ★ 名<br>うえき<br>植木 | 栽种的树，盆栽的花木 | |
| 4600 ★ 名<br>ウェブサイト | 网站 | |

| | | |
|---|---|---|
| 4601 ★ 名<br>うし む<br>後ろ向き | 朝后，背着身，保守，消极 | |
| 4602 ★ 名<br>うちゅうひこうし<br>宇宙飛行士 | 宇航员 | |
| 4603 ★ 名<br>うで ど けい<br>腕時計 | 手表 | |
| 4604 ★ 名<br>う の<br>鵜呑み | 囫囵吞枣 | |
| 4605 ★ 名<br>うみ べ<br>海辺 | 海边 | |
| 4606 ★ 名<br>う む<br>有無 | 有无 | |
| 4607 ★ 名<br>う ゆ<br>売れ行き | 销路，销售状况 | |
| 4608 ★ 名<br>うんちん<br>運賃 | 运费，票价 | |
| 4609 ★ 名<br>うんどうかい<br>運動会 | 运动会 | |
| 4610 ★ 名<br>うんめい<br>運命 | 命运 | |
| 4611 ★ 名<br>えいえん<br>永遠 | 永远 | |
| 4612 ★ 名<br>えい ご りょく<br>英語力 | 英语能力 | |
| 4613 ★ 名<br>えいせい<br>衛生 | 卫生 | |
| 4614 ★ 名<br>え ぐ<br>絵の具 | 绘画用具 | |
| 4615 ★ 名<br>エピソード | 轶事，插话，插曲 | |
| 4616 ★ 名<br>えんがん<br>沿岸 | 沿岸 | |
| 4617 ★ 名サ<br>えん き<br>延期(する) | 延期 | |

| | | | |
|---|---|---|---|
| 4618 ★ 名<br>えんきん<br>遠近 | 远近 | 4635 ★ 名<br>おんしつ<br>温室 | 温室 |
| 4619 ★ 名<br>エンジン | 发动机，引擎 | 4636 ★ 名<br>おんりょう<br>音量 | 音量 |
| 4620 ★ 名<br>えんそ<br>塩素 | 氯，氯气 | 4637 ★ 名サ<br>か あつ<br>加圧(する) | 加压 |
| 4621 ★ 名<br>エンターテインメント | 娱乐，演艺 | 4638 ★ 名<br>カーナビ | 汽车导航系统 |
| 4622 ★ 名サ<br>えんりょ<br>遠慮(する) | 客气，谢绝，<br>停止，取消 | 4639 ★ 名サ<br>かいかい<br>開会(する) | 开会 |
| 4623 ★ 名<br>おうきゅうしょ ち<br>応急処置 | 应急措施 | 4640 ★ 名<br>がいかん<br>外観 | 外表，外观 |
| 4624 ★ 名<br>オーケストラ | 管弦乐 | 4641 ★ 名<br>がいこくさん<br>外国産 | 国外产 |
| 4625 ★ 名<br>おおむかし<br>大昔 | 很久以前 | 4642 ★ 名サ<br>がいしゅつ<br>外出(する) | 出门，外出 |
| 4626 ★ 名<br>おおゆき<br>大雪 | 大雪 | 4643 ★ 名サ<br>かいじょ<br>解除(する) | 解除 |
| 4627 ★ 名<br>お ば<br>置き場 | 放置物品的场所 | 4644 ★ 名サ<br>かいじょ<br>介助(する) | 照料，照顾 |
| 4628 ★ 名<br>おく ゆ<br>奥行き | 纵深，深度 | 4645 ★ 名<br>かいそう<br>階層 | 阶层 |
| 4629 ★ 名<br>そう<br>オゾン層 | 臭氧层 | 4646 ★ 名<br>かいちゅう<br>海中 | 海里，海中 |
| 4630 ★ 名<br>おのおの<br>各々 | 各人，各个 | 4647 ★ 名<br>かいちゅうでんとう<br>懐中電灯 | 手电筒 |
| 4631 ★ 名<br>オフィス | 办公室 | 4648 ★ 名<br>かいてい<br>海底 | 海底 |
| 4632 ★ 名<br>オフィスビル | 办公楼 | 4649 ★ 名<br>かい ひ<br>会費 | 会费 |
| 4633 ★ 名<br>おや こ かんけい<br>親子関係 | 亲子关系 | 4650 ★ 名<br>がいらいしゅ<br>外来種 | 外来物种 |
| 4634 ★ 名<br>おんげん<br>音源 | 音源 | 4651 ★ 名<br>かいるい<br>貝類 | 贝类 |

| 4652 ★ 名 | | 4669 ★ 名 | |
|---|---|---|---|
| がいろ<br>街路 | 街道，大街 | かたよ<br>偏り | 偏，偏重，<br>偏向 |

| 4653 ★ 名 | | 4670 ★ 名 | |
|---|---|---|---|
| がいろじゅ<br>街路樹 | 行道树 | かたわ<br>傍ら | 边，旁边，<br>一边…一边… |

| 4654 ★ 名 | | 4671 ★ 名 | |
|---|---|---|---|
| カウンセリング | 心理咨询 | かだん<br>花壇 | 花坛 |

| 4655 ★ 名 | | 4672 ★ 名 | |
|---|---|---|---|
| かえ みち<br>帰り道 | 回家的路，<br>归途 | か<br>勝ち | 胜利，取胜 |

| 4656 ★ 名 | | 4673 ★ 名 | |
|---|---|---|---|
| か おく<br>家屋 | 住房，房屋 | か ま<br>勝ち負け | 胜负，输赢 |

| 4657 ★ 名 | | 4674 ★ 名 | |
|---|---|---|---|
| かかと | 脚后跟，鞋跟 | かっき<br>活気 | 活力，生机 |

| 4658 ★ 名 | | 4675 ★ 名 | |
|---|---|---|---|
| か き<br>夏期 | 夏季期间 | かっそうろ<br>滑走路 | 飞机的滑行跑道 |

| 4659 ★ 名 | | 4676 ★ 名 | |
|---|---|---|---|
| か き<br>夏季 | 夏季 | かつろ<br>活路 | 活路，生路 |

| 4660 ★ 名 | | 4677 ★ 名 | |
|---|---|---|---|
| かぎ<br>鍵 | 钥匙，锁，<br>关键 | か でんせいひん<br>家電製品 | 家用电器 |

| 4661 ★ 名 | | 4678 ★ 名 | |
|---|---|---|---|
| がくぎょう<br>学業 | 学业 | か どう<br>華道 | 花道 |

| 4662 ★ 名サ | | 4679 ★ 名サ | |
|---|---|---|---|
| かくしん<br>確信(する) | 确信 | か にゅう<br>加入(する) | 加入 |

| 4663 ★ 名サ | | 4680 ★ 名サ | |
|---|---|---|---|
| かくしん<br>革新(する) | 革新 | カバー(する) | 外壳，覆盖，<br>弥补，翻唱 |

| 4664 ★ 名 | | 4681 ★ 名 | |
|---|---|---|---|
| がくせいりょう<br>学生寮 | 学生宿舍 | カプセル | 胶囊，<br>(宇宙飞船的)密<br>封舱 |

| 4665 ★ 名サ | | 4682 ★ 名 | |
|---|---|---|---|
| かくちょう<br>拡張(する) | 扩张 | かぶぬし<br>株主 | 股东，<br>股份持有者 |

| 4666 ★ 名 | | 4683 ★ 名 | |
|---|---|---|---|
| カクテル | 鸡尾酒 | かみがた<br>髪型 | 发型 |

| 4667 ★ 名 | | 4684 ★ 名 | |
|---|---|---|---|
| かた か な<br>片仮名／カタカナ | 片假名 | かみぶくろ<br>紙袋 | 纸袋 |

| 4668 ★ 名 | | 4685 ★ 名 | |
|---|---|---|---|
| かたがわ<br>片側 | 一侧，单侧 | か もつ<br>貨物 | 货物 |

| 4686 ★ 名 | 彩色，顔色，特色，衣服領子 | 4703 ★ 名 | 換衣服 |
|---|---|---|---|
| カラー | | 着替え | |

| 4687 ★ 名 | 下游，社会低阶层 | 4704 ★ 名 | 期限内 |
|---|---|---|---|
| 下流 | | 期間内 | |

| 4688 ★ 名 | 文化，教养 | 4705 ★ 名 | 机器 |
|---|---|---|---|
| カルチャー | | 機器 | |

| 4689 ★ 名 | 日历 | 4706 ★ 名 | 问或听的方法方式，态度 |
|---|---|---|---|
| カレンダー | | 聞き方 | |

| 4690 ★ 名 | 河宽，江宽 | 4707 ★ 名サ | 创业 |
|---|---|---|---|
| 川幅 | | 起業(する) | |

| 4691 ★ 名 | 创造环境 | 4708 ★ 名 | 器具，用具，器械 |
|---|---|---|---|
| 環境づくり | | 器具 | |

| 4692 ★ 名サ | 还，还原 | 4709 ★ 名 | 公元前 |
|---|---|---|---|
| 還元(する) | | 紀元前 | |

| 4693 ★ 名 | 旅游指南，导游 | 4710 ★ 名 | 机构，结构 |
|---|---|---|---|
| 観光ガイド | | 機構 | |

| 4694 ★ 名 | 干事，召集人，负责人 | 4711 ★ 名 | 已婚 |
|---|---|---|---|
| 幹事 | | 既婚 | |

| 4695 ★ 名 | 感染，炎症 | 4712 ★ 名 | 器材 |
|---|---|---|---|
| 感染症 | | 機材 | |

| 4696 ★ 名 | 肝脏 | 4713 ★ 名 | 疑似 |
|---|---|---|---|
| 肝臓 | | 疑似 | |

| 4697 ★ 名 | 馆内 | 4714 ★ 名 | 气象条件 |
|---|---|---|---|
| 館内 | | 気象条件 | |

| 4698 ★ 名 | 辣味 | 4715 ★ 名 | 羁绊，纽带，情丝 |
|---|---|---|---|
| 辛味 | | 絆 | |

| 4699 ★ 名サ | 完了，完毕 | 4716 ★ 名サ | 寄生，依赖他人生活 |
|---|---|---|---|
| 完了(する) | | 寄生(する) | |

| 4700 ★ 名 | 气压 | 4717 ★ 名 | 奇迹 |
|---|---|---|---|
| 気圧 | | 奇跡 | |

| 4701 ★ 名 | 键盘 | 4718 ★ 名サ | 归属 |
|---|---|---|---|
| キーボード | | 帰属(する) | |

| 4702 ★ 名 | 温差 | 4719 ★ 名 | 飞机内部 |
|---|---|---|---|
| 気温差 | | 機内 | |

| | | | |
|---|---|---|---|
| 4720 ★ 名<br>き のうせいしょくひん<br>**機能性食品** | 功能性食品 | 4736 ★ 名<br>きょうきゅうげん<br>**供給源** | 供给源 |
| 4721 ★ 名<br>き ふ きん<br>**寄付金** | 捐款 | 4737 ★ 名<br>ぎょうしゃ<br>**業者** | 工商业者，<br>同业者 |
| 4722 ★ 名<br>きゃくしつ<br>**客室** | 客房，客厅，<br>接待室 | 4738 ★ 名<br>きょうじゃく<br>**強弱** | 强弱 |
| 4723 ★ 名サ<br>ぎゃくてん<br>**逆転**(する) | 逆转 | 4739 ★ 名サ<br>きょうせい<br>**共生**(する) | 共生，<br>一起生存，<br>生活 |
| 4724 ★ 名<br>きゃくほん<br>**脚本** | 脚本 | 4740 ★ 名<br>ぎょうせい き かん<br>**行政機関** | 行政机关 |
| 4725 ★ 名<br>**キャンペーン** | (企业等)<br>宣传活动 | 4741 ★ 名<br>きょうつう ご<br>**共通語** | 普通话，<br>通用语 |
| 4726 ★ 名サ<br>きゅうがく<br>**休学**(する) | 休学 | 4742 ★ 名<br>きょうどうせいかつ<br>**共同生活** | 共同生活 |
| 4727 ★ 名<br>きゅうきゅう<br>**救急** | 急救 | 4743 ★ 名<br>きょくめん<br>**局面** | 局面，局势 |
| 4728 ★ 名<br>きゅうけいじ かん<br>**休憩時間** | 休息时间 | 4744 ★ 名<br>きょじゅう ち<br>**居住地** | 居住地 |
| 4729 ★ 名サ<br>きゅうご<br>**救護**(する) | 救护 | 4745 ★ 名<br>ぎょせん<br>**漁船** | 渔船 |
| 4730 ★ 名サ<br>きゅうすい<br>**給水**(する) | 供水 | 4746 ★ 名サ<br>きょ ひ<br>**拒否**(する) | 拒绝 |
| 4731 ★ 名サ<br>きゅうよう<br>**休養**(する) | 休养 | 4747 ★ 名<br>ぎょるい<br>**魚類** | 鱼类 |
| 4732 ★ 名<br>きょうかい<br>**協会** | 协会 | 4748 ★ 名<br>き りゅう<br>**気流** | 气流 |
| 4733 ★ 名<br>きょうかい<br>**境界** | 边界，交界，<br>界限，边际 | 4749 ★ 名<br>き れつ<br>**亀裂** | 龟裂 |
| 4734 ★ 名<br>きょうかん<br>**教官** | 教官，教师，<br>研究员 | 4750 ★ 名<br>きんきゅうじ<br>**緊急時** | 紧急时 |
| 4735 ★ 名<br>ぎょう ぎ<br>**行儀** | 行为礼仪 | 4751 ★ 名<br>きんきゅうせい<br>**緊急性** | 紧急性 |

| | | |
|---|---|---|
| 4752 ★ 　名<br>きん む じ かん<br>勤務時間 | 工作时间 | |
| 4753 ★ 　名<br>きんゆう き かん<br>金融機関 | 金融机构 | |
| 4754 ★ 　名<br>きんりょく<br>筋力 | 肌肉力量 | |
| 4755 ★ 　名<br>く いき<br>区域 | 区域 | |
| 4756 ★ 　名<br>くぎ<br>釘 | 钉子 | |
| 4757 ★ 　名<br>くちべに<br>口紅 | 口红 | |
| 4758 ★ 　名<br>くつ<br>靴 | 鞋 | |
| 4759 ★ 　名<br>く てん<br>句点 | 句号 | |
| 4760 ★ 　名<br>く やくしょ<br>区役所 | 区政府 | |
| 4761 ★ 　名サ<br>グローバル化(する) | 全球化 | |
| 4762 ★ 　名<br>けいけん ぶ そく<br>経験不足 | 经验不足 | |
| 4763 ★ 　名<br>けい ご<br>敬語 | 敬语 | |
| 4764 ★ 　名<br>けいざいこう か<br>経済効果 | 经济效果 | |
| 4765 ★ 　名<br>けい ひ<br>経費 | 经费 | |
| 4766 ★ 　名サ<br>けいりょうか<br>軽量化(する) | 轻量化 | |
| 4767 ★ 　名<br>けしいん<br>消印 | 邮戳，注销印 | |
| 4768 ★ 　名<br>げ じゅん<br>下旬 | 下旬 | |

| | | |
|---|---|---|
| 4769 ★ 　名<br>ゲスト | 客人，嘉宾 | |
| 4770 ★ 　名<br>けっかん<br>欠陥 | 缺陷，缺点 | |
| 4771 ★ 　名<br>けっかん<br>血管 | 血管 | |
| 4772 ★ 　名<br>げっかん<br>月刊 | 月刊 | |
| 4773 ★ 　名サ<br>けっしょう<br>結晶(する) | 结晶 | |
| 4774 ★ 　名サ<br>けっしん<br>決心(する) | (下)决心 | |
| 4775 ★ 　名サ<br>けっそく<br>結束(する) | 捆，捆扎，<br>团结 | |
| 4776 ★ 　名サ<br>けっちゃく<br>決着(する) | 了结，解决，<br>出结果 | |
| 4777 ★ 　名<br>げつまつ<br>月末 | 月末 | |
| 4778 ★ 　名<br>け はい<br>気配 | 苗头，情形，<br>气氛，样子 | |
| 4779 ★ 　名<br>げんきん<br>現金 | 现金 | |
| 4780 ★ 　名<br>げん し りょく<br>原子力 | 原子能 | |
| 4781 ★ 　名<br>けんすう<br>件数 | 件数 | |
| 4782 ★ 　名サ<br>げんそう<br>幻想(する) | 幻想 | |
| 4783 ★ 　名<br>げん ど<br>限度 | 限度 | |
| 4784 ★ 　名<br>けんりょく<br>権力 | 权力 | |
| 4785 ★ 　名<br>けんりょくしゃ<br>権力者 | 有权势的人 | |

| 4786 ★ 名 | | |
|---|---|---|
| こいびと<br>恋人 | 恋人 | |

| 4787 ★ 名 | | |
|---|---|---|
| こうい<br>好意 | 好意，善意，<br>好感 | |

| 4788 ★ 名 | | |
|---|---|---|
| こうう<br>降雨 | 降雨 | |

| 4789 ★ 名 | | |
|---|---|---|
| こううりょう<br>降雨量 | 降雨量 | |

| 4790 ★ 名サ | | |
|---|---|---|
| こうえん<br>公演(する) | 公演 | |

| 4791 ★ 名 | | |
|---|---|---|
| こうえんしゃ<br>講演者 | 演讲者 | |

| 4792 ★ 名 | | |
|---|---|---|
| こうがくしん<br>向学心 | 好学心，<br>求知欲 | |

| 4793 ★ 名 | | |
|---|---|---|
| こうきゅうひん<br>高級品 | 高级品，<br>高档品 | |

| 4794 ★ 名 | | |
|---|---|---|
| こうきょうじぎょう<br>公共事業 | 公共事业 | |

| 4795 ★ 名 | | |
|---|---|---|
| こうきょうせい<br>公共性 | 公共性 | |

| 4796 ★ 名 | | |
|---|---|---|
| こうげい<br>工芸 | 工艺 | |

| 4797 ★ 名 | | |
|---|---|---|
| こうごうせい<br>光合成 | 光合作用 | |

| 4798 ★ 名 | | |
|---|---|---|
| こうじちゅう<br>工事中 | 施工中 | |

| 4799 ★ 名サ | | |
|---|---|---|
| こうそう<br>構想(する) | 构想，构思 | |

| 4800 ★ 名 | | |
|---|---|---|
| こうそう<br>高層ビル | 高楼，大厦 | |

| 4801 ★ 名サ | | |
|---|---|---|
| こうたい<br>後退(する) | 后退，倒退 | |

| 4802 ★ 名サ | | |
|---|---|---|
| こうたい<br>交代(する) | 交替，交换，<br>轮换 | |

| 4803 ★ 名 | | |
|---|---|---|
| こうち<br>高地 | 高地，高原 | |

| 4804 ★ 名 | | |
|---|---|---|
| こうつうもう<br>交通網 | 交通网，<br>交通的分布 | |

| 4805 ★ 名 | | |
|---|---|---|
| こうつうりょう<br>交通量 | 交通量，<br>通行量 | |

| 4806 ★ 名 | | |
|---|---|---|
| こうてい<br>校庭 | 操场，校园 | |

| 4807 ★ 名 | | |
|---|---|---|
| こうてい<br>行程 | 行程 | |

| 4808 ★ 名サ | | |
|---|---|---|
| ごうどう<br>合同(する) | 联合，合并 | |

| 4809 ★ 名 | | |
|---|---|---|
| こうない<br>構内 | 机构内，<br>区域内，<br>建筑内 | |

| 4810 ★ 名 | | |
|---|---|---|
| こうのう<br>効能 | 功能，功效 | |

| 4811 ★ 名サ | | |
|---|---|---|
| こうはい<br>荒廃(する) | 荒废，荒芜，<br>颓废，放荡 | |

| 4812 ★ 名 | | |
|---|---|---|
| ごうりせい<br>合理性 | 合理性 | |

| 4813 ★ 名 | | |
|---|---|---|
| こえだ<br>小枝 | 树木的小枝条 | |

| 4814 ★ 名サ | | |
|---|---|---|
| ゴール(する) | 终点，决胜点，<br>目标，球门 | |

| 4815 ★ 名 | | |
|---|---|---|
| こくさいきょうりょく<br>国際協力 | 国际合作 | |

| 4816 ★ 名 | | |
|---|---|---|
| こくさん<br>国産 | 国产 | |

| 4817 ★ 名 | | |
|---|---|---|
| こくど<br>国土 | 国土 | |

| 4818 ★ 名 | | |
|---|---|---|
| こけ<br>苔 | 苔藓 | |

| 4819 ★ 名 | | |
|---|---|---|
| こころがまえ<br>心構え | 心理准备，<br>思想准备 | |

| 4820 ★ 名 | | 4837 ★ 名 | |
|---|---|---|---|
| こざかな<br>小魚 | 小鱼 | さいげん<br>際限 | 边际，尽头，<br>止境 |

| 4821 ★ 名 | | 4838 ★ 名 | |
|---|---|---|---|
| こし<br>古紙 | 旧的纸张，<br>废纸 | さいじつ<br>祭日 | 节日，<br>(神社、皇室)祭<br>祀日 |

| 4822 ★ 名 | | 4839 ★ 名 | |
|---|---|---|---|
| こじんしゅぎ<br>個人主義 | 个人主义 | ざいしつ<br>材質 | 材质 |

| 4823 ★ 名 | | 4840 ★ 名サ | |
|---|---|---|---|
| こだわり | 拘泥，讲究 | ざいじゅう<br>在住(する) | 长期居住 |

| 4824 ★ 名サ | | 4841 ★ 名 | |
|---|---|---|---|
| ごちそう(する) | 请客，款待，<br>丰盛的饭菜，<br>酒席 | さいしゅうび<br>最終日 | 最后一天 |

| 4825 ★ 名 | | 4842 ★ 名 | |
|---|---|---|---|
| こっか<br>国家 | 国家 | さいしょう<br>最小 | 最小 |

| 4826 ★ 名 | | 4843 ★ 名 | |
|---|---|---|---|
| こっかい<br>国会 | 国会 | ざいせい<br>財政 | 财政 |

| 4827 ★ 名サ | | 4844 ★ 名 | |
|---|---|---|---|
| こていか<br>固定化(する) | 固定化 | さいぜん<br>最善 | 最好，最佳，<br>全力 |

| 4828 ★ 名 | | 4845 ★ 名サ | |
|---|---|---|---|
| こどくかん<br>孤独感 | 孤独感 | ざいたく<br>在宅(する) | 在家 |

| 4829 ★ 名 | | 4846 ★ 名サ | |
|---|---|---|---|
| コピー機 | 复印机 | さいはっこう<br>再発行(する) | 再发行 |

| 4830 ★ 名 | | 4847 ★ 名サ | |
|---|---|---|---|
| ごみ箱 | 垃圾箱 | さいゆうせん<br>最優先(する) | 最先 |

| 4831 ★ 名サ | | 4848 ★ 名 | |
|---|---|---|---|
| コントロール(する) | 控制，管理，<br>控球能力 | さかいめ<br>境目 | 交界线，<br>重要关头，<br>分水岭 |

| 4832 ★ 名 | | 4849 ★ 名 | |
|---|---|---|---|
| サービス業 | 服务业 | さぎょういん<br>作業員 | 工人，操作员 |

| 4833 ★ 名 | | 4850 ★ 名 | |
|---|---|---|---|
| さいきょう<br>最強 | 最强 | さぎょうりょう<br>作業量 | 作业量，<br>工作量 |

| 4834 ★ 名 | | 4851 ★ 名 | |
|---|---|---|---|
| サイクル | 循环，周期，<br>周波，自行车 | さくいん<br>索引 | 索引 |

| 4835 ★ 名 | | 4852 ★ 名 | |
|---|---|---|---|
| さいげつ<br>歳月 | 岁月 | さくせん<br>作戦 | 作战，作战策<br>略，行动计划 |

| 4836 ★ 名サ | | 4853 ★ 名 | |
|---|---|---|---|
| さいげん<br>再現(する) | 再现 | さしだしにん<br>差出人 | 发货人，<br>寄件人，<br>发信人 |

WEEK
1

WEEK
2

WEEK
3

WEEK
4

WEEK
5

WEEK
6

WEEK
7

WEEK
8

| 4854 ★ 名 | | |
|---|---|---|
| 刺身<br>さしみ | 生鱼片，<br>生肉片 | |

| 4855 ★ 名 | | |
|---|---|---|
| 座席<br>ざせき | 坐席，座位 | |

| 4856 ★ 名 | | |
|---|---|---|
| 座談会<br>ざだんかい | 座谈会 | |

| 4857 ★ 名サ | | |
|---|---|---|
| 殺到(する)<br>さっとう | 蜂拥而至，<br>纷至沓来 | |

| 4858 ★ 名 | | |
|---|---|---|
| 茶道<br>さどう | 茶道 | |

| 4859 ★ 名サ | | |
|---|---|---|
| サポート(する) | 支持，支援 | |

| 4860 ★ | | |
|---|---|---|
| サラリーマン | 职员，<br>工薪阶层 | |

| 4861 ★ 名サ | | |
|---|---|---|
| 酸化(する)<br>さんか | 氧化 | |

| 4862 ★ 名サ | | |
|---|---|---|
| 残業(する)<br>ざんぎょう | 加班 | |

| 4863 ★ 名 | | |
|---|---|---|
| 参考書<br>さんこうしょ | 参考书 | |

| 4864 ★ 名サ | | |
|---|---|---|
| 参照(する)<br>さんしょう | 参照 | |

| 4865 ★ 名 | | |
|---|---|---|
| 酸性<br>さんせい | 酸性 | |

| 4866 ★ 名 | | |
|---|---|---|
| 仕上がり<br>しあがり | 完成，完工 | |

| 4867 ★ 名 | | |
|---|---|---|
| 寺院<br>じいん | 寺院 | |

| 4868 ★ 名 | | |
|---|---|---|
| ジェスチャー | 姿势，手势，<br>故作姿态，<br>装样子 | |

| 4869 ★ 名 | | |
|---|---|---|
| 塩<br>しお | 盐 | |

| 4870 ★ 名 | | |
|---|---|---|
| 塩味<br>しおあじ | 咸口，咸味 | |

| 4871 ★ 名 | | |
|---|---|---|
| 視界<br>しかい | 视野，眼界，<br>见识 | |

| 4872 ★ 名 | | |
|---|---|---|
| 歯科医／歯医者<br>しかい　　はいしゃ | 牙医 | |

| 4873 ★ 名 | | |
|---|---|---|
| 自覚症状<br>じかくしょうじょう | 自觉症状，<br>自己感觉到不<br>舒服的症状 | |

| 4874 ★ 名 | | |
|---|---|---|
| 指揮者<br>しきしゃ | 指挥者 | |

| 4875 ★ 名 | | |
|---|---|---|
| 仕切り<br>しきり | 隔开，隔断，<br>处理，结算 | |

| 4876 ★ 名 | | |
|---|---|---|
| 資金<br>しきん | 资金 | |

| 4877 ★ 名サ | | |
|---|---|---|
| 嗜好(する)<br>しこう | 嗜好，爱好 | |

| 4878 ★ 名サ | | |
|---|---|---|
| 自己主張(する)<br>じこしゅちょう | 主见，<br>自我主张 | |

| 4879 ★ 名 | | |
|---|---|---|
| 時差<br>じさ | 时差 | |

| 4880 ★ 名 | | |
|---|---|---|
| 資材<br>しざい | 材料 | |

| 4881 ★ 名 | | |
|---|---|---|
| 時事<br>じじ | 时事 | |

| 4882 ★ 名 | | |
|---|---|---|
| 司書<br>ししょ | 图书管理员 | |

| 4883 ★ 名 | | |
|---|---|---|
| 市場調査<br>しじょうちょうさ | 市场调查 | |

| 4884 ★ 名サ | | |
|---|---|---|
| 試食(する)<br>ししょく | 试吃 | |

| 4885 ★ 名 | | |
|---|---|---|
| 詩人<br>しじん | 诗人 | |

| 4886 ★ 名 | | |
|---|---|---|
| 時代遅れ<br>じだいおくれ | 落后于时代，<br>过时 | |

| 4887 ★ 名サ | | |
|---|---|---|
| 下見(する)<br>したみ | 事先查看，<br>预先读一下 | |

| 4888 ★ 名サ 試着(する) | 试穿 |
|---|---|
| 4889 ★ 名 市町村 | 市，镇，村 |
| 4890 ★ 名 室温 | 室内温度 |
| 4891 ★ 名 実況(する) | 实况 |
| 4892 ★ 名 実線 | 实线 |
| 4893 ★ 名 実体験 | 实际体验 |
| 4894 ★ 名 湿地 | 湿地 |
| 4895 ★ 名 シニア | 上司，年长者，高年级 |
| 4896 ★ 名サ 視認(する) | (用眼睛)确认 |
| 4897 ★ 名サ 視認性 | 可见性，明显性，易读性 |
| 4898 ★ 名サ 支配(する) | 统治，支配，控制 |
| 4899 ★ 名サ 芝居(する) | (表演)戏剧，演技，把戏，花招 |
| 4900 ★ 名 芝生 | 草坪 |
| 4901 ★ 名 脂肪 | 脂肪 |
| 4902 ★ 名 資本 | 资本 |
| 4903 ★ 名 島 | 岛 |
| 4904 ★ 名 島国 | 岛国 |

| 4905 ★ 名サ 自慢(する) | 骄傲，自满，引以为荣 |
|---|---|
| 4906 ★ 名 ジム | 健身房 |
| 4907 ★ 名 弱者 | 弱者 |
| 4908 ★ 名 弱点 | 弱点 |
| 4909 ★ 名 尺度 | 尺子，长度，尺寸，尺度 |
| 4910 ★ 名 ジャケット | 夹克衫，(唱片、书籍等的)护封 |
| 4911 ★ 名 車種 | 汽车种类 |
| 4912 ★ 名 写真家 | 摄影师 |
| 4913 ★ 名 写真館 | 照相馆 |
| 4914 ★ 名 社長 | 社长，董事长 |
| 4915 ★ 名 シャッター | 快门，卷帘门，百叶窗，活动护窗 |
| 4916 ★ 名 社名 | 公司名 |
| 4917 ★ 名 車輪 | 车轮 |
| 4918 ★ 名 シャワー | 淋浴 |
| 4919 ★ 名 ジャンル | 门类，种类 |
| 4920 ★ 名サ 就業(する) | 开始工作，就业，找到工作 |
| 4921 ★ 名 就業者 | 工作者，雇员 |

|  |  |  |  |
|---|---|---|---|
| 4922 ★ | 名 | 収支 しゅうし | 收支 |
| 4923 ★ | 名 | 終日 しゅうじつ | 终日，最后一天 |
| 4924 ★ | 名 | シューズ | 鞋 |
| 4925 ★ | 名サ | 充電(する) じゅうでん | 充电 |
| 4926 ★ | 名 | 充電器 じゅうでんき | 充电器 |
| 4927 ★ | 名サ | 拾得(する) しゅうとく | 拾到，捡到 |
| 4928 ★ | 名 | 周波数 しゅうはすう | 频率，周波，赫兹 |
| 4929 ★ | 名サ | 修復(する) しゅうふく | 修复 |
| 4930 ★ | 名 | 集落 しゅうらく | 村落，聚落，城市 |
| 4931 ★ | 名 | 重量 じゅうりょう | 重量 |
| 4932 ★ | 名 | 主眼 しゅがん | 着眼点，主要目标 |
| 4933 ★ | 名 | 受験生 じゅけんせい | 考生 |
| 4934 ★ | 名 | 主人 しゅじん／あるじ | 主人，家长，丈夫 |
| 4935 ★ | 名 | 主人公 しゅじんこう | 主人公 |
| 4936 ★ | 名 | 出自 しゅつじ | 籍贯，出生地，出身 |
| 4937 ★ | 名 | 出生率 しゅっしょうりつ | 出生率 |
| 4938 ★ | 名サ | 出店(する) しゅってん | 开店 |
| 4939 ★ | 名サ | 出品(する) しゅっぴん | 展出作品或物品 |
| 4940 ★ | 名サ | 主導(する) しゅどう | 主导 |
| 4941 ★ | 名サ | 受粉(する) じゅふん | 受粉 |
| 4942 ★ | 名 | 樹齢 じゅれい | 树龄 |
| 4943 ★ | 名 | 手話 しゅわ | 手语 |
| 4944 ★ | 名サ | 消火(する) しょうか | 灭火，消防 |
| 4945 ★ | 名 | 障害物 しょうがいぶつ | 障碍物 |
| 4946 ★ | 名 | 奨学生 しょうがくせい | 获得奖学金或助学金的学生 |
| 4947 ★ | 名 | 蒸気 じょうき | 蒸汽 |
| 4948 ★ | 名 | 衝撃 しょうげき | 冲击，碰撞 |
| 4949 ★ | 名 | 障子 しょうじ | (木框上糊纸的)拉窗，拉门 |
| 4950 ★ | 名 | 少子化 しょうしか | 少子化 |
| 4951 ★ | 名 | 上旬 じょうじゅん | 上旬 |
| 4952 ★ | 名 | 上昇気流 じょうしょうきりゅう | 上升气流 |
| 4953 ★ | 名サ | 傷心(する) しょうしん | 伤心，悲痛 |
| 4954 ★ | 名 | 少数派 しょうすうは | 少数派 |
| 4955 ★ | 名 | 情勢 じょうせい | 形势，情势 |

| | | | | | |
|---|---|---|---|---|---|
| 4956 ★ 名<br>しょうたい<br>正体 | 真面目，原形，<br>神志，意识 | | 4973 ★ 名<br>しょっかん<br>食感 | 口感 | |
| 4957 ★ 名サ<br>しょうだく<br>承諾(する) | 承诺，允诺，<br>答应 | | 4974 ★ 名<br>しょっき<br>食器 | 餐具 | |
| 4958 ★ 名<br>しょうちょう<br>省庁 | (日本行政部门)省<br>厅，部委 | | 4975 ★ 名<br>ショップ | 店，店铺 | |
| 4959 ★ 名<br>しょうどうぶつ<br>小動物 | 小动物 | | 4976 ★ 名<br>しょとく<br>所得 | 所得 | |
| 4960 ★ 名サ<br>しょうどく<br>消毒(する) | 消毒 | | 4977 ★ 名<br>しょみん<br>庶民 | 庶民，<br>平民百姓 | |
| 4961 ★ 名サ<br>しょう ぶ<br>勝負(する) | (决出)胜负 | | 4978 ★ 名<br>しょめい<br>書名 | 书名 | |
| 4962 ★ 名<br>じょうほうもう<br>情報網 | 信息网 | | 4979 ★ 名<br>しょよう じ かん<br>所要時間 | 所需时间 | |
| 4963 ★ 名<br>じょうほうりょう<br>情報量 | 信息量 | | 4980 ★ 名サ<br>し れい<br>指令(する) | (发出)指令，<br>指示 | |
| 4964 ★ 名サ<br>じょうよう<br>常用(する) | 常用 | | 4981 ★ 名<br>じんいん<br>人員 | 人员 | |
| 4965 ★ 名サ<br>しょうりゃく<br>省略(する) | 省略 | | 4982 ★ 名<br>しんがた<br>新型 | 新型 | |
| 4966 ★ 名サ<br>ジョギング(する) | 慢跑 | | 4983 ★ 名<br>しんかん<br>新刊 | 新刊，新出版 | |
| 4967 ★ 名サ<br>しょくがい<br>食害(する) | 虫害 | | 4984 ★ 名<br>じんこうぶつ<br>人工物 | 人工制品 | |
| 4968 ★ 名<br>しょく ご<br>食後 | 饭后 | | 4985 ★ 名<br>しんこうほうこう<br>進行方向 | 行进方向 | |
| 4969 ★ 名<br>しょくしゅ<br>職種 | 职业种类，<br>工作种类 | | 4986 ★ 名サ<br>しんこく か<br>深刻化(する) | 严重化 | |
| 4970 ★ 名<br>しょくちゅうどく<br>食中毒 | 食物中毒 | | 4987 ★ 名<br>しんさい<br>震災 | 地震灾害 | |
| 4971 ★ 名<br>しょ こ<br>書庫 | 书库 | | 4988 ★ 名<br>しんじん<br>新人 | 新人 | |
| 4972 ★ 名<br>しょっかく<br>触角 | 触角 | | 4989 ★ 名<br>しんそう<br>深層 | 深层 | |

|  |  |  |  |
|---|---|---|---|
| 4990 ★ | 浸透圧 しんとうあつ | 名 | 渗透压力, 渗透压强 |
| 4991 ★ | 信念 しんねん | 名 | 信念 |
| 4992 ★ | 審判(する) しんぱん | 名サ | 审判, (比赛的)裁判 |
| 4993 ★ | 針葉樹 しんようじゅ | 名 | 针叶树 |
| 4994 ★ | 信頼度 しんらいど | 名 | 信赖度 |
| 4995 ★ | 真理 しんり | 名 | 真理 |
| 4996 ★ | 診療(する) しんりょう | 名サ | 诊疗, 诊治 |
| 4997 ★ | 神話 しんわ | 名 | 神话 |
| 4998 ★ | 水位 すいい | 名 | 水位 |
| 4999 ★ | 水域 すいいき | 名 | 水域 |
| 5000 ★ | 水源 すいげん | 名 | 水源 |
| 5001 ★ | 水生 すいせい | 名 | 水生, 生长栖息在水中 |
| 5002 ★ | 水素 すいそ | 名 | 氧 |
| 5003 ★ | 推量(する) すいりょう | 名サ | 推测 |
| 5004 ★ | 水力発電 すいりょくはつでん | 名 | 水力发电 |
| 5005 ★ | 推論(する) すいろん | 名サ | 推论 |
| 5006 ★ | 数値化(する) すうちか | 名サ | 数值化 |
| 5007 ★ | 素顔 すがお | 名 | 素颜 |
| 5008 ★ | 姿 すがた | 名 | 姿势, 身影, 形象, 情况 |
| 5009 ★ | スケール | 名 | 规模, (人的)格局, 图尺, 刻度, 音阶 |
| 5010 ★ | 図式 ずしき | 名 | 图表 |
| 5011 ★ | 頭痛 ずつう | 名 | 头痛 |
| 5012 ★ | ステップ(する) | 名サ | (列车等车门处的)踏板, 步伐, 步骤 |
| 5013 ★ | ストーリー | 名 | 故事, 情节 |
| 5014 ★ | 砂地 すなち/すなじ | 名 | 沙地 |
| 5015 ★ | スピーカー | 名 | 扩音器, 扬声器 |
| 5016 ★ | スポット | 名 | 点, 污点, 地点 |
| 5017 ★ | ズボン | 名 | 裤子 |
| 5018 ★ | スリップ(する) | 名サ | 滑, 打滑, 衬裙 |
| 5019 ★ | 寸法 すんぽう | 名 | 尺寸, 长短, 打算, 计划 |
| 5020 ★ | 世紀 せいき | 名 | 世纪 |
| 5021 ★ | 請求(する) せいきゅう | 名サ | 请求, 要求, 索要 |
| 5022 ★ | 制限時間 せいげんじかん | 名 | 时限 |
| 5023 ★ | 生産地 せいさんち | 名 | 产地 |

| 5024 ★ 名 | | 5041 ★ 名 | |
|---|---|---|---|
| せい し<br>生死 | 生死 | せっけん<br>石鹸 | 香皂 |

| 5025 ★ 名 | | 5042 ★ 名 | |
|---|---|---|---|
| せいじゅく き<br>成熟期 | 成熟期 | せっし<br>摂氏 | 摄氏 |

| 5026 ★ 名サ | | 5043 ★ 名 | |
|---|---|---|---|
| せいせい<br>生成(する) | 生成，产生，<br>形成 | せっちゃくざい<br>接着剤 | 粘着剂 |

| 5027 ★ 名サ | | 5044 ★ 名サ | |
|---|---|---|---|
| せいそう<br>清掃(する) | 清扫 | せつりつ<br>設立(する) | 设立 |

| 5028 ★ 名 | | 5045 ★ 名 | |
|---|---|---|---|
| せいちゅう<br>成虫 | 成虫 | セラピー | 治疗，疗法 |

| 5029 ★ 名サ | | 5046 ★ 名 | |
|---|---|---|---|
| せいてい<br>制定(する) | 制定 | せろん／よろん<br>世論 | 舆论 |

| 5030 ★ 名サ | | 5047 ★ 名サ | |
|---|---|---|---|
| せいとん<br>整頓(する) | 整顿，整理，<br>收拾 | せんこう<br>選考(する) | 选拔，遴选 |

| 5031 ★ 名サ | | 5048 ★ 名 | |
|---|---|---|---|
| せいひん か<br>製品化(する) | 产品化，<br>商品化 | せんざい<br>洗剤 | 洗涤剂，<br>洗衣剂 |

| 5032 ★ 名 | | 5049 ★ 名 | |
|---|---|---|---|
| せいみつけん さ<br>精密検査 | 精密检测 | せんしんこく<br>先進国 | 发达国家 |

| 5033 ★ 名 | | 5050 ★ 名 | |
|---|---|---|---|
| せいもん<br>正門 | 正门 | センス | 感觉，<br>审美能力，<br>品味 |

| 5034 ★ 名 | | 5051 ★ 名サ | |
|---|---|---|---|
| せいりょく<br>勢力 | 势力 | せんすい<br>潜水(する) | 潜水 |

| 5035 ★ 名 | | 5052 ★ 名 | |
|---|---|---|---|
| せいれき<br>西暦 | 西历，公历 | せんぜん<br>戦前 | 战前，<br>多指第二次世<br>界大战以前 |

| 5036 ★ 名 | | 5053 ★ 名サ | |
|---|---|---|---|
| セール | 降价，大减价，<br>出售 | せんそう<br>戦争(する) | 战争 |

| 5037 ★ 名 | | 5054 ★ 名 | |
|---|---|---|---|
| せ かい い さん<br>世界遺産 | 世界遗产 | せんたん<br>先端 | 先端，顶端，<br>前端，先进 |

| 5038 ★ 名 | | 5055 ★ 名サ | |
|---|---|---|---|
| せ かいかん<br>世界観 | 世界观 | せんちゃく<br>先着(する) | 先到，<br>先行到达 |

| 5039 ★ 名 | | 5056 ★ 名 | |
|---|---|---|---|
| せきがいせん<br>赤外線 | 红外线 | ぜんちょう<br>全長 | 全长 |

| 5040 ★ 名 | | 5057 ★ 名 | |
|---|---|---|---|
| せきにんかん<br>責任感 | 责任感 | せんぷう き<br>扇風機 | 电风扇 |

| 5058 ★ 名 | | |
|---|---|---|
| せんめんじょ 洗面所 | 洗面台 | |

| 5075 ★ 名 | | |
|---|---|---|
| たいかい 大会 | 大会 | |

| 5059 ★ 名 | | |
|---|---|---|
| ぜんりょく 全力 | 全力 | |

| 5076 ★ 名サ | | |
|---|---|---|
| たいがく 退学(する) | 退学 | |

| 5060 ★ 名 | | |
|---|---|---|
| ぜんれい 前例 | 先例，前例 | |

| 5077 ★ 名 | | |
|---|---|---|
| たいきゅうせい 耐久性 | 持久性 | |

| 5061 ★ 名サ | | |
|---|---|---|
| そう い 相違(する) | 差异，分歧，不同 | |

| 5078 ★ 名 | | |
|---|---|---|
| だいけい 台形 | 梯形 | |

| 5062 ★ 名 | | |
|---|---|---|
| ぞう き 臓器 | 内脏器官 | |

| 5079 ★ 名 | | |
|---|---|---|
| だいざい 題材 | 题材 | |

| 5063 ★ 名サ | | |
|---|---|---|
| そうこう 走行(する) | 行车，行驶 | |

| 5080 ★ 名サ | | |
|---|---|---|
| たいしゃ 代謝(する) | 代谢 | |

| 5064 ★ 名サ | | |
|---|---|---|
| そうさく 創作(する) | 创作 | |

| 5081 ★ 名 | | |
|---|---|---|
| だいしょう 代償 | 赔款，补偿，代价，代替他人赔偿 | |

| 5065 ★ 名 | | |
|---|---|---|
| ぞうしょ 蔵書 | 藏书 | |

| 5082 ★ 名 | | |
|---|---|---|
| たいしょうがい 対象外 | 除外，不作为目标对象 | |

| 5066 ★ 名サ | | |
|---|---|---|
| そうしょく 装飾(する) | 装饰，装潢 | |

| 5083 ★ 名サ | | |
|---|---|---|
| たいしょく 退職(する) | 退休，退职，离职 | |

| 5067 ★ 名 | | |
|---|---|---|
| そうぞうりょく 創造力 | 创造力 | |

| 5084 ★ 名 | | |
|---|---|---|
| たいしん 耐震 | 抗震 | |

| 5068 ★ 名サ | | |
|---|---|---|
| そうたい／あいたい 相対(する) | 相对，面对面 | |

| 5085 ★ 名 | | |
|---|---|---|
| たいじんかんけい 対人関係 | 人际关系 | |

| 5069 ★ 名 | | |
|---|---|---|
| そうていがい 想定外 | 预料之外 | |

| 5086 ★ 名 | | |
|---|---|---|
| だいすう 台数 | 台数 | |

| 5070 ★ 名サ | | |
|---|---|---|
| そ つう 疎通(する) | 疏通，沟通 | |

| 5087 ★ 名 | | |
|---|---|---|
| たいせい 耐性 | 耐受性，抗药性 | |

| 5071 ★ 名 | | |
|---|---|---|
| そとわく 外枠 | 外框 | |

| 5088 ★ 名 | | |
|---|---|---|
| たいせき 体積 | 体积 | |

| 5072 ★ 名 | | |
|---|---|---|
| そな つ 備え付け | 设置，安装，配备 | |

| 5089 ★ 名 | | |
|---|---|---|
| だい と し けん 大都市圏 | 大城市圈 | |

| 5073 ★ 名サ | | |
|---|---|---|
| そんけい 尊敬(する) | 尊敬 | |

| 5090 ★ 名 | | |
|---|---|---|
| たいねつ 耐熱 | 耐热 | |

| 5074 ★ 名 | | |
|---|---|---|
| たい か 対価 | 等价，对价，回报 | |

| 5091 ★ 名サ | | |
|---|---|---|
| たい ひ 対比(する) | 对比 | |

| | | | | | | |
|---|---|---|---|---|---|---|
| 5092 ★ 名<br>だいひょうれい<br>代表例 | 代表性事例 | | 5109 ★ 名<br>たんさき<br>探査機 | 探測器 | |
| 5093 ★ 名<br>タイヤ | 轮胎 | | 5110 ★ 名<br>たんさん<br>炭酸 | 碳酸 | |
| 5094 ★ 名<br>タオル | 毛巾 | | 5111 ★ 名サ<br>だんぜつ<br>断絶(する) | 断绝，绝嗣，<br>绝交 | |
| 5095 ★ 名<br>タクシー | 出租车 | | 5112 ★ 名<br>だんち<br>団地 | 住宅区，<br>工业区 | |
| 5096 ★ 名<br>た ざん<br>足し算 | 加法 | | 5113 ★ 名<br>たんどく<br>単独 | 单独，单个 | |
| 5097 ★ 名<br>ただ<br>正しさ | 正确性 | | 5114 ★ 名<br>だんねつざい<br>断熱材 | 隔热材料 | |
| 5098 ★ 名サ<br>た ばなし<br>立ち話(する) | 站着说话，<br>聊天 | | 5115 ★ 名<br>たんまつ<br>端末 | 末端，<br>终端设备 | |
| 5099 ★ 名<br>たつじん<br>達人 | 高手，达人 | | 5116 ★ 名<br>だんめん<br>断面 | 断面 | |
| 5100 ★ 名<br>たっせい ど<br>達成度 | 达成度，<br>完成度 | | 5117 ★ 名<br>だんめん ず<br>断面図 | 断面图 | |
| 5101 ★ 名<br>たてせん<br>縦線 | 纵线，竖线 | | 5118 ★ 名<br>チームワーク | 团队合作 | |
| 5102 ★ 名<br>たてなが<br>縦長 | 纵向比横向长<br>(的物体) | | 5119 ★ 名<br>ち か<br>地価 | 地价 | |
| 5103 ★ 名<br>たと<br>例え | 比喻，打比方 | | 5120 ★ 名サ<br>ち かく<br>知覚(する) | 知觉 | |
| 5104 ★ 名<br>たにま／たにあい<br>谷間 | 峡谷，山谷 | | 5121 ★ 名サ<br>ちかみち<br>近道(する) | (走)近路，近道，<br>捷径 | |
| 5105 ★ 名<br>た りょう<br>多量 | 大量，多量 | | 5122 ★ 名<br>ちから し ごと<br>力仕事 | 体力劳动，<br>力气活 | |
| 5106 ★ 名<br>だんかい<br>団塊 | 团，块儿 | | 5123 ★ 名<br>ち く<br>地区 | 地区 | |
| 5107 ★ 名サ<br>たんきゅう<br>探究(する) | 探究，钻研 | | 5124 ★ 名<br>チケット | 票，券 | |
| 5108 ★ 名<br>たんきょ り<br>短距離 | 短距离 | | 5125 ★ 名<br>ち しつ<br>地質 | 地质 | |

| 5126 ★ 名<br>地層<br><small>ち そう</small> | 地层 |
|---|---|
| 5127 ★ 名<br>知的好奇心<br><small>ち てきこう き しん</small> | 求知欲 |
| 5128 ★ 名<br>地熱発電<br><small>ち ねつはつでん</small> | 地热发电 |
| 5129 ★ 名<br>地方分権<br><small>ち ほうぶんけん</small> | 地方分权,<br>权力下放 |
| 5130 ★ 名<br>茶の間<br><small>ちゃ ま</small> | 饭厅, 起居室,<br>茶室 |
| 5131 ★ 名<br>茶碗<br><small>ちゃわん</small> | 碗, 茶杯,<br>饭碗 |
| 5132 ★ 名<br>中古<br><small>ちゅう こ</small> | 二手, 半新,<br>半旧 |
| 5133 ★ 名<br>中高年<br><small>ちゅうこうねん</small> | 中老年 |
| 5134 ★ 名サ<br>注視(する)<br><small>ちゅう し</small> | 注视 |
| 5135 ★ 名<br>中小企業<br><small>ちゅうしょう き ぎょう</small> | 中小企业 |
| 5136 ★ 名<br>中毒<br><small>ちゅうどく</small> | 中毒, 上瘾 |
| 5137 ★ 名<br>昼夜<br><small>ちゅう や</small> | 昼夜 |
| 5138 ★ 名<br>頂上<br><small>ちょうじょう</small> | 顶点, 顶峰,<br>首脑 |
| 5139 ★ 名<br>腸内<br><small>ちょうない</small> | 肠内 |
| 5140 ★ 名<br>調味料<br><small>ちょう み りょう</small> | 调味料 |
| 5141 ★ 名サ<br>直視(する)<br><small>ちょく し</small> | 直视, 正视 |
| 5142 ★ 名サ<br>直立(する)<br><small>ちょくりつ</small> | 直立, 耸立 |

| 5143 ★ 名<br>チョコレート | 巧克力 |
|---|---|
| 5144 ★ 名<br>著作権<br><small>ちょさくけん</small> | 著作权 |
| 5145 ★ 名<br>直角<br><small>ちょっかく</small> | 直角 |
| 5146 ★ 名サ<br>沈下(する)<br><small>ちん か</small> | 下沉, 沉降 |
| 5147 ★ 名<br>通信販売 (通販)<br><small>つうしんはんばい つうはん</small> | 邮购 |
| 5148 ★ 名<br>ツール | 工具 |
| 5149 ★ 名サ<br>通話(する)<br><small>つう わ</small> | 通话 |
| 5150 ★ 名<br>杖<br><small>つえ</small> | 拐杖 |
| 5151 ★ 名<br>使い捨て<br><small>つか す</small> | 用完扔掉,<br>一次性使用 |
| 5152 ★ 名<br>使い道<br><small>つか みち</small> | 用途, 作用 |
| 5153 ★ 名<br>束の間<br><small>つか ま</small> | 刹那, 瞬间 |
| 5154 ★ 名<br>土<br><small>つち</small> | 土, 泥土, 地 |
| 5155 ★ 名<br>つま先<br><small>さき</small> | 脚尖 |
| 5156 ★ 名サ<br>手当て(する)<br><small>て あ</small> | 预备, 治疗,<br>津贴 |
| 5157 ★ 名サ<br>手洗い(する)<br><small>て あら</small> | 洗手, 洗手间 |
| 5158 ★ 名<br>定価<br><small>てい か</small> | 定价 |
| 5159 ★ 名サ<br>提起(する)<br><small>てい き</small> | 提出(问题、话题),<br>起诉 |

| | |
|---|---|
| 5160 ★ 名<br>ていさん そ<br>低酸素 | 缺氧 |
| 5161 ★ 名<br>ていしょく<br>定食 | 套餐 |
| 5162 ★ 名<br>ディスク | 唱片，光盘，圆板，圆盘 |
| 5163 ★ 名サ<br>ていせい<br>訂正(する) | 订正，修订 |
| 5164 ★ 名サ<br>ていたい<br>停滞(する) | 停滞 |
| 5165 ★ 名<br>ティッシュペーパー | 纸巾 |
| 5166 ★ 名<br>ていねん<br>定年 | 退休年龄 |
| 5167 ★ 名<br>データベース | 数据库，资料库 |
| 5168 ★ 名<br>テーブル | 桌子，一览表 |
| 5169 ★ 名<br>てき い<br>敵意 | 敌意 |
| 5170 ★ 名<br>てきせい<br>適性 | 适应性 |
| 5171 ★ 名<br>テクノロジー | 科技 |
| 5172 ★ 名<br>デザート | (饭后的)甜点 |
| 5173 ★ 名<br>て さき<br>手先 | 指尖，手下，走狗，爪牙 |
| 5174 ★ 名<br>デジタルカメラ | 数码相机 |
| 5175 ★ 名<br>て すうりょう<br>手数料 | 手续费 |
| 5176 ★ 名<br>デスクトップ | 台式电脑，电脑桌面 |

| | |
|---|---|
| 5177 ★ 名<br>てつぼう<br>鉄棒 | 铁棍，单杠 |
| 5178 ★ 名サ<br>でんしょう<br>伝承(する) | (信仰、习俗等)代代相传，传承 |
| 5179 ★ 名<br>でんちゅう<br>電柱 | 电线杆 |
| 5180 ★ 名<br>てんない<br>店内 | 店内 |
| 5181 ★ 名<br>てんめい<br>店名 | 店名 |
| 5182 ★ 名<br>てんもんがく<br>天文学 | 天文学 |
| 5183 ★ 名<br>てんらんかい<br>展覧会 | 展览会 |
| 5184 ★ 名<br>でん わ ちょう<br>電話帳 | 电话簿 |
| 5185 ★ 名サ<br>とう し<br>投資(する) | 投资 |
| 5186 ★ 名サ<br>とうせん<br>当選(する) | 当选 |
| 5187 ★ 名<br>どうせん<br>動線 | 动线，流线 |
| 5188 ★ 名<br>とうてん<br>読点 | 逗号，顿号 |
| 5189 ★ 名<br>とう ふ<br>豆腐 | 豆腐 |
| 5190 ★ 名<br>とう ぶ<br>頭部 | 头部 |
| 5191 ★ 名サ<br>どうふう<br>同封(する) | 附在信内，和信一起封入信封 |
| 5192 ★ 名<br>とうぶん<br>糖分 | 糖分 |
| 5193 ★ 名<br>とお<br>通り | 大街，通行，流通，名声，按照 |

| 5194 ★ 名 | | 5211 ★ 名 | |
|---|---|---|---|
| とくさん<br>特産 | 特产 | ドリンク | 饮料 |

| 5195 ★ 名 | | 5212 ★ 名サ | |
|---|---|---|---|
| どくしん<br>独身 | 单身 | ながでんわ<br>長電話(する) | 冗长的电话,<br>煲电话粥 |

| 5196 ★ 名 | | 5213 ★ 名 | |
|---|---|---|---|
| どくそうせい<br>独創性 | 独创性 | な<br>無し | 无,没有 |

| 5197 ★ 名 | | 5214 ★ 名 | |
|---|---|---|---|
| とげ | 刺 | にがみ<br>苦味 | 苦味 |

| 5198 ★ 名 | | 5215 ★ 名 | |
|---|---|---|---|
| ところ<br>所 | 处,地方,场所,<br>时候,范围 | にちようひん<br>日用品 | 日用品 |

| 5199 ★ 名 | | 5216 ★ 名 | |
|---|---|---|---|
| どしゃ<br>土砂 | 土和沙子 | にっしょうじかん<br>日照時間 | 日照时间 |

| 5200 ★ 名 | | 5217 ★ 名 | |
|---|---|---|---|
| とじょうこく<br>途上国 | 发展中国家 | にな て<br>担い手 | 挑夫,<br>肩负重任者,<br>中坚力量 |

| 5201 ★ 名サ | | 5218 ★ 名 | |
|---|---|---|---|
| どっかい<br>読解(する) | 阅读理解 | にゅうがくがんしょ<br>入学願書 | 入学申请书 |

| 5202 ★ 名 | | 5219 ★ 名 | |
|---|---|---|---|
| とっきょ<br>特許 | 特许 | にゅうがくしき<br>入学式 | 入学仪式 |

| 5203 ★ 名 | | 5220 ★ 名 | |
|---|---|---|---|
| となり<br>隣 | 旁边,隔壁,<br>邻居 | ぬく<br>温もり | 温和,温暖 |

| 5204 ★ 名 | | 5221 ★ 名 | |
|---|---|---|---|
| トピック | 话题 | ね いろ<br>音色 | 音色 |

| 5205 ★ 名 | | 5222 ★ 名 | |
|---|---|---|---|
| と ほう<br>途方 | 方法,方针,<br>手段 | ねつ<br>熱 | 热,热度,发烧,<br>热情,干劲 |

| 5206 ★ 名 | | 5223 ★ 名 | |
|---|---|---|---|
| ドライバー | 司机,驾驶员,<br>螺丝刀,<br>驱动器 | ねつい<br>熱意 | 满腔热情,<br>热忱 |

| 5207 ★ 名 | | 5224 ★ 名 | |
|---|---|---|---|
| ドライヤー | 干燥机,<br>吹风机 | ねったい う りん<br>熱帯雨林 | 热带雨林 |

| 5208 ★ 名 | | 5225 ★ 名 | |
|---|---|---|---|
| と あつか<br>取り扱い | 使用,操作,<br>处理,接待,<br>待遇 | ねば け<br>粘り気 | 粘性,粘度 |

| 5209 ★ 名 | | 5226 ★ 名サ | |
|---|---|---|---|
| と りょう<br>塗料 | 涂料 | ね ぼう<br>寝坊(する) | 睡过头 |

| 5210 ★ 名 | | 5227 ★ 名 | |
|---|---|---|---|
| ドリル | 钻,钻孔机,<br>训练,<br>反复练习 | ね もと<br>根元 | 根部,根基,<br>根本 |

| 5228 ★ 名 | | 5245 ★ 名 | |
|---|---|---|---|
| 粘土 ねんど | 黏土 | バス停 てい | 公交站 |

| 5229 ★ 名 | | 5246 ★ 名 | |
|---|---|---|---|
| 年配 ねんぱい | 大致的年纪, 中年以上, 年长 | 働き者 はたら もの | 能干的人, 努力工作的人 |

| 5230 ★ 名 | | 5247 ★ 名 | |
|---|---|---|---|
| 農作業 のう さ ぎょう | 农活 | 波長 は ちょう | 波长 |

| 5231 ★ 名 | | 5248 ★ 名サ | |
|---|---|---|---|
| 脳波 のう は | 脑波 | バック(する) | 背面, 背景, 后援, 后退 |

| 5232 ★ 名 | | 5249 ★ 名 | |
|---|---|---|---|
| 能率 のうりつ | 效率 | 発電所 はつでんしょ | 发电站 |

| 5233 ★ 名 | | 5250 ★ 名 | |
|---|---|---|---|
| 乗り換え の か | 换乘 | 発電量 はつでんりょう | 发电量 |

| 5234 ★ 名 | | 5251 ★ 名 | |
|---|---|---|---|
| 乗り物 の もの | 交通工具 | 話し相手 はな あい て | 说话的对象, 聊天的伙伴 |

| 5235 ★ 名 | | 5252 ★ 名 | |
|---|---|---|---|
| パートタイム | 打零工, 兼职 | 話し言葉 はな こと ば | 口语 |

| 5236 ★ 名 | | 5253 ★ 名 | |
|---|---|---|---|
| パートナー | 伙伴, 搭档, 舞伴, 配偶 | 花火 はな び | 烟花, 礼花 |

| 5237 ★ 名 | | 5254 ★ 名 | |
|---|---|---|---|
| バイク | 摩托车, 助力车 | 花びら はな | 花瓣 |

| 5238 ★ 名 | | 5255 ★ 名 | |
|---|---|---|---|
| 配偶者 はいぐうしゃ | 配偶 | パネル | 委员会, 镶板, 布告栏, 图示板 |

| 5239 ★ 名サ | | 5256 ★ 名 | |
|---|---|---|---|
| 配色(する) はいしょく | 配色 | 歯ブラシ は | 牙刷 |

| 5240 ★ 名サ | | 5257 ★ 名 | |
|---|---|---|---|
| 配信(する) はいしん | 发稿, 发布信息 | 晴れ は | 晴天, 放晴, 心情舒畅 |

| 5241 ★ 名 | | 5258 ★ 名 | |
|---|---|---|---|
| パイプ | 管, 管道, 烟斗, 烟嘴, 牵线人 | 半額 はんがく | 半价 |

| 5242 ★ 名 | | 5259 ★ 名 | |
|---|---|---|---|
| 馬鹿 ば か | 傻瓜, 愚蠢, 不合理, 非常, 过于 | 半径 はんけい | 半径 |

| 5243 ★ 名 | | 5260 ★ 名 | |
|---|---|---|---|
| 拍車 はくしゃ | 马刺, 加速, 促进 | ハンドブック | 手册, 指南, 小型书 |

| 5244 ★ 名 | | 5261 ★ 名 | |
|---|---|---|---|
| バケツ | 桶, 水桶 | 半日 はんにち | 半天, 半日 |

WEEK 1
WEEK 2
WEEK 3
WEEK 4
WEEK 5
WEEK 6
WEEK 7
WEEK 8

| | | |
|---|---|---|
| 5262 ★ 名 <br> ばんゆういんりょく <br> **万有引力** | 万有引力 | |
| 5263 ★ 名 <br> ひかり <br> **光ファイバー** | 光纤 | |
| 5264 ★ 名 <br> ひけつ <br> **秘訣** | 秘诀 | |
| 5265 ★ 名 <br> **ビジネスマン** | 商务人士 | |
| 5266 ★ 名 <br> ひしょ <br> **秘書** | 秘书 | |
| 5267 ★ 名 <br> ひじょうぐち <br> **非常口** | 紧急出口, <br> 太平门 | |
| 5268 ★ 名 <br> ひじょうじ <br> **非常時** | 紧急时刻 | |
| 5269 ★ 名 <br> **ヒスタミン** | 组织胺, 组胺 | |
| 5270 ★ 名サ <br> ひだい <br> **肥大(する)** | 肥大, 肿大, <br> 庞大 | |
| 5271 ★ 名 <br> ひだりはし <br> **左端** | 左端 | |
| 5272 ★ 名 <br> ひっしゅうかもく <br> **必修科目** | 必修科目 | |
| 5273 ★ 名 <br> ひとがら <br> **人柄** | 人品 | |
| 5274 ★ 名 <br> ひとざと <br> **人里** | 村落, 村庄 | |
| 5275 ★ 名 <br> ひとどおり <br> **人通り** | 人来人往 | |
| 5276 ★ 名 <br> ひとめ <br> **一目** | 一眼, 看一次 | |
| 5277 ★ 名 <br> ひとめ <br> **人目** | 别人的眼睛, <br> 世人的眼光 | |
| 5278 ★ 名 <br> **ひび** | 龟裂 | |

| | | |
|---|---|---|
| 5279 ★ 名サ <br> ひまん <br> **肥満(する)** | 肥胖 | |
| 5280 ★ 名サ <br> ひやく <br> **飛躍(する)** | 飞跃, <br> 突飞猛进, <br> 逻辑跳跃 | |
| 5281 ★ 名 <br> ひゃっかじてん <br> **百科事典** | 百科全书 | |
| 5282 ★ 名サ <br> ひょうき <br> **表記(する)** | 写明, 标示, <br> 书写 | |
| 5283 ★ 名 <br> ひょうし <br> **表紙** | 封皮, 封面 | |
| 5284 ★ 名 <br> ひょうし <br> **拍子** | 拍子, 刚一 <br> ……的时候, <br> 一刹那 | |
| 5285 ★ 名 <br> ひょうそう <br> **表層** | 表层 | |
| 5286 ★ 名 <br> ひょうひ <br> **表皮** | 表皮 | |
| 5287 ★ 名 <br> **ピラミッド** | 金字塔 | |
| 5288 ★ 名 <br> ひろ <br> **広がり** | 拓展, 扩大, <br> 广阔的空间 | |
| 5289 ★ 名 <br> **ファーストフード** | 快餐 | |
| 5290 ★ 名サ <br> **フィードバック(する)** | 反馈 | |
| 5291 ★ 名 <br> **フィールドワーク** | 实地考察, <br> 现场调查, <br> 田野作业 | |
| 5292 ★ 名 <br> ふいう <br> **不意打ち** | 突然袭击, <br> 冷不防 | |
| 5293 ★ 名 <br> ぶいん <br> **部員** | 部员 | |
| 5294 ★ 名 <br> ふうしゅう <br> **風習** | 风俗习惯 | |
| 5295 ★ 名 <br> ふうそく <br> **風速** | 风速 | |

| 5296 ★ 名 | | 5313 ★ 名 | |
|---|---|---|---|
| ふうとう<br>封筒 | 信封 | ぶっぴん<br>物品 | 物品 |

| 5297 ★ 名 | | 5314 ★ 名 | |
|---|---|---|---|
| ブーム | 流行，热潮 | ふと<br>太さ | 粗度 |

| 5298 ★ 名 | 泳池，集中处， | 5315 ★ 名 | |
|---|---|---|---|
| プール | 停放场，积累，<br>储备 | ふゆやす<br>冬休み | 寒假 |

| 5299 ★ 名 | | 5316 ★ 名 | 调换，改换， |
|---|---|---|---|
| フェロモン | 信息素，<br>外激素 | ふ か<br>振り替え | 转账 |

| 5300 ★ 名 | | 5317 ★ 名 | |
|---|---|---|---|
| ぶ き<br>武器 | 武器 | ふりがな/フリガナ | 注音假名 |

| 5301 ★ 名 | | 5318 ★ 名 | |
|---|---|---|---|
| ふ きん<br>付近 | 附近 | プリンター | 打印机 |

| 5302 ★ 名 | | 5319 ★ 名 | |
|---|---|---|---|
| ふく<br>服 | 衣服 | ふるさと/こきょう<br>故郷 | 故乡 |

| 5303 ★ 名 | 不适，不方便， | 5320 ★ 名 | |
|---|---|---|---|
| ふ ぐ あい<br>不具合 | 状况不佳 | フロー | 流程，流通量 |

| 5304 ★ 名サ | | 5321 ★ 名サ | (戏剧等)创作， |
|---|---|---|---|
| ふくざつ か<br>複雑化(する) | 复杂化 | プロデュース(する) | (电影等)制片 |

| 5305 ★ 名サ | | 5322 ★ 名サ | |
|---|---|---|---|
| ふくしゃ<br>複写(する) | 复印 | ぶんかつ<br>分割(する) | 分割 |

| 5306 ★ 名 | | 5323 ★ 名 | 书库，丛书， |
|---|---|---|---|
| ふくしょく<br>服飾 | 服饰 | ぶん こ<br>文庫 | 袖珍本 |

| 5307 ★ 名サ | | 5324 ★ 名 | |
|---|---|---|---|
| ふくせい<br>複製(する) | 复制 | ぶん し<br>分子 | 分子 |

| 5308 ★ 名 | | 5325 ★ 名 | |
|---|---|---|---|
| ぶ しょ<br>部署 | 部署，岗位 | ぶんみゃく<br>文脈 | 文脉，上下文 |

| 5309 ★ 名 | | 5326 ★ 名サ | |
|---|---|---|---|
| ふ しんしゃ<br>不審者 | 可疑人员 | へいかい<br>閉会(する) | 闭会 |

| 5310 ★ 名サ | 复原，恢复， | 5327 ★ 名 | |
|---|---|---|---|
| ふっきゅう<br>復旧(する) | 修复 | へいじょう<br>平常 | 平常，平日 |

| 5311 ★ 名 | | 5328 ★ 名 | 腰带， |
|---|---|---|---|
| ぶっけん<br>物件 | 物件，不动产 | ベルト | 传送带，地带 |

| 5312 ★ 名サ | | 5329 ★ 名サ | |
|---|---|---|---|
| ふっこう<br>復興(する) | 复兴 | へんかく<br>変革(する) | 变革 |

| | | | | | | |
|---|---|---|---|---|---|---|
| 5330 ★ 名サ へんかん 変換(する) | 变换 | | 5346 ★ 名サ ほしょう 保障(する) | 保障 | |
| 5331 ★ 名 へんけん 偏見 | 偏见 | | 5347 ★ 名サ ほしょく 捕食(する) | 捕食 | |
| 5332 ★ 名サ へんせい 編成(する) | 编组，组织，组成 | | 5348 ★ 名 ポテンシャル | 潜力 | |
| 5333 ★ 名サ へんよう 変容(する) | 变样 | | 5349 ★ 名 ほんい 本位 | 本位 | |
| 5334 ★ 名サ ほいく 保育(する) | 保育 | | 5350 ★ 名 ほんしゅう 本州 | (日本)本州岛 | |
| 5335 ★ 名サ ぼうえい 防衛(する) | 防卫 | | 5351 ★ 名 ほんね 本音 | 真心话 | |
| 5336 ★ 名サ ぼうがい 妨害(する) | 妨害，妨碍 | | 5352 ★ 名 ほんのう 本能 | 本能 | |
| 5337 ★ 名サ ぼうぎょ 防御(する) | 防御 | | 5353 ★ 名 マーケット | 市场 | |
| 5338 ★ 名サ ぼうご 防護(する) | 防护 | | 5354 ★ 名 マイク | 麦克风 | |
| 5339 ★ 名 ぼうしさく 防止策 | 预防措施 | | 5355 ★ 名 まいばん 毎晩 | 每晚 | |
| 5340 ★ 名 ほうしゃじょう 放射状 | 放射状 | | 5356 ★ 名 ましょうめん 真正面 | 正面 | |
| 5341 ★ 名 ほうせき 宝石 | 宝石 | | 5357 ★ 名 マスコミ | 大众传媒 | |
| 5342 ★ 名 ほうび 褒美 | 奖赏，奖品，褒奖 | | 5358 ★ 名 まちじかん 待ち時間 | 等候时间 | |
| 5343 ★ 名 ぼこく 母国 | 祖国 | | 5359 ★ 名サ マッサージ(する) | 按摩 | |
| 5344 ★ 名 ほごしゃ 保護者 | 监护人 | | 5360 ★ 名 まっさき 真っ先 | 最先，最前面 | |
| 5345 ★ 名サ ほしゅう 補修(する) | 修补 | | 5361 ★ 名 まつじつ 末日 | 末日，每月最后一天 | |

| 5362 ★ 名 まったん 末端 | 末端，基层 | 5379 ★ 名 む だん 無断 | 擅自 |
|---|---|---|---|
| 5363 ★ 名 マネー | 钱，金钱 | 5380 ★ 名 め あ 目当て | 目标，预期，打算 |
| 5364 ★ 名サ まばたき(する) | 眨眼 | 5381 ★ 名 めいしょ 名所 | 名胜，景点，胜地 |
| 5365 ★ 名 まも 守り | 守护 | 5382 ★ 名 め ぐすり 目薬 | 眼药水，眼药膏 |
| 5366 ★ 名サ まんきつ 満喫(する) | 吃饱喝足，充分享受 | 5383 ★ 名 めぐ 恵み | 恩惠，恩泽 |
| 5367 ★ 名 まんぞくかん 満足感 | 满足感 | 5384 ★ 名 めんえき き のう 免疫機能 | 免疫功能 |
| 5368 ★ 名 み うち 身内 | 浑身，亲戚，自己人 | 5385 ★ 名 めんえきりょく 免疫力 | 免疫力 |
| 5369 ★ 名 みぎはし 右端 | 右端 | 5386 ★ 名 もうまく 網膜 | 视网膜 |
| 5370 ★ 名 ミクロ | 微小，微观 | 5387 ★ 名 モード | 流行，时尚，样式，模式 |
| 5371 ★ 名 み 身だしなみ | 注意仪表，修边幅，有教养，教养 | 5388 ★ 名サ も ぎ 模擬(する) | 模拟 |
| 5372 ★ 名 みだ 乱れ | 杂乱，紊乱，动乱，内心动摇 | 5389 ★ 名 もくてき い しき 目的意識 | 目的性，目标意识 |
| 5373 ★ 名 み ぶんしょうめいしょ 身分証明書 | (驾照等)身份证件 | 5390 ★ 名 も ぬし 持ち主 | 持有人，物主 |
| 5374 ★ 名 みゃくらく 脈絡 | 脉络，连贯，血管 | 5391 ★ 名 モチベーション | 动机，积极性 |
| 5375 ★ 名 みん か 民家 | 民宅 | 5392 ★ 名 ものおと 物音 | 响动，声响 |
| 5376 ★ 名 みんかん き ぎょう 民間企業 | 民营企业 | 5393 ★ 名 もよ 最寄り | 附近，最近的地方 |
| 5377 ★ 名 むし ば 虫歯 | 虫牙，蛀牙 | 5394 ★ 名 もろもろ | 诸多，种种 |
| 5378 ★ 名 むずか 難しさ | 难度 | 5395 ★ 名 もん 門 | 门 |

WEEK 1
WEEK 2
WEEK 3
WEEK 4
WEEK 5
WEEK 6
WEEK 7
WEEK 8

| 5396 ★ 名 | | |
|---|---|---|
| もんだい い しき
問題意識 | 问题意识 | |

| 5397 ★ 名 | | |
|---|---|---|
| やく
訳 | 翻译 | |

| 5398 ★ 名 | | |
|---|---|---|
| やくしょ
役所 | 政府机关 | |

| 5399 ★ 名 | | |
|---|---|---|
| やす
安さ | 便宜的程度 | |

| 5400 ★ 名 | | |
|---|---|---|
| や ちょう
野鳥 | 野生鸟类 | |

| 5401 ★ 名 | | |
|---|---|---|
| や ね
屋根 | 屋顶，屋脊 | |

| 5402 ★ 名 | | |
|---|---|---|
| やりがい | 做事的价值，意义，干劲儿 | |

| 5403 ★ 名 | | |
|---|---|---|
| ゆうえんち
遊園地 | 游乐园 | |

| 5404 ★ 名 | | |
|---|---|---|
| ゆう ぐ
夕暮れ | 黄昏，傍晚 | |

| 5405 ★ 名 サ | | |
|---|---|---|
| ゆうしょう
優勝(する) | 冠军，夺冠 | |

| 5406 ★ 名 | | |
|---|---|---|
| ゆうしょく
夕食 | 晚饭 | |

| 5407 ★ 名 サ | | |
|---|---|---|
| ゆうち
誘致(する) | 招徕，招商，招致，导致 | |

| 5408 ★ 名 | | |
|---|---|---|
| ユーモア | 幽默 | |

| 5409 ★ 名 | | |
|---|---|---|
| ゆかた
浴衣 | 浴衣，夏季穿的单层和服 | |

| 5410 ★ 名 | | |
|---|---|---|
| ゆき
雪かき | 扫雪，雪铲 | |

| 5411 ★ 名 | | |
|---|---|---|
| ゆ
揺さぶり | 摇动，晃动，使…动摇 | |

| 5412 ★ 名 | | |
|---|---|---|
| ゆびさき
指先 | 指尖，脚趾尖 | |

| 5413 ★ 名 | | |
|---|---|---|
| よ いん
余韻 | 余韵 | |

| 5414 ★ 名 サ | | |
|---|---|---|
| よう ご
養護(する) | 养护，护理 | |

| 5415 ★ 名 | | |
|---|---|---|
| ようしょう
幼少 | 幼小，年幼 | |

| 5416 ★ 名 | | |
|---|---|---|
| ようしょく
洋食 | 西餐 | |

| 5417 ★ 名 | | |
|---|---|---|
| ようせき
容積 | 容积，容量 | |

| 5418 ★ 名 | | |
|---|---|---|
| ようそう
様相 | 形势，情况 | |

| 5419 ★ 名 | | |
|---|---|---|
| ようりょう
容量 | 容量 | |

| 5420 ★ 名 | | |
|---|---|---|
| よくあさ
翌朝 | 第二天早上 | |

| 5421 ★ 名 | | |
|---|---|---|
| よこなが
横長 | 横向比纵向长（的物体） | |

| 5422 ★ 名 | | |
|---|---|---|
| よこはば
横幅 | 横幅，宽度 | |

| 5423 ★ 名 | | |
|---|---|---|
| よ そうどお
予想通り | 不出所料 | |

| 5424 ★ 名 | | |
|---|---|---|
| よ な
呼び名 | 称呼，俗称，通称 | |

| 5425 ★ 名 | | |
|---|---|---|
| よ どころ
拠り所 | 依据，依托，依靠 | |

| 5426 ★ 名 | | |
|---|---|---|
| よわ
弱み | 短处，弱点，要害 | |

| 5427 ★ 名 | | |
|---|---|---|
| ライバル | 对手，竞争者 | |

| 5428 ★ 名 | | |
|---|---|---|
| ランダム | 随机 | |

| 5429 ★ 名 | | |
|---|---|---|
| ランナー | 跑步者，赛跑运动员 | |

| 5430 ★ 名 | | 5447 ★ 名 | |
|---|---|---|---|
| り かい ど<br>理解度 | 理解度 | れいねん<br>例年 | 历年，往年 |

| 5431 ★ 名 | | 5448 ★ 名 | |
|---|---|---|---|
| りく ち<br>陸地 | 陆地 | レジャー | 空闲，闲暇 |

| 5432 ★ 名サ | | 5449 ★ 名 | |
|---|---|---|---|
| りつあん<br>立案(する) | 筹划，拟定，<br>草拟 | れっしゃ<br>列車 | 列车 |

| 5433 ★ 名 | | 5450 ★ 名 | |
|---|---|---|---|
| りったい<br>立体 | 立体 | れんきゅう<br>連休 | 连休 |

| 5434 ★ 名サ | | 5451 ★ 名サ | |
|---|---|---|---|
| りっ ち<br>立地(する) | 选址 | レンタル(する) | 租借 |

| 5435 ★ 名サ | | 5452 ★ 名サ | |
|---|---|---|---|
| りょうかい<br>了解(する) | 明白，理解，<br>懂得 | れんどう<br>連動(する) | 联动 |

| 5436 ★ 名サ | | 5453 ★ 名 | |
|---|---|---|---|
| りょうしょう<br>了承(する) | 同意，知悉，<br>谅解 | ロイヤリティー | 专利权、<br>版权等的使用费 |

| 5437 ★ 名 | | 5454 ★ 名 | |
|---|---|---|---|
| りょうて／もろて<br>両手 | 两手，双手 | ろう ご<br>老後 | 老后 |

| 5438 ★ 名 | | 5455 ★ 名サ | |
|---|---|---|---|
| りょく ち<br>緑地 | 绿地 | ろうどく<br>朗読(する) | 朗读 |

| 5439 ★ 名サ | | 5456 ★ 名 | |
|---|---|---|---|
| り りく<br>離陸(する) | 起飞 | ロープ | 绳索 |

| 5440 ★ 名 | | 5457 ★ 名 | |
|---|---|---|---|
| り れき<br>履歴 | 履历 | ろ じょう<br>路上 | 马路上，街上 |

| 5441 ★ 名サ | | 5458 ★ 名 | |
|---|---|---|---|
| るい じ<br>類似(する) | 类似 | ロングセラー | 长期畅销的商品 |

| 5442 ★ 名 | | 5459 ★ 名サ | |
|---|---|---|---|
| るい じ せい<br>類似性 | 相似性 | ろんそう<br>論争(する) | 争论 |

| 5443 ★ 名 | | 5460 ★ 名 | |
|---|---|---|---|
| ルームシェア | 合租 | ろんだい<br>論題 | 论题 |

| 5444 ★ 名 | | 5461 ★ 名 | |
|---|---|---|---|
| れいがい<br>例外 | 例外 | ろん り せい<br>論理性 | 逻辑性 |

| 5445 ★ 名 | | 5462 ★ 名 | |
|---|---|---|---|
| れい ぎ<br>礼儀 | 礼仪，礼貌 | ワイン | 葡萄酒 |

| 5446 ★ 名 | | 5463 ★ 名 | |
|---|---|---|---|
| れいだんぼう<br>冷暖房 | 冷气和暖气，<br>冷暖气设备 | わかて<br>若手 | 新手，年轻人 |

| | | |
|---|---|---|
| 5464 ★ 名<br>わす もの<br>忘れ物 | 遗忘的物品 | |
| 5465 ★ 名<br>わな<br>罠 | 陷阱，圈套 | |
| 5466 ★ 名<br>わ ふう<br>和風 | 日式 | |
| 5467 ★ 名<br>アート | 艺术，美术 | |
| 5468 ★ 名<br>あいだがら<br>間柄 | (血缘、夫妻等)关系 | |
| 5469 ★ 名サ<br>アウトプット(する) | 输出 | |
| 5470 ★ 名<br>あおぞら<br>青空 | 蓝天，露天 | |
| 5471 ★ 名<br>アクシデント | 事故，突发事件，灾难 | |
| 5472 ★ 名サ<br>あくしゅ<br>握手(する) | 握手 | |
| 5473 ★ 名<br>あくじゅんかん<br>悪循環 | 恶性循环 | |
| 5474 ★ 名<br>アクセサリー | 首饰，饰品 | |
| 5475 ★ 名<br>アクセル | 油门踏板，加速装置 | |
| 5476 ★ 名<br>あく む<br>悪夢 | 噩梦 | |
| 5477 ★ 名<br>あぐら | 盘腿坐 | |
| 5478 ★ 名<br>あご<br>顎 | 颌，下巴 | |
| 5479 ★ 名<br>あしくび<br>足首 | 脚脖子 | |
| 5480 ★ 名<br>あし ど<br>足取り | 步调，行踪，(市场行情)动向 | |

| | | |
|---|---|---|
| 5481 ★ 名サ<br>あじ み<br>味見(する) | 尝味道 | |
| 5482 ★ 名<br>アスファルト | 柏油，沥青 | |
| 5483 ★ 名サ<br>あっしゅく<br>圧縮(する) | 压缩 | |
| 5484 ★ 名<br>あとあじ<br>後味 | 口中余味，事后回味 | |
| 5485 ★ 名<br>あとかた づ<br>後片付け | 拾掇，收拾，善后 | |
| 5486 ★ 名<br>あと しまつ<br>後始末 | 事后收拾，处理 | |
| 5487 ★ 名<br>アドバイザー | 顾问 | |
| 5488 ★ 名<br>あまぐも<br>雨雲 | 雨云，阴云 | |
| 5489 ★ 名<br>アマチュア | 外行，业余爱好者 | |
| 5490 ★ 名<br>あやま<br>過ち | 过错，失误 | |
| 5491 ★ 名<br>アラーム | 警报，闹钟 | |
| 5492 ★ 名<br>アルコール | 酒精 | |
| 5493 ★ 名<br>アルファベット | 字母表 | |
| 5494 ★ 名<br>い／ゆ ちが<br>行き違い | 走岔路，错过，分歧，不一致 | |
| 5495 ★ 名<br>い ぐすり<br>胃薬 | 胃药 | |
| 5496 ★ 名<br>イコール | 等于 | |
| 5497 ★ 名<br>い こく<br>異国 | 异国 | |

| 5498 ★ 名 | | 5515 ★ 名 | (潜水、高空作业 |
|---|---|---|---|
| いざかや<br>居酒屋 | 小酒馆 | いのちづな<br>命綱 | 等的)保险索，<br>安全带 |

| 5499 ★ 名 | | 5516 ★ 名 | |
|---|---|---|---|
| い さん<br>胃酸 | 胃酸 | イノベーション | 创新，创造 |

| 5500 ★ 名 | | 5517 ★ 名 | |
|---|---|---|---|
| い じ<br>意地 | 固执，倔强，<br>心眼，心肠 | いの<br>祈り | 祈祷，祷告 |

| 5501 ★ 名 | | 5518 ★ 名 | |
|---|---|---|---|
| い しつぶつ<br>遺失物 | 丢失物品 | い ば しょ<br>居場所 | 居所，岗位，<br>容身之处 |

| 5502 ★ 名 | | 5519 ★ 名 | |
|---|---|---|---|
| いじめ | 欺凌 | い ほう<br>違法 | 违法 |

| 5503 ★ 名 | | 5520 ★ 名 | |
|---|---|---|---|
| い しょくじゅう<br>衣食住 | 衣食住行，<br>生活基础 | いまどき | 如今，<br>这种时候 |

| 5504 ★ 名 | | 5521 ★ 名 | |
|---|---|---|---|
| い じん<br>偉人 | 伟人 | い やくひん<br>医薬品 | 医药品 |

| 5505 ★ 名 | | 5522 ★ 名 | |
|---|---|---|---|
| い たい<br>遺体 | 遗体 | イヤホン | 耳机 |

| 5506 ★ 名 | | 5523 ★ 名 | |
|---|---|---|---|
| い つう<br>胃痛 | 胃痛 | い らい<br>以来 | 以来 |

| 5507 ★ 名 | | 5524 ★ 名 | |
|---|---|---|---|
| いったいかん<br>一体感 | 一体感，<br>整体感 | イラスト | 插图，图解 |

| 5508 ★ 名 | | 5525 ★ 名 | |
|---|---|---|---|
| いったん<br>一端 | 一端，一部分 | い りょう し せつ<br>医療施設 | 医疗设施 |

| 5509 ★ 名 | | 5526 ★ 名 | |
|---|---|---|---|
| いっとき／いちじ<br>一時 | 一时，暂时，<br>一点钟 | い りょうじゅう じ しゃ<br>医療従事者 | 医疗从业者 |

| 5510 ★ 名サ | | 5527 ★ 名 | |
|---|---|---|---|
| いっぱん か<br>一般化(する) | 一般化，<br>归纳出 | い りょうせい ど<br>医療制度 | 医疗制度 |

| 5511 ★ 名サ | | 5528 ★ 名 | |
|---|---|---|---|
| い てん<br>移転(する) | 迁移，转让 | い りょう ひ<br>医療費 | 医疗费 |

| 5512 ★ 名 | | 5529 ★ 名 | |
|---|---|---|---|
| い ど<br>緯度 | 纬度 | い りょうひん<br>医療品 | 医疗品 |

| 5513 ★ 名 | | 5530 ★ 名 | |
|---|---|---|---|
| い ない<br>以内 | 以内 | いん が かんけい<br>因果関係 | 因果关系 |

| 5514 ★ 名 | | 5531 ★ 名 | |
|---|---|---|---|
| いなさく<br>稲作 | 种稻子，<br>稻子的收成 | インク | 油墨，墨水 |

WEEK 1
WEEK 2
WEEK 3
WEEK 4
WEEK 5
WEEK 6
WEEK 7
WEEK 8

| 5532 ★ 名 | | 5549 ★ 名 | |
|---|---|---|---|
| インスピレーション | 灵感 | えいかいわ<br>英会話 | 英语会话 |

| 5533 ★ 名 | | 5550 ★ 名 | |
|---|---|---|---|
| いんせき<br>隕石 | 陨石 | えいゆう<br>英雄 | 英雄 |

| 5534 ★ 名サ | | 5551 ★ 名 | |
|---|---|---|---|
| インプット(する) | 输入 | えきいん<br>駅員 | 车站工作人员 |

| 5535 ★ 名 | | 5552 ★ 名 | |
|---|---|---|---|
| いんりょく<br>引力 | 引力 | えきたい<br>液体 | 液体 |

| 5536 ★ 名 | | 5553 ★ 名サ | |
|---|---|---|---|
| ウェブ | 网，网络 | え しゃく<br>会釈(する) | 点头，打招呼 |

| 5537 ★ 名 | | 5554 ★ 名 | |
|---|---|---|---|
| ウォーキング | 走路，步行 | エスカレーター | 自动扶梯 |

| 5538 ★ 名 | | 5555 ★ 名 | |
|---|---|---|---|
| ウォーター | 水 | えんかい<br>宴会 | 宴会 |

| 5539 ★ 名サ | | 5556 ★ 名 | |
|---|---|---|---|
| うがい(する) | 漱口 | えんきんほう<br>遠近法 | 透视画法，<br>远近法 |

| 5540 ★ 名 | | 5557 ★ 名サ | |
|---|---|---|---|
| うそ<br>嘘つき | 撒谎 | エンジョイ(する) | 享乐，享受 |

| 5541 ★ 名 | | 5558 ★ 名 | |
|---|---|---|---|
| うたごえ<br>歌声 | 歌声 | えんちょう<br>園長 | 园长 |

| 5542 ★ 名サ | | 5559 ★ 名 | |
|---|---|---|---|
| ね<br>うたた寝(する) | 打瞌睡，打盹 | えんぽう<br>遠方 | 远方 |

| 5543 ★ 名 | | 5560 ★ 名 | |
|---|---|---|---|
| う てん<br>雨天 | 雨天 | オイル | 油 |

| 5544 ★ 名 | | 5561 ★ 名 | |
|---|---|---|---|
| う りょう<br>雨量 | 雨量 | いわ<br>お祝い | 祝贺，庆祝 |

| 5545 ★ 名サ | | 5562 ★ 名サ | |
|---|---|---|---|
| うわ き<br>浮気(する) | 出轨，有外遇 | おうふく<br>往復(する) | 往返，往复 |

| 5546 ★ 名 | | 5563 ★ 名 | |
|---|---|---|---|
| うんてんせき<br>運転席 | 驾驶座 | おく ば<br>奥歯 | 槽牙，臼齿 |

| 5547 ★ 名 | | 5564 ★ 名 | |
|---|---|---|---|
| うんどう ぎ<br>運動着 | 运动服 | おく もの<br>贈り物 | 礼品，礼物 |

| 5548 ★ 名サ | | 5565 ★ 名サ | |
|---|---|---|---|
| うんよう<br>運用(する) | 运用 | おじぎ(する) | 行礼，鞠躬 |

| | | |
|---|---|---|
| 5566 ★ 名<br>いっさくねん／おととし<br>一昨年 | 前年 | |
| 5567 ★ 名サ<br>おも ちが<br>思い違い(する) | 想错，误会 | |
| 5568 ★ 名<br>おも<br>思いやり | 为他人着想，<br>体贴，同情 | |
| 5569 ★ 名<br>おもわく<br>思惑 | 想法，打算，<br>意图，评价，<br>他人的看法 | |
| 5570 ★ 名<br>おんきょう<br>音響 | 声响，声音 | |
| 5571 ★ 名<br>おん し<br>恩師 | 恩师 | |
| 5572 ★ 名<br>オンライン | 网上 | |
| 5573 ★ 名サ<br>カーブ(する) | 弯，曲线 | |
| 5574 ★ 名<br>かいがら<br>貝殻 | 贝壳 | |
| 5575 ★ 名<br>かいかん<br>快感 | 快感 | |
| 5576 ★ 名サ<br>かいけい<br>会計(する) | 结算，结账，<br>会计 | |
| 5577 ★ 名<br>がいこうかん<br>外交官 | 外交官 | |
| 5578 ★ 名サ<br>かいさつ<br>改札(する) | 检票 | |
| 5579 ★ 名<br>かいさんぶつ<br>海産物 | 海产品 | |
| 5580 ★ 名<br>かいすうけん<br>回数券 | 多次(乘车、入场<br>…)券 | |
| 5581 ★ 名<br>かいぞう ど<br>解像度 | (屏幕)分辨率 | |
| 5582 ★ 名サ<br>かいてい<br>改定(する) | 修改，<br>重新规定 | |

| | | |
|---|---|---|
| 5583 ★ 名サ<br>かいにゅう<br>介入(する) | 介入，干预 | |
| 5584 ★ 名<br>かいばつ<br>海抜 | 海拔 | |
| 5585 ★ 名サ<br>かいぼう<br>解剖(する) | 解剖 | |
| 5586 ★ 名<br>かいほうかん<br>開放感 | (空间)宽敞明亮、<br>不压抑的感觉 | |
| 5587 ★ 名<br>かおいろ<br>顔色 | 面色，气色，<br>脸色 | |
| 5588 ★ 名<br>か がいしゃ<br>加害者 | 加害者 | |
| 5589 ★ 名<br>か がくしゃ<br>化学者 | 化学研究人员 | |
| 5590 ★ 名サ<br>かく ご<br>覚悟(する) | (面对困难的)心<br>理准备，放弃 | |
| 5591 ★ 名<br>がくしゅうしつ<br>学習室 | 学习室，<br>自修室 | |
| 5592 ★ 名サ<br>かくせい<br>覚醒(する) | 睡醒，觉醒，<br>醒悟 | |
| 5593 ★ 名<br>がくちょう<br>学長 | 大学校长 | |
| 5594 ★ 名<br>がく ひ<br>学費 | 学费 | |
| 5595 ★ 名<br>がくれき<br>学歴 | 学历 | |
| 5596 ★ 名<br>がくせいわりびき がくわり<br>学生割引〔学割〕 | 学生优惠 | |
| 5597 ★ 名<br>か けい<br>家系 | 血统，门第，<br>家世 | |
| 5598 ★ 名<br>か けい<br>家計 | 家中的收支，<br>家庭经济 | |
| 5599 ★ 名<br>か こうしょくひん<br>加工食品 | 加工食品 | |

WEEK 1
WEEK 2
WEEK 3
WEEK 4
WEEK 5
WEEK 6
WEEK 7
WEEK 8

| | | |
|---|---|---|
| 5600 ★　名<br>果汁<br><small>か じゅう</small> | 果汁 | |
| 5601 ★　名<br>荷重<br><small>か じゅう</small> | 载荷，负荷 | |
| 5602 ★　名<br>ガス栓<br><small>せん</small> | 煤气旋塞 | |
| 5603 ★　名<br>ガス漏れ<br><small>も</small> | 煤气泄漏 | |
| 5604 ★　名<br>家政婦<br><small>か せい ふ</small> | 女性家政人员 | |
| 5605 ★　名サ<br>過疎化(する)<br><small>か そ か</small> | 人口减少 | |
| 5606 ★　名<br>ガソリン | 汽油 | |
| 5607 ★　名<br>肩幅<br><small>かたはば</small> | 肩宽 | |
| 5608 ★　名サ<br>葛藤(する)<br><small>かっとう</small> | 纠葛，烦恼，<br>矛盾 | |
| 5609 ★　名サ<br>加点(する)<br><small>か てん</small> | 加分，<br>追加分数 | |
| 5610 ★　名<br>可燃物<br><small>か ねんぶつ</small> | 可燃物 | |
| 5611 ★　名<br>花瓶<br><small>か びん</small> | 花瓶 | |
| 5612 ★　名<br>花粉症<br><small>か ふんしょう</small> | 花粉症 | |
| 5613 ★　名<br>ガム | 口香糖 | |
| 5614 ★　名サ<br>カムフラージュ(する) | 伪装，迷彩，<br>掩盖，掩饰 | |
| 5615 ★　名<br>カメラマン | 摄影师 | |
| 5616 ★　名<br>カラオケ | 卡拉OK | |
| 5617 ★　名<br>借り<br><small>か</small> | 借的东西，<br>借钱，欠债，<br>欠人情 | |
| 5618 ★　名<br>カリキュラム | 全部课程，<br>教学计划 | |
| 5619 ★　名<br>火力発電<br><small>か りょくはつでん</small> | 火力发电 | |
| 5620 ★　名<br>カルテ | 病例，<br>诊断记录 | |
| 5621 ★　名サ<br>換気(する)<br><small>かん き</small> | 换气 | |
| 5622 ★　名<br>寒気<br><small>かんき／さむけ</small> | 寒气，冷空气 | |
| 5623 ★　名<br>眼球<br><small>がんきゅう</small> | 眼球 | |
| 5624 ★　名<br>官公庁<br><small>かんこうちょう</small> | 行政机关 | |
| 5625 ★　名サ<br>勧告(する)<br><small>かんこく</small> | 劝告，行政机<br>关提出的指导<br>意见 | |
| 5626 ★　名サ<br>感謝(する)<br><small>かんしゃ</small> | 感谢 | |
| 5627 ★　名<br>願書<br><small>がんしょ</small> | 申请书 | |
| 5628 ★　名<br>関税<br><small>かんぜい</small> | 关税 | |
| 5629 ★　名<br>関節<br><small>かんせつ</small> | 关节 | |
| 5630 ★　名サ<br>完治(する)<br><small>かん ち</small> | 痊愈 | |
| 5631 ★　名<br>乾電池<br><small>かんでん ち</small> | 干电池 | |
| 5632 ★　名サ<br>観念(する)<br><small>かんねん</small> | 观念，<br>不抱希望，<br>死心 | |
| 5633 ★　名<br>患部<br><small>かん ぶ</small> | 患处，<br>受伤部位 | |

| 5634 ★ 名 顔面 がんめん | 面部，脸部 | 5651 ★ 名 寄生虫 きせいちゅう | 寄生虫 |
|---|---|---|---|
| 5635 ★ 名サ 勧誘(する) かんゆう | 劝说，诱导，推销 | 5652 ★ 名サ 偽装(する) ぎそう | 伪装 |
| 5636 ★ 名 観葉植物 かんようしょくぶつ | 观叶植物 | 5653 ★ 名 貴族 きぞく | 贵族 |
| 5637 ★ 名サ 観覧(する) かんらん | 观看，观赏，参观 | 5654 ★ 名 既存品 きそんひん／きぞんひん | 已有物品，现存物品 |
| 5638 ★ 名 寒冷地 かんれいち | 寒冷地带 | 5655 ★ 名 気体 きたい | 气体 |
| 5639 ★ 名 器械 きかい | 器械 | 5656 ★ 名 機体 きたい | 飞机机体 |
| 5640 ★ 名サ 祈願(する) きがん | 祈愿，祈祷 | 5657 ★ 名 基地 きち | 基地 |
| 5641 ★ 名 企業家 きぎょうか | 企业家 | 5658 ★ 名 貴重品 きちょうひん | 贵重物品 |
| 5642 ★ 名 起業家 きぎょうか | 创业者 | 5659 ★ 名 喫煙所 きつえんじょ | 吸烟处 |
| 5643 ★ 名サ 気配り(する) きくばり | 细心关照 | 5660 ★ 名 切手 きって | 邮票 |
| 5644 ★ 名 機嫌 きげん | 心情，高兴，安否，近况 | 5661 ★ 名 切符 きっぷ | 票，券 |
| 5645 ★ 名サ 帰国(する) きこく | 回国 | 5662 ★ 名サ 起動(する) きどう | 起动，运转 |
| 5646 ★ 名 既婚者 きこんしゃ | 已婚者 | 5663 ★ 名 疑念 ぎねん | 疑念，疑问，疑心 |
| 5647 ★ 名 議事 ぎじ | 议事 | 5664 ★ 名 気泡 きほう | 气泡 |
| 5648 ★ 名 期日 きじつ | 定好的日期，期限 | 5665 ★ 名 義務教育 ぎむきょういく | 义务教育 |
| 5649 ★ 名 希少性 きしょうせい | 稀有性 | 5666 ★ 名 規約 きやく | 协约，规章 |
| 5650 ★ 名サ 帰省(する) きせい | 归乡，回老家 | 5667 ★ 名 客席 きゃくせき | 观众席 |

WEEK 1
WEEK 2
WEEK 3
WEEK 4
WEEK 5
WEEK 6
WEEK 7
WEEK 8

| 5668 ★ 名 きゃくそう 客層 | 顾客阶层，客户人群 | | 5685 ★ 名 きんきょう 近況 | 近况 | |
|---|---|---|---|---|---|
| 5669 ★ 名サ ぎゃくたい 虐待(する) | 虐待 | | 5686 ★ 名 きんるい 菌類 | 菌类 | |
| 5670 ★ 名 きゃっかんせい 客観性 | 客观性 | | 5687 ★ 名サ きんろう 勤労(する) | 劳动，努力，辛劳 | |
| 5671 ★ 名 ぎゃっきょう 逆境 | 逆境 | | 5688 ★ 名サ くうそう 空想(する) | 空想 | |
| 5672 ★ 名 キャッチフレーズ | 口号，标语，广告词 | | 5689 ★ 名 くうちょう 空調 | 空调 | |
| 5673 ★ 名 キャプテン | 船长，机长，队长 | | 5690 ★ 名 くさばな 草花 | 开花的草，草本植物的花 | |
| 5674 ★ 名サ きゅうぎょう 休業(する) | 休业 | | 5691 ★ 名 くし | 梳子 | |
| 5675 ★ 名 きゅうけいばしょ 休憩場所 | 休息场所 | | 5692 ★ 名 ぐたいせい 具体性 | 具体性 | |
| 5676 ★ 名サ きゅうじょ 救助(する) | 救助 | | 5693 ★ 名 くちぐせ 口癖 | 口头禅 | |
| 5677 ★ 名サ きゅうめい 究明(する) | 探明，查明 | | 5694 ★ 名 くちべた 口下手 | 不善言谈，嘴笨 | |
| 5678 ★ 名 きゅうめい 救命 | 救命 | | 5695 ★ 名 くつした 靴下 | 袜子 | |
| 5679 ★ 名 きょうかい 教会 | 教会，教堂 | | 5696 ★ 名 く 組みかえ | 改编，重组 | |
| 5680 ★ 名 きょうぐう 境遇 | 境遇 | | 5697 ★ 名 クライアント | 顾客，委托人，咨询者 | |
| 5681 ★ 名サ きょうしゅく 恐縮(する) | 惶恐，过意不去，对不起 | | 5698 ★ 名 グラフィック | 画报，绘画式的 | |
| 5682 ★ 名サ きょうふ 恐怖(する) | 恐怖，害怕 | | 5699 ★ 名 クレジットカード | 信用卡 | |
| 5683 ★ 名 ぎょかいるい 魚介類 | 鱼虾贝类 | | 5700 ★ 名 けいい 敬意 | 敬意 | |
| 5684 ★ 名 きょぎ 虚偽 | 虚伪 | | 5701 ★ 名 けいい 経緯 | 经纬，事情的原委 | |

| 5702 ★ 名 | | 5719 ★ 名 | |
|---|---|---|---|
| けいかん<br>警官 | 警官 | げきじょう<br>劇場 | 劇場 |

| 5703 ★ 名 | | 5720 ★ 名 | |
|---|---|---|---|
| けいざいりょく<br>経済力 | 经济实力 | げ すい<br>下水 | 下水，下水道 |

| 5704 ★ 名 | | 5721 ★ 名 | |
|---|---|---|---|
| けいさつしょ<br>警察署 | 警察署 | げつがく<br>月額 | 每月金额 |

| 5705 ★ 名 | | 5722 ★ 名サ | |
|---|---|---|---|
| げいじゅつか<br>芸術家 | 艺术家 | けっきん<br>欠勤(する) | 缺勤，请假 |

| 5706 ★ 名サ | | 5723 ★ 名 | |
|---|---|---|---|
| けいしょう<br>継承(する) | 继承 | けっこんしき<br>結婚式 | 婚礼 |

| 5707 ★ 名 | | 5724 ★ 名サ | |
|---|---|---|---|
| けいしょう<br>軽症 | 病情较轻 | けつじょ<br>欠如(する) | 缺少，缺乏，<br>不足 |

| 5708 ★ 名 | | 5725 ★ 名 | |
|---|---|---|---|
| けいしょく<br>軽食 | 简餐 | けつりゅう<br>血流 | 血流 |

| 5709 ★ 名サ | | 5726 ★ 名サ | |
|---|---|---|---|
| けいはつ<br>啓発(する) | 启发，启迪 | け ねん<br>懸念(する) | 挂念，担心 |

| 5710 ★ 名 | | 5727 ★ 名サ | |
|---|---|---|---|
| けいばつ<br>刑罰 | 刑罚 | けん お<br>嫌悪(する) | 厌恶，讨厌 |

| 5711 ★ 名サ | | 5728 ★ 名 | |
|---|---|---|---|
| けい び<br>警備(する) | 警备，警戒 | げんかん<br>玄関 | 正门，大门，<br>前门 |

| 5712 ★ 名 | | 5729 ★ 名サ | |
|---|---|---|---|
| けいひん<br>景品 | 奖品，赠品，<br>纪念品 | げんきん<br>厳禁(する) | 严禁 |

| 5713 ★ 名 | | 5730 ★ 名 | |
|---|---|---|---|
| けいほう<br>刑法 | 刑法 | けんげん<br>権限 | 权限 |

| 5714 ★ 名サ | | 5731 ★ 名 | |
|---|---|---|---|
| けいもう<br>啓蒙(する) | 启蒙，启发 | けんこう ほ けん<br>健康保険 | 健康保险 |

| 5715 ★ 名 | | 5732 ★ 名 | |
|---|---|---|---|
| けいやくしょ<br>契約書 | 合同书 | げんざい ち<br>現在地 | 目前所在地 |

| 5716 ★ 名 | | 5733 ★ 名 | |
|---|---|---|---|
| けいれき<br>経歴 | 经历，履历 | けん さ けっ か<br>検査結果 | 检查结果 |

| 5717 ★ 名 | | 5734 ★ 名 | |
|---|---|---|---|
| けいれつ<br>系列 | 系列 | けん じ<br>検事 | 检察官 |

| 5718 ★ 名 | | 5735 ★ 名サ | |
|---|---|---|---|
| け がわ<br>毛皮 | 毛皮 | げんしゅ<br>厳守(する) | 严格遵守 |

|  |  |  |
|---|---|---|
| 5736 ★ 名 | げんじょうかいふく 原状回復 | 恢复原状 |
| 5737 ★ 名 | げん そ 元素 | 元素 |
| 5738 ★ 名サ | けんてい 検定(する) | 审查，裁定，检验 |
| 5739 ★ 名サ | げんてん 減点(する) | 扣分，减分 |
| 5740 ★ 名 | げんどうりょく 原動力 | 原动力 |
| 5741 ★ 名 | けん び きょう 顕微鏡 | 显微镜 |
| 5742 ★ 名 | けんぽう 憲法 | 宪法 |
| 5743 ★ 名サ | げんめん 減免(する) | 减免 |
| 5744 ★ 名 | げんろん 言論 | 言论 |
| 5745 ★ 名 | コイン | 硬币 |
| 5746 ★ 名 | コインロッカー | 投币式储物柜 |
| 5747 ★ 名 | こうあつ 高圧 | 高压 |
| 5748 ★ 名サ | ごう い 合意(する) | 意见一致 |
| 5749 ★ 名 | こうがい 公害 | 公害 |
| 5750 ★ 名 | こうかん 好感 | 好感 |
| 5751 ★ 名 | こうかん ど 好感度 | 好感度 |
| 5752 ★ 名サ | こう ぎ 抗議(する) | 抗议 |
| 5753 ★ 名 | こうきん 抗菌 | 抗菌 |
| 5754 ★ 名 | こうくうけん 航空券 | 机票 |
| 5755 ★ 名 | こうけい き 好景気 | 经济景气 |
| 5756 ★ 名 | こうげいひん 工芸品 | 工艺品 |
| 5757 ★ 名 | こうけん ど 貢献度 | 贡献度 |
| 5758 ★ 名 | こうしゅう 公衆 | 公众 |
| 5759 ★ 名サ | ごうせい 合成(する) | 合成 |
| 5760 ★ 名 | こうせいぶっしつ 抗生物質 | 抗生素 |
| 5761 ★ 名 | こうせき 鉱石 | 矿石 |
| 5762 ★ 名 | こうせき 功績 | 功绩 |
| 5763 ★ 名 | こうせん 光線 | 光线 |
| 5764 ★ 名 | こう そ 酵素 | 酵素 |
| 5765 ★ 名 | こうねつ 高熱 | 高烧，高温 |
| 5766 ★ 名サ | こう ふ 交付(する) | 交付 |
| 5767 ★ 名 | こうぶん 構文 | 句子或文章的结构 |
| 5768 ★ 名 | こう ほ しゃ 候補者 | 候选人 |
| 5769 ★ 名 | こう む いん 公務員 | 公务员 |

|  |  |  |  |
|---|---|---|---|
| 5770 ★ | 名 | こうもん 校門 | 校门 |
| 5771 ★ | 名 | こうよう 効用 | 用处，功效 |
| 5772 ★ | 名 | こうようじゅ 広葉樹 | 阔叶树 |
| 5773 ★ | 名 | こうりぎょう 小売業 | 零售业 |
| 5774 ★ | 名 | こうりょく 効力 | 效力，效果 |
| 5775 ★ | 名 | こうれいか かりつ 高齢化率 | 老龄化人口比例 |
| 5776 ★ | 名サ | こうろん 口論(する) | 口角，争论 |
| 5777 ★ | 名 | こおりみず 氷水 | 冰水 |
| 5778 ★ | 名 | ごかんせい 互換性 | 兼容性，互换性 |
| 5779 ★ | 名 | ごく 語句 | 语句 |
| 5780 ★ | 名 | こくがい 国外 | 国外，海外 |
| 5781 ★ | 名 | こくさいけっこん 国際結婚 | 国际婚姻 |
| 5782 ★ | 名 | こくせいちょうさ 国勢調査 | 人口普查 |
| 5783 ★ | 名 | こくみんせい 国民性 | 国民性 |
| 5784 ★ | 名 | こけい 固形 | 固态，固体 |
| 5785 ★ | 名 | こごえ 小声 | 小声 |
| 5786 ★ | 名 | こころ あ 心当たり | 线索，头绪，猜想 |
| 5787 ★ | 名 | こころえ 心得 | 精通，懂得，素养，经验，注意事项 |
| 5788 ★ | 名 | こころづか 心遣い | 关心，照料 |
| 5789 ★ | 名 | ごさ 誤差 | 误差 |
| 5790 ★ | 名 | ごじ 誤字 | 错别字 |
| 5791 ★ | 名 | こたい 固体 | 固体 |
| 5792 ★ | 名サ | こちょう 誇張(する) | 夸张 |
| 5793 ★ | 名 | こっか しけん 国家試験 | 国家级证书考试 |
| 5794 ★ | 名 | こっきょう／くにざかい 国境 | 国境，边境 |
| 5795 ★ | 名サ | こっせつ 骨折(する) | 骨折 |
| 5796 ★ | 名 | こてい 湖底 | 湖底 |
| 5797 ★ | 名 | こていひ 固定費 | 固定支出 |
| 5798 ★ | 名 | ことわざ | 谚语 |
| 5799 ★ | 名 | こな 粉 | 粉，粉末 |
| 5800 ★ | 名 | たび この度 | 这次，这回 |
| 5801 ★ | 名 | こや 小屋 | 小房，简易房 |
| 5802 ★ | 名 | こゆうしゅ 固有種 | 固有种，本地物种 |
| 5803 ★ | 名 | コレクション | 收藏，收集，收藏品，时装发布会 |

WEEK 1
WEEK 2
WEEK 3
WEEK 4
WEEK 5
WEEK 6
WEEK 7
WEEK 8

273

| | | |
|---|---|---|
| 5804 ★ 名 こんかん 根幹 | 根干，基础，根本 | |
| 5805 ★ 名 こんげん 根源 | 根源 | |
| 5806 ★ 名 コンサルタント | 企业顾问 | |
| 5807 ★ 名 コンセプト | 概念 | |
| 5808 ★ 名サ コンタクト(する) | 接触，联系 | |
| 5809 ★ 名 コンタクトレンズ | 隐形眼镜 | |
| 5810 ★ 名 コンテンツ | 内容，目录 | |
| 5811 ★ 名 コントラスト | 对比，对照，反差 | |
| 5812 ★ 名サ こんぽう 梱包(する) | 捆包，打包 | |
| 5813 ★ 名 コンロ | 炉子，炉灶 | |
| 5814 ★ 名サ さいかい 再開(する) | 再次开始 | |
| 5815 ★ 名 さいかい 最下位 | 最末位，最后一名 | |
| 5816 ★ 名サ さいくつ 採掘(する) | 开采，采矿 | |
| 5817 ★ 名サ さいけん 再建(する) | 重建 | |
| 5818 ★ 名 ざいげん 財源 | 财源 | |
| 5819 ★ 名 さいこ 最古 | 最老，最旧 | |
| 5820 ★ 名 サイコロ | 色子，骰子 | |

| | | |
|---|---|---|
| 5821 ★ 名 さいさん 再三 | 再三，屡次 | |
| 5822 ★ 名 さいさんせい 採算性 | 收益性 | |
| 5823 ★ 名 さいせいし 再生紙 | 再生纸 | |
| 5824 ★ 名サ さいたく 採択(する) | 采纳，选定，通过 | |
| 5825 ★ 名 さいたん 最短 | 最短 | |
| 5826 ★ 名 さいちゅう 最中 | 正在……时候，最盛时期 | |
| 5827 ★ 名 さいなん 災難 | 灾难 | |
| 5828 ★ 名 さいばんいんせいど 裁判員制度 | 陪审员制度 | |
| 5829 ★ 名 さいばんかん 裁判官 | 审判官，法官 | |
| 5830 ★ 名 さいぶ 細部 | 细节 | |
| 5831 ★ 名 さかな 魚 | 鱼 | |
| 5832 ★ 名 さぎょうちゅう 作業中 | 工作中，作业中 | |
| 5833 ★ 名サ さくじょ 削除(する) | 删除 | |
| 5834 ★ 名 さくや 昨夜 | 昨夜 | |
| 5835 ★ 名 さそ/いざな 誘い | 邀约，邀请 | |
| 5836 ★ 名サ さっきょく 作曲(する) | 作曲 | |
| 5837 ★ 名 ざつよう 雑用 | 杂事，杂活，琐事 | |

| | | |
|---|---|---|
| 5838 ★ 名サ<br>さどう<br>作動(する) | (机械)运转、<br>工作 | □<br>□ |
| 5839 ★ 名<br>さば<br>裁き | 审判，判决 | □<br>□ |
| 5840 ★ 名<br>さほう<br>作法 | 礼法，礼节，<br>方法 | □<br>□ |
| 5841 ★ 名<br>サマータイム | 夏令时间，<br>夏时制 | □<br>□ |
| 5842 ★ 名<br>サラダ | 沙拉，<br>果蔬拼盘 | □<br>□ |
| 5843 ★ 名サ<br>さんかく<br>参画(する) | 参与计划，<br>参与策划 | □<br>□ |
| 5844 ★ 名<br>サンゴ | 珊瑚 | □<br>□ |
| 5845 ★ 名<br>さんこう<br>参考 | 参考 | □<br>□ |
| 5846 ★ 名<br>サンゴ礁 | 珊瑚礁 | □<br>□ |
| 5847 ★ 名サ<br>さんぱい<br>参拝(する) | 参拜(神社等) | □<br>□ |
| 5848 ★ 名<br>サンプル | 样本，样品 | □<br>□ |
| 5849 ★ 名サ<br>ざんりゅう<br>残留(する) | 余下，留下，<br>留守 | □<br>□ |
| 5850 ★ 名<br>シール | 封印，封条，<br>有图案文字的<br>贴纸 | □<br>□ |
| 5851 ★ 名<br>ジェットコースター | 过山车，<br>云霄飞车 | □<br>□ |
| 5852 ★ 名<br>しかくけい<br>四角形 | 四角形 | □<br>□ |
| 5853 ★ 名<br>しか<br>仕掛け | 安置，开始做或<br>做到中途，挑衅，<br>装置，机关 | □<br>□ |
| 5854 ★ 名<br>しきい<br>敷居 | 门槛 | □<br>□ |

| | | |
|---|---|---|
| 5855 ★ 名<br>しきし／いろがみ<br>色紙 | (写和歌等使用的)<br>方形厚纸笺，(缝<br>纫的)垫布，衬里 | □<br>□ |
| 5856 ★ 名<br>しきち<br>敷地 | 用地，地皮 | □<br>□ |
| 5857 ★ 名<br>じきひつ<br>直筆 | 亲笔 | □<br>□ |
| 5858 ★ 名<br>じきゅう<br>時給 | 每小时的工资，<br>时薪 | □<br>□ |
| 5859 ★ 名<br>しくちょうそん<br>市区町村 | (日本政府单位)<br>市，区，町，村 | □<br>□ |
| 5860 ★ 名<br>じこくひょう<br>時刻表 | 时刻表 | □<br>□ |
| 5861 ★ 名サ<br>しさく<br>思索(する) | 思索 | □<br>□ |
| 5862 ★ 名<br>しさん<br>資産 | 资产 | □<br>□ |
| 5863 ★ 名<br>ししつ<br>資質 | 资质，天资 | □<br>□ |
| 5864 ★ 名<br>じしゃく<br>磁石 | 磁铁 | □<br>□ |
| 5865 ★ 名サ<br>ししゅつ<br>支出(する) | 支出 | □<br>□ |
| 5866 ★ 名<br>しじりつ<br>支持率 | 支持率 | □<br>□ |
| 5867 ★ 名<br>しせい<br>市政 | 市政 | □<br>□ |
| 5868 ★ 名<br>しせいかつ<br>私生活 | 私生活 | □<br>□ |
| 5869 ★ 名<br>しぜんそざい<br>自然素材 | 天然材料 | □<br>□ |
| 5870 ★ 名<br>じそく<br>時速 | 时速 | □<br>□ |
| 5871 ★ 名<br>したい<br>死体 | 尸体 | □<br>□ |

| 5872 ★ 名サ<br>じつえん<br>実演(する) | 现场表演,<br>当场演示 | |
|---|---|---|
| 5873 ★ 名<br>しつかん<br>質感 | 质感 | |
| 5874 ★ 名<br>しつぎょう<br>失業(する) | 失业 | |
| 5875 ★ 名<br>しつぎょうりつ<br>失業率 | 失业率 | |
| 5876 ★ 名サ<br>しっこう<br>執行(する) | 执行 | |
| 5877 ★ 名<br>じっこう い いんちょう<br>実行委員長 | 执行委员长 | |
| 5878 ★ 名<br>しっこう き かん<br>執行機関 | 执行机关 | |
| 5879 ★ 名<br>じっしゅうさき<br>実習先 | 实习单位 | |
| 5880 ★ 名<br>じっしゅうせい<br>実習生 | 实习生 | |
| 5881 ★ 名サ<br>しっと<br>嫉妬(する) | 嫉妒 | |
| 5882 ★ 名<br>じつ む<br>実務 | 实际业务 | |
| 5883 ★ 名サ<br>じ どう か<br>自動化(する) | 自动化 | |
| 5884 ★ 名<br>し どうほうほう<br>指導方法 | 指导方法 | |
| 5885 ★ 名<br>シナプス | (神经元的)突触 | |
| 5886 ★ 名<br>シナリオ | 剧本,脚本 | |
| 5887 ★ 名<br>しにせ<br>老舗 | 老店,老字号 | |
| 5888 ★ 名サ<br>し はん<br>市販(する) | 在市场中出售 | |

| 5889 ★ 名サ<br>シフト(する) | 转换,<br>轮班工作时间,<br>(汽车)换档 | |
|---|---|---|
| 5890 ★ 名サ<br>し ぼう<br>死亡(する) | 死亡 | |
| 5891 ★ 名<br>し ほんしゅ ぎ<br>資本主義 | 资本主义 | |
| 5892 ★ 名<br>し まい<br>姉妹 | 姐妹 | |
| 5893 ★ 名サ<br>シミュレーション(する) | 模拟,仿真 | |
| 5894 ★ 名<br>し もん<br>指紋 | 指纹 | |
| 5895 ★ 名<br>ジャーナリスト | 新闻工作者 | |
| 5896 ★ 名<br>しゃかいしゅ ぎ<br>社会主義 | 社会主义 | |
| 5897 ★ 名<br>しゃかいふく し<br>社会福祉 | 社会福利 | |
| 5898 ★ 名サ<br>しゃかいふっ き<br>社会復帰(する) | 回归社会 | |
| 5899 ★ 名サ<br>しゃくめい<br>釈明(する) | 阐释,阐明 | |
| 5900 ★ 名サ<br>しゃくよう<br>借用(する) | 借用 | |
| 5901 ★ 名<br>しゃ こ<br>車庫 | 车库 | |
| 5902 ★ 名<br>しゃしょう<br>車掌 | 乘务员,<br>列车员 | |
| 5903 ★ 名<br>ジャズ | 爵士乐 | |
| 5904 ★ 名サ<br>しゃだん<br>遮断(する) | (交通、光线、声<br>音等)阻断,<br>截断 | |
| 5905 ★ 名サ<br>しゃっきん<br>借金(する) | 借钱,欠债 | |

| 5906 ★ 名 | | 5923 ★ 名サ | |
|---|---|---|---|
| しゃどう<br>車道 | 机动车道 | じゅうそく<br>充足(する) | 充足，充裕，<br>补充 |

| 5907 ★ 名 | | 5924 ★ 名 | |
|---|---|---|---|
| しゃない<br>車内 | 车内 | じゅうたくがい<br>住宅街 | 住宅区 |

| 5908 ★ 名 | | 5925 ★ 名 | |
|---|---|---|---|
| しゃりょう<br>車両 | 车辆 | しゅうだんせいかつ<br>集団生活 | 集体生活 |

| 5909 ★ 名サ | | 5926 ★ 名サ | |
|---|---|---|---|
| しゃれい<br>謝礼(する) | (送)谢礼，报酬 | しゅうち<br>周知(する) | 周知 |

| 5910 ★ 名 | | 5927 ★ 名 | |
|---|---|---|---|
| ジャングル | 原始森林，<br>密林，<br>热带丛林 | しゆうち<br>私有地 | 私有地 |

| 5911 ★ 名サ | | 5928 ★ 名 | |
|---|---|---|---|
| じゃんけん(する) | 石头剪刀布 | じゅうどう<br>柔道 | 柔道 |

| 5912 ★ 名サ | | 5929 ★ 名 | |
|---|---|---|---|
| シャンプー(する) | 洗发水，洗头 | じゅうにん<br>住人 | 住户，居民 |

| 5913 ★ 名 | | 5930 ★ 名 | |
|---|---|---|---|
| じゅうい<br>獣医 | 兽医 | しゅうまつ<br>終末 | 完结，结尾 |

| 5914 ★ 名サ | | 5931 ★ 名サ | |
|---|---|---|---|
| しゅうかい<br>集会(する) | 集会 | しゅうやく<br>集約(する) | 汇集，汇总 |

| 5915 ★ 名 | | 5932 ★ 名サ | |
|---|---|---|---|
| しゅうかん<br>週間 | 一星期，<br>一星期之间 | しゅうよう<br>収容(する) | 收容，容纳 |

| 5916 ★ 名サ | | 5933 ★ 名 | |
|---|---|---|---|
| しゅうかんか<br>習慣化(する) | 成为习惯 | じゅうようど<br>重要度 | 重要程度 |

| 5917 ★ 名サ | | 5934 ★ 名 | |
|---|---|---|---|
| しゅうきゃく<br>集客(する) | 招徕客人 | じゅうようぶんかざい<br>重要文化財 | 重要文物 |

| 5918 ★ 名 | | 5935 ★ 名 | |
|---|---|---|---|
| しゅうきゅう<br>週休 | 周休日 | じゅうろうどう<br>重労働 | 重体力劳动 |

| 5919 ★ 名サ | | 5936 ★ 名 | |
|---|---|---|---|
| しゅうしゅう<br>収拾(する) | 收拾 | しゅかん<br>主観 | 主观 |

| 5920 ★ 名 | | 5937 ★ 名サ | |
|---|---|---|---|
| しゅうじゅくど<br>習熟度 | 熟练程度 | しゅぎょう<br>修行(する) | 磨练技艺，<br>锻炼，修行 |

| 5921 ★ 名 | | 5938 ★ 名 | |
|---|---|---|---|
| じゅうしん<br>重心 | 重心 | じゅくご<br>熟語 | 成语，惯用句，<br>合成词，<br>复合词 |

| 5922 ★ 名サ | | 5939 ★ 名 | |
|---|---|---|---|
| しゅうそく<br>収束(する) | 结束，完结 | じゅしんひょう<br>受診票 | (医院就诊时)<br>登记卡 |

277

★★★ 高頻
★★ 中頻
★ 衍生

| | | |
|---|---|---|
| 5940 ★ 名 じゅせい 受精(する) | 受精 | |
| 5941 ★ 名 しゅせいぶん 主成分 | 主要成分 | |
| 5942 ★ 名サ しゅつがん 出願(する) | 申请 | |
| 5943 ★ 名 しゅっしん 出身 | 来自某地，籍贯 | |
| 5944 ★ 名 しゅと 首都 | 首都 | |
| 5945 ★ 名サ しゅべつ 種別(する) | 按种类区分，类别 | |
| 5946 ★ 名 しゅやく 主役 | 主角 | |
| 5947 ★ 名サ じゅんきょ 準拠(する) | 依据，标准 | |
| 5948 ★ 名サ じゅんのう 順応(する) | 顺应，适应，习惯 | |
| 5949 ★ 名サ しょうか 消化(する) | 消化 | |
| 5950 ★ 名 しょうかきかん 消化器官 | 消化器官 | |
| 5951 ★ 名 じょうぎ 定規 | 尺子，尺度，标准 | |
| 5952 ★ 名サ しょうきゃく 焼却(する) | 焚烧，烧掉 | |
| 5953 ★ 名サ しょうきょ 消去(する) | 擦去，消除，(数学)消元 | |
| 5954 ★ 名 しょうきん 賞金 | 赏金，奖金 | |
| 5955 ★ 名サ しょうげん 証言(する) | 证言，证词 | |

| | | |
|---|---|---|
| 5956 ★ 名 じょうけんはんしゃ 条件反射 | 条件反射 | |
| 5957 ★ 名サ しょうこう 昇降(する) | 升降 | |
| 5958 ★ 名 しょうこうぐん 症候群 | 综合症 | |
| 5959 ★ 名サ しょうさん 称賛(する) | 称赞 | |
| 5960 ★ 名 じょうじ 常時 | 时常，经常，平时，平常 | |
| 5961 ★ 名サ しょうしつ 消失(する) | 消失 | |
| 5962 ★ 名 しょうしゃ 勝者 | 胜者 | |
| 5963 ★ 名 しょうじょう 賞状 | 奖状 | |
| 5964 ★ 名サ しょうしん 昇進(する) | 晋升，升官 | |
| 5965 ★ 名 じょうだん 冗談 | 玩笑 | |
| 5966 ★ 名サ しょうち 承知(する) | 知道，知悉，同意，答应 | |
| 5967 ★ 名 しょうどう 衝動 | 冲动 | |
| 5968 ★ 名 しょうどうがい 衝動買い | 冲动购物 | |
| 5969 ★ 名 じょうねつ 情熱 | 热情，激情 | |
| 5970 ★ 名 しょうねん 少年 | 少年 | |
| 5971 ★ 名 しょうばつ 賞罰 | 赏罚 | |

| 5972 ★ 名 | | 5989 ★ 名 | |
|---|---|---|---|
| しょうひん<br>賞品 | 奖品 | しょくえん<br>食塩 | 食盐 |

| 5973 ★ 名 | | 5990 ★ 名 | |
|---|---|---|---|
| しょうひんけん<br>商品券 | 商品券 | しょく ひ<br>食費 | 伙食费，饭费 |

| 5974 ★ 名 | | 5991 ★ 名サ | |
|---|---|---|---|
| しょうへき<br>障壁 | 壁垒，障碍，<br>隔阂 | じょせき<br>除籍(する) | 除名，开除 |

| 5975 ★ 名サ | | 5992 ★ 名サ | |
|---|---|---|---|
| じょう ほ<br>譲歩(する) | 让步 | しょぞう<br>所蔵(する) | 收藏，所藏 |

| 5976 ★ 名 | | 5993 ★ 名 | |
|---|---|---|---|
| しょうぼう<br>消防 | 消防 | しょっけん<br>食券 | 餐票，饭票 |

| 5977 ★ 名 | | 5994 ★ 名サ | |
|---|---|---|---|
| しょうぼうしゃ<br>消防車 | 消防车 | しゅっしょ<br>出所(する) | 出处，出生地，<br>出狱 |

| 5978 ★ 名 | | 5995 ★ 名 | |
|---|---|---|---|
| しょうめい き ぐ<br>照明器具 | 照明用具 | ショッピングセンター | 购物中心 |

| 5979 ★ 名 | | 5996 ★ 名 | |
|---|---|---|---|
| しょうもうひん<br>消耗品 | 消耗品 | しょほうせん<br>処方箋 | 处方 |

| 5980 ★ 名 | | 5997 ★ 名 | |
|---|---|---|---|
| じょうやく<br>条約 | 条约 | しょほうやく<br>処方薬 | 处方药 |

| 5981 ★ 名 | | 5998 ★ 名サ | |
|---|---|---|---|
| しょう ゆ<br>醤油 | 酱油 | しょめい<br>署名(する) | 署名 |

| 5982 ★ 名 | | 5999 ★ 名 | |
|---|---|---|---|
| じょうようしゃ<br>乗用車 | 轿车，小汽车，<br>载客车 | しょゆうしゃ<br>所有者 | 持有人，<br>拥有者 |

| 5983 ★ 名 | | 6000 ★ 名 | |
|---|---|---|---|
| しょうらいせい<br>将来性 | 前景，前途，<br>希望 | じ りき<br>地力 | 本来所具有的<br>实力 |

| 5984 ★ 名サ | | 6001 ★ 名サ | |
|---|---|---|---|
| しょうれい<br>奨励(する) | 奖励 | じ りつ<br>自律(する) | 自律 |

| 5985 ★ 名 | | 6002 ★ 名 | |
|---|---|---|---|
| じょうれい<br>条例 | 条例 | シルバー | 银，银色，<br>老年人 |

| 5986 ★ 名サ | | 6003 ★ 名 | |
|---|---|---|---|
| じょきょ<br>除去(する) | 除去 | じ ろん<br>持論 | 个人一贯的主<br>张 |

| 5987 ★ 名サ | | 6004 ★ 名サ | |
|---|---|---|---|
| じょきん<br>除菌(する) | 除菌 | しんがい<br>侵害(する) | 侵害 |

| 5988 ★ 名サ | | 6005 ★ 名 | |
|---|---|---|---|
| しょぐう<br>処遇(する) | 待遇，对待 | しん ぎ<br>真偽 | 真伪 |

| 6006 ★ 名<br>しんきんかん<br>親近感 | 亲近感 |
|---|---|
| 6007 ★ 名<br>じんけん<br>人権 | 人权 |
| 6008 ★ 名<br>じんこうえいせい<br>人工衛星 | 人造卫星 |
| 6009 ★ 名<br>しんさく<br>新作 | 新作品 |
| 6010 ★ 名<br>じんしゅ<br>人種 | 人种 |
| 6011 ★ 名<br>しんしん<br>心身 | 身心 |
| 6012 ★ 名<br>じんせいかん<br>人生観 | 人生观 |
| 6013 ★ 名<br>しんぞく<br>親族 | 亲属，亲戚 |
| 6014 ★ 名 サ<br>しんちく<br>新築(する) | 新建，<br>新建的房屋 |
| 6015 ★ 名<br>しんぴん<br>新品 | 新产品 |
| 6016 ★ 名<br>シンボル | 象征，记号，<br>符号 |
| 6017 ★ 名<br>じんましん<br>蕁麻疹 | 荨麻疹 |
| 6018 ★ 名<br>しんゆう<br>親友 | 好友 |
| 6019 ★ 名<br>す<br>酢 | 醋 |
| 6020 ★ 名<br>すいあつ<br>水圧 | 水压 |
| 6021 ★ 名 サ<br>すいこう<br>遂行(する) | 完成，实现 |
| 6022 ★ 名<br>すいでん<br>水田 | 水田 |

| 6023 ★ 名<br>すいどうかん<br>水道管 | 自来水管 |
|---|---|
| 6024 ★ 名<br>すいどうきょく<br>水道局 | 自来水管理局 |
| 6025 ★ 名<br>すいはんき<br>炊飯器 | 电饭锅 |
| 6026 ★ 名<br>すいへいせん<br>水平線 | 水平线 |
| 6027 ★ 名<br>スーツ | 西服套装 |
| 6028 ★ 名<br>スープ | 汤 |
| 6029 ★ 名<br>スカート | 裙子 |
| 6030 ★ 名<br>ずがいこつ<br>頭蓋骨 | 头盖骨 |
| 6031 ★ 名<br>スキー | 滑雪 |
| 6032 ★ 名<br>スクール | 学校，学派 |
| 6033 ★ 名<br>スケート | 冰鞋，滑冰 |
| 6034 ★ 名<br>すし<br>寿司 | 寿司 |
| 6035 ★ 名<br>ずじょう<br>頭上 | 头上 |
| 6036 ★ 名 サ<br>スタート(する) | 开始，开端 |
| 6037 ★ 名<br>スタンス | 态度，立场，<br>击球姿势 |
| 6038 ★ 名<br>スチール | (steel)钢铁，<br>(steal)偷窃，<br>(棒球)偷垒，<br>(still)剧照 |

| 6039 ★ 名 ステージ | 舞台，阶段 | 6056 ★ 名 せい ど 精度 | 精度 |
|---|---|---|---|
| 6040 ★ 名 ストーブ | 火炉，暖炉 | 6057 ★ 名 せいとう 正答 | 正确回答 |
| 6041 ★ 名 ストライキ | 罢工，罢市，罢课 | 6058 ★ 名サ せいとう か 正当化(する) | 正当化 |
| 6042 ★ 名 すなはま 砂浜 | 沙滩 | 6059 ★ 名 せいねんがっぴ 生年月日 | 出生年月日 |
| 6043 ★ 名 スプーン | 勺子 | 6060 ★ 名 せいほう 製法 | 制作方法 |
| 6044 ★ 名サ スプレー(する) | 喷雾，喷雾器 | 6061 ★ 名 せいめいたい 生命体 | 生物 |
| 6045 ★ 名 すみか | 巢穴，栖息地，住处 | 6062 ★ 名 せいめいりょく 生命力 | 生命力 |
| 6046 ★ 名 スリル | 战栗，惊恐，惊险，刺激 | 6063 ★ 名 せいやく 製薬 | 制药 |
| 6047 ★ 名 せい い 誠意 | 诚意 | 6064 ★ 名 せい り けん 整理券 | (乘巴士时)号码牌，票据 |
| 6048 ★ 名 せい ぎ 正義 | 正义 | 6065 ★ 名 せきずい 脊髄 | 脊髓 |
| 6049 ★ 名 せいけい 生計 | 生计 | 6066 ★ 名サ せきせつ 積雪(する) | 积雪 |
| 6050 ★ 名サ せい ざ 正座(する) | 正坐，端坐 | 6067 ★ 名 せきどう 赤道 | 赤道 |
| 6051 ★ 名サ せいさい 制裁(する) | 制裁 | 6068 ★ 名サ せっきゃく 接客(する) | 接待客人 |
| 6052 ★ 名サ せいさん 精算(する) | 精确计算，精算 | 6069 ★ 名サ せっきょう 説教(する) | 说教 |
| 6053 ★ 名 せいせん 生鮮 | 生鲜 | 6070 ★ 名 せっきょくせい 積極性 | 积极性 |
| 6054 ★ 名 せいぞんりつ 生存率 | 生存率，存活率 | 6071 ★ 名サ せつだん 切断(する) | 切断，截断 |
| 6055 ★ 名 せいたい 整体 | 整体 | 6072 ★ 名サ セッティング(する) | 安排，放置，设置，设定 |

WEEK 1

WEEK 2

WEEK 3

WEEK 4

WEEK 5

WEEK 6

WEEK 7

WEEK 8

| 6073 ★ 名 | | 6090 ★ 名サ | |
|---|---|---|---|
| せってん<br>接点 | 接触点，<br>共通点 | せんにん<br>専任(する) | 专任，专职 |

| 6074 ★ 名サ | | 6091 ★ 名サ | |
|---|---|---|---|
| せっとう<br>窃盗(する) | 盗窃 | せんばつ<br>選抜(する) | 选拔 |

| 6075 ★ 名 | | 6092 ★ 名サ | |
|---|---|---|---|
| せぼね<br>背骨 | 脊柱 | せんべつ<br>選別(する) | 筛选，分类 |

| 6076 ★ 名 | | 6093 ★ 名 | |
|---|---|---|---|
| セルフサービス | (饭店或商店等)<br>自助、自选 | ぜんぽう<br>前方 | 前方 |

| 6077 ★ 名 | | 6094 ★ 名サ | |
|---|---|---|---|
| ぜんい<br>善意 | 善意 | せんめん<br>洗面(する) | 洗脸 |

| 6078 ★ 名 | | 6095 ★ 名 | |
|---|---|---|---|
| せんぎょう<br>専業 | 专业，专门 | ぜんや<br>前夜 | 前夜，昨夜 |

| 6079 ★ 名サ | | 6096 ★ 名サ | |
|---|---|---|---|
| せんけつ<br>先決(する) | 首先决定，<br>首先解决 | せんゆう<br>占有(する) | 占有，持有 |

| 6080 ★ 名サ | | 6097 ★ 名 | |
|---|---|---|---|
| せんげん<br>宣言(する) | 宣言，宣告 | せんろ<br>線路 | (铁道、电话等)<br>线路 |

| 6081 ★ 名サ | | 6098 ★ 名 | |
|---|---|---|---|
| せんざい<br>潜在(する) | 潜在 | そうがく<br>総額 | 总额 |

| 6082 ★ 名 | | 6099 ★ 名サ | |
|---|---|---|---|
| せんじゅつ<br>戦術 | 战术 | そうかつ<br>総括(する) | 总括，总结 |

| 6083 ★ 名サ | | 6100 ★ 名サ | |
|---|---|---|---|
| せんじょう<br>洗浄(する) | 洗净 | そうかん<br>相関(する) | 相关，关联 |

| 6084 ★ 名 | | 6101 ★ 名サ | |
|---|---|---|---|
| せんじょう<br>戦場 | 战场 | そうぎょう<br>創業(する) | 创业 |

| 6085 ★ 名 | | 6102 ★ 名サ | |
|---|---|---|---|
| ぜんせい<br>全盛 | 全盛 | そうぐう<br>遭遇(する) | 遭遇，遇到 |

| 6086 ★ 名 | | 6103 ★ 名 | |
|---|---|---|---|
| せんたくき<br>洗濯機 | 洗衣机 | ぞうげ<br>象牙 | 象牙 |

| 6087 ★ 名 | | 6104 ★ 名 | |
|---|---|---|---|
| せんだつ／せんだち<br>先達 | 先人，前辈，<br>先达 | そうこ<br>倉庫 | 仓库 |

| 6088 ★ 名サ | | 6105 ★ 名 | |
|---|---|---|---|
| せんてい<br>選定(する) | 选定 | そうじき<br>掃除機 | 吸尘器 |

| 6089 ★ 名サ | | 6106 ★ 名サ | |
|---|---|---|---|
| せんとう<br>戦闘(する) | 战斗 | そうじゅう<br>操縦(する) | 操纵、驾驶(飞<br>机等)，控制、<br>支配(下属等) |

| 6107 ★ 名サ | | |
|---|---|---|
| そうせつ 増設(する) | 增设 | |

| 6108 ★ 名 | | |
|---|---|---|
| そうるい 藻類 | 藻类 | |

| 6109 ★ 名 | | |
|---|---|---|
| ぞくしゅつ 続出(する) | 接连出现,不断发生 | |

| 6110 ★ 名 | | |
|---|---|---|
| そくたつ 速達 | 速寄,快递 | |

| 6111 ★ 名サ | | |
|---|---|---|
| そくばい 即売(する) | 当场出售,展销 | |

| 6112 ★ 名サ | | |
|---|---|---|
| そくほう 速報(する) | 快报,速报 | |

| 6113 ★ 名 | | |
|---|---|---|
| そじ 素地 | 天资,资质,质地 | |

| 6114 ★ 名サ | | |
|---|---|---|
| そしきか 組織化(する) | 组织化,系统化 | |

| 6115 ★ 名 | | |
|---|---|---|
| そしつ 素質 | 素质 | |

| 6116 ★ 名 | | |
|---|---|---|
| そつぎょうけんきゅう 卒業研究 | 毕业研究 | |

| 6117 ★ 名 | | |
|---|---|---|
| そふ 祖父 | 祖父 | |

| 6118 ★ 名サ | | |
|---|---|---|
| そんしょう 損傷(する) | 损伤 | |

| 6119 ★ 名 | | |
|---|---|---|
| たいえき 体液 | 体液 | |

| 6120 ★ 名サ | | |
|---|---|---|
| ダイエット(する) | 减肥,瘦身 | |

| 6121 ★ 名サ | | |
|---|---|---|
| たいかい 退会(する) | 退会 | |

| 6122 ★ 名 | | |
|---|---|---|
| たいかく 体格 | 体格,身体 | |

| 6123 ★ 名 | | |
|---|---|---|
| たいけい 体形 | 体形 | |

| 6124 ★ 名 | | |
|---|---|---|
| だいごみ 醍醐味 | 妙趣,真正的趣味 | |

| 6125 ★ 名 | | |
|---|---|---|
| たいさく 大作 | 大作,巨著 | |

| 6126 ★ 名 | | |
|---|---|---|
| たいせい 態勢 | 态势 | |

| 6127 ★ 名サ | | |
|---|---|---|
| たいせん 対戦(する) | 对战 | |

| 6128 ★ 名サ | | |
|---|---|---|
| たいだん 対談(する) | 对谈 | |

| 6129 ★ 名 | | |
|---|---|---|
| ダイナマイト | 炸药 | |

| 6130 ★ 名 | | |
|---|---|---|
| ダイヤモンド | 钻石 | |

| 6131 ★ 名 | | |
|---|---|---|
| たき 多岐 | 多方面 | |

| 6132 ★ 名サ | | |
|---|---|---|
| だきょう 妥協(する) | 妥协 | |

| 6133 ★ 名 | | |
|---|---|---|
| だし 出汁 | (海带等熬的)高汤,谋私利的工具 | |

| 6134 ★ 名 | | |
|---|---|---|
| たすうけつ 多数決 | 少数服从多数 | |

| 6135 ★ 名サ | | |
|---|---|---|
| タッチ(する) | 触碰,触摸,触感,笔触,笔法 | |

| 6136 ★ 名サ | | |
|---|---|---|
| だっぴ 脱皮(する) | 蜕皮,转变,破除旧规 | |

| 6137 ★ 名 | | |
|---|---|---|
| ダメージ | 损害,重创 | |

| 6138 ★ 名 | | |
|---|---|---|
| ダンサー | 舞蹈家,舞者 | |

| 6139 ★ 名サ | | |
|---|---|---|
| だんじき 断食(する) | 断食 | |

| 6140 ★ 名 | | |
|---|---|---|
| だんしょく 暖色 | 暖色 | |

| 6141 ★ 名 | | |
|---|---|---|
| だんそう 断層 | 断层 | |

| 6142 ★ 名 | | |
|---|---|---|
| たんたい 単体 | 单一成分，单质，单一的物体，子公司 | |

| 6143 ★ 名サ | | |
|---|---|---|
| だんてい 断定(する) | 断定 | |

| 6144 ★ 名 | | |
|---|---|---|
| だんぺん 断片 | 碎片，片段，部分 | |

| 6145 ★ 名 | | |
|---|---|---|
| だんりょくせい 弾力性 | 弹性，弹力 | |

| 6146 ★ 名 | | |
|---|---|---|
| ち あん 治安 | 治安 | |

| 6147 ★ 名サ | | |
|---|---|---|
| チェックイン(する) | 办理酒店入住，办理登机手续 | |

| 6148 ★ 名 | | |
|---|---|---|
| ちかごろ 近頃 | 最近，近来 | |

| 6149 ★ 名 | | |
|---|---|---|
| ち か すい 地下水 | 地下水 | |

| 6150 ★ 名 | | |
|---|---|---|
| ち ぎょ 稚魚 | 鱼苗 | |

| 6151 ★ 名 | | |
|---|---|---|
| ちっそ 窒素 | 氮 | |

| 6152 ★ 名 | | |
|---|---|---|
| ちぶさ/にゅうぼう 乳房 | 乳房 | |

| 6153 ★ 名 | | |
|---|---|---|
| ち めい 地名 | 地名 | |

| 6154 ★ 名 | | |
|---|---|---|
| ちゃばたけ 茶畑 | 茶田，茶园 | |

| 6155 ★ 名 | | |
|---|---|---|
| チャリティー | 慈善 | |

| 6156 ★ 名 | | |
|---|---|---|
| チャンネル | 频道，波段 | |

| 6157 ★ 名サ | | |
|---|---|---|
| ちゅうさい 仲裁(する) | 仲裁 | |

| 6158 ★ 名 | | |
|---|---|---|
| ちゅうじゅん 中旬 | 中旬 | |

| 6159 ★ 名 | | |
|---|---|---|
| ちゅうせい 中世 | 中世纪 | |

| 6160 ★ 名 | | |
|---|---|---|
| チューター | 指导教师，指导者 | |

| 6161 ★ 名サ | | |
|---|---|---|
| ちゅうりん 駐輪(する) | 停自行车 | |

| 6162 ★ 名サ | | |
|---|---|---|
| ちょう か 超過(する) | 超过，超额，超出限度 | |

| 6163 ★ 名 | | |
|---|---|---|
| ちょうじゅ 長寿 | 长寿 | |

| 6164 ★ 名 | | |
|---|---|---|
| ちょうちん 提灯 | 灯笼 | |

| 6165 ★ 名 | | |
|---|---|---|
| ちょうりょく 張力 | 张力 | |

| 6166 ★ 名 | | |
|---|---|---|
| ちょくせん 直線 | 直线 | |

| 6167 ★ 名サ | | |
|---|---|---|
| ちょくそう 直送(する) | 直接运送 | |

| 6168 ★ 名サ | | |
|---|---|---|
| ちん ぷ か 陳腐化(する) | 过时，陈旧 | |

| 6169 ★ 名サ | | |
|---|---|---|
| ついきゅう 追及(する) | 追究，追问，追上，赶上 | |

| 6170 ★ 名サ | | |
|---|---|---|
| ついきゅう 追究(する) | 探究，追求 | |

| 6171 ★ 名サ | | |
|---|---|---|
| ついせき 追跡(する) | 追踪，追缉 | |

| 6172 ★ 名サ | | |
|---|---|---|
| つうさん 通算(する) | 总计，共计 | |

| 6173 ★ 名 | | |
|---|---|---|
| つうしんえいせい 通信衛星 | 通讯卫星 | |

| 6174 ★ 名 | | |
|---|---|---|
| つうしんきょういく 通信教育 | 远程教育，函授教育 | |

| | | |
|---|---|---|
| 6175 ★ 名サ<br>つうほう<br>通報(する) | 通报，通知 | 6192 ★ 名<br>て ざわ<br>手触り | 手感 |
| 6176 ★ 名<br>つう わ りょうきん<br>通話料金 | 通话费 | 6193 ★ 名<br>デスク | 桌子，办公桌 |
| 6177 ★ 名<br>つがい | (动物的雌雄)<br>一对 | 6194 ★ 名サ<br>て づく<br>手作り(する) | 手工制作，<br>亲手做 |
| 6178 ★ 名<br>つじつま | 条理，逻辑 | 6195 ★ 名<br>てっこうせき<br>鉄鉱石 | 铁矿石 |
| 6179 ★ 名<br>つなぎ目<br>め | 接缝，接头，<br>接口 | 6196 ★ 名<br>てっちゅう<br>鉄柱 | 铁柱 |
| 6180 ★ 名<br>つまみ | 一撮，一把，<br>下酒小菜，<br>把手 | 6197 ★ 名<br>てつどう<br>鉄道 | 铁道 |
| 6181 ★ 名<br>つめ き<br>爪切り | 指甲刀 | 6198 ★ 名<br>てっぱん<br>鉄板 | 铁板 |
| 6182 ★ 名<br>ばし<br>つり橋 | 吊桥，铁索桥 | 6199 ★ 名<br>て ど<br>手取り | 税后，到手 |
| 6183 ★ 名<br>てい き あつ<br>低気圧 | 低气压 | 6200 ★ 名サ<br>て はい<br>手配(する) | 筹备，安排，<br>通缉 |
| 6184 ★ 名サ<br>ていけい<br>提携(する) | 协作，合作 | 6201 ★ 名<br>デマ | 谣言，造谣 |
| 6185 ★ 名<br>ていこうりょく<br>抵抗力 | (对疾病等的)<br>抵抗力 | 6202 ★ 名<br>デメリット | 不足，缺点 |
| 6186 ★ 名<br>ていさい<br>体裁 | 外表，体面，<br>格式，奉承话 | 6203 ★ 名<br>デモンストレーション | 游行示威 |
| 6187 ★ 名サ<br>ていしゃ<br>停車(する) | 停车 | 6204 ★ 名<br>テラス | 阳台，露台 |
| 6188 ★ 名サ<br>ディスプレイ(する) | 陈列，展示，<br>显示器 | 6205 ★ 名<br>テリトリー | 势力范围，<br>地盘，领土，<br>领地 |
| 6189 ★ 名サ<br>ていでん<br>停電(する) | 停电 | 6206 ★ 名<br>て や<br>照り焼き | 照烧，<br>涂汁烧烤 |
| 6190 ★ 名<br>ていばん<br>定番 | 基本款，<br>经典款 | 6207 ★ 名<br>でん き<br>伝記 | 传记 |
| 6191 ★ 名<br>て おく<br>手遅れ | 延误，耽误 | 6208 ★ 名<br>でん き だい<br>電気代 | 电费 |

| | | | | |
|---|---|---|---|---|
| 6209 ★ 名<br>てんごく<br>**天国** | 天国 | 6226 ★ 名サ<br>とうよ<br>**投与**(する) | (给患者)开药,<br>用药 |
| 6210 ★ 名<br>でんせんびょう<br>**伝染病** | 传染病 | 6227 ★ 名<br>どうりょく<br>**動力** | 动力 |
| 6211 ★ 名<br>でんたく<br>**電卓** | 电子计算器 | 6228 ★ 名<br>ど き<br>**土器** | 陶器 |
| 6212 ★ 名<br>てんねん<br>**天然ガス** | 天然气 | 6229 ★ 名<br>とくぎ<br>**特技** | 特长,<br>拿手技能 |
| 6213 ★ 名<br>**テンポ** | 拍子,速度 | 6230 ★ 名<br>どくせい<br>**毒性** | 毒性 |
| 6214 ★ 名<br>でんぽう<br>**電報** | 电报 | 6231 ★ 名サ<br>とくてん<br>**得点**(する) | 得分 |
| 6215 ★ 名<br>どう が<br>**動画** | 动画,视频 | 6232 ★ 名<br>どくぶつ<br>**毒物** | 有毒物质,<br>毒物 |
| 6216 ★ 名サ<br>どう き<br>**同期**(する) | 同期,同级,<br>同步 | 6233 ★ 名サ<br>とっ き<br>**突起**(する) | 突起,隆起 |
| 6217 ★ 名<br>どうきゅうせい<br>**同級生** | 同学 | 6234 ★ 名<br>とっきゅう<br>**特急** | 特别紧急,<br>特快列车 |
| 6218 ★ 名サ<br>とうこう<br>**投稿**(する) | 投稿 | 6235 ★ 名<br>とっけん<br>**特権** | 特权 |
| 6219 ★ 名<br>どう し<br>**同士** | ……们,有共<br>同属性的人,<br>伙伴,同伴 | 6236 ★ 名<br>**ドット** | 点,圆点 |
| 6220 ★ 名<br>とう じ しゃ<br>**当事者** | 当事人 | 6237 ★ 名サ<br>とっ ぱ<br>**突破**(する) | 突破,闯过 |
| 6221 ★ 名サ<br>どうじょう<br>**同情**(する) | 同情 | 6238 ★ 名<br>**トップダウン** | 公司中命令等<br>从上层向下层<br>传达 |
| 6222 ★ 名サ<br>とうせい<br>**統制**(する) | 统一,一致,<br>控制,统筹 | 6239 ★ 名<br>と ほ<br>**徒歩** | (企业中传达指示<br>等)自上而下 |
| 6223 ★ 名<br>どうそうかい<br>**同窓会** | 同学会 | 6240 ★ 名<br>**ドライ** | 干,干燥,<br>理智不动情,<br>洋酒口味偏辣 |
| 6224 ★ 名<br>どうたい<br>**胴体** | 胴体 | 6241 ★ 名<br>**ドラム** | 鼓 |
| 6225 ★ 名サ<br>とうにゅう<br>**投入**(する) | 投入,<br>注入(资金等) | 6242 ★ 名<br>と け<br>**取り消し** | 取消 |

| 6243 ★ 名 | | 6260 ★ 名 | |
|---|---|---|---|
| どりょくか<br>努力家 | 努力用功的人 | なんだい<br>難題 | 难题,<br>无理要求 |

| 6244 ★ 名 | | 6261 ★ 名 | |
|---|---|---|---|
| トレー | 托盘 | なんもん<br>難問 | 难题 |

| 6245 ★ 名 | | 6262 ★ 名 | |
|---|---|---|---|
| ドレッシング | 沙拉调味汁,<br>穿戴,打扮 | にくたい<br>肉体 | 肉体 |

| 6246 ★ 名 | | 6263 ★ 名 | |
|---|---|---|---|
| トレンド | 倾向,趋势 | にだい<br>荷台 | (卡车)车箱,<br>(自行车)行李架 |

| 6247 ★ 名 | | 6264 ★ 名 | |
|---|---|---|---|
| どろ<br>泥 | 泥 | にちぼつ<br>日没 | 日落 |

| 6248 ★ 名 | | 6265 ★ 名サ | |
|---|---|---|---|
| ないか<br>内科 | 内科 | にづくり<br>荷造り(する) | 捆行李,包装,<br>打包 |

| 6249 ★ 名 | | 6266 ★ 名 | |
|---|---|---|---|
| ないしきょう<br>内視鏡 | 内镜 | にほんご<br>日本語 | 日语 |

| 6250 ★ 名 | | 6267 ★ 名 | |
|---|---|---|---|
| ないしょ<br>内緒 | 保密 | ニュアンス | (色彩,音调,意思,<br>情感等的)微妙差<br>异 |

| 6251 ★ 名サ | | 6268 ★ 名サ | |
|---|---|---|---|
| ないぞう<br>内蔵(する) | 内藏,蕴藏 | にゅういん<br>入院(する) | 住院 |

| 6252 ★ 名 | | 6269 ★ 名サ | |
|---|---|---|---|
| ナイフ | 刀,餐刀 | にゅうきょ<br>入居(する) | 入住 |

| 6253 ★ 名 | | 6270 ★ 名 | |
|---|---|---|---|
| ないめん<br>内面 | 内侧,内心 | にゅうさん<br>乳酸 | 乳酸 |

| 6254 ★ 名 | | 6271 ★ 名サ | |
|---|---|---|---|
| ないりく<br>内陸 | 内陆 | にゅうしゃ<br>入社(する) | 进入公司工作 |

| 6255 ★ 名 | | 6272 ★ 名 | |
|---|---|---|---|
| なかみ<br>中味 | 内容,实质,<br>内容物 | ニュースキャスター | 新闻播报员,<br>评论员 |

| 6256 ★ 名 | | 6273 ★ 名サ | |
|---|---|---|---|
| なふだ<br>名札 | 姓名牌 | にゅうよく<br>入浴(する) | 入浴,洗澡 |

| 6257 ★ 名 | | 6274 ★ 名サ | |
|---|---|---|---|
| なまけもの<br>怠け者 | 懒人 | にんしょう<br>認証(する) | 认证 |

| 6258 ★ 名 | | 6275 ★ 名サ | |
|---|---|---|---|
| なみ<br>並 | 普通,一般 | ねあげ<br>値上げ(する) | 涨价,提价 |

| 6259 ★ 名 | | 6276 ★ 名 | |
|---|---|---|---|
| なりふり | 衣着形象,<br>举止态度 | ネイティブ | 当地人,<br>母语者 |

WEEK
1

WEEK
2

WEEK
3

WEEK
4

WEEK
5

WEEK
6

WEEK
7

WEEK
8

| 6277 ★ 名 | |
|---|---|
| ネクタイ | 领带 |

| 6278 ★ 名 | |
|---|---|
| ねじ | 螺丝，发条，拧发条的装置 |

| 6279 ★ 名サ | |
|---|---|
| 燃焼(する) ねんしょう | 燃烧 |

| 6280 ★ 名 | |
|---|---|
| 燃費 ねんぴ | (汽车等的)耗油量 |

| 6281 ★ 名 | |
|---|---|
| ノイズ | 噪音 |

| 6282 ★ 名 | |
|---|---|
| 脳内 のうない | 脑内 |

| 6283 ★ 名サ | |
|---|---|
| 納入(する) のうにゅう | 缴纳 |

| 6284 ★ 名 | |
|---|---|
| 飲み屋 のみや | 酒馆 |

| 6285 ★ 名 | |
|---|---|
| パーセント | 百分之……，百分比 |

| 6286 ★ 名サ | |
|---|---|
| 徘徊(する) はいかい | 徘徊 |

| 6287 ★ 名 | |
|---|---|
| 排気ガス はいき | 废气 |

| 6288 ★ 名 | |
|---|---|
| ハイキング | 远足 |

| 6289 ★ 名サ | |
|---|---|
| 配合(する) はいごう | 搭配，调配，配制 |

| 6290 ★ 名 | |
|---|---|
| 敗者 はいしゃ | 败者，输家 |

| 6291 ★ 名サ | |
|---|---|
| 排泄(する) はいせつ | 排泄 |

| 6292 ★ 名サ | |
|---|---|
| 配送(する) はいそう | 配送 |

| 6293 ★ 名 | |
|---|---|
| ハイテク | 高科技 |

| 6294 ★ 名サ | |
|---|---|
| 配当(する) はいとう | 分配，分红，红利 |

| 6295 ★ 名サ | |
|---|---|
| 排熱(する) はいねつ | 排热，散热 |

| 6296 ★ 名サ | |
|---|---|
| 配付(する) はいふ | 分发 |

| 6297 ★ 名サ | |
|---|---|
| 配分(する) はいぶん | 分配 |

| 6298 ★ 名 | |
|---|---|
| 倍率 ばいりつ | 倍率，放大率 |

| 6299 ★ 名 | |
|---|---|
| ハウツー | 实用方法或技术 |

| 6300 ★ 名 | |
|---|---|
| 吐き気 はきけ | 恶心，想呕吐的感觉 |

| 6301 ★ 名サ | |
|---|---|
| 爆発(する) ばくはつ | 爆炸，爆发 |

| 6302 ★ 名 | |
|---|---|
| 幕府 ばくふ | 幕府，将军政权 |

| 6303 ★ 名 | |
|---|---|
| 迫力 はくりょく | 感染力，冲击力 |

| 6304 ★ 名 | |
|---|---|
| 狭間 はざま | 夹缝，间隙 |

| 6305 ★ 名 | |
|---|---|
| パスポート | 护照 |

| 6306 ★ 名 | |
|---|---|
| バター | 黄油 |

| 6307 ★ 名 | |
|---|---|
| 二十歳 はたち | 二十岁 |

| 6308 ★ 名 | |
|---|---|
| 爬虫類 はちゅうるい | 爬虫类 |

| 6309 ★ 名サ | |
|---|---|
| パッケージ(する) | 包装，包装盒，成套商品 |

| 6310 ★ 名サ | |
|---|---|
| 抜粋(する) ばっすい | 摘录，节选 |

| | | |
|---|---|---|
| 6311 ★ 名サ<br>はっせい<br>発声(する) | 出声，发声，提议 | ☐☐ |
| 6312 ★ 名<br>はってん と じょうこく<br>発展途上国 | 发展中国家 | ☐☐ |
| 6313 ★ 名サ<br>はつばい<br>発売(する) | 发售 | ☐☐ |
| 6314 ★ 名サ<br>パトロール(する) | 巡逻 | ☐☐ |
| 6315 ★ 名<br>はなたば<br>花束 | 花束 | ☐☐ |
| 6316 ★ 名<br>はなばたけ<br>花畑 | 花田 | ☐☐ |
| 6317 ★ 名<br>はなや<br>花屋 | 花店 | ☐☐ |
| 6318 ★ 名<br>はね<br>羽根 | 羽毛，翅膀，翼，桨叶 | ☐☐ |
| 6319 ★ 名<br>はへん<br>破片 | 碎片 | ☐☐ |
| 6320 ★ 名<br>はまべ<br>浜辺 | 海边 | ☐☐ |
| 6321 ★ 名<br>はみが<br>歯磨き | 刷牙 | ☐☐ |
| 6322 ★ 名<br>はみが こ<br>歯磨き粉 | 牙膏 | ☐☐ |
| 6323 ★ 名<br>はもの<br>刃物 | 刀具 | ☐☐ |
| 6324 ★ 名<br>バリアフリー | 方便残障人士等的无障碍式设计 | ☐☐ |
| 6325 ★ 名<br>はがみ は がみ<br>張り紙／貼り紙 | 贴纸，广告，标语，附笺 | ☐☐ |
| 6326 ★ 名<br>はるさき<br>春先 | 初春，早春 | ☐☐ |
| 6327 ★ 名<br>は<br>腫れ | 肿，肿胀 | ☐☐ |

| | | |
|---|---|---|
| 6328 ★ 名<br>はんかん<br>反感 | 反感 | ☐☐ |
| 6329 ★ 名<br>はんしんよく<br>半身浴 | 半身浴，只把下半身泡在浴缸 | ☐☐ |
| 6330 ★ 名<br>ハンドル | 方向盘，船舵，手柄，把手 | ☐☐ |
| 6331 ★ 名<br>ばんのう<br>万能 | 万能 | ☐☐ |
| 6332 ★ 名<br>ピアス | 耳钉，耳坠 | ☐☐ |
| 6333 ★ 名<br>ピーク | 山顶，高峰，高潮，峰值 | ☐☐ |
| 6334 ★ 名<br>ヒーター | 电热器，电暖气 | ☐☐ |
| 6335 ★ 名<br>ひ がね<br>引き金 | 扳机，导火索，诱因 | ☐☐ |
| 6336 ★ 名<br>ひ ざん<br>引き算 | 减法 | ☐☐ |
| 6337 ★ 名サ<br>ひこう<br>飛行(する) | 飞行 | ☐☐ |
| 6338 ★ 名<br>ビジネスホテル | 商务酒店 | ☐☐ |
| 6339 ★ 名<br>ビジュアル | 视觉 | ☐☐ |
| 6340 ★ 名<br>ひ じょうしょく<br>非常食 | 应急食品 | ☐☐ |
| 6341 ★ 名<br>ビジョン | 理想，远景，展望，幻影 | ☐☐ |
| 6342 ★ 名<br>び だん<br>美談 | 美谈，佳话 | ☐☐ |
| 6343 ★ 名サ<br>び ちく<br>備蓄(する) | 储备 | ☐☐ |
| 6344 ★ 名<br>ひっけん<br>必見 | 必看，必读 | ☐☐ |

| 6345 ★ 名 | | |
|---|---|---|
| ひと **人ごみ** | 人群，人多拥挤的地方 | |

| 6346 ★ 名 | | |
|---|---|---|
| ひ **日なた** | 朝阳的地方，向阳处 | |

| 6347 ★ 名 | | |
|---|---|---|
| **ビニール** | (乙烯基)塑料 | |

| 6348 ★ 名 | | |
|---|---|---|
| ひ にく **皮肉** | 讽刺，挖苦 | |

| 6349 ★ 名サ | | |
|---|---|---|
| ひ にん **否認(する)** | 否认 | |

| 6350 ★ 名 | | |
|---|---|---|
| び ひん **備品** | 备用物品 | |

| 6351 ★ 名 | | |
|---|---|---|
| ひゃっ か てん **百貨店** | 百货店 | |

| 6352 ★ 名 | | |
|---|---|---|
| ひょう が **氷河** | 冰河 | |

| 6353 ★ 名 | | |
|---|---|---|
| ひょうしき **標識** | 标志，标记，标识 | |

| 6354 ★ 名サ | | |
|---|---|---|
| びょうしゃ **描写(する)** | 描写 | |

| 6355 ★ 名 | | |
|---|---|---|
| ひょうじゅん **標準** | 标准 | |

| 6356 ★ 名 | | |
|---|---|---|
| びょうじょう **病状** | 病状 | |

| 6357 ★ 名サ | | |
|---|---|---|
| ひょうせつ **剽窃(する)** | 剽窃，抄袭 | |

| 6358 ★ 名 | | |
|---|---|---|
| びょうそう **病巣** | 病灶 | |

| 6359 ★ 名 | | |
|---|---|---|
| びょうとう **病棟** | 住院部，住院楼 | |

| 6360 ★ 名サ | | |
|---|---|---|
| ひょうめい **表明(する)** | 表明 | |

| 6361 ★ 名 | | |
|---|---|---|
| びょうめい **病名** | 疾病的名字 | |

| 6362 ★ 名 | | |
|---|---|---|
| ひょうめんせき **表面積** | 表面积 | |

| 6363 ★ 名 | | |
|---|---|---|
| ひろ ば **広場** | 广场 | |

| 6364 ★ 名 | | |
|---|---|---|
| **ピント** | 焦点，要点 | |

| 6365 ★ 名 | | |
|---|---|---|
| ひんもく **品目** | 品种，种类，物品目录 | |

| 6366 ★ 名サ | | |
|---|---|---|
| **ファイル(する)** | (将文件)归档，装订保存，电脑中的文件 | |

| 6367 ★ 名 | | |
|---|---|---|
| **ファスナー** | 拉链 | |

| 6368 ★ 名 | | |
|---|---|---|
| **ファミリーレストラン** | 家庭餐厅 | |

| 6369 ★ 名 | | |
|---|---|---|
| **ファンタジー** | 幻想，幻想作品 | |

| 6370 ★ 名 | | |
|---|---|---|
| **フィルター** | 过滤装置，滤镜，(卷烟)滤嘴，筛选 | |

| 6371 ★ 名 | | |
|---|---|---|
| ふうしゃ／かざぐるま **風車** | 风车 | |

| 6372 ★ 名 | | |
|---|---|---|
| ふうりょく **風力** | 风力 | |

| 6373 ★ 名 | | |
|---|---|---|
| **フェア** | 公平，公正，界内球，展销会 | |

| 6374 ★ 名 | | |
|---|---|---|
| **フェスティバル** | 节日，祭典，庆祝活动 | |

| 6375 ★ 名 | | |
|---|---|---|
| ふ か **不可** | 不可，不行 | |

| 6376 ★ 名 | | |
|---|---|---|
| ぶ かつどう **部活動** | 学校的社团活动 | |

| 6377 ★ 名 | | |
|---|---|---|
| ふく さ よう **副作用** | 副作用 | |

| 6378 ★ 名 | | |
|---|---|---|
| ふくさんぶつ **副産物** | 副产品，附带的收获 | |

| 6379 ★ 名 腹部<br>ふくぶ<br>腹部 : 腹部 | 6396 ★ 名サ 腐敗(する)<br>ふはい : 腐败，腐朽，腐烂 |
|---|---|
| 6380 ★ 名サ<br>ふくよう<br>服用(する) : 服用 | 6397 ★ 名<br>ふへん<br>普遍 : 普遍 |
| 6381 ★ 名<br>ふけいき<br>不景気 : 不景气，萧条 | 6398 ★ 名<br>プライド : 自尊心，自豪感 |
| 6382 ★ 名<br>ふじゅんぶつ<br>不純物 : 杂质 | 6399 ★ 名<br>フライドポテト : 炸薯条 |
| 6383 ★ 名サ<br>ふしょく<br>腐食(する) : 腐蚀，侵蚀 | 6400 ★ 名<br>フライパン : 平底锅 |
| 6384 ★ 名<br>ふじん<br>夫人 : (敬称)夫人 | 6401 ★ 名<br>プラグ : 插头 |
| 6385 ★ 名<br>ふしんかん<br>不信感 : 不信任感 | 6402 ★ 名<br>プラネタリウム : 天文馆，天象仪 |
| 6386 ★ 名サ 不正(する)<br>ふせい : 不公正，不正当 | 6403 ★ 名 自由，无所属，<br>フリー : 免费，不含…… |
| 6387 ★ 名<br>ふぜい<br>風情 : 风情，样子 | 6404 ★ 名サ 冷冻，冻结，<br>フリーズ(する) : 电脑死机 |
| 6388 ★ 名 不測,<br>ふそく<br>不測 : 难以预料的事 | 6405 ★ 名 自由职业者，<br>フリーランス : 无固定单位，<br>无所属 |
| 6389 ★ 名<br>ぶぞく<br>部族 : 部族，宗族 | 6406 ★ 名 无利益，<br>ふりえき<br>不利益 : 无好处 |
| 6390 ★ 名<br>ぶっか<br>物価 : 物价 | 6407 ★ 名<br>ふ こ<br>振り込み : 汇款，转账 |
| 6391 ★ 名サ<br>ふっかつ<br>復活(する) : 复活 | 6408 ★ 名<br>ふりょく<br>浮力 : 浮力 |
| 6392 ★ 名サ 恢复，复职，<br>ふっき<br>復帰(する) : 复原 | 6409 ★ 名 投影机，<br>プロジェクター : 放映机，策划人 |
| 6393 ★ 名サ<br>ふっしょく<br>払拭(する) : 擦净，清除 | 6410 ★ 名 (带有政治意图的)<br>プロパガンダ : 宣传 |
| 6394 ★ 名<br>ぶつり<br>物理 : 物理 | 6411 ★ 名 简历，简介，<br>プロフィール : 侧面像，侧影 |
| 6395 ★ 名<br>ぶつりゅう<br>物流 : 物流 | 6412 ★ 名サ<br>プロポーズ(する) : 求婚 |

| 6413 ★ | 名サ | | |
|---|---|---|---|
| プロモーション(する) | | 促销，促进，推销，宣传 | |

| 6414 ★ | 名サ | | |
|---|---|---|---|
| ぶんき<br>分岐(する) | | (道路)分开、分岔 | |

| 6415 ★ | 名サ | | |
|---|---|---|---|
| ふんしつ<br>紛失(する) | | 丢失，遗失 | |

| 6416 ★ | 名 | | |
|---|---|---|---|
| ふんすい<br>噴水 | | 喷水，喷水池，喷泉 | |

| 6417 ★ | 名サ | | |
|---|---|---|---|
| ぶんぱい<br>分配(する) | | 分配，分给 | |

| 6418 ★ | 名 | | |
|---|---|---|---|
| ふんまつ<br>粉末 | | 粉末 | |

| 6419 ★ | 名 | | |
|---|---|---|---|
| ぶんりょう<br>分量 | | 量，分量，比例 | |

| 6420 ★ | 名サ | | |
|---|---|---|---|
| ペイ(する) | | 支付，报酬，薪水 | |

| 6421 ★ | 名 | | |
|---|---|---|---|
| へいがい<br>弊害 | | 弊端，弊病 | |

| 6422 ★ | 名 | | |
|---|---|---|---|
| へいし<br>兵士 | | 士兵，战士 | |

| 6423 ★ | 名 | | |
|---|---|---|---|
| へいじ<br>平時 | | 平时，平常，和平时期 | |

| 6424 ★ | 名サ | | |
|---|---|---|---|
| へいよう<br>併用(する) | | 并用，同时使用 | |

| 6425 ★ | 名 | | |
|---|---|---|---|
| ベテラン | | 老手，老练的人 | |

| 6426 ★ | 名 | | |
|---|---|---|---|
| ペナルティー | | 惩罚，罚金 | |

| 6427 ★ | 名 | | |
|---|---|---|---|
| ベランダ | | 阳台 | |

| 6428 ★ | 名 | | |
|---|---|---|---|
| ベル | | 铃，电铃，钟 | |

| 6429 ★ | 名サ | | |
|---|---|---|---|
| へんい<br>変異(する) | | 变异 | |

| 6430 ★ | 名サ | | |
|---|---|---|---|
| べんかい<br>弁解(する) | | 辩解 | |

| 6431 ★ | 名サ | | |
|---|---|---|---|
| へんきん<br>返金(する) | | 退款 | |

| 6432 ★ | 名サ | | |
|---|---|---|---|
| へんじょう<br>返上(する) | | 返还，奉还，退还 | |

| 6433 ★ | 名サ | | |
|---|---|---|---|
| へんしん<br>変身(する) | | 变身，换装 | |

| 6434 ★ | 名サ | | |
|---|---|---|---|
| へんそう<br>返送(する) | | 送回，返回 | |

| 6435 ★ | 名 | | |
|---|---|---|---|
| ベンチ | | 长椅 | |

| 6436 ★ | 名サ | | |
|---|---|---|---|
| へんとう<br>返答(する) | | 答复，回答 | |

| 6437 ★ | 名サ | | |
|---|---|---|---|
| ポイ捨て<sub>す</sub>(する) | | 随意丢垃圾 | |

| 6438 ★ | 名サ | | |
|---|---|---|---|
| ぼうおん<br>防音(する) | | 隔音 | |

| 6439 ★ | 名サ | | |
|---|---|---|---|
| ほうか<br>放火(する) | | 放火，纵火 | |

| 6440 ★ | 名 | | |
|---|---|---|---|
| ぼうか<br>防火 | | 防火 | |

| 6441 ★ | 名サ | | |
|---|---|---|---|
| ほうかい<br>崩壊(する) | | 崩溃，倒塌，倒台，衰变 | |

| 6442 ★ | 名 | | |
|---|---|---|---|
| ほうかご<br>放課後 | | 放学后 | |

| 6443 ★ | 名 | | |
|---|---|---|---|
| ほうき | | 扫帚 | |

| 6444 ★ | 名 | | |
|---|---|---|---|
| ほうさく<br>豊作 | | 丰收 | |

| 6445 ★ | 名 | | |
|---|---|---|---|
| ぼうし<br>帽子 | | 帽子 | |

| 6446 ★ | 名 | | |
|---|---|---|---|
| ほうたい<br>包帯 | | 绷带 | |

| | | | | | |
|---|---|---|---|---|---|
| 6447 ★ 名サ<br>ぼうちょう<br>傍聴(する) | 旁听 | ☐☐ | 6464 ★ 名<br>ほんしょう<br>本性 | 本性 | ☐☐ |
| 6448 ★ 名<br>ほうていしき<br>方程式 | 方程式 | ☐☐ | 6465 ★ 名<br>ぼんじん<br>凡人 | 凡人 | ☐☐ |
| 6449 ★ 名サ<br>ほうにち<br>訪日(する) | 访日，来日本 | ☐☐ | 6466 ★ 名<br>ほんたい<br>本体 | 本体，<br>本来面目，<br>主体 | ☐☐ |
| 6450 ★ 名<br>ポーズ | (pose)姿势，<br>造型，(pause)<br>停顿，中止 | ☐☐ | 6467 ★ 名<br>ほんばん<br>本番 | (相对于练习)<br>正式上场 | ☐☐ |
| 6451 ★ 名サ<br>ほおん<br>保温(する) | 保温 | ☐☐ | 6468 ★ 名<br>ほんぶ<br>本部 | 本部，总部 | ☐☐ |
| 6452 ★ 名サ<br>ぼきん<br>募金(する) | 募捐 | ☐☐ | 6469 ★ 名<br>まえば<br>前歯 | 门牙 | ☐☐ |
| 6453 ★ 名<br>ほくおう<br>北欧 | 北欧 | ☐☐ | 6470 ★ 名<br>マグマ | 岩浆 | ☐☐ |
| 6454 ★ 名<br>ほけんしょう<br>保険証 | 保险证 | ☐☐ | 6471 ★ 名<br>マクロ | 巨大，宏观 | ☐☐ |
| 6455 ★ 名<br>ほけんりょう<br>保険料 | 保险费 | ☐☐ | 6472 ★ 名<br>ました<br>真下 | 正下方 | ☐☐ |
| 6456 ★ 名<br>ほこう<br>補講 | 补讲 | ☐☐ | 6473 ★ 名<br>マジョリティー | 多数，过半数 | ☐☐ |
| 6457 ★ 名<br>ぼこくご<br>母国語 | 母语 | ☐☐ | 6474 ★ 名<br>マスク | 口罩，面具，<br>面膜 | ☐☐ |
| 6458 ★ 名<br>ほこり<br>埃 | 灰尘，尘埃 | ☐☐ | 6475 ★ 名<br>マスメディア | 大众传媒，<br>新闻媒体 | ☐☐ |
| 6459 ★ 名<br>ほしぞら<br>星空 | 星空 | ☐☐ | 6476 ★ 名<br>またたくま<br>またたく間 | 瞬间，转眼间 | ☐☐ |
| 6460 ★ 名<br>ほしょうにん<br>保証人 | 保证人 | ☐☐ | 6477 ★ 名<br>まちなみ まちなみ<br>町並み／街並み | 街景 | ☐☐ |
| 6461 ★ 名サ<br>ほそく<br>補足(する) | 补充，补足 | ☐☐ | 6478 ★ 名<br>まっき<br>末期 | 末期，晚期 | ☐☐ |
| 6462 ★ 名<br>ほはば<br>歩幅 | 步幅 | ☐☐ | 6479 ★ 名<br>まど<br>窓 | 窗户 | ☐☐ |
| 6463 ★ 名<br>ボリューム | 量，分量，<br>音量 | ☐☐ | 6480 ★ 名<br>まど<br>間取り | 房间格局 | ☐☐ |

| | | |
|---|---|---|
| 6481 ★ 名<br>まな板 <small>いた</small> | 菜板 | |
| 6482 ★ 名<br>まぶた | 眼皮 | |
| 6483 ★ 名<br>マフラー | 围巾，围脖，<br>消声器 | |
| 6484 ★ 名<br>見栄 <small>みえ</small> | 外表，门面，<br>虚荣 | |
| 6485 ★ 名<br>未開 <small>みかい</small> | 文明未开化，<br>土地未开垦 | |
| 6486 ★ 名<br>ミステリー | 神秘，<br>侦探小说 | |
| 6487 ★ 名<br>道幅 <small>みちはば</small> | 路宽 | |
| 6488 ★ 名<br>道端 <small>みちばた</small> | 路旁，路边 | |
| 6489 ★ 名サ<br>密着(する) <small>みっちゃく</small> | 紧贴，紧靠 | |
| 6490 ★ 名サ<br>密封(する) <small>みっぷう</small> | 密封 | |
| 6491 ★ 名<br>見所 <small>みどころ</small> | 看点，<br>精彩之处，<br>前途，前程 | |
| 6492 ★ 名<br>ミネラルウォーター | 矿泉水 | |
| 6493 ★ 名<br>見張り <small>みはり</small> | 看守，警戒，<br>值班岗哨 | |
| 6494 ★ 名<br>見本 <small>みほん</small> | 样品，货样，<br>榜样，模范 | |
| 6495 ★ 名<br>未満 <small>みまん</small> | 未满 | |
| 6496 ★ 名<br>ミュージアム | 博物馆 | |
| 6497 ★ 名<br>ミュージカル | 音乐剧，<br>歌舞剧 | |

| | | |
|---|---|---|
| 6498 ★ 名<br>民意 <small>みんい</small> | 民意 | |
| 6499 ★ 名<br>民法 <small>みんぽう</small> | 民法 | |
| 6500 ★ 名<br>向かい <small>むかい</small> | 对面，正面 | |
| 6501 ★ 名<br>無言 <small>むごん</small> | 无言，不说话，<br>沉默 | |
| 6502 ★ 名<br>無農薬 <small>むのうやく</small> | 无农药 | |
| 6503 ★ 名<br>明暗 <small>めいあん</small> | 明暗 | |
| 6504 ★ 名<br>命運 <small>めいうん</small> | 命运 | |
| 6505 ★ 名<br>名義 <small>めいぎ</small> | 当事人姓名，<br>名义 | |
| 6506 ★ 名<br>迷信 <small>めいしん</small> | 迷信，盲信 | |
| 6507 ★ 名<br>名声 <small>めいせい</small> | 名声 | |
| 6508 ★ 名<br>命題 <small>めいだい</small> | 命题 | |
| 6509 ★ 名<br>名簿 <small>めいぼ</small> | 名簿，名册 | |
| 6510 ★ 名<br>メイン | 主要 | |
| 6511 ★ 名<br>目先 <small>めさき</small> | 眼前，当前，<br>预见 | |
| 6512 ★ 名<br>めまい | 眩晕，<br>头晕目眩 | |
| 6513 ★ 名<br>メモ帳 <small>ちょう</small> | 笔记，记事本 | |
| 6514 ★ 名<br>めりはり | 张弛，缓急，<br>强弱，抑扬 | |

| 6515 ★ 名<br>メンタル | 精神，心理 | | 6532 ★ 名<br>ゆうとうせい<br>優等生 | 优等生 | |
| --- | --- | --- | --- | --- | --- |
| 6516 ★ 名サ<br>もくし<br>目視(する) | 目视，<br>用眼睛看 | | 6533 ★ 名<br>ゆえん<br>所以 | 理由，原因 | |
| 6517 ★ 名サ<br>もしゃ<br>模写(する) | 临摹，摹本 | | 6534 ★ 名<br>ゆがみ | 歪斜，变形，<br>不正 | |
| 6518 ★ 名<br>モチーフ | 题材，主题，<br>动机 | | 6535 ★ 名<br>ゆでん<br>油田 | 油田 | |
| 6519 ★ 名<br>もかえ<br>持ち帰り | 带回，拿回，<br>打包带走 | | 6536 ★ 名<br>ゆぶね<br>湯船 | 浴盆，浴缸 | |
| 6520 ★ 名<br>もこ<br>持ち込み | 带入，带来，<br>拿来 | | 6537 ★ 名<br>よあ<br>夜明け | 天亮，黎明 | |
| 6521 ★ 名<br>ものごころ<br>物心 | 懂事，记事 | | 6538 ★ 名サ<br>ようせい<br>要請(する) | 请求，要求 | |
| 6522 ★ 名<br>もんげん<br>門限 | 关门时间，<br>门禁 | | 6539 ★ 名サ<br>ようせい<br>養成(する) | 培养，培训，<br>造就 | |
| 6523 ★ 名<br>やくひん<br>薬品 | 药品 | | 6540 ★ 名<br>ようりょう<br>要領 | 要领，要点，<br>窍门 | |
| 6524 ★ 名サ<br>やせいか<br>野生化(する) | 野生化 | | 6541 ★ 名サ<br>よきん<br>預金(する) | 存款 | |
| 6525 ★ 名<br>やちん<br>家賃 | 房租 | | 6542 ★ 名<br>よくしつ<br>浴室 | 浴室 | |
| 6526 ★ 名<br>やみつき | 上瘾，着迷 | | 6543 ★ 名<br>よこめ<br>横目 | 侧目，斜视 | |
| 6527 ★ 名サ<br>やりくり(する) | 设法安排，<br>筹划，筹措 | | 6544 ★ 名サ<br>よち<br>予知(する) | 预知 | |
| 6528 ★ 名<br>なお<br>やり直し | 重新做 | | 6545 ★ 名<br>よねつ<br>余熱 | 余热 | |
| 6529 ★ 名<br>ゆいいつ<br>唯一 | 唯一 | | 6546 ★ 名<br>よはく<br>余白 | 余白，空白 | |
| 6530 ★ 名<br>ゆうえつかん<br>優越感 | 优越感 | | 6547 ★ 名サ<br>よほう<br>予報(する) | 预报 | |
| 6531 ★ 名<br>ゆうきゅうきゅうか<br>有給休暇 | 带薪休假 | | 6548 ★ 名<br>ライフライン | 生命线，指水、<br>电、气、<br>通信等设施 | |

| No. | 分類 | 単語 | 意味 |
|---|---|---|---|
| 6549 ★ | 名 | ラウンジ | （机场，酒店等的）休息室 |
| 6550 ★ | 名 | 落下(する) | 落下，掉下来 |
| 6551 ★ | 名 | ラベル | 标签，标牌 |
| 6552 ★ | 名 | ランキング | 排名 |
| 6553 ★ | 名サ | ランク(する) | 级别 |
| 6554 ★ | 名 | ランニング | 跑步，慢跑 |
| 6555 ★ | 名 | 利害 | 利害 |
| 6556 ★ | 名 | 力作 | 力作 |
| 6557 ★ | 名サ | リサーチ(する) | 调查，研究 |
| 6558 ★ | 名 | リサイクルショップ | 二手店 |
| 6559 ★ | 名 | 理性 | 理性 |
| 6560 ★ | 名サ | 離脱(する) | 脱离 |
| 6561 ★ | 名サ | リピート(する) | 重复 |
| 6562 ★ | 名サ | リフォーム(する) | （衣服等）改做，翻新，（房子）翻修，整修 |
| 6563 ★ | 名サ | リフレッシュ(する) | 恢复精神，重新振作 |
| 6564 ★ | 名 | 利便性 | 便利性 |
| 6565 ★ | 名 | リモコン | 遥控 |
| 6566 ★ | 名 | 流儀 | 做事风格，做派，流派 |
| 6567 ★ | 名 | 粒子 | 粒子 |
| 6568 ★ | 名サ | 流入(する) | 流入 |
| 6569 ★ | 名 | 漁師 | 渔民 |
| 6570 ★ | 名サ | リラックス(する) | 放松 |
| 6571 ★ | 名 | 留守 | 外出不在家，看家 |
| 6572 ★ | 名 | 冷水 | 冷水 |
| 6573 ★ | 名 | 例文 | 例句 |
| 6574 ★ | 名 | レインコート | 雨衣 |
| 6575 ★ | 名 | レシピ | 食谱，烹饪法 |
| 6576 ★ | 名 | レッスン | 课，课程，练习 |
| 6577 ★ | 名 | レトロ | 复古，怀旧 |
| 6578 ★ | 名 | レンタカー | 租车，租用的汽车 |
| 6579 ★ | 名サ | 老朽化(する) | 老化 |
| 6580 ★ | 名 | ろうそく | 蜡烛 |
| 6581 ★ | 名サ | 浪費(する) | 浪费 |
| 6582 ★ | 名 | 朗報 | 喜报，喜讯 |

| | | | | |
|---|---|---|---|---|
| 6583 ★ 名<br>ローカル | 本地，当地 | | 6589 ★ 名サ<br>論評(する)<br>ろんぴょう | 评论，<br>评论性文章 |
| 6584 ★ 名<br>ローマ字<br>じ | 罗马字母 | | 6590 ★ 名<br>ワークシェアリング | 工作分摊 |
| 6585 ★ 名サ<br>録画(する)<br>ろくが | 录像 | | 6591 ★ 名<br>割り勘<br>わ かん | 均摊费用，<br>AA制 |
| 6586 ★ 名<br>ロッカー | 储物柜 | | 6592 ★ 名<br>割り箸<br>わ ばし | 一次性筷子 |
| 6587 ★ 名<br>論拠<br>ろんきょ | 论据 | | 6593 ★ 名<br>悪さ<br>わる | 坏处，<br>坏的程度 |
| 6588 ★ 名サ<br>論述(する)<br>ろんじゅつ | 论述 | | 6594 ★ 名<br>悪者<br>わるもの | 恶人，坏人 |

# 必須単語

動詞・形容詞・副詞など

| 6595　体 | 那样的 |
|---|---|
| **ああいう** | 例 ああいう態度は良くない。 |
| | 那样的态度不好。 |
| | 類 あんな, あのような |

| 6596　ナ 副 | 不凑巧 |
|---|---|
| **あいにく** | 例 今日から旅行へ行くのに, あいにく雨が降っている。 |
| | 今天开始要去旅行, 可是很不巧下了雨。 |
| | 類 運悪く, 都合悪く |

| 6597　ナ 名 | 劣质, 性质恶劣 |
|---|---|
| **悪質** | 例 悪質な犯罪は厳しく取り締まるべきだ。 |
| あくしつ | 性质恶劣的犯罪应该严格管控。 |
| | 類 粗悪, 不良　反 良質 |

| 6598　ナ 名 | 滚烫, 火热 |
|---|---|
| **熱々** | 例 熱々に煮込んだスープを食べて, 口をやけどした。 |
| あつあつ | 喝了炖得滚烫的汤, 把嘴烫伤了。 |
| | 類 熱い |

| 6599　イ | 厚颜无耻的 |
|---|---|
| **厚かましい** | 例 彼は会うたびにお金を要求する厚かましい人だ。 |
| あつ | 他这人每次见面都要钱, 简直厚颜无耻。 |
| | 類 図々しい, ふてぶてしい　反 しおらしい, 奥ゆかしい |

| 6600　イ | 意外而扫兴的 |
|---|---|
| **あっけない** | 例 優勝候補が初戦であっけなく敗れる。 |
| | "准冠军" 意外地首战失利, 令人失望。 |
| | 類 あっさり, 期待外れ |

| 6601　ナ | 压倒性的 |
|---|---|
| **圧倒的** | 例 賛成が圧倒的な多数を占める。 |
| あっとうてき | 赞成意见占压倒性多数。 |
| | 類 断トツ　反 匹敵, 比肩 |

| 6602　ナ 名 | 较厚, 偏厚 |
|---|---|
| **厚め** | 例 厚めに切ったパンは食べ応えがある。 |
| あつ | 切厚一点的面包吃着有口感。 |
| | 類 厚い　反 薄め |

| 6603　体 | 那个 |
|---|---|
| **あの** | 例 あの本は有名な作家が書いた。 |
| | 那本书是有名的作家写的。 |
| | 類 この, その |

| 6604　ナ 名 | 甜口, 甜言蜜语 |
|---|---|
| **甘口** | 例 見た目は辛そうなカレーだが, 食べると甘口だ。 |
| あまくち | 那种咖喱看起来很辛辣, 但一吃却发现是甜口的。 |
| | 類 甘い, 緩い, 寛大　反 辛い, 辛口 |

| 6605　動 | 编, 编织, 编纂 |
|---|---|
| **編む** | 例 母は私に赤いセーターを編んでくれた。 |
| あ | 妈妈为我织了一件红色的毛衣。 |
| | 類 編み上げる, 組む |

| | |
|---|---|
| 6606<br>あや<br>危うい | **イ** 危险的，危急的，令人担心的<br>例彼は病気のせいで自分の命が危ういことを知っている。<br>他知道自己因为这场病而有生命危险。<br>類危険，危ない |
| 6607<br>あや<br>怪しむ | **動** 怀疑，感到可疑<br>例彼が浮気しているのではないかと怪しむ。<br>我怀疑他很有可能出轨了。<br>類疑う |
| 6608<br>あゆ<br>歩む | **動** 走，步行，前进，度过<br>例将来の夢に向かって着実に歩んでいく。<br>朝着梦想中的未来脚踏实地地前进。<br>類進む，歩く，進展する |
| 6609<br>あらかじめ | **副** 提前，预先<br>例人気の店に行く時は，あらかじめ予約したほうがいい。<br>去有人气的饭店时，提前预约一下比较好。<br>類事前に，前もって |
| 6610<br>あらぬ | **体** 错误的，不应该的，意外的<br>例あらぬうわさを耳にする。<br>听到了惊人的传闻。<br>類意外，別 |
| 6611<br>あらゆる | **体** 所有的<br>例あらゆる方法を試してみる。<br>尝试一下所有的方法。<br>類ありとあらゆる，すべて |
| 6612<br>ある | **体** 某，某个特定的<br>例ある日，私は猫を拾った。<br>有一天，我捡到一只猫。<br>類とある，さる |
| 6613<br>あるいは | **副接** 也许，或者<br>例お寿司にしますか，あるいは焼き肉がいいですか。<br>吃寿司吗? 或者吃烤肉?<br>類または，もしくは，一方，ひょっとして 反きっと |
| 6614<br>あわ<br>淡い | **イ** (颜色，气味等)淡淡的，(光等)微弱<br>例宝くじが当選することに淡い期待をかける。<br>对中彩票抱有淡淡的期待。<br>類かすか，ほのか，薄い 反濃い |
| 6615<br>あわ<br>慌ただしい | **イ** 仓促的，慌乱的，忙乱的<br>例引っ越しの準備で毎日が慌ただしい。<br>因为准备搬家，所以每天都很忙乱。<br>類忙しい，せわしない |
| 6616<br>あわ だ<br>泡立てる | **動** 使…起泡<br>例石けんを泡立てて手を洗う。<br>把香皂搓出泡再洗手。<br>類かき混ぜる，撹拌する |
| 6617<br>あん<br>案ずる | **動** 考虑，思虑，担心<br>例病気の父の体調を案ずる。<br>担心生病的父亲的身体。<br>類心配する，気にかける |

| 6618 | ナ副 | 意外的(地) |
|---|---|---|
| 案外<br>あんがい | | 例一見難しい問題も，解いてみると案外簡単だった。<br>作看上去很难的问题，试着解了一下发现也意外地简单。<br>類思いのほか，意外　反案の定，予想通り |

| 6619 | ナ名 | 静养，安稳 |
|---|---|---|
| 安静<br>あんせい | | 例病気の時は安静にしていなければならない。<br>生病时候必须要静养。<br>類安らか，穏やか |

| 6620 | ナ | 那样的，那种 |
|---|---|---|
| あんな／<br>あのよう | | 例あんな辛い思いは二度としたくない。<br>再也不想重新经历一次那么痛苦的事了。<br>類こんな／このよう，そんな／そのよう |

| 6621 | 副 | 不出预料，果然 |
|---|---|---|
| 案の定<br>あんじょう | | 例彼はよく遅刻する。今日も案の定遅刻した。<br>他经常迟到。今天也不出意外地迟到了。<br>類やはり，思ったとおり　反案外 |

| 6622 | 動 | 互相说，吵架，争吵 |
|---|---|---|
| 言い合う<br>いあ | | 例子供の育て方について夫婦で言い合う。<br>关于怎么养孩子，夫妻二人会争吵。<br>類言い争う |

| 6623 | 動 | 说中，猜中 |
|---|---|---|
| 言い当てる<br>いあ | | 例彼がいま，なにを考えているのか言い当てる。<br>猜测他现在在想什么。<br>類指摘する，当てる |

| 6624 | 動 | 坚称，断言 |
|---|---|---|
| 言い張る<br>いは | | 例彼女はUFOを見たと言い張っている。<br>她坚称她看到了不明飞行物。<br>類主張する |

| 6625 | 体 | (常接"无论")怎样的 |
|---|---|---|
| いかなる | | 例いかなる時も慌ててはいけない。<br>无论什么时候都不能慌张。<br>類どんな，どのような |

| 6626 | イ | 憋闷，喘不上气 |
|---|---|---|
| 息苦しい<br>いきぐる | | 例閉め切った部屋に長くいると息苦しい。<br>长时间呆在门窗关死的房间的话，就会感到憋闷。<br>類重苦しい，胸苦しい |

| 6627 | 副 | 突然 |
|---|---|---|
| いきなり | | 例いきなり話しかけないでください。びっくりします。<br>请不要突然跟我搭话。会吓我一跳。<br>類突然，突如 |

| 6628 | 副 | (不确定的数量)若干，几个 |
|---|---|---|
| いくつか | | 例いくつか案を出すので意見をください。<br>我会提出几个方案，请你给出意见。<br>類若干，複数 |

| 6629 | ナ | 有意识的(地) |
|---|---|---|
| 意識的<br>いしきてき | | 例苦手な科目に意識的に取り組む。<br>有意识地着手应对不擅长的科目。<br>類故意，わざと　反無意識 |

| 6630 | イ | 惹人怜爱的，令人怜悯的 |
|---|---|---|
| いじらしい | | 例小さな妹の手を引いて歩く，男の子の姿がいじらしい。<br>那个牵着小妹妹走路的男孩的身影让人心疼。<br>類けなげ |

| 6631 | 副 | 反正，早晚 |
|---|---|---|
| いずれ(にしても/<br>にしろ/にせよ) | | 例電車とバスのいずれにしても時間には遅れるだろう。<br>无论是坐电车还是公交，反正时间应该是赶不上了。<br>類どのみち，どちらにしても，そのうち |

| 6632 | ナ | 伟大的(地) |
|---|---|---|
| 偉大 | | 例偉大な先輩を目標に努力する。<br>以伟大的前辈为目标而努力。<br>類立派 反卑小 |

| 6633 | イ | 让人心痛的 |
|---|---|---|
| 痛々しい | | 例右足の白い包帯がいかにも痛々しい。<br>右腿上白色的绷带，怎么看都让人心疼。<br>類痛ましい |

| 6634 | イ | 悲惨的，惨烈的 |
|---|---|---|
| 痛ましい | | 例幼い子が犠牲になる痛ましい事故が起こった。<br>发生了一起幼童身亡的悲惨的事故。<br>類痛々しい，悲惨 |

| 6635 | 動 | 使…疼痛，使…痛苦 |
|---|---|---|
| 痛める | | 例重い荷物を持ち上げて腰を痛めた。<br>提了一件很重的行李，伤到了腰。<br>類けがする，故障する |

| 6636 | 動 | 用火炒 |
|---|---|---|
| 炒める | | 例肉と野菜をフライパンで炒める。<br>拿平底锅炒肉和蔬菜。<br>類炒る |

| 6637 | 副 | 一概，全都 |
|---|---|---|
| 一概に | | 例あなたの意見が正しいとは一概に言い切れない。<br>不能断定说你的意见全都正确。<br>類必ずしも，一口に，一様に |

| 6638 | 副 | 一次，一旦 |
|---|---|---|
| 一度に | | 例一度にあれこれ言われても覚えきれない。<br>一次跟我说那么多，我也不可能全记住。<br>類一斉，一遍 |

| 6639 | 副 | (过去或将来)某一天，迟早，早晚，不知何时 |
|---|---|---|
| いつか | | 例いつか日本に行って富士山に登りたい。<br>等将来哪一天我想去日本爬富士山。<br>類そのうち，かつて |

| 6640 | 副名 | 一口气 |
|---|---|---|
| 一気(に) | | 例喉が渇いていたので水を一気に飲み干した。<br>当时渴了，所以一口气把水喝完了。<br>類一斉，一遍，一挙 反次第に，徐々に |

| 6641 | 副 | 到什么时候 |
|---|---|---|
| いつまで | | 例寝坊して遅刻しそうです。いつまで待てますか。<br>我睡过头来眼看要迟到。你最晚能等到什么时候呀？<br>類どれだけ |

| 6642 | 副 | 什么时候之前 |
|---|---|---|
| いつまでに | | 例いつまでに返事をすればいいか教えてください。<br>我什么时间之前答复比较合适，请你告诉我。<br>類期日 |

| 6643 | 副 | 永远，一直 |
|---|---|---|
| いつまでも | | 例いつまでも親に甘えていてはいけない。<br>不能一直跟父母撒娇。<br>類ずっと，永遠 |

| 6644 | イ | 可爱的，亲爱的 |
|---|---|---|
| 愛しい<br>いと | | 例愛しい彼に早く会いに行きたい。<br>我想早点去见亲爱的他。<br>類恋しい，愛おしい　反憎い |

| 6645 | ナ名 | 拼死 |
|---|---|---|
| 命懸け<br>いのち が | | 例消防士は火災現場に命懸けで出動する。<br>消防员冒着生命危险赶赴火灾现场。<br>類必死，本気 |

| 6646 | 副 | 还未完全，还差一点 |
|---|---|---|
| いまいち | | 例あなたの言っていることが、いまいち理解できません。<br>你现在说的这些，我还是没法完全理解。<br>類あまり，なんとなく，いまひとつ |

| 6647 | 副 | 直到现在，事到如今 |
|---|---|---|
| いまさら | | 例いくら悔やんでも、いまさら過去には戻れない。<br>不管怎么后悔，事到如今也回不到过去了。<br>類いまごろ，もう |

| 6648 | 副 | 随时，马上就 |
|---|---|---|
| いまにも | | 例お酒を飲みすぎて、いまにも吐きそうだ。<br>喝酒过量了，感觉随时都要吐。<br>類まさに，いますぐ |

| 6649 | 動 | 焦急，心烦意乱 |
|---|---|---|
| いらだつ | | 例相手の無神経な態度にいらだつ。<br>对方做事欠考虑的态度让我烦躁。<br>類焦る，いらつく |

| 6650 | 体 | 各种各样的 |
|---|---|---|
| 色んな<br>いろ | | 例公園には色んな花が咲いている。<br>公园里开着各种各样的花。<br>類様々，色々，多様 |

| 6651 | 体 | 所谓的 |
|---|---|---|
| いわゆる | | 例彼は努力の人だ。いわゆる天才とは違う。<br>他是个很努力的人。和所谓的天才不同。<br>類俗にいう，いわば |

| 6652 | イ | 未经世故的，天真烂漫的 |
|---|---|---|
| 初々しい<br>ういうい | | 例初々しい新入生を迎え入れる。<br>迎来了年轻单纯的新生。<br>類若々しい，うぶ |

| 6653 | 動 | 及格，考中 |
|---|---|---|
| 受かる<br>う | | 例東京大学に受かって、とてもうれしい。<br>考上了东京大学，特别开心。<br>類合格する　反落ちる |

| 6654 受け持つ うけもつ | 動 | 掌管，负责 |
|---|---|---|
| | 例 | 彼は一年生の体育の授業を受け持っている。 他负责一年级的体育课。 |
| | 類 | 担当する，請け負う |

| 6655 後ろめたい うしろめたい | イ | 愧疚，内疚 |
|---|---|---|
| | 例 | 自分だけが助かって後ろめたく思う。 只有自己得救，心里感觉很愧疚。 |
| | 類 | やましい |

| 6656 薄め うすめ | ナ名 | 较薄，较淡，较稀 |
|---|---|---|
| | 例 | 薄めの味付けにして塩分を控える。 味道调得淡一些，控制盐分的摄入量。 |
| | 類 | 薄い，淡泊 反 濃いめ，厚め |

| 6657 打ち勝つ うちかつ | 動 | 打赢，战胜 |
|---|---|---|
| | 例 | 彼は辛い治療に耐えて病気に打ち勝った。 他经受住了痛苦的治疗，战胜了病魔。 |
| | 類 | 勝利する |

| 6658 内気 うちき | ナ名 | 腼腆的，内向的 |
|---|---|---|
| | 例 | 私は幼い時，内気な性格で人見知りだった。 我小的时候性格内向，见到生人的时候很害羞。 |
| | 類 | 弱気，臆病，シャイ 反 勝ち気 |

| 6659 うっとうしい | イ | 压抑的，沮丧的，烦人的 |
|---|---|---|
| | 例 | 髪の毛がのびてうっとうしい。 头发长长了很碍事，烦人。 |
| | 類 | 重苦しい，目障り 反 すがすがしい |

| 6660 疎い うとい | イ | 疏远的，生疏的 |
|---|---|---|
| | 例 | コンピュータに疎いのでパソコンの設定ができない。 不太懂电脑，所以没法进行设置。 |
| | 類 | 暗い，疎遠 反 詳しい，近しい，親しい |

| 6661 埋め立てる うめたてる | 動 | 填海(湖等)造陆 |
|---|---|---|
| | 例 | 海を埋め立てれば自然が破壊されてしまう。 如果填海造陆的话，自然环境会遭到破坏。 |
| | 類 | 埋める |

| 6662 裏返す うらがえす | 動 | 从正面翻到背面(或相反)，(对某事)反过来看(说) |
|---|---|---|
| | 例 | タオルの汚れた面を裏返して使う。 毛巾一面脏了，翻过来接着使用。 |
| | 類 | 覆す，ひっくり返す |

| 6663 占う うらなう | 動 | 占卜，预测 |
|---|---|---|
| | 例 | 手相で今年の運勢を占ってもらう。 请别人帮我看手相，算一下今年的运势。 |
| | 類 | 予想する |

| 6664 恨む うらむ | 動 | 恨，怨恨 |
|---|---|---|
| | 例 | しつけに厳しい父を恨んでいたが、今は感謝している。 当年恨我爸管教太严，但是现在很感谢他这么做。 |
| | 類 | 憎む，根にもつ |

| 6665 潤う うるおう | 動 | 湿润，丰裕，受益 |
|---|---|---|
| | 例 | 化粧水をつけると肌が潤う。 拍了化妆水，皮肤变得湿润了。 |
| | 類 | 湿る，濡れる 反 乾く，渇く |

| 6666 | ナ 名 | 美満，円満 |
|---|---|---|
| えんまん<br>円満 | | 例 話し合いでトラブルを円満に解決する。<br>意图通过沟通来圆满解决问题。<br>類 平和，なごやか　反 険悪 |

| 6667 | 動 | 追上，赶上 |
|---|---|---|
| おい あ<br>追い上げる | | 例 最下位のランナーが追い上げて見事に優勝した。<br>本在最后一名的选手追了上来，出色地取胜了。<br>類 追う，追いかける |

| 6668 | 動 | 追踪，追赶 |
|---|---|---|
| おい<br>追いかける | | 例 逃げる犯人を追いかけて捕まえる。<br>追踪逃犯并将其逮捕。<br>類 追う，追い上げる |

| 6669 | 動 | 赶超，超过 |
|---|---|---|
| おい こ<br>追い越す | | 例 前を走っている遅い車を追い越す。<br>超过前面那辆慢车。<br>類 追い抜く |

| 6670 | 動 | 赶入，使…陷入困境 |
|---|---|---|
| おい こ<br>追い込む | | 例 魚を網に追い込んで捕まえる。<br>把鱼赶进鱼网里抓住。<br>類 追いつめる |

| 6671 | 動 | 赶出，驱逐 |
|---|---|---|
| おい だ<br>追い出す | | 例 怒った父は娘を家から追い出した。<br>怒气冲冲的父亲将女儿赶出了家门。<br>類 追い立てる，追い払う　反 引き止める |

| 6672 | 体 | 大的，伟大的 |
|---|---|---|
| おお<br>大いなる | | 例 彼の大いなる功績をたたえる。<br>赞扬他伟大的功勋。<br>類 立派な，偉大な |

| 6673 | 体 | 大的，广大的，庞大的 |
|---|---|---|
| おお<br>大きな | | 例 部屋の外で大きな音がする。<br>听到房间外面有很大的声响。<br>類 大きい，多大　反 小さな |

| 6674 | ナ | (性格)豪爽，豁达 |
|---|---|---|
| おおらか | | 例 温暖な気候の国には，おおらかな人が多い。<br>在气候温暖的国家中，心胸开阔的人很多。<br>類 寛大 |

| 6675 | 体 | 奇怪，滑稽，有趣 |
|---|---|---|
| おかしな | | 例 昨日はおかしな夢を見てうなされた。<br>昨晚做了个奇怪的梦，鬼压床了。<br>類 妙，変，おかしい，面白い |

| 6676 | 動 | 送(客等)，派送 |
|---|---|---|
| おく だ<br>送り出す | | 例 卒業式を開催して卒業生を送り出す。<br>举办毕业典礼欢送毕业生。<br>類 送る，見送る，発送する　反 迎え入れる |

| 6677 | 動 | 治理，管理，整治 |
|---|---|---|
| おさ<br>治める | | 例 王様が国を治める。<br>国王治理国家。<br>類 統べる，支配する　反 乱す |

| 6678 | 動 | 收拾，纳入，缴纳 |
|---|---|---|
| おさ<br>納める | | 例日本では国民健康保険税を納める必要がある。<br>在日本必须缴纳国民健康保险税。<br>類納品する，収納する |

| 6679 | 副 | 战战兢兢 |
|---|---|---|
| おそ　おそ<br>恐る恐る | | 例大きな物音がしたので恐る恐る窓を開けてみる。<br>因为听到了很大的动静，所以战战兢兢地开窗观望。<br>類恐々 |

| 6680 | 動 | 威胁，恐吓 |
|---|---|---|
| おど<br>脅す | | 例犯人はナイフで被害者を脅した。<br>犯人用匕首胁迫受害者。<br>類脅迫する，威嚇する　反すかす |

| 6681 | 動 | 害怕，受惊，惊叫 |
|---|---|---|
| おびえる | | 例あの先生は怖いので生徒がおびえている。<br>那个老师挺吓人，所以学生都怕他。<br>類怖がる，怯む |

| 6682 | 動 | 溺水，沉溺 |
|---|---|---|
| おぼれる | | 例池でおぼれている人を助ける。<br>救助在池子里溺水的人。<br>類沈む　反浮かぶ |

| 6683 | 動 | 忧思，执念 |
|---|---|---|
| おも　つ<br>思い詰める | | 例あまり思い詰めずに気軽に考えよう。<br>别太钻牛角尖，想开些。<br>類悩む，煩う，思い煩う |

| 6684 | 動 | 断念，打消念头 |
|---|---|---|
| おも<br>思いとどまる | | 例彼は会社を辞めることを思いとどまった。<br>他打消了从公司辞职的念头。<br>類躊躇する，やめる |

| 6685 | 動 | 改变想法 |
|---|---|---|
| おも　なお<br>思い直す | | 例彼は思い直して仕事を続けることにした。<br>他转念一想，还是选择继续工作。<br>類考え直す |

| 6686 | 副 | 尽情，尽兴 |
|---|---|---|
| おも　ぞんぶん<br>思う存分 | | 例ダイエットをやめて，お菓子を思う存分食べる。<br>放弃减肥，尽情吃点心。<br>類心ゆくまで |

| 6687 | イ | 沉甸甸的，郑重的，庄重的 |
|---|---|---|
| おもおも<br>重々しい | | 例重々しい雰囲気で会議が進行する。<br>会议在庄严的氛围中举行。<br>類重苦しい　反軽々しい |

| 6688 | 副 | 主要 |
|---|---|---|
| おも<br>主に | | 例ハンバーグの材料は主に牛肉です。<br>汉堡肉的原料主要是牛肉。<br>類大部分，ほとんど |

| 6689 | 動 | 赶赴，趋于 |
|---|---|---|
| おもむ<br>赴く | | 例災害が起きた国へ救援に赴く。<br>赶赴发生灾害的国家进行救援。<br>類行く，出向く |

| 6690 | ナ 名 サ | 孝順，孝敬父母 |
|---|---|---|
| おやこうこう<br>親孝行(する) | | 例 健康でいることは，それだけで立派な親孝行だ。<br>保持健康本身也是孝敬父母的一种很好的体现。<br>類 孝行，親思い　反 親不孝 |

| 6691 | ナ 名 サ | 不孝 |
|---|---|---|
| おや ふ こう<br>親不孝(する) | | 例 私は母親に心配ばかりかける親不孝な娘だ。<br>我是一个只会让妈妈担心的不孝的女儿。<br>類 不孝　反 親孝行 |

| 6692 | 動 | 买进，大量购买 |
|---|---|---|
| か こ<br>買い込む | | 例 週末を家で過ごすために食料を買い込む。<br>为了周末能宅在家里而把吃的都囤好。<br>類 買う，買い入れる |

| 6693 | 動 | 买来占为己有，买下 |
|---|---|---|
| か と<br>買い取る | | 例 これまで借りていた家を買い取りたい。<br>我想把现在一直租的房子买下来。<br>類 買う，買い付ける，買収する　反 売り払う |

| 6694 | イ | 光辉的，闪耀的 |
|---|---|---|
| かがや<br>輝かしい | | 例 彼はオリンピックで輝かしい成績を残した選手だ。<br>他是一位在奥运会上取得了辉煌成绩的运动员。<br>類 素晴らしい，見事 |

| 6695 | 体 | 确凿的，明确的 |
|---|---|---|
| かく<br>確たる | | 例 彼が犯人だという確たる証拠がない。<br>并没有确凿的证据证明他是犯人。<br>類 はっきりした，明白な |

| 6696 | ナ 名 | 便宜，价廉 |
|---|---|---|
| かくやす<br>格安 | | 例 友人から格安な値段で車を購入した。<br>从朋友那里以便宜的价格买了一辆车。<br>類 割安 |

| 6697 | 副 | (干燥的东西摩擦时)沙沙作响 |
|---|---|---|
| かさかさ(する) | | 例 空気が乾燥しているので肌がかさかさする。<br>因为空气很干燥，所以皮肤也是干巴巴的。<br>類 がさがさ |

| 6698 | ナ 名 | 随意，轻松，休闲，轻便 |
|---|---|---|
| カジュアル | | 例 キャンプにカジュアルな服装で行く。<br>穿休闲的衣服去野营。<br>類 気軽，ふだん　反 フォーマル |

| 6699 | ナ | 过大(的/地) |
|---|---|---|
| か だい<br>過大 | | 例 実力より過大な評価を受ける。<br>受到与实力不符的，过高的评价。<br>類 過剰　反 過小 |

| 6700 | 副 | 失望，垂头丧气 |
|---|---|---|
| がっかり(する) | | 例 大切な約束を破った彼にはがっかりした。<br>他没有遵守一项重要的诺言，对他很失望。<br>類 失望，落胆 |

| 6701 | 動 | 悲伤，悲痛 |
|---|---|---|
| かな<br>悲しむ | | 例 父の死を家族で悲しむ。<br>家人对父亲去世感到悲痛。<br>類 嘆く，悲しい，悲しがる　反 喜ぶ |

| 6702 かねて | 副 | 从前，之前 |
|---|---|---|
| | | 例このような事態になるのは、かねてより予想していた。 |
| | | 我从很久之前就料到事态会发展成这样。 |
| | | 類以前から、かねがね |

| 6703 かの | 体 | 那个 |
|---|---|---|
| | | 例この絵は、かの有名なゴッホの作品だ。 |
| | | 这幅画是那位著名梵高的作品。 |
| | | 類あの、例の |

| 6704 過敏 | ナ名 | 过于敏感，过敏 |
|---|---|---|
| | | 例私は小麦に過敏に反応するアレルギー体質だ。 |
| | | 我的身体对小麦反应过于敏感，是过敏体质。 |
| | | 類敏感 |

| 6705 か細い | イ | 纤细的，微弱的 |
|---|---|---|
| | | 例赤ちゃんの泣き声がか細いので心配になる。 |
| | | 婴儿哭声很微弱，让人担心。 |
| | | 類弱々しい、か弱い　反野太い |

| 6706 過密 | ナ名 | 密度过大，过满 |
|---|---|---|
| | | 例今日は過密なスケジュールだったので疲れてしまった。 |
| | | 今天安排太满了，所以很累。 |
| | | 類密集　反過疎 |

| 6707 か弱い | イ | 柔弱的 |
|---|---|---|
| | | 例か弱い女の子では、この重い荷物は持てない。 |
| | | 柔弱的女孩子是拿不动这个很重的行李的。 |
| | | 類弱々しい、か細い　反たくましい |

| 6708 絡まる | 動 | 缠绕，牵扯 |
|---|---|---|
| | | 例糸が複雑に絡まってほどけない。 |
| | | 线复杂地缠绕在一起，解都解不开。 |
| | | 類絡みつく、巻きつく、結びつく |

| 6709 がらりと | 副 | 哗啦(用力推拉门窗或重物掉落)，(态度等)突然变化 |
|---|---|---|
| | | 例街の雰囲気が以前と比べてがらりと変わった。 |
| | | 这条街的氛围和从前比起来完全变了。 |
| | | 類すっかり |

| 6710 かれこれ | 副 | 这样那样，大约，大概 |
|---|---|---|
| | | 例彼とは、かれこれ二十年の付き合いだ。 |
| | | 和他大约有二十年的交情了。 |
| | | 類およそ、大体 |

| 6711 辛うじて | 副 | 勉强，好不容易 |
|---|---|---|
| | | 例無人島から辛うじて生還した。 |
| | | 好不容易从无人岛上生还了。 |
| | | 類辛くも、間一髪で　反なんなく、やすやすと |

| 6712 かわいがる | 動 | 疼爱，宠爱 |
|---|---|---|
| | | 例産まれた子供をかわいがる。 |
| | | 宠爱刚出生不久的宝宝。 |
| | | 類いつくしむ　反いじめる |

| 6713 乾かす | 動 | 弄干，使…干燥 |
|---|---|---|
| | | 例雨で濡れたコートを外に干して乾かす。 |
| | | 把被雨淋湿的外套晾起来晒干。 |
| | | 類干す　反潤す、湿らす、濡らす |

| 6714 | 副 | 交替，轮流，轮换 |
|---|---|---|
| か が<br>代わる代わる | | 例 会議の出席者が代わる代わる発言する。<br>出席会议的人轮流发言。<br>類 交代に，順番に，次々に |

| 6715 | イ | 感触很深，感慨 |
|---|---|---|
| かんがいぶか<br>感慨深い | | 例 我が子が成長した姿を見ると感慨深くなる。<br>一看到自己的孩子长大的样子就很感慨。<br>類 感無量，しみじみ |

| 6716 | ナ名 | 顽固，倔强 |
|---|---|---|
| がん こ<br>頑固 | | 例 彼は自分の意見を曲げない頑固な人だ。<br>他这个人不对自己意见妥协，很倔强。<br>類 頑な，強情 |

| 6717 | ナ名 | 结实，牢固 |
|---|---|---|
| がんじょう<br>頑丈 | | 例 この家は頑丈なつくりなので地震がきても安心だ。<br>这所房子建得很牢固，地震来了也不必担心。<br>類 丈夫，がっしり　反 華奢 |

| 6718 | ナ名 | 简单，朴素 |
|---|---|---|
| かん そ<br>簡素 | | 例 生活感のない簡素な部屋で暮らす。<br>在收拾得干干净净的，简单素净的屋子里居住。<br>類 質素　反 豪華 |

| 6719 | ナ名 | 宽容 |
|---|---|---|
| かんよう<br>寛容 | | 例 多少のミスには寛容になるべきだ。<br>稍微有点失误，是应该宽容对待的。<br>類 寛大　反 狭量 |

| 6720 | ナ名 | 寒冷 |
|---|---|---|
| かんれい<br>寒冷 | | 例 南極は地球上で最も寒冷な地域の一つである。<br>南极是地球上最寒冷的地区之一。<br>類 寒い，冷たい　反 温暖 |

| 6721 | ナ名 | 记挂，惦念 |
|---|---|---|
| き<br>気がかり | | 例 仕事が忙しい父の体調が気がかりだ。<br>惦念工作繁忙的父亲的身体。<br>類 懸念，心配 |

| 6722 | 動 | 重听，重问，反问 |
|---|---|---|
| き かえ<br>聞き返す | | 例 お気に入りの曲を何度も聞き返す。<br>反复循环听喜爱的歌曲。<br>類 聞き直す |

| 6723 | イ | 听不清，难听，话不中听 |
|---|---|---|
| き ぐる<br>聞き苦しい | | 例 彼の話は自慢ばかりで聞き苦しい。<br>他说话总是自夸，不中听。<br>類 耐え難い，聞きにくい |

| 6724 | ナ | 率直，坦率 |
|---|---|---|
| き<br>気さく | | 例 彼は気さくな性格なので話しかけやすい。<br>他性格很率直，所以很容易交流。<br>類 親しみやすい　反 気難しい |

| 6725 | ナ | 奇迹般的(地) |
|---|---|---|
| き せきてき<br>奇跡的 | | 例 交通事故に遭ったが，奇跡的に無傷だった。<br>虽然遭遇了交通事故，但是奇迹般地没有受伤。<br>類 不思議 |

| 6726 | 体 | 接下来的，下个，下次 |
|---|---|---|
| <ruby>来<rt>きた</rt></ruby>るべき | | 例<ruby>来<rt>きた</rt></ruby>るべき<ruby>災害<rt>さいがい</rt></ruby>に<ruby>備<rt>そな</rt></ruby>えて<ruby>食<rt>た</rt></ruby>べ<ruby>物<rt>もの</rt></ruby>を<ruby>備蓄<rt>びちく</rt></ruby>する。 |
| | | 为防备接下来可能发生的灾害而储备食品。 |
| | | 類今度の　反去る |

| 6727 | ナ名 | 面面俱到，细致入微 |
|---|---|---|
| <ruby>几帳面<rt>きちょうめん</rt></ruby> | | 例<ruby>彼<rt>かれ</rt></ruby>は<ruby>几帳面<rt>きちょうめん</rt></ruby>なので<ruby>机<rt>つくえ</rt></ruby>の<ruby>上<rt>うえ</rt></ruby>がいつもきれいだ。 |
| | | 他做事细致，所以书桌总是干净整洁。 |
| | | 類細かい，神経質，真面目　反ずぼら |

| 6728 | ナ名 | 可怜，同情 |
|---|---|---|
| <ruby>気<rt>き</rt></ruby>の<ruby>毒<rt>どく</rt></ruby> | | 例<ruby>お金<rt>かね</rt></ruby>を<ruby>盗<rt>ぬす</rt></ruby>まれた<ruby>彼<rt>かれ</rt></ruby>を<ruby>気<rt>き</rt></ruby>の<ruby>毒<rt>どく</rt></ruby>に<ruby>思<rt>おも</rt></ruby>う。 |
| | | 他的钱被偷了，我觉得挺可怜的。 |
| | | 類かわいそう　反いい気味 |

| 6729 | イ | 窘迫，尴尬 |
|---|---|---|
| <ruby>気<rt>き</rt></ruby>まずい | | 例<ruby>彼<rt>かれ</rt></ruby>とけんかしたばかりだから<ruby>会<rt>あ</rt></ruby>うのが<ruby>気<rt>き</rt></ruby>まずい。 |
| | | 因为刚跟他吵完架，所以见面很尴尬。 |
| | | 類ぎこちない，ばつが悪い |

| 6730 | イ | 挑剔的，难以取悦的 |
|---|---|---|
| <ruby>気難<rt>きむずか</rt></ruby>しい | | 例<ruby>気難<rt>きむずか</rt></ruby>しい<ruby>猫<rt>ねこ</rt></ruby>が<ruby>私<rt>わたし</rt></ruby>にだけは<ruby>懐<rt>なつ</rt></ruby>いている。 |
| | | 这只难伺候的猫只跟我一个人很亲近。 |
| | | 類偏屈 |

| 6731 | 動 | 武断地认定 |
|---|---|---|
| <ruby>決<rt>き</rt></ruby>めつける | | 例<ruby>結果<rt>けっか</rt></ruby>を<ruby>決<rt>き</rt></ruby>めつけるのは，まだ<ruby>早<rt>はや</rt></ruby>いですよ。 |
| | | 还不到急着下结论的时候呢。 |
| | | 類断定する |

| 6732 | イ | 自在，不拘束 |
|---|---|---|
| <ruby>気<rt>き</rt></ruby>やすい | | 例<ruby>私<rt>わたし</rt></ruby>になんでも<ruby>気<rt>き</rt></ruby>やすく<ruby>相談<rt>そうだん</rt></ruby>してくださいね。 |
| | | 有任何事都可以找我商量，不必拘束。 |
| | | 類気楽，気軽 |

| 6733 | 副 | 急忙，匆忙 |
|---|---|---|
| <ruby>急遽<rt>きゅうきょ</rt></ruby> | | 例<ruby>家族<rt>かぞく</rt></ruby>の<ruby>都合<rt>つごう</rt></ruby>で<ruby>急遽帰国<rt>きゅうきょきこく</rt></ruby>しなければならなくなった。 |
| | | 因为家里的事只得匆忙回国。 |
| | | 類突然，突如，急に |

| 6734 | イ | 清澈的，清净的，纯洁的 |
|---|---|---|
| <ruby>清<rt>きよ</rt></ruby>い | | 例<ruby>子供<rt>こども</rt></ruby>のように<ruby>清<rt>きよ</rt></ruby>い<ruby>心<rt>こころ</rt></ruby>を<ruby>持<rt>も</rt></ruby>ち<ruby>続<rt>つづ</rt></ruby>けるのは<ruby>難<rt>むずか</rt></ruby>しい。 |
| | | 像孩童一样保持一颗纯洁的心是很困难的。 |
| | | 類きれい，清潔，清浄　反汚い |

| 6735 | ナ | 强制，强制性(地) |
|---|---|---|
| <ruby>強制的<rt>きょうせいてき</rt></ruby> | | 例パソコンが<ruby>動<rt>うご</rt></ruby>かなくなったので<ruby>強制的<rt>きょうせいてき</rt></ruby>に<ruby>電源<rt>でんげん</rt></ruby>を<ruby>切<rt>き</rt></ruby>った。 |
| | | 电脑没反应了，所以强制切断电源了。 |
| | | 類力ずく，無理矢理　反任意 |

| 6736 | ナ名 | 强大的(地) |
|---|---|---|
| <ruby>強大<rt>きょうだい</rt></ruby> | | 例<ruby>万里<rt>ばんり</rt></ruby>の<ruby>長城<rt>ちょうじょう</rt></ruby>は<ruby>強大<rt>きょうだい</rt></ruby>な<ruby>権力<rt>けんりょく</rt></ruby>の<ruby>象徴<rt>しょうちょう</rt></ruby>だ。 |
| | | 万里长城是强权的象征。 |
| | | 類強力，絶大　反弱小 |

| 6737 | ナ名 | 巨额的(地) |
|---|---|---|
| <ruby>巨額<rt>きょがく</rt></ruby> | | 例ビジネスに<ruby>成功<rt>せいこう</rt></ruby>して<ruby>巨額<rt>きょがく</rt></ruby>な<ruby>利益<rt>りえき</rt></ruby>を<ruby>得<rt>え</rt></ruby>る。 |
| | | 投资成功，获得巨额利益。 |
| | | 類多額，高額，巨万　反小額 |

| 6738 | 副 | 极力，尽量 |
|---|---|---|
| きょくりょく<br>極力 | | 例 強制ではないけれど，極力参加してください。<br>虽然不是强制性的，但是请尽量参加。<br>類 できるだけ，可能な限り |

| 6739 | 動 | 清洗，净化 |
|---|---|---|
| きよ<br>清める | | 例 水を浴びて体を清める。<br>用水冲一冲，把身体洗干净。<br>類 浄化する，洗い落とす　反 汚す |

| 6740 | 副 | 光芒(亮光)刺眼 |
|---|---|---|
| ぎらぎら(する) | | 例 真夏のビーチは太陽がぎらぎら照りつけている。<br>火辣辣的太阳照在大夏天的沙滩上。<br>類 さんさん，光る，輝く |

| 6741 | イ | 打擦边球的 |
|---|---|---|
| きわ<br>際どい | | 例 いまのは反則に近い際どいプレーだった。<br>刚刚那一招是个差点犯规的擦边球。<br>類 危ない，危うい，ぎりぎり，すれすれ |

| 6742 | ナ名 | 均匀的(地)，均一的(地) |
|---|---|---|
| きんいつ<br>均一 | | 例 作った家具に刷毛でペンキを均一に塗る。<br>用刷子把做好的家具均匀地刷上油漆。<br>類 一律，まんべんなく |

| 6743 | ナ | (相对于封建时代)近代的，现代的 |
|---|---|---|
| きんだいてき<br>近代的 | | 例 近代的なデザインの家に住む。<br>居住在设计风格很现代化的房子里。<br>類 現代的　反 古典的 |

| 6744 | ナ名 | 勤勉的(地)，勤恳的(地) |
|---|---|---|
| きんべん<br>勤勉 | | 例 彼は勤勉で他の学生の見本になる人物だ。<br>他很勤勉，是其他学生学习的榜样。<br>類 真面目　反 怠惰，怠慢 |

| 6745 | 動 | (坚固的东西)破碎，(谈话)变得随意 |
|---|---|---|
| くだ<br>砕ける | | 例 事故で車のフロントガラスが粉々に砕けた。<br>由于交通事故，导致车的挡风玻璃粉碎破裂。<br>類 割れる，くじける，打ち解ける |

| 6746 | 動 | 低吟，哼唱 |
|---|---|---|
| くち<br>口ずさむ | | 例 彼女は散歩しながら歌を口ずさんでいる。<br>她一边散步，一边小声哼唱着歌。<br>類 歌う |

| 6747 | 動 | 弄翻，颠覆，彻底转变，推翻 |
|---|---|---|
| くつがえ<br>覆す | | 例 彼は土壇場で意見を覆した。<br>他在最后关头变卦了。<br>類 裏返す，変える |

| 6748 | 副 | (煮炖时)咕嘟，闭塞或漱口时的声音 |
|---|---|---|
| ぐつぐつ(と) | | 例 スープをぐつぐつと煮込む。<br>咕嘟咕嘟地炖汤。<br>類 ぐらぐら |

| 6749 | イ | 啰嗦，(饭菜)味道过重 |
|---|---|---|
| くどい | | 例 説明がくどいと相手に内容が伝わりにくくなる。<br>讲解太啰嗦的话，就很难把意思传达给对方。<br>類 しつこい |

| 6750 | 動 | 多云，(镜子等)起雾 |
|---|---|---|
| くも<br>曇る | | 例空が曇ってきて雨が降りそうだ。<br>乌云逐渐笼罩了天空，快下雨了。<br>類陰る，霞む　反晴れる，澄む |

| 6751 | 動 | 悔恨，悼念 |
|---|---|---|
| く<br>悔やむ | | 例彼と別れたことを，いまになって悔やんでいる。<br>直到今天，才开始后悔跟他分开。<br>類後悔する　反祝う |

| 6752 | 副 | 摇晃，晃悠，(沸腾状)哗啦，咕嘟 |
|---|---|---|
| ぐらぐら(する) | | 例前歯がぐらぐらして，いまにも抜けそうだ。<br>门牙松动了，就快掉了。<br>類不安定，ゆらゆら |

| 6753 | 副 | (快速而有力地移动或进展状)呼呼，蹭蹭 |
|---|---|---|
| ぐんぐん | | 例成長期で身長がぐんぐん伸びる。<br>到了发育期，个头飞长。<br>類どんどん |

| 6754 | 副 | (用力状)猛地，非比寻常地 |
|---|---|---|
| ぐんと | | 例昨日と比べて今日はぐんと気温が上がった。<br>跟昨天相比，今天气温猛然升高了。<br>類ぐっと，一段と，著しく |

| 6755 | ナ名サ | 轻快的(地) |
|---|---|---|
| けいかい<br>軽快(する) | | 例軽快なリズムでダンスを踊る。<br>伴随着轻快的节奏跳舞。<br>類軽やか，機敏　反荘重 |

| 6756 | ナ | 形式上的(地) |
|---|---|---|
| けいしきてき<br>形式的 | | 例試験といっても形式的なものだ。<br>虽说是考试，但也只是走个形式。<br>類慣例的，儀礼的　反実質的 |

| 6757 | ナ名 | 轻率的(地) |
|---|---|---|
| けいそつ<br>軽率 | | 例軽率な行動で周囲に迷惑をかけた。<br>轻率行为给周围人添了麻烦。<br>類軽薄，軽々しい，軽はずみ　反慎重 |

| 6758 | イ | 吵闹的，喧闹的 |
|---|---|---|
| けたたましい | | 例目覚まし時計のけたたましい音で目が覚める。<br>听着闹钟吵人的闹铃睁开了眼。<br>類騒がしい |

| 6759 | ナ | 粗俗的(地)，粗鄙的(地) |
|---|---|---|
| げ ひん<br>下品 | | 例公共の場で下品な言葉遣いはやめなさい。<br>请不要在公共场合讲粗话。<br>類下劣，卑しい　反上品 |

| 6760 | イ | 浓烟滚滚的，敬而远之的 |
|---|---|---|
| けむ<br>煙たい | | 例思春期は親を煙たく感じる年頃だ。<br>青春期是一个对父母敬而远之的年龄段。<br>類煙い，息苦しい，気詰まり |

| 6761 | イ | 陡峭的，艰险的，严厉的 |
|---|---|---|
| けわ<br>険しい | | 例険しい山道を登るのを断念する。<br>放弃攀登陡峭山路的念头。<br>類きつい，急　反なだらか |

| 6762 | ナ 名 | 健在 |
|---|---|---|
| けんざい<br>健在 | | 例 私の祖父は百歳になっても，いまだ健在だ。<br>我的祖父已经一百岁了，仍然健在。<br>類 元気，達者，壮健 |

| 6763 | ナ | 原始的(地) |
|---|---|---|
| げんしてき<br>原始的 | | 例 原始的な生物の化石を発掘する。<br>挖掘原始生物的化石。<br>類 未開 |

| 6764 | イ | 思恋，怀念 |
|---|---|---|
| こい<br>恋しい | | 例 一人暮らしをしていると母の料理が恋しくなる。<br>一个人生活时间长了，就很怀念妈妈做的饭菜。<br>類 懐かしい |

| 6765 | 体 | 这样的 |
|---|---|---|
| こういう | | 例 こういう本が読みたかった。<br>我就是想读这样的书来着。<br>類 こんな，このような |

| 6766 | ナ 名 | 光荣的(地) |
|---|---|---|
| こうえい<br>光栄 | | 例 最も優秀な生徒に選ばれて光栄だ。<br>被选为最优秀的学生，我很光荣。<br>類 名誉 |

| 6767 | ナ 名 サ | 孝順(的／地) |
|---|---|---|
| こうこう<br>孝行(する) | | 例 親を大切にする孝行な息子に成長した。<br>长大了，成了一个懂得心疼父母的孝顺的儿子。<br>類 いたわる，尽くす 反 不孝 |

| 6768 | ナ 名 | 公平的(地)，公正的(地) |
|---|---|---|
| こうせい<br>公正 | | 例 裁判は公正なものでなければならない。<br>法院的审判必须是公平公正的。<br>類 公平，平等 反 不公正，不正，矛盾 |

| 6769 | ナ | 肯定的(地)，积极的(地) |
|---|---|---|
| こうていてき<br>肯定的 | | 例 彼の意見を支持して肯定的な立場をとる。<br>支持他的意见，持肯定立场。<br>類 賛成，賛同 反 否定的 |

| 6770 | イ | 香的，芳香的 |
|---|---|---|
| こう<br>香ばしい | | 例 カフェからコーヒーの香ばしい匂いが漂ってくる。<br>从咖啡店中飘出一阵咖啡的香味。<br>類 かぐわしい 反 生臭い |

| 6771 | ナ 名 | 势均力敌，相持 |
|---|---|---|
| ごかく<br>互角 | | 例 強いチームと最後まで互角に戦った。<br>和强队势均力敌，最终战平。<br>類 五分五分，伯仲 反 段違い |

| 6772 | 動 | 把…烧焦，烤焦 |
|---|---|---|
| こ<br>焦がす | | 例 肉を焼いていたら焦がしてしまった。<br>烤了一块肉，结果烤焦了。<br>類 焦げる，焦げ付く |

| 6773 | ナ 名 | 体型小，(花纹)细密 |
|---|---|---|
| こがら<br>小柄 | | 例 彼は小柄な人だが力持ちだ。<br>他虽然体型小，但是力量很大。<br>類 小さい 反 大柄 |

| 6774 | 動 | 烧焦，烤焦 |
|---|---|---|
| 焦げる<br>こ | | 例 チーズが焦げて固まってしまいました。<br>奶酪烤焦凝固了。<br>類 焦がす，焦げ付く |

| 6775 | 動 | 立志 |
|---|---|---|
| 志す<br>こころざ | | 例 私は作家を志しています。<br>我立志成为一名作家。<br>類 目指す，志望する |

| 6776 | イ | 令人宽慰的，令人鼓舞的 |
|---|---|---|
| 心強い<br>こころづよ | | 例 困った時は家族の存在が心強い。<br>迷茫的时候，家人是我坚强的后盾。<br>類 頼もしい　反 心細い，心もとない |

| 6777 | イ | 无心的，不体谅别人的 |
|---|---|---|
| 心ない<br>こころ | | 例 心ない観光客が街にごみを捨てていく。<br>不懂事的游客在街上扔完垃圾，扬长而去。<br>類 軽率　反 心ある |

| 6778 | 副 | 形容用力擦拭状 |
|---|---|---|
| ごしごし(と) | | 例 頑固な汚れをごしごし洗う。<br>用力擦洗顽固的污渍。<br>類 こする |

| 6779 | 副 | 一同，一起 |
|---|---|---|
| こぞって | | 例 みなさんこぞってパーティーに参加してください。<br>请大家一起来参加聚会。<br>類 そろって，挙げて |

| 6780 | イ | 略高，稍高 |
|---|---|---|
| 小高い<br>こ だか | | 例 小高い丘の上から街並みを一望できる。<br>从隆起的小山丘上望去，街景一览无余。<br>類 高い |

| 6781 | 副 | 凹凸不平的，粗俗的，咳嗽声 |
|---|---|---|
| ごつごつ(と) | | 例 ごつごつした大きな岩が転がってきた。<br>一块凹凸不平的大岩石滚了下来。<br>類 でこぼこ |

| 6782 | 副 | 悉数，全都 |
|---|---|---|
| ことごとく | | 例 私と彼の予定はことごとく合わない。<br>我和他的日程安排全都撞上了。<br>類 例外なく，残らず，すべて |

| 6783 | 体 | 这个 |
|---|---|---|
| この | | 例 この道をまっすぐ進むと銀行があります。<br>沿这条路直走的话，前面有家银行。<br>類 あの，その |

| 6784 | 副名 | 从现在起，今后，将来 |
|---|---|---|
| これから | | 例 これからすぐ行くから，そこで待っていてください。<br>我现在马上过去，你在那等我一下。<br>類 ただいま，いまから |

| 6785 | 副 | 烤得刚好 |
|---|---|---|
| こんがり | | 例 こんがり焼けたパンを口にほおばる。<br>大口吃着烤得刚刚好的面包。 |

| 6786 最たる | 体 | 最，最甚的<br>例 日本を象徴する最たるものは富士山だ。<br>最能象徴日本的就是富士山了。<br>類 一番 |
|---|---|---|
| 6787 先に | 副 | 之前，早先<br>例 先に並んでいたので割り込まないでください。<br>我先排的队，请不要插队。<br>類 前もって，先だって |
| 6788 ささやく | 動 | 低语，传言<br>例 甘い声で愛をささやく。<br>用甜甜的声音悄声表达爱意。<br>類 つぶやく 反 叫ぶ |
| 6789 刺さる | 動 | 扎入，刺入<br>例 指に刺さったとげを抜く。<br>拔掉扎在手指上的刺。<br>類 突き刺さる，突き立つ |
| 6790 授かる | 動 | 获得恩赐，被授予<br>例 結婚十年目でやっと子供を授かった。<br>婚后第十年终于怀上了孩子，真是上天的恩赐。<br>類 賜る 反 授ける |
| 6791 雑 | ナ | 马虎，敷衍，随意<br>例 公共のものを雑に扱ってはいけない。<br>不能随意使用公共物品。<br>類 粗末，粗雑，いいかげん 反 丁寧，大事 |
| 6792 さっさと | 副 | 赶快，迅速地<br>例 さっさと宿題を終わらせて遊びにいこう。<br>赶紧把作业写完，一起去玩吧。<br>類 素早く 反 のんびり |
| 6793 裁く | 動 | 裁决，审判<br>例 法律によって犯罪者を裁く。<br>依据法律审判罪犯。<br>類 裁判する |
| 6794 冷ます | 動 | 使…冷却<br>例 スープを少し冷ましてから飲む。<br>让汤稍微凉一凉再喝。<br>類 冷やす 反 温める，熱する，沸かす |
| 6795 去る | 体 | 刚刚过去的，上一个<br>例 去る四月十日、彼は中国へ旅立った。<br>就在刚刚过去的四月十日，他动身去了中国。<br>反 きたる |
| 6796 ざわざわ(する) | 副 | 哄闹，吵嚷，(树叶等)沙沙作响<br>例 会場はまだざわざわしていて騒がしい。<br>会场里人们还在闹哄哄地讲话，很吵闹。<br>類 がやがや |

| | | |
|---|---|---|
| 6797<br>ざんぎゃく<br>残虐 | **ナ名** | 残忍的(地)，暴虐的(地)<br>例原子爆弾は残虐な核兵器だ。<br>原子弹是一种残忍的核武器。<br>類残酷，残忍 |
| 6798<br>ざんこく<br>残酷 | **ナ名** | 残酷的(地)，残暴的(地)<br>例残酷な戦闘シーンがあるゲームは問題だと思う。<br>我觉得战斗画面很残忍的游戏是有问题的。<br>類残虐，残忍 |
| 6799<br>し<br>強いて | **副** | 非要，非得，勉强<br>例強いて言うなら，カレーよりラーメンが好きだ。<br>非要说的话，比起咖喱我更喜欢吃拉面。<br>類あえて，むりやり，どちらかと言えば |
| 6800<br>しくしく(と) | **副** | 悲泣，幽咽，(腹部等)持续钝痛<br>例迷子になった女の子がしくしくと泣いている。<br>迷了路的小女孩在低声抽泣。<br>類めそめそ |
| 6801<br>した<br>慕う | **動** | 思念，仰慕<br>例彼は仕事ができる先輩を慕っている。<br>他仰慕那位工作能力强的前辈。<br>類敬う，惹かれる |
| 6802<br>したまわ<br>下回る | **動** | 低于<br>例不景気で今年の売り上げが前年を下回った。<br>由于经济不景气，导致今年的营业额低于去年。<br>類以下，割る，切る，割り込む　反上回る |
| 6803<br>しっそ<br>質素 | **ナ名** | 质朴的(地)<br>例お金がないので質素な食事で我慢する。<br>因为没有钱，所以忍受着粗茶淡饭。<br>類貧相，慎ましい，簡素　反贅沢 |
| 6804<br>しとしと(と) | **副** | 淅淅沥沥<br>例一日中，雨がしとしとと降り続いている。<br>一整天了，雨一直在淅淅沥沥地下着。<br>類静かに |
| 6805<br>しなうす<br>品薄 | **ナ名** | 货品短缺<br>例冷夏の影響で野菜が品薄な状況にある。<br>受夏天气温低的影响，蔬菜处于供应短缺的状态。<br>類不足，欠乏 |
| 6806<br>しなん<br>至難 | **ナ名** | 最难的(地)，艰巨，艰难<br>例この試験を突破するのは至難なことだ。<br>想要通过这门考试是一件极难的事。<br>類困難，難題　反容易 |
| 6807<br>しびれる | **動** | 麻木，陶醉<br>例薬のせいで舌がぴりぴりとしびれてきた。<br>因为药的缘故，舌头麻得像针刺一样。<br>類麻痺する，震える，陶酔する |
| 6808<br>しぶ<br>渋い | **イ** | 涩的，朴素而高雅的，(脸色)闷闷不乐的，阴沉的<br>例自分の思うようにいかず渋い顔をする。<br>事情发展不及预期，脸色阴沉。<br>類不満，苦い |

| 6809 | ナ名 | 扎实的(地)，踏实的(地) |
|---|---|---|
| 地道<br>じ・み・ち | | 例 地道に努力した結果、成績が伸びた。<br>踏踏实实地努力学习，结果成绩提高了。<br>類 堅実，着実 |

| 6810 | 動 | 渗入，染上，(因寒气等)刺痛，打动，感染 |
|---|---|---|
| 染みる<br>し | | 例 汗が服に染みて気持ち悪い。<br>汗湿透衣服，看着很恶心。<br>類 浸透する |

| 6811 | ナ名 | 不言而喻的(地)，自然的(地) |
|---|---|---|
| 自明<br>じ・めい | | 例 田舎より都会の方が家賃が高いのは自明の理だ。<br>比起农村，大都市的房租更贵，是不言而喻的道理。<br>類 明らか，歴然 |

| 6812 | 動 | 系牢，拧紧，振作精神，结算 |
|---|---|---|
| 締める<br>し | | 例 彼は毎日ネクタイを締めて出勤している。<br>他每天打领带上班。<br>類 着ける，結ぶ，しぼる，引き締める　反 緩める |

| 6813 | ナ | 内向的(地)，害羞的(地) |
|---|---|---|
| シャイ | | 例 シャイな性格の私は、人前で話すのが苦手だ。<br>性格内向的我，不擅长在人前说话。<br>類 内気 |

| 6814 | 副 | (食物)清脆，爽口，(动作等)麻利，干脆 |
|---|---|---|
| しゃきしゃき | | 例 新鮮なレタスはしゃきしゃきしておいしい。<br>新鲜的生菜吃起来爽口，很好吃。<br>類 パリパリ，てきぱき　反 へなへな，だらだら |

| 6815 | ナ名 | 弱小的(地) |
|---|---|---|
| 弱小<br>じゃくしょう | | 例 弱小なチームが強いチームに勝つこともある。<br>弱小的球队战胜强队的事也是有的。<br>類 弱い　反 強大 |

| 6816 | ナ | 好交际的(地)，社交性的(地) |
|---|---|---|
| 社交的<br>しゃこうてき | | 例 社交的な彼は交友関係が広い。<br>喜欢社交的他交际圈很广。<br>類 外向的 |

| 6817 | 副名サ | 始终 |
|---|---|---|
| 終始(する)<br>しゅうし | | 例 彼は一言も話さずに終始うつむいたままだった。<br>他一言不发，始终低着头。<br>類 ずっと |

| 6818 | ナ名 | 顺从的(地)，忠实的(地) |
|---|---|---|
| 従順<br>じゅうじゅん | | 例 犬は飼い主に従順な動物だと言われている。<br>人们都说狗是一种对主人很顺从的动物。<br>類 素直　反 強情 |

| 6819 | ナ | 重点的(地)，着重 |
|---|---|---|
| 重点的<br>じゅうてんてき | | 例 苦手な科目を重点的に復習する。<br>重点复习不擅长的科目。<br>類 集中的に |

| 6820 | ナ名 | 周到的(地)，周密的(地) |
|---|---|---|
| 周到<br>しゅうとう | | 例 大切な商談に周到な準備をして臨む。<br>为一场重要的贸易谈判做周密准备，严阵以待。<br>類 綿密，入念，念入り　反 杜撰，迂闊 |

318

| | |
|---|---|
| 6821 <br> しゅ <br> 主たる | 体 主要的 <br> 例 運動の主たる目的は健康の維持だ。 <br> 运动主要目的是保持身体健康。 <br> 類 主な, 主要な |
| 6822 <br> じゅどうてき <br> 受動的 | ナ 被动的(地) <br> 例 受動的な人はリーダーシップをとるのが苦手だ。 <br> 做事被动的人不擅长当领导。 <br> 類 受け身, 従属, 消極的 反 能動的 |
| 6823 <br> じゅんじ <br> 順次 | 副 依次 <br> 例 順次ご案内しますので並んで待っていてください。 <br> 我们会依次安排，请排队稍候。 <br> 類 逐次, 順々, 順繰り, 順番 |
| 6824 <br> じょうしつ <br> 上質 | ナ名 高质量的(地) <br> 例 イタリアで上質な靴をつくってもらう。 <br> 在意大利定做一双上好的鞋。 <br> 類 上等, 良質 |
| 6825 <br> しょうちょうてき <br> 象徴的 | ナ 象征性的(地) <br> 例 富士山は日本の象徴的な存在だ。 <br> 富士山是日本象征性的存在。 <br> 類 代表的 |
| 6826 <br> じょうとう <br> 上等 | ナ名 上等的(地), 高级的(地) <br> 例 上等な毛皮のコートを買う。 <br> 购买上等的皮草外套。 <br> 類 上質, 良質, 優秀 反 下等 |
| 6827 <br> じょうひん <br> 上品 | ナ 优雅的(地), 高雅的(地) <br> 例 上品なドレスを着てパーティーに参加する。 <br> 穿着高雅的女装礼服参加聚会。 <br> 類 上等, 気品, 洗練, 優雅 反 下品 |
| 6828 <br> しょっちゅう | 副 经常, 总是 <br> 例 このCMはしょっちゅうテレビで流れている。 <br> 这个商业广告经常在电视上播放。 <br> 類 頻繁に, しきりに, いつも 反 まれに, 時々 |
| 6829 <br> しょっぱい | イ 咸的, 吝啬的 <br> 例 祖母が作る昔ながらの梅干しは, かなりしょっぱい。 <br> 祖母做的传统梅干相当地咸。 <br> 類 塩辛い 反 甘ったるい |
| 6830 <br> しょんぼり(と) | 副 没精打采地 <br> 例 友達とけんかして, しょんぼり家に帰る。 <br> 和朋友吵了一架，没精打采地回家。 <br> 類 がっくり, げんなり |
| 6831 <br> じろじろ(と) | 副 目不转睛地 <br> 例 誰かにじろじろと見られている気がする。 <br> 感觉有谁在我身后盯着我看。 <br> 類 じっと, まじまじ |
| 6832 <br> しんあい <br> 親愛 | ナ名 亲爱的(地), 亲近的(地) <br> 例 親愛なる友との別れは, とても辛い体験だった。 <br> 和亲爱的朋友的离别, 是一种非常痛苦的体验。 <br> 類 愛おしい, 親密 反 憎悪 |

**319**

| 6833 | ナ名 | 新的，新一期的 |
|---|---|---|
| しんき<br>新規 | | 例新規に採用した人材に期待する。<br>对新招进的人才很期待。<br>類新しい，新たな　反既存 |

| 6834 | ナ名 | 神圣 |
|---|---|---|
| しんせい<br>神聖 | | 例山岳信仰とは，山を神聖なものとして崇拝することである。<br>神山信仰，是指把山作为神圣之物来崇拜。<br>類尊い，清らか |

| 6835 | 副名 | 由衷地，打心眼儿里 |
|---|---|---|
| しんそこ<br>心底 | | 例大学に合格したことを心底うれしく思う。<br>考上了大学，我打心眼儿里开心。<br>類本心，切に，切実 |

| 6836 | 動 | 吸上来，听取(意见等)，榨取(利益等) |
|---|---|---|
| す　あ<br>吸い上げる | | 例会議でみんなの意見を吸い上げる。<br>在会议上听取大家的意见。<br>類搾取する，集める，吸引する |

| 6837 | ナ名 | 水平方向(地) |
|---|---|---|
| すいへい<br>水平 | | 例でこぼこの地面を機械で水平にならす。<br>用机械把凹凸不平的地面弄平整。<br>類平ら　反垂直 |

| 6838 | イ | 厚颜无耻的 |
|---|---|---|
| ずうずう<br>図々しい | | 例列に割り込んでくるなんて図々しい人だ。<br>竟然插队，这人脸皮真厚。<br>類厚かましい，ふてぶてしい　反しおらしい，奥ゆかしい |

| 6839 | 副 | 阵阵作痛 |
|---|---|---|
| ずきずき(する) | | 例虫歯がずきずき痛む。<br>蛀牙阵阵作痛。<br>類ずきんずきん，きりきり |

| 6840 | 副 | (后接否定)一点都，完全 |
|---|---|---|
| すこ<br>少しも | | 例いまはお腹がいっぱいなので，少しも食べられない。<br>现在吃得很饱，一点儿都吃不下去了。<br>類さっぱり，ちっとも　反たくさん |

| 6841 | イ | 巨大的，很棒的，恐怖的 |
|---|---|---|
| すさまじい | | 例あのアイドルは若い女性にすさまじい人気がある。<br>那位偶像在年轻女孩中间有极高的人气。<br>類すごい，ものすごい |

| 6842 | 副 | 大步流星地 |
|---|---|---|
| すたすた(と) | | 例彼は振り向きもせず，すたすたと行ってしまった。<br>他没回头望一眼，大步流星地走了。<br>類足早に，さっさと　反のろのろ |

| 6843 | 副 | 干脆利索地，直言不讳地 |
|---|---|---|
| ずばり | | 例今回のテストは，ずばり満点を取る自信がある。<br>这次考试我有信心一举拿到满分。<br>類まさに，まさしく，ずばずば，单刀直入 |

| 6844 | 副 | 形容安稳地睡觉状 |
|---|---|---|
| すやすや(と) | | 例赤ちゃんがベビーカーの上ですやすや眠っている。<br>宝宝在婴儿车里睡得很熟。<br>類ぐっすり |

| 6845 | 動 | 捣碎，磨碎 |
|---|---|---|
| すり潰す | | 例いちごをすり潰してジャムを作る。<br>把草莓捣成糊状做果酱。<br>類砕く，する |

| 6846 | イ | 狡猾的 |
|---|---|---|
| ずるい | | 例先生に答えを教えてもらうなんて，ずるい行為だ。<br>竟然向老师问答案，真是够狡猾的。<br>類せこい，卑怯 |

| 6847 | 副 | 拖行状，拖延状，出声地吸液体声 |
|---|---|---|
| ずるずる(と) | | 例重たい荷物をずるずる引きずって歩く。<br>他拖着很重的货物艰难地走着。<br>類だらだら |

| 6848 | 動 | 会车，擦肩而过，(意见等)不一致 |
|---|---|---|
| すれ違う | | 例廊下で先生とすれ違って挨拶をする。<br>在走廊里跟老师打了个照面，于是跟老师问好。<br>類行き違う |

| 6849 | 動 | 坐着不走，静坐 |
|---|---|---|
| 座り込む | | 例玄関に座り込んでおしゃべりをする。<br>坐在门口不走，聊起了天。<br>類へたり込む　反立ち上がる |

| 6850 | ナ名 | 盛大的(地)，隆重的(地)，热烈的(地) |
|---|---|---|
| 盛大 | | 例友人の誕生日に盛大なパーティーを開く。<br>在朋友生日那一天，举办了一个隆重的聚会。<br>類豪華，派手，大規模　反ささやか，こじんまり |

| 6851 | ナ名 | 精密的(地) |
|---|---|---|
| 精密 | | 例精密な作業には集中力が必要だ。<br>精密的操作必须要集中注意力。<br>類緻密　反粗雑 |

| 6852 | 動 | 咳嗽不止 |
|---|---|---|
| 咳き込む | | 例子供がタバコの煙で咳き込んでいる。<br>小孩因为吸入了二手烟，咳嗽不止。<br>類むせる |

| 6853 | イ | 吝啬，小气 |
|---|---|---|
| せこい | | 例お金にせこい男性は女性から嫌われる傾向にある。<br>在金钱方面吝啬的男性有被女性嫌弃的倾向。<br>類ずるい，卑怯，けちくさい |

| 6854 | ナ | 庞大的，巨大的 |
|---|---|---|
| 絶大 | | 例彼は国民から絶大な信頼を得ている政治家だ。<br>他是一名国民特别信任的政治家。<br>類多大，大層，大変，非常 |

| 6855 | イ | 悲怆的，凄凉的，痛苦的 |
|---|---|---|
| 切ない | | 例結末が切ない映画をみて涙を流す。<br>看结局凄凉的电影会流泪。<br>類やるせない，悲しい |

| 6856 | 副 | 衷心地，殷切地 |
|---|---|---|
| 切に | | 例世界の平和を切に願う。<br>殷切祈愿世界和平。<br>類切実に，心底，ひたすら |

| 6857 | 体 | 那样的，那种 |
|---|---|---|
| そういう | | 例そういう話は聞いたことがない。<br>你说的那种事我没听说过。<br>類こういう，ああいう，そんな |

| 6858 | 副 | 立即，即刻 |
|---|---|---|
| 即<br><small>そく</small> | | 例言われたことは即実行するべきだ。<br>被点到的事就应该立即付诸行动。<br>類すぐに，すぐさま，たちまち，直ちに |

| 6859 | 副 | 接连不断地 |
|---|---|---|
| 続々（と）<br><small>ぞくぞく</small> | | 例パーティー会場に続々と参加者が集まってくる。<br>参加派对的人一个接一个地进入会场，聚集了起来。<br>類次々，とめどなく，絶え間なく |

| 6860 | 副 | 大致满意地，还算不错地 |
|---|---|---|
| そこそこ | | 例そこそこ有名な芸能人を見かけた。<br>遇到了一个还算有名的艺人。<br>類まずまず，ある程度 |

| 6861 | 副 | 毛骨悚然，哆嗦状 |
|---|---|---|
| ぞっと（する） | | 例怖い話を聞いて背筋がぞっとした。<br>听了恐怖故事脊背发凉。<br>類ぞくぞく |

| 6862 | 体 | 那个 |
|---|---|---|
| その | | 例その話はどこかで聞いたことがある。<br>那件事我在哪听过。<br>類この，あの |

| 6863 | 副 | 不久，很快 |
|---|---|---|
| そのうち（に） | | 例今日はとても寒い。そのうち雪が降りそうだ。<br>今天特别冷。感觉马上就要下雪了。<br>類いずれ |

| 6864 | 接 | 但是，另一方面，相反，做为代替或补偿 |
|---|---|---|
| その代わり<br><small>か</small> | | 例彼は頭は良いが、その代わり運動は苦手だ。<br>他很聪明，但另一方面不擅长运动。<br>類引き換えに，代償に |

| 6865 | ナ名 | 朴素的(地)，不加修饰的(地)，单纯的(地) |
|---|---|---|
| 素朴<br><small>そぼく</small> | | 例母の作る素朴な味付けの料理が恋しい。<br>很怀念妈妈做的调味很简单的菜肴。<br>類純朴，質素，地味，幼稚　反派手，豪華 |

| 6866 | 副 | 还算不错的，与之相应的 |
|---|---|---|
| それなり（に） | | 例テストの結果は、それなりに満足いくものだった。<br>考试的结果也还算令人满意。<br>類そこそこ，ある程度，それ相応，それきり |

| 6867 | ナ名 | 亏损，蒙受损失 |
|---|---|---|
| 損<br><small>そん</small> | | 例損な取り引きをしないように、株について勉強する。<br>为了交易不亏损，好好学习股票的知识。<br>類不利益　反得 |

| 6868 | ナ | 充分地，尽情地 |
|---|---|---|
| 存分<br><small>ぞんぶん</small> | | 例彼の能力を存分に発揮すれば活躍できるだろう。<br>如果他能充分发挥自己实力的话，应该可以做得很优秀。<br>類十分に，思い切り |

| 6869 | 体 | 了不起的 |
|---|---|---|
| <ruby>大<rt>たい</rt></ruby>した | | 例<ruby>その<rt></rt></ruby>程度の<ruby>傷<rt>てい ど</rt></ruby>なら<ruby>大<rt>きず</rt></ruby>したことはない。<br>要只是这么点伤，那没什么了不起的。<br>類大変な，非常な，それほどの |

| 6870 | 体 | 荒诞的，肆无忌惮的 |
|---|---|---|
| <ruby>大<rt>だい</rt></ruby>それた | | 例<ruby>大<rt>だい</rt></ruby>それた<ruby>夢<rt>ゆめ</rt></ruby>も<ruby>願<rt>ねが</rt></ruby>わなければ<ruby>叶<rt>かな</rt></ruby>わない。<br>即使是看似荒诞的梦想，不去想也是不会实现的。<br>類とんでもない，大層な，身の程知らず |

| 6871 | 動 | 兴奋，亢奋，高傲，自大 |
|---|---|---|
| <ruby>高<rt>たか</rt></ruby>ぶる | | 例<ruby>明日<rt>あした</rt></ruby>の<ruby>旅行<rt>りょこう</rt></ruby>が<ruby>楽<rt>たの</rt></ruby>しみで<ruby>気持<rt>き も</rt></ruby>ちが<ruby>高<rt>たか</rt></ruby>ぶっている。<br>因为明天要去旅游，所以情绪很高涨。<br>類興奮する |

| 6872 | 動 | 相拥 |
|---|---|---|
| <ruby>抱<rt>だ</rt></ruby>き<ruby>合<rt>あ</rt></ruby>う | | 例<ruby>お互<rt>たが</rt></ruby>いの<ruby>無事<rt>ぶ じ</rt></ruby>を<ruby>抱<rt>だ</rt></ruby>き<ruby>合<rt>あ</rt></ruby>って<ruby>喜<rt>よろこ</rt></ruby>ぶ。<br>两人相拥在一起，庆幸对方平安无事。<br>類抱く |

| 6873 | 動 | 抱起 |
|---|---|---|
| <ruby>抱<rt>だ</rt></ruby>き<ruby>上<rt>あ</rt></ruby>げる | | 例<ruby>彼<rt>かれ</rt></ruby>は<ruby>生<rt>う</rt></ruby>まれたばかりの<ruby>赤<rt>あか</rt></ruby>ちゃんを<ruby>抱<rt>だ</rt></ruby>き<ruby>上<rt>あ</rt></ruby>げた。<br>他把刚出生的婴儿抱起来。<br>類抱く 反抱き下ろす |

| 6874 | 動 | 抱紧 |
|---|---|---|
| <ruby>抱<rt>だ</rt></ruby>き<ruby>締<rt>し</rt></ruby>める | | 例<ruby>泣<rt>な</rt></ruby>いている<ruby>彼女<rt>かのじょ</rt></ruby>を<ruby>強<rt>つよ</rt></ruby>く<ruby>抱<rt>だ</rt></ruby>き<ruby>締<rt>し</rt></ruby>める。<br>抱紧哭泣的女友。<br>類抱く，抱きかかえる，抱擁する |

| 6875 | 副名 | 多多少少 |
|---|---|---|
| <ruby>多少<rt>た しょう</rt></ruby> | | 例もしかしたら，<ruby>多少<rt>た しょう</rt></ruby><ruby>時間<rt>じ かん</rt></ruby>に<ruby>遅<rt>おく</rt></ruby>れるかもしれません。<br>也可能会多少迟到一会。<br>類少し，やや |

| 6876 | ナ名 | 很大的(地)，重大的(地) |
|---|---|---|
| <ruby>多大<rt>た だい</rt></ruby> | | 例<ruby>母<rt>はは</rt></ruby>は<ruby>私<rt>わたし</rt></ruby>の<ruby>人生<rt>じんせい</rt></ruby>に<ruby>多大<rt>た だい</rt></ruby>な<ruby>影響<rt>えいきょう</rt></ruby>を<ruby>与<rt>あた</rt></ruby>えた。<br>妈妈对我的人生产生了很大的影响。<br>類大きい，重大，絶大，莫大 反微小，軽少 |

| 6877 | 動 | 驻足，停留 |
|---|---|---|
| <ruby>立<rt>た</rt></ruby>ち<ruby>止<rt>ど</rt></ruby>まる | | 例<ruby>見知<rt>み し</rt></ruby>らぬ<ruby>人<rt>ひと</rt></ruby>に<ruby>声<rt>こえ</rt></ruby>をかけられて<ruby>立<rt>た</rt></ruby>ち<ruby>止<rt>ど</rt></ruby>まる。<br>被陌生人搭话而停下了脚步。<br>類止まる，たたずむ 反歩き出す |

| 6878 | 動 | 出发去远游 |
|---|---|---|
| <ruby>旅立<rt>たび だ</rt></ruby>つ | | 例<ruby>彼<rt>かれ</rt></ruby>は<ruby>明日<rt>あした</rt></ruby>，<ruby>留学<rt>りゅうがく</rt></ruby>するために<ruby>日本<rt>にほん</rt></ruby>へと<ruby>旅立<rt>たび だ</rt></ruby>つ。<br>他明天就要远赴日本留学。<br>類発つ，出発する |

| 6879 | ナ名 | 忙碌，繁忙 |
|---|---|---|
| <ruby>多忙<rt>た ぼう</rt></ruby> | | 例<ruby>彼女<rt>かのじょ</rt></ruby>は<ruby>子育<rt>こ そだ</rt></ruby>てと<ruby>仕事<rt>し ごと</rt></ruby>で<ruby>多忙<rt>た ぼう</rt></ruby>な<ruby>毎日<rt>まいにち</rt></ruby>を<ruby>送<rt>おく</rt></ruby>る。<br>她兼顾着育儿和工作，每天过得忙忙碌碌。<br>類忙しい，慌ただしい，忙しない 反閑散 |

| 6880 | ナ名 | 多种多样的(地) |
|---|---|---|
| <ruby>多様<rt>た よう</rt></ruby> | | 例<ruby>国立公園<rt>こくりつこうえん</rt></ruby>では<ruby>多様<rt>た よう</rt></ruby>な<ruby>生<rt>い</rt></ruby>き<ruby>物<rt>もの</rt></ruby>を<ruby>観察<rt>かんさつ</rt></ruby>できる。<br>在国立公园里可以观察到各种各样的生物。<br>類多種，多彩 反一様，画一 |

| 6881 | イ | 不像样的，邋遢的 |
|---|---|---|
| だらしない | | 例破れた服を着ているなんて，だらしない人だ。 |
| | | 居然穿破衣服，这人真邋遢。 |
| | | 類みっともない，自堕落 |

| 6882 | 体 | 仅仅，只不过 |
|---|---|---|
| 単なる | | 例彼は私の単なる知り合いに過ぎない。 |
| たん | | 他不过是我的一个熟人。 |
| | | 類単に，ただの，ほんの |

| 6883 | 体 | 小的，细小的 |
|---|---|---|
| 小さな | | 例小さなことにこだわる必要はない。 |
| ちい | | 没必要在小事上纠结。 |
| | | 類小さい　反大きな |

| 6884 | 動 | 发誓 |
|---|---|---|
| 誓う | | 例二人は結婚式で永遠の愛を誓った。 |
| ちか | | 两人在婚礼上誓言永远相爱。 |
| | | 類約束する，宣誓する |

| 6885 | ナ | 致命性的(地) |
|---|---|---|
| 致命的 | | 例仕事で売り上げに関わる致命的なミスを犯す。 |
| ちめいてき | | 在工作中犯涉及至销售额的致命错误。 |
| | | 類重大，决定的 |

| 6886 | 副 | 扎实地，稳步地 |
|---|---|---|
| 着々(と) | | 例留学のための準備は着々と進んでいる。 |
| ちゃくちゃく | | 为留学做的准备工作在稳步顺利推进。 |
| | | 類順調に，滞りなく，一歩一歩　反遅々 |

| 6887 | ナ | 直接的(地) |
|---|---|---|
| 直接的 | | 例気候変動は生物に直接的な影響を与える。 |
| ちょくせつてき | | 气候变动会给生物造成直接影响。 |
| | | 類直に，直々に　反間接的 |

| 6888 | 副 | 稍微 |
|---|---|---|
| ちょっと | | 例トイレに行きたいから，そこでちょっと待っててね。 |
| | | 我去下洗手间，你在那边稍微等我一下哈。 |
| | | 類少し |

| 6889 | 動 | 散乱，杂乱 |
|---|---|---|
| 散らかる | | 例机の上が参考書で散らかっている。 |
| ち | | 书桌上摊满了参考书。 |
| | | 類散らばる，散乱する　反片付く |

| 6890 | 副 | (看见，窥望时)一瞬，一闪 |
|---|---|---|
| ちらり(と) | | 例隣の席の様子をちらりとのぞく。 |
| | | 稍微瞥一眼邻桌的状况。 |
| | | 類ちらっと，ちょっと |

| 6891 | 副名 | 顺便，顺带 |
|---|---|---|
| ついで(に) | | 例コンビニへ行くついでにアイスを買ってきてください。 |
| | | 去便利店的时候顺便买点冰激凌回来。 |
| | | 類かたわら　反わざわざ |

| 6892 | 動 | 用光，用尽，到头 |
|---|---|---|
| 尽きる | | 例力が尽きて，もう走れない。 |
| つ | | 力气用光了，再也跑不动了。 |
| | | 類果てる，終わる，途絶える，限る |

| | | |
|---|---|---|
| 6893 償う<br>つぐな | 動 | 賠偿，补偿，弥补<br>例刑務所で罪を償う。<br>在监狱里弥补罪过。<br>類補償する，埋め合わせる，罪滅ぼし |
| 6894 作り直す<br>つく なお | 動 | 改造，重做<br>例古くなった会社のパンフレットを作り直す。<br>重新制作公司的过时了的宣传册。<br>類やり直す，作り変える |
| 6895 集う<br>つど | 動 | 聚集，汇聚一堂<br>例毎年お正月には家族が家に集う。<br>每年正月，家人都会在家中团聚。<br>類集まる，群れる |
| 6896 つまずく | 動 | 绊，受阻<br>例中学校に入ると，勉強につまずく子が出てくる。<br>一升入初中，就会有孩子学习跟不上。<br>類よろめく，しくじる |
| 6897 連れ出す<br>つ だ | 動 | 帯…出去<br>例家にいがちな祖父を散歩に連れ出す。<br>带常在家里呆着不动的爷爷去散步。<br>類誘い出す 反連れ込む |
| 6898 連れ戻す<br>つ もど | 動 | 帯…回来<br>例家出した息子を連れ戻す。<br>把离家出走的儿子领回家。<br>類連れ帰る |
| 6899 適当<br>てきとう | ナ名 | 适当的(地)，随便的(地)<br>例ビルの建設に適当な土地を探す。<br>寻找适合盖楼的土地。<br>類適切，妥当，適度，ほどよい，いいかげん 反不適当，丁寧 |
| 6900 適任<br>てきにん | ナ名 | 胜任(的)，称职(的)<br>例彼がリーダーに適任だと，全員が賛同した。<br>所有人都认同他适合担任领导。<br>類最適，適切 反不適任 |
| 6901 てきぱき(と) | 副 | 麻利地，利索地<br>例てきぱきと作業しないと今日中に終わらないよ。<br>不麻利点干，今天可干不完哈。<br>類手際よく，しゃきしゃき，さっさと 反ぐずぐず，のろのろ |
| 6902 手強い<br>て ごわ | イ | 强硬的，难对付的<br>例手強い汚れも，この洗剤ならよく落ちる。<br>用这款清洁剂的话，顽固污渍也可以轻松处理掉。<br>類強力な，しぶとい |
| 6903 でたらめ | ナ名 | 胡乱的(地)，荒唐的(地)<br>例でたらめなうわさを信じてはいけない。<br>荒谬谣言信不得。<br>類いいかげん |
| 6904 てっきり | 副 | (原以为)一定，肯定<br>例てっきり彼女は結婚していると思っていた。<br>我之前一直以为她肯定结婚了。<br>類きっと，疑いなく |

| 6905 出直す<br>で なお | 動 | 再来，重新来过<br>例 彼は留守だったので，明日また出直そう。<br>他没在家，我明天再来吧。<br>類 引き返す，やり直す | ☐<br>☐<br>☐ |
|---|---|---|---|
| 6906 手早い<br>て ばや | イ | 迅捷的<br>例 急な来客で部屋を手早く片付ける。<br>家里突然来了客人，迅速收拾下屋子。<br>類 素早く　反 手緩い | ☐<br>☐<br>☐ |
| 6907 照れる<br>て | 動 | 害羞<br>例 人前で褒められると照れてしまう。<br>在人前一被夸就会害羞。<br>類 はにかむ，気恥しい | ☐<br>☐<br>☐ |
| 6908 とある | 体 | 某个，有个<br>例 とある雑誌に載っていたお店に行く。<br>去一家在杂志上登过的店。<br>類 ある，さる | ☐<br>☐<br>☐ |
| 6909 どういう | 体 | 怎样的<br>例 その質問はどういう意味でしょうか。<br>那个问题是什么意思呢?<br>類 どんな，どのような | ☐<br>☐<br>☐ |
| 6910 どうか | 副 | 请，务必，怎样的，不知怎样的<br>例 どうか私の願いを聞いてください。<br>请听一下我的诉求。<br>類 どうぞ，くれぐれも，なにとぞ | ☐<br>☐<br>☐ |
| 6911 どうぞ | 副 | 请<br>例 遠慮せずに，どうぞお召し上がりください。<br>不要客气，请品尝。<br>類 ぜひ，どうか | ☐<br>☐<br>☐ |
| 6912 どうでも | 副 | 无论怎样<br>例 どうでもいい話は，さっさと終わりにしよう。<br>无关紧要的的话题就点到为止吧。<br>類 どうであっても，どうしても | ☐<br>☐<br>☐ |
| 6913 当の<br>とう | 体 | 此，这个<br>例 当の本人に悪口を聞かれてしまった。<br>说坏话被本人听了个正着。<br>類 くだんの，問題の | ☐<br>☐<br>☐ |
| 6914 当分<br>とうぶん | 副 | 暂时，现在<br>例 これだけお米があれば当分買わなくて済む。<br>有这么多大米的话，暂时不买也够了。<br>類 しばらく | ☐<br>☐<br>☐ |
| 6915 遠回し<br>とおまわ | ナ名 | 绕圈子(的)，委婉的(地)<br>例 遠回しな言い方はやめて，要点を説明してください。<br>不要绕圈子，请说明要点部分。<br>類 婉曲，間接 | ☐<br>☐<br>☐ |
| 6916 通りかかる<br>とお | 動 | 路过，过路<br>例 通りかかった友人の車で駅まで送ってもらう。<br>请刚好路过的朋友开车送我到车站。<br>類 通りすがる | ☐<br>☐<br>☐ |

326

| 6917 | 動 | 走过，超过，越过 |
|---|---|---|
| とお こ<br>通り越す | | 例目的のお店を車で通り越してしまった。<br>开车去一家店，结果不小心开过目的地了。<br>類通り過ぎる，通過する |

| 6918 | 動 | 通过，经过 |
|---|---|---|
| とお す<br>通り過ぎる | | 例台風が日本列島を通り過ぎる。<br>台风通过日本列岛。<br>類通り越す，通過する |

| 6919 | 副 | (心脏)扑通扑通，形容激动、紧张等状态 |
|---|---|---|
| どきどき(する) | | 例初めてのデートは、やっぱりどきどきする。<br>第一次约会还是让人既紧张又兴奋的。<br>類わくわく，そわそわ |

| 6920 | ナ名 | 特异(的)，出众(的) |
|---|---|---|
| とくい<br>特異 | | 例コアラはお腹の袋で子育てする特異な動物だ。<br>树袋熊是一种用肚子上的育儿袋养幼仔的奇特动物。<br>類独特，特有 |

| 6921 | ナ名 | 特大(的) |
|---|---|---|
| とくだい<br>特大 | | 例特大なカレーを食べられるお店を見つけた。<br>找到一家可以吃特大份咖喱的饭店。<br>類巨大 |

| 6922 | 動 | 解开，解除，化解，解答 |
|---|---|---|
| と<br>解ける | | 例数学は問題が解けると面白い。<br>学数学，解得开题目就会发现很有趣。<br>類ほどける，ゆるむ |

| 6923 | 体 | 哪个 |
|---|---|---|
| どの | | 例あなたはどの色が好きですか。<br>你喜欢哪种颜色呢？<br>類どんな，どれ |

| 6924 | 動 | 跳下 |
|---|---|---|
| と お<br>飛び降りる | | 例自転車から飛び降りて駅へと向かう。<br>从自行车上跳下来赶去车站。<br>類降りる　反飛び上がる，飛び乗る |

| 6925 | 動 | 跳入，飞入，扑入，投入 |
|---|---|---|
| と こ<br>飛び込む | | 例窓を開けていたら鳥が部屋に飛び込んできた。<br>一开窗就飞进来一只鸟。<br>類入り込む，駆け込む |

| 6926 | 動 | 起飞，飞走 |
|---|---|---|
| と た<br>飛び立つ | | 例彼を乗せた飛行機は日本へと飛び立った。<br>飞机载着他起飞前往日本。<br>類発つ，出発する |

| 6927 | 動 | 飞溅，飞散 |
|---|---|---|
| と ち<br>飛び散る | | 例花粉が飛び散る季節にマスクは欠かせない。<br>在花粉纷飞的季节，口罩是必不可少的。<br>類拡散する，飛散する |

| 6928 | 動 | 留宿，使…停泊 |
|---|---|---|
| と<br>泊める | | 例中国から遊びに来た友人を家に泊める。<br>留从中国来玩的朋友在家过夜。<br>類宿泊，停泊 |

| 6929 | 副 | 不管怎样，无论如何 |
|---|---|---|
| **ともあれ** | | 例 なにはともあれ，けがをしなくてよかった。<br>不管怎么样，没受伤就好。<br>類 ともかく，とにかく，いずれにせよ |

| 6930 | 副 | 一起，一同，双方都 |
|---|---|---|
| **ともに** | | 例 ともにいたわる気持ちが夫婦には欠かせない。<br>夫妻之间离不开互相体谅。<br>類 互いに |

| 6931 | 動 | 取回，要回，恢复，挽回 |
|---|---|---|
| と かえ<br>**取り返す** | | 例 盗まれた財布を犯人から取り返す。<br>从犯人手里要回被偷的钱包。<br>類 取り戻す |

| 6932 | 副 | 尤其 |
|---|---|---|
| **とりわけ** | | 例 彼は学校でとりわけ目立つ存在だった。<br>他当时在学校里是一个特别引人注目的存在。<br>類 とくに，ひときわ |

| 6933 | 副 | 黏糊糊，慢吞吞，形容打盹的样子，形容火苗微弱 |
|---|---|---|
| **とろとろ(と)** | | 例 とろとろ歩いていないで早く歩きなさい。<br>走路别慢吞吞的，快点走。<br>類 のろのろ，たらたら，どろどろ |

| 6934 | 副 | 黏糊糊，纠缠不清，（雷声或鼓声）轰隆隆 |
|---|---|---|
| **どろどろ(と)** | | 例 火山が噴火して，どろどろしたマグマが流れ出る。<br>火山喷发，流出了粘稠的岩浆。<br>類 どろり 反 さらさら |

| 6935 | 体 | (一般接坏事)意想不到的，可怕的，荒唐无稽的 |
|---|---|---|
| **とんだ** | | 例 仕事でとんだ失敗をしてしまった。<br>工作中遭遇了很严重的一次失败。<br>類 意外な，思いのほか |

| 6936 | ナ | 什么样的，怎样的 |
|---|---|---|
| **どんな／**<br>**どのよう** | | 例 どんなことがあっても最後まで頑張る。<br>今天无论怎样，都要坚持到最后。<br>類 いかなる，どういった |

| 6937 | 副 | (天空)阴沉的，(空气或水)不新鲜、不流通 |
|---|---|---|
| **どんより(と)** | | 例 今日の空は曇ってどんよりしている。<br>今天乌云笼罩着天空，很阴沉。<br>類 薄暗い，重苦しい 反 すっきり，はればれ |

| 6938 | 副名 | 一半，途中 |
|---|---|---|
| なか<br>**半ば** | | 例 ここまでくれば，この計画は半ば成功したも同然だ。<br>进行到这里，这个计划等于成功了一半。<br>類 中頃，中程，ほとんど |

| 6939 | 動 | (时间)延长 |
|---|---|---|
| なが び<br>**長引く** | | 例 経過が良くないので入院が長引きそうだ。<br>病程变化不太好，所以住院时间可能要延长了。<br>類 続く，手間取る，長期化 |

| 6940 | 副 | 长期，长时间 |
|---|---|---|
| なが<br>**長らく** | | 例 私は長らく上海で仕事をしていました。<br>我曾长期在上海工作过。<br>類 長い間，久しく |

| | | |
|---|---|---|
| 6941<br><br>なげ<br>嘆かわしい | **イ** | 可悲的，令人遗憾的<br>例子供が犠牲になる嘆かわしい事件が発生する。<br>发生导致儿童成为牺牲品的、令人遗憾的事件。<br>類悲しい，辛い，情けない　反喜ばしい，うれしい |
| 6942<br><br>な　こ<br>投げ込む | **動** | 投入，扔进<br>例配達員が夕刊を勢いよくポストに投げ込む。<br>投递员用力一投，把晚报投进了邮箱里。<br>類投げる，投げ入れる，投げ捨てる |
| 6943<br><br>な　す<br>投げ捨てる | **動** | 扔掉，扔下<br>例ごみを海に投げ捨てないでください。<br>请不要往海里扔垃圾。<br>類投げる，捨てる，投げ入れる，投げ込む |
| 6944<br><br>な　と<br>投げ飛ばす | **動** | 猛扔<br>例彼は怒りにまかせて机や椅子を投げ飛ばした。<br>他任由怒气发作，把桌椅猛扔了出去。<br>類放り投げる |
| 6945<br><br>なご<br>和やか | **ナ** | 和谐的，友好的<br>例和やかな雰囲気で食事を楽しむ。<br>在友好的氛围中享受美食。<br>類穏やか，和気あいあい　反厳か |
| 6946<br><br>なさ<br>情けない | **イ** | 丢脸的，可悲的，悲惨的<br>例子供に注意されるなんて大人として情けない。<br>居然被小孩警告，作为一个大人简直太可悲了。<br>類恥ずかしい，みじめ |
| 6947<br><br>なぜか | **副** | 不知为何<br>例彼の周りには、なぜかいつもたくさんの人がいる。<br>他周围不知为何总是有很多人。<br>類不思議と，なんとなく |
| 6948<br><br>な<br>名だたる | **体** | 有名望的，著名的<br>例名だたるアーティストが出演するライブ。<br>著名艺术家出演的直播节目。<br>類有名な，名高い |
| 6949<br><br>なにか | **副** | 不知为什么，不知为何<br>例この部屋は薄暗くて、なにか気味が悪い。<br>这间屋子很昏暗，总觉得有点吓人。<br>類なんだか，どことなく，どこか，なんか |
| 6950<br><br>なにやら | **副** | 不知是什么，好像，不知为何<br>例なにやら嫌な予感がする。<br>不知为何总有一种不好的预感。<br>類なんだか |
| 6951<br><br>なま い き<br>生意気 | **ナ名** | 狂妄，自大，嚣张<br>例親に向かって生意気な口をきく。<br>面对自己父母，说些嚣张的话。<br>類失礼，無礼 |
| 6952<br><br>なまぐさ<br>生臭い | **イ** | 血腥味的，鱼腥味的，铜臭气的<br>例魚をつかんだ手が生臭くなっている。<br>捉了鱼的手上一股鱼腥味。<br>類臭い，生々しい　反香ばしい |

| | | |
|---|---|---|
| 6953<br><br>なまなま<br>**生々しい** | **イ** | 生动的，鲜活的，新的<br>例事件の被害者の生々しい体験談を本にする。<br>把事件受害人对经历的鲜活讲述写成书。<br>**類**鮮明，露骨 |
| 6954<br><br>なや<br>**悩ましい** | **イ** | 恼人的，苦恼的<br>例お昼にラーメンを食べるか，カレーにするか悩ましい。<br>中午吃拉面还是吃咖喱，挺愁人的。<br>**類**悩む，迷う **反**はればれしい |
| 6955<br><br>な な<br>**馴れ馴れしい** | **イ** | 自来熟的，不见外的<br>例初対面の人に馴れ馴れしく話しかけるのは失礼だ。<br>跟第一次面的人说话太不见外，是很没礼貌的。<br>**類**ぶしつけ **反**よそよそしい |
| 6956<br><br>**ナンセンス** | **ナ名** | 无意义(的)，胡闹<br>例ナンセンスな冗談で場を和ませる。<br>说些无意义的笑话，把气氛搞轻松一些。<br>**類**ばかげた，くだらない |
| 6957<br><br>**なんで** | **副** | 为什么<br>例なんでけんかしたのか理由を教えてください。<br>为什么打架，请告诉我原因。<br>**類**なぜ，どうして |
| 6958<br><br>**なんとも** | **副** | (后接否定)什么都，非常<br>例他人に悪口を言われても私はなんとも思わない。<br>即使别人说我坏话我也不会多想。<br>**類**どうとも，まことに |
| 6959<br><br>**なんの** | **体** | 什么<br>例人はなんのために生きるのでしょうか。<br>人为了什么而活呢?<br>**類**なに，どういう，どのような |
| 6960<br><br>にお にお<br>**匂う／臭う** | **動** | 散发气味，有迹象<br>例満開の梅がほのかに匂っている。<br>盛开的梅花散发着淡淡的香味。<br>**類**香る，臭い |
| 6961<br><br>**にぎわう** | **動** | 热闹，繁华，兴隆，兴盛<br>例北海道は観光客で年中にぎわっています。<br>北海道全年都吸引着大批游客，很热闹。<br>**類**にぎやか，盛り上がる，栄える **反**寂れる |
| 6962<br><br>にく<br>**憎い** | **イ** | 可恨的，可恶的<br>例彼女の命を奪った犯人が憎い。<br>这个犯人夺走了她的生命，可恨至极。<br>**類**憎らしい，忌々しい **反**かわいい，愛しい |
| 6963<br><br>にく<br>**憎む** | **動** | 怨恨，仇恨，厌恶<br>例裏切った友人を心の底から憎んだこともあった。<br>我也打心底里恨过背叛我的朋友。<br>**類**恨む，嫌う **反**愛する，愛おしむ |
| 6964<br><br>に だ<br>**逃げ出す** | **動** | 逃出，逃走，开始逃跑<br>例苦しくても逃げ出さずに，努力を続けることが大切だ。<br>即使很苦也不要打退堂鼓，坚持努力很重要。<br>**類**逃走する，脱出する，立ち去る **反**攻め込む |

| 6965 | 動 | 四处逃窜 |
|---|---|---|
| 逃げ回る<br>（に　まわ） | | 例犯人は警察に追われて各地を逃げ回っている。<br>犯人被警察追得在各地四处逃窜。<br>類逃走する　反追い回す |

| 6966 | 動 | 长时间煮，炖，煨 |
|---|---|---|
| 煮込む<br>（に　こ） | | 例野菜と豚肉を煮込んでスープを作る。<br>把蔬菜和猪肉放在一起炖汤。<br>類煮る，煮つける |

| 6967 | 副 | (后接否定)再也(不) |
|---|---|---|
| 二度と<br>（に　ど） | | 例こんな悔しい思いは二度と味わいたくない。<br>这样让人不甘心的事，我再也不想经历一遍了。<br>類決して，絶対 |

| 6968 | 副 | 窃笑状，意味深长地笑的样子 |
|---|---|---|
| にやにや（する） | | 例あの人はスマホを見ながら，にやにやしている。<br>那个人一边看手机一边窃笑。<br>類にやり，にやつく |

| 6969 | ナ | 否定的(地)，消极的(地) |
|---|---|---|
| ネガティブ | | 例なんでもネガティブに考える癖を直す。<br>纠正凡事都消极对待的毛病。<br>類否定的　反肯定的，ポジティブ |

| 6970 | 動 | 使…降价，压价 |
|---|---|---|
| 値切る<br>（ね　ぎ） | | 例店員と交渉して千円の品を七百円に値切った。<br>和店员商量，把一千日元的商品压到了七百日元。<br>類まける |

| 6971 | 動 | 随便躺下 |
|---|---|---|
| 寝転ぶ<br>（ね ころ） | | 例猫が暖かい場所で寝転んでいる。<br>猫找了个暖和的地方随便一躺。<br>類寝そべる |

| 6972 | イ | 很深蒂固的 |
|---|---|---|
| 根深い<br>（ね ぶか） | | 例人種差別は深刻で根深い問題だ。<br>种族歧视是一个很严重的、根深蒂固的问题。<br>類厄介，根強い |

| 6973 | 動 | 刚睡醒还迷迷糊糊 |
|---|---|---|
| 寝ぼける<br>（ね） | | 例彼はいつも寝ぼけた顔で授業を受けている。<br>他总是一副刚睡醒的样子来听课。<br>類ぼんやり |

| 6974 | ナ | 浓厚的，浓艳的，可能性大的 |
|---|---|---|
| 濃厚<br>（のうこう） | | 例こってりした濃厚なスープのラーメンを食べる。<br>吃汤很浓稠的拉面。<br>類濃い，濃密，充実　反淡白，希薄 |

| 6975 | 動 | 连续乘坐，接着乘坐 |
|---|---|---|
| 乗り継ぐ<br>（の　つ） | | 例美術館へ行くにはバスを乗り継がなければならない。<br>为了去美术馆，不得不倒好几趟车。<br>類乗り換える |

| 6976 | イ | 愚蠢的，荒谬的，惊人的 |
|---|---|---|
| ばかばかしい | | 例彼の冗談は，ばかばかしくて聞いていられない。<br>他讲的笑话太蠢了，简直听不下去。<br>類愚か，くだらない |

| 6977 | 動 | 穿(裤子，鞋袜等) |
|------|----|-----|
| は<br>**履く** | | 例 新しい靴を履いて出かける。<br>穿上新鞋出门。<br>類 着る 反 脱ぐ |

| 6978 | ナ | 爆炸性的(地) |
|------|----|-----|
| ばくはつてき<br>**爆発的** | | 例 スマートフォンの利用者は爆発的に増えた。<br>智能手机的用户爆炸性地增长。<br>類 猛烈，急激 |

| 6979 | 動 | 夹住 |
|------|----|-----|
| はさ<br>**挟まる** | | 例 食べ物が歯と歯の間に挟まった。<br>食物塞牙了。<br>類 ひっかかる，つかえる |

| 6980 | 動 | 羞耻，惭愧 |
|------|----|-----|
| は<br>**恥じる** | | 例 日本代表の名に恥じない成績を残す。<br>留下无愧于代表日本参赛的运动员名誉的成绩。<br>類 恥じ入る，赤面する，悔やむ 反 誇る |

| 6981 | イ | 冷飕飕的 |
|------|----|-----|
| はだざむ<br>**肌寒い** | | 例 今日から四月なのに，まだ肌寒い。<br>今天都进入四月份了，但还是冷飕飕的。<br>類 薄ら寒い |

| 6982 | 副 | 忙乱，物品连续碰撞状，振翅状，脚步声 |
|------|----|-----|
| **ばたばた(する)** | | 例 最近忙しくて毎日ばたばたしている。<br>最近很忙，每天都乱糟糟的。<br>類 どたばた，慌ただしい |

| 6983 | 副 | (拍手等)噼啪声，迅速眨眼状 |
|------|----|-----|
| **ぱちぱち(と)** | | 例 赤ちゃんがぱちぱちと手を叩いて笑っている。<br>婴儿高兴地拍着手笑。<br>類 ぱんぱん，ぱちぱち，ぱちくり |

| 6984 | ナ名 | 卓越的，杰出的 |
|------|----|-----|
| ばつぐん<br>**抜群** | | 例 彼は試験で抜群な成績を残した。<br>他在考试中留下了出众的成绩。<br>類 優秀，秀逸，傑出 |

| 6985 | 副 | 突然，偶然相遇状，东西掉落状 |
|------|----|-----|
| **ぱったり(と)** | | 例 値段を上げたら，ぱったり客が来なくなった。<br>刚一涨价，客人突然就减少了。<br>類 ぱったり |

| 6986 | 副 | 完美，足够 |
|------|----|-----|
| **ばっちり** | | 例 決定的な瞬間をばっちりカメラに収めた。<br>把那个决定性的瞬间用照相机完美地记录了下来。<br>類 ちゃんと，完全に |

| 6987 | 副 | 突然想起状，吃惊状 |
|------|----|-----|
| **はっと(する)** | | 例 あまりの自然の美しさに，はっとした。<br>自然之美令人惊艳。<br>類 どきっと，ひやっと，はたと，愕然 |

| 6988 | 動 忘我地谈话，长谈 |
|---|---|
| はな こ<br>**話し込む** | 例友人と電話で深夜まで話し込む。<br>和朋友打电话谈得起劲，一直聊到半夜。<br>類語り明かす |

| 6989 | イ 极…的，严重的 |
|---|---|
| はなは<br>**甚だしい** | 例先日の地震で甚だしい被害を受けた。<br>由于几天前的地震，受到了极大的损害。<br>類ものすごい，すさまじい |

| 6990 | イ 辉煌的，华丽的，壮观的 |
|---|---|
| はなばな<br>**華々しい** | 例彼はオリンピックで華々しい活躍を見せた。<br>他在奥运会上大展风采。<br>類輝かしい，華やか |

| 6991 | 副名 赶快，很早以前 |
|---|---|
| はや<br>**早く** | 例早く起きないと学校に遅刻するよ。<br>不赶快起床，上学就要迟到了。<br>類素早く，早速 反遅く |

| 6992 | 動 流行 |
|---|---|
| はや<br>**流行る** | 例タピオカミルクティーが若者に流行っている。<br>珍珠奶茶在年轻人中间很流行。<br>類流行する 反廃れる，廃る |

| 6993 | 動 退款，(用存款单或筹码等)换回钱 |
|---|---|
| はら もど<br>**払い戻す** | 例ライブのチケットをキャンセルして払い戻す。<br>把演唱会的票取消掉退钱。<br>類返還する 反払い込む |

| 6994 | イ 令人生气的，可气的 |
|---|---|
| はら だ<br>**腹立たしい** | 例家の手伝いをしない夫のことが腹立たしい。<br>老公不帮忙做家务，让人生气。<br>類むかつく，不愉快 |

| 6995 | 副 紧张，担心，(花瓣等)飘落状 |
|---|---|
| **はらはら(する)** | 例激しいアクションシーンにはらはらした。<br>看着激烈的打斗场面，让人捏一把汗。<br>類どきどき，ひやひや，やきもき 反ほっと |

| 6996 | 動 竞争，争夺 |
|---|---|
| は あ<br>**張り合う** | 例お互いに意地を張り合っていると，けんかは長引いてしまう。<br>互相固执己见的话，争吵就会没完没了。<br>類競い合う，競り合う |

| 6997 | 動 贴上，黏上 |
|---|---|
| は つ<br>**張り付ける／**<br>は つ<br>**貼り付ける** | 例メモをとった紙を，のりでノートに貼り付ける。<br>用胶水把写有笔记的纸粘在本子上。<br>類貼付する 反剥ぐ，剥がす |

| 6998 | ナ 叛逆的(地)，不服从(的) |
|---|---|
| はんこうてき<br>**反抗的** | 例子供が反抗的な態度をとるのは思春期の特徴だ。<br>孩子态度叛逆是青春期的特征。<br>類反撃，反発 反服従 |

| 6999 | ナ名 万全的，周密的，完美的 |
|---|---|
| ばんぜん<br>**万全** | 例大事な試験に向けて，体調を万全に整える。<br>为了迎接重要的考试，把身体状态调整到最佳。<br>類十全，完全，完璧 |

**333**

| | | |
|---|---|---|
| 7000 　　　　ナ名 | 零头，不彻底(的) | ☐ |
| はん ぱ<br>半端 | 例半端な気持ちでは試験に合格できない。<br>以应付的心态是没办法考过的。<br>類中途半端，生半可 | ☐ |
| 7001 　　　　　動 | 变冷，冻透，(关系)急剧恶化 | ☐ |
| ひ こ<br>冷え込む | 例昨夜から急に冷え込んできた。<br>从昨晚开始突然变冷了。<br>類冷える，冷え切る | ☐ |
| 7002 　　　　　動 | 继承，接手 | ☐ |
| ひ つ<br>引き継ぐ | 例東京で父の経営する会社を引き継ぐ。<br>接收父亲在东京经营的公司。<br>類継ぐ，引き受ける | ☐ |
| 7003 　　　　ナ名 | 悲惨的(地) | ☐ |
| ひ さん<br>悲惨 | 例人の命を奪う悲惨な戦争は二度と起こしてはならない。<br>绝不能再次发动剥夺人的生命的、悲惨的战争。<br>類無残，凄惨 | ☐ |
| 7004 　　　　ナ名 | 没有常识的(地) | ☐ |
| ひ じょうしき<br>非常識 | 例非常識な発言を謝罪する。<br>就没有常识的发言而谢罪。<br>類不合理，めちゃくちゃ　反常識 | ☐ |
| 7005 　　　　ナ名 | 悲痛的(地) | ☐ |
| ひ つう<br>悲痛 | 例友人を亡くした悲痛な思いを語る。<br>讲述朋友去世的悲痛回忆。<br>類悲しい，痛ましい，沈痛 | ☐ |
| 7006 　　　　　副 | 淋透，湿透 | ☐ |
| びっしょり(と/に) | 例突然の雨に降られて，びっしょりになった。<br>被突然下起的大雨淋透了。<br>類びしょびしょ，ぐっしょり，ずぶぬれ | ☐ |
| 7007 　　　　ナ名 | 必须(的)，必要(的) | ☐ |
| ひっ す<br>必須 | 例教師になるためには教員免許が必須だ。<br>为了成为一名教师，必须要有教师资格证。<br>類不可欠 | ☐ |
| 7008 　　　　　副 | 静悄悄的(地)，偷偷地 | ☐ |
| ひっそり(と) | 例彼は山奥でひっそりと暮らしている。<br>他在深山里不被打扰地生活着。<br>類ひそかに，人知れず　反がやがや | ☐ |
| 7009 　　　　ナ名 | 和别人一样(的)，普通(的) | ☐ |
| ひと な<br>人並み | 例私の娘も高校生になって人並みに恋をしているらしい。<br>我的女儿上了高中好像也和大家一样谈起了恋爱。<br>類平凡，普通 | ☐ |
| 7010 　　　　　副 | 姑且，暂且 | ☐ |
| ひとまず | 例ひとまず中国に行って，それから日本に行きます。<br>暂且先去中国，然后再去日本。<br>類いったん，さしあたり | ☐ |
| 7011 　　　　　副 | 自然地，自己 | ☐ |
| ひとりでに | 例人形がひとりでに動き始めた。<br>人偶自己动了起来。<br>類勝手に，おのずと | ☐ |

| 7012 | ナ名 | 美味(的) |
|---|---|---|
| びみ<br>美味 | | 例海沿いの街で旬の美味な魚を味わう。<br>在沿海的城市品尝美味的时鲜海鱼。<br>類おいしい 反不味 |

| 7013 | ナ | 飞跃性的(地) |
|---|---|---|
| ひやくてき<br>飛躍的 | | 例一か月で成績が飛躍的に伸びた。<br>在一个月当中成绩取得了飞跃性的提高。<br>類急激に |

| 7014 | ナ名 | 平等的(地)，均等的(地) |
|---|---|---|
| びょうどう<br>平等 | | 例ケーキを三人で平等に分ける。<br>三个人平分蛋糕。<br>類均等，等しい 反不平等 |

| 7015 | 副 | 揺曳，晃动状 |
|---|---|---|
| ひらひら(と) | | 例花びらが風に吹かれて，ひらひらと舞っている。<br>花瓣随着清风吹拂在空中飞舞。<br>類はらはら，ひらり |

| 7016 | ナ名サ | 贫穷(的)，贫困(的) |
|---|---|---|
| びんぼう<br>貧乏(する) | | 例その日暮らしの貧乏な生活を送る。<br>过着挨过一天算一天的、贫困潦倒的生活。<br>類貧しい，貧困 反裕福 |

| 7017 | ナ名 | 意外的(地)，突然(的) |
|---|---|---|
| ふい<br>不意 | | 例大切な用事を不意に思い出す。<br>突然想起一件很重要的事。<br>類突然，急 |

| 7018 | ナ | 正式的(地)，官方 |
|---|---|---|
| フォーマル | | 例フォーマルなドレスを着てパーティーに参加する。<br>身着正式女装礼服参加聚会。<br>類正式，公式，形式的，儀礼的 反カジュアル |

| 7019 | ナ名 | 不高兴(的)，不快(的) |
|---|---|---|
| ふきげん<br>不機嫌 | | 例お腹が空いて不機嫌になる。<br>肚子饿了，不开心。<br>類不愉快 反上機嫌 |

| 7020 | ナ名 | 不祥的(地)，不吉利(的) |
|---|---|---|
| ふきつ<br>不吉 | | 例不吉な予感がして寒気を感じる。<br>察觉到一种不祥的预感，感到一阵寒气袭来。<br>類不穏 |

| 7021 | ナ名 | 欠考虑的 |
|---|---|---|
| ふきんしん<br>不謹慎 | | 例かしこまった場で不謹慎な発言をする。<br>在大家都毕恭毕敬的场合里胡乱发言。<br>類不真面目 |

| 7022 | ナ名 | 不干净(的)，污秽(的) |
|---|---|---|
| ふけつ<br>不潔 | | 例不潔な手で食べ物を食べてはいけない。<br>不能拿脏手吃东西。<br>類汚い，不衛生 反清潔 |

| 7023 | ナ名 | 可疑(的) |
|---|---|---|
| ふしん<br>不審 | | 例夜道を歩くときは不審な人に気を付けなさい。<br>走夜路的额时候注意着点可疑的人物。<br>類怪しい |

| 7024 | ナ名 | 不注意健康(的) |
|---|---|---|
| ふ せっせい<br>**不摂生** | | 例 日頃の不摂生な生活のせいで体調を壊す。<br>因为日常生活不注意保养，把身体弄坏了。<br>類 不養生　反 摂生 |

| 7025 | ナ名 | 粗心的，不小心 |
|---|---|---|
| ふ ちゅう い<br>**不注意** | | 例 私の不注意な一言で彼女を傷つけてしまった。<br>我不经意的一句话伤害了她。<br>類 迂闊，不用意　反 注意深い |

| 7026 | 体 | 偶然的，随意的，小小的，不要紧的 |
|---|---|---|
| **ふとした** | | 例 ふとしたきっかけで彼と出会った。<br>一个偶然的机会，我遇到了他。<br>類 偶然の，ささいな |

| 7027 | ナ名 | 不熟悉的，没经验的 |
|---|---|---|
| ふ な<br>**不慣れ** | | 例 不慣れな手つきで料理する。<br>以不熟练的手法做饭。<br>類 未熟　反 慣れ |

| 7028 | ナ名 | 有缺陷(的)，有欠缺(的) |
|---|---|---|
| ふ び<br>**不備** | | 例 この書類の内容に不備な点があればお知らせください。<br>如果这份材料内容上有什么遗漏，请告知我。<br>類 不足，不完全，不十分　反 完備 |

| 7029 | ナ名 | 不服(的)，不服从(的) |
|---|---|---|
| ふ ふく<br>**不服** | | 例 彼は上司の判断に不服な顔をした。<br>对于上司的判断，他显得很不服气。<br>類 不平，不満　反 承服，納得 |

| 7030 | ナ名 | 不平(的)，不满(的)，不公平的 |
|---|---|---|
| ふ へい<br>**不平** | | 例 彼の発言は意見ではなく、ただの不平に過ぎない。<br>他的发言算不上意见，只不过是不满意罢了。<br>類 不服，不満 |

| 7031 | ナ名 | 违法的 |
|---|---|---|
| ふ ほう<br>**不法** | | 例 廃棄物を不法に投棄した者は罪に問われることになる。<br>非法倾倒垃圾会被追究法律责任。<br>類 違法，不当　反 遵法 |

| 7032 | ナ名 | 不认真的，弄虚作假的 |
|---|---|---|
| ふ まじめ<br>**不真面目** | | 例 彼は遅刻ばかりを繰り返す不真面目な学生だ。<br>他是一个经常迟到的、态度不端正的学生。<br>類 不誠実　反 真面目，生真面目 |

| 7033 | 動 | 踩，踏，踏入，推测，押韵 |
|---|---|---|
| ふ<br>**踏む** | | 例 大きな箱を踏んでつぶす。<br>把一个大箱子踩扁。<br>類 経る，押さえる，経験する |

| 7034 | ナ名 | 不适合(的) |
|---|---|---|
| ふ む<br>**不向き** | | 例 人通りの少ない場所にある物件は、商売には不向きだ。<br>人流量较少的地方的房子，不适合用来做生意。<br>類 不適　反 向き |

| 7035 | ナ名 | 不毛(的)，无成效(的) |
|---|---|---|
| ふ もう<br>**不毛** | | 例 今日の会議は不毛な議論に終わった。<br>今天的会议，讨论没有得出任何结论就结束了。<br>類 無駄，徒労　反 肥沃 |

| 7036 | ナ名 | 不愉快的 |
|---|---|---|
| ふ ゆ かい<br>不愉快 | | 例私が約束の時間に遅れたので，彼は不愉快そうだった。<br>约好了时间但我迟到了，所以他显得很不高兴。<br>類不快　反愉快 |

| 7037 | 副 | 晃悠，漫无目的地走路或生活 |
|---|---|---|
| ぶらぶら(する) | | 例行く当てもなく，ただ街をぶらぶらしていた。<br>漫无目的地在街上溜达了一阵。<br>類ふらふら，ぶらつく |

| 7038 | 動 | 挥舞，挥动，炫耀，玩弄 |
|---|---|---|
| ふ まわ<br>振り回す | | 例ライブで盛り上がってタオルを振り回す。<br>在演唱会现场情绪高涨，挥舞着毛巾。<br>類振る |

| 7039 | 動 | 震动，震颤，发抖 |
|---|---|---|
| ふる<br>震える | | 例緊張して手がぶるぶる震えている。<br>紧张得手直发抖。<br>類振動する，揺れ動く |

| 7040 | 副 | 发抖状 |
|---|---|---|
| ぶるぶる(と) | | 例あまりの寒さに体がぶるぶる震える。<br>太过寒冷，身体冻得直哆嗦。<br>類ぷるぷる，がたがた，わなわな |

| 7041 | 動 | 站稳，(在逆境中)坚持，挣扎 |
|---|---|---|
| ふ ば<br>踏ん張る | | 例足に力を入れて倒れないように踏ん張る。<br>双腿用力站稳，努力不摔倒。<br>類踏む，踏みしめる，こらえる |

| 7042 | 副 | (不好的)气味扑鼻状，发怒状 |
|---|---|---|
| ぷんぷん | | 例彼女から香水がぷんぷんと匂う。<br>从她身上散发出浓烈的香水味。<br>類ぷんと，ぷりぷり　反にこにこ |

| 7043 | ナ名 | 平静的，淡定的 |
|---|---|---|
| へいせい<br>平静 | | 例試験は気持ちを平静に保った状態で臨むことが大切だ。<br>考试时候保持淡定的心态很重要。<br>類平穏 |

| 7044 | ナ副 | 粘乎乎，粘乎乎(的) |
|---|---|---|
| べとべと(する) | | 例たくさん汗をかいたので体がべとべとする。<br>出了很多汗，所以身上粘乎乎的。<br>類べっとり，べたつく，べたべた |

| 7045 | 動 | 随意扔进 |
|---|---|---|
| ほう こ<br>放り込む | | 例ごみをごみ箱に放り込む。<br>把垃圾扔进垃圾桶里。<br>類投げ入れる　反放り出す |

| 7046 | 動 | 扔出，扔下 |
|---|---|---|
| ほう だ<br>放り出す | | 例仕事を途中で放り出してしまった。<br>把干到一半的工作扔下不管了。<br>類投げ出す　反放り込む |

| 7047 | 副 | 温暖，和煦状，连续敲打状 |
|---|---|---|
| ぽかぽか(する) | | 例今日は春のぽかぽかした陽気に包まれている。<br>今天春光温暖和煦。<br>反ひえびえ |

| | | |
|---|---|---|
| **7048**<br>ほこ<br>**誇る** | **動** | 夸耀，自豪<br>**例** このアイスクリームは日本で絶大な人気を誇る。<br>这款冰激凌在日本以极高的人气为傲。<br>**類** 思いあがる，えらぶる，自慢する **反** 恥じる |

| | | |
|---|---|---|
| **7049**<br>ほ<br>**干す** | **動** | 晒干，烘干，喝干，抽干<br>**例** 今日はいい天気なので布団を干す。<br>今天天气不错，所以晒晒被子。<br>**類** 乾かす |

| | | |
|---|---|---|
| **7050**<br>**ぽっかり(と)** | **副** | 嘴(或口，洞)大开状，漂浮状，温暖状<br>**例** 驚いた様子で彼がぽっかりと口を開けている。<br>他一副吃惊的样子，嘴张得很大。<br>**類** 大きく，丸く |

| | | |
|---|---|---|
| **7051**<br>**ほどく** | **動** | 解开(结，疑问等)<br>**例** 複雑に絡んだ糸をほどく。<br>把缠成一团的线解开。<br>**類** 解く **反** くくる，縛る，結ぶ，縫う |

| | | |
|---|---|---|
| **7052**<br>**ほどける** | **動** | (结，疑问等)被解开，心情放松<br>**例** 緊張がほどけて気持ちが楽になる。<br>放松紧张的心情，变得轻松。<br>**類** 解ける，和らぐ |

| | | |
|---|---|---|
| **7053**<br>ほどとお<br>**程遠い** | **イ** | (时间，距离)相隔很远的，(实力等)相去甚远的<br>**例** 理想とは程遠いテストの結果に落ち込む。<br>因为距离理想相去甚远的考试成绩而失落。<br>**類** かけ離れた **反** 程近い |

| | | |
|---|---|---|
| **7054**<br>**ほのか** | **ナ** | 模糊的，隐约的，略微的，稍微的<br>**例** 太陽が昇り始め、空がほのかに明るくなってきた。<br>太阳开始升起，天空朦朦亮起来。<br>**類** かすか，おぼろげ |

| | | |
|---|---|---|
| **7055**<br>ほほえ<br>**微笑ましい** | **イ** | 温馨的，令人愉快的<br>**例** 子供たちが遊ぶ様子を見て微笑ましく思う。<br>看到孩子们玩耍的样子，感到很温馨。<br>**類** 好ましい，ほのぼの **反** 苦々しい |

| | | |
|---|---|---|
| **7056**<br>ほん き<br>**本気** | **ナ名** | 认真的<br>**例** 人は本気になれば、なんでもできるはずだ。<br>人认真起来应该什么都可以做到。<br>**類** 真剣 **反** 冗談 |

| | | |
|---|---|---|
| **7057**<br>**ほんの** | **体** | 只有，一丁点儿<br>**例** アルバイトの時間まで、ほんの少しだけ眠る。<br>在到打工的时间之前，稍微睡一小会儿。<br>**類** わずか |

| | | |
|---|---|---|
| **7058**<br>ほんぽう<br>**奔放** | **ナ名** | 自由的，不羁的<br>**例** 大学を卒業したら自由奔放な生活を送りたい。<br>大学毕业以后想过自由而不受约束的生活。<br>**類** 好き勝手，思うまま |

| | | |
|---|---|---|
| **7059**<br>ま あたら<br>**真新しい** | **イ** | 全新的，崭新的<br>**例** 真新しい靴を履くと気分がよくなる。<br>穿上崭新的鞋，心情变得很不错。<br>**類** 新しい，新鮮 **反** 古い，古めかしい |

| 7060 | ナ名 | 适合自己节奏的 |
|---|---|---|
| マイペース | | 例猫は自由でマイペースな動物だと言われている。<br>人们都说猫是一种不受约束，我行我素的动物。<br>類のんびり，おおらか，おっとり |

| 7061 | 動 | 跨过，横跨 |
|---|---|---|
| またぐ | | 例海をまたいで架かる橋を渡る。<br>穿过跨海大桥。<br>類越える |

| 7062 | 動 | 眨眼，闪烁 |
|---|---|---|
| 瞬く | | 例夜空に多くの星が瞬いている。<br>夜空中很多星星在闪烁。<br>類まばたく，光る |

| 7063 | 動 | 等待 |
|---|---|---|
| 待ち受ける | | 例人生にはたくさんの困難が待ち受けているだろう。<br>人生当中应该有很多困难在等着我们吧。<br>類待ち構える |

| 7064 | ナ名 | (时间，距离)非常近(的)，在眼前(的) |
|---|---|---|
| 間近 | | 例第一志望の大学の試験日が間近に迫っている。<br>第一志愿的大学的入学考试日期迫在眉睫。<br>類近い，近辺　反間遠 |

| 7065 | イ | 盼望已久的 |
|---|---|---|
| 待ち遠しい | | 例次に彼と会える日が待ち遠しい。<br>下一次能见到他的日子，让人等得好心急。<br>類待ち望む　反懐かしい |

| 7066 | ナ | 各式各样(的)，各不相同(的) |
|---|---|---|
| まちまち | | 例好きな食べ物は人によってまちまちだ。<br>每个人喜欢吃的东西各不相同。<br>類様々，ばらばら |

| 7067 | ナ名 | 漆黑(的)，毫无希望(的) |
|---|---|---|
| 真っ暗 | | 例予想外の結果に目の前が真っ暗になった。<br>面对意料之外的结果，眼前一黑。<br>類絶望的，暗闇 |

| 7068 | ナ名 | 笔直的，直接(的)，正直的 |
|---|---|---|
| まっすぐ | | 例彼は正直でまっすぐな人だ。<br>他是一个诚实而且正直的人。<br>類誠実，素直，実直　反狡猾 |

| 7069 | ナ名 | 不得要领的，离题的 |
|---|---|---|
| 的外れ | | 例会議で的外れな質問をして恥ずかしい思いをした。<br>在会上问了一个不得要领的问题，丢人了。<br>類見当違い，見当外れ |

| 7070 | 動 | 免于，免除 |
|---|---|---|
| 免れる | | 例幸運にも，自宅は地震による被害を免れた。<br>十分幸运，自己的房子没有受到地震造成的损害。<br>類逃れる，回避する |

| 7071 | 副名 | 眼前，当前，亲眼 |
|---|---|---|
| 目の当たり | | 例被災地の現状を目の当たりにしてショックを受けた。<br>看到眼前受灾地区的现状，十分震惊。<br>類直視，実際に |

| | | |
|---|---|---|
| 7072 | 動 | 変圆，変弯 |
| まる<br>丸まる | | 例 猫が庭で丸まって寝ている。<br>猫在院子里蜷着身子睡觉。<br>類 丸くなる，屈む |
| 7073 | 副名 | 万一 |
| まんいち／まんがいち<br>万一／万が一 | | 例 万一，約束の時間に遅れたら先に出発してください。<br>万一我迟到了，请先行出发。<br>類 もしも |
| 7074 | 動 | 取消，暂停，对视，对照 |
| み あ<br>見合わせる | | 例 事故の影響で電車が運転を見合わせる。<br>由于事故的影响，电车暂时停运。<br>類 やめる，差し控える，見比べる |
| 7075 | 動 | 俯视，轻视 |
| み お<br>見下ろす | | 例 山頂から町の風景を見下ろす。<br>从山顶俯瞰城市的景色。<br>類 眺める，見下す，見下げる　反 見上げる |
| 7076 | ナ名 | 未解決(的) |
| み かいけつ<br>未解決 | | 例 世界には未解決な問題が，まだたくさん残されている。<br>世界上还有着很多未解决的问题。<br>反 解決 |
| 7077 | 動 | 对比，对照 |
| み くら<br>見比べる | | 例 二つのデータを見比べて傾向を分析する。<br>对比两项数据，分析其倾向。<br>類 比較する |
| 7078 | イ | 难看的，丢人的 |
| み ぐる<br>見苦しい | | 例 大人が言い訳するのは情けなくて見苦しい。<br>成年人找借口很丢人现眼。<br>類 みっともない，醜い |
| 7079 | ナ名 | 未经历(的)，没有经验(的) |
| み けいけん<br>未経験 | | 例 その仕事は未経験だけれど，ぜひ挑戦してみたい。<br>我虽然没有从事过那份工作，但是很想挑战一下。<br>反 経験 |
| 7080 | ナ名 | 稍短的，偏短的 |
| みじか<br>短め | | 例 今日は美容室で前髪をいつもより短めに切った。<br>今天在美容院把刘海儿剪得比平时短了一些。<br>類 短い　反 長め |
| 7081 | 動 | 抛弃，离弃 |
| み す<br>見捨てる | | 例 困っている人を見捨ててはおけない。<br>没办法扔下有困难的人不管。<br>類 見限る，見放す　反 見込む |
| 7082 | 動 | 弄乱，扰乱 |
| みだ<br>乱す | | 例 自分勝手な行動が集団の秩序を乱す。<br>自私任性的行为扰乱集体的秩序。<br>類 崩す　反 整える，治める |
| 7083 | イ | 没法看的，丢人的 |
| みっともない | | 例 破れた服を着るのは，みっともないのでやめてください。<br>穿破衣服太不像样了，以后请不要这样。<br>類 見苦しい |

| 7084 | 動 | 估价，估计 |
|---|---|---|
| みつ<br>見積もる | | 例 旅行にいくらお金が必要かを見積もる。<br>估算一下旅游需要多少钱。<br>類 計算する，見込む |

| 7085 | 動 | 看准，确认，看到最后 |
|---|---|---|
| みとど<br>見届ける | | 例 病院で祖父の最期を見届ける。<br>在医院守着临终的祖父直到最后。<br>類 見送る |

| 7086 | イ | 丑陋的，难看的 |
|---|---|---|
| みにく<br>醜い | | 例 醜いアヒルの子は成長して美しい白鳥になった。<br>丑小鸭长成了白天鹅。<br>類 汚い，見苦しい，醜悪　反 美しい |

| 7087 | 動 | 看破，看穿 |
|---|---|---|
| みやぶ<br>見破る | | 例 手品のトリックを見破る。<br>看穿了魔术的技巧。<br>類 見抜く |

| 7088 | ナ名 | 恋恋不舍(的) |
|---|---|---|
| みれん<br>未練 | | 例 彼はいつまでも彼女のことを引きずって未練な男だ。<br>他是一个一直对前女友恋恋不舍的男人。<br>類 心残り |

| 7089 | ナ名 | 无意义的 |
|---|---|---|
| むいみ<br>無意味 | | 例 相手の意見を否定し合うだけでは無意味な議論だ。<br>如果只是互相否定对方的意见，那样的讨论没有意义。<br>類 無駄 |

| 7090 | ナ名 | 无害(的) |
|---|---|---|
| むがい<br>無害 | | 例 人間には無害な成分でも，動物には有害な場合がある。<br>即使是对人无害的成分，有的对动物也是有害的。<br>類 安全　反 有害 |

| 7091 | 副 | 恶心，反胃，怒气上升状 |
|---|---|---|
| むかむか(する) | | 例 お肉を食べすぎて胃がむかむかする。<br>肉吃多了，有点反胃。<br>類 むかつく，不快，むかっと |

| 7092 | ナ名 | 没有受伤(的)，完美的 |
|---|---|---|
| むきず<br>無傷 | | 例 大昔の化石が無傷の状態で発見された。<br>古老的化石以完整无缺的状态被发现。<br>類 無事，無欠，万全 |

| 7093 | ナ名 | 沉默寡言(的) |
|---|---|---|
| むくち<br>無口 | | 例 人間には，おしゃべりな人と無口な人がいる。<br>人分两种，有的非常健谈，有的沉默寡言。<br>類 寡黙　反 おしゃべり |

| 7094 | ナ名 | 无差别的 |
|---|---|---|
| むさべつ<br>無差別 | | 例 テロリストが市民を無差別に攻撃し始めた。<br>恐怖分子开始了针对市民的无差别攻击。<br>類 無作為，やみくも　反 差別的 |

| 7095 | イ | 闷热的 |
|---|---|---|
| む あつ<br>蒸し暑い | | 例 日本の夏は湿度が高くて蒸し暑い。<br>日本的夏天湿度高，非常闷热。<br>類 むしむし　反 すがすがしい |

| 7096 | ナ名 | 无辜的，清白的 |
|---|---|---|
| むじつ<br>無実 | | 例事件の日のアリバイがある彼は、きっと無実だ。<br>他在案发当天有不在场证明，所以肯定是清白的。<br>類潔白 |

| 7097 | 副 | 恼火，烦乱 |
|---|---|---|
| むしゃくしゃ(する) | | 例最近嫌なことばかり起きて、むしゃくしゃする。<br>最近总是遇到不愉快的事，让人心烦意乱的。<br>類いらいら、いらつく |

| 7098 | 副 | 非常，极其，一味地 |
|---|---|---|
| むしょうに<br>無性に | | 例無性に故郷が恋しく、寂しい気持ちになる。<br>特别怀念故乡，心情变得非常孤寂。<br>類やたらに |

| 7099 | ナ名 | 不顾及他人的 |
|---|---|---|
| むしんけい<br>無神経 | | 例無神経な発言は人を傷つけることがある。<br>说话不考虑别人的感受，有时候会伤害别人。<br>類鈍感 反神経質 |

| 7100 | ナ名 | 无限制的 |
|---|---|---|
| むせいげん<br>無制限 | | 例Wi-Fiを無制限に利用できるプランを契約した。<br>签了一个可以无限制使用Wi-Fi的协议。<br>類無限、限りなく 反制限的 |

| 7101 | ナ名 | 不负责任的 |
|---|---|---|
| むせきにん<br>無責任 | | 例無責任な飼い主に捨てられた犬を助ける。<br>救助被不负责任主人丢弃的狗。<br>類いいかげん、怠慢、身勝手 |

| 7102 | ナ名 | 无道理的，胡来 |
|---|---|---|
| むちゃ<br>無茶 | | 例たとえ急いでいても、無茶な運転をするべきではない。<br>就算很着急，也不应该瞎开车。<br>類無謀、むちゃくちゃ、めちゃくちゃ |

| 7103 | ナ名 | 后悔的，遗憾的 |
|---|---|---|
| むねん<br>無念 | | 例最後の大会は予選敗退という無念な結果に終わった。<br>最后一次大赛中，以预选赛告负这样一种遗憾的结果结束了。<br>類残念、悔しい |

| 7104 | ナ名 | 面无表情的 |
|---|---|---|
| むひょうじょう<br>無表情 | | 例無表情な人は顔から感情が読み取れない。<br>无法从面无表情的人的脸上看出感情。<br>類無愛想、仏頂面 反表情豊か |

| 7105 | ナ名 | 鲁莽的，不理智的 |
|---|---|---|
| むぼう<br>無謀 | | 例一人でエベレストに登るのは無謀な挑戦だ。<br>独自挑战攀登珠穆朗玛峰是不理智的。<br>類無茶、乱暴、無鉄砲 |

| 7106 | ナ名 | 没用的，不必要的 |
|---|---|---|
| むよう<br>無用 | | 例政府の政策が国民の無用な混乱を招いた。<br>政府的政策在老百姓当中造成了不必要的混乱。<br>類不要 反有用 |

| 7107 | ナ名 | 无力的 |
|---|---|---|
| むりょく<br>無力 | | 例自然の脅威の前では、人間は無力だ。<br>在自然的威胁面前，人类显得很无力。<br>類無能 反有力 |

| 7108 | ナ名 | 清晰的，明显的 |
|---|---|---|
| めいはく<br>明白 | | 例この説は実験によって明白な事実であると立証された。<br>这种学说已经被实验证明是事实无误。<br>類明確，明晰，はっきり，明明白白　反不明 |

| 7109 | 動 | 捐赠，施舍 |
|---|---|---|
| めぐ<br>恵む | | 例貧しい人に食料を恵む。<br>给穷人捐食品。<br>類施す |

| 7110 | イ | 令人瞩目的 |
|---|---|---|
| め ざ<br>目覚ましい | | 例科学技術は数年で目覚ましい発展を遂げた。<br>科学技术在这几年当中取得了令人瞩目的发展。<br>類立派，素晴らしい，輝かしい |

| 7111 | ナ名 | 阻碍视线的，碍眼的 |
|---|---|---|
| め ざわ<br>目障り | | 例写真を撮るのに，あの電柱が目障りだ。<br>拍照片的时候，这根电线杆很碍事。<br>類邪魔，不快 |

| 7112 | 動 | 吃和喝的尊敬语 |
|---|---|---|
| め あ<br>召し上がる | | 例料理が冷めないうちに召し上がってください。<br>趁饭菜热着，您快吃吧。<br>類食べる，食う　反頂く |

| 7113 | ナ名 | 毫无道理的，非常，非常混乱的 |
|---|---|---|
| めちゃくちゃ | | 例台風のせいで家がめちゃくちゃに壊れてしまった。<br>因为台风，房子被破坏得一团糟。<br>類むちゃくちゃ |

| 7114 | イ | 麻烦的，费劲的 |
|---|---|---|
| めんどう<br>面倒くさい | | 例ご飯の準備が面倒くさいから，今日は外食にする。<br>做饭太麻烦了，今天在外面吃。<br>類億劫，煩わしい |

| 7115 | 動 | 说的自谦语 |
|---|---|---|
| もう あ<br>申し上げる | | 例皆様に心からお礼を申し上げます。<br>衷心感谢大家。<br>類言う，述べる　反おっしゃる |

| 7116 | 動 | 挣扎，极度痛苦 |
|---|---|---|
| もがく | | 例若い時にもがき苦しんだ経験は，必ず将来に役立つ。<br>年轻时候吃苦的经历，将来一定会派上用场的。<br>類あがく |

| 7117 | 副 | 安静地，默默地 |
|---|---|---|
| もくもく<br>黙々(と) | | 例彼は何時間も黙々と作業を続けている。<br>他默默地连续干了好几个小时活。<br>類こつこつと，せっせと |

| 7118 | イ | 可惜的，浪费的 |
|---|---|---|
| もったいない | | 例食べ物を残すなんてもったいない。<br>竟然剩饭，太可惜了。<br>類惜しい，恐れ多い |

| 7119 | 動 | 无法处理，难以应对 |
|---|---|---|
| も あま<br>持て余す | | 例休日に暇を持て余して昼寝する。<br>节假日闲下来不知该怎么办，于是白天睡大觉。<br>類余る，てこずる |

| 7120 | イ | 心烦意乱的，令人沮丧的 |
|---|---|---|
| もどかしい | | 例気持ちをうまく伝えられず，もどかしい気持ちになる。 |
| | | 心情无法准确表达，搞得我心烦意乱。 |
| | | 類じれったい，歯がゆい |

| 7121 | ナ副名 | 原样，复原 |
|---|---|---|
| 元通り | | 例夏休み中に乱れた生活リズムを元通りにする。 |
| | | 把暑假中混乱的生活节奏恢复正常。 |
| | | 類元に戻す，復旧，復活 |

| 7122 | 副 | 当然，本来，最初 |
|---|---|---|
| もとより | | 例水族館は子供はもとより大人も楽しめる場所だ。 |
| | | 孩子自不必说，大人也可以享受水族馆的乐趣。 |
| | | 類もちろん，言うまでもなく，元来 |

| 7123 | 動 | 举办，产生(身体感觉) |
|---|---|---|
| 催す | | 例友人を自宅に招いて食事会を催す。 |
| | | 邀请朋友来家，办一次聚餐活动。 |
| | | 類開催する |

| 7124 | 動 | 盛，装，堆 |
|---|---|---|
| 盛る | | 例お茶碗にご飯を盛る。 |
| | | 往碗里盛饭。 |
| | | 類積む，重ねる，満たす，盛り込む |

| 7125 | 動 | 着火，烧尽，烤熟，晒变色，(胃)反酸 |
|---|---|---|
| 焼ける | | 例自宅でパンが焼ける調理家電を買った。 |
| | | 买了一个能在家里烤面包的厨房家电。 |
| | | 類燃える，焼き上がる |

| 7126 | ナ名 | 有优势的 |
|---|---|---|
| 優位 | | 例より優れた製品を開発して他社より優位に立つ。 |
| | | 开发更优秀的产品，使自己公司比其他公司更具优势。 |
| | | 類優勢，優れる，秀でる　反劣位 |

| 7127 | ナ名 | 富裕的 |
|---|---|---|
| 裕福 | | 例収入が多い彼は，裕福に暮らしている。 |
| | | 他收入很高，过着富裕的生活。 |
| | | 類豊か，富裕　反貧乏 |

| 7128 | ナ名 | 有希望的 |
|---|---|---|
| 有望 | | 例彼は非常に優秀で，将来が有望な人材だ。 |
| | | 他非常优秀，是个未来很有希望的人才。 |
| | | 類有為，頼もしい　反絶望的 |

| 7129 | ナ名 | 优良的，优秀的 |
|---|---|---|
| 優良 | | 例テストで優良な成績を収める。 |
| | | 在考试中取得优秀的成绩。 |
| | | 類良い，優秀，良好　反劣悪，不良 |

| 7130 | ナ名 | 愉快的 |
|---|---|---|
| 愉快 | | 例お酒を飲んで愉快な気分になる。 |
| | | 喝了酒，心情变得很愉快。 |
| | | 類楽しい，快い，面白い　反不愉快 |

| 7131 | ナ名 | 开朗的，阳光的，天气，气候 |
|---|---|---|
| 陽気 | | 例陽気な彼女は人気者で，いつも友達に囲まれている。 |
| | | 她性格开朗，受人欢迎，周围总围着很多朋友。 |
| | | 類快活，天候　反陰気 |

| 7132 | 副 总之 |
|---|---|
| ようするに<br>要するに | 例すぐに諦めるのは、要するに我慢が足りないからだ。<br>轻易放弃，说白了是因为忍耐力不够。<br>類つまり |

| 7133 | ナ名 年幼的，幼稚的 |
|---|---|
| ようち<br>幼稚 | 例彼は自己中心的で幼稚な人だ。<br>他是一个以自我为中心的、幼稚的人。<br>類未熟，幼い 反老練 |

| 7134 | ナ名 贪心的，贪婪的 |
|---|---|
| よくば<br>欲張り | 例人のお菓子まで食べるなんて、欲張りな人だ。<br>居然连别人的点心都要吃，真是个贪婪的人。<br>類強欲，貪欲 |

| 7135 | 動 贪心 |
|---|---|
| よくば<br>欲張る | 例欲張ってお菓子を食べ過ぎてしまった。<br>太贪心，点心吃多了。<br>類むさぼる |

| 7136 | 動 横穿，横渡 |
|---|---|
| よこぎ<br>横切る | 例牛の群れが道路を横切った。<br>牛群横穿马路。<br>類横断する，よぎる |

| 7137 | 動 醉酒 |
|---|---|
| よ ぱら<br>酔っ払う | 例お酒を飲みすぎて酔っ払ってしまった。<br>酒喝太多，喝醉了。<br>類酔う 反さめる |

| 7138 | 動 叫来，传唤 |
|---|---|
| よ だ<br>呼び出す | 例悪さをした生徒を呼び出して叱る。<br>把捣蛋的学生叫来训斥。<br>類呼び寄せる，呼び立てる |

| 7139 | 動 喊住，打招呼使其站住 |
|---|---|
| よ と<br>呼び止める | 例道で見知らぬ人に呼び止められた。<br>在路上被一个陌生人喊住了。<br>類呼びかける |

| 7140 | 動 叫回，唤回 |
|---|---|
| よ もど<br>呼び戻す | 例転勤していた社員を本社に呼び戻す。<br>把之前调动到别处的员工召回总公司。<br>類戻す，呼び返す |

| 7141 | ナ名 残余的，剩余的，多余的 |
|---|---|
| よぶん<br>余分 | 例材料をいつもより余分に仕入れる。<br>比平时多进一些材料。<br>類余計 反不足分 |

| 7142 | 動 反复读，读透，(计算机)读取 |
|---|---|
| よ こ<br>読み込む | 例パソコンでデータを読み込む。<br>用电脑读取数据。<br>類読み取る，熟読する |

| 7143 | 動 倚，靠，依靠 |
|---|---|
| よ<br>寄りかかる | 例椅子の背もたれに寄りかかって昼寝する。<br>靠着椅子靠背午睡。<br>類もたれる，頼る |

| 7144 | 副 | 踉蹌，蹒跚 |
|---|---|---|
| よろよろ（する） | | 例お酒を飲みすぎたせいか，足取りがよろよろしている。 |
| | | 不知是不是因为喝多了，脚步踉踉跄跄的。 |
| | | 類ふらふら，よろめく |

| 7145 | ナ名 | 消沉的，没信心的 |
|---|---|---|
| 弱気 よわき | | 例弱気な姿勢では合格を勝ち取れない。 |
| | | 以消极的态度是无法取得合格的成绩的。 |
| | | 類気弱，消極的　反強気 |

| 7146 | ナ | 流畅的，流利的 |
|---|---|---|
| 流暢 りゅうちょう | | 例彼は日本人のように流暢な日本語を話す。 |
| | | 他讲着一口像日本人一样流利的日语。 |
| | | 類なめらか，ぺらぺら　反たどたどしい |

| 7147 | ナ名 | 优质的 |
|---|---|---|
| 良質 りょうしつ | | 例日本は良質なお米がたくさん取れる。 |
| | | 日本出产大量优质的大米。 |
| | | 類上質，上等　反悪質 |

| 7148 | ナ | 有良心的，（价格）公道的，（态度）诚恳的 |
|---|---|---|
| 良心的 りょうしんてき | | 例ここは良心的な値段で食事ができるお店だ。 |
| | | 这是一家能以公道价格吃饭的饭店。 |
| | | 類誠実，健全 |

| 7149 | 体 | 平时的，之前的 |
|---|---|---|
| 例の れい | | 例いつもの時間に例の場所で会いましょう。 |
| | | 老时间老地方见。 |
| | | 類あの，くだんの |

| 7150 | 体 | (后接否定)好的，像样的 |
|---|---|---|
| ろくな | | 例この店は，ろくなものが売っていない。 |
| | | 这家店卖的没什么好东西。 |
| | | 類まともな，満足な，十分な |

| 7151 | 副 | (后接否定)好好地，像样地 |
|---|---|---|
| ろくに | | 例最近は忙しくて，ろくにご飯も食べていない。 |
| | | 最近很忙，没好好地吃过一顿饭。 |
| | | 類まともに，満足に，十分に |

| 7152 | ナ名 | 议论范围之外，没有讨论价值的，过分的 |
|---|---|---|
| 論外 ろんがい | | 例約束を何度も破るなんて論外だ。 |
| | | 竟然一次又一次地食言，过分了。 |
| | | 類問題外 |

| 7153 | 体 | 我… |
|---|---|---|
| わが | | 例わが社は実績が好調である。 |
| | | 我公司业绩势头良好。 |
| | | 類私の，私たちの |

| 7154 | ナ名 | 任性的 |
|---|---|---|
| わがまま | | 例自分勝手でわがままな人に振り回される。 |
| | | 被自私任性的人折腾得够呛。 |
| | | 類気まま，勝手 |

| 7155 | 動 | 沸腾 |
|---|---|---|
| 沸く わ | | 例水は沸くとお湯になる。 |
| | | 凉水沸腾变成开水。 |
| | | 類沸騰する，沸かす，高ぶる，たぎる　反冷める |

| 7156<br><br>**わざわざ** | 副 | 特地，特意 |
|---|---|---|
| | | 例 遠いところから，わざわざ来てくれてありがとう。 |
| | | 感谢你特地从很远的地方赶来。 |
| | | 類 ことさら，故意に　反 ついで |

| 7157<br><br>患う<br><small>わずら</small> | 動 | 患病 |
|---|---|---|
| | | 例 病気を患っている夫を看病する。 |
| | | 照顾生病的丈夫。 |
| | | 類 病む，罹る |

| 7158<br><br>割り込む | 動 | 插话，插队 |
|---|---|---|
| | | 例 レジで並んでいたら，おばさんが割り込んできた。 |
| | | 在收银台前排着队，结果一个阿姨强行插队。 |
| | | 類 入り込む |

| 7159<br><br>割れる<br><small>わ</small> | 動 | 破裂，分裂 |
|---|---|---|
| | | 例 台風による強風で窓ガラスが割れてしまった。 |
| | | 台风导致的强风把窗户的玻璃吹裂了。 |
| | | 類 壊れる，分かれる，判明する |

WEEK
1

WEEK
2

WEEK
3

## 行知学園拠点案内

授業や入塾に関するご質問は、下記の各校までお気軽にお問い合わせください。

### 新大久保校本館

〒169-0073
東京都新宿区百人町2-8-15
ダヴィンチ北新宿 1F

・山手線「新大久保駅」より徒歩約2分
・総武線「大久保駅」北口より徒歩約7分

咨询电话 **080-4355-6266**
咨询QQ **268001216**

### 高田馬場校本館

〒169-0075
東京都新宿区高田馬場2-16-6
宇田川ビル 7F

・山手線「高田馬場駅」早稲田口より徒歩約1分
・西武新宿線「高田馬場駅」早稲田口より徒歩約1分

咨询电话 **080-4355-6266**
咨询QQ **268001216**

### 大阪校本館

〒542-0074
大阪市中央区千日前1-4-8
千日前M's ビル 4F

・堺筋線、千日前線など「日本橋駅」出口2より徒歩約1分
・近鉄線「近鉄日本橋駅」より徒歩約1分

咨询电话 **080-3459-1596**
咨询QQ **1664201216**

### 京都校

〒612-8411
京都府京都市伏見区竹田久保町21-7
ビルマルジョウ 1F

・地下鉄烏丸線「くいな橋駅」出口1より徒歩約4分
・京阪本線「深草駅」出口1より徒歩約7分

咨询电话 **080-9696-6066**
咨询QQ **744534305**

# 必須単語

## 名詞

| 7160 名 | | 7176 名 | |
|---|---|---|---|
| あいけん<br>愛犬 | 爱犬 | あくにん<br>悪人 | 恶人，坏人 |

| 7161 名 | | 7177 名 | |
|---|---|---|---|
| あいしょう<br>愛称 | 爱称 | あくま<br>悪魔 | 恶魔 |

| 7162 名 | | 7178 名サ | |
|---|---|---|---|
| あいしょう<br>相性 | 性格，<br>价值观等的投<br>缘程度 | あくよう<br>悪用(する) | 滥用<br>(地位，权力等) |

| 7163 名 | | 7179 名 | |
|---|---|---|---|
| あい そ<br>愛想 | 和蔼，亲切 | あくりょく<br>握力 | 握力 |

| 7164 名サ | | 7180 名 | |
|---|---|---|---|
| あい の<br>相乗り(する) | 同坐一辆车，<br>骑车带人，<br>共同参加 | あ がた<br>明け方 | 清早，黎明 |

| 7165 名 | | 7181 名 | |
|---|---|---|---|
| あいびょう<br>愛猫 | 受宠爱的猫，<br>喜欢猫 | あ げ く<br>挙げ句 | (不好的)结果，<br>(连歌等)结束句 |

| 7166 名 | | 7182 名 | |
|---|---|---|---|
| あいま<br>合間 | 短暂的间隔 | あこが<br>憧れ | 憧憬，向往 |

| 7167 名サ | | 7183 名 | |
|---|---|---|---|
| あいよう<br>愛用(する) | 喜欢使用 | あさ<br>朝 | 早上，上午 |

| 7168 名 | | 7184 名 | |
|---|---|---|---|
| あお む<br>仰向け | 仰起 | あさって<br>明後日 | 后天 |

| 7169 名 | | 7185 名 | |
|---|---|---|---|
| あか じ<br>赤字 | 赤字 | あし あし<br>足／脚 | 脚，腿，<br>(桌椅等的)腿 |

| 7170 名 | | 7186 名 | |
|---|---|---|---|
| あき<br>秋 | 秋天 | あじ<br>味 | 味道 |

| 7171 名 | | 7187 名 | |
|---|---|---|---|
| あく<br>悪 | 恶劣，邪恶 | あしおと<br>足音 | 脚步声 |

| 7172 名 | | 7188 名サ | |
|---|---|---|---|
| あく い<br>悪意 | 恶意 | アシスト(する) | 帮助，<br>(足球等)助攻 |

| 7173 名 | | 7189 名サ | |
|---|---|---|---|
| あく じ<br>悪事 | 坏事 | あじ つ<br>味付け(する) | 调味 |

| 7174 名 | | 7190 名サ | |
|---|---|---|---|
| あくせい<br>悪性 | 品行恶劣 | あし ぶ<br>足踏み(する) | 原地踏步 |

| 7175 名サ | | 7191 名 | |
|---|---|---|---|
| アクセス(する) | 通道，(计算机)<br>访问，获得信<br>息的机会 | あせ<br>汗 | 汗水 |

| 7192 名<br>焦り<br>あせ | 焦躁 |
|---|---|
| 7193 名サ<br>アタック(する) | 攻克难关，<br>(竞技体育中)进攻 |
| 7194 名<br>あだな | 外号，绰号 |
| 7195 名<br>頭<br>あたま | 头，头脑 |
| 7196 名<br>頭金<br>あたまきん | 首付，定金 |
| 7197 名<br>当たり<br>あ | 猜中，碰撞，<br>(活动)成功 |
| 7198 名サ<br>厚着(する)<br>あつ ぎ | (穿)厚的服装 |
| 7199 名サ<br>圧勝(する)<br>あっしょう | 压倒性胜利 |
| 7200 名<br>厚手<br>あつ で | (布，纸等)厚的 |
| 7201 名サ<br>圧倒(する)<br>あっとう | 压制对手 |
| 7202 名サ<br>圧迫(する)<br>あっぱく | 压迫 |
| 7203 名<br>後先<br>あとさき | (时间和空间的)前<br>后，事情的后果 |
| 7204 名<br>後払い<br>あとばら | 延期支付 |
| 7205 名<br>後回し<br>あとまわ | 推迟 |
| 7206 名<br>アトラクション | 娱乐设施(项目) |
| 7207 名<br>穴<br>あな | 孔，洞，穴，<br>亏空，<br>(职位)空缺 |
| 7208 名<br>穴場<br>あな ば | 不为人知的好<br>去处 |

| 7209 名<br>兄<br>あに | 哥哥 |
|---|---|
| 7210 名<br>姉<br>あね | 姐姐 |
| 7211 名<br>アパレル | 服装(产业) |
| 7212 名サ<br>アピール(する) | 呼吁，申诉，<br>有魅力 |
| 7213 名<br>アプリケーション | 应用，申请 |
| 7214 名<br>余り物<br>あま もの | 剩余的东西 |
| 7215 名<br>網<br>あみ | 网 |
| 7216 名<br>網戸<br>あみ ど | 纱窗，纱门 |
| 7217 名<br>雨<br>あめ | 雨 |
| 7218 名<br>洗い物<br>あら もの | 要洗的东西，<br>洗东西 |
| 7219 名<br>嵐<br>あらし | 暴风，暴风雨 |
| 7220 名<br>アルミホイル | 铝箔 |
| 7221 名サ<br>アレンジ(する) | 排列，整理，<br>安排，<br>(音乐)改编 |
| 7222 名<br>泡<br>あわ | 泡沫，气泡 |
| 7223 名<br>暗号<br>あんごう | 暗号 |
| 7224 名サ<br>暗示(する)<br>あん じ | 暗示 |
| 7225 名<br>アンテナ | 天线 |

| 7226 名<br>あん ぴ<br>安否 | 平安与否 |
|---|---|
| 7227 名<br>い<br>胃 | 胃 |
| 7228 名<br>いえ<br>家 | 家，家庭，<br>家族 |
| 7229 名<br>いえがら<br>家柄 | 门第，出身 |
| 7230 名サ<br>いえ で<br>家出(する) | 离家出走 |
| 7231 名<br>い か<br>以下 | 以下，…之下 |
| 7232 名サ<br>い かく<br>威嚇(する) | 威胁，恐吓 |
| 7233 名<br>いき<br>息 | 气息，呼吸 |
| 7234 名<br>い き ご<br>意気込み | 热切，<br>(工作的)热情 |
| 7235 名<br>いきどお<br>憤り | 气愤，愤慨 |
| 7236 名サ<br>いきぬ<br>息抜き(する) | (工作间隙等的)<br>休息 |
| 7237 名<br>いけ<br>池 | 池塘，水池 |
| 7238 名<br>い こう<br>意向 | 意向 |
| 7239 名<br>いし<br>石 | 石头 |
| 7240 名<br>い しゃりょう<br>慰謝料 | 抚恤金，<br>赔偿款 |
| 7241 名<br>い しゅう<br>異臭 | 异臭 |
| 7242 名サ<br>い しゅく<br>萎縮(する) | 萎缩 |

| 7243 名<br>い しょ<br>遺書 | 遗书 |
|---|---|
| 7244 名サ<br>い しょく<br>移植(する) | 移植 |
| 7245 名<br>い しょく<br>異色 | 不同的颜色，<br>异样的，<br>别具一格 |
| 7246 名サ<br>い せき<br>移籍(する) | 户籍迁移，<br>(球员等)转会 |
| 7247 名<br>いそ<br>急ぎ | 着急，紧急 |
| 7248 名サ<br>いちだんらく<br>一段落(する) | 告一段落 |
| 7249 名<br>いちどう<br>一同 | (一个组织等的)<br>所有人 |
| 7250 名<br>いちめい<br>一命 | 一条性命，<br>一条命令 |
| 7251 名<br>い ちょう<br>胃腸 | 肠胃 |
| 7252 名<br>いっ か<br>一家 | 一家，<br>(艺术等)一派 |
| 7253 名サ<br>いっかつ<br>一括(する) | 汇总，一揽子 |
| 7254 名サ<br>いっかん<br>一貫(する) | 一贯，<br>始终如一，<br>贯彻到底 |
| 7255 名<br>いっしき<br>一式 | 一套，全部 |
| 7256 名<br>いっしん<br>一心 | 同心同德，<br>专心 |
| 7257 名サ<br>いっぽう<br>一報(する) | 告知一下 |
| 7258 名接<br>いっぽう<br>一方 | 一个方向，单<br>方面，越来越，<br>另一方面 |
| 7259 名<br>いと<br>糸 | 丝，乐器的弦 |

| 7260 糸口 いとぐち 名 | 线头，头绪，开端 |
|---|---|
| 7261 稲妻 いなずま 名 | 闪电 |
| 7262 イニシャル 名 | 首字母，最初的 |
| 7263 委任（する）い にん 名サ | 委任 |
| 7264 居眠り（する）い ねむ 名サ | 打盹 |
| 7265 胃袋 い ぶくろ 名 | 胃 |
| 7266 今頃 いまごろ 名 | 这会儿，现如今 |
| 7267 移民 い みん 名 | 移民 |
| 7268 妹 いもうと 名 | 妹妹 |
| 7269 嫌がらせ いや 名 | 找茬儿，故意使人不痛快或讨厌的言行 |
| 7270 イヤリング 名 | 耳饰 |
| 7271 イルミネーション 名 | 彩色灯光装饰 |
| 7272 異例 い れい 名 | 破例 |
| 7273 異論 い ろん 名 | 不同意见 |
| 7274 岩 いわ 名 | 岩石 |
| 7275 インスタント 名 | 速成，即时的 |
| 7276 インストラクター 名 | (体育)教练，(艺术等)指导 |

| 7277 引率（する）いんそつ 名サ | 率领，带领 |
|---|---|
| 7278 インターホン 名 | 内线电话 |
| 7279 引退（する）いんたい 名サ | 引退 |
| 7280 インフォメーション 名 | 信息 |
| 7281 インフルエンザ 名 | 流感 |
| 7282 上 うえ 名 | 上，上面，年长 |
| 7283 ウエア 名 | 服装 |
| 7284 ウエディング 名 | 婚礼 |
| 7285 受け身 う み 名 | 被动，消极的态度 |
| 7286 後ろ足 うし あし 名 | 后腿 |
| 7287 後ろ姿 うし すがた 名 | 背影 |
| 7288 薄着 うすぎ 名 | (穿)薄的衣服 |
| 7289 右折（する）う せつ 名サ | 右拐 |
| 7290 打ち上げ う あ 名 | 发射(火箭等)，(工程项目等)结束 |
| 7291 うちわ 名 | 团扇 |
| 7292 うつ伏せ ぶ 名 | 趴着，倒扣 |
| 7293 器 うつわ 名 | 容器，道具，才干 |

| 7294 名 | 腕<br><small>うで</small> | 胳膊，本领 |
|---|---|---|

| 7295 名 | 海<br><small>うみ</small> | 大海 |
|---|---|---|

| 7296 名 | 裏<br><small>うら</small> | 背面，<br>不为人知的 |
|---|---|---|

| 7297 名 | 裏表<br><small>うらおもて</small> | 正反面，<br>(人的)表里，<br>里外相反 |
|---|---|---|

| 7298 名 | 裏側<br><small>うらがわ</small> | 背面 |
|---|---|---|

| 7299 名 | 裏切り<br><small>うら ぎ</small> | 背叛 |
|---|---|---|

| 7300 名 | 裏口<br><small>うらぐち</small> | 后门 |
|---|---|---|

| 7301 名 | 裏地<br><small>うら じ</small> | (衣服的)衬料 |
|---|---|---|

| 7302 名 | 占い<br><small>うらな</small> | 占卜 |
|---|---|---|

| 7303 名 | 恨み<br><small>うら</small> | 怨恨，仇恨 |
|---|---|---|

| 7304 名 | 裏道<br><small>うらみち</small> | 近道，<br>不正当的手段 |
|---|---|---|

| 7305 名 | 売り切れ<br><small>う き</small> | 售罄 |
|---|---|---|

| 7306 名 | 売り手<br><small>う て</small> | 卖家 |
|---|---|---|

| 7307 名 | 売り物<br><small>う もの</small> | 商品，卖点 |
|---|---|---|

| 7308 名 | 上着<br><small>うわ ぎ</small> | 上衣，外衣 |
|---|---|---|

| 7309 名 | 上唇<br><small>うわくちびる</small> | 上唇 |
|---|---|---|

| 7310 名 | 上履き<br><small>うわ ば</small> | 室内穿的鞋 |
|---|---|---|

| 7311 名 | 運<br><small>うん</small> | 运气 |
|---|---|---|

| 7312 名 | 運河<br><small>うん が</small> | 运河 |
|---|---|---|

| 7313 名サ | 運休(する)<br><small>うんきゅう</small> | 停运 |
|---|---|---|

| 7314 名サ | 運航(する)<br><small>うんこう</small> | (交通工具)运行 |
|---|---|---|

| 7315 名サ | 運行(する)<br><small>うんこう</small> | (交通工具或天体)<br>运行 |
|---|---|---|

| 7316 名 | 運勢<br><small>うんせい</small> | 运势 |
|---|---|---|

| 7317 名サ | 運送(する)<br><small>うんそう</small> | 运送 |
|---|---|---|

| 7318 名 | 運転免許証<br><small>うんてんめんきょしょう</small> | 驾驶证 |
|---|---|---|

| 7319 名 | 運動場<br><small>うんどうじょう</small> | 运动场 |
|---|---|---|

| 7320 名 | 運動神経<br><small>うんどうしんけい</small> | (医学)运动神经，<br>(日常)运动细胞 |
|---|---|---|

| 7321 名 | 絵<br><small>え</small> | 画，画像 |
|---|---|---|

| 7322 名 | 駅<br><small>えき</small> | (火车、电车、地<br>铁的)车站 |
|---|---|---|

| 7323 名サ | エスカレート(する) | (规模等)扩大，<br>(冲突等)激化 |
|---|---|---|

| 7324 名 | エスニック | 民族的，<br>具有民族特色的 |
|---|---|---|

| 7325 名 | 干支<br><small>えと</small> | 天干地支，<br>或特指地支 |
|---|---|---|

| 7326 名 | エリア | 区域 |
|---|---|---|

| 7327 名 | 縁起<br><small>えん ぎ</small> | 吉凶的兆头，<br>缘起 |
|---|---|---|

| 7328 名 | | 7345 名サ | |
|---|---|---|---|
| えんきょり 遠距離 | 远程 | オーダー(する) | 订单, 或特指在饭店点菜 |

| 7329 名 | | 7346 名 | |
|---|---|---|---|
| エンジニア | 工程师 | オーディオ | 声音的, 音响装置 |

| 7330 名 | | 7347 名 | |
|---|---|---|---|
| えんしょう 炎症 | 炎症 | オーディション | 试镜, 试听 |

| 7331 名 | | 7348 名 | |
|---|---|---|---|
| えんせん 沿線 | 沿线 | オープニング | 开始, 开幕 |

| 7332 名 | | 7349 名 | |
|---|---|---|---|
| エンディング | 结尾 | おお 大みそか | 一年的最后一天 |

| 7333 名サ | | 7350 名 | |
|---|---|---|---|
| エントリー(する) | 报名(参赛等) | おく 奥 | 内部, 深处 |

| 7334 名 | | 7351 名 | |
|---|---|---|---|
| えんぴつ 鉛筆 | 铅笔 | お 押し入れ | 日式壁橱 |

| 7335 名 | | 7352 名 | |
|---|---|---|---|
| オアシス | 绿洲 | せ じ お世辞 | 客套话, 奉承 |

| 7336 名 | | 7353 名 | |
|---|---|---|---|
| おう 王 | 王, 君王 | せっかい お節介 | 多管闲事 |

| 7337 名サ | | 7354 名 | |
|---|---|---|---|
| おういん 押印(する) | 盖章 | おっと 夫 | 丈夫 |

| 7338 名 | | 7355 名 | |
|---|---|---|---|
| おうこく 王国 | 王国 | て あら お手洗い | 洗手间 |

| 7339 名 | | 7356 名 | |
|---|---|---|---|
| おうさま 王様 | 对王的敬称 | おと 音 | 声音 |

| 7340 名 | | 7357 名 | |
|---|---|---|---|
| おう じ 王子 | 王子 | おとうと 弟 | 弟弟 |

| 7341 名サ | | 7358 名 | |
|---|---|---|---|
| おうしゅう 押収(する) | (法院等)扣押, 查封 | おとこ 男 | 男性, 男人 |

| 7342 名 | | 7359 名 | |
|---|---|---|---|
| おうじょ 王女 | 公主 | お もの 落とし物 | 遗失物品 |

| 7343 名サ | | 7360 名 | |
|---|---|---|---|
| おうだん 横断(する) | 横穿, 横断 | おどろ 驚き | 惊讶 |

| 7344 名 | | 7361 名 | |
|---|---|---|---|
| おうだん ほ どう 横断歩道 | 人行横道 | おな どし 同い年 | 同岁 |

| 7362 名サ | | 7379 名サ | |
|---|---|---|---|
| オファー(する) | 出价，工作机会 | おんどく 音読(する) | 出声地读 |

| 7363 名 | | 7380 名 | |
|---|---|---|---|
| オプション | 选项，选择权 | おん ど けい 温度計 | 温度计 |

| 7364 名 | | 7381 名 | |
|---|---|---|---|
| オペレーション | 手术，市场操作，军事行动，(机械等的)操作 | おんな 女 | 女性，女人 |

| 7365 名 | | 7382 名 | |
|---|---|---|---|
| おもて／ひょう 表 | 表面，正面；表格 | おん ぷ 音符 | 音符 |

| 7366 名 | | 7383 名 | |
|---|---|---|---|
| おもてうら／ひょうり 表裏 | 正反，(人的)表里 | か 可 | 可以，认可，(成绩)及格 |

| 7367 名 | | 7384 名 | |
|---|---|---|---|
| おもて む 表向き | 表面上，公开 | か 蚊 | 蚊子 |

| 7368 名 | | 7385 名 | |
|---|---|---|---|
| おや 親 | 父母 | ガーゼ | 纱布 |

| 7369 名 | | 7386 名 | |
|---|---|---|---|
| おやゆび 親指 | 拇指 | カーソル | 光标 |

| 7370 名 | | 7387 名 | |
|---|---|---|---|
| お がみ 折り紙 | 折纸艺术 | ガーデニング | 园艺 |

| 7371 名 | | 7388 名 | |
|---|---|---|---|
| おん 恩 | 恩惠 | ガードレール | 护栏 |

| 7372 名サ | | 7389 名 | |
|---|---|---|---|
| おんがえ 恩返し(する) | 报恩 | カーペット | 地毯 |

| 7373 名 | | 7390 名サ | |
|---|---|---|---|
| おんかん 音感 | 对声音的感知能力 | かいえん 開演(する) | 开演 |

| 7374 名 | | 7391 名サ | |
|---|---|---|---|
| おんしつ 音質 | 音质 | かいぎょう 開業(する) | 开业 |

| 7375 名 | | 7392 名サ | |
|---|---|---|---|
| おんしつこう か 温室効果 | 温室效应 | かいきん 解禁(する) | 解禁 |

| 7376 名 | | 7393 名サ | |
|---|---|---|---|
| おんたい 温帯 | 温带 | かい こ 解雇(する) | 解雇 |

| 7377 名 | | 7394 名サ | |
|---|---|---|---|
| おんたいてい き あつ 温帯低気圧 | 温带低气压 | かいこう 開港(する) | 开放港口，机场或海港建成开放 |

| 7378 名 | | 7395 名サ | |
|---|---|---|---|
| おん ち 音痴 | 缺乏对声音(或方向等)的感知能力 | かいこう 開講(する) | 开课 |

356

| 7396 名 | |
|---|---|
| がいこう 外交 | 外交 |

| 7413 名サ | |
|---|---|
| かいてん 開店(する) | 店铺开张 |

| 7397 名 | |
|---|---|
| がいし 外資 | 外资 |

| 7414 名サ | |
|---|---|
| かいとう 解凍(する) | 解冻 |

| 7398 名 | |
|---|---|
| か し 買い占め | 垄断式购买 |

| 7415 名 | |
|---|---|
| がいとう 街頭 | 街头 |

| 7399 名サ | |
|---|---|
| かいじょう 開場(する) | 开放会场 |

| 7416 名 | |
|---|---|
| がいとう 街灯 | 路灯 |

| 7400 名 | |
|---|---|
| かいじょう 海上 | 海上 |

| 7417 名サ | |
|---|---|
| かいどく 解読(する) | 解读 |

| 7401 名サ | |
|---|---|
| かいしょく 会食(する) | 会餐 |

| 7418 名サ | |
|---|---|
| かいにん 解任(する) | 解职 |

| 7402 名 | |
|---|---|
| かいすいよく 海水浴 | 海水浴 |

| 7419 名サ | |
|---|---|
| がいはく 外泊(する) | 在外过夜 |

| 7403 名サ | |
|---|---|
| かいそう 回送(する) | 转送，转寄，(公交车等)回库 |

| 7420 名サ | |
|---|---|
| かいふう 開封(する) | 开封 |

| 7404 名 | |
|---|---|
| かいそう 海草 | 海草 |

| 7421 名サ | |
|---|---|
| かいへい 開閉(する) | 打开和关闭 |

| 7405 名 | |
|---|---|
| かいそく 快速 | 快速 |

| 7422 名サ | |
|---|---|
| かいまく 開幕(する) | 开幕 |

| 7406 名サ | |
|---|---|
| かいたい 解体(する) | 解体，拆卸 |

| 7423 名 | |
|---|---|
| かい む 皆無 | 全无，毫无 |

| 7407 名 | |
|---|---|
| か だ 買い出し | 购物，进货 |

| 7424 名サ | |
|---|---|
| かいめい 改名(する) | 改名 |

| 7408 名サ | |
|---|---|
| かいだん 会談(する) | 会谈 |

| 7425 名サ | |
|---|---|
| かいめつ 壊滅(する) | 毁灭 |

| 7409 名 | |
|---|---|
| かいちょう 会長 | 会长，董事长 |

| 7426 名 | (棒球)外场，无关的人，局外人 |
|---|---|
| がいや 外野 | |

| 7410 名サ | |
|---|---|
| かいつう 開通(する) | 开通 |

| 7427 名サ | |
|---|---|
| かいらん 回覧(する) | 传阅 |

| 7411 名 | |
|---|---|
| か つ 買い付け | 经常购买，大量收购 |

| 7428 名サ | |
|---|---|
| カウント(する) | 计数 |

| 7412 名 | |
|---|---|
| か て 買い手 | 买方 |

| 7429 名 | |
|---|---|
| かお 顔 | 脸，面子 |

| 7430 顔触れ 名 かおぶ | (団队的)成员 | 7447 学生 名 がくせい | 学生，或特指大学生 |
|---|---|---|---|
| 7431 顔見知り 名 かおみし | 熟识(的人) | 7448 確定(する) 名サ かくてい | 确定 |
| 7432 化学兵器 名 かがくへいき | 化学武器 | 7449 核兵器 名 かくへいき | 核武器 |
| 7433 化学変化 名 かがくへんか | 化学变化 | 7450 掛け算 名 かざん | 乘法 |
| 7434 鏡 名 かがみ | 镜子 | 7451 傘 名 かさ | 伞 |
| 7435 火気 名 かき | 火，火势 | 7452 火災保険 名 かさいほけん | 火灾保险 |
| 7436 下級 名 かきゅう | 下级 | 7453 歌詞 名 かし | 歌词 |
| 7437 学位 名 がくい | 学位 | 7454 餓死(する) 名サ がし | 饿死 |
| 7438 架空 名 かくう | 架空 | 7455 加湿(する) 名サ かしつ | 加湿 |
| 7439 学園 名 がくえん | 学校(横跨小初高等不同阶段者居多) | 7456 画質 名 がしつ | 画质 |
| 7440 隔月 名 かくげつ | 隔一个月 | 7457 果実酒 名 かじつしゅ | 水果酿造的酒 |
| 7441 拡散(する) 名サ かくさん | 扩散 | 7458 カジノ 名 | 赌场 |
| 7442 学士 名 がくし | 学士(大学本科毕业获得的学位) | 7459 歌手 名 かしゅ | 歌手 |
| 7443 核実験 名 かくじっけん | 核试验 | 7460 箇所 名 かしょ | (某个特定的)地方 |
| 7444 拡充(する) 名サ かくじゅう | 扩充 | 7461 箇条書き 名 かじょうが | 分条列举 |
| 7445 学習塾 名 がくしゅうじゅく | 教育辅导机构 | 7462 風 名 かぜ | 风 |
| 7446 画数 名 かくすう | (汉字的)笔画数 | 7463 課税(する) 名サ かぜい | 课税 |

| 7464 名 稼ぎ<br><sub>かせ</sub> | 赚钱，收入 | 7481 名 かつら | 假发 |
|---|---|---|---|
| 7465 名 風邪薬<br><sub>かぜ ぐすり</sub> | 感冒药 | 7482 名サ 仮定(する)<br><sub>か てい</sub> | 假设 |
| 7466 名 下線<br><sub>か せん</sub> | 下划线 | 7483 名 家庭教師<br><sub>か ていきょう し</sub> | 家庭教师 |
| 7467 名 過疎<br><sub>か そ</sub> | 人口减少，<br>过疏 | 7484 名 家庭裁判所<br><sub>か ていさいばんしょ</sub> | 日本审理涉及<br>家庭等问题的<br>下级法院 |
| 7468 名 ガソリンスタンド | 加油站 | 7485 名 カテゴリー | 范畴 |
| 7469 名 肩<br><sub>かた</sub> | 肩膀 | 7486 名 角<br><sub>かど／つの</sub> | 角落，街角，<br>棱角；犄角 |
| 7470 名 片足<br><sub>かたあし</sub> | 一条腿，<br>一只鞋(或袜子) | 7487 名 過半数<br><sub>か はんすう</sub> | 过半数 |
| 7471 名 片腕<br><sub>かたうで</sub> | 一条胳膊，<br>左膀右臂 | 7488 名 株<br><sub>かぶ</sub> | 股票，(植物)株 |
| 7472 名 肩書き<br><sub>かた が</sub> | 头衔 | 7489 名 カフェ | 咖啡店 |
| 7473 名 片言<br><sub>かたこと</sub> | (小孩或外国人)<br>初学语言时不<br>连贯的表达 | 7490 名 株価<br><sub>かぶ か</sub> | 股票价格 |
| 7474 名 肩凝り<br><sub>かた こ</sub> | 肩膀酸痛，<br>肩周炎 | 7491 名 下腹部<br><sub>か ふくぶ</sub> | 下腹部 |
| 7475 名 片手<br><sub>かた て</sub> | 一只手，单侧 | 7492 名 過不足<br><sub>か ふ そく</sub> | 过多或过少 |
| 7476 名 固まり<br><sub>かた</sub> | 块，一群人 | 7493 名 壁<br><sub>かべ</sub> | 墙壁，障碍 |
| 7477 名 片道<br><sub>かたみち</sub> | 单程，单方面 | 7494 名 壁紙<br><sub>かべがみ</sub> | 壁纸 |
| 7478 名 片目<br><sub>かた め</sub> | 一只眼 | 7495 名 紙<br><sub>かみ</sub> | 纸 |
| 7479 名 片面<br><sub>かためん</sub> | 一面，片面 | 7496 名 神<br><sub>かみ</sub> | 神 |
| 7480 名 課長<br><sub>か ちょう</sub> | 课长，科长 | 7497 名 髪<br><sub>かみ</sub> | 头发 |

| 7498 名 | | 7515 名サ | |
|---|---|---|---|
| かみさま **神様** | 对神的敬称 | かんしょく **間食**(する) | 在两顿正餐之间吃东西 |

| 7499 名 | | 7516 名 | |
|---|---|---|---|
| かみなり **雷** | 雷声，雷神 | かんしょく **感触** | 感触，触感 |

| 7500 名サ | | 7517 名 | |
|---|---|---|---|
| か みん **仮眠**(する) | 短时间的浅睡眠，打盹，小睡 | かんせい **歓声** | 欢呼声 |

| 7501 名 | | 7518 名 | |
|---|---|---|---|
| **ガムテープ** | 打包用的宽胶带 | かんせつ **間接** | 间接 |

| 7502 名サ | | 7519 名サ | |
|---|---|---|---|
| か めい **加盟**(する) | 加盟 | かんせん **観戦**(する) | 观战 |

| 7503 名 | | 7520 名サ | |
|---|---|---|---|
| からくち **辛口** | 口味浓烈，(评论等)辛辣 | かんそう **完走**(する) | 跑完 |

| 7504 名サ | | 7521 名 | |
|---|---|---|---|
| からまわ **空回り**(する) | (汽车等)空转，(理论等)无实际效果 | かんちょう **干潮** | 退潮 |

| 7505 名 | | 7522 名サ | |
|---|---|---|---|
| か りょく **火力** | 火势，火力(发电)，(武器)火力 | かんつう **貫通**(する) | 贯穿 |

| 7506 名 | | 7523 名サ | |
|---|---|---|---|
| か ろう **過労** | 过度疲劳 | かんてい **鑑定**(する) | 鉴定 |

| 7507 名 | | 7524 名サ | |
|---|---|---|---|
| かわ **革** | 皮革 | **カンニング**(する) | 作弊 |

| 7508 名 | | 7525 名 | |
|---|---|---|---|
| かわ **川** | 河流 | かん ぱ **寒波** | 寒潮 |

| 7509 名 | | 7526 名サ | |
|---|---|---|---|
| かわ **皮** | 皮，表皮 | かんばい **完売**(する) | 卖完 |

| 7510 名 | | 7527 名サ | |
|---|---|---|---|
| かわぐつ **革靴** | 皮鞋 | かんぱい **乾杯**(する) | 干杯 |

| 7511 名 | | 7528 名サ | |
|---|---|---|---|
| かん **缶** | 罐 | かん び **完備**(する) | 完备，完善 |

| 7512 名サ | | 7529 名サ | |
|---|---|---|---|
| かんきん **換金**(する) | 拿物品换钱 | かんびょう **看病**(する) | 照看病人 |

| 7513 名サ | | 7530 名 | |
|---|---|---|---|
| かんげき **感激**(する) | 激动，感激 | かん ぶ **幹部** | 干部 |

| 7514 名サ | | 7531 名サ | |
|---|---|---|---|
| かん ご **看護**(する) | 护理 | かんべん **勘弁**(する) | 饶恕 |

| 7532 名 漢方 (かんぽう) | 中医 | 7549 名 気管 (きかん) | 气管 |
|---|---|---|---|
| 7533 名サ 願望 (がんぼう)(する) | 愿望 | 7550 名 利き手 (ききて) | 惯用手 |
| 7534 名サ 陥没 (かんぼつ)(する) | 陷落，凹陷 | 7551 名 貴金属 (ききんぞく) | 贵金属 |
| 7535 名サ 感銘 (かんめい)(する) | 感触颇深，铭记于心 | 7552 名サ 危惧 (きぐ)(する) | 忌惮 |
| 7536 名 慣用句 (かんようく) | 固定短语 | 7553 名サ 議決 (ぎけつ)(する) | 议决，讨论并作出决定 |
| 7537 名サ 簡略化 (かんりゃくか)(する) | 简略化 | 7554 名サ 棄権 (きけん)(する) | 弃权 |
| 7538 名 慣例 (かんれい) | 惯例 | 7555 名 生地 (きじ) | 质地，布料，胚子，素颜，面团 |
| 7539 名 還暦 (かんれき) | 六十岁 | 7556 名 気質 (きしつ) | 性格特点 |
| 7540 名サ 緩和 (かんわ)(する) | 缓和 | 7557 名 岸辺 (きしべ) | 岸边 |
| 7541 名 木 (き) | 树木，木材 | 7558 名 機種 (きしゅ) | (飞机或机械的)种类 |
| 7542 名 気合い (きあい) | 干劲，(工作中的)默契 | 7559 名 技術革新 (ぎじゅつかくしん) | 技术革新 |
| 7543 名サ キープ(する) | 保持，确保，(篮球等)控球 | 7560 名サ 起床 (きしょう)(する) | 起床 |
| 7544 名 キーホルダー | 钥匙链 | 7561 名 机上 (きじょう) | 桌上 |
| 7545 名サ 帰化 (きか)(する) | 加入别国国籍 | 7562 名 気象衛星 (きしょうえいせい) | 气象卫星 |
| 7546 名 飢餓 (きが) | 饥饿 | 7563 名 傷 (きず) | 伤口 |
| 7547 名サ 機械化 (きかいか)(する) | 机械化 | 7564 名 奇数 (きすう) | 奇数 |
| 7548 名サ 気兼ね (きがね)(する) | 顾及他人感受 | 7565 名 傷口 (きずぐち) | 伤口，创伤，缺点 |

| 7566 名 | | |
|---|---|---|
| き せい<br>既製 | 现成 | |

| 7567 名 | | |
|---|---|---|
| き せい<br>奇声 | 怪声 | |

| 7568 名 | | |
|---|---|---|
| ぎ せいしゃ<br>犠牲者 | 牺牲者 | |

| 7569 名 | | |
|---|---|---|
| ぎ せき<br>議席 | 议席 | |

| 7570 名サ | | |
|---|---|---|
| き ぜつ<br>気絶(する) | 昏厥 | |

| 7571 名 | | |
|---|---|---|
| ぎ ぜん<br>偽善 | 伪善 | |

| 7572 名 | | |
|---|---|---|
| ぎ ぜんしゃ<br>偽善者 | 伪君子 | |

| 7573 名サ | | |
|---|---|---|
| き そ<br>起訴(する) | 起诉 | |

| 7574 名サ | | |
|---|---|---|
| ぎ ぞう<br>偽造(する) | 伪造 | |

| 7575 名 | | |
|---|---|---|
| ぎ そく<br>義足 | 假腿 | |

| 7576 名 | | |
|---|---|---|
| きた<br>北 | 北 | |

| 7577 名 | | |
|---|---|---|
| ギター | 吉他 | |

| 7578 名 | | |
|---|---|---|
| きたはんきゅう<br>北半球 | 北半球 | |

| 7579 名 | | |
|---|---|---|
| ギタリスト | 吉他演奏家,<br>吉他手 | |

| 7580 名 | | |
|---|---|---|
| き づか<br>気遣い | 担心,惦念 | |

| 7581 名 | | |
|---|---|---|
| きっぽう<br>吉報 | 喜报 | |

| 7582 名 | | |
|---|---|---|
| き てん<br>機転 | 机灵 | |

| 7583 名 | | |
|---|---|---|
| き てん<br>起点 | 起点 | |

| 7584 名 | | |
|---|---|---|
| きぬ<br>絹 | 丝绸 | |

| 7585 名 | | |
|---|---|---|
| き ひん<br>気品 | 气度,优雅 | |

| 7586 名サ | | |
|---|---|---|
| ギブアップ(する) | 投降,放弃 | |

| 7587 名 | | |
|---|---|---|
| ギフト | 礼物 | |

| 7588 名 | | |
|---|---|---|
| き ほんてきじんけん<br>基本的人権 | 基本人权 | |

| 7589 名 | | |
|---|---|---|
| き み<br>黄身 | 蛋黄 | |

| 7590 名 | | |
|---|---|---|
| き み<br>気味 | 身心所感受到的<br>愉悦或不愉悦 | |

| 7591 名サ | | |
|---|---|---|
| き めい<br>記名(する) | 记名,署名 | |

| 7592 名 | | |
|---|---|---|
| き て<br>決め手 | 起决定性作用<br>的因素,手段 | |

| 7593 名 | | |
|---|---|---|
| きゃく<br>客 | 客人,顾客 | |

| 7594 名 | | |
|---|---|---|
| ぎゃく<br>逆 | (顺序,方向等)<br>颠倒 | |

| 7595 名サ | | |
|---|---|---|
| ぎゃくさつ<br>虐殺(する) | 虐杀 | |

| 7596 名 | | |
|---|---|---|
| きゃく ま<br>客間 | 客厅 | |

| 7597 名 | | |
|---|---|---|
| キャスター | (家具底部的)万向<br>轮,(电视节目)讲<br>解员 | |

| 7598 名 | | |
|---|---|---|
| きゃっかん<br>客観 | 客观 | |

| 7599 名 | | |
|---|---|---|
| キャッシュ | (cash)现金,<br>(cache)缓存 | |

| 7600 | 名 | 储蓄卡，借记卡，现金卡 |
|---|---|---|
| キャッシュカード | | |

| 7601 | 名サ | 捕捉，抓取，接球 |
|---|---|---|
| キャッチ(する) | | |

| 7602 | 名 | 性格，动漫等中的人物，字符 |
|---|---|---|
| キャラクター | | |

| 7603 | 名 | 蜡烛 |
|---|---|---|
| キャンドル | | |

| 7604 | 名サ | 野营，军营 |
|---|---|---|
| キャンプ(する) | | |

| 7605 | 名 | 赌博 |
|---|---|---|
| ギャンブル | | |

| 7606 | 名 | 学年，(围棋，柔道等的)级 |
|---|---|---|
| きゅう 級 | | |

| 7607 | 名サ | 抽吸，吸引 |
|---|---|---|
| きゅういん 吸引(する) | | |

| 7608 | 名サ | 救援 |
|---|---|---|
| きゅうえん 救援(する) | | |

| 7609 | 名 | 旧型号，旧式 |
|---|---|---|
| きゅうがた 旧型 | | |

| 7610 | 名サ | 急速赶往，快速列车 |
|---|---|---|
| きゅうこう 急行(する) | | |

| 7611 | 名サ | 救济 |
|---|---|---|
| きゅうさい 救済(する) | | |

| 7612 | 名サ | 停止或暂停(营业，活动等) |
|---|---|---|
| きゅうし 休止(する) | | |

| 7613 | 名サ | 救出 |
|---|---|---|
| きゅうしゅつ 救出(する) | | |

| 7614 | 名サ | 急速升高 |
|---|---|---|
| きゅうじょうしょう 急上昇(する) | | |

| 7615 | 名サ | 停薪留职 |
|---|---|---|
| きゅうしょく 休職(する) | | |

| 7616 | 名サ | 求职 |
|---|---|---|
| きゅうしょく 求職(する) | | |

| 7617 | 名サ | 休诊 |
|---|---|---|
| きゅうしん 休診(する) | | |

| 7618 | 名サ | 招聘 |
|---|---|---|
| きゅうじん 求人(する) | | |

| 7619 | 名 | 以前的姓 |
|---|---|---|
| きゅうせい 旧姓 | | |

| 7620 | 名サ | 支付，拨付 |
|---|---|---|
| きゅうふ 給付(する) | | |

| 7621 | 名サ | 骤变 |
|---|---|---|
| きゅうへん 急変(する) | | |

| 7622 | 名 | 当务之急 |
|---|---|---|
| きゅうむ 急務 | | |

| 7623 | 名サ | 加油 |
|---|---|---|
| きゅうゆ 給油(する) | | |

| 7624 | 名 | 薪酬(工资，奖金等的总称)，给予(物品等) |
|---|---|---|
| きゅうよ 給与 | | |

| 7625 | 名 | 湍急的水流 |
|---|---|---|
| きゅうりゅう 急流 | | |

| 7626 | 名サ | 起用 |
|---|---|---|
| きよう 起用(する) | | |

| 7627 | 名 | 教育实习 |
|---|---|---|
| きょういくじっしゅう 教育実習 | | |

| 7628 | 名サ | 联袂出演 |
|---|---|---|
| きょうえん 共演(する) | | |

| 7629 | 名 | 学科，科目 |
|---|---|---|
| きょうか 教科 | | |

| 7630 | 名 | 凶器 |
|---|---|---|
| きょうき 凶器 | | |

| 7631 | 名サ | 协商 |
|---|---|---|
| きょうぎ 協議(する) | | |

| 7632 | 名 | 竞技场 |
|---|---|---|
| きょうぎじょう 競技場 | | |

| 7633 | 名サ | 强行 |
|---|---|---|
| きょうこう 強行(する) | | |

| 7634 協賛(する) きょうさん | 名サ | 赞助，赞成并协助 |
|---|---|---|
| 7635 享受(する) きょうじゅ | 名サ | 享受 |
| 7636 教習所 きょうしゅうじょ | 名 | (驾校等)培养技术的学校 |
| 7637 供述(する) きょうじゅつ | 名サ | 供述，作证 |
| 7638 強打(する) きょうだ | 名サ | 重击 |
| 7639 協定(する) きょうてい | 名サ | 协商决定，协议 |
| 7640 協同(する) きょうどう | 名サ | 协同，合作 |
| 7641 胸部 きょうぶ | 名 | 胸部 |
| 7642 強風 きょうふう | 名 | 强风，7级以上的风 |
| 7643 恐怖症 きょうふしょう | 名 | 恐怖症 |
| 7644 興味本位 きょうみほんい | 名 | 出于兴趣 |
| 7645 教諭 きょうゆ | 名 | (小初高阶段的)教师 |
| 7646 強要(する) きょうよう | 名サ | 强行要求 |
| 7647 共用(する) きょうよう | 名サ | 共同使用 |
| 7648 曲 きょく | 名 | 曲子，歪曲，趣味，风趣 |
| 7649 漁港 ぎょこう | 名 | 渔港 |
| 7650 挙式 きょしき | 名 | 举行仪式，特指举行婚礼 |

| 7651 居住(する) きょじゅう | 名サ | 居住 |
|---|---|---|
| 7652 拒絶(する) きょぜつ | 名サ | 拒绝 |
| 7653 拠点 きょてん | 名 | 据点，基点 |
| 7654 霧 きり | 名 | 雾 |
| 7655 義理 ぎり | 名 | 道理，道义，人情 |
| 7656 起立(する) きりつ | 名サ | 起立 |
| 7657 気力 きりょく | 名 | 气力，精神能量 |
| 7658 帰路 きろ | 名 | 回家的路 |
| 7659 キログラム | 名 | 千克 |
| 7660 キロメートル | 名 | 千米 |
| 7661 疑惑 ぎわく | 名 | 怀疑，疑惑 |
| 7662 銀 ぎん | 名 | 银 |
| 7663 銀河 ぎんが | 名 | 银河 |
| 7664 緊急事態 きんきゅうじたい | 名 | 紧急状态 |
| 7665 近距離 きんきょり | 名 | 近距离 |
| 7666 金券 きんけん | 名 | (代金券，邮票等)标有货币价值的证，券 |
| 7667 金庫 きんこ | 名 | 金库，保险箱 |

| 7668 名サ<br>きんこう<br>均衡(する) | 均衡 | | 7685 名<br>くうぜん<br>空前 | 空前 |
|---|---|---|---|---|
| 7669 名<br>きんこう<br>近郊 | 近郊 | | 7686 名<br>クーデター | 政变 |
| 7670 名<br>きんし<br>近視 | 近视 | | 7687 名<br>クーポン | 优惠券 |
| 7671 名<br>きんじつ<br>近日 | (未来)最近几天 | | 7688 名<br>クーラー | 冷气设备,<br>便携式冷藏箱 |
| 7672 名サ<br>きんしゅ<br>禁酒(する) | 禁酒, 戒酒 | | 7689 名<br>くうらん<br>空欄 | 空白栏,<br>空白处 |
| 7673 名<br>きんせん<br>金銭 | 金钱, 钱财 | | 7690 名<br>クーリングオフ | 一定时间内消<br>费者无条件退<br>货的制度 |
| 7674 名<br>きんとう<br>均等 | 均等 | | 7691 名<br>く かん<br>区間 | 区间,<br>特指乘车区间 |
| 7675 名サ<br>きんぱく<br>緊迫(する) | (事态)紧迫,<br>紧张 | | 7692 名<br>く ぎ<br>区切り | 了结<br>(纠纷, 工作等) |
| 7676 名<br>きんぺん<br>近辺 | 附近 | | 7693 名<br>くさ<br>草 | 草 |
| 7677 名<br>きんもつ<br>禁物 | 禁忌, 切忌 | | 7694 名<br>くさ<br>臭み | 臭味,<br>(表演等)引人不快 |
| 7678 名<br>きん り<br>金利 | 利息, 利率 | | 7695 名<br>くじ | (抽)签 |
| 7679 名<br>く<br>区 | 区域, 地区,<br>(行政单位)区 | | 7696 名<br>くしゃみ | (打)喷嚏 |
| 7680 名<br>く<br>苦 | 辛苦, 苦恼,<br>痛苦 | | 7697 名サ<br>く しん<br>苦心(する) | 苦心,<br>费尽心思 |
| 7681 名<br>ぐ<br>具 | 工具, 手段,<br>(菜的)配料,<br>(绘画)颜料 | | 7698 名<br>くすり<br>薬 | 药 |
| 7682 名<br>く<br>悔い | 后悔 | | 7699 名<br>くすりゆび<br>薬指 | 无名指 |
| 7683 名<br>ぐうすう<br>偶数 | 偶数 | | 7700 名<br>くせ<br>癖 | 癖好, 习惯,<br>(字迹等的)特点 |
| 7684 名<br>くうせき<br>空席 | 空座 | | 7701 名サ<br>く せん<br>苦戦(する) | 苦战,<br>全力工作 |

| 7702 名 | |
|---|---|
| 下り<br>くだ | 下(山，坡等)，<br>(交通工具)下行线 |

| 7703 名 | |
|---|---|
| 下り坂<br>くだ ざか | 下坡，<br>走下坡路 |

| 7704 名 | |
|---|---|
| 口<br>くち | 口，嘴，说话，<br>出入口，一种，<br>一类 |

| 7705 名 | |
|---|---|
| 愚痴<br>ぐ ち | 抱怨，牢骚 |

| 7706 名 | |
|---|---|
| 口コミ<br>くち | 口碑，<br>(商品的)评价 |

| 7707 名 | |
|---|---|
| 唇<br>くちびる | 嘴唇 |

| 7708 名 | |
|---|---|
| 口笛<br>くちぶえ | 口哨 |

| 7709 名 | |
|---|---|
| 口調<br>く ちょう | 口吻，语气，<br>声调 |

| 7710 名 | |
|---|---|
| 屈辱<br>くつじょく | 屈辱 |

| 7711 名 | |
|---|---|
| クッション | 靠垫，坐垫，<br>缓冲物 |

| 7712 名 | |
|---|---|
| 国<br>くに | 国家，<br>国家政府，<br>地区，故乡 |

| 7713 名サ | |
|---|---|
| 苦悩(する)<br>く のう | 苦恼 |

| 7714 名 | |
|---|---|
| 首<br>くび | 颈部，头颈，<br>解雇 |

| 7715 名 | |
|---|---|
| 首輪<br>くび わ | (宠物的)项圈 |

| 7716 名 | |
|---|---|
| 組<br>くみ | 小组，班级 |

| 7717 名 | |
|---|---|
| クライマックス | (小说，电影等的)<br>高潮 |

| 7718 名 | |
|---|---|
| クラクション | 汽车喇叭 |

| 7719 名 | |
|---|---|
| クラスメート | 同班同学 |

| 7720 名 | |
|---|---|
| グラム | (重量单位)克 |

| 7721 名 | |
|---|---|
| グランプリ | 大奖赛，<br>最高奖 |

| 7722 名サ | |
|---|---|
| クリア(する) | 清除(障碍等)，<br>清空，清零 |

| 7723 名 | |
|---|---|
| クリーニング | 清洗，清洁 |

| 7724 名 | |
|---|---|
| クリーム | 奶油，面霜 |

| 7725 名 | |
|---|---|
| グリーン車<br>しゃ | 有绿色标志的<br>软座车厢 |

| 7726 名 | |
|---|---|
| クリスマス | 圣诞节 |

| 7727 名 | |
|---|---|
| クリスマスイブ | 平安夜 |

| 7728 名サ | |
|---|---|
| クリック(する) | (用鼠标等)点击，<br>咔嗒声 |

| 7729 名 | |
|---|---|
| 車<br>くるま | 车特指汽车，<br>车轮 |

| 7730 名 | |
|---|---|
| グルメ | 美食，美食家 |

| 7731 名 | |
|---|---|
| 企て<br>くわだ | 计划，策划，<br>打算，企图 |

| 7732 名 | |
|---|---|
| 軍隊<br>ぐんたい | 军队 |

| 7733 名 | |
|---|---|
| 毛<br>け | 毛(羽毛，兽毛，<br>羽毛等) |

| | |
|---|---|
| 7734 　名<br>け あな<br>毛穴 : 毛孔 | 7751 　名サ<br>けいよう<br>形容(する) : 形容 |
| 7735 　名<br>けいかいしん<br>警戒心 : 戒备心 | 7752 　名<br>けい り<br>経理 : 会计工作 |
| 7736 　名<br>けい き<br>契機 : 契机 | 7753 　名サ<br>けいりょう<br>計量(する) : 计量，测量 |
| 7737 　名サ<br>けい ご<br>警護(する) : 警卫工作，<br>警卫员 | 7754 　名<br>けいりょう<br>軽量 : 重量轻的 |
| 7738 　名<br>けいこうとう<br>蛍光灯 : 荧光灯 | 7755 　名<br>げ か<br>外科 : 外科 |
| 7739 　名<br>けいざいせいちょう<br>経済成長 : 经济发展 | 7756 　名<br>げき<br>劇 : 剧，舞台剧，<br>戏剧等 |
| 7740 　名<br>けいさつかん<br>警察官 : 警官 | 7757 　名サ<br>げきげん<br>激減(する) : 剧减 |
| 7741 　名サ<br>けい し<br>軽視(する) : 轻视 | 7758 　名サ<br>げきたい<br>撃退(する) : 击退 |
| 7742 　名<br>けい じ<br>刑事 : 刑事警察，<br>刑事 | 7759 　名サ<br>げき ど<br>激怒(する) : 勃然大怒 |
| 7743 　名<br>げいじゅつひん<br>芸術品 : 艺术品 | 7760 　名サ<br>げきとつ<br>激突(する) : 剧烈碰撞，<br>激烈冲突 |
| 7744 　名<br>けいしょう<br>敬称 : 敬称 | 7761 　名サ<br>げきへん<br>激変(する) : 剧变 |
| 7745 　名サ<br>けいそく<br>計測(する) : 测量，计量 | 7762 　名サ<br>げきれい<br>激励(する) : 激励 |
| 7746 　名<br>げいのうかい<br>芸能界 : 演艺圈 | 7763 　名サ<br>げ こう<br>下校(する) : 放学 |
| 7747 　名<br>げいのうじん<br>芸能人 : 艺人 | 7764 　名サ<br>げ ざん<br>下山(する) : 下山 |
| 7748 　名<br>けいほう<br>警報 : 警报 | 7765 　名<br>け<br>消しゴム : 橡皮 |
| 7749 　名<br>けい む しょ<br>刑務所 : 监狱 | 7766 　名<br>けじめ : 区别，<br>(道德上的)分寸 |
| 7750 　名サ<br>けい ゆ<br>経由(する) : 经由 | 7767 　名サ<br>げ しゃ<br>下車(する) : 下车 |

| 7768 下宿(する) | 名サ | 租房间住，廉价旅馆 | | 7785 結末 | 名 | 结局 | |
|---|---|---|---|---|---|---|---|
| 7769 化粧水 | 名 | 化粧水 | | 7786 煙 | 名 | 烟 | |
| 7770 化粧直し | 名 | 补妆，重新装修 | | 7787 下落(する) | 名サ | (股价等)下跌 | |
| 7771 化粧品 | 名 | 化妆品 | | 7788 下痢(する) | 名サ | 腹泻 | |
| 7772 決意(する) | 名サ | (下)决心 | | 7789 現役 | 名 | 现役 | |
| 7773 血液型 | 名 | 血型 | | 7790 検温(する) | 名サ | 检测体温 | |
| 7774 月間 | 名 | 一个月期间 | | 7791 原価 | 名 | 成本价，进价 | |
| 7775 月給 | 名 | 月薪 | | 7792 圏外 | 名 | 一定范围外，(手机等)不在服务区 | |
| 7776 欠航(する) | 名サ | (飞机或轮渡)停航 | | 7793 県外 | 名 | (日本)某个县级行政单位以外的地区 | |
| 7777 決済(する) | 名サ | 结算，支付 | | 7794 厳戒(する) | 名サ | 戒严 | |
| 7778 傑作 | 名 | 杰作 | | 7795 減額(する) | 名サ | 缩减金额 | |
| 7779 決算(する) | 名サ | (企业或国家的)决算 | | 7796 言及(する) | 名サ | 谈及，提及 | |
| 7780 月収 | 名 | 月收入 | | 7797 検挙(する) | 名サ | 逮捕 | |
| 7781 決勝 | 名 | 决赛 | | 7798 現金書留 | 名 | 专门寄现金的挂号信 | |
| 7782 結成(する) | 名サ | 组建一个组织或团体 | | 7799 原形 | 名 | 原来的形状 | |
| 7783 決別(する) | 名サ | 诀别，永远告别 | | 7800 現行 | 名 | 现行的 | |
| 7784 欠乏(する) | 名サ | 缺乏，欠缺 | | 7801 元号 | 名 | 年号 | |

| 7802 名<br>げんこうはん<br>現行犯 | 现行犯 |
| --- | --- |
| 7803 名サ<br>けんさつ<br>検察(する) | 调查、起诉等<br>检察官的工作<br>内容 |
| 7804 名<br>けんさつかん<br>検察官 | 检察官 |
| 7805 名<br>げんさん<br>原産 | (一般指动植物的)<br>来源地 |
| 7806 名<br>げんし<br>原子 | 原子 |
| 7807 名<br>けんしき<br>見識 | 见地,<br>对事物的判断力 |
| 7808 名<br>げんしばくだん げんばく<br>原子爆弾(原爆) | 原子弹 |
| 7809 名<br>けんじょうご<br>謙譲語 | 谦让语 |
| 7810 名<br>げんしょく<br>現職 | 现任的 |
| 7811 名<br>げんしりょくはつでん げんぱつ<br>原子力発電(原発) | 核能发电 |
| 7812 名サ<br>けんしん<br>検診(する) | 检查诊断 |
| 7813 名サ<br>けんしん<br>献身(する) | 投身,献身 |
| 7814 名サ<br>げんぜい<br>減税(する) | 减税 |
| 7815 名サ<br>げんせん<br>厳選(する) | 严格审查,<br>严格挑选 |
| 7816 名サ<br>げんそく<br>減速(する) | 减速 |
| 7817 名<br>けんちょう<br>県庁 | 日本县级行政<br>单位的政府所<br>在地 |
| 7818 名<br>けんていしけん<br>検定試験 | 能力(水平)测试 |

| 7819 名<br>けんばいき<br>券売機 | 售票机 |
| --- | --- |
| 7820 名サ<br>けんぶつ<br>見物(する) | 观光 |
| 7821 名<br>げんぶつ<br>現物 | 实物 |
| 7822 名<br>げんまい<br>玄米 | 糙米 |
| 7823 名<br>けんみん<br>県民 | (日本)县的居民 |
| 7824 名サ<br>けんやく<br>倹約(する) | 节约,节省 |
| 7825 名<br>げんゆ<br>原油 | 原油 |
| 7826 名サ<br>けんよう<br>兼用(する) | 通用,共用,<br>两用 |
| 7827 名<br>けんりつ<br>県立 | 县立,<br>(日本)县设立并<br>管理 |
| 7828 名サ<br>げんりょう<br>減量(する) | 减轻重量 |
| 7829 名<br>こ<br>子 | 子女,小孩,<br>女孩,动物的<br>幼崽,从属的 |
| 7830 名<br>こい<br>恋 | 恋爱 |
| 7831 名<br>こい<br>故意 | 故意 |
| 7832 名<br>こいぬ<br>子犬 | 小狗 |
| 7833 名<br>こいのぼり | 鲤鱼旗 |
| 7834 名<br>コインランドリー | 自助投币洗衣房 |
| 7835 名サ<br>こうい<br>更衣(する) | 更衣 |

| 7836 名 | 広域 こういき | 广范围 |
|---|---|---|

| 7837 名 | 後遺症 こういしょう | 后遗症 |
|---|---|---|

| 7838 名 | 豪雨 ごうう | 暴雨 |
|---|---|---|

| 7839 名 | 公営 こうえい | 公营 |
|---|---|---|

| 7840 名 | 高音 こうおん | 高音，大声 |
|---|---|---|

| 7841 名 | 硬貨 こうか | 硬币，硬通货 |
|---|---|---|

| 7842 名サ | 後悔(する) こうかい | 后悔 |
|---|---|---|

| 7843 名 | 高気圧 こうきあつ | 高气压 |
|---|---|---|

| 7844 名サ | 号泣(する) ごうきゅう | 号泣，号啕大哭 |
|---|---|---|

| 7845 名 | 皇居 こうきょ | 日本皇宫 |
|---|---|---|

| 7846 名 | 公共放送 こうきょうほうそう | 公共广播 |
|---|---|---|

| 7847 名 | 公共料金 こうきょうりょうきん | 水，电，煤气等公共服务费用 |
|---|---|---|

| 7848 名 | 航空 こうくう | 航空 |
|---|---|---|

| 7849 名 | 航空機 こうくうき | 飞机 |
|---|---|---|

| 7850 名 | 航空便 こうくうびん | 航班 |
|---|---|---|

| 7851 名 | 後継 こうけい | 继承(财产)，接任(职位) |
|---|---|---|

| 7852 名 | 後継者 こうけいしゃ | 继任者，接班人 |
|---|---|---|

| 7853 名 | 高血圧 こうけつあつ | 高血压 |
|---|---|---|

| 7854 名サ | 公言(する) こうげん | 公开谈论，公开声明 |
|---|---|---|

| 7855 名 | 高原 こうげん | 高原 |
|---|---|---|

| 7856 名サ | 交際(する) こうさい | 交往，交际 |
|---|---|---|

| 7857 名 | 交差点 こうさてん | 交叉点，十字路口 |
|---|---|---|

| 7858 名サ | 行使(する) こうし | 行使 |
|---|---|---|

| 7859 名 | 公私 こうし | 公事与私事 |
|---|---|---|

| 7860 名 | 口実 こうじつ | 借口 |
|---|---|---|

| 7861 名 | 口臭 こうしゅう | 口臭 |
|---|---|---|

| 7862 名サ | 行進(する) こうしん | 游行，(阅兵)分列式 |
|---|---|---|

| 7863 名 | 香辛料 こうしんりょう | 香辛料，调味品 |
|---|---|---|

| 7864 名 | 香水 こうすい | 香水 |
|---|---|---|

| 7865 名サ | 更正(する) こうせい | 更正 |
|---|---|---|

| 7866 名 | 後世 こうせい | 后世，后人 |
|---|---|---|

| 7867 名サ | 控訴(する) こうそ | 对一审判决不服再次上诉 |
|---|---|---|

| 7868 名サ | 拘束(する) こうそく | 拘禁，约束 |
|---|---|---|

| 7869 名 | 校則 こうそく | 校规校纪 |
|---|---|---|

| | | |
|---|---|---|
| 7870 名<br>こうちょう<br>校長 | 中小学校的校长 | |
| 7871 名<br>こうつうじゅうたい<br>交通渋滞 | 交通堵塞 | |
| 7872 名サ<br>こうとう<br>高騰(する) | 物价高涨 | |
| 7873 名<br>こうどう<br>公道 | 公路，<br>公正的道理，<br>公道 | |
| 7874 名<br>ごうとう<br>強盗 | 强盗，抢劫 | |
| 7875 名<br>こうないえん<br>口内炎 | 口腔溃疡 | |
| 7876 名サ<br>こうにん<br>公認(する) | 公认 | |
| 7877 名<br>こうねつ ひ<br>光熱費 | 照明费和取暖，<br>做饭的煤气费 | |
| 7878 名<br>こうはん<br>公判 | 公开审理 | |
| 7879 名<br>こうばん<br>交番 | 派出所，<br>交替执行任务 | |
| 7880 名<br>こう ぶ<br>後部 | 后部 | |
| 7881 名<br>こうふう<br>校風 | 校风 | |
| 7882 名サ<br>こうふく<br>降伏(する) | 投降 | |
| 7883 名<br>こうぶつ<br>好物 | 爱吃(喝)的东西，<br>喜欢的事物 | |
| 7884 名サ<br>こう ぼ<br>公募(する) | 公开招聘，<br>公开募集 | |
| 7885 名<br>こうほう<br>後方 | 后方 | |
| 7886 名<br>ごうほう<br>合法 | 合法 | |

| | | |
|---|---|---|
| 7887 名<br>こう む<br>公務 | 公务 | |
| 7888 名サ<br>こうよう<br>紅葉(する) | 红叶，<br>秋天树叶变红 | |
| 7889 名<br>こうようご<br>公用語 | 官方语言 | |
| 7890 名<br>ごうり<br>合理 | 合理 | |
| 7891 名サ<br>ごうり か<br>合理化(する) | 合理化，<br>(企业等)效率化 | |
| 7892 名サ<br>ごうりゅう<br>合流(する) | 水流汇合，<br>(不同派别的组织<br>等)合并 | |
| 7893 名<br>こうれい<br>恒例 | 惯例 | |
| 7894 名<br>ごうれい<br>号令 | (喊)口令，号子，<br>号令 | |
| 7895 名<br>こえ<br>声 | 人或动物发出<br>的声音 | |
| 7896 名サ<br>コーディネート(する) | 协调(事务)，<br>搭配(服装) | |
| 7897 名<br>こおり<br>氷 | 冰 | |
| 7898 名<br>こきゅうこんなん<br>呼吸困難 | 呼吸困难 | |
| 7899 名<br>こくえい<br>国営 | 国营 | |
| 7900 名<br>こくおう<br>国王 | 国王 | |
| 7901 名<br>こくぎ<br>国技 | 可以代表一个<br>国家传统文化<br>的技艺 | |
| 7902 名<br>こくさい<br>国債 | 国债 | |
| 7903 名<br>こくさいでん わ<br>国際電話 | 国际长途电话 | |

| 7904 名 | 国际化大都市 |
|---|---|
| こくさい と し<br>国際都市 | |

| 7905 名 | 联合国 |
|---|---|
| こくさいれんごう<br>国際連合 | |

| 7906 名サ | 过度使用，<br>虐待，<br>压榨(工人等) |
|---|---|
| こく し<br>酷使(する) | |

| 7907 名サ | 告知 |
|---|---|
| こく ち<br>告知(する) | |

| 7908 名 | 国道 |
|---|---|
| こくどう<br>国道 | |

| 7909 名サ | 表白，告白，<br>(基督教)公开表<br>明信仰或忏悔 |
|---|---|
| こくはく<br>告白(する) | |

| 7910 名サ | 告发，检举，<br>揭发 |
|---|---|
| こくはつ<br>告発(する) | |

| 7911 名 | 国宝 |
|---|---|
| こくほう<br>国宝 | |

| 7912 名 | 国防 |
|---|---|
| こくぼう<br>国防 | |

| 7913 名 | 适用于日本所<br>有居民的医疗<br>保险 |
|---|---|
| こくみんけんこう ほ けん<br>国民健康保険 | |

| 7914 名 | 国民生产总值 |
|---|---|
| こくみんそうせいさん<br>国民総生産 | |

| 7915 名 | 适用于日本所有<br>居民的养老金 |
|---|---|
| こくみんねんきん<br>国民年金 | |

| 7916 名 | 国立 |
|---|---|
| こくりつ<br>国立 | |

| 7917 名 | 志向，<br>对别人的好意 |
|---|---|
| こころざし<br>志 | |

| 7918 名サ | 心中期待 |
|---|---|
| こころ ま<br>心待ち(する) | |

| 7919 名 | (人或衣服的)腰，<br>(墙壁等的)下半<br>部，韧性，<br>做事的态度 |
|---|---|
| こし<br>腰 | |

| 7920 名サ | 夸示，炫耀 |
|---|---|
| こ じ<br>誇示(する) | |

| 7921 名 | 孤儿 |
|---|---|
| こ じ<br>孤児 | |

| 7922 名 | 国歌 |
|---|---|
| こっ か<br>国歌 | |

| 7923 名 | 零花钱 |
|---|---|
| こ づか<br>小遣い | |

| 7924 名 | 骨骼，<br>(论文等的)框架 |
|---|---|
| こっかく<br>骨格 | |

| 7925 名 | 国旗 |
|---|---|
| こっ き<br>国旗 | |

| 7926 名 | 国与国的外交<br>关系，邦交 |
|---|---|
| こっこう<br>国交 | |

| 7927 名サ | (心脏)跳动，<br>萌动 |
|---|---|
| こ どう<br>鼓動(する) | |

| 7928 名 | 关系，门路 |
|---|---|
| コネ | |

| 7929 名 | 小猫 |
|---|---|
| こ ねこ<br>子猫 | |

| 7930 名 | 照这样，<br>保持不变 |
|---|---|
| このまま | |

| 7931 名サ | 许久不联系 |
|---|---|
| ごぶさた(する) | |

| 7932 名 | 漫画，喜剧的 |
|---|---|
| コミック | |

| 7933 名 | 橡胶 |
|---|---|
| ゴム | |

| 7934 名 | 小拇指，<br>指妻子或情人 |
|---|---|
| こ ゆび<br>小指 | |

| 7935 名 | 历法，日历 |
|---|---|
| こよみ<br>暦 | |

| 7936 名 | 胶原(蛋白) |
|---|---|
| コラーゲン | |

| | | | | | |
|---|---|---|---|---|---|
| 7937 コラム | 名 | 专栏 | 7954 サービスエリア | 名 | (高速公路或手机通讯等)服务区,发球区 |
| 7938 コレステロール | 名 | 胆固醇 | 7955 才<br><sub>さい</sub> | 名 | 才能,才华 |
| 7939 今期<br><sub>こんき</sub> | 名 | 当期,本期,本届 | 7956 際<br><sub>さい／きわ</sub> | 名 | 时候 |
| 7940 今季<br><sub>こんき</sub> | 名 | 这个季节,本赛季 | 7957 再会(する)<br><sub>さいかい</sub> | 名サ | 重逢 |
| 7941 根気<br><sub>こんき</sub> | 名 | 耐心,毅力 | 7958 財界<br><sub>ざいかい</sub> | 名 | 财界,财经界 |
| 7942 混合(する)<br><sub>こんごう</sub> | 名サ | 混合 | 7959 再起(する)<br><sub>さいき</sub> | 名サ | 振作,康复 |
| 7943 根性<br><sub>こんじょう</sub> | 名 | 本性,吃苦耐劳的品质 | 7960 細工(する)<br><sub>さいく</sub> | 名サ | 手工艺(品),费功夫 |
| 7944 献立<br><sub>こんだて</sub> | 名 | 菜单,目录 | 7961 サイクリング | 名 | 自行车运动 |
| 7945 根底<br><sub>こんてい</sub> | 名 | 根基,根本 | 7962 採血(する)<br><sub>さいけつ</sub> | 名サ | 采血 |
| 7946 コンディション | 名 | 状态,状况 | 7963 最期<br><sub>さいご</sub> | 名 | 临终 |
| 7947 混入(する)<br><sub>こんにゅう</sub> | 名サ | 混入,掺入 | 7964 最高裁判所<br><sub>さいこうさいばんしょ</sub> | 名 | 最高法院 |
| 7948 今晩<br><sub>こんばん</sub> | 名 | 今晚 | 7965 再婚(する)<br><sub>さいこん</sub> | 名サ | 再婚 |
| 7949 コンビネーション | 名 | 组合,搭配,搭档 | 7966 妻子<br><sub>さいし</sub> | 名 | 妻子和儿女 |
| 7950 今夜<br><sub>こんや</sub> | 名 | 今夜 | 7967 最終<br><sub>さいしゅう</sub> | 名 | 最终,最后 |
| 7951 婚約(する)<br><sub>こんやく</sub> | 名サ | 婚约,订婚 | 7968 最少<br><sub>さいしょう</sub> | 名 | 最少 |
| 7952 困惑(する)<br><sub>こんわく</sub> | 名サ | 困惑,为难 | 7969 最小限<br><sub>さいしょうげん</sub> | 名 | 最低限度 |
| 7953 差<br><sub>さ</sub> | 名 | 差,差距,差别 | 7970 再選(する)<br><sub>さいせん</sub> | 名サ | 再次当选 |

| 7971 名 最前列<br>さいぜんれつ | 最前排 | | 7988 名 差額<br>さがく | 相差的金额 | |
|---|---|---|---|---|---|
| 7972 名サ 催促<br>さいそく(する) | 催促 | | 7989 名 逆さ<br>さか | 颠倒，相反 | |
| 7973 名 最多<br>さいた | 最多 | | 7990 名 坂道<br>さかみち | (上下)坡路 | |
| 7974 名サ 在中<br>ざいちゅう(する) | 在内，内有 | | 7991 名 詐欺<br>さぎ | 欺诈 | |
| 7975 名 最長<br>さいちょう | 最长，最年长 | | 7992 名サ 先払い<br>さきばらい(する) | 预先付款 | |
| 7976 名 サイド | (方位)一侧，(立场)一方面 | | 7993 名サ 作詞<br>さくし(する) | 作词 | |
| 7977 名サ 在日<br>ざいにち(する) | 外国人在日本 | | 7994 名 昨晩<br>さくばん | 昨晚 | |
| 7978 名 歳入<br>さいにゅう | 国家或地方一年的财政收入 | | 7995 名 酒<br>さけ | 酒 | |
| 7979 名 罪人<br>ざいにん | 罪犯 | | 7996 名 ささやき | 低声说话 | |
| 7980 名 裁判所<br>さいばんしょ | 法院 | | 7997 名 差し入れ<br>さしいれ | 从外部给囚犯送的东西，给工作的人送慰劳品 | |
| 7981 名 催眠<br>さいみん | 催眠 | | 7998 名 サスペンス | 悬念，悬疑 | |
| 7982 名サ 在留<br>ざいりゅう(する) | 一定期间内居住在某地 | | 7999 名サ 左折<br>させつ(する) | 左拐 | |
| 7983 名 最良<br>さいりょう | 最好的 | | 8000 名 幸<br>さち | 从自然中获取的食物，幸福 | |
| 7984 名 サイレン | 警报器 | | 8001 名 札<br>さつ／ふだ | 纸币 | |
| 7985 名 サウナ | 桑拿浴 | | 8002 名 殺意<br>さつい | 杀人的念头 | |
| 7986 名 サウンド | 声音 | | 8003 名サ 殺害<br>さつがい(する) | 杀死 | |
| 7987 名 坂<br>さか | 坡，斜坡 | | 8004 名 雑学<br>ざつがく | 繁杂而不成系统的学问 | |

| 8005　名<br>さっし<br>冊子 | 小册子 |
|---|---|
| 8006　名サ<br>さっしょう<br>殺傷(する) | 杀伤 |
| 8007　名<br>さつじん<br>殺人 | 杀人 |
| 8008　名<br>ざっそう<br>雑草 | 杂草 |
| 8009　名サ<br>ざつだん<br>雑談(する) | 闲谈 |
| 8010　名サ<br>さっち<br>察知(する) | 感知，察觉 |
| 8011　名<br>さっちゅうざい<br>殺虫剤 | 杀虫剂 |
| 8012　名<br>さとおや<br>里親 | 养父母 |
| 8013　名<br>サバイバル | 在艰难环境下生存(的本领) |
| 8014　名<br>サプリメント | 营养辅助食品 |
| 8015　名<br>サポーター | 支持者，(运动的)护具 |
| 8016　名<br>さら<br>皿 | 盘子，碟子 |
| 8017　名<br>さらいねん<br>再来年 | 后年 |
| 8018　名<br>さわ<br>騒ぎ | 吵闹，喧闹，骚动，骚乱 |
| 8019　名<br>ざんがく<br>残額 | 余额 |
| 8020　名<br>さんきゅう<br>産休 | 产假 |
| 8021　名<br>さんぎょうはいきぶつ<br>産業廃棄物 | 工业废弃物 |

| 8022　名<br>ざんきん<br>残金 | 剩余的钱，剩余未支付的钱 |
|---|---|
| 8023　名<br>サングラス | 墨镜，太阳镜 |
| 8024　名<br>さんけつ<br>酸欠 | 缺氧 |
| 8025　名<br>さんご<br>産後 | 产后 |
| 8026　名<br>さんさい<br>山菜 | 长在山里的野菜 |
| 8027　名サ<br>さんさく<br>散策(する) | 散步 |
| 8028　名サ<br>さんしゅつ<br>算出(する) | 算出 |
| 8029　名<br>ざんしょ<br>残暑 | 残暑，残余的暑气 |
| 8030　名<br>さんせいう<br>酸性雨 | 酸雨 |
| 8031　名<br>さんせいけん<br>参政権 | 选举权 |
| 8032　名<br>ざんだか<br>残高 | 账户余额 |
| 8033　名<br>サンダル | 凉鞋 |
| 8034　名<br>サンドイッチ | 三明治 |
| 8035　名サ<br>さんどう<br>賛同(する) | 赞同 |
| 8036　名サ<br>さんぱつ<br>散髪(する) | 理发 |
| 8037　名<br>ざんぱん<br>残飯 | 剩饭，剩菜 |
| 8038　名サ<br>さんび<br>賛美(する) | 赞美 |

**375**

| 8039 名 | | 8056 名サ | |
|---|---|---|---|
| さん ぴ<br>賛否 | 赞成和(或)反对 | じ えい<br>自衛(する) | 自卫 |

| 8040 名サ | | 8057 名 | |
|---|---|---|---|
| さん ぷ<br>散布(する) | 喷洒，散布 | じ えいたい<br>自衛隊 | 日本自卫队 |

| 8041 名 | | 8058 名 | |
|---|---|---|---|
| さん ふ じん か<br>産婦人科 | 妇产科 | シェーバー | 剃须刀 |

| 8042 名 | | 8059 名 | |
|---|---|---|---|
| さんみゃく<br>山脈 | 山脉 | シェフ | 主厨，厨师长 |

| 8043 名サ | | 8060 名 | |
|---|---|---|---|
| さんれつ<br>参列(する) | 出席，列席 | シェルター | 防空洞，<br>避难所 |

| 8044 名 | | 8061 名 | |
|---|---|---|---|
| し<br>死 | 死亡，死罪 | ジェンダー | 性别 |

| 8045 名 | | 8062 名 | |
|---|---|---|---|
| じ<br>字 | 字，文字 | しお<br>潮 | 海潮，潮水 |

| 8046 名 | | 8063 名 | |
|---|---|---|---|
| シアター | 剧场，电影院 | しお か げん<br>塩加減 | 咸度，咸淡 |

| 8047 名サ | | 8064 名 | |
|---|---|---|---|
| し あん<br>思案(する) | 思量，思索，<br>担心，惦记 | しおかぜ<br>潮風 | 海风 |

| 8048 名 | | 8065 名 | |
|---|---|---|---|
| シークレット | 秘密，机密 | しお け<br>塩気 | 盐分，咸味 |

| 8049 名 | | 8066 名 | |
|---|---|---|---|
| シーズン | 季节，赛季，<br>(台风等的)盛行期 | しおみず<br>塩水 | 含盐分的水 |

| 8050 名 | | 8067 名 | |
|---|---|---|---|
| シーツ | 床单 | し がい<br>市外 | 市外 |

| 8051 名 | | 8068 名 | |
|---|---|---|---|
| シーフード | 海鲜，海产品 | し かく しけん<br>資格試験 | 资格证考试 |

| 8052 名 | | 8069 名 | |
|---|---|---|---|
| し いん<br>死因 | 死因 | じ かせい<br>自家製 | 自制的，<br>自家做的 |

| 8053 名サ | | 8070 名サ | |
|---|---|---|---|
| シェア(する) | 分享，<br>市场份额 | し がん<br>志願(する) | 志愿，自愿 |

| 8054 名 | | 8071 名サ | |
|---|---|---|---|
| し えい<br>市営 | 市政府经营管理 | し き<br>指揮(する) | 指挥 |

| 8055 名サ | | 8072 名 | |
|---|---|---|---|
| じ えい<br>自営(する) | 私营，<br>靠自己谋生 | し き<br>四季 | 四季 |

| 8073 次期 じき | 名 | 下一任，下一届 |
|---|---|---|
| 8074 磁気 じき | 名 | 磁性 |
| 8075 敷金 しききん | 名 | 押金 |
| 8076 式場 しきじょう | 名 | 举行仪式的场所，会场，礼堂 |
| 8077 死去(する) しきょ | 名サ | 死去 |
| 8078 始業(する) しぎょう | 名サ | 开工，开学 |
| 8079 始業式 しぎょうしき | 名 | 开工仪式，开学典礼 |
| 8080 軸 じく | 名 | 抽，(书画)挂轴，笔杆 |
| 8081 死刑 しけい | 名 | 死刑 |
| 8082 止血(する) しけつ | 名サ | 止血 |
| 8083 次元 じげん | 名 | 空间的维度，考虑问题的层次，水平 |
| 8084 私語(する) しご | 名サ | 低语，窃窃私语 |
| 8085 死後 しご | 名 | 死后 |
| 8086 施行(する) しこう せこう | 名サ | 施行 |
| 8087 試行(する) しこう | 名サ | 试行 |
| 8088 時効 じこう | 名 | 时效 |
| 8089 地獄 じごく | 名 | 地狱 |

| 8090 試作(する) しさく | 名サ | 试制，试产 |
|---|---|---|
| 8091 自作(する) じさく | 名サ | 自制 |
| 8092 視察(する) しさつ | 名サ | 视察 |
| 8093 自殺(する) じさつ | 名サ | 自杀 |
| 8094 資産家 しさんか | 名 | 持有很多资产的人 |
| 8095 支持(する) しじ | 名サ | 支持，支撑 |
| 8096 支社 ししゃ | 名 | 分公司 |
| 8097 死者 ししゃ | 名 | 死者 |
| 8098 寺社 じしゃ | 名 | 寺庙和神社 |
| 8099 自習(する) じしゅう | 名サ | 自习 |
| 8100 自粛(する) じしゅく | 名サ | 自制，自我克制 |
| 8101 次女 じじょ | 名 | 第二个女儿 |
| 8102 死傷(する) ししょう | 名サ | 死伤 |
| 8103 師匠 ししょう | 名 | (武术，艺术等领域的)老师，师父 |
| 8104 自称(する) じしょう | 名サ | 自称 |
| 8105 辞職(する) じしょく | 名サ | 辞职 |
| 8106 指針 ししん | 名 | 指针，方针 |

| 8107 名サ<br>じ すい<br>自炊(する) | 自己做饭 | | 8124 名<br>シチュエーション | 情境，局面 | |
| 8108 名<br>システムエンジニア | 系统工程师 | | 8125 名サ<br>し ちょう<br>視聴(する) | 收看，收听 | |
| 8109 名<br>じ せ だい<br>次世代 | 下一代人，超<br>越时代的(科技) | | 8126 名サ<br>し ちょう<br>試聴(する) | 试听 | |
| 8110 名<br>し ぜんさいがい<br>自然災害 | 自然灾害 | | 8127 名<br>し ちょうりつ<br>視聴率 | 收视率，<br>收听率 | |
| 8111 名<br>じ そんしん<br>自尊心 | 自尊心 | | 8128 名<br>しつ<br>質 | 质地，本质，<br>质量 | |
| 8112 名<br>した<br>下 | 下，下面，内侧，<br>下级，年幼 | | 8129 名<br>じついん<br>実印 | 在居住地办理<br>正式登记备案<br>的个人印章 | |
| 8113 名<br>した<br>舌 | 舌头 | | 8130 名サ<br>しっかく<br>失格(する) | 失去资格 | |
| 8114 名<br>した あじ<br>下味 | 底味，提前调<br>味，(股市等)下<br>跌趋势 | | 8131 名<br>しっかん<br>疾患 | 疾患，疾病 | |
| 8115 名サ<br>じ たい<br>辞退(する) | 拒绝，<br>放弃(名誉，奖项<br>等) | | 8132 名<br>しっこうゆう よ<br>執行猶予 | 缓行 | |
| 8116 名サ<br>した が<br>下書き(する) | 草稿 | | 8133 名サ<br>じつざい<br>実在(する) | 实际存在 | |
| 8117 名<br>した ぎ<br>下着 | 内衣 | | 8134 名<br>じっしつ<br>実質 | 实质 | |
| 8118 名サ<br>し たく<br>支度(する) | 准备，<br>预备(饭菜等) | | 8135 名サ<br>しってん<br>失点(する) | (比赛中)<br>对方得分 | |
| 8119 名<br>した じ<br>下地 | 基础，底子 | | 8136 名サ<br>しっ ぷ<br>湿布(する) | 湿布，湿敷 | |
| 8120 名<br>した じ<br>下敷き | 垫板，被压在<br>下面，垫子，<br>范例，样板 | | 8137 名サ<br>しつぼう<br>失望(する) | 失望 | |
| 8121 名<br>親しみ | 亲近感 | | 8138 名サ<br>しつめい<br>失明(する) | 失明 | |
| 8122 名サ<br>したじゅん び<br>下準備(する) | 提前准备 | | 8139 名<br>じつめい<br>実名 | 真名 | |
| 8123 名サ<br>した ど<br>下取り(する) | 以旧物折价换新 | | 8140 名<br>しつりょう<br>質量 | (物理学的)质量 | |

| | | |
|---|---|---|
| 8141 名サ<br>しつれん<br>失恋(する) | 失恋 | |
| 8142 名<br>じつわ<br>実話 | 真事,<br>真实故事 | |
| 8143 名<br>してい<br>師弟 | 师父和徒弟 | |
| 8144 名<br>していせき<br>指定席 | 固定座位 | |
| 8145 名<br>してん<br>支点 | 支点 | |
| 8146 名サ<br>じてん<br>自転(する) | 自己转动,<br>(天体)自转 | |
| 8147 名<br>じてん<br>時点 | 时间点 | |
| 8148 名<br>じでん<br>自伝 | 自传 | |
| 8149 名サ<br>しどう<br>始動(する) | 发动, 起动 | |
| 8150 名<br>しどう<br>私道 | 私有道路 | |
| 8151 名<br>しな／ひん<br>品 | 物品, 商品,<br>品级；品格 | |
| 8152 名<br>しなかず<br>品数 | 物品种类 | |
| 8153 名<br>じなん<br>次男 | 次子 | |
| 8154 名サ<br>じにん<br>辞任(する) | 辞任,<br>辞去职务 | |
| 8155 名<br>シネマ | 电影, 影院 | |
| 8156 名<br>しば<br>芝 | 草,<br>草坪；(姓氏)芝 | |
| 8157 名<br>しはつ<br>始発 | 始发 | |

| | | |
|---|---|---|
| 8158 名<br>じばら<br>自腹 | 自己掏钱 | |
| 8159 名<br>じひ<br>自費 | 自费 | |
| 8160 名<br>じひつ<br>自筆 | 亲自书写,<br>亲笔 | |
| 8161 名<br>じひょう<br>辞表 | 辞呈 | |
| 8162 名<br>じびょう<br>持病 | 老毛病 | |
| 8163 名サ<br>じふ<br>自負(する) | 自豪 | |
| 8164 名<br>しふく<br>私服 | 便服,<br>便衣警察 | |
| 8165 名<br>しぶつ<br>私物 | 私人物品 | |
| 8166 名<br>しへい<br>紙幣 | 纸币 | |
| 8167 名サ<br>しべつ<br>死別(する) | 死别, 永别 | |
| 8168 名<br>しほう<br>司法 | 司法 | |
| 8169 名<br>しほうしけん<br>司法試験 | 司法考试 | |
| 8170 名<br>しほんか<br>資本家 | 资本家 | |
| 8171 名<br>じまく<br>字幕 | 字幕 | |
| 8172 名<br>しまじま<br>島々 | 许多岛屿 | |
| 8173 名サ<br>しまつ<br>始末(する) | 收拾, 处理, (不<br>好的)结局, 节<br>省, 事情原委 | |
| 8174 名<br>しみんけん<br>市民権 | 公民身份,<br>国籍,<br>(新兴事物)普及 | |

| 8175 名サ<br>指名(する)<br>しめい | 提名，任命 | |
|---|---|---|
| 8176 名サ<br>自滅(する)<br>じめつ | 自毁 | |
| 8177 名<br>紙面<br>しめん | 紙面，<br>特指报纸的版面 | |
| 8178 名サ<br>自問(する)<br>じもん | 自问 | |
| 8179 名<br>シャープペンシル | 自动铅笔 | |
| 8180 名<br>社会保険<br>しゃかいほけん | 社会保险 | |
| 8181 名<br>社会面<br>しゃかいめん | (报纸)报道社会<br>新闻的版面 | |
| 8182 名<br>車間距離<br>しゃかんきょり | 车间距 | |
| 8183 名<br>蛇口<br>じゃぐち | 水龙头 | |
| 8184 名サ<br>釈放(する)<br>しゃくほう | 释放(嫌疑人等) | |
| 8185 名<br>車検<br>しゃけん | 车辆检查 | |
| 8186 名<br>社交辞令<br>しゃこうじれい | 社交辞令 | |
| 8187 名サ<br>射殺(する)<br>しゃさつ | 射杀 | |
| 8188 名<br>ジャスミン | 茉莉花 | |
| 8189 名<br>社説<br>しゃせつ | 社论 | |
| 8190 名<br>斜線<br>しゃせん | 斜线 | |
| 8191 名<br>車線<br>しゃせん | 车道 | |

| 8192 名<br>車窓<br>しゃそう | (火车或汽车的)<br>车窗 | |
|---|---|---|
| 8193 名<br>車体<br>しゃたい | 车体 | |
| 8194 名<br>社宅<br>しゃたく | 员工宿舍 | |
| 8195 名<br>シャツ | 衬衫 | |
| 8196 名<br>若干<br>じゃっかん | 若干，有些 | |
| 8197 名サ<br>しゃっくり(する) | 打嗝，嗳气 | |
| 8198 名サ<br>ジャッジ(する) | 判定，裁判，<br>法官 | |
| 8199 名<br>社風<br>しゃふう | 企业风气 | |
| 8200 名サ<br>煮沸(する)<br>しゃふつ | 煮沸 | |
| 8201 名<br>州<br>しゅう | (行政单位)州，<br>大洲 | |
| 8202 名<br>週<br>しゅう | 周，星期 | |
| 8203 名<br>銃<br>じゅう | 枪 | |
| 8204 名サ<br>自由化(する)<br>じゆうか | (贸易等)自由化 | |
| 8205 名サ<br>就学(する)<br>しゅうがく | 入学，就读 | |
| 8206 名<br>修学旅行<br>しゅうがくりょこう | 学校组织的文<br>化教育旅行 | |
| 8207 名<br>週刊誌<br>しゅうかんし | 周刊杂志 | |
| 8208 名<br>秋期<br>しゅうき | 秋天这一时期，<br>秋季 | |

| 8209 名 | | 8226 名サ | |
|---|---|---|---|
| しゅうき<br>秋季 | 秋季 | しゅうしょく<br>修飾(する) | 修饰 |

| 8210 名 | | 8227 名サ | |
|---|---|---|---|
| しゅうぎょうしき<br>終業式 | 学年结束时的<br>典礼 | しゅうしん<br>就寝(する) | 就寝 |

| 8211 名 | | 8228 名 | |
|---|---|---|---|
| じゆうきょうそう<br>自由競争 | 自由竞争 | しゅうじん<br>囚人 | 囚犯 |

| 8212 名サ | | 8229 名 | |
|---|---|---|---|
| しゅうきん<br>集金(する) | 收款 | しゅうしんけい<br>終身刑 | 终身监禁 |

| 8213 名サ | | 8230 名 | |
|---|---|---|---|
| しゅうげき<br>襲撃(する) | 袭击 | しゅうしんこよう<br>終身雇用 | 终身雇佣 |

| 8214 名サ | | 8231 名サ | |
|---|---|---|---|
| しゅうけつ<br>終結(する) | 终结 | しゅうせん<br>終戦(する) | 战争结束,<br>停战 |

| 8215 名サ | | 8232 名サ | |
|---|---|---|---|
| じゅうけつ<br>充血(する) | 充血 | じゅうだん<br>縦断(する) | 纵断，纵贯 |

| 8216 名 | | 8233 名 | |
|---|---|---|---|
| しゅうごうじゅうたく<br>集合住宅 | 集合住宅,<br>多户住宅 | じゅうだん<br>銃弾 | 子弹 |

| 8217 名サ | | 8234 名 | |
|---|---|---|---|
| しゅうし<br>終止(する) | 终止 | しゅうちゅうごうう<br>集中豪雨 | 局部地区的暴雨 |

| 8218 名 | | 8235 名 | |
|---|---|---|---|
| しゅうじ<br>習字 | 习字，练字 | しゅうてん<br>終点 | 终点 |

| 8219 名 | | 8236 名 | |
|---|---|---|---|
| じゅうじか<br>十字架 | 十字架 | しゅうでん<br>終電 | 末班电车 |

| 8220 名 | | 8237 名サ | |
|---|---|---|---|
| しゅうしふ<br>終止符 | 句号，终止符 | しゅうとく<br>修得(する) | 习得，掌握 |

| 8221 名 | | 8238 名サ | |
|---|---|---|---|
| じゆうしゅぎ<br>自由主義 | 自由主义 | しゅうにん<br>就任(する) | 就任，上任 |

| 8222 名サ | | 8239 名サ | |
|---|---|---|---|
| しゅうしゅく<br>収縮(する) | 收缩 | しゅうのう<br>収納(する) | 收纳，收拾 |

| 8223 名サ | | 8240 名 | |
|---|---|---|---|
| しゅうじゅく<br>習熟(する) | 熟练 | じゅうみんぜい<br>住民税 | (日本)居民税 |

| 8224 名 | | 8241 名 | |
|---|---|---|---|
| じゅうしょう<br>重傷 | 重伤 | じゅうみんひょう<br>住民票 | (日本)居民卡,<br>居住证 |

| 8225 名 | | 8242 名サ | |
|---|---|---|---|
| じゅうしょう<br>重症 | 重症 | しゅうりょう<br>修了(する) | 学习完成,<br>研究生毕业 |

| 8243 名 | | 8259 名 | |
|---|---|---|---|
| じゅうりょく **重力** | 重力 | しゅけん **主権** | 主权 |

| 8244 名サ | | 8260 名 | |
|---|---|---|---|
| しゅうろう **就労**(する) | 开始工作，就业 | しゅ ご **主語** | 主语 |

| 8245 名サ | | 8261 名 | |
|---|---|---|---|
| しゅうろく **収録**(する) | 收纳，录入；收音，录音 | しゅ し **主旨** | 主旨，中心思想 |

| 8246 名 | | 8262 名 | |
|---|---|---|---|
| **ジュエリー** | 宝石 | しゅしょう **首相** | 首相 |

| 8247 名サ | | 8263 名 | |
|---|---|---|---|
| しゅえん **主演**(する) | 主演 | しゅぜい **酒税** | 对酒类征收的消费税 |

| 8248 名 | | 8264 名 | |
|---|---|---|---|
| **シュガー** | 砂糖 | しゅせき **主席** | 主席，上席，上座 |

| 8249 名サ | | 8265 名 | |
|---|---|---|---|
| じゅきゅう **受給**(する) | 领取(补助金等) | しゅだい か **主題歌** | 主题曲 |

| 8250 名サ | | 8266 名サ | |
|---|---|---|---|
| しゅぎょう **修業**(する) | 在校学习，研习学艺 | じゅだく **受諾**(する) | 接受(提议，请求等) |

| 8251 名 | | 8267 名サ | |
|---|---|---|---|
| じゅく **塾** | 私人教育辅导机构 | じゅちゅう **受注**(する) | 接受订单 |

| 8252 名サ | | 8268 名サ | |
|---|---|---|---|
| しゅくしょう **縮小**(する) | 缩小 | しゅっ か **出火**(する) | 起火 |

| 8253 名サ | | 8269 名サ | |
|---|---|---|---|
| じゅくすい **熟睡**(する) | 熟睡 | しゅっきん **出勤**(する) | 出勤，上班 |

| 8254 名サ | | 8270 名サ | |
|---|---|---|---|
| じゅくせい **熟成**(する) | 熟透，发酵成熟 | しゅっけつ **出血**(する) | 出血 |

| 8255 名サ | | 8271 名 | |
|---|---|---|---|
| じゅく ち **熟知**(する) | 熟知 | しゅっけつ **出欠** | 出席(動)和缺席(動)情况 |

| 8256 名サ | | 8272 名 | |
|---|---|---|---|
| じゅくどく **熟読**(する) | 熟读 | じゅつ ご **述語** | 谓语，述语 |

| 8257 名サ | | 8273 名サ | |
|---|---|---|---|
| しゅくふく **祝福**(する) | 祝福 | しゅっこう **出港**(する) | 船只离港 |

| 8258 名 | | 8274 名サ | |
|---|---|---|---|
| しゅくめい **宿命** | 宿命 | しゅっこう **出航**(する) | 船只出航 |

| 8275 | 名サ | 出国,<br>离开某国 |
|---|---|---|
| しゅっこく<br>**出国**(する) | | |

| 8276 | 名サ | 出资 |
|---|---|---|
| しゅっし<br>**出資**(する) | | |

| 8277 | 名サ | (考试等)出题 |
|---|---|---|
| しゅつだい<br>**出題**(する) | | |

| 8278 | 名サ | 出庭,<br>接受传唤 |
|---|---|---|
| しゅっとう<br>**出頭**(する) | | |

| 8279 | 名サ | 花钱,开支,<br>花销 |
|---|---|---|
| しゅっぴ<br>**出費**(する) | | |

| 8280 | 名サ | (机械等)输出功率,(电脑等)输出 |
|---|---|---|
| しゅつりょく<br>**出力**(する) | | |

| 8281 | 名 | 手动 |
|---|---|---|
| しゅどう<br>**手動** | | |

| 8282 | 名 | 主导权 |
|---|---|---|
| しゅどうけん<br>**主導権** | | |

| 8283 | 名 | 首都圈 |
|---|---|---|
| しゅとけん<br>**首都圏** | | |

| 8284 | 名 | 主任 |
|---|---|---|
| しゅにん<br>**主任** | | |

| 8285 | 名 | 首脑,<br>(公司等的)最高责任者 |
|---|---|---|
| しゅのう<br>**首脳** | | |

| 8286 | 名 | 首脑会谈 |
|---|---|---|
| しゅのうかいだん<br>**首脳会談** | | |

| 8287 | 名 | 主宾,<br>首要的宾客,<br>主人和客人 |
|---|---|---|
| しゅひん<br>**主賓** | | |

| 8288 | 名サ | 授予 |
|---|---|---|
| じゅよ<br>**授与**(する) | | |

| 8289 | 名サ | 受理 |
|---|---|---|
| じゅり<br>**受理**(する) | | |

| 8290 | 名サ | 创立(组织等),<br>确立(关系等) |
|---|---|---|
| じゅりつ<br>**樹立**(する) | | |

| 8291 | 名サ | 收到(钱或物品) |
|---|---|---|
| じゅりょう<br>**受領**(する) | | |

| 8292 | 名 | 主力,<br>主要的精力,<br>力量 |
|---|---|---|
| しゅりょく<br>**主力** | | |

| 8293 | 名 | 酒的种类 |
|---|---|---|
| しゅるい<br>**酒類** | | |

| 8294 | 名 | 碎纸机 |
|---|---|---|
| **シュレッダー** | | |

| 8295 | 名 | 听筒 |
|---|---|---|
| じゅわき<br>**受話器** | | |

| 8296 | 名 | 能力,本领 |
|---|---|---|
| しゅわん<br>**手腕** | | |

| 8297 | 名 | 当季的,<br>流行的 |
|---|---|---|
| しゅん<br>**旬** | | |

| 8298 | 名サ | 巡回,巡视 |
|---|---|---|
| じゅんかい<br>**巡回**(する) | | |

| 8299 | 名 | 春天这一时期,<br>春季 |
|---|---|---|
| しゅんき<br>**春期** | | |

| 8300 | 名 | 春季 |
|---|---|---|
| しゅんき<br>**春季** | | |

| 8301 | 名 | 瞬间,立即 |
|---|---|---|
| しゅんじ<br>**瞬時** | | |

| 8302 | 名 | 方法,规格 |
|---|---|---|
| しよう<br>**仕様** | | |

| 8303 | 名 | 私人使用,<br>私事 |
|---|---|---|
| しよう<br>**私用** | | |

| 8304 | 名 | 乘务员 |
|---|---|---|
| じょういん<br>**乗員** | | |

| 8305 | 名サ | 上映 |
|---|---|---|
| じょうえい<br>**上映**(する) | | |

| 8306 | 名サ | 上演 |
|---|---|---|
| じょうえん<br>**上演**(する) | | |

| 8307 | 名 | 消音 |
|---|---|---|
| しょうおん<br>**消音** | | |

| 8308 | 名サ | 伤害,<br>使…受伤 |
|---|---|---|
| しょうがい<br>**傷害**(する) | | |

| 8309 名 | | 8326 名 | |
|---|---|---|---|
| しょう か き<br>消火器 | 灭火器 | しょうたいじょう<br>招待状 | 邀请函 |

| 8310 名 | | 8327 名 | |
|---|---|---|---|
| しょうがつ<br>正月 | 正月，一年的<br>第一个月 | しょうだん<br>商談 | 商业谈判 |

| 8311 名サ | | 8328 名 | |
|---|---|---|---|
| じょうきょう<br>上京(する) | 进京，<br>现指去东京 | じょうだん<br>上段 | 上层，上段 |

| 8312 名サ | | 8329 名サ | |
|---|---|---|---|
| じょうこう<br>乗降(する) | 乘降，<br>上下车(或飞机<br>等) | じょうちゅう<br>常駐(する) | 常驻 |

| 8313 名 | | 8330 名サ | |
|---|---|---|---|
| しょうさん<br>勝算 | 胜算 | じょうと<br>譲渡(する) | 转让 |

| 8314 名 | | 8331 名サ | |
|---|---|---|---|
| しょうしゃ<br>商社 | 商社，<br>贸易公司 | しょうとう<br>消灯(する) | 熄灯 |

| 8315 名サ | | 8332 名 | |
|---|---|---|---|
| じょうしゃ<br>乗車(する) | 乘车 | しょうにん<br>商人 | 商人 |

| 8316 名 | | 8333 名 | |
|---|---|---|---|
| じょうしゃけん<br>乗車券 | 车票 | しょうにん<br>証人 | 证人，保证人 |

| 8317 名 | | 8334 名サ | |
|---|---|---|---|
| しょうしゅう<br>消臭 | 除臭 | じょう ば<br>乗馬(する) | 骑马 |

| 8318 名サ | | 8335 名 | |
|---|---|---|---|
| じょうしゅう<br>常習(する) | (多指不好的)<br>习惯，成瘾 | じょうはんしん<br>上半身 | 上半身 |

| 8319 名 | | 8336 名サ | |
|---|---|---|---|
| しょうじょ<br>少女 | 少女 | じょう び<br>常備(する) | 常备 |

| 8320 名 | | 8337 名 | |
|---|---|---|---|
| しょうすうてん<br>小数点 | 小数点 | しょう ひ き げん<br>消費期限 | 保质期 |

| 8321 名 | | 8338 名 | |
|---|---|---|---|
| しょうすうみんぞく<br>少数民族 | 少数民族 | しょう ひ ぜい<br>消費税 | 消费税 |

| 8322 名サ | | 8339 名 | |
|---|---|---|---|
| じょうせん<br>乗船(する) | 乘船 | じょう ぶ<br>上部 | 上半部分，<br>上边 |

| 8323 名サ | | 8340 名サ | |
|---|---|---|---|
| しょう そ<br>勝訴(する) | 胜诉 | しょうべん<br>小便(する) | 小便 |

| 8324 名 | | 8341 名 | |
|---|---|---|---|
| しょうそく<br>消息 | 消息，音讯 | じょうほう か しゃかい<br>情報化社会 | 信息化社会 |

| 8325 名 | | 8342 名 | |
|---|---|---|---|
| じょうたい<br>上体 | 上半身 | しょうぼうしょ<br>消防署 | 消防队 |

| | |
|---|---|
| 8343 名<br>しょうぼうだん<br>消防団 | 消防団(居民组成的消防组织) |
| 8344 名<br>しょうぼうちょう<br>消防庁 | 消防厅 |
| 8345 名<br>しょう み き げん<br>賞味期限 | 最佳品尝期限 |
| 8346 名サ<br>しょうめつ<br>消滅(する) | 消失，消亡，<br>(权利等)消灭 |
| 8347 名サ<br>じょうりく<br>上陸(する) | 上陆 |
| 8348 名<br>じょうれん<br>常連 | 常客 |
| 8349 名<br>ジョーク | 笑话 |
| 8350 名<br>しょかい<br>初回 | 初次 |
| 8351 名<br>しょ き<br>書記 | 书写，记录，<br>书记，秘书 |
| 8352 名<br>しょく<br>食 | 吃饭，食物 |
| 8353 名<br>しょくぜん<br>食前 | 餐前 |
| 8354 名<br>しょくつう<br>食通 | 美食家 |
| 8355 名<br>しょくどう<br>食道 | 食道 |
| 8356 名サ<br>しょくはつ<br>触発(する) | 触发 |
| 8357 名<br>しょくひんてん か ぶつ<br>食品添加物 | 食品添加剂 |
| 8358 名<br>しょくぶつせい<br>植物性 | 植物性 |
| 8359 名<br>しょくみん ち<br>植民地 | 殖民地 |

| | |
|---|---|
| 8360 名<br>しょくよう<br>食用 | 食用 |
| 8361 名サ<br>じょこう<br>徐行(する) | 慢行 |
| 8362 名<br>しょざい<br>所在 | 所在，存在地 |
| 8363 名サ<br>しょじ<br>所持(する) | 持有，拥有 |
| 8364 名<br>じょ じ<br>女児 | 女童 |
| 8365 名サ<br>じょしつ<br>除湿(する) | 除湿 |
| 8366 名<br>じょしゅせき<br>助手席 | 副驾驶座 |
| 8367 名<br>しょじゅん<br>初旬 | 上旬 |
| 8368 名<br>しょしん<br>初心 | 初心，初衷 |
| 8369 名<br>しょしん<br>初診 | 初诊，<br>首次就诊 |
| 8370 名サ<br>じょせつ<br>除雪(する) | 除雪 |
| 8371 名サ<br>じょそう<br>助走(する) | 助跑 |
| 8372 名<br>しょたい<br>書体 | 字体 |
| 8373 名<br>しょだい<br>初代 | 第一代，<br>第一任 |
| 8374 名<br>しょちょう<br>所長 | 所长 |
| 8375 名<br>しょとくぜい<br>所得税 | 所得税 |
| 8376 名サ<br>しょばつ<br>処罰(する) | 处罚 |

| 8377 名 しょ ほ 初歩 | 初歩 | |
|---|---|---|
| 8378 名サ しょほう 処方(する) | 处方，医生处置方法 | |
| 8379 名サ じょめい 除名(する) | 除名 | |
| 8380 名 しょめん 書面 | 书面，信件 | |
| 8381 名 しょよう 所要 | 所需 | |
| 8382 名 しょろう 初老 | 刚进入老年（的人） | |
| 8383 名 しらが／はくはつ 白髪 | 白发 | |
| 8384 名 しり 尻 | 屁股，（时间，空间或事件的）最后 | |
| 8385 名 しりつ 私立 | 私立 | |
| 8386 名 じりつしんけい 自律神経 | 自主神经，植物神经 | |
| 8387 名 しる 汁 | 汁，汤 | |
| 8388 名 シルエット | 剪影画 | |
| 8389 名 シルク | 丝绸 | |
| 8390 名 しるし／いん 印 | 记号，象征，标记 | |
| 8391 名 しれん 試練 | 试炼 | |
| 8392 名 しろ 城 | 城堡 | |
| 8393 名 しろ み 白身 | （鸡鸭鱼等）白肉，蛋清 | |

| 8394 名 しわ | 褶皱，皱纹 | |
|---|---|---|
| 8395 名 し わざ 仕業 | （一般指不好的）所做作为 | |
| 8396 名 しん 芯 | 花蕊，灯芯，核心 | |
| 8397 名サ しんがく 進学(する) | 升学 | |
| 8398 名サ しん ぎ 審議(する) | 审议 | |
| 8399 名サ しんきゅう 進級(する) | 等级，学年等上升 | |
| 8400 名 しんきゅう 新旧 | 新旧 | |
| 8401 名 しんきょ 新居 | 新居，新家 | |
| 8402 名 しんきょう 心境 | 心境，心情 | |
| 8403 名 しん ぐ 寝具 | 寝具，床上用品 | |
| 8404 名 しんくう 真空 | 真空 | |
| 8405 名 ジンクス | 厄运（近年也偶指好运） | |
| 8406 名 しんげん 震源 | 震源 | |
| 8407 名 しんげん ち 震源地 | 震源地 | |
| 8408 名サ しんこう 信仰(する) | 信仰 | |
| 8409 名サ しんこう 侵攻(する) | 侵犯，进犯 | |
| 8410 名 しんこう 親交 | 深交，亲密的友情 | |

| | |
|---|---|
| 8411 名<br>じんこう こ きゅう<br>人工呼吸 | 人工呼吸 |
| 8412 名<br>じんこうみつ ど<br>人口密度 | 人口密度 |
| 8413 名<br>しん こ きゅう<br>深呼吸 | 深呼吸 |
| 8414 名サ<br>しんこく<br>申告(する) | 申报 |
| 8415 名<br>しんこん<br>新婚 | 新婚 |
| 8416 名<br>しん し<br>紳士 | 绅士,<br>(服装)男性 |
| 8417 名<br>しんしゃ<br>新車 | 新车 |
| 8418 名<br>しんじゃ<br>信者 | 信徒 |
| 8419 名<br>しんじゅ<br>真珠 | 珍珠 |
| 8420 名サ<br>しんしゅく<br>伸縮(する) | 伸缩 |
| 8421 名<br>じんしゅ さ べつ<br>人種差別 | 种族歧视 |
| 8422 名<br>しんじょう<br>信条 | 信条 |
| 8423 名<br>じんしんじ こ<br>人身事故 | 人身伤亡事故 |
| 8424 名サ<br>しんすい<br>浸水(する) | (由于洪水等)<br>进水,水淹 |
| 8425 名<br>しんせい じ<br>新生児 | 新生儿 |
| 8426 名<br>しんせき<br>親戚 | 亲戚 |
| 8427 名サ<br>しんせつ<br>新設(する) | 新设立 |

| | |
|---|---|
| 8428 名<br>しんぜん<br>親善 | 亲善,友好 |
| 8429 名<br>しんそう<br>真相 | 真相 |
| 8430 名<br>じんぞう<br>腎臓 | 肾脏 |
| 8431 名サ<br>しんたいけん さ<br>身体検査 | 体检,<br>(机场等)人身检查 |
| 8432 名<br>しんたいしょうがいしゃ<br>身体障害者 | 残疾人 |
| 8433 名<br>しんだんしょ<br>診断書 | 诊断证明书 |
| 8434 名サ<br>しんちんたいしゃ<br>新陳代謝(する) | 新陈代谢 |
| 8435 名<br>しん ど<br>震度 | 地震震度 |
| 8436 名サ<br>しんどう<br>振動(する) | 振动,摆动 |
| 8437 名<br>しんにん<br>新任 | 新任 |
| 8438 名<br>しんねん<br>新年 | 新年 |
| 8439 名<br>しん ぴ<br>神秘 | 神秘,奥秘 |
| 8440 名<br>しん ぷ<br>新婦 | 新娘 |
| 8441 名<br>しん ぷ<br>神父 | 神父 |
| 8442 名<br>しんぶん き しゃ<br>新聞記者 | 报社记者 |
| 8443 名サ<br>しんぼう<br>辛抱(する) | 忍耐,<br>坚持不懈 |
| 8444 名<br>じんぼう<br>人望 | 人望,声望,<br>名望 |

| 8445 名 じんみゃく 人脈 | 人脉 |
|---|---|
| 8446 名 じんみん 人民 | 人民 |
| 8447 名 じんめい 人命 | 人命 |
| 8448 名 じんりき 人力 | 人力 |
| 8449 名サ しんりゃく 侵略(する) | 侵略 |
| 8450 名 しんりょく 新緑 | 初夏草木的鲜绿色 |
| 8451 名 しんろう 新郎 | 新郎 |
| 8452 名 す 巣 | (鸟，兽，虫等的)巢 |
| 8453 名 ず 図 | 图，画，图形 |
| 8454 名 すあし 素足 | 赤脚 |
| 8455 名 すいがい 水害 | 水灾 |
| 8456 名サ すいじ 炊事(する) | 炊事，做饭 |
| 8457 名サ すいじゃく 衰弱(する) | 衰弱 |
| 8458 名 すいせい 水性 | 水溶性，水的性质 |
| 8459 名サ すいせん 水洗(する) | 水洗 |
| 8460 名サ スイッチ(する) | 开关，转换，铁路道岔 |
| 8461 名 すいとう 水筒 | 水杯 |

| 8462 名サ すいぼつ 水没(する) | 被水淹没 |
|---|---|
| 8463 名サ すいり 推理(する) | 推理 |
| 8464 名 すいりゅう 水流 | 水流 |
| 8465 名 すいりょく 水力 | 水力 |
| 8466 名 すうしき 数式 | 算式 |
| 8467 名 スーツケース | 行李箱，手提箱 |
| 8468 名サ ズーム(する) | 缩放，变焦 |
| 8469 名サ スカウト(する) | 新探等搜寻人才(的人) |
| 8470 名 ずがら 図柄 | 图案，花纹 |
| 8471 名サ スキップ(する) | 连蹦带跳地走路，跳过 |
| 8472 名 すくい 救い | 救赎，出路，解决方法 |
| 8473 名サ スクープ(する) | (记者等)抢先报道 |
| 8474 名 スコア | (比赛)得分，(乐曲)总谱 |
| 8475 名 スタイリスト | 穿着时尚的人，造型师，有独特风格的作家 |
| 8476 名 スタジオ | 工作室，摄影棚，照相馆，(广播电台)播音室 |
| 8477 名 スタミナ | 精力，耐力 |
| 8478 名 スタンダード | 标准 |

| 8479 | 名サ | |
|---|---|---|
| スタンバイ(する) | | 待命 |

| 8480 | 名 | |
|---|---|---|
| スタンプ | | 图章，邮戳 |

| 8481 | 名 | |
|---|---|---|
| スチーム | | 蒸汽 |

| 8482 すで | 名 | |
|---|---|---|
| 素手 | | 空手(不带武器)，赤手空拳 |

| 8483 | 名 | |
|---|---|---|
| ステッカー | | 张贴物，贴纸 |

| 8484 | 名 | |
|---|---|---|
| ストッキング | | 丝袜 |

| 8485 | 名サ | |
|---|---|---|
| ストップ(する) | | 停止，中止 |

| 8486 | 名 | |
|---|---|---|
| ストライプ | | 条纹 |

| 8487 | 名 | |
|---|---|---|
| ストラップ | | 带子，(服装等的)肩带，鞋带等 |

| 8488 | 名サ | |
|---|---|---|
| ストレッチ(する) | | 弹性布料，伸展运动 |

| 8489 | 名 | |
|---|---|---|
| ストロー | | 麦秆，吸管 |

| 8490 すな | 名 | |
|---|---|---|
| 砂 | | 沙子，砂石 |

| 8491 | 名 | |
|---|---|---|
| すね | | 小腿，胫 |

| 8492 ずのう | 名 | |
|---|---|---|
| 頭脳 | | 头脑，核心人物 |

| 8493 | 名 | |
|---|---|---|
| スノーボード | | 滑雪板 |

| 8494 | 名 | |
|---|---|---|
| スパイス | | 香辛料 |

| 8495 すはだ | 名 | |
|---|---|---|
| 素肌 | | 未化妆的肌肤，裸露的皮肤 |

| 8496 | 名 | |
|---|---|---|
| スペシャリスト | | 专业人士 |

| 8497 | 名 | |
|---|---|---|
| スペシャル | | 特别，特殊 |

| 8498 | 名 | |
|---|---|---|
| スポンサー | | 赞助者，赞助商 |

| 8499 | 名 | |
|---|---|---|
| スマイル | | 微笑 |

| 8500 すみ | 名 | |
|---|---|---|
| 隅 | | 角落 |

| 8501 すみずみ | 名 | |
|---|---|---|
| 隅々 | | 各个角落，每个细节 |

| 8502 | 名 | |
|---|---|---|
| スリッパ | | 拖鞋 |

| 8503 すんぜん | 名 | |
|---|---|---|
| 寸前 | | 咫尺，差点儿，马上 |

| 8504 せい | 名 | |
|---|---|---|
| 姓 | | 姓，姓氏 |

| 8505 ぜい | 名 | |
|---|---|---|
| 税 | | 税 |

| 8506 ぜいがく | 名 | |
|---|---|---|
| 税額 | | 税额 |

| 8507 せいかつすいじゅん | 名 | |
|---|---|---|
| 生活水準 | | 生活水平 |

| 8508 せいかつひ | 名 | |
|---|---|---|
| 生活費 | | 生活费 |

| 8509 ぜいかん | 名 | |
|---|---|---|
| 税関 | | 海关 |

| 8510 せいきょう | 名 | |
|---|---|---|
| 盛況 | | 盛况 |

| 8511 せいけい | 名サ | |
|---|---|---|
| 整形(する) | | 整形，整容 |

| 8512 せいけいげか | 名 | |
|---|---|---|
| 整形外科 | | 整形外科，矫形外科 |

| 8513 名サ<br>せいさん<br>清算(する) | 清算 |
|---|---|
| 8514 名サ<br>せい し<br>静止(する) | 静止 |
| 8515 名<br>ぜいしゅう<br>税収 | 税收 |
| 8516 名<br>せいしょ<br>聖書 | 圣经 |
| 8517 名<br>せいぜん<br>生前 | 生前 |
| 8518 名サ<br>せいそう<br>正装(する) | 正装 |
| 8519 名<br>せいてん<br>晴天 | 晴天 |
| 8520 名<br>せいでん き<br>静電気 | 静电 |
| 8521 名<br>せいねん<br>成年 | 成年 |
| 8522 名<br>せいねん<br>青年 | 青年 |
| 8523 名<br>せい ぶ<br>西部 | 西部 |
| 8524 名サ<br>せいふく<br>征服(する) | 征服，克服 |
| 8525 名<br>せいふく<br>制服 | 制服，校服 |
| 8526 名<br>せいみつ き かい<br>精密機械 | 精密机器，设备 |
| 8527 名サ<br>せいめい<br>声明(する) | 声明 |
| 8528 名<br>せいめい ほ けん<br>生命保険 | 人身保险 |
| 8529 名サ<br>せいやく<br>誓約(する) | 誓言，誓约 |

| 8530 名サ<br>せいよう<br>静養(する) | 静养 |
|---|---|
| 8531 名<br>せい り<br>生理 | 生理，月经 |
| 8532 名<br>ぜいりつ<br>税率 | 税率 |
| 8533 名サ<br>せいれつ<br>整列(する) | 排列，列队 |
| 8534 名<br>せいろん<br>正論 | 合理的言论 |
| 8535 名<br>セーター | 毛衣 |
| 8536 名<br>セーフ | (网球等)界内球，及时达成目标 |
| 8537 名<br>せき<br>席 | 座位，席位 |
| 8538 名<br>せき<br>籍 | 户籍，对球队等组织的隶属关系 |
| 8539 名<br>ぜっこう<br>絶好 | 极好，极佳 |
| 8540 名サ<br>ぜっさん<br>絶賛(する) | 最高的赞誉 |
| 8541 名サ<br>せっせん<br>接戦(する) | 短兵相接的交战，势均力敌的交战或比赛 |
| 8542 名サ<br>せったい<br>接待(する) | 招待 |
| 8543 名サ<br>せつでん<br>節電(する) | 节约用电 |
| 8544 名サ<br>ぜつぼう<br>絶望(する) | 绝望 |
| 8545 名サ<br>せつもん<br>設問(する) | 题设，提问 |
| 8546 名<br>せ びろ<br>背広 | 男士西装 |

| 8547　名サ<br>セレクト(する) | 精选，挑出 | 8564　名サ<br>ぜんしん<br>前進(する) | 前进，取得 |
|---|---|---|---|
| 8548　名<br>せん<br>線 | 线，线条，事<br>情进展的方向 | 8565　名<br>ぜんせ<br>前世 | 前世 |
| 8549　名<br>ぜんあく<br>善悪 | 善恶 | 8566　名<br>せんせい<br>先生 | 老师、先生、对<br>医生、律师、国<br>会议员等的尊称 |
| 8550　名<br>ぜんいき<br>全域 | 全境 | 8567　名<br>ぜんせん<br>前線 | 前线，(气象)锋 |
| 8551　名サ<br>ぜんかい<br>全壊(する) | 完全损坏 | 8568　名<br>せんぞ<br>先祖 | 始祖，祖先 |
| 8552　名サ<br>ぜんかい<br>全開(する) | 全部打开，<br>开足马力 | 8569　名サ<br>せんぞく<br>専属(する) | 专属 |
| 8553　名<br>ぜんかく<br>全角 | (字体)全角 | 8570　名<br>せんたくもの<br>洗濯物 | 要洗的衣物 |
| 8554　名<br>ぜんがく<br>全額 | 全额 | 8571　名サ<br>ぜんち<br>全治(する) | 痊愈 |
| 8555　名サ<br>せんがん<br>洗顔(する) | 洗脸，洁面 | 8572　名<br>センチメートル | 厘米 |
| 8556　名サ<br>せんきょ<br>占拠(する) | 占据 | 8573　名<br>ぜんちょう<br>前兆 | 前兆 |
| 8557　名サ<br>せんきょく<br>選曲(する) | 挑选歌曲、<br>乐曲 | 8574　名<br>せんど<br>鮮度 | (鱼，蔬菜等)<br>鲜度 |
| 8558　名<br>せんきょけん<br>選挙権 | 选举权 | 8575　名<br>ぜんと<br>前途 | 前途，前路 |
| 8559　名<br>せんぎ<br>千切り | 切成细丝 | 8576　名<br>ぜんど<br>全土 | 全国，<br>(国家)全境 |
| 8560　名サ<br>せんこく<br>宣告(する) | 宣告 | 8577　名<br>せんとう<br>先頭 | 先头，前列 |
| 8561　名サ<br>せんしゃ<br>洗車(する) | 洗车 | 8578　名<br>せんとう<br>銭湯 | 公共澡堂 |
| 8562　名<br>せんしゃ<br>戦車 | 坦克，战车 | 8579　名サ<br>せんどう<br>先導(する) | 开道，引路 |
| 8563　名<br>せんしょくたい<br>染色体 | 染色体 | 8580　名サ<br>せんにゅう<br>潜入(する) | 潜入 |

| 8581 | 名 | 前一年,<br>前些年 |
|---|---|---|
| ぜんねん<br>前年 | | |

| 8582 | 名サ | 洗脑 |
|---|---|---|
| せんのう<br>洗脳(する) | | |

| 8583 | 名サ | 专卖,垄断 |
|---|---|---|
| せんばい<br>専売(する) | | |

| 8584 | 名サ | 先出发,<br>先出场 |
|---|---|---|
| せんぱつ<br>先発(する) | | |

| 8585 | 名サ | (罪犯,病毒等)<br>潜伏 |
|---|---|---|
| せんぷく<br>潜伏(する) | | |

| 8586 | 名 | 对方,前方 |
|---|---|---|
| せんぽう<br>先方 | | |

| 8587 | 名 | 前面,正面 |
|---|---|---|
| ぜんめん<br>前面 | | |

| 8588 | 名 | 全面 |
|---|---|---|
| ぜんめん<br>全面 | | |

| 8589 | 名 | 洗脸池,<br>洗脸盆 |
|---|---|---|
| せんめん き<br>洗面器 | | |

| 8590 | 名 | 有约在先 |
|---|---|---|
| せんやく<br>先約 | | |

| 8591 | 名 | 省略前面部分 |
|---|---|---|
| ぜんりゃく<br>前略 | | |

| 8592 | 名サ | 独占,占领 |
|---|---|---|
| せんりょう<br>占領(する) | | |

| 8593 | 名 | 战斗力 |
|---|---|---|
| せんりょく<br>戦力 | | |

| 8594 | 名 | 形象,雕像,<br>(物理学)像 |
|---|---|---|
| ぞう<br>像 | | |

| 8595 | 名サ | 增加人员 |
|---|---|---|
| ぞういん<br>増員(する) | | |

| 8596 | 名 | 全会,总会 |
|---|---|---|
| そうかい<br>総会 | | |

| 8597 | 名 | 早期 |
|---|---|---|
| そうき<br>早期 | | |

| 8598 | 名 | 葬礼中的宗教<br>仪式部分 |
|---|---|---|
| そうぎ<br>葬儀 | | |

| 8599 | 名 | 器官移植 |
|---|---|---|
| ぞう き いしょく<br>臓器移植 | | |

| 8600 | 名サ | 增强 |
|---|---|---|
| ぞうきょう<br>増強(する) | | |

| 8601 | 名サ | 汇款,寄钱 |
|---|---|---|
| そうきん<br>送金(する) | | |

| 8602 | 名サ | 迎送,接送 |
|---|---|---|
| そうげい<br>送迎(する) | | |

| 8603 | 名サ | 搜查 |
|---|---|---|
| そう さ<br>捜査(する) | | |

| 8604 | 名サ | 增产 |
|---|---|---|
| ぞうさん<br>増産(する) | | |

| 8605 | 名 | 葬礼 |
|---|---|---|
| そうしき<br>葬式 | | |

| 8606 | 名サ | 增税 |
|---|---|---|
| ぞうぜい<br>増税(する) | | |

| 8607 | 名サ | 创立,创办 |
|---|---|---|
| そうせつ<br>創設(する) | | |

| 8608 | 名サ | 继承 |
|---|---|---|
| そうぞく<br>相続(する) | | |

| 8609 | 名 | 遗产税,<br>继承税 |
|---|---|---|
| そうぞくぜい<br>相続税 | | |

| 8610 | 名サ | 早退 |
|---|---|---|
| そうたい<br>早退(する) | | |

| 8611 | 名サ | 扩建,增建 |
|---|---|---|
| ぞうちく<br>増築(する) | | |

| 8612 | 名サ | 安装,穿上,<br>戴上 |
|---|---|---|
| そうちゃく<br>装着(する) | | |

| 8613 | 名 | 全部出动 |
|---|---|---|
| そう で<br>総出 | | |

| 8614 | 名サ | 颁发,赠送 |
|---|---|---|
| ぞうてい<br>贈呈(する) | | |

| 8615 名<br>そうどう<br>騒動 | 骚动，骚乱 | 8632 名<br>そつぎょうしき<br>卒業式 | 毕业典礼 |
|---|---|---|---|
| 8616 名サ<br>そうにゅう<br>挿入(する) | 插入 | 8633 名サ<br>そっけつ<br>即決(する) | 当场决定 |
| 8617 名サ<br>そう び<br>装備(する) | 装备 | 8634 名サ<br>ぞっこう<br>続行(する) | 继续进行 |
| 8618 名サ<br>そう ふ<br>送付(する) | 发送，邮寄 | 8635 名<br>そっこうせい<br>即効性 | 速效性 |
| 8619 名サ<br>そうふう<br>送風(する) | (空调等)送风 | 8636 名サ<br>そっせん<br>率先(する) | 率先 |
| 8620 名サ<br>そうりつ<br>創立(する) | 创立，创建 | 8637 名<br>そで<br>袖 | 袖子 |
| 8621 名<br>そうりょう<br>総量 | 总量 | 8638 名<br>そと／ほか<br>外 | 外部，外面，<br>之外 |
| 8622 名サ<br>ぞうりょう<br>増量(する) | 加量 | 8639 名<br>ソファー | 沙发 |
| 8623 名サ<br>そく し<br>即死(する) | 瞬间死亡 | 8640 名<br>そ ぼ<br>祖母 | 祖母，外祖母 |
| 8624 名<br>そく じ<br>即時 | 即时，立即 | 8641 名<br>スマートフォン | 智能手机 |
| 8625 名<br>そくせき<br>即席 | 即兴，当场 | 8642 名<br>ソムリエ | 品酒师，<br>侍酒士 |
| 8626 名サ<br>そくとう<br>即答(する) | 当场回答 | 8643 名<br>そら／くう<br>空 | 天空，天候，<br>天气 |
| 8627 名<br>ぞくへん<br>続編 | 续集，续篇 | 8644 名<br>そらみみ<br>空耳 | 听错，好像听<br>到，幻听，装<br>没听见 |
| 8628 名サ<br>そくりょう<br>測量(する) | 测量 | 8645 名<br>そんけい ご<br>尊敬語 | 尊敬语 |
| 8629 名<br>そこ<br>底 | 底部，底下，<br>深处 | 8646 名サ<br>そんぞく<br>存続(する) | 存在并延续 |
| 8630 名<br>そ こく<br>祖国 | 祖国 | 8647 名<br>そんとく<br>損得 | 损益，得失 |
| 8631 名サ<br>そ し<br>阻止(する) | 阻止 | 8648 名<br>ターミナル | 终端，航站楼，<br>车站大楼，<br>码头，端子 |

| 8649　名 | (数量词)台, 大致的数量, 放物体的台子, 基础, 高台 | 8665　名 | 胎儿 |
|---|---|---|---|
| だい 台 | | たいじ 胎児 | |
| 8650　名 | 第一线, 最前线 | 8666　名 | (文章等的)概要 |
| だいいっせん 第一線 | | ダイジェスト | |
| 8651　名サ | 出院 | 8667　名 | 大使馆 |
| たいいん 退院(する) | | だいしかん 大使館 | |
| 8652　名 | 队员 | 8668　名 | 大自然 |
| たいいん 隊員 | | だいしぜん 大自然 | |
| 8653　名 | 体温计 | 8669　名サ | 离开房间 |
| たいおんけい 体温計 | | たいしつ 退室(する) | |
| 8654　名 | 对角线 | 8670　名 | 体质, 性格, 本质 |
| たいかくせん 対角線 | | たいしつ 体質 | |
| 8655　名サ | 体感 | 8671　名サ | 从公司退休, 下班 |
| たいかん 体感(する) | | たいしゃ 退社(する) | |
| 8656　名 | 体感温度 | 8672　名 | 体味 |
| たいかんおんど 体感温度 | | たいしゅう 体臭 | |
| 8657　名サ | 待命 | 8673　名サ | 退出, 离开 |
| たいき 待機(する) | | たいしゅつ 退出(する) | |
| 8658　名サ | 招待, 待遇 | 8674　名サ | 对照 |
| たいぐう 待遇(する) | | たいしょう 対照(する) | |
| 8659　名 | 大群 | 8675　名 | 对称 |
| たいぐん 大群 | | たいしょう 対称 | |
| 8660　名 | 体型 | 8676　名サ | 退场 |
| たいけい 体型 | | たいじょう 退場(する) | |
| 8661　名サ | 抗衡, 对抗 | 8677　名 | 大战 |
| たいこう 対抗(する) | | たいせん 大戦 | |
| 8662　名サ | 代行, 代理 | 8678　名 | 大肠 |
| だいこう 代行(する) | | だいちょう 大腸 | |
| 8663　名 | 很大的差别, 差距 | 8679　名 | 紧身裤 |
| たいさ 大差 | | タイツ | |
| 8664　名 | 第三方, 无关人员 | 8680　名 | 总统 |
| だいさんしゃ 第三者 | | だいとうりょう 大統領 | |
| | | 8681　名 | 体罚 |
| | | たいばつ 体罰 | |

| 8682　名サ<br>だいひつ<br>代筆(する) | 代笔 | | 8699　名<br>たたか<br>戦い | 战斗，比试 | |
|---|---|---|---|---|---|
| 8683　名サ<br>たい ほ<br>逮捕(する) | 逮捕 | | 8700　名<br>た あ<br>立ち会い | 到场<br>(确认或验证) | |
| 8684　名サ<br>たいめん<br>対面(する) | 见面 | | 8701　名サ<br>た ぐ<br>立ち食い(する) | 立食，站着吃 | |
| 8685　名サ<br>たい よ<br>貸与(する) | 出借，放贷 | | 8702　名サ<br>た み<br>立ち見(する) | (戏剧等)站着看 | |
| 8686　名サ<br>だいよう<br>代用(する) | 代用 | | 8703　名サ<br>た よ<br>立ち読み(する) | (在书店等)<br>站着读 | |
| 8687　名<br>たいようけい<br>太陽系 | 太阳系 | | 8704　名サ<br>ダッシュ(する) | 飞奔，猛冲，<br>破折号，撇号 | |
| 8688　名サ<br>だい り<br>代理(する) | 代理 | | 8705　名サ<br>だっしゅう<br>脱臭(する) | 除臭 | |
| 8689　名<br>たいりょう<br>大漁 | 渔业丰收 | | 8706　名サ<br>だっしゅつ<br>脱出(する) | 逃离 | |
| 8690　名サ<br>ダウン(する) | 下降，倒塌，<br>累倒，病倒，<br>(电脑)死机 | | 8707　名サ<br>だっすい<br>脱水(する) | 脱水，<br>(洗衣机)甩干 | |
| 8691　名サ<br>ダウンロード(する) | 下载 | | 8708　名サ<br>だつぜい<br>脱税(する) | 逃税 | |
| 8692　名サ<br>た かい<br>他界(する) | 逝世，<br>死后的世界 | | 8709　名サ<br>だっそう<br>脱走(する) | 逃走，逃脱 | |
| 8693　名<br>たからもの／ほうもつ<br>宝物 | 宝物 | | 8710　名サ<br>だったい<br>脱退(する) | 退出，<br>脱离(团体等) | |
| 8694　名<br>たき<br>滝 | 瀑布 | | 8711　名サ<br>だつらく<br>脱落(する) | 脱落，脱字，<br>落伍 | |
| 8695　名サ<br>たくはい<br>宅配(する) | 送货上门 | | 8712　名<br>たて<br>縦 | 纵向，竖，<br>上下级 | |
| 8696　名<br>たけ<br>竹 | 竹子，竹乐器 | | 8713　名<br>たな<br>棚 | 架子 | |
| 8697　名<br>た こくせき<br>多国籍 | 多国，跨国 | | 8714　名<br>たの<br>頼み | 请求，信赖 | |
| 8698　名サ<br>だ しん<br>打診(する) | 预先征求意见，<br>(医生)叩诊 | | 8715　名サ<br>た はつ<br>多発(する) | 多发，<br>经常发生 | |

| 8716 名 | | 8733 名 | |
|---|---|---|---|
| タブー | 禁忌，忌讳 | たんすい<br>淡水 | 淡水 |

| 8717 名 | | 8734 名サ | |
|---|---|---|---|
| ダブル | 双倍，双份，<br>双人 | だんすい<br>断水(する) | 断水 |

| 8718 名 | | 8735 名サ | |
|---|---|---|---|
| たま／きゅう<br>球 | 球，珠，灯泡 | たんてい<br>探偵(する) | 侦探 |

| 8719 名 | | 8736 名サ | |
|---|---|---|---|
| たま<br>玉 | 圆珠，水珠，玉，<br>珍珠 | だんねつ<br>断熱(する) | 绝热，隔热 |

| 8720 名 | | 8737 名サ | |
|---|---|---|---|
| いき<br>ため息 | 叹息 | だんねん<br>断念(する) | 打消念头 |

| 8721 名サ | | 8738 名 | |
|---|---|---|---|
| た よう<br>多用(する) | 事情多而忙碌，<br>经常使用 | たんめい<br>短命 | (人，组织等)<br>短命 |

| 8722 名 | | 8739 名 | |
|---|---|---|---|
| たよ<br>便り | 消息，音信，<br>信件 | だんりょく<br>弾力 | 弹性，灵活，<br>变通 |

| 8723 名 | | 8740 名 | |
|---|---|---|---|
| たん き だいがく<br>短期大学 | 短期大学 | ち<br>血 | 血液，血脉，<br>血统 |

| 8724 名サ | | 8741 名 | |
|---|---|---|---|
| たんきゅう<br>探求(する) | 探求，追求 | チームメート | 队友 |

| 8725 名サ | | 8742 名サ | |
|---|---|---|---|
| だんけつ<br>団結(する) | 团结 | チェックアウト(する) | (宾馆等)退房 |

| 8726 名サ | | 8743 名サ | |
|---|---|---|---|
| たんけん<br>探検(する) | 探险 | ち えん<br>遅延(する) | 延迟 |

| 8727 名サ | | 8744 名サ | |
|---|---|---|---|
| だんげん<br>断言(する) | 断言 | チェンジ(する) | 变换，切换，<br>(棒球等)换人，<br>零钱 |

| 8728 名 | | 8745 名 | |
|---|---|---|---|
| だん し<br>男子 | 男孩，男子 | ちか<br>誓い | 发誓，誓言 |

| 8729 名 | | 8746 名 | |
|---|---|---|---|
| だん じ<br>男児 | 男童，男儿，<br>男子汉 | ち かがい<br>地下街 | 地下商店街 |

| 8730 名サ | | 8747 名 | |
|---|---|---|---|
| たんしゅく<br>短縮(する) | 缩短 | ち か どう<br>地下道 | 地下通道 |

| 8731 名 | | 8748 名 | |
|---|---|---|---|
| たんしん<br>単身 | 只身，单身 | ちから<br>力 | 力量，能力，<br>权力，(物理)力 |

| 8732 名 | | 8749 名 | |
|---|---|---|---|
| ダンス | 舞蹈，跳舞 | ちから も<br>力持ち | 有力，大力士 |

| 8750 名<br>ちかん<br>痴漢 | 流氓 |
|---|---|
| 8751 名<br>ち きゅう ぎ<br>地球儀 | 地球仪 |
| 8752 名<br>ちくさん<br>畜産 | 畜牧，家畜 |
| 8753 名<br>ち けい<br>地形 | 地形 |
| 8754 名<br>ち じ<br>知事 | 知事，日本都道府县的行政首长 |
| 8755 名<br>ち ず ちょう<br>地図帳 | 地图 |
| 8756 名<br>ちち<br>父 | 父亲，先驱者 |
| 8757 名サ<br>ちっそく(する)<br>窒息 | 窒息 |
| 8758 名<br>ち へいせん<br>地平線 | 地平线 |
| 8759 名<br>ち ほうこう む いん<br>地方公務員 | 地方公务员 |
| 8760 名<br>ち ほうさいばんしょ<br>地方裁判所 | 地方法院 |
| 8761 名サ<br>チャージ(する) | 充电，充值，补充燃料，收费，(物理)电荷 |
| 8762 名<br>チャイム | (乐器)排钟，门铃，钟声 |
| 8763 名サ<br>ちゃくしゅ<br>着手(する) | 着手 |
| 8764 名サ<br>ちゃくしょく<br>着色(する) | 着色 |
| 8765 名サ<br>ちゃくせき<br>着席(する) | 落座 |
| 8766 名サ<br>ちゃく ち<br>着地(する) | 着地，到达的地点 |

| 8767 名サ<br>ちゃくにん<br>着任(する) | 到任 |
|---|---|
| 8768 名<br>ちゃくばら<br>着払い | (快递包裹等)到付 |
| 8769 名サ<br>ちゃくよう(する)<br>着用 | 穿着，佩戴 |
| 8770 名<br>チャック | 拉链，(袋子等的)密封条 |
| 8771 名サ<br>ちゃっこう<br>着工(する) | 开工 |
| 8772 名<br>チャペル | 小教堂，礼拜堂 |
| 8773 名<br>チャンピオン | 冠军，拥护者 |
| 8774 名サ<br>ちゅうかい<br>仲介(する) | 调停，斡旋 |
| 8775 名<br>ちゅうから<br>中辛 | 中辣 |
| 8776 名<br>ちゅう か りょう り<br>中華料理 | 中国菜 |
| 8777 名<br>ちゅう き<br>中期 | 中期 |
| 8778 名<br>ちゅうけん<br>中堅 | 中坚 |
| 8779 名サ<br>ちゅうこく(する)<br>忠告 | 忠告 |
| 8780 名<br>ちゅう こ ひん<br>中古品 | 半旧品，旧货 |
| 8781 名サ<br>ちゅうしゃ(する)<br>駐車 | 停车 |
| 8782 名サ<br>ちゅうしょう<br>中傷(する) | 中伤 |
| 8783 名<br>ちゅうせい<br>中性 | (酸碱，电荷，性别等方面)中性 |

| 8784 名 | | |
|---|---|---|
| ちゅうせい<br>忠誠 | 忠诚 | |

| 8785 名サ | | |
|---|---|---|
| ちゅうたい<br>中退(する) | 退学 | |

| 8786 名 | | |
|---|---|---|
| ちゅう と<br>中途 | 中途，到一半 | |

| 8787 名 | | |
|---|---|---|
| チューナー | (收音机等的)<br>调谐器 | |

| 8788 名サ | | |
|---|---|---|
| ちゅうにゅう<br>注入(する) | 注入 | |

| 8789 名 | | |
|---|---|---|
| ちゅうねん<br>中年 | 中年 | |

| 8790 名 | | |
|---|---|---|
| ちゅうばん<br>中盤 | (比赛，选举等的)<br>中间阶段 | |

| 8791 名 | | |
|---|---|---|
| ちゅう び<br>中火 | 中火 | |

| 8792 名 | | |
|---|---|---|
| ちゅうりつ<br>中立 | 中立 | |

| 8793 名 | | |
|---|---|---|
| ちょう<br>腸 | 肠道 | |

| 8794 名 | | |
|---|---|---|
| ちょうえき<br>懲役 | 徒刑 | |

| 8795 名 | | |
|---|---|---|
| ちょうおん ぱ<br>超音波 | 超声波 | |

| 8796 名 | | |
|---|---|---|
| ちょうかん<br>朝刊 | 晨报 | |

| 8797 名サ | | |
|---|---|---|
| ちょうきょう<br>調教(する) | 驯兽，<br>训练动物 | |

| 8798 名サ | | |
|---|---|---|
| ちょうこう<br>聴講(する) | 听讲，听课 | |

| 8799 名 | | |
|---|---|---|
| ちょうこう<br>兆候 | 迹象，征兆 | |

| 8800 名サ | | |
|---|---|---|
| ちょうごう<br>調合(する) | 配药，<br>搭配调料 | |

| 8801 名サ | | |
|---|---|---|
| ちょうしゅ<br>聴取(する) | (警察等)询问，<br>听广播 | |

| 8802 名サ | | |
|---|---|---|
| ちょうしゅう<br>徴収(する) | 征收 | |

| 8803 名 | | |
|---|---|---|
| ちょうじょ<br>長女 | 长女 | |

| 8804 名 | | |
|---|---|---|
| ちょうてん<br>頂点 | 顶点，顶峰，<br>极点 | |

| 8805 名 | | |
|---|---|---|
| ちょうない<br>町内 | 社区内，<br>城镇内 | |

| 8806 名 | | |
|---|---|---|
| ちょうなん<br>長男 | 长子 | |

| 8807 名サ | | |
|---|---|---|
| ちょうはつ<br>挑発(する) | 挑衅，挑逗 | |

| 8808 名 | | |
|---|---|---|
| ちょうはつ<br>長髪 | 长发 | |

| 8809 名サ | | |
|---|---|---|
| ちょうふく<br>重複(する) | 重复 | |

| 8810 名 | | |
|---|---|---|
| ちょうぶん<br>長文 | 长文章 | |

| 8811 名サ | | |
|---|---|---|
| ちょうへい<br>徴兵(する) | 征兵 | |

| 8812 名 | | |
|---|---|---|
| ちょうへん<br>長編 | 长篇 | |

| 8813 名 | | |
|---|---|---|
| ちょうみん<br>町民 | 城镇居民 | |

| 8814 名 | | |
|---|---|---|
| ちょう り し<br>調理師 | 厨师 | |

| 8815 名サ | | |
|---|---|---|
| ちょきん<br>貯金(する) | 储蓄，存款 | |

| | | |
|---|---|---|
| 8816　名サ<br>ちょくえい<br>**直営**(する) | 直营，<br>直接经营 | |
| 8817　名サ<br>ちょくげき<br>**直撃**(する) | 直击，<br>直接命中 | |
| 8818　名サ<br>ちょくしん<br>**直進**(する) | 直走，<br>直线传播 | |
| 8819　名サ<br>ちょくつう<br>**直通**(する) | 直通 | |
| 8820　名サ<br>ちょくやく<br>**直訳**(する) | 直译 | |
| 8821　名サ<br>ちょちく<br>**貯蓄**(する) | 储蓄，积蓄 | |
| 8822　名サ<br>ちょっかん<br>**直感**(する) | 直觉 | |
| 8823　名サ<br>ちょっけつ<br>**直結**(する) | 直接相连，<br>直接关系到 | |
| 8824　名サ<br>ちょっこう<br>**直行**(する) | 直达 | |
| 8825　名<br>**チルド** | 冷藏保鲜 | |
| 8826　名サ<br>ちんたい<br>**賃貸**(する) | 租赁 | |
| 8827　名サ<br>ちんぼつ<br>**沈没**(する) | 沉没 | |
| 8828　名サ<br>ついとつ<br>**追突**(する) | 追尾 | |
| 8829　名サ<br>ついほう<br>**追放**(する) | 驱逐，流放 | |
| 8830　名サ<br>ついらく<br>**墜落**(する) | 坠落 | |
| 8831　名<br>**ツイン** | 双胞胎，成对<br>的，双床房的<br>简称 | |
| 8832　名サ<br>つういん<br>**通院**(する) | 定期去医院 | |

| | | |
|---|---|---|
| 8833　名<br>つうか<br>**通貨** | 通货，货币 | |
| 8834　名サ<br>つうかん<br>**痛感**(する) | 痛感 | |
| 8835　名サ<br>つうこく<br>**通告**(する) | 通告 | |
| 8836　名<br>つうしょう<br>**通称** | 通称 | |
| 8837　名サ<br>つうたつ<br>**通達**(する) | 通知，传达，<br>熟知 | |
| 8838　名サ<br>つうち<br>**通知**(する) | 通知 | |
| 8839　名<br>つうちょう<br>**通帳** | 存折 | |
| 8840　名<br>**ツーリスト** | 游客 | |
| 8841　名<br>**ツーリング** | 旅游，观光 | |
| 8842　名<br>つき<br>**月** | 月亮，月份 | |
| 8843　名<br>つきあ<br>**突き当たり** | 道路的尽头 | |
| 8844　名<br>つきづき<br>**月々** | 每月 | |
| 8845　名<br>つくえ<br>**机** | 书桌，办公桌 | |
| 8846　名<br>つぐな<br>**償い** | 赔偿，赎罪 | |
| 8847　名<br>つつ<br>**包み** | 包袱，包裹 | |
| 8848　名<br>つど<br>**集い** | 集会 | |
| 8849　名<br>つなみ<br>**津波** | 海啸 | |

| 8850 | 名 | |
|---|---|---|
| つば<br>唾 | 唾液 | |

| 8851 | 名 | |
|---|---|---|
| つばさ<br>翼 | 翅膀，机翼 | |

| 8852 | 名 | |
|---|---|---|
| つぶ<br>粒 | 粒，颗粒 | |

| 8853 | 名 | |
|---|---|---|
| つま<br>妻 | 妻子 | |

| 8854 | 名 | |
|---|---|---|
| つみ<br>罪 | 罪行，罪过 | |

| 8855 | 名 | |
|---|---|---|
| つ に<br>積み荷 | 载货 | |

| 8856 | 名 | |
|---|---|---|
| つめ<br>爪 | 手指，脚趾，<br>爪子 | |

| 8857 | 名 | |
|---|---|---|
| つ か<br>詰め替え | 重新装填 | |

| 8858 | 名 | |
|---|---|---|
| つゆ／ばいう<br>梅雨 | 梅雨 | |

| 8859 | 名 | |
|---|---|---|
| つよき<br>強気 | 强硬，刚强 | |

| 8860 | 名 | |
|---|---|---|
| つよ び<br>強火 | (烹饪时)大火，<br>旺火 | |

| 8861 | 名 | |
|---|---|---|
| つわもの／きょうしゃ<br>強者 | 强者，强权者 | |

| 8862 | 名 | |
|---|---|---|
| ていえん<br>庭園 | 庭园 | |

| 8863 | 名 | |
|---|---|---|
| ていおん<br>低音 | 低音，低声 | |

| 8864 | 名 | |
|---|---|---|
| ていがく<br>定額 | 定价 | |

| 8865 | 名 | |
|---|---|---|
| ていがくねん<br>低学年 | 低年级 | |

| 8866 | 名 | |
|---|---|---|
| てい き けん<br>定期券 | 定期乘车证 | |

| 8867 | 名 | |
|---|---|---|
| てい よ きん<br>定期預金 | 定期存款 | |

| 8868 | 名 | |
|---|---|---|
| ていきん り<br>低金利 | 低利率 | |

| 8869 | 名 サ | |
|---|---|---|
| テイクアウト(する) | 外带，外卖 | |

| 8870 | 名 | |
|---|---|---|
| ていけい<br>定形 | 固定的形状，<br>大小 | |

| 8871 | 名 | |
|---|---|---|
| ていけつあつ<br>低血圧 | 低血压 | |

| 8872 | 名 | |
|---|---|---|
| ていこく<br>帝国 | 帝国 | |

| 8873 | 名 | |
|---|---|---|
| てい じ<br>定時 | 固定时间 | |

| 8874 | 名 | |
|---|---|---|
| てい し せい<br>低姿勢 | 低姿态 | |

| 8875 | 名 | |
|---|---|---|
| ていしゅ<br>亭主 | 一家之主，<br>丈夫，店主 | |

| 8876 | 名 サ | |
|---|---|---|
| ていじゅう(する)<br>定住 | 定居 | |

| 8877 | 名 サ | |
|---|---|---|
| ていしょう(する)<br>提唱 | 提倡 | |

| 8878 | 名 | |
|---|---|---|
| ていしょく<br>定職 | 稳定的工作 | |

| 8879 | 名 サ | |
|---|---|---|
| ディスカウント(する) | 打折 | |

| 8880 | 名 | |
|---|---|---|
| ていせつ<br>定説 | 定论，<br>已确立的理论 | |

| 8881 | 名 サ | |
|---|---|---|
| てい そ(する)<br>提訴 | 起诉，控告 | |

| 8882 | 名 | |
|---|---|---|
| ていそく<br>低速 | 低速 | |

| 8883 | 名 | |
|---|---|---|
| てい ち<br>低地 | 低地 | |

|  |  |  |
|---|---|---|
| 8884 名<br>ディナー | (西餐的)正餐,晚餐 | |
| 8885 名<br>ていねい ご<br>丁寧語 | 礼貌语 | |
| 8886 名サ<br>ていはく<br>停泊(する) | (船)停泊 | |
| 8887 名<br>ていひょう<br>定評 | 定评,广为一般人承认的评价 | |
| 8888 名<br>ていへん<br>底辺 | 底边,社会的底层 | |
| 8889 名<br>ていぼう<br>堤防 | 河堤 | |
| 8890 名サ<br>ていめい<br>低迷(する) | 低迷,(云等)在低空飘荡 | |
| 8891 名<br>ていれい<br>定例 | 定期,惯例 | |
| 8892 名<br>ディレクター | 电影导演,乐团指挥 | |
| 8893 名サ<br>デート(する) | 日期,约会 | |
| 8894 名<br>で かせ<br>出稼ぎ | 外出务工 | |
| 8895 名<br>て がら<br>手柄 | 功绩,成就 | |
| 8896 名<br>てき<br>敵 | 敌方,敌人 | |
| 8897 名<br>てきざい<br>適材 | 合适的人才 | |
| 8898 名サ<br>てき し<br>敵視(する) | 敌视 | |
| 8899 名<br>てきせいけん さ<br>適性検査 | 适合度检查 | |
| 8900 名<br>で きだか<br>出来高 | 收获量,成交量 | |

|  |  |  |
|---|---|---|
| 8901 名<br>てき ち<br>敵地 | 敌占地区 | |
| 8902 名<br>てきりょう<br>適量 | 适量 | |
| 8903 名<br>てきれい<br>適齢 | 适龄 | |
| 8904 名<br>てきれい き<br>適齢期 | 适龄期 | |
| 8905 名<br>て くび<br>手首 | 手腕 | |
| 8906 名<br>で さき<br>出先 | 去往的地方,(公司等的)地方或国外分支 | |
| 8907 名<br>て さぐ り<br>手探り | 摸索,试探 | |
| 8908 名<br>て さ<br>手提げ | 手提包(或袋子,篮子等) | |
| 8909 名<br>て じょう<br>手錠 | 手铐 | |
| 8910 名<br>て そう<br>手相 | 手相 | |
| 8911 名<br>て ちが<br>手違い | (顺序,安排等)失误 | |
| 8912 名<br>てつ<br>鉄 | 铁 | |
| 8913 名サ<br>てっかい<br>撤回(する) | 撤回,撤销 | |
| 8914 名サ<br>てっきょ<br>撤去(する) | 拆除(建筑),移走(物品) | |
| 8915 名<br>てっこつ<br>鉄骨 | 钢筋 | |
| 8916 名サ<br>デッサン(する) | 素描 | |
| 8917 名<br>てっそく<br>鉄則 | 铁则,不可更改的法则 | |

| 8918 名サ<br>てったい<br>撤退(する) | 撤退，撤出 | | 8935 名<br>て りょう り<br>手料理 | 自己或自己家<br>做的菜 | |
|---|---|---|---|---|---|
| 8919 名サ<br>てっぱい<br>撤廃(する) | 废除(制度等) | | 8936 名<br>テロリスト | 恐怖分子 | |
| 8920 名<br>てつぶん<br>鉄分 | 含铁量 | | 8937 名<br>テロリズム(テロ) | 恐怖袭击 | |
| 8921 名<br>てっぺん | 最高处 | | 8938 名サ<br>て わた<br>手渡し(する) | 传递，<br>亲手交给 | |
| 8922 名<br>てっぽう<br>鉄砲 | 步枪，大炮 | | 8939 名<br>てん<br>点 | 点，顿号，<br>分数 | |
| 8923 名サ<br>て なお<br>手直し(する) | 修改(文章等) | | 8940 名サ<br>てん か<br>点火(する) | 点火 | |
| 8924 名<br>テナント | 租户，房客 | | 8941 名<br>でん き<br>電器 | 电器 | |
| 8925 名<br>て にもつ<br>手荷物 | 手提行李，<br>随身携带行李 | | 8942 名<br>でん き<br>電機 | 电动机械 | |
| 8926 名<br>て こう<br>手の甲 | 手背 | | 8943 名<br>てん き ず<br>天気図 | 气象图 | |
| 8927 名<br>で ばん<br>出番 | 当值，(演员等)<br>出场 | | 8944 名サ<br>てんきょ<br>転居(する) | 迁居，搬家 | |
| 8928 名サ<br>デビュー(する) | 首次亮相 | | 8945 名<br>でんきょく<br>電極 | 电极 | |
| 8929 名<br>て ぶくろ<br>手袋 | 手套 | | 8946 名サ<br>てんきん<br>転勤(する) | 调动工作地点 | |
| 8930 名<br>て<br>手ぶら | 不带行李或礼<br>物，空手 | | 8947 名<br>てんけい<br>典型 | 典型 | |
| 8931 名サ<br>で まえ<br>出前(する) | (餐饮)外卖，<br>送餐 | | 8948 名サ<br>てんこう<br>転向(する) | 转向，<br>转变方针 | |
| 8932 名<br>て みやげ<br>手土産 | 随手带去的礼物 | | 8949 名サ<br>てんこう<br>転校(する) | 转学 | |
| 8933 名<br>で むか<br>出迎え | 出迎 | | 8950 名<br>てんさい<br>天才 | 天生的才能，<br>天才 | |
| 8934 名<br>てら<br>寺 | 寺庙 | | 8951 名<br>てんさい<br>天災 | 自然灾害，<br>天灾 | |

| | | |
|---|---|---|
| 8952 名サ<br>てんさく<br>添削(する) | 修改，批改 | |
| 8953 名<br>てんし<br>天使 | 天使 | |
| 8954 名サ<br>でんじゅ<br>伝授(する) | 传授 | |
| 8955 名サ<br>てんしゅつ<br>転出(する) | 迁出，<br>(工作)调动到 | |
| 8956 名サ<br>てんじょう<br>添乗(する) | (特指导游)同行 | |
| 8957 名<br>てんじょういん<br>添乗員 | 导游，领队 | |
| 8958 名サ<br>てんしょく<br>転職(する) | 换工作，跳槽 | |
| 8959 名<br>てんしょく<br>天職 | 理想的职业 | |
| 8960 名サ<br>テンション | (高涨的)情绪，<br>精神状态，紧<br>张，(物理)张力 | |
| 8961 名サ<br>てんしん<br>転身(する) | 转变身份，<br>职业等 | |
| 8962 名<br>てんせい<br>天性 | 天性 | |
| 8963 名<br>でんせつ<br>伝説 | 传说，传言 | |
| 8964 名<br>でんせん<br>電線 | 电线 | |
| 8965 名サ<br>でんせん<br>伝染(する) | 传染 | |
| 8966 名サ<br>てんそう<br>転送(する) | 转发，转寄 | |
| 8967 名<br>テント | 帐篷 | |
| 8968 名サ<br>てんとう<br>転倒(する) | 颠倒，跌倒 | |

| | | |
|---|---|---|
| 8969 名<br>でんどう<br>電動 | 电动 | |
| 8970 名サ<br>てんにゅう<br>転入(する) | 迁入，转入 | |
| 8971 名<br>てんのう<br>天皇 | 天皇 | |
| 8972 名<br>でんぱ<br>電波 | 电波 | |
| 8973 名サ<br>てんばい<br>転売(する) | 转卖，倒卖 | |
| 8974 名<br>でんぴょう<br>伝票 | (会计)记账凭证，<br>传票 | |
| 8975 名サ<br>でんらい<br>伝来(する) | 传入，引入，<br>祖传 | |
| 8976 名サ<br>てんらく<br>転落(する) | 跌落，落魄 | |
| 8977 名<br>でんりゅう<br>電流 | 电流 | |
| 8978 名<br>ど<br>度 | 程度，分寸，<br>次数，温度，<br>角度，眼镜度数<br>等的单位，度 | |
| 8979 名<br>どう<br>銅 | 铜 | |
| 8980 名<br>とうあん<br>答案 | 答案 | |
| 8981 名サ<br>どういん<br>動員(する) | 动员 | |
| 8982 名サ<br>とうか<br>投下(する) | 投下(炸弹等)，<br>投资 | |
| 8983 名サ<br>とうかい<br>倒壊(する) | 倒塌 | |
| 8984 名<br>どうがく<br>同額 | 同价 | |

| | | | |
|---|---|---|---|
| 8985 名サ<br>投函(する)<br>とうかん | 投函 | 9002 名サ<br>搭乗(する)<br>とうじょう | 搭乗 |
| 8986 名サ<br>同感(する)<br>どうかん | 同感 | 9003 名サ<br>同乗(する)<br>どうじょう | 同乘,<br>一同乘坐 |
| 8987 名<br>童顔<br>どうがん | 童颜 | 9004 名<br>同上<br>どうじょう | 同上 |
| 8988 名<br>冬期<br>とうき | 冬天这一时期,<br>冬季 | 9005 名サ<br>同棲(する)<br>どうせい | 同居 |
| 8989 名<br>冬季<br>とうき | 冬季 | 9006 名<br>同姓<br>どうせい | 同姓,同族 |
| 8990 名<br>同業<br>どうぎょう | 同一行业,<br>同行(的人) | 9007 名サ<br>逃走(する)<br>とうそう | 逃走,逃跑 |
| 8991 名サ<br>凍結(する)<br>とうけつ | 结冰,冻结 | 9008 名<br>灯台<br>とうだい | 灯塔,<br>(油灯的)灯台 |
| 8992 名サ<br>登校(する)<br>とうこう | 上学,去学校 | 9009 名サ<br>登頂(する)<br>とうちょう | 登顶 |
| 8993 名サ<br>統合(する)<br>とうごう | 统一,整合 | 9010 名サ<br>盗聴(する)<br>とうちょう | 窃听 |
| 8994 名サ<br>同行(する)<br>どうこう | 一起行走,<br>同行(的人) | 9011 名サ<br>同調(する)<br>どうちょう | 同步,<br>统一步调,<br>赞同 |
| 8995 名サ<br>搭載(する)<br>とうさい | 搭载,配备 | 9012 名<br>同点<br>どうてん | 得分相同 |
| 8996 名サ<br>東西<br>とうざい | 东西,<br>东方和西方,<br>方向 | 9013 名<br>当番<br>とうばん | 当值,值日 |
| 8997 名サ<br>盗作(する)<br>とうさく | 抄袭 | 9014 名サ<br>同伴(する)<br>どうはん | 同伴,<br>一起同行 |
| 8998 名サ<br>倒産(する)<br>とうさん | 破产 | 9015 名サ<br>逃避(する)<br>とうひ | 逃避 |
| 8999 名サ<br>透視(する)<br>とうし | 透视,看穿 | 9016 名<br>東部<br>とうぶ | 东部 |
| 9000 名<br>同志<br>どうし | 同志,有相同<br>志向的人 | 9017 名サ<br>等分(する)<br>とうぶん | 等分,<br>相同的分量 |
| 9001 名<br>同日<br>どうじつ | 同日,同一天 | 9018 名サ<br>逃亡(する)<br>とうぼう | 逃亡,逃跑 |

| 9019　名<br>どうみゃく<br>**動脈** : 动脉 | 9036　名サ<br>どくそう<br>**独走(する)** : 独步，大幅领先，单独行动 |
|---|---|
| 9020　名サ<br>どうめい<br>**同盟(する)** : 同盟 | 9037　名<br>**ドクター** : 医生，博士 |
| 9021　名サ<br>どうよう<br>**動揺(する)** : 晃动，动摇 | 9038　名サ<br>どくだん<br>**独断(する)** : 独断，专断，臆断 |
| 9022　名<br>どうりょう<br>**同量** : 等量 | 9039　名サ<br>とくちゅう<br>**特注(する)** : 特别订单，特别订货 |
| 9023　名<br>どうるい<br>**同類** : 同类 | 9040　名<br>とくてん<br>**特典** : 优惠，特殊待遇 |
| 9024　名<br>どう わ<br>**童話** : 童话 | 9041　名サ<br>とくばい<br>**特売(する)** : 特卖，特价售卖 |
| 9025　名<br>**トースター** : 烤面包机 | 9042　名<br>とくめい<br>**匿名** : 匿名 |
| 9026　名サ<br>**トースト(する)** : 烤面包，吐司 | 9043　名サ<br>と こう<br>**渡航(する)** : 乘飞机或船出国 |
| 9027　名サ<br>とお で<br>**遠出(する)** : 出远门 | 9044　名<br>とこ や<br>**床屋** : 理发店 |
| 9028　名<br>**トーナメント** : 锦标赛，淘汰赛 | 9045　名<br>ところどころ<br>**所々** : 到处 |
| 9029　名サ<br>とおまわ<br>**遠回り(する)** : 绕远，迂回 | 9046　名<br>とし／ねん<br>**年** : 年，年龄 |
| 9030　名<br>**ドキュメンタリー** : 纪录片，记录文学 | 9047　名サ<br>とし こ<br>**年越し(する)** : 跨年 |
| 9031　名<br>ど きょう<br>**度胸** : 气魄，魄力 | 9048　名<br>としごろ<br>**年頃** : 年纪，年龄段，适婚期 |
| 9032　名サ<br>どく<br>**毒** : 毒，有害的事物 | 9049　名サ<br>と じ<br>**戸締まり(する)** : 关门，锁门 |
| 9033　名サ<br>どくがく<br>**独学(する)** : 自学 | 9050　名<br>と じょう<br>**途上** : 途中，过程中 |
| 9034　名サ<br>とくせい<br>**特製(する)** : 特制 | 9051　名<br>とし よ<br>**年寄り** : 老人 |
| 9035　名サ<br>どくせん<br>**独占(する)** : 独占，垄断 | 9052　名サ<br>と そう<br>**塗装(する)** : 涂装，涂漆 |

**405**

| 9053　名 | | 9070　名 | |
|---|---|---|---|
| どそく<br>土足 | 穿着鞋 | ともばたらき<br>共働き | 夫妻双方都有<br>工作 |

| 9054　名 | | 9071　名サ | |
|---|---|---|---|
| と ち がら<br>土地柄 | 当地的民风，<br>民俗 | ドライブ(する) | 开车，<br>(计算机的)驱动器 |

| 9055　名 | | 9072　名 | |
|---|---|---|---|
| と ちょう<br>都庁 | 东京都政府 | トラップ | 陷阱，圈套，<br>(排水管的)回水弯 |

| 9056　名 | | 9073　名 | |
|---|---|---|---|
| とっ か<br>特価 | 特价 | ドラマー | 鼓手 |

| 9057　名サ | | 9074　名 | |
|---|---|---|---|
| とっくん<br>特訓(する) | 特训 | トランク | 行李箱，<br>后备箱 |

| 9058　名サ | | 9075　名 | |
|---|---|---|---|
| と て<br>取っ手 | 把手 | とり い<br>鳥居 | 鸟居，标志神<br>社入口的牌坊<br>式建筑 |

| 9059　名サ | | 9076　名 | |
|---|---|---|---|
| とつにゅう<br>突入(する) | 突进，<br>情势急变 | トリートメント | (特指头发的)<br>处理，护理 |

| 9060　名 | | 9077　名 | |
|---|---|---|---|
| とっぷう<br>突風 | 狂风 | と かえ<br>取り返し | 挽回，挽救 |

| 9061　名 | | 9078　名 | |
|---|---|---|---|
| ドナー | (特指人体器官的)<br>捐赠者 | と しら<br>取り調べ | 调查，审讯 |

| 9062　名サ | | 9079　名 | |
|---|---|---|---|
| と い<br>飛び入り(する) | 突然加入(的人) | と た<br>取り立て | 强制收取(费用<br>等)，提拔 |

| 9063　名 | | 9080　名 | |
|---|---|---|---|
| と こ<br>飛び込み | 跳水，不速之<br>客，突然到来 | トリック | 计谋，花招 |

| 9064　名 | | 9081　名 | |
|---|---|---|---|
| と だ<br>飛び出し | 飞出，<br>横闯马路 | とりはだ<br>鳥肌 | 鸡皮疙瘩 |

| 9065　名 | | 9082　名 | |
|---|---|---|---|
| ど ひょう<br>土俵 | 相扑摔跤场，<br>赛场，战场 | トリプル | 三，三倍 |

| 9066　名 | | 9083　名 | |
|---|---|---|---|
| とびら<br>扉 | (房间，柜子等的)<br>门，扉页 | と よ<br>取り寄せ | 拉，拽，<br>从别处调货，<br>(图书)馆际互借 |

| 9067　名サ | | 9084　名 | |
|---|---|---|---|
| と べい<br>渡米(する) | 去美国，赴美 | と わ<br>取り分け | 分发，挑出 |

| 9068　名 | | 9085　名サ | |
|---|---|---|---|
| と<br>泊まり | 住宿，过夜，<br>值夜 | トレード(する) | 贸易，交易 |

| 9069　名 | | 9086　名 | |
|---|---|---|---|
| とみ<br>富 | 财富 | トレーナー | 教练员，<br>驯兽师，卫衣 |

| 9087 名 ドレス | (特指女式的)西装、礼服、连衣裙 | 9104 名<br>なかにわ<br>中庭 | 中庭，院子 |
|---|---|---|---|
| 9088 名 ドロー | (比赛中)分组抽签，平局 | 9105 名<br>なかまはず<br>仲間外れ | 被同伴排挤(的人) |
| 9089 名 トン | 吨 | 9106 名<br>なかゆび<br>中指 | 中指 |
| 9090 名<br>ないしん<br>内心 | 内心，(数学)内心 | 9107 名<br>なかよ<br>仲良し | 关系好，亲近，好友 |
| 9091 名<br>ないせん<br>内戦 | 内战 | 9108 名<br>な ごえ<br>泣き声 | 哭声，呜咽声，哭腔 |
| 9092 名<br>ないそう<br>内装 | 室内装潢 | 9109 名<br>なぐさ<br>慰め | 安慰 |
| 9093 名サ<br>ないてい<br>内定(する) | 内定，内部决定 | 9110 名<br>なげ<br>嘆き | 叹气，悲叹 |
| 9094 名<br>ないらん<br>内乱 | 内乱 | 9111 名 残留，痕迹，<br>なごり<br>名残 余波，惜别，不舍 |
| 9095 名 ナイロン | 尼龙 | 9112 名<br>なさ<br>情け | 同情，感情，风情 |
| 9096 名<br>なえ<br>苗 | 苗，幼苗 | 9113 名サ<br>な ざ<br>名指し(する) | 指名，点名 |
| 9097 名<br>なか<br>仲 | 人与人的关系 | 9114 名<br>なつ<br>夏 | 夏天 |
| 9098 名サ<br>なが い<br>長生き(する) | 长寿 | 9115 名<br>なつ ば<br>夏場 | (炎热的)夏天，大夏天 |
| 9099 名<br>ながぐつ<br>長靴 | 长筒靴 | 9116 名<br>なべ<br>鍋 | 锅 |
| 9100 名<br>なかごろ<br>中頃 | (时间或空间的)中段 | 9117 名<br>なみ<br>波 | 波，浪，起伏，潮流 |
| 9101 名<br>ながそで<br>長袖 | 长袖 | 9118 名<br>なみき<br>並木 | 行道树 |
| 9102 名<br>ながたび<br>長旅 | 长期旅行 | 9119 名<br>なみだ<br>涙 | 眼泪 |
| 9103 名サ<br>なかなお<br>仲直り(する) | 和好 | 9120 名<br>なら ごと<br>習い事 | 技艺，手艺 |

| 9121 名 | 排列，同等，比肩 |
|---|---|
| なら<br>並び | |

| 9122 名 | 说话方式，技巧，旁白 |
|---|---|
| ナレーション | |

| 9123 名 | 叙述者，解说员 |
|---|---|
| ナレーター | |

| 9124 名 | 绳子，绳索 |
|---|---|
| なわ<br>縄 | |

| 9125 名 | 难易程度 |
|---|---|
| なん い ど<br>難易度 | |

| 9126 名 | 难关，障碍 |
|---|---|
| なんかん<br>難関 | |

| 9127 名 | 西南 |
|---|---|
| なんせい せいなん<br>南西／西南 | |

| 9128 名 | 东南 |
|---|---|
| なんとう とうなん<br>南東／東南 | |

| 9129 名 | 数字，号码 |
|---|---|
| ナンバー | |

| 9130 名 | 南部 |
|---|---|
| なん ぶ<br>南部 | |

| 9131 名 | 难民 |
|---|---|
| なんみん<br>難民 | |

| 9132 名サ | 苦笑 |
|---|---|
| にがわら<br>苦笑い(する) | |

| 9133 名 | 肉，果肉，厚度 |
|---|---|
| にく<br>肉 | |

| 9134 名 | 肉眼 |
|---|---|
| にくがん<br>肉眼 | |

| 9135 名 | 血亲 |
|---|---|
| にくしん<br>肉親 | |

| 9136 名 | 西，西部，西方 |
|---|---|
| にし<br>西 | |

| 9137 名 | 彩虹 |
|---|---|
| にじ<br>虹 | |

| 9138 名 | 日本列岛的西半部 |
|---|---|
| にし にほん<br>西日本 | |

| 9139 名 | 假钞 |
|---|---|
| にせさつ<br>偽札 | |

| 9140 名 | 每天固定要做的事 |
|---|---|
| にっか<br>日課 | |

| 9141 名 | 日薪 |
|---|---|
| にっきゅう<br>日給 | |

| 9142 名 | 昵称 |
|---|---|
| ニックネーム | |

| 9143 名 | 日系，日裔 |
|---|---|
| にっけい<br>日系 | |

| 9144 名 | 上臂 |
|---|---|
| に うで<br>二の腕 | |

| 9145 名 | 煮菜，炖菜 |
|---|---|
| に もの<br>煮物 | |

| 9146 名サ | 进货，到货 |
|---|---|
| にゅう か<br>入荷(する) | |

| 9147 名サ | 入会 |
|---|---|
| にゅうかい<br>入会(する) | |

| 9148 名 | 入学金 |
|---|---|
| にゅうがくきん<br>入学金 | |

| 9149 名サ | 进款，存款，支付 |
|---|---|
| にゅうきん<br>入金(する) | |

| 9150 名サ | 进入别国 |
|---|---|
| にゅうこく<br>入国(する) | |

| 9151 名サ | 进入房间，加入研究室等 |
|---|---|
| にゅうしつ<br>入室(する) | |

| 9152 名サ | 获奖 |
|---|---|
| にゅうしょう<br>入賞(する) | |

| 9153 名サ | 入场 |
|---|---|
| にゅうじょう<br>入場(する) | |

| 9154 名サ | 登记结婚 |
|---|---|
| にゅうせき<br>入籍(する) | |

| 9155 名サ<br>にゅうだん<br>入団(する) | 加入…团体,<br>团队 | 9172 名<br>ぬま<br>沼 | 水塘，沼泽 |
|---|---|---|---|
| 9156 名サ<br>にゅうぶ<br>入部(する) | 加入…社团,<br>部 | 9173 名<br>ぬ ぐすり<br>塗り薬 | 外敷药 |
| 9157 名サ<br>にゅうりょう<br>入寮(する) | 入住宿舍 | 9174 名<br>ね<br>根 | 根，根状物，<br>根本，本性 |
| 9158 名<br>にょう<br>尿 | 尿 | 9175 名<br>ね／あたい<br>値 | 价格 |
| 9159 名<br>にょうぼう<br>女房 | (多指自己的)<br>妻子 | 9176 名サ<br>ね あ<br>値上がり(する) | 涨价 |
| 9160 名<br>にわ<br>庭 | 庭园 | 9177 名<br>ネーミング | 命名 |
| 9161 名サ<br>にん か<br>認可(する) | 认可 | 9178 名サ<br>ね お<br>寝起き(する) | 起居，起床 |
| 9162 名<br>にん き<br>任期 | 任期 | 9179 名<br>ねが ごと<br>願い事 | (特指对神佛的)<br>愿望 |
| 9163 名<br>にんげん み<br>人間味 | 人情味 | 9180 名<br>ね がお<br>寝顔 | 睡颜，<br>睡觉时的容颜 |
| 9164 名<br>にんじょう<br>人情 | 人的感情，<br>人情 | 9181 名<br>ね ぐせ<br>寝癖 | 睡觉时弄乱的<br>头发，睡觉时<br>乱动 |
| 9165 名サ<br>にんしん<br>妊娠(する) | 怀孕，妊娠 | 9182 名<br>ねこ<br>猫 | 猫 |
| 9166 名サ<br>にんたい<br>忍耐(する) | 忍耐 | 9183 名<br>ね ごと<br>寝言 | 梦话 |
| 9167 名サ<br>にんてい<br>認定(する) | 认定 | 9184 名サ<br>ね さ<br>値下がり(する) | 降价 |
| 9168 名<br>にん ぷ<br>妊婦 | 孕妇 | 9185 名<br>ねっ き<br>熱気 | 热气，发烧，<br>激情，<br>热烈气氛 |
| 9169 名<br>にん む<br>任務 | 任务 | 9186 名<br>ネック | 脖子，(衣服)领，<br>襟，瓶颈 |
| 9170 名サ<br>にんめい<br>任命(する) | 任命 | 9187 名<br>ネックレス | 项链 |
| 9171 名<br>ぬの<br>布 | 布，棉布，<br>麻布等 | 9188 名<br>ねっとう<br>熱湯 | 沸水 |

| 9189 名 | | 9206 名 | |
|---|---|---|---|
| ねっぷう<br>熱風 | 热风，热浪 | ねんない<br>年内 | 年内 |

| 9190 名サ | | 9207 名 | |
|---|---|---|---|
| ねつぼう<br>熱望(する) | 热望，渴望 | ねんぴょう<br>年表 | 年表 |

| 9191 名 | | 9208 名 | |
|---|---|---|---|
| ねつりょう<br>熱量 | 热量 | ねんまつ<br>年末 | 年末 |

| 9192 名 | | 9209 名 | |
|---|---|---|---|
| ねどこ<br>寝床 | 床铺，卧铺 | のう<br>脳 | 脑，头脑 |

| 9193 名サ | | 9210 名 | |
|---|---|---|---|
| ねび<br>値引き(する) | 打折 | のうし<br>脳死 | 脑死亡 |

| 9194 名 | | 9211 名サ | |
|---|---|---|---|
| ねぶくろ<br>寝袋 | 睡袋 | のうしゅく<br>濃縮(する) | 浓缩 |

| 9195 名 | | 9212 名サ | |
|---|---|---|---|
| ねふだ<br>値札 | 价签 | のうぜい<br>納税(する) | 纳税 |

| 9196 名 | | 9213 名サ | |
|---|---|---|---|
| ねんがく<br>年額 | 年额，一年中<br>支付或收取的<br>费用总额 | のうひん<br>納品(する) | 交货 |

| 9197 名 | | 9214 名 | |
|---|---|---|---|
| ねんがじょう<br>年賀状 | 贺年卡，<br>贺年信 | ノースリーブ | 无袖 |

| 9198 名サ | | 9215 名 | |
|---|---|---|---|
| ねんがん<br>念願(する) | (长久以来的)<br>心愿 | のこ もの<br>残り物 | 剩余物 |

| 9199 名 | | 9216 名 | |
|---|---|---|---|
| ねんきん<br>年金 | 退休金，<br>养老金 | のぞ<br>望み | 愿望，期望，<br>名望 |

| 9200 名サ | | 9217 名サ | |
|---|---|---|---|
| ねんざ<br>捻挫(する) | 扭伤 | ノック(する) | 敲门 |

| 9201 名 | | 9218 名 | |
|---|---|---|---|
| ねんし<br>年始 | 年初 | のぼ<br>上り | 上升，<br>向高处移动，<br>(列车等)上行 |

| 9202 名 | | 9219 名 | |
|---|---|---|---|
| ねんしゅう<br>年収 | 年收入 | のぼ<br>登り | 登，登高，<br>爬坡 |

| 9203 名 | | 9220 名サ | |
|---|---|---|---|
| ねんじゅう<br>年中 | 年间，全年 | のぼ お<br>上り下り(する) | 上下(台阶等) |

| 9204 名 | | 9221 名 | |
|---|---|---|---|
| ねんじゅうむきゅう<br>年中無休 | 全年无休 | のぼ ざか<br>上り坂 | 上坡，上升(期) |

| 9205 名 | | 9222 名サ | |
|---|---|---|---|
| ねんとう<br>念頭 | 想法，考虑，<br>思虑 | の く<br>飲み食い(する) | 饮食，吃喝 |

| 9223 名サ<br>ノミネート(する) | 提名 | | 9240 名<br>パーマ | 卷发，烫发 | |
| 9224 名サ<br>乗り降り(する) | 乗降，上下客 | | 9241 名<br>肺（はい） | 肺 | |
| 9225 名<br>乗り場（の ば） | 乗車(船)点 | | 9242 名サ<br>排気（はい き）(する) | 排气 | |
| 9226 名<br>ノルマ | 定额，指标 | | 9243 名サ<br>拝見（はい けん）(する) | 拜读，拜赏 | |
| 9227 名<br>ノンストップ | 中途不停车，<br>直达 | | 9244 名サ<br>廃止（はい し）(する) | 废止，废除 | |
| 9228 名<br>歯（は） | 牙，齿状物 | | 9245 名サ<br>拝借（はい しゃく）(する) | 敬借，<br>借的恭敬用语 | |
| 9229 名<br>パーキング | 停车，泊车 | | 9246 名サ<br>ハイジャック(する) | 劫机 | |
| 9230 名<br>バージョン | 版本 | | 9247 名サ<br>買収（ばい しゅう）(する) | 购买，收购，<br>收买 | |
| 9231 名<br>バースデー | 生日 | | 9248 名サ<br>賠償（ばい しょう）(する) | 赔偿 | |
| 9232 名<br>ハードウエア | 硬件 | | 9249 名<br>排水溝（はい すい こう） | 排水沟 | |
| 9233 名<br>ハードディスク | 硬盘 | | 9250 名<br>倍数（ばい すう） | (数学)倍数 | |
| 9234 名<br>ハードル | 障碍，<br>(跨栏的)栏架 | | 9251 名サ<br>敗戦（はい せん）(する) | 战败 | |
| 9235 名<br>ハーフ | 混血，一半，<br>(足球等)半场 | | 9252 名サ<br>配線（はい せん）(する) | 线路，<br>线路安装 | |
| 9236 名<br>ハーブ | 药草，香草 | | 9253 名サ<br>敗訴（はい そ）(する) | 败诉 | |
| 9237 名<br>パーフェクト | 完美 | | 9254 名サ<br>敗退（はい たい）(する) | 败退 | |
| 9238 名<br>ハーフサイズ | 一半大小，<br>小型 | | 9255 名サ<br>売買（ばい ばい）(する) | 买卖 | |
| 9239 名サ<br>バーベキュー(する) | 烧烤，烤肉 | | 9256 名<br>バイパス | 旁路，绕过交<br>通拥堵的市区<br>而铺设的路 | |

| 9257 名サ<br>はい び<br>配備(する) | 配备 | | 9274 名サ<br>ばく ろ<br>暴露(する) | 暴露，披露，<br>曝光 | |
|---|---|---|---|---|---|
| 9258 名<br>ハイヒール | 高跟鞋 | | 9275 名<br>はげ<br>励まし | 鼓励 | |
| 9259 名サ<br>はいぼく<br>敗北(する) | 败北 | | 9276 名サ<br>は けん<br>派遣(する) | 派遣，<br>劳务派遣 | |
| 9260 名<br>ハイライト | 亮点，焦点 | | 9277 名<br>はこ<br>箱 | 箱子，车厢 | |
| 9261 名<br>バイリンガル | 双语的，会两<br>种语言的人 | | 9278 名サ<br>は さん<br>破産(する) | 破产 | |
| 9262 名<br>はか<br>墓 | 墓，坟墓 | | 9279 名<br>はし<br>橋 | 桥 | |
| 9263 名<br>はかいし<br>墓石 | 墓碑 | | 9280 名<br>はし<br>端 | 一端，开头，<br>不重要的部分 | |
| 9264 名<br>バカンス | 休假，假期 | | 9281 名<br>はし<br>箸 | 筷子 | |
| 9265 名サ<br>は き<br>破棄(する) | 撕破并丢弃(文件<br>等)，废除(法律等)，<br>驳回(判决) | | 9282 名<br>はじ<br>恥 | 羞耻，耻辱 | |
| 9266 名<br>はきもの<br>履物 | 鞋袜 | | 9283 名<br>はしご | 梯子 | |
| 9267 名サ<br>は きょく<br>破局(する) | 悲剧性的结局，<br>破灭，分手 | | 9284 名<br>パジャマ | 睡衣 | |
| 9268 名<br>はく し<br>白紙 | 白纸 | | 9285 名<br>はしら<br>柱 | 柱子，支柱 | |
| 9269 名サ<br>はくしゅ<br>拍手(する) | 拍手 | | 9286 名<br>パスタ | 意大利面 | |
| 9270 名<br>はくせん<br>白線 | 白线 | | 9287 名<br>パズル | 谜题，拼图 | |
| 9271 名<br>ばくだん<br>爆弾 | 炸弹 | | 9288 名<br>バスルーム | 卫生间 | |
| 9272 名サ<br>はくねつ<br>白熱(する) | 白炽，白热化 | | 9289 名<br>パスワード | 密码 | |
| 9273 名サ<br>ばく は<br>爆破(する) | 爆破 | | 9290 名<br>はだ<br>肌 | 皮肤，表面，<br>气质 | |

| | | |
|---|---|---|
| 9291 名<br>はだいろ<br>肌色 | 肤色,<br>(器物的)底色 | |
| 9292 名<br>はだか<br>裸 | 裸体,裸露 | |
| 9293 名<br>はだぎ<br>肌着 | 内衣 | |
| 9294 名<br>はたけ<br>畑 | 田野,领域 | |
| 9295 名<br>はだし<br>裸足 | 光脚,跣足 | |
| 9296 名<br>ばつ<br>罰 | 惩罚 | |
| 9297 名サ<br>はっかく<br>発覚(する) | 事情暴露 | |
| 9298 名<br>ばっきん<br>罰金 | 罚金,罚款 | |
| 9299 名<br>バッグ | 袋子,包 | |
| 9300 名サ<br>バックアップ(する) | 支持,增援,<br>备份 | |
| 9301 名<br>バックミラー | 后视镜 | |
| 9302 名<br>はっけつびょう<br>白血病 | 白血病 | |
| 9303 名サ<br>はっけん<br>発券(する) | 发行货币,<br>出票 | |
| 9304 名<br>はつこい<br>初恋 | 初恋 | |
| 9305 名サ<br>はっさん<br>発散(する) | 发出,放出,<br>释放 | |
| 9306 名サ<br>はっしゃ<br>発射(する) | 发射 | |
| 9307 名サ<br>はっしゃ<br>発車(する) | 发车 | |
| 9308 名サ<br>はっしょう<br>発症(する) | 发作,<br>出现症状 | |
| 9309 名サ<br>はっしょう<br>発祥(する) | 发祥 | |
| 9310 名サ<br>はっしん<br>発進(する) | 发育或发展成<br>形,发达 | |
| 9311 名サ<br>はっそう<br>発送(する) | 发送,派送 | |
| 9312 名<br>ばっそく<br>罰則 | 罚则,关于处<br>罚方法的规定 | |
| 9313 名サ<br>はっちゃく<br>発着(する) | 出发和到达 | |
| 9314 名サ<br>はっちゅう<br>発注(する) | 下订单,订货 | |
| 9315 名サ<br>はつねつ<br>発熱(する) | (物体)发热,<br>(人)发烧 | |
| 9316 名サ<br>はつびょう<br>発病(する) | 发病 | |
| 9317 名<br>はつみみ<br>初耳 | 第一次听说 | |
| 9318 名<br>はつもうで<br>初詣 | 新年首次去神<br>社拜谒 | |
| 9319 名<br>はつゆき<br>初雪 | 初雪 | |
| 9320 名<br>パトカー | 警车 | |
| 9321 名<br>は ど<br>歯止め | (齿轮的)棘爪,<br>刹车,抑制,<br>刹住 | |
| 9322 名<br>はな<br>花 | 花,<br>花状的东西 | |
| 9323 名<br>はな<br>鼻 | 鼻子 | |
| 9324 名<br>はながら<br>花柄 | (衣服等)<br>花的图案 | |

413

| 9325 名 鼻毛 はなげ | 鼻毛 | 9341 名サ 早寝 はやね(する) | 早睡 |
|---|---|---|---|
| 9326 名 話し声 はなごえ | 说话声 | 9342 名 早番 はやばん | 早班 |
| 9327 名 鼻血 はなぢ | 鼻血 | 9343 名 流行り はやり | 流行，时尚 |
| 9328 名 花見 はなみ | 赏花，特指赏樱花 | 9344 名 腹 はら | 肚子，腹部，内心想法 |
| 9329 名 鼻水 はなみず | 鼻涕 | 9345 名 払い戻し はらいもどし | 退款 |
| 9330 名 花婿 はなむこ | 新郎的美称 | 9346 名 バラエティー | 多样化，综艺 |
| 9331 名 花嫁 はなよめ | 新娘的美称 | 9347 名 パラシュート | 降落伞 |
| 9332 名 歯並び はならび | 牙齿的整齐度 | 9348 名 パラダイス | 天堂 |
| 9333 名 ハネムーン | 蜜月 | 9349 名 ばらつき | 不规则，不整齐 |
| 9334 名 母 はは | 母亲 | 9350 名 針 はり | 针，针状物 |
| 9335 名 幅 はば | 宽度，幅度，余地 | 9351 名 バリエーション | 变化，变动 |
| 9336 名 パフェ | 芭菲(冰激凌甜点的一种) | 9352 名 ハリケーン | 龙卷风 |
| 9337 名 パフォーマンス | 实行，演奏，表演，电脑性能 | 9353 名 春 はる | 春天 |
| 9338 名 ハプニング | 偶发事件，意外事件 | 9354 名 バルコニー | 露天阳台，剧场二楼座席 |
| 9339 名 波紋 はもん | 波纹，影响，余波 | 9355 名 春休み はるやすみ | 春假 |
| 9340 名 林 はやし | 树林，(姓)林 | 9356 名サ 破裂 はれつ(する) | (物体，会谈等)破裂 |

414

| 9357　名サ<br>パワーアップ(する) | 能力提升，<br>升级 | 9373　名<br>はんこう き<br>反抗期 | 叛逆期 |
|---|---|---|---|
| 9358　名<br>ばん<br>晩 | 傍晚，晚上 | 9374　名<br>ばん ご はん<br>晩御飯 | 晚饭 |
| 9359　名サ<br>はんえい<br>繁栄(する) | 繁荣 | 9375　名サ<br>ばんざい<br>万歳(する) | 万岁 |
| 9360　名<br>はん か がい<br>繁華街 | 繁华的商圈<br>(或商业街) | 9376　名<br>はんじゅく<br>半熟 | 未熟透<br>(多指鸡蛋) |
| 9361　名<br>はんかく<br>半角 | (字体)半角 | 9377　名サ<br>はんじょう<br>繁盛(する) | 繁盛，繁荣 |
| 9362　名<br>ハンカチ | 手绢 | 9378　名<br>ばんそうこう<br>絆創膏 | 创可贴 |
| 9363　名サ<br>はんきょう<br>反響(する) | 回声，反响 | 9379　名サ<br>はんそく<br>反則(する) | 违反规定，<br>犯规 |
| 9364　名サ<br><br>パンク(する) | (puncture)爆<br>胎，(机场等)因<br>超负荷运转而<br>瘫痪 | 9380　名<br>はんそで<br>半袖 | 半袖 |
| | | 9381　名サ<br>パンチ(する) | 打孔，拳打，<br>打击，感染力 |
| 9365　名<br>パンケーキ | 薄饼 | 9382　名<br>パンツ | 裤子，内裤 |
| 9366　名サ<br>はんげき<br>反撃(する) | 反击 | 9383　名<br>ハンディキャップ(ハンデ) | 障碍，<br>不利条件，<br>残障 |
| 9367　名サ<br>はんけつ<br>判決(する) | 判决 | 9384　名<br>はんとう<br>半島 | 半岛 |
| 9368　名サ<br>はんげん<br>半減(する) | 减半 | 9385　名<br>ハンドクリーム | 护手霜 |
| 9369　名<br>ばんけん<br>番犬 | 看门狗 | 9386　名<br>ハンドバッグ | 手提包 |
| 9370　名<br>はん こ<br>判子 | 印章 | 9387　名<br>はんにん<br>犯人 | 犯人 |
| 9371　名サ<br>はんこう<br>反抗(する) | 反抗 | 9388　名<br>ばんねん<br>晩年 | 晚年 |
| 9372　名<br>はんこう<br>犯行 | 犯罪行为 | 9389　名<br>ばんぱく<br>万博 | 世博(世界博览会<br>的简称) |

| | | |
|---|---|---|
| 9390 名<br>はんはん<br>半々 | 对半，各一半 | |
| 9391 名<br>パンプス | 半高跟鞋 | |
| 9392 名サ<br>はんべつ<br>判別(する) | 辨别，鉴别 | |
| 9393 名<br>ハンマー | 铁锤 | |
| 9394 名<br>ひ<br>火 | 火 | |
| 9395 名<br>ビーチ | 海滩 | |
| 9396 名<br>ひ がえ<br>日帰り | 出门当天回家 | |
| 9397 名<br>ひ かげ<br>日陰 | 背阴处，<br>阴凉地 | |
| 9398 名<br>ひ か げん<br>火加減 | 火的大小，<br>火候 | |
| 9399 名<br>ひ がさ<br>日傘 | 遮阳伞 | |
| 9400 名<br>ひがし<br>東 | 东，东部，<br>东方 | |
| 9401 名<br>ひがし にほん<br>東日本 | 日本列岛的东<br>半部 | |
| 9402 名<br>ひかり<br>光 | 光，光明 | |
| 9403 名<br>ひ が<br>日替わり | (饭店菜单等)<br>每日变换 | |
| 9404 名<br>ひ ぎわ<br>引き際 | 引退的时机 | |
| 9405 名<br>ひ だ<br>引き出し | 抽屉，<br>(从银行等)取款 | |
| 9406 名<br>ひ わ<br>引き分け | 平手，<br>不分胜负 | |

| | | |
|---|---|---|
| 9407 名<br>ピクニック | 野餐 | |
| 9408 名<br>ひげ | 胡须，须 | |
| 9409 名<br>ひ げき<br>悲劇 | 悲剧 | |
| 9410 名サ<br>ひ けつ<br>否決(する) | 否决 | |
| 9411 名<br>ひ こう<br>非行 | 不正当的行为 | |
| 9412 名<br>ひ こうじょう<br>飛行場 | 机场 | |
| 9413 名<br>ひ こく<br>被告 | 被告 | |
| 9414 名<br>ビザ | 签证 | |
| 9415 名サ<br>ひ さい<br>被災(する) | 受灾 | |
| 9416 名<br>ひじ<br>肘 | 肘部 | |
| 9417 名<br>び じょ<br>美女 | 美女 | |
| 9418 名<br>ひ じょうきん<br>非常勤 | 兼职，兼任 | |
| 9419 名<br>び しょうねん<br>美少年 | 英俊少年 | |
| 9420 名<br>び じん<br>美人 | 美人，美女 | |
| 9421 名<br>ピストル | 手枪 | |
| 9422 名<br>ひだり<br>左 | 左，左侧，<br>左翼 | |
| 9423 名<br>ひだりあし<br>左足 | 左腿 | |

| | |
|---|---|
| 9424 名<br>ひだりうで／さわん<br>左腕 / 左腕 | 9441 名サ<br>ひとみし<br>人見知り(する) / 害羞 |
| 9425 名<br>ひだりき<br>左利き / 左撇子 | 9442 名サ<br>ひとやす<br>一休み(する) / 稍作休息 |
| 9426 名<br>ひだりて<br>左手 / 左手，左手边 | 9443 名<br>にんぎょう<br>ひな人形 / 日本女儿节时摆放的人偶 |
| 9427 名<br>ひだりまわ<br>左回り / 逆时针旋转 | 9444 名<br>まつ<br>ひな祭り / 女儿节，偶人节 |
| 9428 名サ<br>ひっき<br>筆記(する) / (做)笔记 | 9445 名<br>ビニールハウス / 塑料大棚 |
| 9429 名<br>ひっきしけん<br>筆記試験 / 笔试 | 9446 名<br>ひにちじょう<br>非日常 / 与平时不同 |
| 9430 名サ<br>ピックアップ(する) / 捡起，选出 | 9447 名<br>ひ で<br>日の出 / 日出 |
| 9431 名<br>ひっしゃ<br>筆者 / 笔者 | 9448 名サ<br>ひ ばく<br>被爆(する) / (特指遭受原子弹、氢弹的)被炸 |
| 9432 名<br>ひつじゅひん<br>必需品 / 必需品 | 9449 名<br>ひ ばな<br>火花 / 火花，火星，电火花 |
| 9433 名<br>ヒッチハイク / 搭便车旅行 | 9450 名<br>ひ めい<br>悲鳴 / (因惊吓等)尖叫、喊叫、叫苦 |
| 9434 名<br>ひとごと / 别人的事 | 9451 名<br>ひょう<br>票 / 选票 |
| 9435 名<br>ひと さ ゆび<br>人差し指 / 食指 | 9452 名<br>び よう<br>美容 / 美容 |
| 9436 名<br>ひとじち<br>人質 / 人质 | 9453 名<br>び よういん び ようしつ<br>美容院／美容室 / 美容院，理发店 |
| 9437 名<br>ひととお<br>一通り / 大致，大体 | 9454 名<br>び ようし<br>美容師 / 美容师，理发师 |
| 9438 名<br>ひとまか<br>人任せ / (本应亲自做的事)拜托别人 | 9455 名サ<br>びょうし<br>病死(する) / 病死 |
| 9439 名サ<br>ひとまわ<br>一回り(する) / (绕)一圈 | 9456 名<br>びょうしつ<br>病室 / 病房 |
| 9440 名<br>ひとみ<br>瞳 / 瞳孔，眼睛 | 9457 名<br>ひょうじゅんご<br>標準語 / 标准语，普通话 |

| No. | 词条 | 词性 | 释义 |
|---|---|---|---|
| 9458 | 標的 ひょうてき | 名 | 靶子，攻击的目标 |
| 9459 | 漂白(する) ひょうはく | 名サ | 漂白 |
| 9460 | 表面化(する) ひょうめんか | 名サ | (真相等)浮出水面 |
| 9461 | 評論(する) ひょうろん | 名サ | 评论 |
| 9462 | 昼 ひる | 名 | 白天，正午，午饭 |
| 9463 | 披露(する) ひろう | 名サ | 发布，公布 |
| 9464 | 貧血 ひんけつ | 名 | 贫血 |
| 9465 | 便乗(する) びんじょう | 名サ | (搭)便车，顺风车 |
| 9466 | ピンチ | 名 | 危急时刻 |
| 9467 | 貧富 ひんぷ | 名 | 贫富，穷人和富人 |
| 9468 | 品名 ひんめい | 名 | 品名 |
| 9469 | ファイト | 名 | 战斗，比赛(多指拳击)，斗志 |
| 9470 | ファイナル | 名 | 最终，最后，决赛 |
| 9471 | ファンデーション | 名 | 粉底，女性塑形内衣 |
| 9472 | フィギュア | 名 | 图形，人影，人像 |
| 9473 | フィットネス | 名 | 健康，体力，健身运动 |
| 9474 | ブーイング | 名 | 喝倒彩，嘘声 |
| 9475 | 風雨 ふうう | 名 | 风雨 |
| 9476 | 風化(する) ふうか | 名サ | 风化 |
| 9477 | 封鎖(する) ふうさ | 名サ | 封锁 |
| 9478 | ブース | 名 | 小隔间 |
| 9479 | 風船 ふうせん | 名 | 气球 |
| 9480 | ブーツ | 名 | 长靴 |
| 9481 | 笛 ふえ | 名 | 笛子，哨子，汽笛 |
| 9482 | フェンス | 名 | 栅栏，围栏 |
| 9483 | フォーク | 名 | (fork)叉子，(folk)民俗，民众，民谣 |
| 9484 | 吹き替え ふきかえ | 名 | 电影配音，替身演员 |
| 9485 | 福 ふく | 名 | 福气，幸福 |
| 9486 | 副業 ふくぎょう | 名 | 副业 |
| 9487 | 復元(する) ふくげん | 名サ | 复原，恢复 |
| 9488 | 腹痛 ふくつう | 名 | 腹痛 |
| 9489 | 袋 ふくろ | 名 | 袋子，囊 |
| 9490 | 富豪 ふごう | 名 | 富豪 |
| 9491 | 符号 ふごう | 名 | 符号 |

| | | | | |
|---|---|---|---|---|
| 9492　名<br>ふ さい<br>夫妻 | 夫妻，夫妇 | 9509　名<br>ふでばこ<br>筆箱 | 笔盒 |
| 9493　名<br>ふ ざい<br>不在 | 不在 | 9510　名<br>ふ どうさん<br>不動産 | 不动产 |
| 9494　名<br>ふ し<br>父子 | 父子，父女 | 9511　名<br>ふなびん<br>船便 | 海运，<br>轮船班次 |
| 9495　名<br>ぶ しゅ<br>部首 | 部首 | 9512　名<br>ふね<br>船 | 船 |
| 9496　名サ<br>ふ しょう<br>負傷(する) | 负伤 | 9513　名<br>ふ ひょう<br>不評 | 不受欢迎，<br>评价不好 |
| 9497　名<br>ふ しょう じ<br>不祥事 | 丑闻 | 9514　名<br>ふぶき<br>吹雪 | 暴风雪 |
| 9498　名サ<br>ぶ じょく<br>侮辱(する) | 侮辱 | 9515　名<br>ふ ぼ<br>父母 | 父母 |
| 9499　名サ<br>ぶ そう<br>武装(する) | 武装 | 9516　名<br>ふみきり<br>踏切 | 铁路道口，<br>起跳，决断 |
| 9500　名サ<br>ふ ぞく<br>付属(する) | 附属 | 9517　名<br>ふ みん<br>不眠 | 失眠 |
| 9501　名<br>ふた ご<br>双子 | 双胞胎 | 9518　名<br>ふ みんしょう<br>不眠症 | 失眠症 |
| 9502　名サ<br>ふ ちゃく<br>付着(する) | 附着 | 9519　名<br>ふ もん<br>不問 | 不过问 |
| 9503　名<br>ふつか よ<br>二日酔い | 宿醉 | 9520　名<br>ぶ もん<br>部門 | 部门，门类 |
| 9504　名<br>ふっきん<br>腹筋 | 腹肌 | 9521　名<br>ふゆ<br>冬 | 冬天 |
| 9505　名<br>ぶつぞう<br>仏像 | 佛像 | 9522　名<br>ふ ゆうそう<br>富裕層 | 富裕阶层 |
| 9506　名<br>ふってん<br>沸点 | 沸点 | 9523　名<br>ふゆ ば<br>冬場 | (寒冷的)冬天，<br>大冬天 |
| 9507　名サ<br>ふっとう<br>沸騰(する) | 沸腾 | 9524　名<br>ふゆもの<br>冬物 | 冬装，<br>冬季用品 |
| 9508　名<br>ぶつ り がく<br>物理学 | 物理学 | 9525　名<br>ブライダル | 婚礼 |

| 9526 名 | 飞行，航班 |
| --- | --- |
| フライト | |

| 9527 名サ | 抢跑 |
| --- | --- |
| フライング(する) | |

| 9528 名 | 眼盲，盲区，百叶窗 |
| --- | --- |
| ブラインド | |

| 9529 名 | 女装宽松上衣 |
| --- | --- |
| ブラウス | |

| 9530 名 | 刷子，画笔，电刷 |
| --- | --- |
| ブラシ | |

| 9531 名 | 自由职业者 |
| --- | --- |
| フリーター | |

| 9532 名 | 预付卡，充值卡 |
| --- | --- |
| プリペイドカード | |

| 9533 名 | 水果 |
| --- | --- |
| フルーツ | |

| 9534 名 | 法国的，法式的 |
| --- | --- |
| フレンチ | |

| 9535 名 | 地板，楼层，观众席，卖场，表演舞台 |
| --- | --- |
| フロア | |

| 9536 名 | 木地板的材料，木地板 |
| --- | --- |
| フローリング | |

| 9537 名 | 程序员 |
| --- | --- |
| プログラマー | |

| 9538 名 | 编程 |
| --- | --- |
| プログラミング | |

| 9539 名 | 文章，句子 |
| --- | --- |
| ぶんしょう<br>文章 | |

| 9540 名サ | 纷争 |
| --- | --- |
| ふんそう<br>紛争(する) | |

| 9541 名サ | 奋战，奋斗 |
| --- | --- |
| ふんとう<br>奮闘(する) | |

| 9542 名 | 文具 |
| --- | --- |
| ぶんぼうぐ／ぶんぐ<br>文房具／文具 | |

| 9543 名 | 句末，句尾 |
| --- | --- |
| ぶんまつ<br>文末 | |

| 9544 名 | (文章等的)内容 |
| --- | --- |
| ぶんめん<br>文面 | |

| 9545 名 | 发型 |
| --- | --- |
| ヘアスタイル | |

| 9546 名サ | 同时填报多个志愿 |
| --- | --- |
| へいがん<br>併願(する) | |

| 9547 名 | 兵器，武器 |
| --- | --- |
| へいき<br>兵器 | |

| 9548 名 | 平均寿命 |
| --- | --- |
| へいきんじゅみょう<br>平均寿命 | |

| 9549 名 | 平均数 |
| --- | --- |
| へいきんち<br>平均値 | |

| 9550 名サ | 平行，并行，(意见等)不一致 |
| --- | --- |
| へいこう<br>平行(する) | |

| 9551 名サ | 并行，同时进行 |
| --- | --- |
| へいこう<br>並行(する) | |

| 9552 名サ | 闭锁，封锁 |
| --- | --- |
| へいさ<br>閉鎖(する) | |

| 9553 名サ | (每日)闭店，关门，关张 |
| --- | --- |
| へいてん<br>閉店(する) | |

| 9554 名 | 平常年份，常年 |
| --- | --- |
| へいねん<br>平年 | |

| 9555 名 | 平面 |
| --- | --- |
| へいめん<br>平面 | |

| 9556 名サ | (刷)涂料 |
| --- | --- |
| ペイント(する) | |

| 9557 名 | 面包店 |
| --- | --- |
| ベーカリー | |

| 9558 名 | 低音吉他手，贝斯手，低音提琴手 |
| --- | --- |
| ベーシスト | |

| 9559 名 | 凹痕，坑 |
| --- | --- |
| へこみ | |

| 9560 名 ベジタリアン | 素食主义者 |
|---|---|
| 9561 名 へそ | 肚脐，中心 |
| 9562 名 へだ<br>隔たり | 距离，分歧，隔阂 |
| 9563 名 ペダル | 踏板 |
| 9564 名 べっかく<br>別格 | (待遇等)破格 |
| 9565 名サ べっきょ<br>別居(する) | 分居 |
| 9566 名 べっしつ<br>別室 | 别的房间，特设房间 |
| 9567 名 べつじん<br>別人 | 别人，不同的人 |
| 9568 名 べっそう<br>別荘 | 别墅 |
| 9569 名 べっと<br>別途 | 别的方法，(费用等)额外 |
| 9570 名 ヘッドホン | 头戴式耳机 |
| 9571 名 べつめい<br>別名 | 别名 |
| 9572 名 べつもの<br>別物 | 不同的物品，特别的人或物 |
| 9573 名 ベビーシッター | 临时保姆 |
| 9574 名 ヘルス | 健康 |
| 9575 名サ へんかん<br>返還(する) | 返还 |
| 9576 名 べんき<br>便器 | 便器 |

| 9577 名サ へんけい<br>変形(する) | 変形 |
|---|---|
| 9578 名 べんざ<br>便座 | 马桶圈 |
| 9579 名サ へんさい<br>返済(する) | 偿还 |
| 9580 名 へんさち<br>偏差値 | 偏差值，T分数 |
| 9581 名 べんじょ<br>便所 | 厕所 |
| 9582 名サ べんしょう<br>弁償(する) | 赔偿，补偿 |
| 9583 名サ べんぴ<br>便秘(する) | 便秘 |
| 9584 名 ほいくえん<br>保育園 | 托儿所 |
| 9585 名サ ボイコット(する) | 抵制 |
| 9586 名 ボイス | 声音 |
| 9587 名 ぼう<br>棒 | 棍棒，竖线，单调 |
| 9588 名 ほうが<br>邦画 | 日本画，日本电影 |
| 9589 名 ほうがく<br>邦楽 | 日本音乐 |
| 9590 名サ ぼうかん<br>防寒(する) | 防寒 |
| 9591 名 ぼうげん<br>暴言 | 恶言，无礼的言辞 |
| 9592 名サ ぼうこう<br>暴行(する) | 暴力行为，强奸 |
| 9593 名 ほうしゃせん<br>放射線 | 放射性 |

421

| 9594 名 | 放射力，放射性 | |
|---|---|---|
| ほうしゃのう 放射能 | | |

| 9595 名 | 防臭 | |
|---|---|---|
| ぼうしゅう 防臭 | | |

| 9596 名サ | 防水 | |
|---|---|---|
| ぼうすい 防水(する) | | |

| 9597 名サ | 乱跑，暴走，乱来 | |
|---|---|---|
| ぼうそう 暴走(する) | | |

| 9598 名 | 防虫 | |
|---|---|---|
| ぼうちゅう 防虫 | | |

| 9599 名 | (文章或讲话的)开头 | |
|---|---|---|
| ぼうとう 冒頭 | | |

| 9600 名 | 暴动 | |
|---|---|---|
| ぼうどう 暴動 | | |

| 9601 名 | 忘年会，年末聚餐 | |
|---|---|---|
| ぼうねんかい 忘年会 | | |

| 9602 名 | 狂风 | |
|---|---|---|
| ぼうふう 暴風 | | |

| 9603 名サ | 报复 | |
|---|---|---|
| ほうふく 報復(する) | | |

| 9604 名サ | 暴跌 | |
|---|---|---|
| ぼうらく 暴落(する) | | |

| 9605 名 | 保龄球 | |
|---|---|---|
| ボウリング | | |

| 9606 名サ | 饱和 | |
|---|---|---|
| ほう わ 飽和(する) | | |

| 9607 名 | 脸颊 | |
|---|---|---|
| ほお 頬 | | |

| 9608 名 | 声乐，歌唱 | |
|---|---|---|
| ボーカル | | |

| 9609 名 | 思乡 | |
|---|---|---|
| ホームシック | | |

| 9610 名 | 流浪汉 | |
|---|---|---|
| ホームレス | | |

| 9611 名 | 词汇(量) | |
|---|---|---|
| ボキャブラリー | | |

| 9612 名サ | 强化，加固 | |
|---|---|---|
| ほ きょう 補強(する) | | |

| 9613 名 | 牧场 | |
|---|---|---|
| ぼくじょう／まきば 牧場 | | |

| 9614 名 | 西北 | |
|---|---|---|
| ほくせい／せいほく 北西／西北 | | |

| 9615 名 | 东北 | |
|---|---|---|
| ほくとう／とうほく 北東／東北 | | |

| 9616 名 | 北部 | |
|---|---|---|
| ほく ぶ 北部 | | |

| 9617 名 | 黑痣 | |
|---|---|---|
| ほくろ | | |

| 9618 名 | 星星，星形符号 | |
|---|---|---|
| ほし 星 | | |

| 9619 名サ | 保持 | |
|---|---|---|
| ほ じ 保持(する) | | |

| 9620 名 | 母子，母女 | |
|---|---|---|
| ぼ し 母子 | | |

| 9621 名 | 位置，职位 | |
|---|---|---|
| ポジション | | |

| 9622 名サ | 保湿 | |
|---|---|---|
| ほしつ 保湿(する) | | |

| 9623 名サ | 保守，保养，养护 | |
|---|---|---|
| ほ しゅ 保守(する) | | |

| 9624 名サ | 补习 | |
|---|---|---|
| ほ しゅう 補習(する) | | |

| 9625 名サ | 补充 | |
|---|---|---|
| ほ じゅう 補充(する) | | |

| 9626 名サ | 补偿，赔偿，弥补 | |
|---|---|---|
| ほ しょう 補償(する) | | |

| 9627 名 | 发作 | |
|---|---|---|
| ほっ さ 発作 | | |

| 9628 名サ ぼっしゅう 没収(する) | 没收 |
|---|---|

| 9645 名 まえ 前 | (空间)前方,(时间)之前 |
|---|---|

| 9629 名サ ほっそく 発足(する) | 成立,开始活动 |
|---|---|

| 9646 名サ まえおき 前置き(する) | (说话的)铺垫,引言,开场白 |
|---|---|

| 9630 名 ほったん 発端 | 发端,开始 |
|---|---|

| 9647 名 まえがみ 前髪 | 额发,刘海儿 |
|---|---|

| 9631 名サ ぼっとう 没頭(する) | 专心做…事 |
|---|---|

| 9648 名サ まえばら 前払い(する) | 预付,提前支付 |
|---|---|

| 9632 名 ほどうきょう 歩道橋 | 过街天桥 |
|---|---|

| 9649 名 まぎわ 間際 | 马上就要…的时候 |
|---|---|

| 9633 名 ほね 骨 | 骨骼,核心,骨气 |
|---|---|

| 9650 名 まく 膜 | 膜,薄膜 |
|---|---|

| 9634 名サ ほゆう 保有(する) | 保有 |
|---|---|

| 9651 名 マグニチュード | 震级 |
|---|---|

| 9635 名 ポリシー | 原则,方针,政策 |
|---|---|

| 9652 名 まけ 負け | 失败,输掉,打折,让价 |
|---|---|

| 9636 名サ ほりゅう 保留(する) | 保留 |
|---|---|

| 9653 名 まご 孫 | 孙子 |
|---|---|

| 9637 名 ほん 本 | 书 |
|---|---|

| 9654 名 マジシャン | 魔术师 |
|---|---|

| 9638 名 ほんい 本意 | 本意 |
|---|---|

| 9655 名 マシン | 机械 |
|---|---|

| 9639 名 ほんじつ 本日 | 本日 |
|---|---|

| 9656 名 ますい 麻酔 | 麻醉 |
|---|---|

| 9640 名 ほんしん 本心 | 本心,真实想法 |
|---|---|

| 9657 名 また 股 | 胯部,叉状物 |
|---|---|

| 9641 名 ほんば 本場 | 正宗原产地 |
|---|---|

| 9658 名 まっこう 真っ向 | 正对面 |
|---|---|

| 9642 名 ほんみょう 本名 | 本名 |
|---|---|

| 9659 名 まどぎわ 窓際 | 靠窗,窗边 |
|---|---|

| 9643 名 まいご 迷子 | 迷路(的小孩) |
|---|---|

| 9660 名 まなつ 真夏 | 盛夏 |
|---|---|

| 9644 名 まうえ 真上 | 正上方 |
|---|---|

| 9661 名 マニア | 对…狂热的人,…迷 |
|---|---|

| | | |
|---|---|---|
| 9662 名<br>真冬<br>まふゆ | 严冬 | |
| 9663 名<br>眉<br>まゆ | 眉毛 | |
| 9664 名<br>迷い<br>まよ | 犹豫，迷茫 | |
| 9665 名<br>真夜中<br>まよなか | 子夜，夜半 | |
| 9666 名<br>丸み<br>まる | 圆形，圆润 | |
| 9667 名<br>丸見え<br>まるみ | 一览无余，<br>看透 | |
| 9668 名<br>満員<br>まんいん | 满员，<br>达到规定名额 | |
| 9669 名サ<br>満開(する)<br>まんかい | (花)全开，盛开 | |
| 9670 名<br>満月<br>まんげつ | 满月 | |
| 9671 名<br>満席<br>まんせき | 满座 | |
| 9672 名<br>満点<br>まんてん | 满分 | |
| 9673 名<br>マンネリ | 俗套，守旧 | |
| 9674 名<br>満杯<br>まんぱい | 满的，满杯 | |
| 9675 名サ<br>万引き(する)<br>まんび | 在店内偷窃<br>(的人) | |
| 9676 名サ<br>満腹(する)<br>まんぷく | 吃饱 | |
| 9677 名<br>見送り<br>みおくり | 送别，延期，<br>搁置 | |
| 9678 名<br>見返り<br>みかえり | 回头看，回报，<br>抵押物 | |

| | | |
|---|---|---|
| 9679 名<br>磨き<br>みが | 擦，磨，<br>刷(或其光泽)，<br>磨炼 | |
| 9680 名<br>身柄<br>みがら | (多指犯人等没有<br>自由的)人身，<br>身份 | |
| 9681 名<br>身代わり<br>みがわり | 替代(者)，<br>替罪羊 | |
| 9682 名<br>幹<br>みき | 树干，主干 | |
| 9683 名<br>右<br>みぎ | 右，右侧，<br>右翼 | |
| 9684 名<br>右足<br>みぎあし | 右腿 | |
| 9685 名<br>右側<br>みぎがわ | 右侧 | |
| 9686 名サ<br>見聞き(する)<br>みき | 见闻，<br>见过或听说过 | |
| 9687 名<br>右利き<br>みぎき | 右撇子 | |
| 9688 名<br>右手<br>みぎて | 右手，右手边 | |
| 9689 名<br>右回り<br>みぎまわ | 顺时针旋转 | |
| 9690 名<br>見込み<br>みこ | 预期，前景 | |
| 9691 名<br>水<br>みず | 水，凉水 | |
| 9692 名サ<br>水洗い(する)<br>みずあら | 水洗 | |
| 9693 名<br>未遂<br>みすい | 未遂 | |
| 9694 名<br>湖<br>みずうみ | 湖 | |
| 9695 名<br>水着<br>みずぎ | 泳衣 | |

| 9696 名<br>み せいねん<br>未成年 | 未成年 | 9713 名<br>みやげ<br>土産 | 特产 |
|---|---|---|---|
| 9697 名<br>み そ<br>味噌 | 味增，大酱，<br>蟹黄，精髓，<br>精华 | 9714 名<br>ミュージック | 音乐 |
| 9698 名<br>みぞ<br>溝 | 水沟，隔阂 | 9715 名<br>みょう じ<br>名字 | 姓氏 |
| 9699 名<br>み ち すう<br>未知数 | 未知数 | 9716 名<br>ミリグラム | 毫克 |
| 9700 名<br>み つ<br>見積もり | 预算，估价 | 9717 名<br>ミリメートル | 毫米 |
| 9701 名<br>み てい<br>未定 | 未定 | 9718 名<br>ミリリットル | 毫升 |
| 9702 名<br>みなと<br>港 | 海港，港湾 | 9719 名<br>みんしゅく<br>民宿 | 民宿，<br>家庭旅店 |
| 9703 名<br>みなみ<br>南 | 南，南部，<br>南方 | 9720 名<br>みんしゅしゅ ぎ<br>民主主義 | 民主主义 |
| 9704 名<br>みなみはんきゅう<br>南半球 | 南半球 | 9721 名<br>ミント | 薄荷 |
| 9705 名<br>み ば<br>見栄え | 外观大气、<br>上档次 | 9722 名<br>みんな／みな | 大家 |
| 9706 名<br>み ばら<br>未払い | 未付 | 9723 名<br>ムード | 气氛 |
| 9707 名<br>み は<br>見晴らし | 远眺 | 9724 名<br>ムービー | 电影 |
| 9708 名<br>み ぶん<br>身分 | 身分 | 9725 名<br>む かぜ<br>向かい風 | 逆风 |
| 9709 名<br>み ま<br>見舞い | 探望病人、<br>受灾者 | 9726 名<br>む がわ<br>向かい側 | 对侧，对面 |
| 9710 名<br>み まわ<br>見回り | 巡视 | 9727 名<br>むかし<br>昔 | 过去，从前 |
| 9711 名<br>みみ<br>耳 | 耳朵，听力，<br>耳状物 | 9728 名<br>む きゅう<br>無休 | 无休，不休息 |
| 9712 名<br>み もと<br>身元 | 身分，背景 | 9729 名<br>む ざい<br>無罪 | 无罪 |

| 9730 名 | 虫子，心情，想法，好哭、软弱的人 |
|---|---|
| むし 虫 | |

| 9731 名 | 无条件 |
|---|---|
| む じょうけん 無条件 | |

| 9732 名 | 无业 |
|---|---|
| む しょく 無職 | |

| 9733 名 | 无色，立场中立 |
|---|---|
| む しょく 無色 | |

| 9734 名 | 无人 |
|---|---|
| む じん 無人 | |

| 9735 名 | 儿子 |
|---|---|
| むすこ 息子 | |

| 9736 名 | 女儿 |
|---|---|
| むすめ 娘 | |

| 9737 名 | 胸部，想法 |
|---|---|
| むね 胸 | |

| 9738 名 | 主旨 |
|---|---|
| むね 旨 | |

| 9739 名 | 无名，不知名 |
|---|---|
| む めい 無名 | |

| 9740 名 | 芽，萌芽 |
|---|---|
| め 芽 | |

| 9741 名 | 明细 |
|---|---|
| めいさい 明細 | |

| 9742 名 | 名片 |
|---|---|
| めい し 名刺 | |

| 9743 名 サ | 明示，公示 |
|---|---|
| めい じ 明示(する) | |

| 9744 名 | 名人 |
|---|---|
| めいじん 名人 | |

| 9745 名 | 忌日 |
|---|---|
| めいにち 命日 | |

| 9746 名 | 名产，有名的特产 |
|---|---|
| めいぶつ 名物 | |

| 9747 名 サ | 命名 |
|---|---|
| めいめい 命名(する) | |

| 9748 名 | 名门 |
|---|---|
| めいもん 名門 | |

| 9749 名 | 名誉，光彩，光荣 |
|---|---|
| めいよ 名誉 | |

| 9750 名 | 上级，年长 |
|---|---|
| め うえ 目上 | |

| 9751 名 サ | 蒙眼，眼罩，遮挡 |
|---|---|
| め かく 目隠し(する) | |

| 9752 名 | 内侧的眼角 |
|---|---|
| め がしら 目頭 | |

| 9753 名 | 睡醒，叫醒 |
|---|---|
| め ざ 目覚まし | |

| 9754 名 | 米饭，饭菜 |
|---|---|
| めし 飯 | |

| 9755 名 | 眼球，惹人注目的人或商品 |
|---|---|
| め だま 目玉 | |

| 9756 名 | 奖章 |
|---|---|
| メダル | |

| 9757 名 | 脸，面具，平面，方面 |
|---|---|
| めん／おもて 面 | |

| 9758 名 | 面食 |
|---|---|
| めん 麺 | |

| 9759 名 サ | 会面 |
|---|---|
| めんかい 面会(する) | |

| 9760 名 | 许可 |
|---|---|
| めんきょ 免許 | |

| 9761 名 | 许可证 |
|---|---|
| めんきょしょう 免許証 | |

| 9762 名 | 认识，相识 |
|---|---|
| めんしき 面識 | |

| 9763 名 サ | 免税 |
|---|---|
| めんぜい 免税(する) | |

| | | |
|---|---|---|
| 9764 名サ<br>めんだん<br>面談(する) | 面谈 | |
| 9765 名サ<br>メンテナンス(する) | (机械等的)维护，<br>保养 | |
| 9766 名<br>めんぼう<br>綿棒 | 棉棒 | |
| 9767 名<br>めんるい<br>麺類 | 面类 | |
| 9768 名<br>もう い<br>猛威 | 威力强大 | |
| 9769 名<br>もう<br>儲け | 赚钱，利润 | |
| 9770 名<br>もうどうけん<br>盲導犬 | 导盲犬 | |
| 9771 名<br>もう ふ<br>毛布 | 毛毯 | |
| 9772 名サ<br>もう ら<br>網羅(する) | 网罗，包罗 | |
| 9773 名<br>も ぎ しけん も し<br>模擬試験(模試) | 模拟考试 | |
| 9774 名<br>もくせい<br>木製 | 木制 | |
| 9775 名<br>もくぜん<br>目前 | 眼前，马上 | |
| 9776 名<br>も あじ<br>持ち味 | (食物的)原味，<br>(人的)个性，<br>特点 | |
| 9777 名<br>も ば<br>持ち場 | 担当的岗位，<br>职位 | |
| 9778 名<br>もっか<br>目下 | 眼下，目前 | |
| 9779 名<br>モットー | 座右铭 | |
| 9780 名<br>もとせん<br>元栓 | 总阀，主阀 | |

| | | |
|---|---|---|
| 9781 名<br>ものおき<br>物置 | 储藏室，库房 | |
| 9782 名<br>モノクロ | 黑白 | |
| 9783 名<br>もの さ<br>物差し | 尺子，<br>评价的标准 | |
| 9784 名<br>もの し<br>物知り | 博学，<br>博闻广识 | |
| 9785 名<br>もの ほ<br>物干し | 晾衣物(的地方) | |
| 9786 名<br>モノレール | 单轨铁道 | |
| 9787 名<br>も はん<br>模範 | 模范 | |
| 9788 名<br>もり<br>森 | 森林 | |
| 9789 名<br>も あ<br>盛り合わせ | (食物)什锦，<br>组合 | |
| 9790 名<br>やかん | 烧水壶 | |
| 9791 名<br>やくしゃ<br>役者 | 演员，能人，<br>人才 | |
| 9792 名<br>やくしょく<br>役職 | 管理职，<br>管理岗 | |
| 9793 名<br>やくぶつ<br>薬物 | 药物 | |
| 9794 名<br>やく み<br>薬味 | (葱，芥末等)<br>调味料 | |
| 9795 名<br>や けい<br>夜景 | 夜景 | |
| 9796 名サ<br>やけど(する) | 烧伤，烫伤 | |
| 9797 名<br>や しょく<br>夜食 | 夜宵 | |

| 9798 名 | 便宜货 |
|---|---|
| 安物 やすもの | |

| 9799 名 | 货摊，售货亭 |
|---|---|
| 屋台 やたい | |

| 9800 名 | 山，紧要关头 |
|---|---|
| 山 やま | |

| 9801 名 | 疾病，毛病 |
|---|---|
| 病 やまい | |

| 9802 名 | 盛饭冒尖 |
|---|---|
| 山盛り やまもり | |

| 9803 名サ | 诱拐，拐骗 |
|---|---|
| 誘拐(する) ゆうかい | |

| 9804 名 | 友好 |
|---|---|
| 友好 ゆうこう | |

| 9805 名 | 有罪 |
|---|---|
| 有罪 ゆうざい | |

| 9806 名サ | 融资 |
|---|---|
| 融資(する) ゆうし | |

| 9807 名 | 友情 |
|---|---|
| 友情 ゆうじょう | |

| 9808 名 | 夏天傍晚的雷阵雨 |
|---|---|
| 夕立 ゆうだち | |

| 9809 名 | 晚饭 |
|---|---|
| 夕飯 ゆうはん | |

| 9810 名 | 夕阳 |
|---|---|
| 夕日 ゆうひ | |

| 9811 名 | 邮政编码 |
|---|---|
| 郵便番号 ゆうびんばんごう | |

| 9812 名 | 邮件，邮包 |
|---|---|
| 郵便物 ゆうびんぶつ | |

| 9813 名 | 傍晚，黄昏 |
|---|---|
| 夕べ ゆうべ | |

| 9814 名 | (滨海)步行大道 |
|---|---|
| 遊歩道 ゆうほどう | |

| 9815 名サ | 延后，延期，缓期，迟疑，犹豫 |
|---|---|
| 猶予(する) ゆうよ | |

| 9816 名 | 地板 |
|---|---|
| 床 ゆか／とこ | |

| 9817 名 | 雪 |
|---|---|
| 雪 ゆき | |

| 9818 名 | 去向，下落，走向 |
|---|---|
| 行方 ゆくえ | |

| 9819 名 | 热气，蒸气 |
|---|---|
| 湯気 ゆげ | |

| 9820 名サ | 输血 |
|---|---|
| 輸血(する) ゆけつ | |

| 9821 名サ | 粗心，大意 |
|---|---|
| 油断(する) ゆだん | |

| 9822 名 | 男女皆宜的 |
|---|---|
| ユニセックス | |

| 9823 名 | 制服，队服 |
|---|---|
| ユニホーム | |

| 9824 名 | 手指，脚趾 |
|---|---|
| 指 ゆび | |

| 9825 名 | 戒指 |
|---|---|
| 指輪 ゆびわ | |

| 9826 名 | 梦，梦想，梦幻 |
|---|---|
| 夢 ゆめ | |

| 9827 名 | 许可，谅解 |
|---|---|
| 許し ゆるし | |

| 9828 名 | 世间，时代，一生，一世 |
|---|---|
| 世 よ | |

| 9829 名 | 醉酒，晕(车，船等) |
|---|---|
| 酔い よい | |

| 9830 名 | 西洋画，欧美电影 |
|---|---|
| 洋画 ようが | |

| 9831 名 | 西洋音乐 |
|---|---|
| 洋楽 ようがく | |

| 9832 名<br>ようぎ<br>容疑 | 嫌疑 | 9849 名<br>よくそう<br>浴槽 | 浴缸 |
|---|---|---|---|
| 9833 名<br>ようぎしゃ<br>容疑者 | 嫌疑人 | 9850 名<br>よくとし／よくねん<br>翌年 | 翌年，次年 |
| 9834 名<br>ようけん<br>要件 | 必要条件 | 9851 名<br>よこ<br>横 | 横，横向，旁边 |
| 9835 名<br>ようし<br>容姿 | 容姿 | 9852 名<br>よこがお<br>横顔 | 侧脸，侧面 |
| 9836 名<br>ようしき<br>洋式 | 西式 | 9853 名<br>よこむ<br>横向き | 横向 |
| 9837 名サ<br>ようしゃ<br>容赦(する) | 宽恕，宽待 | 9854 名<br>よせん<br>予選 | 预选(赛) |
| 9838 名サ<br>ようじん<br>用心(する) | 注意，警戒 | 9855 名<br>よそ | 其他地方，局外的人或事物 |
| 9839 名<br>ようつう<br>腰痛 | 腰痛 | 9856 名<br>よぞら<br>夜空 | 夜空 |
| 9840 名サ<br>ようにん<br>容認(する) | 容许，认可 | 9857 名<br>よだれ | 口水 |
| 9841 名<br>ようふう<br>洋風 | 西洋风 | 9858 名<br>よだん<br>余談 | 闲谈，闲话 |
| 9842 名<br>ようほう<br>用法 | 用法 | 9859 名<br>よっぱら<br>酔っ払い | 醉汉 |
| 9843 名サ<br>よかん<br>予感(する) | 预感 | 9860 名<br>よび<br>予備 | 预备，准备 |
| 9844 名サ<br>よき<br>予期(する) | 预期 | 9861 名<br>よびこう<br>予備校 | 预备学校 |
| 9845 名<br>よきょう<br>余興 | 余兴，宴会上的表演、娱乐活动 | 9862 名<br>よす<br>呼び捨て | 直呼其名 |
| 9846 名<br>よく<br>欲 | 欲望，热情，积极性 | 9863 名<br>よだ<br>呼び出し | 传唤 |
| 9847 名<br>よくげつ<br>翌月 | 次月 | 9864 名サ<br>よふ<br>夜更かし(する) | 熬夜 |
| 9848 名<br>よくしゅう<br>翌週 | 次周 | 9865 名<br>よぼうせっしゅ<br>予防接種 | 预防接种 |

| 9866 名<br>よる<br>夜 | 夜晚，夜间 | | 9883 名<br>りそく<br>利息 | 利息 | |
|---|---|---|---|---|---|
| 9867 名<br>よわび<br>弱火 | 小火 | | 9884 名サ<br>リタイア(する) | 退休，<br>中途退场，<br>弃权 | |
| 9868 名<br>らいきゃく<br>来客 | 来客，来宾 | | 9885 名サ<br>りっこうほ<br>立候補(する) | 报名候选，宣<br>布参选，出马 | |
| 9869 名<br>ライス | 米饭 | | 9886 名<br>リットル | 升 | |
| 9870 名<br>らいせ<br>来世 | 来世 | | 9887 名<br>リハーサル | 彩排，排练 | |
| 9871 名サ<br>らくがき<br>落書き(する) | 涂鸦 | | 9888 名サ<br>リバウンド(する) | (球，体重等)<br>反弹，复发 | |
| 9872 名サ<br>らくしょう<br>楽勝(する) | 轻松获胜 | | 9889 名<br>リボン | 绸带，丝带 | |
| 9873 名<br>ラスト | 最后，最终 | | 9890 名<br>りゃくご<br>略語 | 缩略语 | |
| 9874 名<br>ラッシュ | 繁忙，高峰，<br>猛攻 | | 9891 名サ<br>りゅうねん<br>留年(する) | 留级 | |
| 9875 名<br>らん<br>欄 | 栏杆，<br>(表格的)栏，<br>(报纸等的)栏 | | 9892 名<br>リュック | 背包 | |
| 9876 名<br>ランチ | 午餐 | | 9893 名<br>りょう<br>漁 | 捕鱼(虾，贝类等) | |
| 9877 名<br>リアクション | 反应，反动，<br>反抗 | | 9894 名<br>りょう<br>寮 | 宿舍，茶室 | |
| 9878 名<br>リアリティー | 现实，现实感，<br>真实性 | | 9895 名<br>りょう<br>量 | (重量，数量等)量 | |
| 9879 名<br>りく<br>陸 | 陆地 | | 9896 名<br>りょうあし<br>両足 | 双腿 | |
| 9880 名サ<br>リクエスト(する) | 愿望，希望，<br>点播 | | 9897 名<br>りょううで<br>両腕 | 双臂 | |
| 9881 名<br>りし<br>利子 | 利息 | | 9898 名サ<br>りょうがえ<br>両替(する) | 兑换外币 | |
| 9882 名<br>リゾート | 度假胜地 | | 9899 名サ<br>りょうさん<br>量産(する) | 量产 | |

| 9900 領収書 <br> りょうしゅうしょ 名 | 收据 | | 9917 冷風 <br> れいふう 名 | 冷风 | |
|---|---|---|---|---|---|
| 9901 良心 <br> りょうしん 名 | 良心 | | 9918 歴代 <br> れきだい 名 | 历代 | |
| 9902 両目 <br> りょうめ 名 | 双眼 | | 9919 レシート 名 | 小票 | |
| 9903 療養(する) <br> りょうよう 名サ | 疗养 | | 9920 列 <br> れつ 名 | 竖列，队列 | |
| 9904 旅費 <br> りょひ 名 | 旅行费用，差旅费 | | 9921 レッテル 名 | 标签，评价，扣帽子 | |
| 9905 リリース(する) 名サ | 放手，放生，发布 | | 9922 劣等感 <br> れっとうかん 名 | 自卑感 | |
| 9906 履歴書 <br> りれきしょ 名 | 简历 | | 9923 レトルト 名 | 真空杀菌的食品包装，蒸馏瓶 | |
| 9907 臨時 <br> りんじ 名 | 临时 | | 9924 連日 <br> れんじつ 名 | 连日，持续多日 | |
| 9908 隣人 <br> りんじん 名 | 邻人，邻居 | | 9925 連想(する) <br> れんそう 名サ | 联想 | |
| 9909 隣接(する) <br> りんせつ 名サ | 相邻，紧挨，接壤 | | 9926 レントゲン 名 | X射线，伦琴射线 | |
| 9910 ルームメート 名 | 室友 | | 9927 労働基準法 <br> ろうどう き じゅんほう 名 | 劳动基准法 | |
| 9911 留守番電話 <br> る す ばんでんわ 名 | 录音电话 | | 9928 労働条件 <br> ろうどうじょうけん 名 | 劳动条件 | |
| 9912 ルックス 名 | 容貌 | | 9929 ローテーション 名 | 轮换，轮流 | |
| 9913 例 <br> れい 名 | 例子，先例，惯例 | | 9930 ロケット 名 | 火箭 | |
| 9914 礼金 <br> れいきん 名 | 酬谢金 | | 9931 路線 <br> ろせん 名 | 路线 | |
| 9915 冷蔵(する) <br> れいぞう 名サ | 冷藏 | | 9932 路面 <br> ろめん 名 | 路面 | |
| 9916 冷凍(する) <br> れいとう 名サ | 冷冻 | | 9933 ワイシャツ 名 | 白衬衫 | |

| 9934　名 | | |
|---|---|---|
| ワイヤレス | 无线，无线电通讯 | ☐ |

| 9935　名 | | |
|---|---|---|
| 我が家 | 自己家 | ☐ |

| 9936　名 | | |
|---|---|---|
| 別れ | 分别，永别 | ☐ |

| 9937　名 | | |
|---|---|---|
| 枠 | 框，轮廓，格子，制约 | ☐ |

| 9938　名 | | |
|---|---|---|
| 惑星 | 行星 | ☐ |

| 9939　名 | | |
|---|---|---|
| ワクチン | 疫苗 | ☐ |

| 9940　名 | | |
|---|---|---|
| 技 | 技艺，技术 | ☐ |

| 9941　名サ | | |
|---|---|---|
| 災い(する) | 灾祸 | ☐ |

| 9942　名 | | |
|---|---|---|
| 和式 | 日式 | ☐ |

| 9943　名 | | |
|---|---|---|
| 和製 | 日本制 | ☐ |

| 9944　名 | | |
|---|---|---|
| 綿 | 棉，棉花 | ☐ |

| 9945　名 | | |
|---|---|---|
| 割り算 | 除法 | ☐ |

| 9946　名 | | |
|---|---|---|
| 悪気 | 恶意 | ☐ |

| 9947　名 | | |
|---|---|---|
| 悪口 | (说)坏话 | ☐ |

| 9948　名 | | |
|---|---|---|
| 割れ物 | 易碎品，碎片 | ☐ |

| 9949　名 | | |
|---|---|---|
| ワンタッチ | 一次触碰(多指只按开关即可操作的器具) | ☐ |

| 9950　名 | | |
|---|---|---|
| ワンパターン | 无变化，不会变通，一个模式，老一套 | ☐ |

# 巻末付録

---

① EJU総合科目 重要単語

② EJU理系科目 重要単語

③ 接続詞

④ 同音異義語

⑤ 数の単位と数え方

⑥ 慣用句

## 経済

| | | | | |
|---|---|---|---|---|
| 赤字国債 | 赤字国债 | | 国際復興開発銀行 | 国际复兴开发银行 |
| インフレーション | 通貨膨胀 | | 国内総生産 | 国内生产总值 |
| 円高 | 升值 | | 固定相場制 | 固定汇率制度 |
| 円安 | 贬值 | | 最高意思決定機関 | 最高决策机构 |
| 欧州連合 | 欧洲联盟 | | 財政政策 | 财政政策 |
| 外国為替相場 | 外汇市场 | | 市場の失敗 | 市场营销的失败 |
| 株式 | 股份 | | 自由貿易 | 自由贸易 |
| 株主 | 股东 | | 需要曲線 | 需求曲线 |
| 株主総会 | 股东大会 | | 需要の価格弾力性 | 需求价格弹性 |
| 為替レート | 汇率 | | シュンペーター | 约瑟夫・熊彼特 |
| 間接税 | 间接税 | | 所得税 | 所得税 |
| 供給曲線 | 供应曲线 | | 新自由主義 | 新自由主义 |
| 金融機関 | 金融机构 | | 小さな政府 | 小政府主义 |
| 金融政策 | 财务政策 | | 中央銀行 | 中央银行 |
| ケインズ | 约翰・梅纳德・凯恩斯 | | 超過供給 | 供给过剩／供大于求 |
| 高度経済成長 | 经济高速增长 | | 超過需要 | 需求过量／求大于供 |
| 国際収支 | 国际收支 | | 直接税 | 直接税 |

| | | | | |
|---|---|---|---|---|
| デフレーション | 通貨紧缩 | ☐ | 寡占<br>かせん | 寡头垄断 | ☐ |
| 取締役<br>とりしまりやく | 董事 | ☐ | 間接金融<br>かんせつきんゆう | 间接金融 | ☐ |
| ニクソン・<br>ショック | 尼克松冲击 | ☐ | 管理通貨制度<br>かんりつうかせいど | 不兑现本位制 | ☐ |
| 日本銀行<br>にっぽんぎんこう | 日本银行 | ☐ | 議決権<br>ぎけつけん | 裁决权 | ☐ |
| 配当<br>はいとう | 股息 | ☐ | 規制緩和<br>きせいかんわ | 放松管制 | ☐ |
| 発効<br>はっこう | 生效 | ☐ | 供給量<br>きょうきゅうりょう | 供应量 | ☐ |
| 比較生産費説<br>ひかくせいさんひせつ | 比较成本理论 | ☐ | 金・ドル<br>交換停止<br>こうかんていし | 美元黄金挂钩取消 | ☐ |
| 非正規雇用<br>ひせいきこよう | 非正规就业 | ☐ | 金融緩和政策<br>きんゆうかんわせいさく | 货币宽松政策 | ☐ |
| プラザ合意<br>ごうい | 广场协议 | ☐ | 金融収支<br>きんゆうしゅうし | 财务平衡 | ☐ |
| BRICS | 金砖五国 | ☐ | 傾斜生産方式<br>けいしゃせいさんほうしき | 倾斜生产方式 | ☐ |
| 変動相場制<br>へんどうそうばせい | 浮动汇率制 | ☐ | 経常収支<br>けいじょうしゅうし | 经常账目平衡 | ☐ |
| 貿易収支<br>ぼうえきしゅうし | 贸易平衡 | ☐ | 好況<br>こうきょう | 利好 | ☐ |
| 有効需要<br>ゆうこうじゅよう | 有效需求 | ☐ | 公共事業<br>こうきょうじぎょう | 公共工程 | ☐ |
| ユーロ | 欧元 | ☐ | 国債依存度<br>こくさいいぞんど | 国债依存度 | ☐ |
| リーマン・<br>ショック | 雷曼危机 | ☐ | 国際通貨基金<br>こくさいつうかききん | 国际货币基金组织 | ☐ |
| リカード | 大卫・李嘉图 | ☐ | 国債費<br>こくさいひ | 国债费 | ☐ |
| アジア通貨危機<br>つうかきき | 亚洲金融危机 | ☐ | 国連人間環境<br>会議<br>こくれんにんげんかんきょうかいぎ | 联合国人类环境会议 | ☐ |
| 欧州中央銀行<br>おうしゅうちゅうおうぎんこう | 欧洲中央银行 | ☐ | 債務<br>さいむ | 债务 | ☐ |
| 大きな政府<br>おおきなせいふ | 大政府主义 | ☐ | 資本金<br>しほんきん | 资本金 | ☐ |
| 外部不経済<br>がいぶふけいざい | 外部不经济 | ☐ | 資本主義経済<br>しほんしゅぎけいざい | 资本主义经济 | ☐ |

巻末付録

| | | | | | | |
|---|---|---|---|---|---|---|
| 重商主義 <br>じゅうしょうしゅぎ | 重商主义 | ☐☐ | 利潤 <br>りじゅん | 利润 | ☐☐ |
| 需要量 <br>じゅようりょう | 需求量 | ☐☐ | 累進課税制度 <br>るいしんかぜいせいど | 累进税制 | ☐☐ |
| 世界貿易機関 <br>せかいぼうえききかん | 世贸组织 | ☐☐ | アダム・スミス | 亚当・斯密 | ☐☐ |
| ゼロ金利政策 <br>きんりせいさく | 零利率政策 | ☐☐ | 一般会計予算 <br>いっぱんかいけいよさん | 财务预算 | ☐☐ |
| 第一次所得収支 <br>だいいちじしょとくしゅうし | 初次收入分配 | ☐☐ | ウルグアイ・ <br>ラウンド | 乌拉圭回合 | ☐☐ |
| 第一次石油危機 <br>だいいちじせきゆきき | 第一次石油危机 | ☐☐ | 外貨準備高 <br>がいかじゅんびだか | 外汇储备 | ☐☐ |
| 太平洋ベルト <br>たいへいよう | 太平洋工业带 | ☐☐ | 可処分所得 <br>かしょぶんしょとく | 可支配收入 | ☐☐ |
| 取締役会 <br>とりしまりやくかい | 董事会 | ☐☐ | 関税及び貿易に <br>かんぜいおよ ぼうえき <br>関する一般協定 <br>かん いっぱんきょうてい | 关税与贸易总协 <br>定 | ☐☐ |
| 福祉国家 <br>ふくしこっか | 福利国家 | ☐☐ | 関税自主権 <br>かんぜいじしゅけん | 关税自主权 | ☐☐ |
| プライマリー <br>バランス | 基础财政收支 | ☐☐ | 生糸 <br>きいと | 生丝 | ☐☐ |
| フロー | 流 | ☐☐ | キングストン <br>合意 <br>ごうい | 牙买加协定 | ☐☐ |
| ベバリッジ報告 <br>ほうこく | 贝弗里奇报告 | ☐☐ | 金本位制 <br>きんほんいせい | 金本位制 | ☐☐ |
| 貿易依存度 <br>ぼうえきいぞんど | 对外贸易依存度 | ☐☐ | 経済協力開発 <br>けいざいきょうりょくかいはつ <br>機構 <br>きこう | 经济合作与发展 <br>组织 | ☐☐ |
| 貿易・ <br>ぼうえき <br>サービス収支 <br>しゅうし | 贸易与服务收支 | ☐☐ | 経済成長 <br>けいざいせいちょう | 经济增长 | ☐☐ |
| 法定労働時間 <br>ほうていろうどうじかん | 法定工作时间 | ☐☐ | 経済成長率 <br>けいざいせいちょうりつ | 经济增长率 | ☐☐ |
| 北米自由貿易 <br>ほくべいじゆうぼうえき <br>協定 <br>きょうてい | 北美自由贸易协 <br>定 | ☐☐ | 建設国債 <br>けんせつこくさい | 建设债券 | ☐☐ |
| 保護貿易 <br>ほごぼうえき | 贸易保护主义 | ☐☐ | 公開市場操作 <br>こうかいしじょうそうさ | 公开市场操作 | ☐☐ |
| 民営化 <br>みんえいか | 私有化 | ☐☐ | 公共財 <br>こうきょうざい | 公共财物 | ☐☐ |
| モントリオール <br>議定書 <br>ぎていしょ | 蒙特利尔议定书 | ☐☐ | 公債 <br>こうさい | 公共债务 | ☐☐ |
| 預金準備率 <br>よきんじゅんびりつ | 存款准备金比率 | ☐☐ | 公的扶助 <br>こうてきふじょ | 社会救助 | ☐☐ |

| 高齢化率 | 老龄化率 | |
|---|---|---|
| 国際労働機関 | 国际劳工组织 | |
| 国民総生産 | 国民生产总值 | |
| 国民負担率 | 国民债务负担率 | |
| 国連環境開発会議 | 联合国环境与发展会议 | |
| 債権 | 债券 | |
| 財政赤字 | 财政赤字 | |
| 財閥解体 | 财阀解体 | |
| 債務者 | 债务人 | |
| G20 | 20国集团 | |
| 市中消化の原則 | 市场内部消化原则 | |
| 失業率 | 失业率 | |
| 社会保障制度 | 社会保障制度 | |
| 社債 | 公司债券 | |
| 自由放任 | 自由放任主义 | |
| 出生率 | 出生率 | |
| 所得再分配 | 收入再分配 | |
| 信用創造 | 信用创造 | |
| スタグフレーション | 停滞性通货膨胀 | |
| 政府開発援助 | 官方发展援助 | |

| 設備投資 | 投资资本 | |
|---|---|---|
| 租税 | 税 | |
| 第一次産業 | 第一产业 | |
| 第二次産業 | 第二产业 | |
| 第三次産業 | 第三产业 | |
| 単一為替レート | 单一汇率 | |
| 地球環境問題 | 全球环境问题 | |
| 直接金融 | 直接金融 | |
| 東南アジア諸国連合 | 东南亚国家联盟 | |
| ドッジ・ライン | 道奇路线 | |
| 南北問題 | 南北问题 | |
| バブル経済 | 泡沫经济 | |
| 非価格競争 | 非价格竞争 | |
| 付加価値 | 附加价值 | |
| フリードマン | 弗里德曼 | |
| 法人税 | 法人税/公司税 | |
| マルクス | 卡尔・马克思 | |
| 夜警国家 | 自由主义国家论 | |
| ユーロ圏 | 欧元区 | |
| 輸出依存度 | 出口依赖度 | |

巻末付録

437

| | | | | | |
|---|---|---|---|---|---|
| 輸入依存度 | 进口依赖度 | ☐ | 公定歩合 | 央行基准利率 | ☐ |
| ラウンド | 回合 | ☐ | 国民所得倍増計画 | 国民收入翻倍计划 | ☐ |
| ラッサール | 费迪南德・拉萨尔 | ☐ | 護送船団方式 | 护送船团系统 | ☐ |
| 労働組合 | 工会 | ☐ | 雇用・利子および貨幣の一般理論 | 就业,利息与货币通论 | ☐ |
| アジア太平洋経済協力 | 亚太经济合作组织 | ☐ | コンドラチェフの波 | 康德拉季耶夫周期理论 | ☐ |
| エンゲル係数 | 恩格尔系数 | ☐ | 最恵国待遇 | 最惠国待遇 | ☐ |
| 温室効果ガス | 温室气体 | ☐ | サッチャー | 玛格丽特・希尔达・撒切尔(撒切尔夫人) | ☐ |
| 買いオペレーション | 正回购 | ☐ | サッチャリズム | 撒切尔主义 | ☐ |
| 外国為替市場 | 外汇市场 | ☐ | サブプライムローン問題 | 次级贷款危机 | ☐ |
| 介護保険 | 长期护理险 | ☐ | サミット | 首脑 | ☐ |
| 環太平洋パートナーシップ協定 | 跨太平洋伙伴关系协定 | ☐ | 市中銀行 | 商业银行 | ☐ |
| 基軸通貨 | 基础货币 | ☐ | 資本移転等収支 | 资本转移收支 | ☐ |
| キチンの波 | 克钦短周期 | ☐ | 重化学工業 | 重化工业 | ☐ |
| 恐慌 | 恐慌 | ☐ | 終身雇用制 | 终身雇佣制度 | ☐ |
| 金融再生法 | 金融再生法 | ☐ | 自由貿易協定 | 自由贸易协定 | ☐ |
| 金融ビッグバン | 金融振兴政策 | ☐ | ジュグラーの波 | 景气循环 | ☐ |
| 経済連携協定 | 经济伙伴关系协议 | ☐ | 新興国 | 新兴国家 | ☐ |
| 公害対策基本法 | 公害对策基本法 | ☐ | 代替財 | 替代品 | ☐ |
| 公共投資 | 公共投资 | ☐ | 兌換 | 兑换 | ☐ |
| 公正取引委員会 | 公平贸易委员会 | ☐ | 男女雇用機会均等法 | 男女平等就业法 | ☐ |

| 直接投資（ちくせつとうし） | 直接投资 | |
|---|---|---|
| 独占禁止法（どくせんきんしほう） | 反垄断法 | |
| 農地改革（のうちかいかく） | 土地改革 | |
| バーゼル条約（じょうやく） | 巴塞尔公约 | |
| ブレトンウッズ会議（かいぎ） | 布雷顿森林会议 | |
| マーストリヒト条約（じょうやく） | 马斯特里赫特条约 | |
| ラムサール条約（じょうやく） | 拉姆萨尔公约 | |
| リスボン条約（じょうやく） | 里斯本条约 | |
| レーガノミクス | 里根经济学 | |
| 一次産品（いちじさんぴん） | 初级产物 | |
| 欧州自由貿易連合（おうしゅうじゆうぼうえきれんごう） | 欧洲自由贸易联盟 | |
| 開発援助委員会（かいはつえんじょいいんかい） | 发展援助委员会 | |
| 気候変動枠組条約（きこうへんどうわくぐみじょうやく） | 气候变化框架公约 | |
| 京都議定書（きょうとぎていしょ） | 京都议定书 | |
| 金融市場（きんゆうしじょう） | 金融市场 | |
| 景気変動（けいきへんどう） | 景气波动 | |
| 経済学および課税の原理（けいざいがくおよびかぜいのげんり） | 税收经济原则 | |
| 公衆衛生（こうしゅうえいせい） | 公共卫生 | |
| 購買力平価（こうばいりょくへいか） | 购买力平价 | |
| 最低賃金（さいていちんぎん） | 最低工资 | |

| 砂漠化（さばくか） | 沙漠化 | |
|---|---|---|
| 産業の高度化（さんぎょうのこうどか） | 工业化成熟 | |
| 三面等価の原則（さんめんとうかのげんそく） | 三面等价原则 | |
| 自己資本比率（じこしほんひりつ） | 自有资本比率 | |
| 地主（じぬし） | 地主 | |
| 資本論（しほんろん） | 资本理论 | |
| 循環型社会形成推進基本法（じゅんかんがたしゃかいけいせいすいしんきほんほう） | 可循环社会促进法 | |
| 人口論（じんこうろん） | 人口理论 | |
| 政策金利（せいさくきんり） | 央行贴现利率 | |
| 先進5か国財務相・中央銀行総裁会議（せんしん5かこくざいむしょう・ちゅうおうぎんこうそうさいかいぎ） | 发达国家5国财政部长与中央银行行行长会议 | |
| 第二次所得収支（だいにじしょとくしゅうし） | 二次分配收入 | |
| 兌換紙幣（だかんしへい） | 可兑换纸币 | |
| 炭素税（たんそぜい） | 碳税 | |
| 地方交付税交付金（ちほうこうふぜいこうふきん） | 地方分配税收补贴 | |
| 地方税（ちほうぜい） | 地方税 | |
| 当座預金（とうざよきん） | 往来账户 | |
| ドーハ・ラウンド | 多哈回合贸易谈判 | |
| 南南問題（なんなんもんだい） | 南南问题 | |
| 南米南部共同市場（なんべいなんぶきょうどうしじょう） | 南美南部共同市场 | |
| マルサス | 托马斯·罗伯特·马尔萨斯 | |

巻末付録

| | | |
|---|---|---|
| 綿花<br>めん か | 棉花 | ☐☐ |
| モノカルチャー<br>経済<br>けいざい | 単一耕作経済 | ☐☐ |
| ゆりかごから<br>墓場まで<br>はか ば | 从摇篮到坟墓 | ☐☐ |

| | | |
|---|---|---|
| 労働基準法<br>ろうどう き じゅんほう | 劳动基准法 | ☐☐ |
| 労働組合法<br>ろうどうくみあいほう | 工会法 | ☐☐ |
| ワシントン条約<br>じょうやく | 华盛顿公约 | ☐☐ |

# 政 治

| | | |
|---|---|---|
| 新しい人権<br>あたら じんけん | 新人权主义 | ☐☐ |
| 間接選挙<br>かんせつせんきょ | 间接选举 | ☐☐ |
| 議院内閣制<br>ぎ いんないかくせい | 议会内阁制 | ☐☐ |
| 基本的人権<br>き ほんてきじんけん | 基本人权 | ☐☐ |
| 行政権<br>ぎょうせいけん | 行政权 | ☐☐ |
| 拒否権<br>きょ ひ けん | 否决权 | ☐☐ |
| グロティウス | 雨果・格老秀斯 | ☐☐ |
| 国際連盟<br>こくさいれんめい | 国际联盟 | ☐☐ |
| 参議院<br>さん ぎ いん | 参议院 | ☐☐ |
| 三権分立<br>さんけんぶんりつ | 三权分立 | ☐☐ |
| 司法権<br>し ほうけん | 司法权 | ☐☐ |
| 社会権<br>しゃかいけん | 社会权 | ☐☐ |
| 衆議院<br>しゅう ぎ いん | 众议院 | ☐☐ |
| 自由権<br>じ ゆうけん | 自由权 | ☐☐ |
| 知る権利<br>し けん り | 知情权 | ☐☐ |

| | | |
|---|---|---|
| 身体の自由<br>しんたい じ ゆう | 人身自由 | ☐☐ |
| 生存権<br>せいぞんけん | 生命权 | ☐☐ |
| 大統領<br>だいとうりょう | 总统 | ☐☐ |
| 弾劾裁判所<br>だんがいさいばんしょ | 弹劾法庭 | ☐☐ |
| 内閣<br>ないかく | 内阁 | ☐☐ |
| 内閣総理大臣<br>ないかくそう り だいじん | 内阁总理大臣 | ☐☐ |
| 二院制<br>に いんせい | 双院制 | ☐☐ |
| 日本国憲法<br>にほん こくけんぽう | 日本宪法 | ☐☐ |
| 半大統領制<br>はんだいとうりょうせい | 半总统制 | ☐☐ |
| 批准<br>ひ じゅん | 批准 | ☐☐ |
| 表現の自由<br>ひょうげん じ ゆう | 表达自由 | ☐☐ |
| 法案提出権<br>ほうあんていしゅっけん | 提出法案权 | ☐☐ |
| 法の支配<br>ほう し はい | 法律规定 | ☐☐ |
| ホッブズ | 托马斯・霍布斯 | ☐☐ |
| 黙秘権<br>もく ひ けん | 缄默权 | ☐☐ |

| | | | | |
|---|---|---|---|---|
| モンテスキュー | 查理・路易・孟德斯鸠 | ☐ | 裁判を受ける権利 | 審判权 | ☐ |
| 立憲君主制 | 君主立宪制 | ☐ | 自衛隊 | 自卫队 | ☐ |
| ルソー | 让-雅克・卢梭 | ☐ | 社会契約説 | 社会契约论 | ☐ |
| 連邦制 | 联邦制 | ☐ | 自由民主党 | 自由民主党 | ☐ |
| ロック | 约翰・洛克 | ☐ | 常任理事国 | 常任理事国 | ☐ |
| ワイマール憲法 | 魏玛宪法 | ☐ | 情報公開制度 | 信息公开系统 | ☐ |
| 安全保障理事会 | 安全理事会 | ☐ | 情報公開法 | 信息公开法 | ☐ |
| 違憲立法審査権 | 违宪审查权 | ☐ | 政治制度 | 政治体系 | ☐ |
| 環境権 | 环境权 | ☐ | 世界人権宣言 | 世界人权宣言 | ☐ |
| 教育を受ける権利 | 受教育权 | ☐ | 全会一致 | 全员一致 | ☐ |
| 勤労権 | 劳动权 | ☐ | 大日本帝国憲法 | 大日本帝国宪法 | ☐ |
| 勤労の義務 | 劳动义务 | ☐ | 地方公共団体 | 地方公共团体 | ☐ |
| 刑事裁判 | 刑事审判 | ☐ | 地方自治 | 地方自治 | ☐ |
| 検閲 | 审查制度 | ☐ | 直接請求 | 直接请求 | ☐ |
| 公職選挙法 | 公职选举法 | ☐ | 直接選挙 | 直接选举 | ☐ |
| 国際司法裁判所 | 国际法院 | ☐ | 直接民主制 | 直接民主 | ☐ |
| 国民主権 | 民主权利 | ☐ | 締結 | 缔约 | ☐ |
| 国務大臣 | 国务卿 | ☐ | 被告人 | 被告人 | ☐ |
| 個人情報保護法 | 个人信息保护法 | ☐ | 平等権 | 平等权 | ☐ |
| 財産権 | 财产权 | ☐ | 比例代表制 | 比例代表制 | ☐ |

巻末付録

| | | | | |
|---|---|---|---|---|
| 普通選挙制 | 普通选举制度 | | 国際機関 | 国际组织 |
| プライバシー権 | 私隐权 | | 国際社会 | 国际社会 |
| 平和主義 | 和平主义 | | 国際人権規約 | 国际人权公约 |
| 法の精神 | 法治精神 | | 国際連合の総会 | 联合国大会 |
| 立憲主義 | 宪政主义 | | 55年体制 | 1955年体制 |
| 立法権 | 立法权 | | 国会議員 | 国会议员 |
| INF全廃条約 | 中程导弹条约 | | 自然権 | 自然权利 |
| 圧力団体 | 压力集团 | | 自然法 | 自然法 |
| 一院制 | 一院制 | | 執行機関 | 执法机构 |
| 一票の格差 | 一票差距 | | 死票 | 死票 |
| 伊藤博文 | 伊藤博文 | | 社会契約論 | 社会契约论 |
| 王権神授説 | 君权神授 | | 集団安全保障 | 集体安全 |
| 核軍縮 | 核裁军 | | 主権国家 | 主权国家 |
| 学問の自由 | 学术自由 | | 首長 | 首长 |
| 影の内閣 | 影子内阁 | | 小選挙区制 | 单选制 |
| 北大西洋条約機構 | 北大西洋公约组织 | | 職業選択の自由 | 选择自由 |
| 教育を受けさせる義務 | 受教育的义务 | | 信教の自由 | 宗教自由 |
| 行政機関 | 行政机关 | | 勢力均衡 | 权力制衡 |
| 元首 | 元首 | | 選挙制度 | 选举制度 |
| 権力分立 | 权力分离 | | 専門機関 | 专业行政机关 |

| | | | | | |
|---|---|---|---|---|---|
| 大選挙区制 | 大选区制 | ☐ | 国民国家 | 民族国家 | ☐ |
| 多党制 | 多党制 | ☐ | 国民投票 | 国家公投 | ☐ |
| 知的財産権 | 知识产权 | ☐ | 国連教育科学文化機関 | 联合国教科文化组织 | ☐ |
| 地方議会 | 地区议会 | ☐ | 個別的自衛権 | 个别自卫权 | ☐ |
| 特別裁判所 | 特别法庭 | ☐ | 戸別訪問 | 家访拉票 | ☐ |
| 二大政党制 | 两党制 | ☐ | 裁判員 | 裁判员 | ☐ |
| 納税の義務 | 纳税义务 | ☐ | 自然状態 | 自然状态 | ☐ |
| パグウォッシュ会議 | 帕格沃什科学和世界事务会议 | ☐ | 市町村長 | 市町村长 | ☐ |
| 両院協議会 | 两院制 | ☐ | 執行権 | 行政权 | ☐ |
| 領海 | 领海 | ☐ | 集団的自衛権 | 集体自卫权 | ☐ |
| 領土 | 领土 | ☐ | 住民投票 | 地区公投 | ☐ |
| アメリカ合衆国憲法 | 美国宪法 | ☐ | 人道的 | 人道的 | ☐ |
| ウェーバー | 马克斯・韦伯 | ☐ | 政教分離 | 政教分离 | ☐ |
| 核拡散防止条約 | 核不扩散条约 | ☐ | 弾劾 | 弹劾 | ☐ |
| 核抑止 | 核威慑 | ☐ | 団体交渉権 | 集体谈判权 | ☐ |
| 閣僚 | 国务大臣 | ☐ | 団体行動権 | 集体行动权 | ☐ |
| 官僚制 | 官僚制 | ☐ | 抵抗権 | 抵抗权 | ☐ |
| 公共の福祉 | 公益事业 | ☐ | 統治行為論 | 政治问题原则 | ☐ |
| 国際刑事裁判所 | 国际刑事法院 | ☐ | 都道府県知事 | 都道府县首长 | ☐ |
| 国際法 | 国际法 | ☐ | 内閣不信任決議 | 对内阁不信任决议 | ☐ |

巻末付録

| | | | | | |
|---|---|---|---|---|---|
| 難民条約<br>なんみんじょうやく | 难民公约 | ☐ | 国際連合憲章<br>こくさいれんごうけんしょう | 联合国宪章 | ☐ |
| 日米安全保障<br>にちべいあんぜんほしょう<br>条約<br>じょうやく | 日美安保条约 | ☐ | コモン・ロー | 英美法系 | ☐ |
| 人間の安全保障<br>にんげん あんぜんほしょう | 人身安全 | ☐ | 最高裁判所長官<br>さいこうさいばんしょちょうかん | 最高法院院长 | ☐ |
| 排他的経済水域<br>はいたてきけいざいすいいき | 专属经济区 | ☐ | サンフランシスコ<br>会議<br>かいぎ | 旧金山会议 | ☐ |
| 部分的核実験<br>ぶぶんてきかくじっけん<br>禁止条約<br>きんしじょうやく | 部分禁止核试验<br>条约 | ☐ | 信託統治<br>しんたくとうち | 托管统治 | ☐ |
| 平和維持活動<br>へいわいじかつどう | 维和活动 | ☐ | 成文憲法<br>せいぶんけんぽう | 成文宪法 | ☐ |
| 平和的生存権<br>へいわてきせいぞんけん | 和平生存权 | ☐ | 選挙区<br>せんきょく | 选区 | ☐ |
| 法定受託事務<br>ほうていじゅたくじむ | 行政委托 | ☐ | 団結権<br>だんけつけん | 劳工团结权 | ☐ |
| ボーダン | 让・博丹 | ☐ | 統治二論<br>とうちにろん | 第二治理理论 | ☐ |
| 連立政権<br>れんりつせいけん | 联合政府 | ☐ | 陪審制<br>ばいしんせい | 陪审团制度 | ☐ |
| オンブズマン<br>制度<br>せいど | 申诉专员制度 | ☐ | 保守党<br>ほしゅとう | 保守党 | ☐ |
| 下級裁判所<br>かきゅうさいばんしょ | 下级法院 | ☐ | 民主党<br>みんしゅとう | 民主党 | ☐ |
| 貴族院<br>きぞくいん | 贵族院 | ☐ | リヴァイアサン | 利维坦 | ☐ |
| 共和党<br>きょうわとう | 共和党 | ☐ | リコール | 召回 | ☐ |
| 権利章典<br>けんりしょうてん | 权利法案 | ☐ | 労働党<br>ろうどうとう | 劳动党 | ☐ |

## 歴 史

| | | | | | |
|---|---|---|---|---|---|
| アラブの春<br>はる | 阿拉伯之春 | ☐ | キューバ危機<br>きき | 古巴危机 | ☐ |
| ウィーン会議<br>かいぎ | 维也纳会议 | ☐ | クリミア戦争<br>せんそう | 克里米亚战争 | ☐ |
| オスマン帝国<br>ていこく | 奥斯曼帝国 | ☐ | 三国干渉<br>さんごくかんしょう | 三国干涉还辽 | ☐ |

| | | | | |
|---|---|---|---|---|
| 市民革命（しみんかくめい） | 市民革命 | | フランクリン・ローズベルト | 富兰克林・德拉诺・罗斯福 |
| 蒸気機関（じょうききかん） | 蒸汽机 | | フランス革命（かくめい） | 法国大革命 |
| ソ連（れん） | 苏联 | | プロイセン | 普鲁士 |
| 第一次世界大戦（だいいちじせかいたいせん） | 第一次世界大战 | | 米西戦争（べいせいせんそう） | 美西战争 |
| 第三世界（だいさんせかい） | 第三世界 | | ベトナム戦争（せんそう） | 越南战争 |
| 第三身分（だいさんみぶん） | 第三等级 | | ベルリンの壁（かべ） | 柏林墙 |
| 第二次世界大戦（だいにじせかいたいせん） | 第二次世界大战 | | マルタ会談（かいだん） | 马耳他峰会 |
| 地域紛争（ちいきふんそう） | 区域冲突 | | 民族自決（みんぞくじけつ） | 民族自决 |
| 南北戦争（なんぼくせんそう） | 南北战争 | | ヤルタ会談（かいだん） | 雅尔塔会议 |
| 西側（にしがわ） | 西方 | | 冷戦（れいせん） | 冷战 |
| 西ドイツ（にし） | 西德 | | 湾岸戦争（わんがんせんそう） | 海湾战争 |
| 日英同盟（にちえいどうめい） | 日英同盟 | | アフリカの年（とし） | 非洲年 |
| 日露戦争（にちろせんそう） | 日俄战争 | | 安全保障（あんぜんほしょう） | 安全保障 |
| 日清戦争（にっしんせんそう） | 日清战争 | | イラン・イラク戦争（せんそう） | 两伊战争 |
| ニューディール政策（せいさく） | 罗斯福新政 | | ウィルソン | 威尔逊 |
| 東側（ひがしがわ） | 东方 | | オーストリア・ハンガリー帝国（ていこく） | 奥匈帝国 |
| ビスマルク | 奥托・冯・俾斯麦 | | 旧制度（アンシャン・レジーム）（きゅうせいど） | 旧制度 |
| ヒトラー | 阿道夫・希特勒 | | サラエボ | 萨拉热窝 |
| 不戦条約（ふせんじょうやく） | 非战公约 | | 諸国民の春（しょこくみんのはる） | 民族之春 |
| 普仏戦争（ふふつせんそう） | 普法战争 | | 世界恐慌（せかいきょうこう） | 世界大萧条 |

巻末付録

445

|  |  | |  |  | |
|--------|--------|---|--------|--------|---|
| 絶対王政 | 君主专制 | ☐☐ | アメリカ同時多発テロ | 九・一一事件 | ☐☐ |
| 全権委任法 | 全权通过法 | ☐☐ | アメリカ独立宣言 | 美国独立宣言 | ☐☐ |
| 全体主義 | 极权主义 | ☐☐ | イラン革命 | 伊朗伊斯兰革命 | ☐☐ |
| 大西洋憲章 | 大西洋宪章 | ☐☐ | ヴィルヘルム2世 | 威廉二世 | ☐☐ |
| 第四次中東戦争 | 第四次中东战争 | ☐☐ | 開発独裁 | 为发展经济的独裁 | ☐☐ |
| 大陸封鎖令 | 大陆封锁 | ☐☐ | 共産主義 | 共产主义 | ☐☐ |
| チェコスロバキア | 捷克斯洛伐克 | ☐☐ | 金解禁 | 黄金禁令 | ☐☐ |
| 奴隷制 | 奴隶制 | ☐☐ | ゴルバチョフ | 米哈伊尔・谢尔盖耶维奇・戈尔巴乔夫 | ☐☐ |
| ナポレオン | 拿破仑 | ☐☐ | 宰相 | 首相 | ☐☐ |
| ナポレオン戦争 | 拿破仑战争 | ☐☐ | サルデーニャ王国 | 撒丁王国 | ☐☐ |
| 南下政策 | 南进政策 | ☐☐ | シオニズム | 锡安主义 | ☐☐ |
| 日ソ共同宣言 | 日苏联合宣言 | ☐☐ | 蒸気機関車 | 蒸汽机车 | ☐☐ |
| 賠償金 | 赔偿金 | ☐☐ | 蒸気船 | 蒸汽船 | ☐☐ |
| パレスチナ | 巴勒斯坦 | ☐☐ | 世界政策 | 世界政策 | ☐☐ |
| 東ドイツ | 东德 | ☐☐ | 宗主国 | 宗主国 | ☐☐ |
| ベルリン封鎖 | 柏林危机 | ☐☐ | 総力戦 | 总体战 | ☐☐ |
| マーシャル・プラン | 马歇尔计划 | ☐☐ | 代理戦争 | 代理人战争 | ☐☐ |
| 民主化 | 民主化 | ☐☐ | 多国籍軍 | 多国际部队 | ☐☐ |
| ワシントン会議 | 华盛顿会议 | ☐☐ | チトー | 约瑟普・布罗兹・铁托 | ☐☐ |
| アジア・アフリカ会議 | 亚非会议 | ☐☐ | 朝鮮戦争 | 朝鲜战争 | ☐☐ |

| ド・ゴール | 夏尔・戴高乐 | | ユーゴスラビア | 南斯拉夫 | |
| --- | --- | --- | --- | --- | --- |
| トルーマン | 哈里·S·杜鲁门 | | 領事裁判権 | 领事裁判权 | |
| ナショナリズム | 民族主义 | | リンカーン | 亚伯拉罕・林肯 | |
| ナポレオン3世 | 拿破仑三世 | | ロシア革命 | 俄国革命 | |
| ニクソン | 理查德・尼克松 | | ワーテルローの戦い | 滑铁卢战役 | |
| 日米修好通商条約 | 日美友好通商条约 | | ワシントン | 乔治・华盛顿 | |
| バルフォア宣言 | 贝尔福宣言 | | ワルシャワ条約機構 | 华沙条约组织 | |
| 秘密外交 | 秘密外交 | | 海峡植民地 | 海峡殖民地 | |
| ファシズム | 法西斯主义 | | カシミール | 克什米尔 | |
| ファショダ事件 | 法绍达事件 | | ガリバルディ | 朱塞佩・加里波第 | |
| 不平等条約 | 不平等条约 | | 間接統治 | 间接统治 | |
| プラハの春 | 布拉格之春 | | 北アイルランド紛争 | 北爱尔兰问题 | |
| ブロック経済 | 封闭经济 | | 共産党 | 共产党 | |
| 平和五原則 | 和平五项原则 | | キング牧師 | 小马丁・路德・金 | |
| ベルリン会議 | 柏林会议 | | クルド人 | 库尔德人 | |
| ペレストロイカ | 苏联改革重组 | | 工場法 | 工厂法 | |
| 未回収のイタリア | 尚未收复的意大利 | | 公民権法 | 民权法 | |
| 明治時代 | 明治时代 | | 講和条約 | 和平条约 | |
| 綿織物 | 棉织物 | | コソボ紛争 | 科索沃战争 | |
| 門戸開放 | 门户开放政策 | | 棍棒外交 | 巨棒外交 | |

447

| 三国協商 | 三国协约 | | 農奴 | 农奴 | |
|---|---|---|---|---|---|
| 三国同盟 | 三国同盟 | | フーバー | 赫伯特・胡佛 | |
| サンフランシスコ平和条約 | 旧金山对日和平条约 | | ブッシュ | 乔治・赫伯特・沃克・布什(老布什) | |
| 下関条約 | 马关条约 | | フランコ | 弗朗西斯科・佛朗哥 | |
| 社会主義者鎮圧法 | 镇压社会民主党危害社会治安法令 | | ベルサイユ条約 | 凡尔赛条约 | |
| 自由主義 | 自由主义 | | ポツダム宣言 | 波茨坦宣言 | |
| 人種隔離政策 | 种族隔离政策 | | マクドナルド | 拉姆齐・麦克唐纳 | |
| スターリン | 约瑟夫・维萨里奥诺维奇・斯大林 | | マンデラ | 纳尔逊・曼德拉 | |
| 正統主義 | 正统主义 | | モンロー主義 | 门罗主义 | |
| 石油輸出国機構 | 石油输出国组织 | | 領事 | 领事 | |
| 租借権 | 租借权 | | 両シチリア王国 | 两西西里王国 | |
| 第一回非同盟諸国首脳会議 | 第一届不结盟国家首脑会议 | | 連合国軍最高司令官総司令部 | 盟军最高司令官总司令部 | |
| 多民族国家 | 多民族国家 | | ローマ教皇 | 教皇 | |
| チャーチル | 温斯顿・丘吉尔 | | ロカルノ条約 | 洛迦诺公约 | |
| チャーティスト運動 | 宪章运动 | | ワグナー法 | 瓦格纳法案 | |
| 鉄血政策 | 铁血政策 | | アイゼンハワー | 德怀特・戴维・艾森豪威尔 | |
| ドイツ連邦 | 德意志邦联 | | アヘン戦争 | 鸦片战争 | |
| 独ソ不可侵条約 | 苏德互不侵犯条约 | | 委任統治 | 国际联盟托管 | |
| 奴隷解放宣言 | 解放黑人奴隶宣言 | | オタワ会議 | 渥太华帝国经济会议 | |
| ネルー | 贾瓦哈拉尔・尼赫鲁 | | カストロ政権 | 卡斯特罗政权 | |

| | | | | |
|---|---|---|---|---|
| 関東大震災 | 关东大地震 | | 鉄のカーテン | 铁幕 |
| 公民権運動 | 公民权运动 | | 独立国家共同体 | 独立国家联合体 |
| コミンフォルム | 合并形式 | | 日独伊三国同盟 | 德意日三国联盟 |
| 薩摩藩 | 萨摩藩 | | バラク・オバマ | 贝拉克·侯赛因·奥巴马 |
| 縦断政策 | 纵断政策 | | フォークランド紛争 | 马岛战争 |
| 新思考外交 | 新思维运动 | | フセイン | 萨达姆·侯赛因 |
| 神聖ローマ帝国 | 神圣罗马帝国 | | ホットライン | 热线 |
| スルタン制 | 苏丹制度 | | 満州事変 | 九一八事变 |
| 善隣外交 | 睦邻外交 | | ミドハト・パシャ | 米德哈特帕夏 |
| チェチェン共和国 | 车臣共和国 | | ムスタファ・ケマル | 穆斯塔法·凯末尔·阿塔图尔克 |
| 血の日曜日事件 | 血色星期日事件 | | | |

# 地　理

| | | | | |
|---|---|---|---|---|
| アマゾン川 | 亚马逊河 | | エチオピア | 埃塞俄比亚 |
| アメリカ | 美国 | | オーストラリア | 澳大利亚 |
| イギリス | 英国 | | カトリック | 天主教 |
| イスラエル | 以色列 | | 乾燥帯 | 干燥带 |
| イスラム教 | 伊斯兰教 | | 寒帯 | 寒带 |
| イタリア | 意大利 | | 気候区分 | 气候类型 |
| インド | 印度 | | 経度 | 经度 |

|  |  | |  |  | |
|---|---|---|---|---|---|
| 合計特殊出生率<br>ごうけいとくしゅしゅっしょうりつ | 総和生育率 | ☐☐ | フランス | 法国 | ☐☐ |
| 小麦<br>こむぎ | 小麦 | ☐☐ | 偏西風<br>へんせいふう | 偏西风 | ☐☐ |
| 米<br>こめ | 米 | ☐☐ | 北緯<br>ほくい | 北纬 | ☐☐ |
| 四国<br>しこく | 四国 | ☐☐ | 北海道<br>ほっかいどう | 北海道 | ☐☐ |
| シンガポール | 新加坡 | ☐☐ | 本州<br>ほんしゅう | 本州 | ☐☐ |
| 新期造山帯<br>しんきぞうざんたい | 新造山带 | ☐☐ | 本初子午線<br>ほんしょしごせん | 本初子午线 | ☐☐ |
| 人口ピラミッド<br>じんこう | 人口金字塔 | ☐☐ | 南回帰線<br>みなみかいきせん | 南回归线 | ☐☐ |
| 西岸海洋性気候<br>せいがんかいようせいきこう | 大陆西岸海洋性<br>气候 | ☐☐ | メルカトル図法<br>ずほう | 墨卡托投影 | ☐☐ |
| 正教<br>せいきょう | 东正教 | ☐☐ | ヨーロッパ | 欧洲 | ☐☐ |
| 西経<br>せいけい | 西经 | ☐☐ | リアス海岸<br>かいがん | 里亚斯型海岸 | ☐☐ |
| 地中海性気候<br>ちちゅうかいせいきこう | 地中海气候 | ☐☐ | リベリア | 利比里亚 | ☐☐ |
| ドイツ | 德国 | ☐☐ | 冷帯(亜寒帯)<br>れいたい あかんたい | 亚寒带 | ☐☐ |
| 東経<br>とうけい | 东经 | ☐☐ | ロサンゼルス | 洛杉矶 | ☐☐ |
| トルコ | 土耳其 | ☐☐ | ロシア | 俄国 | ☐☐ |
| 南緯<br>なんい | 南纬 | ☐☐ | ロンドン | 伦敦 | ☐☐ |
| ニューヨーク | 纽约 | ☐☐ | アルゼンチン | 阿根廷 | ☐☐ |
| ハイサーグラフ | 温湿图 | ☐☐ | イラン | 伊朗 | ☐☐ |
| バルカン半島<br>はんとう | 巴尔干半岛 | ☐☐ | インドネシア | 印度尼西亚 | ☐☐ |
| フィヨルド | 峡湾 | ☐☐ | エジプト | 埃及 | ☐☐ |
| ブラジル | 巴西 | ☐☐ | エスチュアリー | 河口 | ☐☐ |

| | | | | |
|---|---|---|---|---|
| 沖縄県 | 冲绳县 | ☐ | 鉄鉱石 | 铁矿石 | ☐ |
| オセアニア | 大洋洲 | ☐ | トウモロコシ | 玉米 | ☐ |
| オランダ | 荷兰 | ☐ | ドナウ川 | 多瑙河 | ☐ |
| 温暖湿潤気候 | 温暖潮湿的气候 | ☐ | 日付変更線 | 国际日期变更线 | ☐ |
| 韓国 | 韩国 | ☐ | 熱帯雨林気候 | 热带雨林气候 | ☐ |
| 北アメリカ大陸 | 北美洲大陆 | ☐ | 熱帯低気圧 | 热带低气压 | ☐ |
| キューバ | 古巴 | ☐ | ノルウェー | 挪威 | ☐ |
| クウェート | 科威特 | ☐ | バングラデシュ | 孟加拉国 | ☐ |
| ケベック州 | 魁北克州 | ☐ | パンパ | 潘帕斯草原 | ☐ |
| サンフランシスコ | 旧金山 | ☐ | 標準時 | 标准时间 | ☐ |
| 植生 | 植被 | ☐ | フランクフルト | 法兰克福 | ☐ |
| 食料自給率 | 粮食自给率 | ☐ | プロテスタント | 新教 | ☐ |
| 侵食 | 侵蚀 | ☐ | ベトナム | 越南 | ☐ |
| スイス | 瑞士 | ☐ | ベルギー | 比利时 | ☐ |
| スエズ運河 | 苏伊士运河 | ☐ | マゼラン海峡 | 麦哲伦海峡 | ☐ |
| スペイン | 西班牙 | ☐ | 南アメリカ大陸 | 南美洲大陆 | ☐ |
| セルバ | (亚马孙河流域的)热带雨林 | ☐ | ライン川 | 莱茵河 | ☐ |
| 先住民 | 原住民 | ☐ | ラテンアメリカ | 拉丁美洲 | ☐ |
| 造山運動 | 造山运动 | ☐ | リオデジャネイロ | 里约热内卢 | ☐ |
| 地理情報システム | 地理信息系统 | ☐ | ローマ | 罗马 | ☐ |

巻末付録

| アパラチア山脈 | 阿巴拉契亚山脉 | | 対蹠点 | 对跖点 |
|---|---|---|---|---|
| アルジェリア | 阿尔及利亚 | | 地熱・新エネルギー | 地热能／新能源 |
| アンデス山脈 | 安第斯山脉 | | 地熱発電 | 地热发电 |
| ウィーン | 维也纳 | | 中央アメリカ | 中美洲 |
| ウラル山脈 | 乌拉尔山脉 | | チリ | 智利 |
| カリフォルニア | 加利福尼亚 | | 天然資源 | 自然资源 |
| カリブ海 | 加勒比海 | | デンマーク | 丹麦 |
| ギリシャ | 希腊 | | 等角航路 | 等角航线 |
| ケッペン | 弗拉迪米尔・彼得・柯本 | | ナイジェリア | 奈及利亚 |
| ケニア | 肯尼亚 | | ニュージーランド | 新西兰 |
| 硬葉樹 | 硬叶林 | | パキスタン | 巴基斯坦 |
| 黒海 | 黑海 | | フィリピン | 菲律宾 |
| コロンビア | 哥伦比亚 | | フィンランド | 芬兰 |
| サウジアラビア | 沙特阿拉伯 | | ポーランド | 波兰 |
| 産業別就業人口構成比 | 按行业分类的就业人口比例 | | マドリード | 马德里 |
| 人為的国境 | 人为国界 | | 緑の革命 | 绿色革命（第三次农业革命） |
| スウェーデン | 瑞典 | | ムハンマド | 穆罕默德 |
| 精密機械 | 精密机械 | | メキシコ | 墨西哥 |
| タイガ | 北方针叶林 | | ワシントンD.C. | 华盛顿哥伦比亚特区 |
| 大圏航路 | 大圆航线 | | アラスカ | 阿拉斯加 |

| | | | | |
|---|---|---|---|---|
| アラブ首長国連邦 | 阿拉伯联合酋长国 | | ハンガリー | 匈牙利 |
| イスタンブール | 伊斯坦布尔 | | ピレネー山脈 | 比利牛斯山脉 |
| イベリア半島 | 伊比利亚半岛 | | フィリピン海 | 菲律宾海 |
| エストニア | 爱沙尼亚 | | プレーリー | 草原 |
| エルサレム | 耶路撒冷 | | ベネズエラ | 委内瑞拉 |
| ガーナ | 加纳 | | 貿易風 | 信风 |
| カスピ海 | 里海 | | 埋蔵量 | 埋藏量 |
| カタール | 卡塔尔 | | マレーシア | 马来西亚 |
| 環太平洋造山帯 | 环太平洋造火山带 | | ユーラシア大陸 | 欧亚大陆 |
| クルアーン | 古兰经 | | ラトビア | 拉脱维亚 |
| グレートディバイディング山脈 | 大分水岭山脉 | | 陸繋砂州 | 连岛沙洲 |
| 再生可能エネルギー | 可再生能源 | | リトアニア | 立陶宛 |
| 砂嘴 | 沙嘴 | | ルーマニア | 罗马尼亚 |
| 自然的国境 | 自然国界 | | アイスランド | 冰岛 |
| シドニー | 悉尼 | | アナトリア半島 | 小亚细亚半岛 |
| スコットランド | 苏格兰 | | アラル海 | 咸海 |
| ステップ | 干草原 | | アルミニウム | 铝 |
| 高潮 | 风暴潮 | | イヌイット | 因纽特人 |
| パラオ | 帕劳 | | ウルグアイ | 乌拉圭 |
| バルト三国 | 波罗的海国家 | | オスロ | 奥斯陆 |

| | | | | | |
|---|---|---|---|---|---|
| カースト制度 | 种姓制度 | ☐☐ | スリランカ | 斯里兰卡 | ☐☐ |
| 海岸段丘 | 海岸阶地 | ☐☐ | スロバキア | 斯洛伐克 | ☐☐ |
| カメルーン | 喀麦隆 | ☐☐ | スンニ派 | 逊尼派 | ☐☐ |
| カルスト | 喀斯特地貌 | ☐☐ | ダーダネルス海峡 | 达达尼尔海峡 | ☐☐ |
| カルデラ | 破火山口 | ☐☐ | ツバル | 图瓦卢 | ☐☐ |
| キャンベラ | 堪培拉 | ☐☐ | ドミニカ共和国 | 多米尼加共和国 | ☐☐ |
| グアテマラ | 危地马拉 | ☐☐ | 熱帯収束帯 | 热带辐合带 | ☐☐ |
| グリーンランド | 格陵兰 | ☐☐ | ハイチ | 海地 | ☐☐ |
| ケイマン諸島 | 开曼群岛 | ☐☐ | パナマ | 巴拿马 | ☐☐ |
| コートジボワール | 科特迪瓦 | ☐☐ | パプアニューギニア | 巴布亚新几内亚 | ☐☐ |
| コモロ | 科摩罗 | ☐☐ | プランテーション | 种植业 | ☐☐ |
| サバナ | 稀树草原 | ☐☐ | ブルガリア | 保加利亚 | ☐☐ |
| サモア | 萨摩亚 | ☐☐ | ベラルーシ | 白俄罗斯 | ☐☐ |
| 三角州 | 三角洲 | ☐☐ | ヘルシンキ | 赫尔辛基 | ☐☐ |
| ザンビア | 赞比亚 | ☐☐ | ボスポラス海峡 | 伊斯坦布尔海峡 | ☐☐ |
| シーア派 | 什叶派 | ☐☐ | ポリネシア | 波利尼西亚 | ☐☐ |
| ジブラルタル | 直布罗陀 | ☐☐ | ホンジュラス | 洪都拉斯 | ☐☐ |
| シベリア | 西伯利亚 | ☐☐ | マダガスカル | 马达加斯加 | ☐☐ |
| ジャマイカ | 牙买加 | ☐☐ | ミクロネシア | 密克罗尼西亚 | ☐☐ |
| スーダン | 苏丹 | ☐☐ | メラネシア | 美拉尼西亚 | ☐☐ |

# ② EJU理系科目 重要単語

## 数　学　　コース１・コース２共通

| 実数(じっすう) | 実数 | | 判別式(はんべつしき) | 判別式 | |
|---|---|---|---|---|---|
| 小数部分(しょうすうぶぶん) | 小数部分 | | 放物線(ほうぶつせん) | 抛物线 | |
| 絶対値(ぜったいち) | 絶対値 | | 対称軸(たいしょうじく) | 対称軸 | |
| 有理数(ゆうりすう) | 有理数 | | 原点(げんてん) | 原点 | |
| 有理化する(ゆうりか) | 有理化 | | 第１象限(だいしょうげん) | 第一象限 | |
| 素因数(そいんすう) | 素因数／质因数 | | 平行移動(へいこういどう) | 平移変換 | |
| 素因数分解(そいんすうぶんかい) | 因数分解 | | 対称移動(たいしょういどう) | 対称変換 | |
| 因数分解(いんすうぶんかい) | 因式分解 | | 領域(りょういき) | 区域 | |
| 展開する(てんかい) | 展开 | | 三平方の定理(さんへいほうのていり) | 勾股定理 | |
| 全体集合(ぜんたいしゅうごう) | 全集 | | 正弦定理(せいげんていり) | 正弦定理 | |
| 部分集合(ぶぶんしゅうごう) | 子集 | | 余弦定理(よげんていり) | 余弦定理 | |
| 補集合(ほしゅうごう) | 补集 | | 鋭角三角形(えいかくさんかくけい) | 鋭角三角形 | |
| 命題(めいだい) | 命題 | | 鈍角三角形(どんかくさんかくけい) | 鈍角三角形 | |
| 定義域(ていぎいき) | 定義域 | | 合同な(ごうどう) | 全等的 | |
| 値域(ちいき) | 値域 | | 内接する(ないせつ) | 内切 | |
| 定数(ていすう) | 常数 | | 内接円(ないせつえん) | 内切圆 | |
| ２次関数(じかんすう) | 二次函数 | | 外接する(がいせつ) | 外切 | |

| | | | | | |
|---|---|---|---|---|---|
| 外接円<br>(がいせつえん) | 外切圆 | ☐☐ | 自然数<br>(しぜんすう) | 自然数 | ☐☐ |
| 二等分線<br>(にとうぶんせん) | 平分线 | ☐☐ | 約数<br>(やくすう) | 约数 | ☐☐ |
| ∠AOBの<br>二等分線<br>(にとうぶんせん) | ∠AOB的角平<br>分线 | ☐☐ | 最大公約数<br>(さいだいこうやくすう) | 最大公约数 | ☐☐ |
| 外角<br>(がいかく) | 外角 | ☐☐ | 最小公倍数<br>(さいしょうこうばいすう) | 最小公倍数 | ☐☐ |
| 周<br>(しゅう) | (圆)周 | ☐☐ | 素数<br>(そすう) | 素数／质数 | ☐☐ |
| 弧<br>(こ) | 弧 | ☐☐ | 互いに素<br>(たが) (そ) | 互质／互素 | ☐☐ |
| 四分円<br>(しぶんえん) | 四分之一圆 | ☐☐ | 奇数<br>(きすう) | 奇数 | ☐☐ |
| 重心<br>(じゅうしん) | 重心 | ☐☐ | 偶数<br>(ぐうすう) | 偶数 | ☐☐ |
| 直交<br>(ちょっこう) | 垂直相交 | ☐☐ | 商<br>(しょう) | 商 | ☐☐ |
| 対称<br>(たいしょう) | 对称 | ☐☐ | 余り<br>(あま) | 余数 | ☐☐ |
| 垂線<br>(すいせん) | 垂线 | ☐☐ | 2桁<br>(けた) | 二位 | ☐☐ |
| 垂線の足<br>(すいせん) (あし) | 垂足 | ☐☐ | 2桁の自然数<br>(けた) (しぜんすう) | 两位自然数 | ☐☐ |
| メネラウスの<br>定理<br>(ていり) | 梅涅劳斯定理 | ☐☐ | 十進法<br>(じゅっしんほう) | 十进制 | ☐☐ |
| チェバの定理<br>(ていり) | 塞瓦定理 | ☐☐ | 空間<br>(くうかん) | 空间 | ☐☐ |
| 確率<br>(かくりつ) | 概率 | ☐☐ | 立方体<br>(りっぽうたい) | 立方体 | ☐☐ |
| 試行<br>(しこう) | 试行 | ☐☐ | 四面体<br>(しめんたい) | 四面体 | ☐☐ |
| 無作為に<br>(むさくい) | 随机地 | ☐☐ | 正四面体<br>(せいしめんたい) | 正四面体 | ☐☐ |
| 期待値<br>(きたいち) | 数学期望／<br>期望值 | ☐☐ | 底面<br>(ていめん) | 底面 | ☐☐ |
| くじ | 抽签 | ☐☐ | 展開図<br>(てんかいず) | 展开图 | ☐☐ |
| さいころ／<br>サイコロ | 骰子／色子 | ☐☐ | | | |

# 数　学　　コース2のみ

| | | | | | |
|---|---|---|---|---|---|
| 内分する | 内分 | | 数列 | 数列 | |
| 境界 | 界线 | | 等差数列 | 等差数列 | |
| 対数の真数の条件 | 对数中真数的限制条件 | | 公差 | 公差 | |
| 常用対数 | 常用对数 | | 等比数列 | 等比数列 | |
| 自然対数 | 自然对数 | | 公比 | 公比 | |
| 自然対数の底 | 自然常数 | | 漸化式 | 递推式 | |
| 周期 | 周期 | | ベクトル | 向量 | |
| 2倍角の公式 | 二倍角公式 | | 内積 | 内积 | |
| 加法定理 | 和角公式／両角和公式 | | 虚数 | 虚数 | |
| 導関数 | 导数／导函数 | | 複素数 | 复数 | |
| 微分可能な | 可微分的 | | 複素数平面 | 复平面 | |
| 接線 | 切线 | | 虚軸 | 虚轴 | |
| 連続関数 | 连续函数 | | 偏角 | 辐角 | |
| 近似値 | 近似值 | | ド・モアブルの定理 | 棣莫弗定理 | |
| 原始関数 | 原函数 | | 極方程式 | 极坐标方程 | |
| 積分定数 | 积分中的常数 | | 焦点 | 焦点 | |
| 部分積分法 | 分部积分法 | | 楕円 | 椭圆 | |
| 道のり | 路程（距离） | | 双曲線 | 双曲线 | |
| 偶関数 | 偶函数 | | | | |

巻末付録

# 物　理

| | | | | | |
|---|---|---|---|---|---|
| 加速度 (かそくど) | 加速度 | ☐☐ | 内部エネルギー (ないぶ) | 内能 | ☐☐ |
| 等速直線運動 (とうそくちょくせんうんどう) | 匀速直线运动 | ☐☐ | 熱力学第1法則 (ねつりきがくだい ほうそく) | 热力学第一定律 | ☐☐ |
| 水平投射 (すいへいとうしゃ) | 平抛运动 | ☐☐ | 定圧変化 (ていあつへんか) | 定压变化 | ☐☐ |
| 剛体 (ごうたい) | 刚体 | ☐☐ | 定積変化 (ていせきへんか) | 定容过程 | ☐☐ |
| 垂直抗力 (すいちょくこうりょく) | 支持力 | ☐☐ | 等温変化 (とうおんへんか) | 等温变化 | ☐☐ |
| 摩擦力 (まさつりょく) | 摩擦力 | ☐☐ | 断熱変化 (だんねつへんか) | 绝热变化 | ☐☐ |
| 静止摩擦力 (せいし まさつりょく) | 静摩擦力 | ☐☐ | 断熱膨張 (だんねつぼうちょう) | 绝热膨胀 | ☐☐ |
| 動摩擦力 (どう まさつりょく) | 动摩擦力 | ☐☐ | 不可逆変化 (ふ かぎゃくへんか) | 不可逆变化 | ☐☐ |
| 動摩擦係数 (どう まさつけいすう) | 动摩擦系数 | ☐☐ | 比熱 (ひねつ) | 比热容 | ☐☐ |
| 重心 (じゅうしん) | 重心 | ☐☐ | 蒸発熱 (じょうはつねつ) | 蒸发热 | ☐☐ |
| 反発係数 (はんぱつけいすう) | 碰撞系数 | ☐☐ | 融解熱 (ゆうかいねつ) | 融解热 | ☐☐ |
| 非弾性衝突 (ひ だんせいしょうとつ) | 非弹性碰撞 | ☐☐ | 定常状態 (ていじょうじょうたい) | 安定状态 | ☐☐ |
| 等速円運動 (とうそくえんうんどう) | 匀速圆周运动 | ☐☐ | 熱運動 (ねつうんどう) | 热运动 | ☐☐ |
| 張力 (ちょうりょく) | 拉力 | ☐☐ | 熱容量 (ねつようりょう) | 热容量 | ☐☐ |
| 向心力 (こうしんりょく) | 向心力 | ☐☐ | 熱量 (ねつりょう) | 热量 | ☐☐ |
| 非慣性系 (ひ かんせいけい) | 非惯性系 | ☐☐ | 正弦波 (せいげんは) | 正弦波 | ☐☐ |
| 遠心力 (えんしんりょく) | 离心力 | ☐☐ | 媒質 (ばいしつ) | 媒介 | ☐☐ |
| 振動数 (しんどうすう) | 频率 | ☐☐ | 波長 (はちょう) | 波长 | ☐☐ |
| 重力 (じゅうりょく) | 重力 | ☐☐ | 疎密波 (そみつは) | 疏密波 | ☐☐ |

| 合成波<br><small>ごうせいは</small> | 合成波 | |
|---|---|---|
| 定常波<br><small>ていじょうは</small> | 驻波 | |
| 入射波<br><small>にゅうしゃは</small> | 入射波 | |
| 反射波<br><small>はんしゃは</small> | 反射波 | |
| 波の干渉<br><small>なみ　かんしょう</small> | 波的干涉 | |
| 屈折<br><small>くっせつ</small> | 折射 | |
| 入射角<br><small>にゅうしゃかく</small> | 入射角 | |
| 屈折率<br><small>くっせつりつ</small> | 折射率 | |
| 音波<br><small>おんぱ</small> | 声波 | |
| 凹レンズ<br><small>おう</small> | 凹透镜 | |
| 凸レンズ<br><small>とつ</small> | 凸透镜 | |
| 回折格子<br><small>かいせつこうし</small> | 回折格子 | |
| 光路差<br><small>こうろさ</small> | 光程差 | |
| 共鳴<br><small>きょうめい</small> | 共鸣 | |
| パルス波<br><small>は</small> | 脉冲波 | |
| 静電気力<br><small>せいでんきりょく</small> | 库仑力 | |
| 電荷<br><small>でんか</small> | 电荷 | |
| 点電荷<br><small>てんでんか</small> | 点电荷 | |
| 荷電粒子<br><small>かでんりゅうし</small> | 带电粒子 | |
| 静電誘導<br><small>せいでんゆうどう</small> | 静电感应 | |

| 導体<br><small>どうたい</small> | 导体 | |
|---|---|---|
| 誘電体<br><small>ゆうでんたい</small> | 电介质 | |
| 誘電分極<br><small>ゆうでんぶんきょく</small> | 电介质极化 | |
| 電場<br><small>でんば</small> | 电场 | |
| 電気力線<br><small>でんきりきせん</small> | 电场线 | |
| 電位<br><small>でんい</small> | 电势 | |
| 電位差<br><small>でんいさ</small> | 电势差 | |
| 電圧<br><small>でんあつ</small> | 电压 | |
| 極板<br><small>きょくばん</small> | 极板 | |
| 充電<br><small>じゅうでん</small> | 充电 | |
| コンデンサー | 电容器 | |
| 平行板<br>コンデンサー<br><small>へいこうばん</small> | 平行板电容器 | |
| 誘電率<br><small>ゆうでんりつ</small> | 介电常数 | |
| 比誘電率<br><small>ひゆうでんりつ</small> | 比介电常数 | |
| 抵抗<br><small>ていこう</small> | 电阻 | |
| 抵抗率<br><small>ていこうりつ</small> | 电阻率 | |
| ジュールの法則<br><small>ほうそく</small> | 焦耳定律 | |
| 内部抵抗<br><small>ないぶていこう</small> | 内阻 | |
| 起電力<br><small>きでんりょく</small> | 电压 | |
| ホイートストン<br>ブリッジ | 惠斯通桥 | |

巻末付録

| | | |
|---|---|---|
| 磁場 じば | 磁场 | ☐☐ |
| 磁力線 じりょくせん | 磁感线 | ☐☐ |
| 透磁率 とうじりつ | 导磁率 | ☐☐ |
| 磁束密度 じそくみつど | 磁通密度 | ☐☐ |
| 比透磁率 ひとうじりつ | 比导磁率 | ☐☐ |
| 電磁誘導 でんじゆうどう | 电磁诱导 | ☐☐ |

| | | |
|---|---|---|
| 自己誘導 じこゆうどう | 自感 | ☐☐ |
| 自己 インダクタンス じこ | 自感系数 | ☐☐ |
| 共振 きょうしん | 共振 | ☐☐ |
| 光子 こうし | 光子 | ☐☐ |
| 物質波 ぶっしつは | 物质波 | ☐☐ |
| 半減期 はんげんき | 半衰期 | ☐☐ |

# 化　学

| | | |
|---|---|---|
| アボガドロ定数 ていすう | 阿伏伽德罗常数 | ☐☐ |
| リトマス紙 し | 石蕊试纸 | ☐☐ |
| クロマト グラフィー | 色谱法 | ☐☐ |
| イオン | 离子 | ☐☐ |
| 陽イオン よう | 阳离子 | ☐☐ |
| 陰イオン いん | 阴离子 | ☐☐ |
| ファンデル ワールス力 りょく | 范德华力 | ☐☐ |
| アモルファス (非晶質) ひしょうしつ | 无定形体 (非晶体) | ☐☐ |
| ボイルの法則 ほうそく | 玻意耳- 马略特定律 | ☐☐ |
| シャルルの法則 ほうそく | 查理定律 | ☐☐ |
| ボイル・シャルル の法則 ほうそく | 结合气体定律 | ☐☐ |
| モル分率 ぶんりつ | 摩尔分数 | ☐☐ |

| | | |
|---|---|---|
| アミノ基 き | 氨基 | ☐☐ |
| カルボキシ基 き | 羧基 | ☐☐ |
| ヒドロキシ基 き | 羟基 | ☐☐ |
| 水和イオン すいわ | 水合离子 | ☐☐ |
| ヘンリーの法則 ほうそく | 亨利定律 | ☐☐ |
| モル濃度 のうど | 物质的量浓度 | ☐☐ |
| モル沸点上昇 ふってんじょうしょう | 摩尔沸点升高 | ☐☐ |
| モル凝固点降下 ぎょうこてんこうか | 摩尔凝固点降低 | ☐☐ |
| ラウールの法則 ほうそく | 拉乌尔定律 | ☐☐ |
| ファントホッフの 法則 ほうそく | 范特霍夫定律 | ☐☐ |
| ゲル | 凝胶 | ☐☐ |
| キセロゲル | 气凝胶 | ☐☐ |

460

| | | | | |
|---|---|---|---|---|
| シリカゲル | 硅胶 | | アレーニウスの式 | 阿伦尼乌斯方程 |
| コロイド | 胶体 | | ラジカル | 原子团 |
| 分子コロイド | 分子胶体 | | ルシャトリエの原理 | 勒夏特列原理 |
| 会合コロイド | 缔合胶体 | | ハーバー・ボッシュ法(ハーバー法) | 哈柏法 |
| ゾル | 溶胶 | | 水のイオン積 | 水离子积 |
| ミセル | 胶束 | | 共通イオン効果 | 同离子效应 |
| チンダル現象 | 丁达尔效应 | | 非電離質 | 非电解质 |
| ブラウン運動 | 布朗运动 | | 希ガス | 稀有气体 |
| 親水コロイド | 亲水胶体 | | ハロゲン元素(ハロゲン) | 卤族元素 |
| 疎水コロイド | 疏水胶体 | | ヨウ素デンプン反応 | 淀粉碘化物反应 |
| 保護コロイド | 保护胶体 | | オキソ酸 | 含氧酸 |
| ヘスの法則(総熱量保存の法則) | 盖斯定律 | | 脱イオン水 | 去离子的水 |
| 結合エネルギー | 键能 | | オストワルト法 | 奥斯瓦法(氨氧化法) |
| イオン化エネルギー | 电离能 | | 水ガラス | 水玻璃 |
| ダニエル電池 | 丹尼尔电池(锌铜电池) | | アルカリ | 碱 |
| ファラデー定数 | 法拉第常数 | | アルカリ金属 | 碱金属 |
| ファラデーの法則 | 法拉第定律 | | セッケン | 肥皂 |
| ボーキサイト | 铝土矿 | | ソルベー法 | 氨碱法 |
| 活性化エネルギー | 活化能 | | アルカリ土類金属 | 碱土金属 |
| 不活性ガス | 惰性气体 | | ジュラルミン | 硬铝 |

巻末付録

| テルミット | 铝热剂 | | ビニル基 | 乙烯基 | |
|---|---|---|---|---|---|
| アマルガム | 汞合金 | | アルキル基 | 烃基 | |
| 錯イオン | 错离子 | | 第一級アルコール | 伯醇 | |
| ステンレス鋼 | 不锈钢 | | 第二級アルコール | 仲醇 | |
| めっき | 镀锌 | | 第三級アルコール | 叔醇 | |
| セラミックス | 陶瓷器 | | エーテル | 醚 | |
| ファインセラミックス | 精细陶瓷 | | アルデヒド | 醛 | |
| アルカン | 烷烃 | | カルボニル化合物 | 羰基化合物 | |
| アルケン | 烯烃 | | フェーリング液 | 菲林试剂 | |
| アルキン | 炔烃 | | クメン法 | 异丙苯法 | |
| シクロアルカン | 环烷烃 | | ヨードホルム反応 | 碘仿反应 | |
| シクロアルケン | 环烯烃 | | ベンゼン環 | 苯环 | |
| アミン | 胺 | | ニトロ化 | 硝化 | |
| アミド結合 | 酰胺结合 | | スルホン化 | 磺化作用 | |
| アルコール | 醇 | | スルホン酸 | 磺酸 | |
| エステル | 酯 | | フェノール類 | 酚 | |
| カルボン酸 | 羧酸 | | 芳香族カルボン酸 | 芳族羧酸 | |
| ケトン | 酮 | | アセチル基 | 乙酰基 | |
| スルホ基 | 磺酸基 | | 芳香族アミン | 芳香胺 | |
| ニトロ基 | 硝基 | | アゾ基 | 偶氮基 | |

|  |  | |  |  | |
|---|---|---|---|---|---|
| ジアゾ化 | 重氮化作用 | ☐ | ポリマー | 聚合物 | ☐ |
| ジアゾ<br>カップリング | 重氮偶合 | ☐ | プラスチック | 塑料 | ☐ |
| タンパク質の<br>変性 | 蛋白质的变性 | ☐ | 生ゴム(天然ゴム) | 生橡胶<br>(天然橡胶) | ☐ |
| α-アミノ酸 | α 一氨基酸 | ☐ | ルミノール反応 | 鲁米诺反应 | ☐ |
| 必須アミノ酸 | 必需氨基酸 | ☐ | ダイヤモンド | 钻石 | ☐ |
| 酸性アミノ酸 | 酸性氨基酸 | ☐ | ドライアイス | 干冰 | ☐ |
| 塩基性アミノ酸 | 碱性氨基酸 | ☐ | 黒鉛<br>(グラファイト) | 石墨 | ☐ |
| 双性イオン | 两性离子 | ☐ | アルミナ | 氧化铝 | ☐ |
| ニンヒドリン<br>反応 | 茚三酮反应 | ☐ | フッ化水素酸 | 氢氟酸 | ☐ |
| ペプチド結合 | 肽键 | ☐ | カーボン<br>ナノチューブ | 碳纳米管 | ☐ |
| ジペプチド | 二肽 | ☐ | フラーレン | 富勒烯 | ☐ |
| トリペプチド | 三肽 | ☐ | ソーダ石灰 | 碱石灰 | ☐ |
| ポリペプチド | 多肽 | ☐ | セッコウ | 石膏 | ☐ |
| キサント<br>プロテイン反応 | 黄蛋白反应 | ☐ | ミョウバン | 明矾 | ☐ |
| ビウレット反応 | 双缩脲试剂 | ☐ | コークス | 焦炭 | ☐ |
| デオキシリボ<br>核酸(DNA) | 脱氧核糖核酸 | ☐ | メタン | 甲烷 | ☐ |
| ヌクレオチド | 核苷酸 | ☐ | エタン | 乙烷 | ☐ |
| ポリヌクレオチド | 多核苷酸 | ☐ | プロパン | 丙烷 | ☐ |
| リボ核酸 | 核糖核酸 | ☐ | ブタン | 丁烷 | ☐ |
| モノマー | 单体 | ☐ | ペンタン | 正戊烷 | ☐ |

巻末付録

| | | | | | |
|---|---|---|---|---|---|
| ヘキサン | 己烷 | ☐ | アルキド樹脂 | 醇酸聚脂樹脂 | ☐☐ |
| ヘプタン | 正庚烷 | ☐ | メラミン樹脂 | 三聚氰胺-甲醛樹脂 | ☐☐ |
| オクタン | 辛烷 | ☐ | シリコーン樹脂 | 硅樹脂 | ☐☐ |
| ノナン | 壬烷 | ☐ | エボナイト | 硬胶 | ☐☐ |
| デカン | 癸烷 | ☐ | セロハン | 玻璃纸 | ☐☐ |
| ウンデカン | 十一烷 | ☐ | ビスコース | 纤维胶 | ☐☐ |
| ドデカン | 十二烷 | ☐☐ | ビスコースレーヨン | 粘胶 | ☐☐ |
| 酢酸エチル | 乙酸乙酯 | ☐ | アセテート | 醋酸酯 | ☐☐ |
| デキストリン | 糊精 | ☐☐ | キュプラ | 铜氨纤维 | ☐☐ |
| ナイロン | 尼龙 | ☐☐ | 銅アンモニアレーヨン | 铜铵人造丝 | ☐☐ |
| ポリエステル | 聚酯 | ☐☐ | アデノシン二リン酸 | 二磷酸腺苷（ADP） | ☐☐ |
| アクリル繊維 | 腈纶 | ☐☐ | アデノシン三リン酸 | 三磷酸腺苷（ATP） | ☐☐ |
| ビニロン | 维尼纶 | ☐☐ | ニトロセルロース | 硝化纤维 | ☐☐ |
| ポリビニルアルコール | 聚乙烯醇 | ☐☐ | ポリアミド | 聚酰胺 | ☐☐ |
| レゾール | 甲阶酚醛樹脂 | ☐☐ | ポリイミド | 聚酰亚胺 | ☐☐ |

## 生　物

| | | | | | |
|---|---|---|---|---|---|
| ミトコンドリア(複数)(mitochondria) | 线粒体 | ☐☐ | リソソーム | 溶酶体 | ☐☐ |
| ゴルジ体 | 高尔基体 | ☐ | リゾチーム | 溶菌酶 | ☐☐ |
| 自食作用(オートファジー) | 自噬作用 | ☐☐ | リボソーム | 核糖体 | ☐☐ |

| | | | | |
|---|---|---|---|---|
| セルロース | 纤维素 | | チミン | 胸腺嘧啶 |
| べん毛 | 鞭毛 | | ウラシル | 尿嘧啶 |
| アクアポリン | 水通道 | | デオキシリボース | 脱氧核糖 |
| チャネル | 通道 | | リボース | 核糖 |
| ポンプ | 泵 | | リン酸 | 磷酸 |
| リン脂質 | 磷脂 | | デオキシリボ核酸 (DNA) | 脱氧核糖核酸 |
| キネシン | 驱动蛋白 | | ヌクレオチド | 核苷酸 |
| ダイニン | 动力蛋白 | | リーディング鎖 | 前导链 |
| モーター タンパク質 | 马达蛋白 | | ラギング鎖 | 滞后链 |
| 中間径 フィラメント | 中间纤维 | | エキソン | 外显子 |
| アクチン フィラメント | 肌动蛋白纤维 | | イントロン | 内含子 |
| コラーゲン | 胶原蛋白 | | DNA ポリメラーゼ | DNA聚合酶 |
| ウイルス | 病毒 | | DNAリガーゼ | DNA连接酶 |
| さく状組織 | 栅栏组织 | | 岡崎 フラグメント | 冈崎片段 |
| クチクラ | 角质 | | プライマー | 引物 |
| ミドリムシ | 眼虫 | | コドン | 密码子 |
| 細菌（バクテリア） | 细菌 | | アンチコドン | 反密码子 |
| アデニン | 腺嘌呤 | | スプライシング | 剪接 |
| グアニン | 鸟嘌呤 | | セントラルドグマ | 中心法则 |
| シトシン | 胞嘧啶 | | ターミネーター | 终止子 |

巻末付録

| | | | | | | |
|---|---|---|---|---|---|
| オペレーター | 操纵子 | | ベクター | 运载体 | |
| プロモーター | 启动子 | | ホメオティック遺伝子 | 同源异形基因 | |
| リプレッサー | 阻遏蛋白 | | ペプチド | 肽 | |
| オペロン | 构造基因群 | | アデノシン三リン酸 | 三磷酸腺苷（ATP） | |
| ラクトース（乳糖） | 乳糖 | | 高エネルギーリン酸結合 | 高能磷酸键 | |
| トリプトファン | 色氨酸 | | アミラーゼ | 淀粉酶 | |
| クロマチン繊維 | 染色质纤维 | | リパーゼ | 脂肪酶 | |
| ヒストン | 组蛋白 | | アロステリック酵素 | 别构酶 | |
| ヌクレオソーム | 核小体 | | クリステ | 线粒体嵴 | |
| ゲノム | 染色体组 | | グルコース | 葡萄糖 | |
| ヘテロ接合体 | 杂合子 | | ピルビン酸 | 丙酮酸 | |
| ホモ接合体 | 纯合子 | | アセチルCoA（アセチル補酵素A） | 乙酰辅酶A | |
| 雄ヘテロ型 | 雄异配性 | | クエン酸 | 柠檬酸 | |
| 酢酸カーミン | 醋酸洋红 | | マトリックス | 线粒体基质 | |
| だ腺染色体 | 唾腺染色体 | | 脱水素酵素 | 脱氢酶 | |
| バイオテクノロジー | 生物技术 | | コハク酸 | 琥珀酸 | |
| バクテリオファージ | 噬菌体 | | アルコール発酵 | 酒精发酵 | |
| クローン | 克隆 | | エタノール | 乙醇 | |
| ゲノムプロジェクト | 基因组(测序)计划 | | クロロフィル | 叶绿素 | |
| プラスミド | 质粒 | | 吸収スペクトル | 吸收光谱 | |

| | | | | | |
|---|---|---|---|---|---|
| 作用スペクトル | 作用光谱 | ☐ | オルニチン回路 | 鸟氨酸循环 | ☐ |
| グラナ | 基粒 | ☐ | 胆のう | 胆囊 | ☐ |
| ストロマ | 叶绿体基质 | ☐ | グリコーゲン | 糖原 | ☐ |
| チラコイド | 类囊体 | ☐ | ボーマンのう | 鲍氏囊 | ☐ |
| カルビン・ベンソン回路 | 卡尔文循环 | ☐ | ネフロン | 肾单位 | ☐ |
| カロテン | 胡萝卜素 | ☐ | アンモニア | 氨 | ☐ |
| デンプン | 淀粉 | ☐ | ろ過 | 过滤 | ☐ |
| バクテリオクロロフィル | 细菌叶绿素 | ☐ | アセチルコリン | 乙酰胆碱 | ☐ |
| アンモニウムイオン | 铵根离子 | ☐ | ノルアドレナリン | 去甲肾上腺素 | ☐ |
| グルタミン | 谷氨酰胺 | ☐ | グリア細胞 | 神经胶质细胞 | ☐ |
| スクロース | 蔗糖 | ☐ | ニューロン | 神经元 | ☐ |
| 見かけの光合成速度 | 净光合速率 | ☐ | シナプス | 突触 | ☐ |
| トロンビン | 凝血酶 | ☐ | シュワン細胞 | 施旺细胞 | ☐ |
| フィブリノーゲン | 纤维蛋白原 | ☐ | ランビエ絞輪 | 兰氏结 | ☐ |
| フィブリン | 纤维蛋白 | ☐ | ランゲルハンス島 | 胰岛 | ☐ |
| プロトロンビン | 凝血酶原 | ☐ | インスリン | 胰岛素 | ☐ |
| ヘモグロビン | 血红蛋白 | ☐ | グルカゴン | 胰高血糖素 | ☐ |
| 血しょう | 血浆 | ☐ | アドレナリン | 肾上腺素 | ☐ |
| 血ぺい | 血块 | ☐ | 糖質コルチコイド | 糖皮质激素 | ☐ |
| リンパ液 | 淋巴液 | ☐ | 鉱質コルチコイド | 盐皮质激素 | ☐ |

巻末付録

| バソプレシン | 抗利尿激素 | | コルチ器 | 螺旋器 | |
|---|---|---|---|---|---|
| チロキシン | 甲状腺素 | | サルコメア | 肌节 | |
| ステロイド | 类固醇 | | トロポニン | 肌钙蛋白 | |
| フィードバック | 反馈 | | トロポミオシン | 原肌球蛋白 | |
| アレルギー | 过敏 | | ミオシンフィラメント | 肌凝蛋白纤维 | |
| がん | 癌 | | 胚のう | 胚囊 | |
| キラーT細胞 | 杀伤性T细胞 | | ふ化 | 孵化 | |
| エイズ／後天性免疫不全症候群 | 艾滋病／获得性免疫缺陷综合症 | | プリズム幼生 | 棱柱幼虫 | |
| ツベルクリン反応 | 结核菌素反应 | | プルテウス幼生 | 长腕幼虫 | |
| ヒト免疫不全ウイルス | 人类免疫缺陷病毒 | | モザイク卵 | 镶嵌卵 | |
| サイトカイン | 细胞因子 | | インドール酢酸 | 吲哚乙酸 | |
| ヘルパーT細胞 | 辅助T细胞 | | エチレン | 乙烯 | |
| マクロファージ | 巨噬细胞 | | オーキシン | 生长素 | |
| 免疫グロブリン | 免疫球蛋白 | | カルス | 愈伤组织 | |
| ワクチン | 疫苗 | | サイトカイニン | 细胞分裂素 | |
| レンズ | 透镜 | | ジベレリン | 赤霉素 | |
| ガラス体 | 玻璃体 | | フィトクロム | 光敏素 | |
| チン小帯 | 睫状小带 | | フォトトロピン | 向光素 | |
| ロドプシン | 视紫红质 | | フロリゲン | 成花素 | |
| うずまき管 | 耳蜗 | | ステップ | 干草原 | |

| | | | | | |
|---|---|---|---|---|---|
| ツンドラ | 苔原 | ☐ | デボン紀 | 泥盆纪 | ☐ |
| すみわけ | 生境分离 | ☐ | アンモナイト | 菊石类 | ☐ |
| 食いわけ | 分食 | ☐ | は虫類 | 爬行类 | ☐ |
| 生態ピラミッド | 生态金字塔 | ☐ | ほ乳類 | 哺乳类 | ☐ |
| ニッチ | 生态位 | ☐ | ホモサピエンス | 智人 | ☐ |
| キーストーン種 | 关键种 | ☐ | ハーディ・ワインベルグの法則 | 哈代-温伯格定律 | ☐ |
| ランダム分布 | 随机分布 | ☐ | シアノバクテリア | 蓝藻 | ☐ |
| ストロマトライト | 叠层石 | ☐ | ラン藻 | 蓝藻 | ☐ |
| バージェス動物群 | 伯吉斯页岩生物群 | ☐ | ドメイン | 域 | ☐ |
| カンブリア紀 | 寒武纪 | ☐ | モネラ界 | 原核生物界 | ☐ |

# ❸ 接続詞
せつぞくし

「接続詞」は文と文をつなぐ言葉で，話の筋道を示す役割をもっています。
接続詞の意味を理解していれば，次の展開を予測しながら読み進めることが
できるので，EJUの論理的な文章を読むときにも役立ちます。ここでは基本的
な接続詞を紹介しますので，まずはこれらの意味と役割を確実に覚えましょう。

"连词"是用来将句与句连接之词，起到了表明文章逻辑结构的作用。若能理解连词所要表
达的意思，便可预测连词之后的文章将要表达的内容。因此掌握连词也有助于理解留考中
的阅读题。在此先介绍一些较为基础的连词，来一起学习这些连词的意思以及对文章逻辑
结构起到的作用吧。

## ＜主な接続詞の区分と役割＞ 常见连词的区别与其作用

| 区分 | 役割 | 主な接続詞 |
|---|---|---|
| **順接的な展開**<br>表承接的连词 | 順接 承接 | そして／それで／すると |
| | 帰結 结果 | したがって／よって／それゆえ／そのため／それで／こうして |
| **逆接的な展開**<br>表转折的连词 | 逆接 转折 | しかし／だが／でも／けれども |
| | 意外性 意外 | ところが／それなのに |
| | 付言 补足 | ただし／もっとも／なお／そもそも |
| **並置と選択**<br>并列与选择 | 並列 并列 | また／そして／それから／および／同じく |
| | 添加 附加 | しかも／さらに（は）／そのうえ／かつ／くわえて |
| | 選択 选择 | あるいは／または／それとも／もしくは |
| **その他の展開**<br>其他含义的连词 | 換言 换一种说法 | つまり／すなわち／ようするに |
| | 理由 理由 | なぜなら |
| | 例示 举例 | たとえば／いわば |
| | 転換 转换 | さて／ところで／では／一方 |

滝浦真人（2016）『日本語リテラシー』放送大学教育振興会 pp.77-78 より一部改編

## ＜例文紹介＞ 例句的介绍

### ●前の事柄が原因や理由になって，次の事柄が起こる場合
前述之事为起因或理由，后述之事为结果时

**順接** 「おなかがすいた」とつぶやいた。すると，友達がお菓子をくれた。
承接　嘟囔到"我肚子饿了"。然后朋友就给了我零食。

**帰結** とてもおなかがすいていた。そのため，ご飯を大盛りで頼んだ。
结果　肚子特别饿。所以点了大份的米饭。

## ●前の事柄に対して順当でない（予想に反する）事柄が続く場合
后述之事与前述之事的逻辑关系不相匹配（根据前述之事无法预测到后述之事）时

**逆接** 今日はお昼ご飯をたくさん食べた。しかし，もうおなかがすいてしまった。

转折 今天午饭吃得特别多。但是肚子又饿了。

**意外性** 彼はとてもやせている。ところが，ご飯はたくさん食べる。

意外 他特别得瘦。但他却很能吃。

**付言** 卵は栄養が豊富だ。ただし，食べすぎるのはよくない。

补足 鸡蛋营养丰富。但是吃得太多也对身体不好。

## ●前の事柄と後の事柄が，並ぶような関係にある
前述之事与后述之事呈并列关系

**並列** ハンバーグを食べた。それから，デザートにケーキを食べた。

并列 吃了汉堡肉。然后又吃了蛋糕作为甜点。

**添加** ラーメンとチャーハンを頼んだ。しかも，ラーメンは大盛りだ。

附加 点了拉面和炒饭。况且拉面还是大份的。

**選択** ラーメンを頼むと，チャーハンまたは餃子がついてきます。

选择 点拉面的话，会附赠炒饭或者煎饺。

## ●前の事柄の言い換えや，まとめをする
将前述之事换一种说法表述或者对前述之事进行总结

**換言** おなかがなっている。つまり，おなかがすいたということだ。

换一种说法 肚子响了。也就是肚子饿了的意思。

## ●前の事柄について説明する
对前述之事进行说明

**理由** 今日はラーメンを食べた。なぜなら，今日はとても寒かったからだ。

理由 今天吃了拉面。因为今天太冷了。

## ●前の事柄について例を示す
对前述之事进行举例

**例示** Aさん：このお店のおすすめは何ですか。

举例 A：这家店有什么值得推荐的吗？

Bさん：たとえば，ハンバーグはいかがですか。

B：比方说，您觉得汉堡肉怎么样呢？

## ●前の事柄から，話題や状況を変化させる
对前述之事的话题或情况进行改变

**転換** 今日の授業はこれで終わりだね。さて，お昼ご飯はどうしようか。

转换 今天的课到这就结束了吧。那午饭吃些什么呢？

# 4 同音異義語
どうおんいぎご

「同音異義語」とは，「性格」と「正確」のように，読み方は同じだけれ
どうおんいぎご　　　　　せいかく　　　　せいかく　　　　　よ　かた　おな
ども，意味が異なる言葉のことです。ここには，EJUの聴読解や聴解のリ
い　み　こと　　　ことば　　　　　　　　　　　　　　　ちょうどっかい　ちょうかい
スニングにおいて，聞き間違えやすいものを集めました。どんな同音異義
き　ま　ちが　　　　　　　あつ　　　　　　　　　どうおんいぎ
語があるのか確認しておきましょう。
ご　　　　　かくにん

日语里的"同音异义词"是指，比如"性格"与"正确"这两词的读音均为"せいかく"，
但含义却不同的一组词语。在此展示一些在留考听力中容易混淆的同音异义词，来一起学
习一下吧。

| よみ | 同音異義語 |
|---|---|
| いがい | 意外 以外 |
| いぎ | 異義 異議 意義 |
| いこう | 意向 以降 移行 |
| いし | 意志 意思 遺志 |
| いじょう | 以上 異常 |
| いどう | 異同 異動 移動 |
| いらい | 以来 依頼 |
| えいせい | 衛生 衛星 |
| えいり | 営利 鋭利 |
| かいこ | 解雇 回顧 |
| かいしん | 会心 改心 |
| かいそう | 改装 回想 階層 |
| かいとう | 解答 解凍 回答 |
| かくしん | 革新 確信 核心 |
| かせつ | 仮設 仮説 |
| かてい | 過程 家庭 課程 仮定 |
| かんき | 換気 歓喜 喚起 |
| かんしょう | 鑑賞 干渉 感傷 |
| かんしん | 関心 感心 歓心 |
| きかい | 機会 機械 器械 |
| きかく | 企画 規格 |

| よみ | 同音異義語 |
|---|---|
| きかん | 期間 機関 器官 帰還 |
| きげん | 期限 機嫌 起源 |
| きこう | 気候 機構 紀行 |
| きしょう | 気象 希少 起床 気性 |
| きせい | 規制 帰省 寄生 既成 |
| きょうい | 驚異 脅威 |
| きょうこう | 強行 強硬 恐慌 |
| きょうそう | 競争 競走 |
| きょうちょう | 強調 協調 |
| けんしょう | 検証 懸賞 |
| けんとう | 検討 健闘 見当 |
| こうい | 行為 好意 更衣 厚意 |
| こうえん | 公園 講演 公演 後援 |
| こうか | 効果 硬貨 高価 硬化 |
| こうかい | 公開 公海 後悔 |
| こうき | 高貴 好機 好奇 |
| こうせい | 構成 厚生 公正 更生 |
| こうない | 構内 口内 校内 |
| こじん | 個人 故人 |
| さいかい | 再開 再会 |
| さんしゅつ | 算出 産出 |

| よみ | 同音異義語 |
|---|---|
| じき | 時期 磁気 次期 |
| しこう | 思考 施行 志向 試行 |
| じこう | 事項 時候 時効 |
| しじ | 指示 支持 |
| しじょう | 市場 史上 至上 |
| じしん | 自信 自身 地震 |
| じたい | 自体 事態 辞退 |
| しちょう | 視聴 市長 試聴 |
| じてん | 辞典 事典 時点 |
| しゅうかん | 習慣 週間 週刊 |
| しゅうし | 収支 終始 終止 修士 |
| しゅうしゅう | 収集 収拾 |
| しょうか | 消化 消火 |
| しょうかい | 紹介 照会 |
| しょうがい | 障害 生涯 傷害 |
| しんこう | 信仰 侵攻 進行 親交 |
| しんにゅう | 侵入 進入 |
| せいこう | 成功 精巧 |
| せいさく | 制作 製作 政策 |
| せいさん | 生産 精算 清算 |
| せいとう | 正当 政党 正統 |
| ぜっこう | 絶好 絶交 |
| ぜったい | 絶対 絶体(絶命) |
| せんこう | 先行 選考 専攻 |
| せんたく | 選択 洗濯 |
| そうぞう | 創造 想像 |
| そがい | 阻害 疎外 |

| よみ | 同音異義語 |
|---|---|
| たいしょう | 対象 対照 対称 |
| たいせい | 体制 大勢 態勢 体勢 |
| ついきゅう | 追求 追及 追究 |
| てきせい | 適正 適性 |
| てんか | 添加 天下 点火 転嫁 |
| どうし | 同士 同志 動詞 |
| とくい | 得意 特異 |
| とくちょう | 特徴 特長 |
| ないぞう | 内蔵 内臓 |
| はいしゅつ | 排出 輩出 |
| はっこう | 発行 発効 発光 |
| はんえい | 反映 繁栄 |
| ひっし | 必死 必至 |
| ひなん | 避難 非難 |
| ふきゅう | 普及 不朽 不休 不急 |
| ふじゅん | 不順 不純 |
| ふしん | 不審 不振 不信 |
| ふじん | 婦人 夫人 布陣 |
| へいこう | 平行 並行 平衡 |
| ほうしん | 方針 放心 |
| ほうふ | 豊富 抱負 |
| ほけん | 保険 保健 |
| ほしゅう | 補修 補習 捕囚 |
| ほしょう | 保証 保障 補償 |
| やせい | 野生 野性 |
| ようい | 容易 用意 |
| よち | 余地 予知 |

# ⑤ 数の単位と数え方

　例えば日本語で紙を数えるときは、「一枚、二枚…」と数えます。この「枚」のように、数のうしろに付ける言葉を「助数詞」と呼びます。助数詞のついた言葉は、音の変化があるので注意が必要です。以下に代表的な助数詞をまとめましたので、EJUの聴解や聴読解のためにも声に出して読

| 助数詞 | よみ | 一 | 二 | 三 | 四 | 五 | 六 |
|---|---|---|---|---|---|---|---|
| 枚 | まい | いちまい | にまい | さんまい | よんまい | ごまい | ろくまい |
| 台 | だい | いちだい | にだい | さんだい | よんだい | ごだい | ろくだい |
| 回／階 | かい | いっかい | にかい | さんかい | よんかい | ごかい | ろっかい |
| 件 | けん | いっけん | にけん | さんけん | よんけん | ごけん | ろっけん |
| 個 | こ | いっこ | にこ | さんこ | よんこ | ごこ | ろっこ |
| 才・歳 | さい | いっさい | にさい | さんさい | よんさい | ごさい | ろくさい |
| 冊 | さつ | いっさつ | にさつ | さんさつ | よんさつ | ごさつ | ろくさつ |
| 時 | じ | いちじ | にじ | さんじ | よじ | ごじ | ろくじ |
| つ | つ | ひとつ | ふたつ | みっつ | よっつ | いつつ | むっつ |
| 頭 | とう | いっとう | にとう | さんとう | よんとう | ごとう | ろくとう |
| 名 | めい | いちめい | にめい | さんめい | よんめい | ごめい | ろくめい |
| 人 | にん | ひとり | ふたり | さんにん | よにん | ごにん | ろくにん |
| 杯 | はい | いっぱい | にはい | さんばい | よんはい | ごはい | ろっぱい |
| 箱 | はこ | ひとはこ | ふたはこ | さんぱこ | よんはこ | ごはこ | ろっぱこ |
| 日 | か | ついたち | ふつか | みっか | よっか | いつか | むいか |
| 匹 | ひき | いっぴき | にひき | さんびき | よんひき | ごひき | ろっぴき |
| 分 | ふん | いっぷん | にふん | さんぷん | よんぷん | ごふん | ろっぷん |
| 本 | ほん | いっぽん | にほん | さんぼん | よんほん | ごほん | ろっぽん |
| 羽 | わ | いちわ | にわ | さんわ さんば | よんわ | ごわ | ろくわ ろっぱ |

んで慣れておきましょう。

在日语中，纸是用"枚"而不是"张"来计数的，比如说一枚纸，两枚纸。类似于"枚"这种附着在数字之后的词被称为"量词"。需注意，日语中运用到量词时词组的发音会有一定的变化。在此归纳了一些有代表性的量词。念出声来加深记忆，来帮助应对留考听力吧。

※太字は音が変化した箇所

| 七 | 八 | 九 | 十 | 対象 | 音の変化※ |
|---|---|---|---|---|---|
| ななまい | はちまい | きゅうまい | じゅうまい | 薄い物，紙状の物など | **変化なし**<br>不发生变化 |
| ななだい | はちだい | きゅうだい | じゅうだい | 大きい物，機械など | |
| ななかい | はちかい<br>**はっかい** | きゅうかい | **じっかい**<br>（**じゅっかい**） | 回数，建物の階数 | |
| ななけん | はちけん<br>**はっけん** | きゅうけん | **じっけん**<br>（**じゅっけん**） | 出来事，情報，事故など | |
| ななこ | はちこ<br>**はっこ** | きゅうこ | **じっこ**<br>（**じゅっこ**） | 小さい物，あまり大きくない物 | |
| ななさい | **はっさい** | きゅうさい | **じっさい**<br>（**じゅっさい**） | 年齢 | **数の音が変化**<br>数字的发音发生变化 |
| ななさつ | **はっさつ** | きゅうさつ | **じっさつ**<br>（**じゅっさつ**） | 本，雑誌など | |
| **しちじ**<br>（ななじ） | はちじ | **くじ** | じゅうじ | 時間 | |
| ななつ | **やっつ** | **ここのつ** | **とお** | 小さい物 | |
| ななとう | **はっとう** | きゅうとう | **じっとう**<br>（**じゅっとう**） | 大きい動物 | |
| （**しちめい**）<br>ななめい | はちめい | きゅうめい | じゅうめい | 人間 | |
| （**しちにん**）<br>ななにん | はちにん | きゅうにん<br>くにん | じゅうにん | 人間 | |
| ななはい | **はっぱい** | きゅうはい | **じっぱい**<br>（**じゅっぱい**） | 器に入れた食べ物・飲み物など | |
| ななはこ | **はっぱこ** | きゅうはこ | **じっぱこ**<br>（**じゅっぱこ**） | 箱状の物 | |
| **なのか** | **よおか** | **ここのか** | **とおか** | 日付，日数 | **数と助数詞の音が変化**<br>数字与量词的读音均发生变化 |
| ななひき | はちひき<br>**はっぴき** | きゅうひき | **じっぴき**<br>（**じゅっぴき**） | 小さい動物，昆虫，魚など | |
| ななふん | はちふん<br>**はっぷん** | きゅうふん | **じっぷん**<br>（**じゅっぷん**） | 時間 | |
| ななほん | はちほん<br>**はっぽん** | きゅうほん | **じっぽん**<br>（**じゅっぽん**） | 細くて長い物 | |
| ななわ | はちわ | きゅうわ | じゅうわ<br>**じっぱ**<br>（**じゅっぱ**） | 羽のある動物 | |

# 6 慣用句 (かんようく)

慣用句(かんようく)とは, 二語以上(にごいじょう)の単語(たんご)が結(むす)びついて, それ全体(ぜんたい)である特定(とくてい)の意味(いみ)をもつようになった表現(ひょうげん)のことです。文字(もじ)通(どお)りに解釈(かいしゃく)しても分(わ)からない, たとえの表現(ひょうげん)も多(おお)いため, 意味(いみ)を知(し)っておくことが大切(たいせつ)です。文章(ぶんしょう)にも会話(かいわ)にも頻出(ひんしゅつ)する表現(ひょうげん)ですので, EJU対策(たいさく)として, これらの慣用句(かんようく)も確認(かくにん)しておきましょう。

慣用语是指由两个以上的词语相连形成的，且具有特定含义的词组。慣用语通常无法直接从字面意思来理解，且经常会出现比喻的手法，因此事先掌握慣用语的含义也尤为重要。在留考的听力与阅读中均会出现慣用语，所以为了应对留考，一起来学好慣用语吧。

| 慣用句 | 意味（中国語） |
|---|---|
| 愛想(あいそ)が尽(つ)きる | 失去好感／厌恶 |
| あいた口(くち)がふさがらない | 目瞪口呆 |
| 相(あい)づちを打(う)つ | 随声附和 |
| 胡坐(あぐら)をかく | 安于现状／坐享其成 |
| あげ足(あし)をとる | 吹毛求疵 |
| あごで使(つか)う | 颐指气使 |
| 足(あし)が地(ち)に着(つ)かない | 不切实际 |
| 足(あし)が出(で)る | 超出预算 |
| 足(あし)が棒(ぼう)になる | 腿脚累得僵直 |
| 足手(あしで)まとい | 累赘 |
| 足(あし)の踏(ふ)み場(ば)もない | 无处落脚 |
| 足元(あしもと)にも及(およ)ばない | 望尘莫及 |
| 足(あし)もとを見(み)る | 抓住对方弱点 |
| 味(あじ)を占(し)める | 食髓知味／尝到甜头后还想尝试 |
| 足(あし)を運(はこ)ぶ | 迈出步子 |
| 足(あし)を引(ひ)っ張(ぱ)る | 拖后腿 |
| 汗水(あせみず)たらす | 辛勤工作 |
| 頭(あたま)が上(あ)がらない | 在…面前抬不起头 |
| 頭(あたま)が切(き)れる | 聪明机灵 |
| 頭(あたま)に血(ち)が上(のぼ)る | 兴奋 |
| 頭(あたま)を冷(ひ)やす | 使头脑冷静 |
| 頭(あたま)をほぐす | 使头脑休息 |

| 慣用句 | 意味（中国語） |
|---|---|
| あっと言わせる | 使人惊讶 |
| 当てが外れる | 意料之外 |
| 当てにする | 指望／依赖 |
| 後味が悪い | 事后印象不好 |
| 後にも先にも | 无论过去还是将来（都还会出现） |
| あとを絶たない | 接二连三 |
| あとを引く | 无尽无休 |
| 穴があったら入りたい | 无地自容 |
| 油を売る | 偷闲／磨洋工 |
| 甘く見る | 轻视 |
| 合わせる顔がない | 寄颜无所／没脸见人 |
| 息が合う | 情投意合 |
| 息が詰まる | 因压力或紧张而感到窒息 |
| 息を殺す | 屏息 |
| 息をのむ | 大吃一惊／倒吸一口气 |
| 息を吹き返す | 恢复生机 |
| 異彩を放つ | 放出异彩／才能出众 |
| 痛くも痒くもない | 不痛不痒／毫不在乎 |
| 板に付く | 得心应手 |
| 板挟みになる | 左右为难／两头受气 |
| 至れり尽くせり | 无微不至／尽善尽美 |
| 一事が万事 | 触类旁通 |
| 一堂に会する | 共聚一堂 |
| 一目置く | 另眼相看／自愧不如 |
| 一翼を担う | 承担一部分职责 |
| 一巻の終わり | 为时已晚 |
| 一刻を争う | 争分夺秒 |
| 一矢を報いる | 报一箭之仇 |
| 一世を風靡する | 风靡一时 |
| 一石を投じる | 掀起风波 |
| 一線を画す | 划清界限 |
| 意に介さない | 毫不介意 |

巻末付録

| 慣用句 | 意味（中国語） |
|---|---|
| 意表を突く | 出乎意料 |
| 嫌気が差す | 感到厌倦／丧失斗志 |
| 色眼鏡で見る | 戴有色眼镜看人／带有偏见看人 |
| 意を決する | 下定决心 |
| 異を唱える | 唱反调／提反对意见 |
| 浮き足立つ | 失去冷静／动摇 |
| 後ろ髪を引かれる | 牵肠挂肚／依依不舍 |
| 後ろ指をさされる | 背地里被说坏话 |
| うつつを抜かす | 神魂颠倒 |
| 打つ手がない | 无计可施 |
| 腕が上がる | 技术(能力)进步 |
| 腕が立つ | 本领高超 |
| 腕が鳴る | 摩拳擦掌 |
| 腕を磨く | 磨练本领 |
| 腕によりをかける | 使出浑身解数 |
| 腕をふるう | 施展才能 |
| 鵜呑みにする | 囫囵吞枣 |
| 馬が合う | 志气相投 |
| 裏目に出る | 事与愿违 |
| 裏をかく | 出其不意 |
| 上の空 | 心不在焉 |
| うんともすんとも | 置若罔闻／毫无反应 |
| 襟を正す | 端正态度／全力以赴 |
| 縁起でもない | 不祥之兆 |
| 多かれ少なかれ | 或多或少 |
| 大きな顔をする | 趾高气昂／耍大牌 |
| 大台に乗る | 突破大关 |
| 大目に見る | 不拘小节 |
| 押しが強い | 强势(的样子) |
| お茶を濁す | 蒙混过关 |
| 尾ひれを付ける | 添油加醋 |
| お目にかかる | 拜见 |

| 慣用句 | 意味（中国語） |
|---|---|
| 思いを馳せる | 怀念远方(过去)的人(物)(事) |
| 重きを置く | 重视 |
| 折り紙付き | 有保障 |
| 音頭を取る | 一马当先／成为领头羊 |
| 恩を仇で返す | 恩将仇报 |
| 顔色をうかがう | 察言观色 |
| 顔が立つ | 保住面子 |
| 顔が広い | 面子大／门路多 |
| 顔から火が出る | 羞愧难当／脸上火辣辣的 |
| 顔に泥を塗る | 使他人颜面扫地 |
| 顔を売る | 是自己成名 |
| 顔をつぶす | 颜面扫地 |
| 固唾をのむ | 提心吊胆 |
| 肩の荷が下りる | 卸下重担 |
| 肩身が狭い | 脸上无光 |
| 肩を落とす | 垂头丧气 |
| 肩を並べる | 并驾齐驱／势均力敌 |
| 肩をもつ | 支持／维护 |
| かちんとくる | 因受刺激而生气 |
| 勝手が違う | 异乎寻常 |
| 活を入れる | 激励／勉励 |
| 合点がいかない | 不可思议／无法理解 |
| 角が立つ | 为人处世不圆滑／有个性 |
| 角が取れる | 性格被磨去棱角／为人处世圆滑 |
| 株が上がる | 评价变好 |
| 壁に突き当たる | 直面棘手问题 |
| 可もなく不可もなく | 不好不坏／无功无过 |
| 間一髪 | 千钧一发 |
| 感極まる | 感激不尽 |
| 気が置けない | 无需顾忌／能轻松对待 |
| 気が利く | 考虑周到／细致入微 |
| 気が気でない | 坐立不安 |

卷末付録

| 慣用句 | 意味（中国語） |
|---|---|
| 気が進まない | 百无聊赖／提不起兴趣 |
| 気が済む | 心满意足 |
| 気が散る | 精神涣散 |
| 気が強い | 意志坚定 |
| 気が早い | 性子急／做为之事时尚早 |
| 気が引ける | 相形见绌／难为情 |
| 気が短い | 性子急／沉不住气 |
| 聞き耳を立てる | 洗耳恭听 |
| 機嫌を取る | 取悦／奉承 |
| 気にかける | 放心不下／挂念 |
| 気に障る | 得罪／伤感情 |
| 肝が据わる | 沉着冷静／稳如泰山 |
| 肝に銘ずる | 刻骨铭心 |
| 脚光を浴びる | 万众瞩目 |
| 灸を据える | 教训／收拾 |
| 気を配る | 留神 |
| 気を取られる | 被吸引了注意力 |
| 気を取り直す | 重整旗鼓 |
| 気を引く | 引人注意 |
| 気を許す | 放松警惕 |
| 気を悪くする | 伤害感情 |
| 釘を刺す | 事先叮嘱 |
| 口裏を合わせる | 事先统一口径 |
| 口がうまい | 说话好听 |
| 口が重い | 沉默寡言 |
| 口が堅い | 嘴紧／守口如瓶 |
| 口が軽い | 嘴快 |
| 口が滑る | 说漏嘴 |
| 唇を噛む | 咬牙切齿 |
| 口を挟む | 插嘴 |
| 口を割る | 坦白 |
| 首を突っ込む | 投身／埋头苦干 |

| 慣用句 | 意味（中国語） |
|---|---|
| 雲行きが怪しい | 形式(变得)不妙 |
| 群を抜く | 才能出众 |
| けりをつける | 做个了结 |
| 犬猿の仲 | 不共戴天 |
| 功を奏する | 成功／有成效 |
| 心が騒ぐ | 内心躁动／不好的预感 |
| 心に刻む | 刻骨铭心 |
| 心に響く | 动人心弦 |
| 心にもない | 不放在心里／虚情假意 |
| 心許ない | 坐立不安 |
| 心を痛める | 心痛／心烦意乱 |
| 心を奪われる | 全神贯注 |
| 腰が重い | 懒得动弹／失去干劲 |
| 腰が抜ける | 吓得瘫软在地 |
| 腰が低い | 谦虚／平易近人 |
| 腰を上げる | 起身行动 |
| 腰を折る | 打断／妨碍 |
| 腰を据える | 安定／专心致志 |
| 腰を抜かす | 大吃一惊 |
| 後手に回る | 被抢先一步／落后 |
| 言葉を返す | 回答 |
| 言葉を尽くす | 穷尽辞藻 |
| この上ない | 至高无上 |
| 小耳に挟む | 偶尔听闻 |
| 様になる | 成为与…相合适的样子 |
| 三度目の正直 | 失败不过三 |
| 舌を巻く | 赞不绝口 |
| 尻尾を振る | 献媚／拍马屁 |
| しのぎを削る | 激烈争斗 |
| 自腹を切る | 自掏腰包／破费 |
| 痺れを切らす | 等得不耐烦 |
| 示しがつかない | 无法成为范例／不恰当例子 |

| 慣用句 | 意味（中国語） |
|---|---|
| 終止符を打つ | 画上终止符 |
| 情が移る | 产生感情 |
| 尻に火がつく | 事态紧迫 |
| 尻を拭う | 替人收拾残局 |
| 白い目で見る | 冷眼对待 |
| 白黒をつける | 下定论／辨别是非对错 |
| 心血を注ぐ | 倾注心血 |
| 雀の涙 | 微乎其微 |
| 図に乗る | 春风得意／得意忘形 |
| すねをかじる | 啃老 |
| 隅に置けない | 不容小觑 |
| 精が出る | 勤奋于… |
| 世間知らず | 不懂世故 |
| 切羽詰まる | 走投无路 |
| 世話が焼ける | 麻烦事 |
| 先見の明 | 先见之明 |
| 先手を打つ | 先下手为强 |
| 底を突く | 见底／耗尽 |
| 反りが合わない | 脾气不和／不投机 |
| 太鼓判をおす | 保证／绝对的 |
| 大事を取る | 小心谨慎 |
| 高が知れる | 不足为奇 |
| 高をくくる | 不屑一顾 |
| 駄々をこねる | 撒娇／磨人 |
| 太刀打ちできない | 难以正面抗衡 |
| 盾を突く／盾突く | 反抗 |
| 棚に上げる | 束之高阁／搁置 |
| 血が騒ぐ | 血脉喷张／兴奋 |
| 血が上る | 气血上头／兴奋 |
| 力を貸す | 借力／帮助 |
| 地におちる | 跌落谷底 |
| 血も涙もない | 冷酷无情 |

| 慣用句 | 意味（中国語） |
|---|---|
| 調子に乗る | 得意忘形 |
| 帳尻を合わせる | 善后 |
| 調子を合わせる | 附和 |
| 長蛇の列 | 长蛇般的队伍 |
| ちょっかいを出す | 多此一举 |
| 手足を伸ばす | 伸懒腰／放松 |
| 手が空く | 有空闲 |
| 手がかかる | 帮助／照顾 |
| 手が足りない | 人手不足 |
| 手がつけられない | 不知所措 |
| 手が出ない | 无能为力 |
| 手が届く | 力所能及 |
| 手が離れる | 离手／脱身 |
| 手塩にかける | 亲手抚养 |
| 手取り足取り | 手把手照顾(指导) |
| 手に汗を握る | 捏一把汗／提心吊胆 |
| 手に負えない | 力所不及 |
| 手に取るよう | 伸手就能抓到一般／历历在目 |
| 手のひらを返す | 态度突变／一反常态 |
| 手も足も出ない | 无能为力 |
| 手を打つ | 采取必要措施 |
| 手を組む | 齐心协力 |
| 手を加える | 加工／修补 |
| 手を差し伸べる | 深受援助 |
| 手を尽くす | 竭尽全力 |
| 手を抜く | 偷工减料 |
| 手を焼く | 棘手 |
| 手を休める | 停手 |
| 手を緩める | 放缓进度 |
| 手を煩わす | 麻烦别人帮助自己 |
| 天狗になる | 得意忘形 |
| 天秤にかける | 权衡／比较 |

| 慣用句 | 意味（中国語） |
|---|---|
| 途方もない | 毫无道理 |
| 鳥肌が立つ | (因寒冷，恐惧)而起鸡皮疙瘩 |
| 長い目で見る | 高瞻远瞩 |
| 泣き寝入り | 含泪睡着／忍气吞声 |
| 泣きを見る | 心酸(心痛)之事 |
| 何食わぬ顔 | 若无其事／装傻 |
| 涙をのむ | 忍气吞声 |
| 波に乗る | 春风得意 |
| 難色を示す | 面露难色 |
| 荷が重い | 肩负重担 |
| 二の足を踏む | 犹豫不决 |
| 抜け目がない | 做事周全／处事精明 |
| 願ったり叶ったり | 事随人愿 |
| 願ってもない | 求之不得 |
| 値が張る | 价格昂贵 |
| 根が深い | 根深蒂固 |
| 熱が冷める | 热情褪去 |
| 根にもつ | 怀恨在心 |
| 根回しする | 事先疏通 |
| 寝耳に水 | 事出突然／晴天霹雳 |
| 根も葉もない | 空穴来风 |
| 音を上げる | 叫苦连天／放弃 |
| 念頭に置く | 放在心上 |
| 念を押す | 叮嘱再三 |
| 喉から手が出る | 迫切需要 |
| 歯が立たない | (仅凭自己)无力对抗 |
| 白紙に戻す | 回到原点 |
| 拍車をかける | 推进 |
| ぱっとしない | 没有起色／不引人注目 |
| 歯止めをかける | 抑制／阻止 |
| 鼻息が荒い | 盛气凌人 |
| 鼻が高い | 自豪／得意 |

484

| 慣用句 | 意味（中国語） |
|---|---|
| 話が弾む | 展开谈话 |
| 話に花が咲く | （谈话）越来越起劲 |
| 恥をさらす | 耻辱 |
| 鼻で笑う | 冷笑／嗤之以鼻 |
| 鼻を折る | 挫其锐气 |
| 鼻を突く | 鼻子受到臭味刺激 |
| 花を持たせる | 成就他人 |
| 歯に衣着せぬ | 直言不讳 |
| 羽を伸ばす | 自由自在 |
| 羽目を外す | 过头／过度 |
| 腹が据わる | 从容不迫 |
| 腹が立つ | 生气 |
| 腹を抱える | 捧腹大笑 |
| 腹を固める | 下定决心 |
| 腹を決める | 下定决心 |
| 腹を割る | 推心置腹 |
| 歯を食いしばる | 咬紧牙关 |
| 引けを取らない | 不落后于他人 |
| 膝が笑う | 累得双腿打颤 |
| 膝を突き合わせる | （膝盖能碰到得程度）面对面相坐 |
| 一味違う | 别具一格 |
| 一泡吹かせる | 使…大吃一惊 |
| 一皮剥ける | 成长／蜕变 |
| 一筋縄ではいかない | 用一般的方法行不通 |
| 一溜まりもない | 立即垮台 |
| 一肌脱ぐ | 助一臂之力 |
| 人目に付く | 引人注目 |
| 人目を盗む | 偷偷摸摸 |
| 人目を引く | 引人注目 |
| 火に油を注ぐ | 火上浇油 |
| 非の打ち所がない | 无可非议 |
| 日の目を見る | 公诸于世 |

| 慣用句 | 意味（中国語） |
|---|---|
| 火花を散らす | 激烈争辩 |
| 百も承知 | 不用说也明白／清楚明白 |
| 氷山の一角 | 冰山一角 |
| 火を見るよりも明らか | 清楚明白 |
| ひんしゅくを買う | 惹人讨厌 |
| 蓋を開ける | 开始(做…) |
| 懐が暖かい | 手头宽裕 |
| 懐が寒い | 手头紧 |
| 懐が深い | 心胸宽广 |
| 懐を痛める | 自费 |
| 腑に落ちない | 无法领会／不可思议 |
| 振り出しに戻る | 回到原点 |
| 踏ん切りがつく | 下定决心 |
| 弁が立つ | 能说会道 |
| 棒に振る | 使成果付之东流 |
| 墓穴を掘る | 自掘坟墓 |
| ほとぼりが冷める | 热情变淡 |
| 骨が折れる | 费劲 |
| 骨を埋める | 终身服务于… |
| 頬が落ちる | 好吃到眉毛掉下来 |
| 本腰を入れる | 拿出真本事 |
| 魔が差す | 起邪念 |
| 巻き添えを食う | 受到连累 |
| 紛れもない | 明明白白／不折不扣 |
| 幕を閉じる | 结束／告终 |
| 股にかける | 在大范围内活跃 |
| 的を絞る | 锁定目标 |
| 真に受ける | 信以为真 |
| 眉に唾をつける | 防止受骗 |
| 眉をひそめる | 皱眉 |
| 丸くおさめる | 圆满解决 |
| 満更でもない | 并不讨厌 |

| 慣用句 | 意味（中国語） |
| --- | --- |
| 満を持す | 做好万全准备 |
| 見栄を張る | 装门面／做面子 |
| 磨きをかける | 精益求精 |
| 身が入る | 拼尽全力 |
| 見切りをつける | 因没有胜算而放弃 |
| 微塵もない | 一点都不 |
| 水に流す | 既往不咎 |
| 水を差す | 泼冷水 |
| 身に余る | 受之有愧 |
| 身に覚えのない | 不记得做过／没有印象 |
| 身に染みる | 印象深刻 |
| 身のほど知らず | 没有自知之明 |
| 耳打ちする | 说悄悄话 |
| 耳が痛い | 听起来刺耳 |
| 耳に入れる | 使对方知情 |
| 耳に障る | 听起来不顺耳 |
| 耳を疑う | 难以置信 |
| 耳を傾ける | 洗耳恭听 |
| 耳を塞ぐ | 不予理睬／装聋 |
| 脈がある | 有成功的预感 |
| 見よう見まね | 效仿他人 |
| 見るに見かねる | 不忍直视 |
| 身を固める | 成家 |
| 身を削る | 历尽千辛万苦 |
| 身を挺する | 奋不顾身／挺身而出 |
| 身を寄せる | 受到照顾／寄人篱下 |
| 虫の居所が悪い | 心情不好 |
| 虫の知らせ | 不好的预感 |
| 胸が痛む | 心痛 |
| 胸が裂ける | 心如刀绞／肝肠寸断 |
| 胸が騒ぐ | （因不祥的预感而）坐立不安 |
| 胸がつまる | 感慨万千 |

| 慣用句 | 意味（中国語） |
|---|---|
| 胸に刻む | 铭记于心 |
| 胸に迫る | 感慨万千 |
| 胸に手を当てる | 冷静思考 |
| 胸に秘める | 藏在心底 |
| 胸を打つ | 打动人心 |
| 胸を躍らせる | 欢呼雀跃 |
| 胸を貸す | 敞开胸怀向弱者提供帮助 |
| 胸を借りる | 得到来自强者得帮助 |
| 胸をなで下ろす | 卸下心中重担 |
| 胸を弾ませる | 心情激动 |
| 胸を張る | 自信满满 |
| 目がくらむ | 眼花缭乱 |
| 目が冴える | 亢奋得无法入睡 |
| 目が覚める | 变得清醒 |
| 目が高い | 有眼力 |
| 芽が出る | 开始出人头地 |
| 目がない | 非常喜欢 |
| 目が回る | 忙得头晕眼花 |
| 目に余る | 不忍默视 |
| 目に浮かぶ | 回忆浮现在眼前 |
| 目に留まる | 使留下深刻印象 |
| 目の色を変える | 表情因情感变化 |
| 目星を付ける | 找到线索 |
| 目も当てられない | 惨不忍睹 |
| 目を疑う | 不敢相信自己的眼睛／难以置信 |
| 目を奪われる | 被吸引了注意力 |
| 目を覆う | 不忍直视 |
| 目を背ける | 移开视线避免产生交集 |
| 目を逸らす | 移开视线 |
| 芽を摘む | 扼杀在萌芽状态 |
| 目を通す | 过目 |
| 目を離す | 转移视线 |

| 慣用句 | 意味（中国語） |
|---|---|
| 目を光らす | 提高警惕 |
| 目を引く | 引人注目 |
| 目を伏せる | 转移视线往下看 |
| 目を細める | 乐得眼睛眯成一条缝 |
| 目を丸くする | 因惊讶而瞪起双眼 |
| 目を見張る | 因感动或吃惊而瞪起双眼 |
| 元も子もない | 本息全无／失去一切 |
| 元を取る | 收回之前付出的所有金钱 |
| 物心がつく | 懂事 |
| 物ともせず | 不在乎／轻松跨越障碍 |
| 物にする | 完成／成功 |
| 物は言いよう | (针对同一件事)说法不对，效果不同 |
| 矢面に立つ | 众矢之的 |
| やむを得ない | 没有别的办法／无能为力 |
| 指をくわえる | 眼睁睁得羡慕 |
| 横やりをいれる | 说话搅局 |
| 余念がない | 一心一意 |
| 弱音を吐く | 说丧气话 |
| らちがあかない | 没有着落 |
| 路頭に迷う | 流落街头／生活没有着落 |
| 論をまたない | 一清二楚 |
| わらにもすがる | 试图抓住救命稻草／狗急跳墙 |
| 割に合わない | 不合算 |
| 我に返る | 回过神 |
| 我を忘れる | 忘我／丧失理智 |
| 輪をかける | 更胜一筹／夸大其词 |

<慣用句をまとめた辞典>
三省堂『故事ことわざ・慣用句辞典 第二版』2010年
学研プラス『小学生のまんが慣用句辞典 改訂版』2015年
旺文社『標準ことわざ慣用句辞典 新装新版』2020年

巻末付録

489

効果的な学習に音声データ・索引データをご活用ください

请灵活运用音频与索引来来更有效地学习

............................................................

正しい発音を確認しつつ，単語の暗記にも役立つ音声データとともに，分からない単語に出会ったときに本書で調べることができる索引データをご用意しています。

在使用音频学习单词的时候，为了方便各位在遇到听不懂的单词时能便捷地查找，本书特地附上了单词索引。

音声データ・索引データをダウンロードする。
下载音频与索引。

---

日本留学試験（EJU）必修単語 12000語

---

2021年4月3日　初版第1刷発行

編著者　行知学園株式会社

発行者　楊 舸

発行所　行知学園株式会社

　　　　〒169-0073

　　　　東京都新宿区百人町2-8-15　ダヴィンチ北新宿 5F

　　　　TEL：03-5937-6597　FAX：03-5937-6598

　　　　http://coach-ac.co.jp/ （日本語）

　　　　http://www.koyo-coach.com/ （中国語）

印刷所　シナノ書籍印刷株式会社

---